KEY RESEARCH INSTITUTE IN UNIVERSITY

教育部人文社会科学重点研究基地重点研究项目

“中国特色社会主义民法学”：10JJD820009

JIA SHI FA

家事法

杨立新 著

法律出版社
LAW PRESS·CHINA

目　　录

上卷　亲属法

中国特色社会主义民法学(序言)

《中国特色社会主义民法学》课题,是教育部人文社会科学重点研究基地科研项目,是全面研究和表现中国特色社会主义的民法学体系和内容的重点研究课题,篇幅宏大,内容全面,体系创新,全面展现中国特色的民法学理论体系和内容。

研究"中国特色社会主义民法学"课题的意义是:

第一,创立中国特色社会主义民法学理论体系。民法理论博大精深,尽管其理论体系严密,但在新世纪的发展中,民法理论越来越具有开放性。在学说上,各国学者以及国内学者对此"百花齐放、百家争鸣"。本课题负责人集30年民法理论和实践的研究经验体会,结合我国社会主义建设的现实特点,设计中国特色社会主义民法学理论体系,具有权威性。

第二,全面结合中国民法典的立法实践。中国特色社会主义法制体系已经基本建成,但中国民法典尚需做好最后的立法工作。本课题紧密结合中国民法典的立法,在已经完成的《物权法》、《合同法》、《担保法》、《婚姻法》、《继承法》和《侵权责任法》等,需要进一步阐释和完善,对正在进行的《人格权法》、《民法总则》的立法,需要配合立法进行全面研究。本课题结合中国民法典立法的具体问题,突出本课题负责人全面参与立法的优势,结合立法设置研究的重点问题,具有说服力。并且对立法具有重要的借鉴意义。

第三,针对中国社会主义建设中反映到民法上的实际问题进行研究。本课题突出民法为现实问题服务的基本思路,密切注意我国社会主义建设中反映到民法上的现实问题,特别是在民事审判中反映出来的现实问题,进行理论联系实际的分析,提出解决的方法和对策,突出民法学在解决现实问题的特色和优势。因此,本课题的研究成果对于司法实践和服务社会,都会具有重要的意义。

第四,对于全面的民法理论与实践的研究由一个人完成。本课题由课题负责人个人独立完成,不设置课题组。这样做法的好处是,思想统一、内容协调,不会出现不同的课题组成员的思路不同的弊病,因此会有重要影响。

对民法体系和内容的研究,呈现两个方向:一是个人独立完成全面的理论著述,形成个人的完整民法体系；二是对民法的各个领域进行专门的研究，突出个人的研究特长。例如在我国台湾地区，最早完成民法体系总体研究的是史尚宽先生，王泽鉴教授在20世纪80年代至今，完成了《民法学说与判例研究》八卷，在借鉴国外立法，结合我国台湾地区司法实践，提出了完善的理论。目前，他正在完成他的民法学说的全面构建。而谢在全教授对物权法的研究全面、深刻，孙森焱教授作为"高法"民庭庭长，对债权法、合同法和侵权法具有深入研究等，都具有重要影响。我国大陆地区，对民法体系和内容的全面研究，王利明教授正在进行，独具自己的特点。马俊驹教授撰写了《民法原论》，全面阐释了民法理论的体系和内容。崔建远教授对合同法和物权法有独到见解，张新宝教授对侵权责任法有独到研究，孙宪忠教授、陈华彬教授和钱明星教授对物权法有独到的研究，张广兴教授对债法总则有专门的研究，杨大文、巫昌贞教授对婚姻家庭法有深入的研究，都具有重要影响。

在当前，全面总结中国特色社会主义民法学体系和内容，是一个重要的任务，需要完成一部全面的，具有理论联系实际的民法体系专著。

本课题通观民法研究全局，把研究的最新成果以及学术界的前沿研究成果，经过整理，写入体系之中。本课题特别强调民事法律关系的方法论意义，并用其统率全部专著的基本红线。同时，特别强调民法实际上就是一部规则法，就是确立民事权利行使，以及民事义务承担的规则体系，并且将这个规则体系分为最高规则、基本规则和具体规则，确立法官适用这些规则的基本方法。在《债与合同法》中，在研究债法总则之后，将合同法部分分为合同法概论、合同过程、合同责任和有名合同等部分，进行全面阐释，重点研究。在《物权法》中，将对法律规定的各种物权进行了详细阐释，同时对法律没有规定的非典型用益物权、非典型的担保物权，也都进行了阐释，保证学生全面掌握物权法的基本知识。在《侵权责任法》中，将对理论界最新研究成果例如侵权行为一般条款、侵权行为类型化和侵权责任类型化的研究成果，都做了具体的阐释，站在了侵权法司法实践和理论研究的前列。在《婚姻家庭继承法》中，对于亲属监护制度，特别介绍了我国监护制度欠缺的成年监护制度的国外立法进展，并结合我国实际情况，提出了完善我国监护制度、增加成年监护和意定监护的监护制度改革的设想。这些对民法立法、司法和理论研究的前沿问题的阐释，保证课题研究处于法学研究的前沿姿态，既具有先进性，又具有理论研究的权威性。

本课题的研究指导思想是体现理论与实践相结合。在很多专著中，都是只讲理论，不讲实践，脱离现实的司法实践经验。本课题就是要充分发挥自己民事审判实践经验丰富的优势，把理论和实践紧密联系起来，融会贯通，便于读者掌握。因此，在设计上，课题的前后体例一致，全面阐释民法各个部门法的基本理论和基本规则，突出重点，紧密结合司法实践的具体内容，选择特别具有理论说服力和司法实践意义的典型案例,供学生课堂讨论和研究。这些案例都是杨立新自己亲自审理的案件,或者是给司法机关提供参考意见的案件,或者是在法院、检察院搜集的案件,以及指导律师和当事人诉讼的案件。

前　言

《家事法》一书是教育部人文社会科学重点研究基地重点研究项目“中国特色社会主义民法学”(课题号10JJD820009)的第六部著作,也是最后一部著作。至此,“中国特色社会主义民法学”课题研究成果,即《民法总则》、《人格权法》、《家事法》、《物权法》、《债与合同法》和《侵权责任法》已经全部完成。

从1980年开始,我在当法官时就对民法理论产生兴趣,1981年开始在《法学研究》等报刊杂志发表民法学理论研究文章,至今已经有数百篇,也有十余部教材和其他专著出版发行。将这些民法研究成果系统总结起来,形成系列专著,是我很早就有的一个梦想。教育部委托我作“中国特色社会主义民法学”研究课题,给了我实现这个梦想的机会和平台,让我有勇气、有动力、有决心去完成这个梦想。

承担这个课题之后,经过了两年多的披星戴月、昼夜赶班,当我编完本书目录,对文稿作了最后的审查之后,放下书稿,轻松心情油然而生,随之而来的还有深深的疲惫。两年来,写作本套课题成果耗去了我的全部精力,争分夺秒的紧张心情无时不在。现在好了,这套作品终于完成,六部著作洋洋400余万字,涉及民法的全部理论。这在目前中国大陆以一己之力完成全部民法各个部门法理论专著的,尚属首次。这对我而言有三点意义:第一,完成了教育部委托的研究课题,构建了体现中国特色的民法学理论体系,作为课题结项成果可以提交审查;第二,将我从1980年开始研究民法理论的全部成果进行一次总结,形成了一部系统、全面的研究总结报告;第三,通过本套专著,我可以向三十多年来一直关注我的研究、关心我的著作的热心读者,交上一份厚厚的答卷。

三十多年前,研究法学尤其是研究民法学的人尚属凤毛麟角,发表文章并不很难。时至今日,法学研究蓬勃发展,各路精英各显其能,估计研究民法的学者就约有1万人,充分显示了国家法治的昌盛、法学研究的繁荣,但也给后学者形成重重压力。经常看到青年学子卧薪尝胆苦苦地追求,不仅为他们的精神所感动,同时也为我当时的幸运而感到庆幸。我有好的机会和运气,才能让我在那样的一个环境中成长起来,成为一名研究民法的学者,并且能够最终将自己的学术成果汇集成这样六部专著。为此,我感恩于我的师长，感恩于我的同事，感恩于我的家人，也感恩于我的学生。同时，我也特别感谢我曾经工作过的通化市中级人民法院、最高人民法院民事审判庭、烟台大学、最高人民检察院以及中国人民大学，还有我仍在任职的中国民法学研究会。没有这些人和单位的关心与支持，我不能完成这样艰巨的研究任务，不可能成为今天这样的一个有一定影响力的民法学者。

民法理论博大精深，一个人是否能够研究其全部内容，真的很难说。尽管有史尚宽等大家和他的"六论"作为榜样，但我深知自己的能力有限。可以说，对于侵权责任法和人格权法理论，我占有优势，研究的深度是有把握的；对于民法总则、家事法包括亲属法和继承法，我也有较好的准备；对于物权法的担保物权差不多是一个弱项，债与合同法的内容过于庞大，把握也有一定的不足。尽管今天我敢于将它们全部写出来，很多方面其实是"心有余悸"的，心中的忐忑只有自己心里有数。不过，全面涉猎民法理论也有一个好处，就是对民法的方方面面基本上都懂，在研究民事案件时就有优势。这正是我的工作经历以及研究特点所需要的。法官的审判实践和理论研究中的法官视角，让我必须全面掌握民法理论。也恰好是这个原因，我才有勇气和决心去完成这样一个庞大的课题。其中的不足，请读者批评指正。

在六部民法专著中，除了一些常规的说明之外，大量地说明了我对民法理论的一些新看法。我把这种新看法叫作"民法新思维"，①如民法体系的框式结构、民法总则的体系结构、抽象人格权的概念、欺诈性抚养关系、物格理论、后让与担保物权、合同责任体系、竞合侵权行为、侵权责任形态和侵权行为类型等，都属于不同于民法传统学说的创新学说，也不同于其他学者的看法，是自己的研究体会。或许这就是我的民法理论体系和内容的特色。

最后说说这部《家事法》。我长期在法院民事审判庭工作，在最高人民法院工作时还担任过婚姻家庭组的组长，在最高人民检察院民事行政检察厅工作过 7 年。在此期间，办理和审查过大量的婚姻家庭案件和继承案件。耳濡目染，对家事法有了较深的理解。38 年前，我在审理第一件离婚案件时，老审判员传授的审理离婚案件"三看一参"法则（三看是看婚姻基础、看婚后感情、看婚姻前景，一参是参考子女利益），至今仍然响在耳边。对于家事法尽管研究还不够深入，但基本规则比较清楚。本书将亲属法和继承法合并在一起，合称为家事法，作为本课题的最后一部专著。

作学问者，都会有这样的感觉，当自己的学问作得似乎比较理想的时候，也就到了快要退休的年龄了。我就是这样。退休之后当然还可以继续做学问，但肯定不会像现在这样辛苦了。在我还没有退休之前，我将我的这套丛书奉献给社会和读者，愿意为

---

① 杨立新主编：《民法新思维》，法律出版社 2006 年版。

中国法治的昌明和进步，为中国民法学的繁荣和发展，做出自己的贡献。

今天是我公历的61岁生日，作为我的研究课题结项的时间，似乎很有意义。我就用这句话结尾了。

中国人民大学民商事法律科学研究中心
杨立新
2013年2月5日于人民大学明德法学楼研究室

导论　家事法概述

一、家事法的概念

目前,以《家事法》命名的民法专著比较少见,而将婚姻法和继承法放在一起研究或者作为教材的则比较多,如房绍坤等的《婚姻家庭与继承法》、[①]孟令志等的《婚姻家庭与继承法》、[②]我主编的《婚姻家庭继承法》。[③] 看起来,将亲属法和继承法合在一起研究和给学生讲授,似乎已经成为潮流。陈苇主编的研究婚姻法和继承法的集刊,被命名为《家事法研究》,直接将婚姻法和继承法的内容放在一起,称为家事法。[④]

英国和美国一般将亲属法和继承法的内容作为家事法或者叫做家庭法。[⑤] 我国香港地区沿用英国体例,把这类法律叫做家事法例,包括婚姻、家庭、儿童、继承等。其非常突出的特点是,它既来源于英国法例,同时对华人社会的家事习惯予以重视,结合了香港的实际情况,制定了一系列成文法例,以调整复杂多样的家事法律关系。[⑥]

在做本课题设计的时候,我计划将亲属法和继承法放在

---

① 房绍坤、范李瑛、张洪波:《婚姻家庭与继承法》,中国人民大学出版社 2007 年版。

② 孟令志、曹诗权、麻昌华:《婚姻家庭与继承法》,北京大学出版社 2012 年版。

③ 杨立新主编:《婚姻家庭继承法》,北京师范大学出版社 2010 年版。

④ 陈苇主编:《家事法研究》,群众出版社 2006 年版。这是该集刊的第一卷即 2005 年卷,其后每年一卷。

⑤ [美]哈里 · D. 格劳斯、大卫 · D. 梅耶:《美国家庭法精要》,陈苇等译,中国政法大学出版社 2010 年版;李喜蕊:《英国家庭法历史研究》,知识产权出版社 2009 年版。

⑥ 百度知道:“香港家事法与大陆婚姻法的主要区别”,载 http://zhidao. baidu. com/question/55706131. html,2013 年 2 月 1 日访问。

一部书稿之中，原因是两部分的总量应当和其他五部著作的各个部分基本相当，篇幅大体合适。原想叫做《亲属继承法》或者《亲属法与继承法》，都觉得不够合适。最后想到还是叫一个比较简单、但又比较贴切的名字，就选择了“家事法”的概念作为本书的书名。刚开始时，觉得“家事法”的概念是否有些突兀，因为中国人不习惯这个概念。但后来看到德国人也将亲属法叫做家庭法（不包括继承法），①故而觉得似乎将包括亲属法和继承法的专著叫做家事法也并没有什么不好的问题，因而释然，就这样用了。

对于“家事法”这个概念究竟应当怎样界定，没有更多的参照。“百度百科”对“家事法”概念的界定，是指向个人提供免受家庭迫害的保护，维护家庭关系的持续，当家庭解体时，为调整家庭关系而提供机制和规则的法律规范的总和。据说，这是根据约翰·伊凯拉尔在《论家事法和社会政策》一书中对家事法的作用的论述以及我国对法律的传统定义方式所给出的概念。② 这个界定显然不是民法意义上对家事法概念的界定。陈苇在《家事法研究》2005 年卷（第一卷）的“卷首语”中说，家事法作为调整婚姻家庭关系的法律，涉及男男女女、千家万户的切身利益，应既是家庭制度文明的典范，又是和谐家庭关系的保障。③ 这说明了家事法的重要意义，但她没有给“家事法”概念作出一个定义。

依我所见，家事法是关于民法调整家庭领域中的亲属身份关系和亲属之间生前死后的财产关系的法律规范的总和。这个定义比较贴切。

家事法的特征是：

第一，家事法是民法。凡是家庭关系都发生在私法领域，而非公法领域。无论是亲属身份法还是亲属财产法，调整的都是私权利主体之间的权利义务关系，而不是私权利主体与公权力机构之间的关系。因此，家事法是民法的组成部分，属于私法性质。

第二，家事法属于人法，但与财产法相互交叉。民法有两大支柱：一是人法，二是财产法。亲属法属于人法，与人格权法相对应，但亲属法中有大量的财产法内容，即亲属财产关系。同样，继承法原本属于财产法，但其以亲属身份关系为基础，因而具有身份法的内容。所以形成了家事法的人法与财产法的交融，内容相互交叉，形成了家事法的特色。因此，我将家事法的基本性质定位于身份法，置于人法之中。

第三，家事法调整的内容是亲属身份关系和亲属财产关系。调整亲属身份关系的法律，是亲属法的主要内容，其调整的是配偶之间、亲子之间以及其他近亲属之间的身份地位和权利义务关系。调整亲属财产关系的法律，主要是亲属法中的财产法和继承法，这些财产关系都是在亲属之间的生存期间或者死亡之后发生，亲属生存期间的亲

---

① [德]迪特尔·施瓦布：《德国家庭法》，王葆时译，法律出版社 2010 年版。

② 百度百科：“家事法”条，载 http://baike.baidu.com/view/3131432.htm，2013 年 2 月 1 日访问。

③ 陈苇主编：《家事法研究》（2005 年卷），群众出版社 2006 年版，卷首语第 3 页。

属财产关系,在亲属法中规定,亲属死亡之后的亲属财产关系,就是遗产的处置,即继承法律关系。我用“亲属之间生前死后的财产关系”来概括亲属法和继承法调整的财产关系的内容,比较新颖,也比较切合实际。

第四,家事法所调整的法律关系都发生在家庭领域。无论是亲属身份关系,还是亲属之间生前死后的财产关系,都在家庭领域发生、变更或者消灭,而不是在其他领域,因而与人格权法、物权法、合同法以及侵权责任法划清了界限,是在民法中专门调整家庭领域发生的亲属身份关系和亲属财产关系的法律规范。

二、家事法的内容

家事法的内容主要分为三部分:

第一部分是亲属身份法。在我看来,亲属身份关系是亲属法的基本内容。将亲属法简单命名为“婚姻法”,是不负责任的表现,因为婚姻关系无法概括全部亲属关系。亲属关系完全围绕身份权的发生、变更和消灭而存在,与物权、债权等财产关系一样都是民事流转关系,只不过是特殊的民事流转关系而已。殊不知,亲属法研究结婚、离婚、亲子、收养、解除收养,哪个不是在研究亲属身份关系的流转问题呢?亲属关系发生之后,在特定的亲属之间发生对应的权利义务关系,这就是配偶权、亲权和亲属权。因此,亲属法律关系的核心就是身份权。如此一来,亲属法就不只是单纯研究结婚、离婚、收养等具体问题,而是围绕身份权展开,研究的是身份权发生、变更和消灭的法律行为和法律事实。因此,亲属法与人格权法、物权法、合同法、知识产权法一样,都是以民事权利为中心的权利法,并因此而使民法分则各部分的内容相互协调一致。

第二部分是亲属生前财产法。由于亲属死后财产法是继承法,亲属生前财产法没有必要那么复杂,就叫做亲属财产法好了。财产是家庭生活的基础。亲属在家庭中共同生活,没有财产作为基础,就无法生存,更无法和谐发展。民事主体结婚,构成配偶,发生配偶权,在财产方面则发生夫妻财产关系,或者依照法定婚后所得财产共同制,或者双方另行约定采取其他财产制,就配偶之间的财产支配利用,发生双方的权利义务关系,构成夫妻财产关系。同样,在家庭共同生活的亲属之间,如果投入自己的财产,就形成家庭共有关系,家庭成员之间相互就支配和利用家庭财产形成的法律关系,就是家庭共有财产关系。当然,无论是配偶之间还是其他亲属之间,都可能存有自己的个人财产,并不与其他财产相互混淆,保持着个人财产的个性,享有独立的占有、使用、收益、处分权利。

第三部分,是亲属死后财产法,也就是继承法。当特定的亲属死亡之后,他所遗留下的遗产,应当在其近亲属之间流转,或者依据他的意愿遗赠给他人,发生继承法律关系。继承法调整继承法律关系,通过遗产继承、遗产赠与和遗产分割展开,包括遗嘱继承、法定继承、遗赠、遗赠扶养协议以及遗产处理和遗产分割,最终将死者遗留的遗产,直接按照其意愿或者按照推定的死者意愿,分配给应当承受该遗产的近亲属,完成继承。

家事法通过以上三个部分,全面展开自己的内容,是民法的重要组成部分。

三、家事法在民法中的地位

研究家事法在民法中的地位,应当首先确定民法的结构。

关于民法的结构,我曾经提出,民法的基本结构是由四个部分组成的,这四个部分搭配和排列的方式不是平行的,而是纵横相交的框式结构。这四个部分是总则部分、人法部分、财产法部分和侵权法部分。这四个部分纵横交接,构成民法的基本结构。① 这样的认识不无道理。

民法的基干部分,是在民法总则之下的两个基本构成部分,即民事权利的两大系统。民法所规定的所有民事权利,即人身权利和财产权利,就是民法的这两大支柱,即民法的人法和财产法。这是民法的主体部分,民法典的主要的条文都规定在这个部分。人法规定的是关于民事主体自己的权利,包括人格权、身份权,财产法是民事主体基于财产所发生的权利,包括物权、债权、继承权和知识产权。在这两大支柱之中,规定了民法典三方面的基本内容,即民事权利、民事权利行使规则以及民事权利的保护请求权。

再进一步思考,对人法和财产法还可以进一步划分,人格权法是民法的主体法,解决的是民事主体的资格及权利问题。人法中的另一个部分是亲属法,再加上继承法,构成家事法。在财产法中,物权法和知识产权法是狭义的财产法,所有的有形财产和无形财产都受财产法调整。财产法中的另一个部分就是交易法,即债法部分,主要调整交易关系。

在民法的这种结构中,家事法与主体法、财产法和交易法并列,具有重要的地位。家庭是社会的细胞,是社会的最基础形态。调整好亲属身份关系和亲属生前死后的财产关系,保障家庭稳定和发展,将在社会安定、和谐、团结、发展中发挥巨大的作用。这就是研究家事法的重要意义。

---

① 杨立新:《民法总论》,高等教育出版社2007年版,第50页。

上卷　亲属法

第一编　亲属法和亲属身份

第一章　亲属法与亲属

第一节　亲属法

一、亲属法的概念和特征

（一）亲属法与婚姻法

亲属法是民法的范畴。长期以来，我国不使用或者不常使用亲属法概念，而是使用婚姻法概念。因而在我国民法领域出现了两个特别情形：一是亲属法叫做婚姻法；二是婚姻法是单独的法律部门而不是民法的组成部分。本书使用亲属法的概念，肯定亲属法是民法的组成部分，其性质属于私法。

1949 年以来，我国法律深受前苏联婚姻家庭立法的影响，一直用婚姻法代替亲属法，用“婚姻家庭关系”来代指“亲属身份关系”。婚姻法不等于亲属法。婚姻法概念的外延是规范婚姻关系的法律，是结婚、离婚法。将婚姻法的内涵界定为“规定婚姻家庭关系的发生和终止，以及夫妻、父母子女和其他一定范围的亲属之间的权利和义务的法律规范的总和”，①超出了这个概念所包含的范围。事实上，我国婚姻法的调整对象与亲属法具有同一性，同为调整夫妻关系、亲子关系和一定范围的亲属身份关系的法律规范。既然婚姻法就是亲属法，为什么就一定要叫“婚姻法”呢？

---

① 杨大文主编：《婚姻法学》，中国人民大学出版社 1989 年版，第 52 页。

我国有关亲属的立法不采用亲属法、婚姻家庭法而是制定《婚姻法》的后果是，就连亲属法中的一个收养问题，都要单独规定一部《收养法》。在我国的民事立法中，再也不能将亲属法叫做婚姻法了，应当以亲属法的身份回归民法大家庭之中。

（二）亲属法的概念和特征

1.亲属法的概念

规定亲属身份关系的发生、变更和消灭，以及夫妻、父母子女和其他一定范围的亲属之间的身份地位、权利和义务的法律规范的总称，就是亲属法。

形式上的亲属法，是指民法典中的亲属法编。这是狭义的民法亲属法。我国目前还没有完成民法典的起草工作，因此，现行的《婚姻法》、《收养法》就是我国民法的组成部分，是亲属法的表现形式。

实质上的亲属法，是指凡是一切规定亲属身份关系的发生、变更和消灭，规定配偶、父母子女以及其他一定范围内的亲属之间的身份地位、权利义务的法律规范，都属于亲属法。以其他形式表现出来的有关亲属身份关系的法律、法规、司法解释等，都属于亲属法。

从亲属法规定的亲属之间的权利义务关系的角度观察，亲属法还有下面的含义。狭义的亲属法，仅指规定亲属身份关系的发生、变更和消灭以及亲属之间的身份上的权利义务关系的法律，称之为纯亲属法。而既规定亲属之间的身份上的权利义务关系，又规定亲属之间的财产权利义务关系的法律，为广义亲属法，又称之为亲属财产法。前者如法国民法典的人法，仅规定亲属之间的身份关系，亲属财产关系规定在财产法中；后者如德国民法典，在亲属法中规定亲属之间的身份关系和财产关系。采用前一种立法例的弊病是，这种亲属之间在财产上的权利义务，都是基于夫妻、亲子等特别身份关系而发生的，与普通的权利义务仅基于为人格者或财产上的主体的事实而发生者，自有不同；而且如果为严格区分，将其置于物权法中，多有不便。[①] 因而，我国的亲属法既规定亲属之间的身份关系，也规定亲属之间的财产关系，而不是在物权法中规定，属于后一种立法例。

2.亲属法的法律特征

（1）亲属法是规范亲属之间身份关系的法律

亲属法与人格权法、物权法和合同法都属于民法，但亲属法所规范的法律关系是配偶、亲子以及其他近亲属之间具有一定的亲属身份地位的自然人之间的法律关系，是亲属身份关系法。这些亲属身份关系，是配偶关系、亲子关系和其他近亲属之间关系的发生、变更以及消灭的民事法律关系。亲属法以其调整的亲属之间的法律关系为

---

① 史尚宽：《亲属法论》，荣泰印书馆1980年版，第1页。

特点,区别于人格权法、物权法和合同法等民法部门法。

(2)亲属法是具有习俗性和伦理性的法律

与其他民法部门法相比较,亲属法更多的是各国自己的固有规则。各国对于本国自然人的夫妻、亲子等亲属身份关系,都受其国家的环境、风俗、人情、习惯的影响,各有其传统。所以,亲属之间的法律关系多随习俗而定,法律规定应当遵循具体国情,不能违背民俗,因而亲属法具有习俗性。同时,亲属身份关系的伦理色彩极为浓厚,无论何种亲属地位和权利义务关系,都须在必要的伦理范围之内,亲属上的权利必须与义务密切结合,体现纲常伦理,不能只强调权利而忽视义务。因此,亲属法的规范必须合于伦理的要求,伦理性具有特别的必要性。

(3)亲属法是具有亲属团体性的法律

亲属身份关系具有团体性,也称作保族生活,是指人类依其本能,承先继后,维护其种族于永远。① 这种保族的团体性是基于自然的血缘关系而形成的社团结合。亲属身份关系是以夫妻、亲子、其他近亲属的超越个人而结合的亲属团体,在其间固定亲属的身份地位,发生权利义务关系。法律对这种法律关系进行调整,就是承认亲属的团体性,维护其团体性,故亲属法更注重团体关系,重点考虑特定亲属之间的全体成员的利害祸福,因而具有强烈的团体性,个人主义色彩较为淡薄。

(4)亲属法是强行法、普通法

亲属法的基本内容是强行法,表现在亲属身份的法律要件以及所生的法律效力,都为定型的、强制性的。例如,结婚确系个人自由,但一经结婚,其效力即按照法律规定发生,不许自由改变。亲属法也有任意性规定。例如,结婚选择财产制,就依照当事人的意愿而定。亲属法针对全体自然人制定,除了少数民族自治地区可以规定变通办法之外,其他地区一律适用,因此是普通法。

(三)亲属法在民法中的地位

1. 不同的立法例

亲属法在民法中的地位,分为罗马式和德国式:②法国为罗马式,分为人法、财产法和取得财产的各种方法即债权法,亲属法在人法当中,与民事主体制度规定在一起,德国为潘德克吞式,亲属法为民法典的单独一编,规定在物权法、债权法之后和继承法之前,是典型的德国式亲属法立法。

在前苏联以及我国,亲属法为单独立法,脱离民法的规定,单独作为一个部门法。实践证明,这种立法例是没有生命力的,俄罗斯民法典已经不再采取这种做法,我国婚

① 戴炎辉等:《亲属法》,台北 2010 年自版,第 1 页。

② 胡长清:《中国民法亲属论》,商务印书馆 1936 年版,第 3 页。

姻法虽然为单独立法,也已经回归于民法典,成为其组成部分。有的学者专门研究婚姻家庭法回归民法的必要性,对婚姻家庭法为独立的法律部门的理由进行反驳,确认婚姻家庭法即亲属法为民法的必要组成部分。①

2. 亲属法为民法的重要组成部分

亲属法的性质是私法,所调整的法律关系都是民事法律关系,因此是民法的重要组成部分。理由是:第一,亲属法调整的亲属法律关系是民事法律关系。亲属法律关系的主体是民事主体之间的权利义务关系,不属于公法范畴,是纯粹的私法关系,具有民事法律关系的一切特征。因此,亲属法的性质是私法性质,是民法的组成部分。第二,亲属法调整的亲属身份关系是人身法律关系。民法分为两大体系,一是人法,二是财产法。亲属身份关系属于人身关系,与财产关系相对应,具有截然不同的性质。因此,亲属身份关系是人法的范畴,而不属于财产法。第三,亲属法调整的亲属法律关系是身份法律关系。人法分为人格法律关系和身份法律关系。身份法律关系就是亲属身份关系,是自然人在不同的亲属之间形成的权利义务关系,确定亲属之间的身份地位。亲属法与人格权法相对应,与人格权一道构成民法人法的完整内容,是人身权的法律内容之一。

我国民法理论长期忽视身份权的研究。事实上,身份权就是亲属之间的权利义务关系的基本概括,研究亲属法就是要研究亲属之间的身份权,研究亲属之间身份权产生、变更和消灭的内容,研究亲属之间身份权的具体内容,研究身份权行使的规则,研究身份权的法律保护。以身份权为基础研究亲属法,会使亲属法的研究更为清晰、简洁。

二、亲属法的职能

亲属法的基本逻辑结构是:亲属身份、亲属身份关系、亲属身份行为和身份权,以及附属的亲属财产关系。亲属法根据这样的逻辑关系,实现亲属法的如下职能。

(一)固定亲属身份

亲属法的最基本作用是确定亲属之间的身份、地位关系。身份强调的是亲属之间的地位。在民法领域,只在亲属之间区分亲属身份关系的远近,确定亲属之间身份的高低、地位的尊卑。亲属法确认亲属之间的这种身份关系,固定亲属之间的尊卑地位,使自然人在亲属身份关系上,依据血缘关系的远近固定不同的身份地位,使社会秩序稳定。那种父不慈、子不孝或兄不宽、弟不仁的亲属身份关系,在任何社会中都会遭到反对。

---

① 雷春红:《婚姻家庭法的地位研究》,法律出版社 2012 年版,第 145 页以下。

亲属法固定亲属之间的身份地位，目的在于确定不同的亲属之间的权利义务关系。亲属身份关系越近，权利义务关系就越密切，对身份利益的支配力就越强。反之，亲属身份关系越远，权利义务就越薄弱，对身份利益的支配力就越弱。超出了一定亲属范围的亲属，尽管法律也认其为亲属，但不具有权利义务关系。因此，亲属法固定亲属身份，就是确认不同亲属之间的权利义务关系，并赋予其法律的强制力，保护这种身份地位不受侵害，保障亲属之间的权利行使和义务履行。

（二）维护亲属亲情

亲情是亲属之间最基本、最亲近的感情。在一般情况下，亲属身份关系越近，亲属之间的感情就越深。亲情是维系亲属身份关系的精神纽带和桥梁，没有亲情，亲属身份关系就不会持久维持，也会损害社会利益。亲属法确认和保护亲属之间的这种基本感情，将其上升为亲属法的基本规则。我国《婚姻法》第4条关于"夫妻应当互相忠实，互相尊重；家庭成员间应当敬老爱幼，互相帮助，维护平等、和睦、文明的婚姻家庭关系"的规定，体现的就是这个意思。

家庭中的血缘关系先天地形成了不同的"伦"，为了维护"伦"的秩序，便引申出相应的"理"。这样一种朴素的推论，不需要高深莫测的理论支持，任何一个有过正常家庭生活的人都会有切身的体会。[①] 维护亲属亲情，要求亲属之间必须按照亲情的基本需要，确定亲属之间在精神上的权利义务关系，并按照这个准则作为判断身份行为的标准。古代礼教中强调的"父慈子孝，兄宽弟仁"未必不是今天亲属身份关系的准则。例如，剥夺兄弟姐妹悼念共同尊亲属权利的所谓侵害"悼念权"的案件，[②]说明亲属身份权维护的就是亲属之间的亲情关系，对于违反亲情关系准则的行为，认定其具有违法性，应当受到谴责和民法制裁。

（三）强调义务中心

身份权法律关系最基本特点是以义务为中心，而不是以权利为中心。这是亲属法和身份权历史发展的必然选择。在早期亲属法（奴隶社会和封建社会的亲属法）中，亲属身份关系和身份权以权利为中心，体现的是身份权的权利人对义务人的人身进行强制性支配，奉行的是亲属之间尊亲属对卑亲属的人身支配，男性亲属对女性亲属的人身支配。那时的身份权是父权、夫权和男权。在罗马法，家父不仅支配全部的家的事务，还支配家子的人身，可以剥夺家子的一切家族权甚至人格，将家子逐出家庭，还可以剥夺家子的生命。中国奴隶社会和封建社会的家长权虽然尚不至此，但也属于极为强大的身份权。近代以来，亲属法和身份权越来越衰落，逐渐萎缩，几乎退出了历史。

---

① 赵庆杰：《家庭与伦理》，中国政法大学出版社2008年版，第289页。

② 案例的简单内容是，哥哥秘密进行亡父丧事，弟弟获悉后质问哥哥，并向法院起诉哥哥侵害其悼念权。

原因是以权利为中心的身份权不符合现代社会基本精神。随着社会的发展和法律文化的进步,身份权又出现复兴,但是复兴的不是以权利为中心的身份关系,而是以义务为中心的身份关系,彻底改变了原来的亲属身份权的基本规则,将亲属之间权利义务的着重点放在履行义务之上,确立亲属身份关系的支配权是支配亲属利益,而在支配中,最主要的是亲属之间对义务的履行,从而建立了现代亲属法和身份权的基本法则。

三、亲属法与其他法律的关系

(一)亲属法与民法总则

民法总则在形式上为包罗各编所共通之原则规定,亲属法即为民法之一部分,则凡应于总则中规定的事项,如行为能力、意思表示等,原则上应直接适用总则之规定。但民法总则规定的内容,多以财产交易为对象,直接为亲属法设立原则规定者极少,故总则规定多不能直接无条件适用于亲属法。亲属法上的行为,以自然人的行为能力为原则,而极端注重行为主体的意思,这即为与总则之财产法规定根本不同之特质,在解释亲属法时,首应体会之原则,[①]但基本原则不能违背。

(二)亲属法与人格权法

在民法中,亲属法与人格权法是关系最为密切的法律。亲属法与人格权法都是人身权法,同属于人法的范畴,因而具有相同的属性,都是兼具强制性和任意性的法律。同时,身份权的很多具体权利都是人格权的延伸,如夫妻姓氏权就是姓名权的延伸,从业自由权就是人身自由权的延伸。

亲属法与人格权法有以下不同:第一,亲属法调整的是亲属之间的地位和亲属权利义务的法律关系,调整的是亲属之间如何支配亲属利益的法律关系;而人格权法调整的是人格权法律关系,即民事主体就其固有的人格利益形成的法律关系。第二,亲属法调整的主体范围,仅适用于作为亲属的自然人的身份、地位关系,亲属法不适用于法人;而人格权法适用于自然人,同时也规定法人的人格权,调整法人的人格权法律关系。第三,亲属法是规定具体亲属之间权利义务关系具体规则的法律,因而不是宣示性法律,需要制定详尽的规则;而人格权法是宣示性的法律,不必规定人格权行使的具体规则。第四,亲属法调整亲属之间的权利义务关系,具有习俗性、伦理性的特征;而人格权法规范的是人格权的具体内容,权利人可以自由支配人格利益,习俗性和伦理性并不那么浓厚。

(三)亲属法与继承法

亲属法与继承法同为家事法,是关系最为密切的法律。尽管继承法的基本性质属

---

① 吴岐:《中国亲属法原理》,中国文化服务社 1947 年版,第 3 ~ 4、5 页。

于财产法，是规范自然人死亡后，其遗产被继承人依照遗嘱或者依照法律进行继承的法律；但最基本的事实是，继承的基础事实是亲属之间的身份地位关系。除了遗赠和遗赠扶养协议之外，凡是继承都是在亲属之间进行的。因此，继承关系的基础是亲属之间的身份关系。尤其是法定继承，其继承人顺序、继承范围等，都是依照亲属之间的亲等进行。因此，继承法是以亲属之间的身份关系为基础的遗产分配的法律。

亲属法和继承法又是不同的法律。在民法中，继承法的基本性质是财产法，是如何分配死者遗产的法律。而亲属法则是人法，是人的亲属身份关系法。故亲属法和继承法是性质不同的民法部门法。

（四）亲属法与物权法

亲属法和物权法也分属于人法和财产法，是性质截然不同的民法部门法，适用的是完全不同的理念和规则。

亲属法和物权法也有关系密切的部分，这就是亲属法中的财产法须接受物权法的基本约束和规范。无论是在夫妻之间还是在家庭其他成员之间，都要发生财产关系。夫妻之间可以是夫妻共同财产，也可以是夫妻约定财产；家庭成员之中，既可以形成家庭共同财产，也可以是各自享有财产权。无论是亲属共有的共同财产，还是亲属单独所有的财产，凡是共同财产都属于物权法上的共有财产，都适用物权法共有的规则；而单独所有的财产都属于物权法上的单独所有财产，都要接受单独所有权规则的调整。在亲属法领域，亲属之间的财产关系就是物权法中的物权关系。在法国法体系中，亲属法不规定财产关系，直接将亲属之间的财产关系规定在物权法中，更鲜明地说明了这一点。我国的亲属法立法虽然是在亲属法中直接规定财产关系制度，但其财产关系的基础规则，仍然是物权法规则，应当接受物权法的规范。

（五）亲属法与合同法

合同法是民法的交易法。合同法虽然也被称为动态的财产关系法，但事实上并不完全如此。在合同法调整的范围内并不都是具有财产内容的合同，还有一些不具有财产性质的合同。例如确定身份关系、身份行为的协议，也具有合同的性质，也需要合同法的调整。因此，合同法虽然是财产法，但也与亲属法有密切关系。最高人民法院《关于适用〈中华人民共和国婚姻法〉若干问题的解释（二）》第8条规定：“离婚协议中关于财产分割的条款或者当事人因离婚就财产分割达成的协议，对男女双方具有法律拘束力。”这里说的意思，就是确认这种协议的合同效力。

事实上，在亲属法领域，不仅离婚协议具有合同的性质，应当受合同法的约束，以下身份行为也具有合同的性质：

1. 双方当事人的结婚合意和离婚合意

结婚和离婚，都是婚姻当事人双方的合意，是双方当事人确定身份关系的协议。

这是结婚和离婚行为的实质。当然,结婚和离婚的形式是政府的登记行为;但是,如果没有当事人双方结婚和离婚的合意,何以出现当事人结婚或者离婚的后果呢?因此,结婚和离婚行为等于,当事人的合意即当事人缔结婚姻关系或者解除婚姻关系的身份行为,加上政府登记的承认行为;前者是实质行为,后者是形式上的确认,二者加到一起,才发生结婚和离婚的法律效果。所以,结婚和离婚的基础行为是当事人的合同行为。

2. 结婚夫妻财产关系约定行为

结婚时或者在结婚之后,双方当事人就夫妻财产关系的性质可以进行约定,不采用法定的夫妻共同财产制,而采用其他财产制。这种约定,是就婚姻财产关系所作的意思表示一致的行为,也是关于夫妻财产关系的合意,当然也是合同行为。

3. 离婚分割夫妻财产行为

正如前述司法解释规定的那样,离婚与分割夫妻共同财产的行为对男女双方具有法律约束力。这种约束力当然是合同的效力。

4. 离婚抚养子女行为

离婚时双方当事人关于子女抚养的协议,也是关于子女抚养的合意,也具有合同的性质,也应当按照合同法的基本规则处理。

5. 收养行为

收养行为,是送养人和收养人就收养子女达成合意,发生收养效力的身份行为。按照《收养法》的规定,收养要经过政府的登记确认,但其基础行为仍然是合同行为,是双方当事人关于收养的合意。同样,解除收养的行为也具有合同性质。

可见,亲属法虽然与合同法在性质上不同,但亲属法的身份行为受到合同法的约束,应当按照合同法的基本规则进行。

(六)亲属法与侵权责任法

侵权责任法是民法的权利保护法。亲属法对于亲属之间的权利义务关系,有自己的保护方法,这就是身份权请求权。身份权请求权一方面是对特定亲属身份关系之外的人的请求权,即在侵害了其身份权时的停止侵害和排除妨害的请求权;另一方面是对特定亲属身份关系当事人之间,在不履行身份义务的时候的履行义务请求权。

与此相对应的是身份权的侵权法保护。当亲属之间的身份权受到侵害时,侵权责任法确认该种行为为侵权行为,侵权人应当承担侵权责任,以保护亲属身份关系当事人的合法权利,维护亲属的特定身份地位。《婚姻法》第46条规定的离婚过错损害赔偿制度,就是配偶双方在一方违反忠实义务时,对方享有的侵权请求权。最高人民法院《关于确定民事侵权精神损害赔偿责任若干问题的解释》规定的引诱被监护人脱离监护可依侵权责任法的规定请求精神损害赔偿,就是侵权法对亲权或者亲属权的保护。因此,侵权责任法作为权利保护法,对亲属法具有重要作用和意义;作为亲属身份权的后盾,赋予身份权以强制力,实现亲属法规范亲属身份关系的职能。

四、亲属法的基本原则

(一)婚姻自由

婚姻自由是宪法赋予自然人的权利,是指自然人依照法律规定行使结婚或者离婚的权利不受拘束、不受控制、不受非法干预的权利。婚姻自由是近现代婚姻家庭立法努力推进的一项基本原则,以人格的独立、平等、自由、尊严为基础,①是自然人的一项基本权利,是亲属法的基本原则。《宪法》第 49 条规定:"禁止破坏婚姻自由。"《婚姻法》第 2 条规定:"实行婚姻自由。"第 3 条规定:"禁止包办、买卖婚姻和其他干涉婚姻自由的行为。"

婚姻自由原则的具体内容是:

1. 依法行使婚姻权利

婚姻权利是《民法通则》第 105 条规定的婚姻自主权。婚姻自主权是具体人格权,是自然人自主决定婚姻行为的权利。亲属法规定婚姻自由,是在亲属法中保障自然人依法行使婚姻自主权的自由权。行使婚姻自主权是自由的,但是要依法进行,按照法律的规定确定婚姻行为。

2. 不受拘束、不受控制、不受非法干预

婚姻自由的基本要求是,当事人行使婚姻自主权时,要保障其自由状态。自由的本质要求,就是行为人能够保持不受拘束、不受控制和不受非法干预的状态,在这种状态下,自主决定婚姻行为。

3. 包括结婚自由和离婚自由

婚姻自由的具体内容包括结婚自由和离婚自由。前者是指缔结婚姻关系的自由,后者是指解除婚姻关系的自由。这两个方面互为补充,构成完整的婚姻自由。传统认为,结婚自由是婚姻自由的主要方面,而离婚自由是特殊行为,是结婚自由的补充。②这种说法并不完全正确。如果没有离婚自由,婚姻自由就不是完整的原则。结婚自由和离婚自由都是婚姻自由的内容,都是保障婚姻自主权的基本规则,并没有为主或者为辅的不同地位。

违反婚姻自由行为的性质,是侵害婚姻自主权的侵权行为。按照侵权责任法的要求,应当承担侵权责任。受害人可以依照侵权请求权或者人格权请求权,保护自己的权利。

---

① 陈苇:《婚姻家庭继承法学》,群众出版社 2012 年版,第 49 页。

② 王战平主编:《中国婚姻法教程》,人民法院出版社 1992 年版,第 22 页。

（二）一夫一妻

一夫一妻，是个体婚的基本形式，就是一男一女结为夫妻的婚姻制度，也是我国亲属法规定婚姻关系的基本原则。一夫一妻原则的对立面，是一夫多妻或者一夫一妻多妾。现代社会实行男女平等，实行严格的一夫一妻制，并将其作为亲属法的基本原则，反对任何形式的违反一夫一妻制的做法。这一原则对于保障男女平等，保护妇女、儿童的合法权益有重要意义。①

一夫一妻原则的含义是，任何人，无论居于何种社会地位，具有多少钱财，都不得同时有两个以上的配偶；任何人在结婚后、配偶死亡或者离婚之前，不得再行结婚；一切公开的、隐蔽的一夫多妻或者一妻多夫的两性关系，都是非法的。

法律保障一夫一妻制的实现，对于重婚、有配偶者而姘居、卖淫等行为予以法律制裁。对于重婚行为，法律认为构成犯罪，追究刑事责任。对于有配偶者而姘居如包养“二奶”的行为，予以法律谴责，也可以依据侵权责任法的规定，认定为侵害配偶权的侵权行为。对于卖淫以及组织、容留卖淫的行为，认定为犯罪行为或者行政违法行为，予以刑事的或者行政的法律制裁。

（三）男女平等

男女平等并不只是亲属法的内容，更不只是规定婚姻关系当事人之间的平等；而是宪法的原则，是民法的原则，是一切自然人在法律面前人人平等的基本原则。两性平等、男女平权，是现代社会的一项基本人权。在亲属法领域，表现为在亲属身份关系中，无论男女，都享有一样的权利，负担一样的义务。贯彻执行这一原则，对于保护妇女合法权益，实现妇女在婚姻家庭方面的彻底解放，有着十分重要的意义。②

男女平等的基本含义包括以下三个方面：

1. 在婚姻关系中的男女平等

男女在结婚中，权利平等，条件平等。结婚后处理家庭事务，双方的权利义务平等。男女有平等的离婚请求权，有同等的共同财产分割权利和抚养子女的权利，在共同债务的清偿和经济互助等方面也都有同等的权利。

2. 家庭成员的地位平等

男女在家庭领域中的地位和权利义务一律平等。凡是共居的家庭，全体成员不论男女一律平等，任何亲属的地位和权利不得超过其他亲属，不得一方支配另一方；各成员的权利义务遵照法律的规定享有和行使，不得有超越法律规定的权利，尤其是男性家庭成员不得侵害女性家庭成员的权利，损害女性的平等地位。

---

① 陈苇：《婚姻家庭继承法学》，群众出版社2012年版，第54页。

② 陈苇：《婚姻家庭继承法学》，群众出版社2012年版，第59页。

3. 所有的近亲属之间的地位平等

在其他近亲属之间,其法律地位和权利义务关系也必须依照法律规定,男女亲属地位平等,享有法律规定的权利义务,任何亲属都不得歧视女性亲属,损害女性亲属的平等地位。

(四)保护妇女、儿童和老人的合法权益

保护妇女、儿童和老人的合法权益,是社会公德的要求。亲属法特别强调对妇女、儿童和老人合法权益的保护,将其作为亲属法的基本原则,以更好地保护亲属中的弱势群体,防止他们的合法权益受到侵害。[①] 这一原则对于实现男女平等,建立尊老爱幼、团结和睦的家庭关系有着十分重要的意义。[②] 为此,《婚姻法》专门在第2条第2款规定:"保护妇女、儿童和老人的合法权益。"

在亲属法领域,侵害妇女、儿童和老人的合法权益的行为,法律规定了明确的制裁措施。《婚姻法》第3条第2款规定:"禁止家庭暴力。禁止家庭成员间的虐待和遗弃。"《婚姻法》还在第五章规定了对实施家庭暴力和虐待、遗弃行为的制裁措施。

在制裁家庭暴力和虐待、遗弃行为中,应当特别注意发挥侵权责任法的作用。家庭暴力是发生在家庭成员之间的造成身体、精神、性或者财产上损害的行为。例如,对受害人实施或者威胁实施身体上的侵害以及限制人身自由等控制行为,是对身体权、健康权、生命权以及人身自由权的侵害;对受害人实施或者威胁实施性暴力,实施凌辱、贬低或者其他损害受害人身体完整、伤害受害人自尊的性行为;实施侮辱、诽谤、骚扰,严重侵犯受害人的隐私、名誉、自由、人格尊严等行为;破坏或者损坏受害人的财产,对受害人实施剥夺、减少或者妨害其获得经济来源的行为等,都属于家庭暴力的范围。这些家庭暴力行为都是针对特定的人实施的行为,后果都使受害人的权利受到侵害,人身利益、财产利益或者精神利益受到损害或者损失。因此,对实施家庭暴力的行为人进行刑事惩罚和行政制裁都是必要的,但是都不能实际解决受害人所受到损害的救济问题。对此,只有侵权责任才能够发挥这样的作用,实现这样的职能。

责令实施家庭暴力的行为人承担民事责任,其实就是责令其承担侵权责任。因为所有的家庭暴力造成受害人损害的,都构成侵权行为。侵权行为的法律后果是承担侵权责任。前述那些具体的家庭暴力行为都构成侵权行为,责令行为人承担侵权责任,赔偿受害人的人身损害、财产损害以及精神损害,是保护受害人的最重要方法。所以,应当重视侵权责任对于救济家庭暴力受害人的权利损害,惩罚家庭暴力违法行为的基本功能。

---

① 杨立新主编:《婚姻家庭继承法》,北京师范大学出版社2010年版,第17页。

② 陈苇:《婚姻家庭继承法学》,群众出版社2012年版,第61页。

第二节 亲属

一、亲属的概念及特征

(一)亲属的概念

1. 关于亲属概念的不同界定

人之所以为人,在人与人之结合。人与人结合的最密切、最自然者,厥为以夫妇亲子为中心的亲属团体。① 何为亲属,各国法律的定义不同,但内涵基本一致。英美法中"亲属"与"联系"同义,是血亲或最近血亲的通称。所谓"联系",表示某些事情与另外相序发生的事情之间的相互联接的关系,亲属则是人与人之间的前后相序之间的关系。② 日本民法学认为亲属的内涵是以血缘、婚姻为基础的人与人之间的关系,称为亲属身份关系,这些人互相称为亲属。在自然的意义上,这种关系当然是无限地扩大,但法律认一定范围内的亲属为法律上的亲属。③

我国民法学界对亲属概念的界定没有原则分歧,只是在侧重点上有所不同。一种主张强调亲属是人与人之间的关系,如认为"亲属是指因婚姻、血缘和收养而产生的人与人之间的关系"。④另一种主张强调亲属是一种社会关系,如认为"亲属,是指因婚姻、血缘和收养而产生的社会关系"。⑤ 或者两个侧重点都提到,如认为"亲属,是因婚姻、血缘或收养而产生的人与人之间最密切、最亲近的社会关系"。⑥ 这些意见都是正确的,因为亲属既是一种人与人之间的关系,也是一种社会关系。

2. 亲属概念的界定

亲属是指因婚姻、血缘和法律拟制而产生的人与人之间的特定身份关系,以及具有这种特定身份关系的人相互之间的称谓。

亲属概念包含三方面含义:第一,亲属是一种人与人之间的社会关系,这种社会关

---

① 陶汇曾:《亲属法大纲》,商务印书馆 1928 年版,第 1 页。

② 《牛津法律大辞典》,光明日报出版社 1988 年版,第 762 页。

③ [日]《新版新法律学辞典》,中国政法大学出版社 1991 年版,第 527 页。

④ 杨大文主编:《婚姻法学》,法律出版社 1986 年版,第 101 页;王战平主编:《中国婚姻法讲义》,全国法院干部业余大学教材,第 40 页。

⑤ 巫昌桢主编:《中国婚姻法》,中国政法大学出版社 1990 年版,第 74 页;李志敏主编:《比较家庭法》,北京大学出版社 1988 年版,第 207 页。

⑥ 王战平主编:《中国婚姻法教程》,人民法院出版社 1992 年版,第 42 页。

系因婚姻、血缘或拟制血缘而产生。在这个含义上使用“亲属”概念,实际上是指“亲属身份关系”,是亲属之间的权利义务构成的法律。第二,亲属标志着具有亲属身份关系的人的特定身份。亲属是人与人之间的一种特定身份,具有特定亲属身份关系的人就具有特定的身份。这种身份是固定的,只要亲属身份关系存在,这种特定身份就不会改变,亲属之间不能相互更换位置而改变身份。在这个含义上的亲属概念,标志着亲属之间的不同身份地位及亲属身份关系的远近亲疏。第三,亲属也是具有亲属身份关系的人相互之间的共同称谓。亲属因其身份的不同,因其亲属身份关系的远近亲疏不同而有不同的称谓,如配偶、父母子女、祖父母孙子女、外祖父母外孙子女、兄弟姐妹、叔姑、舅姨、甥侄等,这些具体称谓集合起来,都可称为“亲属”。在这个含义上使用的“亲属”,实际、指的是亲属之间的共同称谓。

我国亲属法的亲属概念,就是这样三位一体的概念,在不同的场合使用这个概念,其含义也不相同。

(二)亲属的法律特征

1. 亲属是以婚姻和血缘为基础产生的社会关系

民事法律关系是一种社会关系,与其他民事法律关系相比,唯独亲属是以两性的结合和血缘的联系为基础而发生的民事法律关系。亲属的发生有基于自然发生和人为发生两种情形。无论哪一种情形,如果没有婚姻和血缘,就不会发生亲属这种社会关系,就不存在亲属身份关系。

2. 亲属是有固定身份和称谓的社会关系

亲属一旦形成,亲属之间即具有固定的身份和称谓,除依法律的规定,不得随意变更。一定的婚姻和血缘关系产生一定的亲属,而亲属身份一经产生就固定下来,非依法律规定不得变更。亲属称谓是亲属身份的表现形式,每种亲属身份都有固定的称谓,亲属身份不变,称谓不得变更。法律所确定的亲属身份和称谓,也可以因法律行为和法律事实的发生而变化:前者如离婚,解除了配偶之间的配偶身份和夫、妻的称谓;后者如配偶一方死亡,生存一方即与对方的亲属之间解除姻亲关系。

3. 一定范围内的亲属有法律上的权利义务关系

法律确立亲属制度的目的,在于调整亲属之间的权利义务关系,使其确定化、有序化,更有利于人类自身的生存发展和社会的稳定。法律对亲属身份关系的调整是有限范围内的调整,各国法律都规定了在法律上发生权利义务的亲属范围。亲属法是规范一定范围内的亲属身份关系的法律。超出此范围的亲属关系,不受法律调整。

二、亲属的种类

(一)亲属种类的沿革

不同的国家、不同的历史时期,对亲属有不同的认识,法律规定也各不相同。

1. 罗马法的亲属种类

罗马法的"家"又叫"家族",是指在家父权之下所支配的一切人和物,包括家子、奴隶、财物等。到法律昌明时期,狭义的家,专指家父及处于家父权力支配之下的家属。罗马法把亲属分为法亲、血亲和姻亲三种。①

法亲又称"宗亲",是市民法上所规定的亲属身份关系,指由男系血缘关系上溯至同一至尊亲属的亲属,包括已脱离家庭的所有男性和女性组成的家庭。宗亲为拟制的亲属身份关系,彼此间不以血缘关系为必要,仅以家父的影响为基础。凡受同一权力关系支配之人在该权力关系消灭后,彼此间即构成宗亲关系。宗亲是早期罗马社会家父权至高无上的法律体现。

血亲即仅以血缘关系为基础的亲属,或称"天然亲属",以区别于"拟制亲属"。血亲不论男系、女系,凡有血缘关系的,都为亲属。血亲当中又可分为:一是法定自然血亲,即正式婚姻所生育的子女;二是纯自然血亲,为非正式婚姻夫妻所生育的非婚生子女;三是纯法定血亲,即并无血缘关系而由法律规定为血亲的亲属,如养父母养子女关系。

姻亲是夫妻一方对于他方的血亲间发生的亲属身份关系,包括配偶的血亲和血亲的配偶,但不包括配偶血亲的配偶。

2. 国外亲属的种类

各国由于历史发展和伦理的不同,亲属的种类规定各不相同。例如,《日本民法典》第725条规定六亲等以内的血亲、配偶、三亲等以内的姻亲为亲属。《韩国民法典》第767条规定配偶者、血亲以及姻亲为亲属。德国则规定只有血亲才为亲属,广义的亲属才指包括姻亲在内的亲属。

亲属因婚姻、血缘和法律拟制而产生。现代立法因亲属产生原因的不同,将其划分为不同的亲属种类。一般分为血亲、姻亲和配偶三类。但也有少数国家不认配偶为亲属。

3. 我国古代的亲属种类

我国古代奴隶社会和封建社会都实行宗法制度,以男子为中心,以血缘关系为纽带,按照血缘关系的远近区别亲疏。在宗法制度下,亲属分为宗亲、外亲和妻亲。

---

① 杨立新主编:《婚姻家庭继承法》,北京师范大学出版社2010年版,第21页。

宗亲，即男性同宗之亲。包括出自同一祖先的男系血亲、男系血亲的配偶和未出嫁的女性。如祖父母、父母、妻、兄弟及其妻、子孙及其妻、未出嫁的女儿、姑、姐妹等。《礼记·丧服小记》:"亲亲以三为五，以五为九，上杀、下杀、旁杀，而亲毕矣。"所谓"三"，指父、己身、子；所谓"五"，指祖父、父、己身、子、孙；所谓"九"，指高祖、曾祖、祖、父、己身、子、孙、曾孙、玄孙。宗亲以九族为限。宗亲是宗法制度确认的主要亲属。

外亲，为异性亲属，以女系血统相联系。包括两种：一是以母亲血统相联系的亲属，如外祖父母、舅、姨等；二是以出嫁女性的血统相联系的亲属，如外孙、外甥、姑表兄弟等。外亲为次要亲属，其地位远较宗亲为低。

妻亲，是指以妻子为中介的亲属身份关系，如岳父母、妻的伯、叔、兄弟姐妹等。

这种将亲属分为不同等级的做法，是宗法制度男尊女卑、重男轻女的产物。

4. 我国近代的亲属种类

清末法律改制，仿西方亲属立法，但《大清民律草案》仍以男性为本位，将亲属分为宗亲、外亲、妻亲和配偶，并没有脱离原来封建宗法制度的思想影响。

30 年代民国民法亲属编废除了将亲属作宗亲、外亲和妻亲的不科学划分，规定亲属应分为配偶、血亲和姻亲三类。这是我国亲属立法上第一次以科学、平等的态度划分了亲属的类别，结束了我国自奴隶社会以来确立的、延续了几千年的宗法制度的亲属体系，缩短了我国亲属立法与世界立法之间的差距，具有重要的进步意义。

(二)我国的亲属种类

我国《婚姻法》没有明文规定亲属种类，明文规定的亲属种类只有血亲和配偶，没有规定姻亲是立法的一大疏漏。民法理论将我国亲属分为配偶、血亲和姻亲三个种类。

1. 配偶

配偶是亲属，而且是关系最为密切的亲属。

各国对配偶是否为亲属规定不一致。有以配偶为亲属者，如《日本民法》第 725 条的规定。有不以配偶为亲属者，如德国、保加利亚，规定亲属只包括血亲或者血亲和姻亲两种，对配偶之间的权利义务在"婚姻的效力"或"夫妻关系"中作单独规定；但在规定亲属之间的扶养制度时又都包括配偶的扶养义务。这实际上仍认配偶为亲属之一种。相较之下，以确认配偶为亲属更为合理。

配偶是因男女双方结婚而发生的亲属。配偶是血亲的源泉，是姻亲的基础，是最重要的亲属之一。配偶的亲属身份始于结婚，终于配偶一方死亡或离婚。在婚姻关系存续期间，夫妻双方均发生配偶的权利和义务关系。

2. 血亲

血亲是指有血缘联系的亲属，是亲属中的主要部分。

(1)自然血亲和拟制血亲

血亲可以自然发生,也可以因法律拟制而产生,故血亲有自然血亲和拟制血亲的区分。

自然血亲是指出于同一祖先有血缘联系的亲属,如父母与子女、祖父母与孙子女、外祖父母与外孙子女、兄弟姐妹等。这些亲属无论是全血缘或半血缘,也无论是婚生还是非婚生,均为自然血亲。自然血亲在整个亲属范围内占重要地位,是家庭成员的主要组成部分。自然血亲还分为全血缘的自然血亲和半血缘的自然血亲。前者是指同胞的兄弟姐妹,他们的血缘都来自同一对男女。后者是指同父异母或者同母异父所生的兄弟姐妹,他们的血缘关系追根溯源,仅有一半相连。全血缘的自然血亲与半血缘的自然血亲在亲属之间的权利义务上没有区别。

拟制血亲是指本无血缘联系或者没有直接的血缘联系,但法律确认与自然血亲有同等权利义务的亲属。拟制血亲一般因收养而产生,在养父母养子女之间产生父母子女的权利义务关系。我国《婚姻法》第26条规定,养父母和养子女间的权利义务,适用父母子女关系的有关规定,就是承认收养形成的拟制血亲关系。

另外,我国《婚姻法》承认形成了扶养关系的继父母与继子女为拟制血亲。《婚姻法》第27条第2款规定:“继父或继母和受其抚养教育的继子女间的权利义务,适用本法对父母子女关系的有关规定。”这里以受其抚养教育为条件,把继父母与继子女分为姻亲关系和拟制血亲两种类型,没有受其抚养教育的为姻亲关系,受其抚养教育的作为拟制血亲对待。这种规定存在问题。继父母与继子女本为姻亲,不同于养父母和养子女之间的关系。其不同之处就在于,收养关系成立以后,养子女与生父母之间的亲属身份关系消灭;而继父母和继子女之间抚养关系的形成,并不消灭继子女与生父母之间的亲子关系。这就使凡是与继父母形成了抚养关系的继子女,具有与其继父母和生父母之间双重的亲子关系,使继子女在法律上享有了独特的法律地位。这种立法例是不切合实际的。在将来制定民法典亲属法编时,应将继父母和继子女之间的关系归于姻亲之中,形成收养关系的除外。

(2)直系血亲和旁系血亲

按照血亲来源的不同,血亲分为直系血亲和旁系血亲。

直系血亲是指有直接血缘关系的亲属,包括生育自己和自己所生育的上下各代的亲属。如父母与子女,祖父母与孙子女,外祖父母与外孙子女等。在我国历史上,曾经有过重男系亲轻女系亲、重父系亲轻母系亲的思想影响,把外祖父母与外孙子女的亲属排斥在直系血亲之外的做法和习惯。这些是违反亲属法和自然法则的错误做法。

旁系血亲是指有间接血缘关系的亲属,即与自己同出一源的亲属。如与自己同源于父母的兄弟姐妹,与自己同源于祖父母的伯、叔、姑以及堂兄弟姐妹和姑表兄弟姐妹,与自己同源于外祖父母的舅、姨以及姨表兄弟姐妹和舅表兄弟姐妹等。凡是与自己为同一高祖所生的子孙,除了直系血亲之外,均为五代以内的旁系血亲。

(3)尊亲属、卑亲属和平辈亲属

按照血亲的辈分不同,血亲分为尊亲属、卑亲属和平辈血亲。

尊亲属又称之为长辈亲,是指辈分高于自己的亲属,即父母以及父母同辈以上的血亲。父母、祖父母、外祖父母为自己的直系尊亲属,伯、叔、姑、舅、姨为自己的旁系尊亲属。

卑亲属又称之为晚辈亲,是指辈分低于自己的血亲,即子女以及子女同辈以下的血亲。子女、孙子女、外孙子女为自己的直系卑亲属,侄子女、外甥、外甥女为自己的旁系卑亲属。

平辈亲属又称之为同辈亲,是指与自己辈分相同的亲属。如同胞兄弟姐妹、表兄弟姐妹、堂兄弟姐妹等。凡是平辈亲属都是旁系血亲。

3. 姻亲

姻亲是指以婚姻为中介而产生的亲属,配偶一方与另一方的血亲之间为姻亲关系。如公婆与儿媳、岳父母与女婿等。以婚姻为中介产生的人际关系的范围很广,并非所有的人际关系都发生法律上的姻亲效果,如我国民间普遍认为己身的子女配偶的父母即亲家为当然的姻亲,但无论是我国还是外国,亲属法上普遍不以其为姻亲。

我国的姻亲分为三类:

(1)血亲的配偶

血亲的配偶是指己身的血亲包括直系血亲和旁系血亲的配偶,如儿媳、女婿,为直系血亲的配偶,嫂、姐夫、弟媳、妹夫、伯母、婶母、姑夫、姨夫等为旁系血亲的配偶。

(2)配偶的血亲

配偶的血亲是指配偶的直系血亲和旁系血亲。就夫方来说,配偶的血亲是指岳父母、妻的兄弟姐妹及其子女等;就妻方来说,配偶的血亲是指公婆、丈夫的兄弟姐妹及其子女等。

(3)配偶的血亲的配偶

配偶的血亲的配偶,是指自己配偶的血亲的夫或者妻。对男方而言,是指妻的兄弟之妻(舅媳)、姐妹之夫(连襟);就妻方来说,则是指夫的兄弟之妻(妯娌)、夫的姐妹之夫(姑夫)。①

这种亲属身份关系是否为法律上的姻亲,各国法律规定不一,有的国家不予承认。如1890年《德国民法典》和现行《瑞士民法典》均不承认此类亲属,而只承认前两种亲

① 俗称大姑姐夫和小姑妹夫。

属。有的国家对姻亲范围作扩大规定，不仅包括前三种姻亲，而且把血亲的配偶的血亲也扩展为姻亲，如韩国民法。我国传统不承认血亲的配偶的血亲为姻亲关系。事实上，亲属的范围扩展得越广，越失去法律上的意义。我国亲属法规定以上三种姻亲，不必再规定其他姻亲。至于发生法律效力的姻亲范围，则应限制在一定的亲等之内。

姻亲也同样有尊亲属、卑亲属、平辈亲属以及直系姻亲、旁系姻亲之分。这种划分以其配偶或与配偶的亲属为准。例如，公婆是自己的丈夫的直系尊亲属，公婆就是自己的直系尊姻亲；侄媳妇是自己侄儿的妻子，侄儿是自己的旁系卑亲属，侄媳妇就是自己的旁系卑亲属。

三、亲系和亲等

（一）亲系

1. 亲系的概念

亲系是指亲属之间的联络系统，或者叫做亲属之间的血缘联系，即亲属系统。[①] 亲属以血缘和婚姻为中介，在血亲之间存在血缘联系自不必论，即使对于以婚姻为中介的姻亲，虽然姻亲之间没有血缘联系，但配偶与其亲属之间同样也存在着血缘联系。因此，除配偶本身以外，一切亲属都可以因血缘联系的特点不同而划分为不同的亲属系统，即不同的亲系。目前，绝大多数国家的法律都有关于亲系的规定。

2. 历史上存在过的亲系

（1）男系亲与女系亲

我国古代社会即有亲系的划分。统治我国整个奴隶社会和封建社会达几千年之久的宗法制度，是父系氏族制在阶级社会中的转化形态，父党、母党的区别十分严格。宗法制度以男性为中心，按性别把亲属分为男系亲和女系亲、父系亲和母系亲。男系亲和父系亲为亲属身份关系的主体，居于主要地位，受到特别的重视；而女系亲和母系亲则居于次要地位，其权利义务与前者都不平等。

男系亲和女系亲，是封建社会按男女性别划分的亲属系统，以男子为中心的亲属称男系亲，以女子为中心的亲属称女系亲。在封建社会，宗亲为男系亲，包括祖、父、伯、叔、兄弟、侄子等，未出嫁的姑、姐妹、侄女也为男系亲；外亲、妻亲都为女系亲，如外祖父母、舅、表兄弟、未出嫁的表姐妹、岳父母及妻之兄弟等。

（2）父系亲和母系亲

父系亲和母系亲是封建社会按父族、母族划分的亲属系统，以父方为中介的为父系亲，又称父党；以母方为中介的为母系亲，又称母党。父系亲和母系亲的划分，与前

---

① 李谟、汪翰章：《民法亲属新论》，大东书局1924年版，第16页。

述男系亲和女系亲的划分既有联系，又有区别，时有重合。如父之兄弟之子，既为父系亲，又为男系亲；而父之姐妹之子，虽为父系亲，但不得为男系亲，因其间有姐妹的介入。之所以作这样详细区分，是出于维护以男性为中心的宗法制度的需要，用法律来保障男系亲和父系亲充分享有和行使权利。

历史上存在的上述亲系划分方法，由于时代原因，已经彻底失去意义。

3. 我国现行的亲系制度

我国《婚姻法》没有明确规定如何划分亲系，只是在“结婚”一章中规定“直系血亲和三代以内的旁系血亲禁止结婚”。这种规定实际上是把亲属划分为直系血亲和旁系血亲两种，这与现代各国亲属法的有关做法一致，是科学的分类方式。但仅仅如此还不完备。

现代亲属法规定亲系，一般作两种分类：一是划分为直系亲和旁系亲，二是划分为尊亲属和卑亲属。划分亲系的意义在于，法律为不同亲系的亲属规定不同的权利义务。除上述关于结婚的禁止要件的规定外，在监护、扶养、继承等方面，亲系都有重要作用。因此，必须明确这两种亲系。

（1）直系亲和旁系亲

直系亲和旁系亲应当包括直系血亲、旁系血亲以及直系姻亲和旁系姻亲。

①直系血亲和直系姻亲

直系血亲是指有直接血缘联系的亲属，包括已身所出和从已身所出两部分亲属，前者为直系尊血亲，如父母、祖父母、外祖父母、曾祖父母、外曾祖父母；后者为直系卑血亲，如子女、孙子女、外孙子女、曾孙子女、外曾孙子女等。例如，《德国民法典》第1589条规定：“一人为另一人所生者，此二人为直系亲属。”《法国民法典》第736条规定：“一人自另一人出生者称为直系。”该条第2款规定：“直系血亲分为直系尊血亲和直系卑血亲。”我国亲属法也应当如此规定。

直系姻亲是指直系尊血亲的配偶、配偶的直系尊血亲。如儿媳、孙媳、女婿、孙女婿、公婆、岳父母等。

②旁系血亲和旁系姻亲

旁系血亲是指有间接血缘关系的亲属，即除直系血亲外，与已身同出一源的血亲。如兄弟姐妹、堂兄弟姐妹、表兄弟姐妹、伯、叔、姑、舅、姨等。《德国民法典》第1589条规定：“非为直系血亲，但共同从同一的第三人出生者，为旁系血亲。”《法国民法典》第736条规定：“一人并非自另一人出生而该两人均出自同一祖先者，称为旁系。”

旁系姻亲是指旁系血亲的配偶、配偶的旁系血亲、配偶的旁系血亲的配偶。如伯母、婶母、姑父、舅母、姨夫、嫂、夫的伯叔和兄弟姐妹、妻的伯叔和兄弟姐妹等。

(2)尊亲属和卑亲属

尊亲属和卑亲属由于辈分不同,权利义务的内容也不同,亲属法应当确认这种亲系。尊亲属是指辈分高于自己的亲属,如父母、祖父母、外祖父母、伯、叔、姨、舅、姑等。卑亲属是指辈分低于自己的亲属,如子女、孙子女、外孙子女、侄、侄女、甥、甥女等。

有的学者认为,尊亲属和卑亲属不属于亲系的范围,仅可称为辈分。这种观点有一定道理。但是,辈分不同的亲属往往在法律上发生不同的效力,如《日本民法典》第793条规定:"不得把尊亲属或年长者收养为子女。"《法国民法典》第740条和第741条规定,直系卑血亲均得代位继承,且无代数的限制,直系尊血亲不得代位继承。在扶养上,《德国民法典》第1606条规定承担扶养义务的顺序为"卑亲属先于尊亲属承担扶养义务"借鉴这样的做法,亲属法规定亲属有长辈亲和晚辈亲的划分实属必需。

尊、卑亲属之分一般局限于血亲,是因为在血亲之间就继承等问题存在必要性,而姻亲的尊卑之分则无此必要,当然实际上也存在尊卑之分,只是法律上意义不大而已。

(二)亲等

1. 亲等的概念

亲等是计算亲属亲疏、远近的单位。亲等表示亲属关系之远近。① 亲等数少的,表示亲属身份关系亲近;亲等数多的,表示亲属身份关系疏远。② 以亲等来确定亲属身份关系的亲疏远近,是各国亲属法的通例。如《法国民法典》第735条规定:"亲属身份关系的远近以代的数目确定;一代称为一亲等。"《德国民法典》第1589条规定:"亲等,按在亲属中间出生之等数,确定之。"

2. 我国历史上的亲等制度

我国一直没有亲等的规定。古代实行丧服制,是以祭奠死者时所穿的丧服的等差来区别亲属的亲疏远近的一种制度。丧服制源于周礼,至明清制定《丧服图》,沿用至清末民初。丧服制的基本原理是丧服由重至轻分为五等:斩衰、齐衰、大功、小功、缌麻,依亲属身份关系的亲疏远近着丧服,近者服重,远者服轻。丧服制对亲等关系的划分,不仅仅是根据婚姻、血缘关系,更重要的是遵从宗法伦理原则,亲亲、尊尊、长长,男女有别,尊卑不同服,夫妻不同服、在室出嫁不同服、血亲姻亲不同服等。丧服制是以男性为中心的宗法制度在亲属身份关系上的具体表现,这种维护宗法统治的丧服制已经被彻底废除了。

国民政府制定"民法"采用了亲等制,目前台湾地区仍在继续适用这一制度。

---

① 李谟、汪翰章:《民法亲属新论》,大东书局1924年版,第18页。

② 陈苇:《婚姻家庭继承法学》,群众出版社2012年版,第38页。

3. 各国的亲等制度

国外亲属法计算亲等,有罗马法的亲等计算法与寺院法的亲等计算法之分。大多数国家采罗马法的亲等计算法,只有少数国家如英国还保持着寺院法的亲等计算法。

(1)罗马法的亲等计算法

计算直系血亲的亲等,从己身往上或往下数,以一代为一亲等,数至要计算的亲属的世代数,即其亲等数。直系血亲的计算各国均同。

计算旁系血亲的亲等,先从己身往上数至双方同源的祖先,即共同的直系尊血亲,再从共同的直系尊血亲往下数至与己身计算亲等的对方,将两边的亲等数相加,就是己身与要计算的旁系血亲的亲等数。

计算直系姻亲和旁系姻亲的亲等,以配偶与对方的亲等为转移,如子女是一亲等的直系血亲,儿媳、女婿就是一亲等的直系姻亲;伯、叔是三亲等的旁系血亲,伯母、婶母就是三亲等的旁系姻亲。

(2)寺院法的亲等计算法

计算直系血亲的亲等,寺院法的亲等计算法与罗马法的亲等计算法完全相同。

寺院法亲等计算法与罗马法亲等计算法的不同之处,主要在于对旁系血亲的亲等计算。计算旁系血亲的亲等,先从己身往上数至双方同源的直系尊血亲,如果两边的亲等数相同,则该相同的亲等数即为己身与此旁系血亲间的亲等。如果两边的亲等数不同,则取亲等数多的一边为其亲等。

这种计算法有不科学之处。例如,用此计算法计算,己身与舅、姨,己身与堂兄弟姐妹均为二亲等,显然不能准确表示亲属间的远近亲疏。相较之下,罗马法的计算法要优于寺院法的计算法。

4. 我国现行的亲等制度

我国《婚姻法》未规定亲等制度,而以“世代计算法”计算亲属的亲疏远近。如1950年《婚姻法》第5条规定“其他五代以内的旁系血亲禁止结婚的问题,从习惯”。1980年和2001年的《婚姻法》第6条和第7条都规定“直系血亲和三代以内的旁系血亲”禁止结婚。这里所说的“代”,都是表示亲属亲疏远近的单位。代指世辈,从己身算起,一辈为一代,代数多的表示疏远;代数少的表示亲近。

5. 应当采纳罗马法的亲等计算法

世代计算法的缺陷在于不够精确,相同世代数的不同亲属也会有亲疏的差异,不能通过世代数清楚地反映出亲属身份关系的亲疏状况。例如按照世代计算法,己身与伯、叔、姑,与姨表兄弟姐妹同为三代旁系血亲,但显然前一种亲属身份关系要亲近于后一种亲属身份关系。而这种矛盾情形,如果适用罗马法的亲等计算法就会迎刃而解。

实际上,在法律需要说明亲属身份关系的范围时,用亲等来表示远较世代计算法或列举亲属称谓方便,立法理应舍繁取简。更为重要的是,由于国外亲属法中普遍规定亲等制,在处理涉外以及涉港、澳、台的亲属身份关系时,相应制度的欠缺会使我国公民难于维护个人的利益,同时也不利于对外交流。例如,台湾当局开放探亲之禁时,对亲属范围的限定使用了亲等的概念,而我国大陆立法没有关于亲等的制度,许多人无从知晓何为亲等,对具体规定的理解就更无从提起了。因此,我国亲属法的亲属制度必须设立亲等及亲等计算法。具体内容包括:第一,明文规定亲等是计算亲属身份关系亲疏远近的单位;第二,规定亲等的计算方法,以规定罗马法亲等计算法为宜。

四、亲属的范围及亲属的法律效力

(一)亲属的范围

1. 对亲属范围的不同规定

亲属的范围,是指国家法律规定发生权利义务关系的亲属的范围。

由于各国历史发展和风俗习惯的差异,立法对法律调整的亲属范围的规定各不相同。对于如何确定亲属范围,国外大致有两种做法:

一是在法律中明文规定亲属的范围,如《日本民法典》在亲属编首条即第725条规定亲属的范围:"下列人为亲属:1. 六亲等内的血亲;2. 配偶;3. 三亲等内的姻亲。"

二是法律不明文规定亲属的范围,而是在规定各种法律关系中,对其适用的亲属范围加以明确,如《法国民法典》第755条规定:"六亲等以外的旁系血亲无继承权,但死者的兄弟姐妹的直系卑血亲除外。但如死者并非无能力立遗嘱,亦未被剥夺公民权时,十二亲等以内的旁系血亲有继承权。"

2. 我国现行亲属立法的缺陷

我国现行立法由于对亲属的概念没有规定,因此对亲属范围的规定比较混乱。主要表现在以下方面:

(1)在不同的法律中规定不同的亲属范围

《婚姻法》第三章"家庭关系"通过对亲属间扶养义务的规定,可以看出我国《婚姻法》承认的有权利义务关系的亲属范围是配偶、父母、子女、兄弟姐妹、祖父母外祖父母、孙子女外孙子女,不包括姻亲,血亲的范围也很窄。《婚姻法》还在其他方面对亲属身份关系作了具体规定,如直系血亲和三代以内旁系血亲间禁止结婚,夫妻、父母子女间有相互继承遗产的权利等。

(2)规定和解释近亲属和其他亲属

在我国的立法和司法实践中经常使用"近亲属"概念,与其相对应的就是"其他亲属"概念。《民法通则》规定了近亲属的概念,没有具体规定近亲属的概念定义和范围,也没有明确何为其他亲属。最高人民法院对近亲属的概念作出了解释,对其他亲属的概念则没有说明。《关于贯彻执行〈中华人民共和国民法通则〉若干问题的意见(试行)》第12条规定:“民法通则中规定的近亲属,包括配偶、父母、子女、兄弟姐妹、祖父母、外祖父母、孙子女、外孙子女。”这种解释与《婚姻法》的规定是一致的。最高人民法院《关于审理名誉权案件若干问题的解答》第5条作了相同的解答。

《民法通则》第16条和第17条使用了“其他亲属”这一概念,但立法和司法解释一直未予明确。对此,应当理解为除了法律规定的近亲属之外的其他所有的亲属都是其他亲属。其他亲属是一个不确定的概念,相互之间有远近亲疏之分,他们之间以及他们与近亲属之间,在行使权利和承担义务方面都存在区别,这些问题因为法律规定的模糊而无法解决,暴露了现行立法在规定亲属范围上的不科学之处。

(3)刑事法规定近亲属

《刑事诉讼法》第106条第6项规定:“近亲属是指夫、妻、父、母、子、女、同胞兄弟姐妹”,与民法司法解释确定的近亲属范围有较大出入。刑事法上规定某些犯罪的主体与被害人之间须有亲属身份,例如虐待家庭成员罪和遗弃罪;对于某些告诉才处理的犯罪,在被害人无法告诉时,人民检察院和被害人的近亲属也可以告诉等。由于现行刑事法与民法之间关于亲属范围的规定存在矛盾,对受法律调整的亲属范围不尽一致,在实务中造成混乱,给司法带来困难。

3. 我国的亲属范围

就目前立法的实际情况观察,亲属法上的亲属范围基本明确,这就是近亲属和其他亲属的概念,是界定亲属范围的基本依据。这就是:(1)配偶。在近亲属的概念中都规定了配偶,配偶是我国亲属法确认的近亲属范围。(2)父母、子女。父母子女是最为密切的直系血亲,为一亲等直系血亲。父母子女是我国亲属法确认的近亲属范围。(3)兄弟姐妹。兄弟姐妹是最为密切的旁系血亲,为一亲等旁系血亲,属于我国亲属法规定的近亲属范围。(4)祖父母外祖父母、孙子女外孙子女。祖父母、外祖父母和孙子女、外孙子女是二亲等的直系血亲,属于我国亲属法的近亲属范围。

4. 立法改进的方向

从上述近亲属范围观察,我国亲属法规定的近亲属范围较为狭窄,没有将曾祖、曾孙、叔伯、姑舅姨等直系血亲和旁系血亲规定在其中,也没有将姻亲规定在亲属范围之中。对此,应当进行改进,采取世界上绝大多数国家的立法例,摒弃以近亲属和其他亲属的概念界定亲属范围的做法,直接规定“五亲等以内的血亲、配偶和三亲等以内的姻亲为亲属”,既可以使亲属的范围明确,又便于实践操作,且与世界各国立法相一致。

(二)亲属的法律效力

亲属的法律效力,是指一定范围内的亲属所具有的法定权利义务。亲属的法律效力在许多法律中都有表现。

1. 民法的效力

在民法中，亲属的法律效力表现在两个方面：

(1)亲属在亲属法方面的效力是：第一，一定范围内的亲属有互相扶养的义务。根据法律规定，我国亲属间的扶养义务有两种。一是无条件的相互扶养义务，即夫妻间的扶养义务，父母对未成年子女或者尚未独立生活的子女的抚养义务，子女对丧失劳动能力的父母的赡养义务。二是有条件的扶养义务，即祖父母、外祖父母与孙子女、外孙子女之间，以及兄姐对于弟妹的扶养义务。第二，一定范围内的亲属之间有互相继承遗产的权利。按照《婚姻法》和《继承法》的规定，配偶、父母、子女享有法定的第一顺序的继承权利，祖父母、外祖父母与孙子女、外孙子女以及兄弟姐妹之间，享有第二顺序的继承权利。第三，一定范围内的亲属有法定的共同财产。在夫妻之间，由于有共同的关系，法律规定，如果没有另行约定，其婚后所得财产为共同财产。第四，一定范围内的亲属禁止结婚。《婚姻法》第7条规定，直系血亲和三代以内的旁系血亲不得结婚。第五，一定范围内的亲属应负侵权替代责任。《婚姻法》第23条规定，在未成年子女对国家、集体或他人造成损害时，父母有承担民事责任的义务。

(2)亲属在民法方面的效力是：第一，一定范围的亲属对无民事行为能力人或者限制民事行为能力人享有监护权。《民法通则》规定，无民事行为能力人或者限制民事行为能力人的近亲属，可以担任其监护人。其他亲属有条件的，也可以担任其监护人。第二，一定范围的亲属对无民事行为能力人或者限制民事行为能力人享有法定代理权。无民事行为能力人或者限制民事行为能力人实施民事活动，其父母或者一定范围的亲属对其行使法定代理权，代理其进行民事活动。第三，一定范围内的亲属可以请求民事行为能力的宣告。精神病人的配偶、父母、成年子女、兄弟姐妹等近亲属可以向人民法院申请宣告其为无民事行为能力人人或者限制民事行为能力人。第四，确定法定继承人的范围和顺序。根据一定的亲属身份关系，确定法定继承人的范围和继承顺序。

2. 刑法的效力

亲属在刑法上的效力是：第一，刑法规定某些犯罪的构成必须以有一定的亲属身份关系为条件。例如，刑法规定的虐待家庭成员罪，必须是在家庭成员之间，即是在亲属之间且须犯罪主体和受害人为一个家庭共同生活的成员之间发生的犯罪行为。同样，刑法规定的遗弃罪，其构成犯罪的首要条件，是行为人与被害人之间存在法定的扶养权利义务，是具有法定扶养权利义务的亲属之间发生的犯罪行为，并以此为犯罪构成要件。第二，某些犯罪必须由具有一定的亲属身份关系身份的人才能够行使告诉权。刑法对以暴力干涉他人婚姻自由罪和虐待罪，都规定为亲告罪，即必须告诉的才处理。因此,对于没有发生被害人重伤、死亡后果的这两种犯罪,只有被害亲属才有权告诉。对于被害人因受强制、威吓而无法告诉的,被害人的近亲属也可以告诉。

3. 诉讼法的效力

亲属在诉讼法上的效力是:第一,一定的亲属身份是司法人员回避的原因。民事诉讼法、刑事诉讼法和行政诉讼法都规定,审判人员、检察人员、侦查人员是本案当事人的近亲属,或者自己的近亲属与本案有利害关系的,应当回避。第二,一定范围内的亲属可以担任辩护人。在刑事诉讼中,被告人的近亲属可以担任被告的辩护人,可代其上诉或者申诉。第三,具有一定条件的亲属可以代为行使诉讼权利。在民事诉讼中,民事案件当事人如果没有诉讼行为能力,对其取得法定代理人身份的亲属,可以代为进行一切诉讼活动,代为行使诉讼权利,其法定代理人的诉讼行为视为当事人本人的诉讼行为,直接对其产生效果。第四,一定范围内的亲属可以在公民死亡后提起行政诉讼。按照行政诉讼法的规定,可以提起行政诉讼的公民死亡后,其近亲属可以依法提起诉讼。第五,一定范围的亲属可以作为死者人格利益的保护人提起民事诉讼。死者的姓名、肖像、名誉、荣誉、隐私以及遗体、遗骨等人格利益受到侵害的,其近亲属为其人格利益保护人,向法院提出民事诉讼。同样,死者的著作权受到侵害的,其近亲属也有权向法院起诉请求予以保护。

4. 劳动法的效力

亲属对劳动法的效力是:第一,职工供养的配偶和直系亲属在患病时,有权享受医药劳保。第二,职工死亡时,其生前供养的配偶和直系亲属有权取得一定的抚恤费和救济费。第三,在国家机关、企业事业单位工作满一年的固定职工,与其分居两地的配偶、父母可以享受探亲假。

5. 国籍法的效力

亲属在国籍法上的效力是:第一,中国国籍的取得依据一定的亲属身份关系。按照规定,父母双方或者一方为中国公民,或者父母无国籍或者国籍不明,定居在中国,本人出生在中国的,就取得中国国籍。出生在外国的人,除驻在国法律规定出生时就具有外国国籍的以外,只要他的父母有一方为中国公民的,也具有中国国籍。第二,与中国公民有一定亲属身份关系的外国人、无国籍人可以申请加入中国国籍。按照规定,外国人或者无国籍人是中国公民的近亲属的,可以申请批准加入中国国籍。第三,与外国人有一定亲属身份关系的人可以退出中国国籍。外国人的近亲属,有中国国籍的,可以申请退出中国国籍。

第三节　亲属身份关系与身份法律行为

一、亲属身份关系

（一）亲属身份关系的概念

亲属身份关系也叫做身份关系或者亲属关系，是指特定的亲属之间的地位以及相互之间的权利和义务关系。身份关系是本质的社会结合关系，其基本形式有夫妻、亲子、亲属，其内容与效力均规定于亲属法中。①

在理论上，有的学者区分亲属身份关系和亲属法身份关系。亲属身份关系是法律以前的规范秩序，即以人伦秩序为其基础。唯因外在必要，而被法律秩序化以后，则变为亲属法身份关系，但其有人伦秩序本质，并不因而有所改变。②

亲属身份关系有以下特征：

1. 亲属主体具有多元性

亲属身份关系与其他民事法律关系的主体不同，就是亲属身份的不同，具有多元性的特点。例如，债的主体只有债权人和债务人，物权关系主体只有物权人和义务人。而在亲属身份关系中，主体包括不同的亲属，例如父母子女、配偶、祖父母孙子女、外祖父母外孙子女、兄弟姐妹等。

2. 亲属主体具有平等性

尽管亲属身份关系具有多元性的特点，但所有的亲属身份关系主体都是平等的，不仅平辈亲属在亲属身份关系中是平等的，就是在尊亲属和卑亲属之间，主体的地位也是平等的，不存在地位的不平等。特别是在亲属身份关系中，权利主体和义务主体的地位是交互的，互相均为权利主体和义务主体，绝不存在一方是权利主体而另一方是义务主体的情形。

3. 亲属身份关系具有专属性

在亲属法律关系中，亲属身份地位和权利义务都专属于特定的亲属，而非为他人所能够取得和替代，也不能转让。例如，同居义务属于特定的配偶，不得转让。某些地方出现的“换妻俱乐部”，表面形式好像是交换同居的权利和义务，实则属于违法行为。

---

① 林菊枝：《亲属法新论》，五南图书出版股份有限公司2006年版，第15页。

② 陈棋炎、黄宗乐、郭振恭：《民法亲属新论》，三民书局2002年版，第11、12页。

(二)亲属身份关系的发生

亲属身份关系的发生有基于自然发生和人为发生两种情形,即有成于自然者,有成于人为者。①

亲属身份的自然发生,是指不以人的意志为转移,而是因出生的法律事实而形成的亲属身份关系。人的出生是亲属身份关系发生的重要原因。父母子女关系以及兄弟姐妹等其他亲属身份关系,都是基于人的出生的事实而发生的,并以客观存在的血缘相联系。即使对非婚生子女也不能否认他们与生父的血亲关系。一旦经过认领,其血缘关系追溯到其出生之时。同样,对于准婚姻关系出生的子女,尽管其父母之间没有亲属身份关系,但是他们却与其父母发生直系血亲关系。

亲属身份的人为发生是指因人的法律行为而形成的亲属身份关系。人为发生的亲属,如结婚行为产生配偶关系,收养行为产生养父母养子女关系。男女之间缔结了婚姻,就产生了配偶的亲属身份关系,并由此产生了夫对妻的父母、兄弟姐妹等,以及妻对夫的父母、兄弟姐妹等的姻亲关系。

收养也是亲属发生的原因。各国法律都允许通过收养将他人的子女作为自己的子女抚养教育的行为,并承认收养人与被收养人之间产生类似于生父母子女之间的权利义务关系,被称为拟制血亲。收养一经成立,即在养父母和养子女之间发生父母子女之间的权利义务关系,依法受到保护。

基于自然发生的亲属身份关系不能完全解除,即使因收养而消灭了生父母子女间的权利义务关系,但不能改变他们之间的父母子女的血缘关系,仍在法律上具有一定的影响,如终生为结婚障碍等。人为形成的亲属身份关系则可以依照法律予以解除。

(三)亲属身份关系的重复

二人之间有两个以上不同的亲属身份关系的存在,就是亲属身份关系的重复,也叫作亲属身份关系的并存。

亲属身份关系的重复,是由于两个以上具有亲属身份关系的人,在原有的亲属身份关系之上,又建立了新的亲属身份关系。例如,将侄儿收养为子,在二人之间,既有一亲等的拟制直系血亲关系,又有三亲等的旁系血亲关系。三代以外的旁系血亲亲属之间结婚,既有原来的旁系血亲关系,又有配偶的亲属身份关系。

亲属身份关系重复,原则上各个亲属身份关系个别保有其固有的效力,不为他关系所吸收或者排斥,从而一亲属身份关系虽然消灭,对于他亲属身份关系不产生影响。但是,并存的一个亲属身份关系所生的效力,得停止他一亲属身份关系所生的效力。②

---

① 徐佩章:《民法亲属编》,聚魁堂1935年版,第16页。

② 参见史尚宽:《亲属法论》,荣泰印书馆1980年版,第70页。

例如,侄儿被叔伯或姑婶收养之后,即成立一亲等直系血亲关系,原来的三亲等旁系血亲关系应当停止。

(四)亲属身份关系的消灭

亲属身份关系消灭,是因为法律规定的事实的出现,而使现存的亲属身份关系予以终止,不再存在。亲属身份关系的消灭原因,由于血亲和姻亲、血亲中的自然血亲和拟制血亲的不同而不同。

1. 配偶关系的消灭

配偶亲属身份关系的消灭有两个原因,一是配偶一方死亡,二是配偶离婚。

配偶一方死亡,包括自然死亡和宣告死亡,发生配偶关系消灭的法律后果。这种亲属身份关系的消灭,只消灭配偶之间的亲属身份关系,其他的亲属身份关系则仍然存在。例如,配偶一方死亡之后,其子女与其父母之间的亲属身份关系不受其影响。

配偶离婚,也发生配偶关系消灭的法律后果。

2. 自然血亲关系的消灭

自然血亲是基于天然的血缘联系而发生的亲属身份关系,因此只能以亲属一方的死亡而消灭。故血亲关系之消灭,限于死亡,非其他人为方法所可为力。[①] 例如,现实生活中经常有所谓的脱离父子关系、母子关系的声明,或者双方自行协议解除自然血亲关系。这种行为没有任何法律上的效力,同时也违背客观事实。事实上,即使是被他人收养的人,亲属法认定其与生父母间的权利义务关系因收养成立而消灭,但是他们之间的血缘关系并没有消灭,仍然要受近亲结婚的限制。

3. 拟制血亲关系的消灭

拟制血亲关系除了因死亡而消灭之外,还可以因法律行为而消灭。拟制血亲是因一定的法律行为而产生,也可以因一定的法律行为而消灭。例如,收养关系的解除,收养行为的撤销,都消灭拟制血亲的亲属身份关系。

4. 姻亲关系的消灭

姻亲一般因配偶的死亡或者离婚而消灭。由于各国历史发展和伦理的不同,有的采取消灭主义,有的采取不消灭主义,还有的采取部分消灭主义。我国的亲属法对此没有明确规定,采取的是有条件的不消灭主义。例如,习惯上对于夫死亡后妻不再嫁,妻死后夫未再娶,或者虽然再婚但仍与亡偶的父母等亲属共同生活的,仍视为姻亲关系存在。

---

① 阮毅成:《中国亲属法概论》,世界书局 1933 年版,第 11 页。

二、身份法律行为

(一)身份法律行为概述

1. 身份法律行为的概念和特征

身份法律行为又称为亲属法律行为,简称为身份行为或身分行为,[①]是指民事主体实施的对亲属身份关系的发生、变更、消灭产生法律后果的民事法律行为。换言之,亲属身份行为就是自然人有意识地追求亲属身份法律后果的行为。[②]

身份法律行为有广义和狭义之分。广义的身份法律行为除了亲属法的身份行为之外,还包括单纯的财产法上的身份行为和公法上的身份行为。狭义的身份法律行为则仅指亲属法上的身份行为。[③]

狭义的身份法律行为仅指亲属身份行为,是指产生亲属身份关系发生、变更或者消灭法律后果的行为。广义的身份法律行为不仅包括身份法律行为,还包括亲属之间确定财产关系的法律行为。例如夫妻之间约定财产关系的协议。

亲属法上的行为与身份法律行为是有区别的。身份法律行为是民事法律行为的一种,是民事主体之间发生、变更或者消灭亲属民事法律关系的行为。而亲属法上的行为,不仅包括身份法律行为,还包括亲属法上的公法行为。例如婚姻无效的宣告或者婚姻的撤销,以及请求判决离婚等。

身份法律行为作为民事法律行为的一种,具有民事法律行为的一切特征。例如,身份法律行为也是一种人为的法律事实,是民事法律关系的发生原因之一;身份法律行为是一种表意行为,是具有导致一定法律效果发生意图的行为;身份法律行为以意思表示为要素,行为人将其期望发生法律行为的意思以一定的方式表现于外部;身份法律行为是合法行为。

身份法律行为除了具有民事法律行为这些一般法律特征之外,它还具有自己的特征:

(1)身份法律行为在亲属法领域中并非普遍的法律事实

人之身份关系的成立,有基于自然事实者,又有基于法律行为者。在前者,毫无自由意思可言;在后者,其意思的作用,仅限于当事人是否欲成立身份关系而已。[④] 亲属法律关系的变动,大多数是基于自然事实。例如,血亲的发生就是基于出生的事件而发生。少数亲属法律关系是基于法律行为发生,如婚姻行为(结婚和离婚)、收养行为,

---

① 林菊枝:《亲属法新论》,五南图书出版股份有限公司 2006 年版,第 16 页。

② 杨大文主编:《婚姻家庭法》,中国人民大学出版社 2012 年版,第 72 页。

③ 参见林菊枝:《亲属法新论》,五南图书出版股份有限公司 2006 年版,第 16 页。

④ 戴炎辉:《亲属法》,台北 2010 年自版,第 4 页。

发生亲属法律关系的产生、变更或者消灭的后果。这些行为是典型的身份法律行为，内容定型，当事人没有其他自由决定的余地。

(2)身份法律行为当事人的意思具有特殊性和习俗性

财产法律行为具有合理性，身份法律行为具有习俗性。一般的民事法律行为如财产法上的行为是利益的结合，其结合为片面的；其结合的意思，是为打算的合理的，为个人欲望追求的手段和以个人获得利益为目的。而身份法律行为当事人的意思，是共同社会的结合，是以其结合为必然的，是以结合本身为目的，属于本质的全人格的结合，其结合的意思带有超打算的情绪的性质。例如，非婚生子女的认领，已同居男女的举行结婚仪式，是当事人的观念的结合、人格的结合。

(3)身份法律行为在性质上更具有社会性和伦理性

身份法律行为反映更多的是人的社会性，其基础是人的社会生活，不单单在财产法上具有重大影响，而且对社会秩序和公共道德具有更大的影响。因此，法律对身份行为给予更为积极的关注和规范：一方面使其关系内容更为定型，不允许当事人对其任意变更，另一方面则使其为要式行为。例如，结婚、收养除了要有真实的意思表示并加以文字记录之外，均须进行登记，否则不生效力。此外，对于身份法律行为中的形成权的行使，也须依法定的行政程序或者裁判的方式确定，以确认当事人意思的确实，并对其身份变动予以公示，以稳定社会正常秩序。对于形成行为以外的身份行为，则为非要式行为。

2. 身份法律行为与民事法律行为的关系

身份法律行为与民事法律行为的关系是种属关系，身份法律行为是民事法律关系的下属概念。

正是由于身份法律行为与民事法律行为的这种关系，产生了一个重要问题，就是身份法律行为的法律适用，是否直接适用民事法律行为的规定。对此，有三种主张：一是认为，民法关于民事法律关系的规定，不过是财产法上的法律行为的一般规定，亲属法上的身份行为因其具有特殊性，不适用民法关于民事法律行为的规定。二是认为，既然身份法律行为是民事法律行为，则应当适用民法关于民事法律行为的一般规定。三是认为，亲属法上的身份法律行为既然是民事法律行为，亲属法如果没有特别规定，应当适用民事法律行为的一般规定，除非亲属法有明文规定或者依其性质不能适用者为例外。

我们认为，在身份法律行为的法律适用上，应当遵循三个规则：

第一，既然身份法律行为是特殊的民事法律行为，那么，对于亲属法规定的身份法律行为的特别规定，必须首先予以适用。相对而言，亲属法规定的亲属法律关系的规则属于特别法，而民法规定的民事法律行为的规则是普通法。按照特别法优先于普通法的法律适用规则，既然亲属法有特别规定，应当首先适用亲属法的规定。例如，收养法规定我国自然人收养他人，应当进行登记确认收养行为，因此，关于民事法律行为意思表示一致即为民事法律行为成立生效的一般规定即不适用。

第二，亲属法对于身份法律行为没有明文规定的，而适用民事法律行为的一般规则又不具有社会不妥当性后果的，应当适用民事法律行为的一般规则。这也就是说，既然身份法律行为是民事法律行为的一种，关于民事法律行为的一般性规定应当适用于身份法律行为。例如，结婚行为是一种身份法律行为，其最基本的要求是双方当事人结婚的合意。尽管当事人有了结婚的合意尚须办理结婚登记手续，但是关于当事人的结婚的合意，则应当完全按照民事法律行为的意思表示的基本规则办理。又如，虚伪的离婚协议不得对抗与其一方善意结婚的第三人，可以适用民事法律行为的善意规则，确认善意结婚的效力。我国亲属法的规定较为简陋，更应当发挥民事法律行为一般规则的作用，更好地调整身份法律行为。

第三，亲属法对于具体的身份法律行为没有明文规定，而民事法律行为的一般规则的适用又不具有社会妥当性的，应当类推适用亲属法的相关规定，不能适用民事法律行为的一般规定。

(二)身份法律行为的种类

1. 双方的和单方的身份法律行为

按照身份法律行为的构成划分，身份法律行为可以分为双方的身份法律行为和单方的身份法律行为。

双方的身份法律行为，是指双方当事人的意思表示达成一致才能成立的身份法律行为。这样的身份法律行为实际上是一种合同行为，是典型的身份法律行为。例如，结婚合意、离婚协议、收养协议、解除收养关系协议、夫妻财产关系约定、离婚财产分割协议、离婚后未成年子女抚养协议等，都属于双方的身份法律行为。

单方的身份法律行为，是根据一方当事人的意思表示就可以成立的身份法律行为。这种身份法律行为无须他方当事人的同意就可以发生法律效力。如认领，非婚生子女一经生父认领，即发生亲属法律关系，产生亲属的权利义务关系。

2. 形成的、附随的和支配的身份法律行为

按照身份法律行为的效力划分，身份法律行为可以分为形成的身份法律行为、附随的身份法律行为和支配的身份法律行为。

形成的身份法律行为，是指直接以亲属身份关系的设定、废止或者变更为目的，即以身份的发生、变更或者消灭为目的的身份法律行为。例如，结婚行为、离婚行为、婚生子女的否认行为、非婚生子女的认领行为、收养行为和解除收养行为等，都是形成的身份法律行为。

附随的身份法律行为,是指以形成的行为为前提,附随于该行为而为的身份法律行为。这种附随的身份法律行为,就是亲属身份行为附随的法律行为。例如,夫妻财产约定协议、夫妻离婚财产分割协议、离婚的子女抚养协议等,都属于附随于身份行为的附随身份法律行为。最高人民法院《关于适用〈中华人民共和国婚姻法〉若干问题的解释(二)》第8条"离婚协议中关于财产分割的条款或者当事人因离婚就财产分割达成的协议,对男女双方具有法律约束力"中规定的这种协议,就属于附随的身份法律行为。

支配的身份法律行为也称为身份的监护行为,是指具有一定的身份关系的亲属,基于身份而于他人身上所为某种身份的支配行为。一般认为,身份行为分为纯粹的身份行为、身份的财产行为和身份的监护行为三种。身份的监护行为就是支配的身份法律行为。例如,基于亲权而行使的身上照护权,就是支配亲权监护下的未成年子女的身上事项的身份行为,是一种支配的身份法律行为。

(三)身份法律行为能力

1. 身份行为能力概述

身份行为能力,是指行为人实施身份法律行为的资格。

身份行为能力不同于民事法律行为能力。民事法律行为是行为人实施民事法律行为的资格,民事法律行为是一般的民事行为,实施这样的民事行为需要具备一般的民事行为能力。而身份法律行为是特殊的民事法律行为,要求身份行为能力也必须是特殊的民事行为能力,因此,民法关于民事主体的一般民事行为能力的规定,原则上不适用于身份行为能力。①

但是,身份行为能力毕竟也是一种民事行为能力,因此,身份行为能力与民事行为能力又有密切的联系,是在民事行为能力之上,又必须具备特殊条件的特殊民事行为能力。

2. 身份行为能力的构成

身份行为能力的构成包括两个部分:

(1)行为人具备一般的民事行为能力

实施身份法律行为,首先必须具备民事行为能力。没有民事行为能力者,不能亲自实施民事法律行为;限制民事行为能力者,无法实施与其智力状况相适应的民事法律行为。身份法律行为属于更为严格的民事法律行为,是特殊的、关系到人的身份地位的民事法律行为,需要具备完全民事行为能力,是必备的要件。无民事行为能力人或者限制民事行为能力人都不具备身份行为能力。

(2)行为人具备身份行为能力的特殊要件

在具备完全民事行为能力的基础上,行为人实施身份法律行为必须具备特别的要

---

① 参见史尚宽:《亲属法论》,荣泰印书馆1980年版,第11页。

件。不具备特别的要件,不具有身份行为能力。身份行为能力构成的特殊要件,在于法律的特别规定。法律针对实施的身份行为的不同,规定的要件也不同。例如,结婚的行为能力应当在具备完全民事行为能力的基础上,还必须男性为22周岁以上、女性为20周岁以上。不具备这样的要件,不具备婚姻行为能力。收养行为,收养人必须为30周岁以上的自然人,没有到达这个年龄的要求,也不具有收养行为能力。

3. 结婚行为能力

(1)结婚行为能力的概念

结婚行为能力也称为结婚能力,是指依照法律规定可以结婚所必须具备的资格。

有的学者将结婚行为能力称为结婚的实质要件,或者称为法定婚龄。事实上,《婚姻法》关于结婚年龄的规定,并非单纯是要件和婚龄的限制,而是关于是否具有结婚的资格的问题。因此,法定婚龄就是关于结婚行为能力的规定,是在何种年龄才能够结婚的规定,是关于自然人结婚的资格规定。因此,将《婚姻法》关于结婚年龄的规定叫做法定婚龄,并不完全正确,而应当认为是关于结婚行为能力的规定。有的学者认为,具有完全民事行为能力的人不一定具备结婚的能力,必须是达到法定结婚年龄的公民,才具备结婚的行为能力,即婚姻能力。①

(2)结婚行为能力的构成

确定结婚行为能力的依据,在于人的自然因素和社会因素。自然因素是人的身体发育和智力成熟的状况。按照自然规律,女子在12周岁至14周岁,男子在14周岁至16周岁,开始进入青春期;女子在18周岁左右,男子在20周岁左右,身体发育基本成熟。确定结婚行为能力应当考虑男女的生理特点,尊重自然规律。社会因素是社会的政治、经济和人口发展情况。从我国社会经济较为落后、人口众多、实行计划生育的实际情况出发,应当确定适当的年龄作为结婚行为能力的依据。

我国法律规定,结婚行为能力的构成应当具备两个要件,一是完全民事行为能力人,二是男性为22周岁以上、女性为20周岁以上。具备了这两个条件,就具有了结婚行为能力。

4. 收养行为能力

(1)收养行为能力的概念

收养行为能力也称为收养能力,是指依照法律规定可以收养他人为自己的子女所必须具备的资格。

广义的收养行为能力包括送养行为能力,如具备什么样的资格才能够实施送养行为。不过,研究收养行为能力,最主要的还是考察收养人是否具有收养的资格。因为

① 孟令志:《无效婚姻论》,中国社会科学出版社1996年版,第11页。

送养仅仅解决的是可不可以将自己的子女送给他人收养的问题,送养人只要是有自己的子女,就具有送养的条件;因而送养行为能力并不重要,不关乎更多的身份利益。故收养行为能力应当属于狭义概念,仅指收养人的行为能力。

(2)收养行为能力的构成

按照法律规定,我国自然人收养行为能力的要件有两个:第一,必须具备完全民事行为能力;第二,必须年满 30 周岁以上。这样规定的原因,在于将收养人和被收养人的年龄距离拉大,有一个合理的年龄距离。收养能力的界限在 30 周岁,被收养人的年龄在 14 周岁以下,双方之间就保持了这个合理的年龄距离。

我国法律规定的收养行为能力中关于年龄的规定过高,应当适当改革。

5. 支配行为能力

在他人的身份利益上实施支配行为,应当具有支配行为能力。支配行为能力是指在他人身份利益上实施支配行为的资格。

支配行为能力以具有完全民事行为能力基础。在亲属法规定的结婚行为能力年龄要求较低的国家,存在未成年父母对未成年子女的身上支配行为。在我国,结婚行为能力高于一般民事行为能力的年龄要求,不存在这样的问题。

具有完全民事行为能力的人还不能就必然具备支配行为能力,还必须具备享有亲权或者监护权的要件,才能够具有支配行为能力。例如,亲权人或者监护权人的监护,支配被监护人的身上行为,以及支配被监护人的财产的附随身份行为,不单单要有一般的民事行为能力,还必须具备为合理行为的资格,而能够作为亲权人或者监护人,就具备了这样的资格。

(四)身份法律行为能力的效力变动

1. 身份法律行为效力变动的意义

(1)身份法律行为的效力变动的概念

在民法的民事法律行为中,有关于民事行为无效和撤销的规则。民事行为违反法律的强制性规定,为无效,发生自始无效的效力。法律行为具有法定事由,可以请求变更或者撤销。民事行为一经撤销,发生自始无效的后果。在身份法律行为中,也存在身份行为无效或者被撤销的情形。例如,《婚姻法》第 10 条规定了婚姻无效制度,第 11 条规定了婚姻撤销制度;《收养法》第 25 条规定了收养无效制度,第 26 条至第 28 条规定了收养关系解除制度。身份法律行为的变动,是指身份法律行为基于法定事由的出现,在法律效力上出现的无效、可撤销、可变更或者予以解除的状况。

(2)身份法律行为的效力变动的法律适用

身份法律行为是民事法律行为中的一种特殊形式,身份行为的无效和撤销以及解除,与民事行为中的无效、撤销和解除具有一样的意义。当然,身份行为的无效、撤销和解除发生在亲属法领域，亲属法作出专门的规定，属于特别法规定，应当优先适用。因此，身份行为的无效、撤销和解除，都应当依照亲属法的特别规定进行，不适用《民法通则》关于法律行为无效、撤销和解除的一般规定。

在身份法律行为中，还有一些亲属法没有特别规定的情形。例如，附随的身份法律行为、支配的身份法律行为等，这些身份法律行为的无效、撤销、变更、解除在亲属法中并没有规定。依其行为性质，具有一般民事法律行为的同样性质，与合同行为没有大的差异，与一般的民事法律行为的性质无特别的差异，况且亲属法对其没有特别规定，因而对于这些身份法律行为的无效、撤销、变更和解除，应当适用《民法通则》关于法律行为的无效、可撤销可变更以及解除的一般规定。例如，关于夫妻约定财产，没有规定财产约定的无效、可撤销、可变更以及解除的规则，如果出现一方欺诈、胁迫签订夫妻财产约定的协议，对方配偶有权按照《民法通则》的相关规定，请求撤销或者变更夫妻财产约定，或者依法予以解除。又如，监护人实施亲属支配行为支配被监护人的财产，具有无效的法律事由，根据《民法通则》的规定，利害关系人可以主张宣告无效。

2. 身份行为无效

(1)身份行为无效的概念

身份行为无效是指亲属之间实施的身份行为违反法律的强制性规定，而发生的行为自始无效后果的状况。身份行为无效是绝对无效的法律行为。

研究身份行为无效，应当区分身份行为无效和身份行为不成立。传统亲属法中既存在身份行为不成立，也存在身份行为无效。例如，在德国，无效婚姻须依法院裁判为无效；不成立的婚姻则不须裁判，任何人都可以主张。日本学者主张，未申报的婚姻或者收养为不成立，欠缺婚姻或者收养的意思的为无效。① 在我国，结婚、离婚和收养都须具备登记的要件，没有经过登记的婚姻或者收养，不发生结婚、离婚和收养的效力。因此，不成立的婚姻和收养，即为事实婚姻和事实收养，不发生法律效力，自无无效、撤销的问题。其他身份法律行为，如附随的身份法律行为和支配的身份法律行为，则存在不成立和无效等的区别，在实践中应当准确把握，正确适用法律。

(2)身份行为无效的表现

①婚姻行为无效

我国《婚姻法》第10条规定了无效婚姻。该条规定："有下列情形之一的，婚姻无效：(一)重婚的；(二)有禁止结婚的亲属身份关系的；(三)婚前患有医学上认为不应当结婚的疾病，婚后尚未治愈的；(四)未到法定婚龄的。"具备上述规定的四种法定情形之一的，婚姻无效。

---

① 参见史尚宽：《亲属法论》，荣泰印书馆1980年版，第14～15页。

婚姻行为无效是绝对无效。提出婚姻无效请求的应当是婚姻当事人。依照司法解释的规定,还可以由利害关系人提出。婚姻关系本是民事法律关系,是当事人的私生活,国家不宜干预过多,但是无效婚姻的情形涉及国家的婚姻制度和社会生活秩序,因此,有关的利害关系人也可以提出婚姻无效的请求。可以提出请求权的利害关系人分别是:以重婚为由申请宣告婚姻无效的,为当事人的近亲属和基层组织;以未到法定婚龄为由申请宣告婚姻无效的,为未达法定婚龄者的近亲属;以有禁止结婚的亲属身份关系为由申请宣告婚姻无效的,为当事人的近亲属;以婚前患有医学上认为不应当结婚的疾病,婚后尚未治愈为由申请宣告婚姻无效的,为与患病者共同生活的近亲属。

婚姻无效宣告之后,其法律后果有以下三项:(1)当事人之间的婚姻关系自始无效,溯及既往。(2)双方当事人同居期间取得的财产,按照共同共有处理,能够证明是当事人一方所有的,为一方所有。(3)当事人所生的子女为婚生子女,与其父母具有父母子女的权利义务关系。

②收养行为无效

无效的收养行为是指欠缺收养关系成立有效要件,因而不能产生收养的法律效力的收养行为。收养行为无效也是绝对无效的法律行为。《收养法》第 25 条规定了收养行为无效的法定事由:一是违反《民法通则》第 55 条规定的收养行为,例如,收养人或者送养人不具有相应的民事行为能力,收养人、送养人或者年满 10 周岁以上的被收养人的意思表示不真实,违反法律或者社会公共利益;二是违反《收养法》规定的收养行为,包括不具备收养关系成立的实质要件和形式要件的收养行为。

确认收养行为无效的程序是诉讼程序和行政程序。提起诉讼程序宣告收养行为无效的,应当依照《民事诉讼法》的规定进行。依照行政程序确认收养无效的,依照民政部收养登记办法的规定进行。

收养行为宣告无效之后,溯及既往,为自始无效。

③其他身份行为无效

其他身份行为无效,是指婚姻无效、收养无效之外的其他身份行为无效的情形。例如,附随的身份行为的无效、支配的身份行为无效等。这些身份行为的无效,亲属法没有特别规定,应当依照《民法通则》以及《合同法》关于民事行为无效和合同无效的规定进行。

3. 身份行为的撤销和解除

(1)婚姻行为撤销

婚姻行为撤销也称为可撤销婚姻,是指男女双方或者一方缺乏结婚的合意,因受他方或者第三者的胁迫而结婚的违法婚姻行为。受胁迫一方可以向婚姻登记机关或者人民法院请求撤销该婚姻关系,被撤销的婚姻关系发生自始无效的法律后果。

身份行为的撤销与可撤销的民事行为的性质相同，是相对无效的身份行为，当事人可以请求撤销该民事行为，也可以对该民事行为请求变更。婚姻行为由于胁迫而实施，也属于相对无效的身份行为，但由于婚姻行为的特殊性，不存在婚姻行为的变更问题，只存在对该婚姻行为的撤销可能；因此，婚姻行为只能撤销，不能变更。

婚姻行为的可撤销与婚姻行为的无效不同。婚姻无效是绝对无效，而胁迫的婚姻行为中婚姻关系的建立是符合法律规定的条件的，不存在婚姻无效的法定事由，但是由于婚姻关系的建立缺乏合意，一方或者双方是被胁迫而建立，因此，其效力在于当事人的选择。当事人选择撤销该婚姻行为，是符合法律规定的，保证了当事人婚姻自由的意志和婚姻自主权的行使。如果受胁迫的一方或者双方愿意维持这个婚姻，则不予撤销也是可以的，该婚姻关系继续有效。

婚姻行为可撤销的条件是胁迫。按照司法解释的规定，这种胁迫，是指行为人以给另一方当事人或者其近亲属的生命、身体健康、名誉、财产等方面造成损害为要挟，迫使另一方当事人违背真实意愿结婚的情况。

婚姻当事人申请撤销婚姻行为的程序，分为诉讼程序和行政程序。申请提出之后，由婚姻登记机关或者人民法院依法审查决定。申请的期限，一般在结婚登记之日起一年内提出，如果婚姻当事人是被限制人身自由的，则在恢复人身自由之日起一年内提出。

婚姻行为撤销的法律后果，与婚姻行为无效的后果相同。

(2)收养行为解除

收养行为解除是指收养行为成立之后，收养关系存续期间，养父母子女因某种事由双方协议解除或者单方提出解除收养关系的行为。收养行为解除不同于收养行为无效，而是收养行为有效成立。经过当事人协议或者经过法院判决，将现存的收养关系予以解除，恢复到没有建立收养关系之前，而不是溯及既往的收养行为无效。

收养行为解除的事由，包括养父母的情况发生变化，生父母的情况发生变化，养父母不尽抚养教育责任，养子女不服养父母教养，养子女长大后不履行赡养扶助养父母的义务等。

收养行为的解除程序，分为登记解除收养关系的行政程序、公证解除收养关系的公证程序以及诉讼解除收养关系的诉讼程序。

收养行为解除的法律效果是，消除了养父母子女之间的权利义务关系，未成年的养子女与生父母及生父母的近亲属的权利义务恢复，养子女死亡或者养父母死亡的终止死者与养父母或者养子女之间的亲属身份关系，对养父母在收养期间所支出的生活费和教育费的补偿，收养期间形成的财产关系的处理。

(3)其他身份行为的变更、撤销或者解除

其他身份行为涉及民事行为相对无效、效力待定以及协议解除或者法定解除问题的,原则上应当适用《民法通则》关于民事行为效力的规定以及《合同法》关于合同效力和解除的规定。

(五)身份法律行为登记

1.身份法律行为登记的意义

(1)身份法律行为登记的概念

身份法律行为发生效力,有的不需要进行登记,有的需要进行登记。因此,身份法律行为的登记对于某些身份法律行为具有特别重要的意义。

身份法律行为登记,是指某些身份法律行为依照法律规定进行登记,得到国家承认,产生该身份法律行为的法律效果的行为。

(2)身份法律行为登记的特征

①身份法律行为登记是身份行为发生效力的基本形式

登记并非只是身份法律行为存在的记录。在民法上,物权登记具有极为重要的意义,但物权登记和身份行为的登记行为具有重要的区别。这就是说,物权登记行为更重要的目的在于物权的公示;而身份行为的登记则不仅是在于身份行为的公示,更在于国家对该身份行为的确认,赋予其法律效力。因此,特定的身份行为登记,既是该身份行为的成立要件,也是生效要件。如果规定应当登记的身份行为没有进行登记,就等于该身份行为没有成立,当然更没有发生法律效力。

②身份行为登记具有法律的强制力

既然某些特定的身份行为法律规定必须进行登记,不登记不发生法律效力,那么这种登记行为就是强制性的法律规定。违背这种法律强制性规定,就是违法行为,不发生身份法律行为的效力,不能受到法律的保护。

③身份登记行为与身份合意行为的关系具有特殊性

由于身份登记的特殊性和强制性,作为身份登记的基础行为的身份合意行为,就显得不重要而受到忽视。这是不正确的。身份法律行为是双方当事人之间的民事法律行为,通过该行为缔结的婚姻关系,在双方当事人之间发生权利义务关系,是当事人自己的事情。因此,身份当事人对身份的合意行为才是最为重要的行为,是登记行为的基础。没有这个基础行为,身份登记行为也不能存在。因此,身份登记行为与身份合意行为的特殊关系在于,身份合意行为是身份法律行为的基础,而身份登记行为则是身份法律行为的国家确认形式。

(3)身份行为登记的范围

按照亲属法的规定,我国身份法律行为需要登记的有:一是结婚行为;二是协议离婚行为,三是收养行为,四是收养无效行为,五是解除收养行为。

2. 结婚登记

(1)结婚登记的概念和意义

结婚登记是结婚行为的确认行为,没有结婚登记不发生结婚的效力,法律不承认其发生婚姻关系。

结婚行为的确认,各国有不同规定。主要的有仪式制、登记制和登记与仪式制。仪式制包括世俗仪式制,即结婚要有父母家长主持,在亲友面前举行婚礼,并由证婚人证明;宗教仪式制,则结婚应由神职人员主持,在教堂举行结婚仪式;法律仪式制,即结婚须由政府官员主持结婚仪式,婚姻才能够有效成立。登记制的含义是结婚必须经过登记程序确认其效力,否则不发生结婚的法律效力。仪式登记制是指结婚既须举行结婚仪式,又须进行婚姻登记才有效的制度。

尽管这些确认行为各不相同,但都是规定结婚行为必须经过确认,才能够发生法律效力,产生婚姻关系。这是因为结婚涉及当事人的重大利益,同时也涉及社会风俗、伦理以及社会秩序;因此必须予以公示,使双方当事人的结婚行为为他人所知。

(2)结婚登记的程序和效果

《婚姻法》第8条规定了我国结婚的登记制度:“要求结婚的男女双方必须亲自到婚姻登记机关进行结婚登记。符合本法规定的,予以登记,发给结婚证书。取得结婚证,即确立夫妻关系。未办理结婚登记的,应当补办登记。”

我国结婚登记的程序是,提供身份证明文件,证明自己无配偶以及与对方没有直系血亲和三代以内旁系血亲关系的签字声明;表明男女双方自愿结婚的意思表示;结婚登记机关进行审查并询问相关情况;符合结婚条件的,即时进行结婚登记发给结婚证书。

结婚登记行为的效果,是经过结婚登记发给结婚证书的,即时发生结婚的法律效果,在双方当事人之间产生配偶法律关系。

(3)不予登记

结婚登记机关经过审查,发现具有法定情形之一的,不予进行结婚登记。不予登记的法定情形是:未到法定婚龄的,非双方自愿结婚的,一方或者双方已经有配偶的,属于直系血亲或者三代以内旁系血亲的,患有医学上认为不应当结婚的疾病的。

3. 协议离婚登记

(1)协议离婚登记的概念

离婚与结婚不同,登记不是必要程序,只有协议离婚,到婚姻登记机关进行登记离婚的,才须进行离婚登记。

离婚登记与登记离婚并不完全相同。登记离婚是指离婚的形式,即采用行政登记的程序进行离婚;而离婚登记则是采取登记离婚的形式离婚所要进行的离婚登记行为。

(2)离婚登记的条件

依照亲属法的规定,进行离婚登记必须具备以下条件:一是双方自愿离婚。即婚姻关系双方当事人对离婚的意思表示一致,不存在欺诈或者胁迫。二是双方必须办理过结婚登记,持有结婚证书。没有办理过结婚登记的人,不得进行登记离婚。三是双方必须具有完全民事行为能力。无民事行为能力人或者限制民事行为能力人的离婚,必须经过诉讼程序才可以离婚,不能以协议的方式登记离婚。四是双方对子女抚养、财产分割以及债务承担均已达成协议。

(3)离婚登记的程序和效力

离婚登记,需要经过申请、审查、登记、发证的程序完成。离婚一经登记,发给当事人离婚证书,即发生解除婚姻关系的效果,双方当事人的婚姻关系即时不再存在。

4. 收养行为登记

(1)收养登记

收养行为是变更亲子法律关系的身份行为,各国均规定为要式行为。我国《收养法》第15条规定:"收养应当向县级以上人民政府民政部门登记。"因此,收养仅仅有收养人和送养人的收养合意即收养行为尚不能发生收养的效力,还须进行收养登记才能够发生收养的法律效果,在当事人之间发生变更亲子身份关系的法律后果。

(2)收养无效登记

收养无效分为诉讼无效和登记无效。民政部《收养登记办法》第12条规定:"收养关系当事人弄虚作假骗取收养登记的,收养关系无效,由收养登记机关撤销登记,收缴收养登记证。"

按照这一规定,收养登记机关发现收养关系当事人具有上述行为的,有权宣告收养关系无效,并撤销收养登记。其程序应当由收养关系当事人或者利害关系人提出,由收养登记机关审查。其条件,就是当事人弄虚作假骗取收养登记。

收养行为被宣告无效,并且撤销登记、收缴收养登记证之后,发生收养行为自始无效的后果。

(3)收养解除登记

依照《收养法》第28条规定,当事人协议解除收养关系的,应当到民政部门办理解除收养关系的登记。民政部门审查解除收养关系是否合法,意思表示是否真实、一致,当事人应当提供必要的证明材料,经过证明属实的,收养登记机关办理解除收养的登记,确认当事人解除收养关系。

（六）身份法律行为的代理及条件和期限的禁止

1. 身份法律行为代理

（1）身份法律行为不得委托代理

身份法律行为虽然为民事法律行为的一种，但因其具有特殊性，不适用民法关于民事法律行为代理的一般规定，即身份法律行为不得进行委托代理。委托代理又称为意定代理，是基于被代理人的委托授权所发生的代理。而身份法律行为的实施，是实施身份法律行为的人必须具备身份行为能力，这些能力不仅要具有民事行为能力，而且还必须具有要求更高的特别的要件。因此，行为人实施身份法律行为不存在委托代理的必要性，在婚姻、收养、认领、婚生子女否认上，都不存在委托代理的适用。①

（2）身份法律行为准许法定代理

亲属的基本性质是自然人之间的特定社会关系，以自然人为其主体。既然如此，亲属身份关系的主体必然存在无民事行为能力人或者限制民事行为能力人。一方面，实施了身份法律行为的人为精神病人的，属于无民事行为能力人或者限制民事行为能力人，其实施身份法律行为必须有法定代理人。另一方面，对于身份法律行为的其他行为方面，主体如果是未成年人的，也存在法定代理的适用。例如，未成年人对生父认领的请求，应当以其生母为法定代理人；无民事行为能力人或者限制民事行为能力人的离婚诉讼，必须有法定代理人；无民事行为能力或者限制民事行为能力人与其养父母的诉讼，也必须有法定代理人。

对于身份法律行为的法定代理，应当按照民法关于法定代理和民事诉讼法的有关规定进行。

2. 身份法律行为禁止附条件和期限

身份法律行为不适用民事法律行为的附期限和附条件的规则。② 这是因为，如果在身份行为上附期限或者附条件，有违善良风俗和公共秩序，为社会伦理所不许。对于附条件的身份法律行为应当认定为无效或者可撤销。例如，在个别地方存在的换亲，即将自己的女儿出嫁作为对方男子的妹妹嫁给自己儿子为条件，就是附条件的结婚行为。如果各方当事人均没有反对意见，是当事人的真实意思，似无反对道理，但出嫁女儿认为违背自己的结婚真实意思者，应当认定为可撤销婚姻，当事人可以主张撤销该婚姻关系。

---

① 例外的是障碍人的委托监护属于委托代理，但也具有与一般委托代理的不同之处。

② 戴炎辉等：《亲属法》，台北 2010 年自版，第 4 页。

第二章　身份权

第一节　身份与身份权的概念及意义

一、身份的概念

（一）身份概念的发展

身份亦称身分，中国古代即有这一概念，一般是指人在社会中的地位、资历的统称，也指模样、体态。现代汉语的身份，一是指人的出身、地位和资格，[①]二是指人在社会上或法律上的地位，三是指受人尊重的地位。[②]

法律使用身份概念的历史十分久远，几乎是从有法律起就有身份的概念。英国学者梅因指出："在'人法'中所提到的一切形式的'身份'都起源于古代属于'家族'所有的权力和特权，在某种程度上，至今仍旧带有这种色彩。"[③]法律发达早期使用身份概念的原因，是亲属法、家族法在早期就已经非常发达，而这些法律的基本作用就在于固定人在亲属中、家庭中的支配与被支配的关系，固定人的法律地位。

身份的法律概念变化较大。在最早的法律中，身份体现的是家族中的权力和特权，如家父权、家长权等。在人类社会的进步中，经历了"从身份到契约"[④]的运动，即人与人之间的

---

① 《辞海》（缩印本），上海辞书出版社 1979 年版，第 1973 页。

② 《现代汉语词典》，商务印书馆 1978 年版，第 1008 页。

③ ［英］梅因：《古代法》，沈景一译，商务印书馆 1984 年版，第 97 页。

④ ［英］梅因：《古代法》，沈景一译，商务印书馆 1984 年版，第 97 页。

法律关系，逐渐地从身份关系转化为契约关系，逐步实现人的权利平等的要求。继之，在身份这一概念中，排斥其原本所包括的权力因素，注入义务中心的观念，变狭隘的特权为普遍的权利，变目的的社会结合的财产法上的支配为本质的社会结合的身份法上的支配，变单方的支配为相互的支配，①产生了现今的科学内涵。

（二）身份概念的界定

身份是指自然人在亲属身份关系中所处的稳定地位，以及由该种地位所产生的与其自身不可分离并受法律保护的利益。

正确理解身份这一法律概念，应当着重阐明以下几点：第一，身份首先是一种地位，表示民事主体在某种特定的亲属法律关系中的稳定地位，如配偶、亲子、其他近亲属等。第二，身份表现为亲属利益。亲属身份关系的主体基于特定的身份地位，产生相应的具有支配性质的身份利益。如配偶之间对配偶利益的互相支配，亲权关系当事人对于未成年子女以及父母之间的身份利益的支配，均体现了这种具有支配性的利益。这种利益与亲属的人身不可分离，受法律的保护。第三，身份所体现的地位和利益必须处于特定的亲属身份关系之中，离开特定的亲属身份关系，不存在身份。如配偶权处于夫妻关系之中，亲权和亲属权处于亲属身份关系之中等。

二、身份权的概念和意义

（一）身份权的概念和特征

身份权是指自然人基于特定的身份关系产生并由其专属享有，以其体现的身份利益为客体，为维护该种关系所必需的权利。换言之，身份权就是由身份关系上发生的权利。②

身份权具有以下法律特征：

1. 身份权表达的是亲属之间的身份地位

身份权的核心问题是身份。它所表达的是亲属之间的身份地位关系，表明特定的亲属之间各自所处的不同地位和关系。因此，身份权就是亲属地位的法律化。

2. 身份权是亲属之间的权利义务关系

身份权的主体是亲属，表明的是亲属之间的权利义务关系。这种亲属之间的权利义务关系，是基于亲属之间的身份地位的不同而发生的，表明不同身份地位的亲属之间，相互享有的权利和所负担的义务。因此，身份权就是亲属之间的权利义务关系。

---

① 王利明主编：《人格权法新论》，吉林人民出版社 1994 年版，第 196 页。

② 林菊枝：《亲属法新论》，五南图书出版股份有限公司 2006 年版，第 16 页。

3. 身份权的主体有范围的限制

并不是一切亲属之间都发生身份权，而仅仅在法律规定的近亲属之间才发生身份权。因此，身份权的主体虽然是亲属，但并不是所有的亲属，只有近亲属才是身份权的主体。

4. 身份权的客体是身份利益

身份权的客体不是近亲属的人身，而是近亲属之间的身份利益。在历史上，身份权曾经是支配对方亲属人身的绝对支配权，家长（家父）、丈夫以及尊亲属可以支配家属（家子）、妻子以及卑亲属。现代社会人人权利平等，废除了身份权的人身支配性质，代之而起的是平等的身份利益支配权，权利人只能支配身份利益，而不能支配对方亲属的人身。

5. 身份权的本质是以义务为中心

现代身份权并不是以权利为中心，而是以义务为中心，将权利的中心转向对对方亲属的保护。即使对身份利益的支配，也不是绝对的支配，更重要的是履行身份利益上的义务。配偶权、亲权、亲属权中都含有权利的内容，但其核心是义务。例如，亲权更多的是对未成年子女的身份利益保护。

（二）《婚姻法》对身份权的具体规定

1. 歧视身份权的表现

我国法律界对于身份权采取某种歧视的态度。这种歧视态度来源于两个方面。

一方面，是研究传统民法的学者否认身份权的存在。他们否认我国民法存在身份权的一个基本事实根据，是我国不存在身份权制度，因而我国的人身权只由人格权一个系列的权利构成。① 否认身份权的理由：一是传统民法上的家长权、夫权、亲权的实质，在于以特定人的身体为标的的支配权，因其与人类社会文明发展相悖，而导致家长权和夫权的消灭，亲权性质的改变；二是我国《民法通则》在“人身权”专节规定的 8 个条文中，没有设置身份权的条文。

另一方面，在亲属法领域中，多数人承认近亲属之间的权利义务关系，而反对或者不使用身份权的概念。例如，不称谓配偶权而称之为夫妻的权利义务关系，不称谓亲权而称之为父母与未成年子女之间的权利义务，不称谓亲属权而称之为近亲属之间的权利义务。事实上，三个身份权表述的就是这样三个种类的亲属的权利义务关系，但是却要多使用很多语言绕开最为简洁的表述，偏偏使用复杂、拗口的概念。

2. 我国现行立法对身份权的规定

在我国的现实社会生活中确实存在身份权，如夫妻之间的配偶权、父母对未成年

① 参见梁慧星：《民法》，四川人民出版社 1988 年版，第 343 页；《中国民法经济法诸问题》，法律出版社 1991 年版，第 59 ~ 67 页。

子女的亲权以及其他近亲属之间的亲属权。这些权利都是身份权。这些身份权与历史上的身份权在性质上截然不同,不能因为历史上的身份权的性质有悖于社会文明的发展,就依此否认现代民法意义上的身份权。虽然《民法通则》没有明文规定身份权,但这并不是否定身份权的根据,因为规定身份权的职责在于《婚姻法》,该法对亲属的身份权已经作出了完整的规定。例如,2001 年《婚姻法》对夫妻间的权利义务关系作了很多规定,都是在规定配偶权。第 21 条至第 27 条规定的内容就是亲权。同时也规定了祖父母外祖父母与孙子女外孙子女、兄弟姐妹之间的亲属权。可以说,《婚姻法》规定了完整的身份权体系。

三、身份权的权利特征

(一)身份权的多元性特点

身份权是一种特殊的权利。其特殊之处,就在于权利主体的多元性。作为身份权的权利主体,总是两人以上,身份权体现的是特定的亲属之间的身份地位和权利义务,权利主体总要是具体的相对的亲属。配偶权的权利主体就是夫和妻,亲权的主体就是父母和未成年子女,亲属权的主体也必须是相对的其他近亲属。只有一个亲属不能构成身份权。

既然如此,身份权应当具有相对性。但是,身份权的基本性质是绝对权,是人身权体系中的一类基本权利,具有对世性。那么,怎么解释身份权的性质呢?

我们认为,身份权是一种相对性的绝对权。一方面,身份权在两个权利主体之间,构成权利义务关系,具有相对性的性质;另一方面,身份权又是绝对权,具有对世性,是对世性的民事权利。身份权的对世性和对人性,构成了这样的相对性的绝对权。例如,配偶权首先是一个绝对权,是对世性的权利,对世宣告只有该对夫妻才是配偶,确定只有他们而不是其他任何人具有这样的身份地位,其他任何人都必须尊重这样的配偶关系。但是,配偶关系的最重要的身份地位在于相对性,夫对妻而言是配偶,妻对夫而言是配偶,对其他任何人,他或者她都不是配偶,只有他们之间才享有配偶的权利,负担配偶的义务。身份权的对世性和对人性,构成了这个权利与其他权利的不同。①

(二)身份权的对内对外关系

1. 身份权的对外关系

身份权的对外关系,表明身份权的绝对性,是一个绝对性的民事权利。它表明,享有身份权的权利主体享有这种权利,其他任何人都负有不得侵犯这种权利的义务。在我国亲属法的研究中,目前多专注于对亲属之间的权利义务关系的研究和表述,忽略

---

① 与身份权性质最相似的权利是共有权,共有权也是具有相对性的绝对权。

甚至忘记了对身份权对世性的研究，不去研究身份权对外的权利义务关系。这是我国亲属法理论研究冷落身份权的基本原因之一。

身份权作为对世性的权利，权利人是特定的相对应的亲属，权利人享有的权利，是表明特定亲属之间的特定身份地位，并通过这种亲属的身份地位使权利主体对特定亲属之间的身份利益的绝对占有和支配。

身份权作为对世性的权利，义务人是特定亲属之外的其他任何人，负担的义务是对特定亲属身份地位的尊重，并对特定亲属之间的身份利益的不得侵犯。

2. 身份权的对内关系

身份权的对内关系来源于身份权的相对性。由于总是在特定的、相对应的亲属之间享有身份权，因此，身份权的主要内容是对内的权利义务关系。在研究身份权的各种具体权利时，主要关注的就是特定亲属之间的权利义务关系，就是这种对内关系。

在身份权对内关系中，权利义务是平等的，权利人之间，既是权利人，又是义务人，双方互为权利人和义务人。平等的权利义务关系，构成身份权对内关系的基本特点。任何一方亲属都不能对另一方取得身份地位上的优势，不得凌驾于另一方之上。身份权对内关系的另一个特点是以义务为中心，在身份权对内的权利义务中，以义务为重点，而不是以权利为中心。

（三）身份权对内对外关系的关系

身份权具有两个方面的权利义务关系，形成了具有相对性的绝对权的性质。在身份权的这两种权利义务关系中，哪一种更应当重点保护呢？

身份权的两种权利义务关系都是重要的。对外的权利义务关系，表明身份权的绝对权性质，任何人都不得对特定亲属之间的身份利益予以侵害，法律予以严密保护。同样，身份权对内的权利义务关系，表明特定亲属相互之间的权利义务，任何一方都有权行使自己享有的身份权，也都不得违背自己作为特定的亲属所应当负担的义务。

我国目前存在重视身份权的对内关系而忽略或者忘记对外关系的倾向。例如，《婚姻法》第46条规定“配偶一方违反忠实义务具有过错，造成离婚结果的，无过错一方有权请求损害赔偿”。这一规定，保护的明显是配偶权。忠实义务是配偶之间的义务，重婚或者实施婚外性行为，就是违反忠实义务，就侵害了对方的配偶权，承担损害赔偿责任就是确认配偶一方侵害对方配偶权的侵权行为。配偶权的对外关系也是重要的，也需要法律的保护，我国法律制裁配偶违反忠实义务的侵权行为，但对于第三人与配偶一方发生性行为的侵害配偶权的行为，却不认为是侵权行为，没有规定侵权责任。这是不公平的。

第二节 身份权的历史发展

一、国外身份权的历史演进

(一)国外身份权的发展时期

世界各国关于身份权的立法,大致经过了古代习惯法时期、古代成文法时期、近代法时期和现代法时期这四个发展时期。

1. 古代习惯法时期

在古代习惯法时期,身份权是自然人的最重要的权利。当时的社会利用这种权利,固定亲属之间的关系,实现一部分人对其所属的亲属实行专制的支配,以维护和巩固古代人群稳固关系的基础。亲属权、亲权、夫权是最基本的身份权。在近代仍保留原始社会后期形态的部落习惯法中,可以发现大量的证据。例如,在北美格陵兰岛的爱斯基摩人那里,父母可以把无力抚养的子女抛弃或杀死,一个内特夕林缪特妇女共生 20 个孩子,其中被她杀死 10 个,病死 4 个,坠海身亡 1 个。杀婴行为符合他们的习惯法,不为群体所反对。① 在这些习惯法中,最残酷的就是亲权和夫权,其野蛮程度是现代文明无法理解的。

2. 古代成文法时期

古代成文法时期的身份权非常发达,成为系统、完备的法律制度,其专制性达到历史的顶峰。4000 多年以前的《乌尔那姆法典》,丈夫对妻有支配权,离婚权只在男方,妻子与人通奸,则被认为是对丈夫的侮辱,应处死。在《苏美尔亲属法》中,父权和夫权十分强大,儿子若不承认父母,则被当作奴隶出卖,女儿若不承认父母,则被逐出家庭;妻子若不承认丈夫,则是十恶不赦,应投入河中淹死,而丈夫不承认妻子,则只需赔银,等于休妻。《汉穆拉比法典》规定,父亲在无力还债,生活贫困时,可以出卖子女为奴,子女犯有罪过,则可以剥夺其继承权。②《摩奴法典》规定,在亲权关系中,儿子属于夫主,受夫主支配;在亲属身份关系中,女子则应该昼夜被自己父亲、夫主或儿子置于从属地位,女子不配独立自主;在夫妻关系中,夫权高于一切,夫主对嫌恶他的妻子,可以没收她的财产,对有不良习惯、不孕、生病等的妻子,都可以进行更换,甚至妻子说话难听也

---

① [美]霍贝尔:《初民的法律》,中国社会科学出版社 1993 年版,第 79 页。

② 王云霞等:《东方法概述》,法律出版社 1993 年版,第 9、16、20 页。

是丈夫更换妻子的原因。[①]

在古代成文法时期的罗马法中,形成了当时最完备的身份权制度。罗马法中最重要的身份权是家父权。这种权利是罗马法的独有概念,是家庭中父亲对子、女、妻等全部家庭成员的绝对的、专制的支配权。家父权包括对家子的生杀之权(罗马法后期此权利被废除)、出卖家子权、损害投役权、[②]限制自由权、祭祀权、同意婚姻权和支配全家财产权等。关于夫权,罗马法先期为夫权婚,又称正式婚,实际上等于买下妻子,而其中的时效婚则是从取得时效而来。夫权婚制下的妻为家子,受家父支配。无夫权婚原为万民法制度,后被市民法认可。无夫权婚夫妻地位基本平等,夫妻有各守贞操义务,互负同居义务,有互相扶助义务。[③] 罗马法上夫权的这种变化,是非常值得注意的。

3. 近代法时期

近代法时期的身份权立法,以1804年《法国民法典》为代表。当时通过的法典,专设夫妻相互的权利与义务、亲权、亲属权、监护等章节。该法典规定的夫妻配偶权,一方面规定夫妻互负忠实、帮助、救援的义务,妻享有遗嘱权等权利;另一方面则规定夫应保护其妻,妻应顺从其夫,妻负与夫同居的义务并应相随至夫认为适宜居住的地点,夫负接纳其妻,并按照其资力与身份供给其妻生活上需要的义务。关于亲权,则规定子女在成年或亲权解除前,均处于父母权力之下,亲权由父单独行使,子女不得离开其父的家庭,父对子女的行为有重大不满时,得通过法院将其拘留1至6个月,如子女释放后故态复萌,还可以再次请求拘留。亲权人对未解除亲权的人的财产享有用益权。《法国民法典》的上述规定,既有先进合理的内容,又有专制、封建传统的残余,反映了立法新旧交替的矛盾状态。

4. 现代法时期

现代法时期,各国关于身份权的立法发生了质的改变,《德国民法典》开创了这一时期。在亲属法上,《德国民法典》迭经修订,规定了夫妻平等的配偶权,夫妻相互负有共同婚姻生活的义务,均有从业之权,均有平等的财产权,相互负有以其劳动及其财产适当扶养家庭的义务,等等。该法规定的亲属权,承认直系亲属互负扶养的义务,父母和子女有相互帮助和体谅的义务等。该法将亲权改称为亲权照顾权,规定父母有照顾未成年子女的权利和义务,亲权照顾权包括对子女人身的照顾(人身照顾权)和对子女财产的照顾权(财产照顾权)。该法规定监护权,监护人有照顾受监护人人身和财产的权利和义务。

---

① 《摩奴法论》,蒋忠新译,中国社会科学出版社1986年版,第174、180、181页。

② 此权即家父在家子造成他人损害时,将致害家子交与受害人以免除其赔偿责任。

③ 江平等:《罗马法基础》(修订本),中国政法大学出版社1991年版,第112~113页。

(二)国外身份权发展的基本概括

4000多年以来,国外身份权发生了本质的变化,在性质上成为截然不同的两种法律制度。身份权性质变化的主要表现包括以下内容:①

1. 家长权的消亡

罗马法中的家父权,是至高无上的身份权。在罗马帝政时代,立法虽然已开始对其作某种限制,但仍十分强大。这种封建、专制的人身统治权力,是自由资本主义发展的严重障碍,因而近代西方民事立法相继废除家长权。日本制定民法之初,因封建势力所迫,仍保留了家长权,但最终于1947年修改民法时将其废除。

2. 专制的夫权为平等的配偶权所代替

在古代立法中,妻受夫权支配,是天经地义的,夫权包含体罚以致处死妻子的权利。近代立法,《法国民法典》仍规定夫权,将妻置于夫的支配之下,德国法、英国普通法也均有此规定。近代夫权包括妻应顺从其夫、妻未经夫的许可不得处分自己的财产,不得进行诉讼,夫有权决定共同生活的一切事务,夫对妻享有管束权和体罚权。"二战"以后,民主运动和女权运动的兴起,促使夫权消亡。各国纷纷修改立法或制定单行法,废除夫权,建立平等的配偶权。配偶权成为夫妻共享的平等之权、民主之权。

3. 亲权性质的根本改变

亲权是罗马法以后的身份权概念,由消亡的罗马法家父权演化而成,是父母对子女的支配权。这一点,在1804年《法国民法典》关于亲权的规定中可以看得十分清楚。《德国民法典》开始强调亲权包含父母对子女的义务,但仍保留惩戒权。《法国民法典》经过1970年的修订,对亲权规定为父母对子女负有的照管、监督及教育的权利义务。德国1979年制定《亲权照顾权新调整法》,将亲权改称亲权照顾权,彻底改变了原亲权的专制支配性质,使之成为一种新型的权利义务合为一体的平等、民主的身份权。

4. 出现新型的亲属权

《德国民法典》根据1959年2月16日《关于1956年6月20日对主张居住在国外的扶养请求权的协议的法律》、1971年3月4日的法律和1959年11月20日关于生效的公告以及关于有效范围的公告,修订了第1601条,规定"直系亲属互负扶养的义务",并在第1602条至第1615条,详细规定了亲属权的具体内容。后世民法,均认亲属权为身份权,规定亲属之间的权利义务。

二、中国古代的身份权及保护

中国古代的立法的身份权立法十分完备,身份权的力量十分强大。这与中国奴隶

---

① 在以下论述中,前三点内容主要参考梁慧星所著"人身权研究"一文,载《中国民法经济法诸问题》,法律出版社1991年版,第52~55页。

社会、封建社会的专制统治相适应。

(一)中国古代身份权类型

中国古代最重要的身份权,是族权、父权、夫权。《礼记·冠义》:"凡人之所以为人者,礼义也。"这种礼义不是指人之所以为人的人格,而是身份,其目的是"以正君臣、亲父子、和长幼。君臣正,父子亲,长幼和"。《春秋繁露·顺命》:"父者,子之天也。天者,父之天也。""天子受命于天,诸侯受命于天子,子受命于父,臣受命于君,妻妾受命于夫。""子不奉父命,则有伯讨之罪;臣不奉君命,虽善以叛;妻不奉夫之命,则绝。"

1. 族权

族权,最早源于奴隶社会后期封建分封诸侯的世族制,后成为家族制中族长的特权。此身份权是封建社会家族系统族长对家族成员的支配权。所谓家庭,是以男系血统为中心的亲属集团,由宗祠、支祠和家庭构成。族长是家庭的首领,通常由家族中辈分最高并有权势的男性成员担任,主持全族事务,执掌裁断族人争执的权力。我国封建社会的族权掌握在封建地主手中,维持封建身份关系,压迫农民,用宗规、族规、家规乃至残酷的肉刑和死刑,对其族人尤其是贫苦农民和妇女实行封建统治。[①] 在家族制的族权统治下,族长及辈分高、地位高、有权势的男性组成的议事团,享有族权,对族人进行专制支配,一般族人负有绝对服从的义务。族权的支配性不仅及于族中事务,且及于族人人身。族人违反族规,族长有权进行惩罚,直至剥夺其生命权。

2. 父权

父权,是中国古代重要的身份权,是指父亲在家庭中对子女的人身支配权。在中国古代社会,父权以"孝"为中心,孝是父权的基础和灵魂。孝的核心,在于对父权的绝对尊重,绝对性的人身支配。违背父权,为不孝。"五刑之属三千,百罪莫大于不孝。"[②] "十恶"罪之七,即为不孝。善事父母曰孝,既有违犯,是名不孝。包括告言诅詈祖父母、父母,及祖父母、父母在别籍异财,供养有阙,居父母丧身自嫁娶作乐释服从吉,闻祖父母、父母丧匿不举哀,诈称祖父母、父母死等。犯不孝之罪,重者处死,轻者徒、流。父权的具体内容,包括对子女的人身支配权、财产支配权、婚姻支配权、惩戒权。在人身支配权上,子女无独立人格,如父母在,不远游。在财产支配权上,父亲掌管子女的一切财产,即使子女成家立业,其财产也必须交由父亲掌管,异财者为不孝。子女无婚姻决定权,而由父亲决定,谓之"父母之命,媒妁之言"。父亲的惩戒权是对子女违反父的意志行为进行人身惩罚的权利,包括肉刑,甚至"父让子亡,子不敢不亡"。

---

① 江平等:《现代实用民法词典》,北京出版社1988年版,第468~469页。

② 《孝经》五刑章第十一。

3. 夫权

夫权是封建社会丈夫对妻子的人身支配权。在夫权支配下，妻子是丈夫的附属品，只有服从支配的绝对义务。夫者，妻之天也。事夫如事天，与孝子事父，忠臣事君同。[①] 夫为妻纲，夫权之义在于“顺”。所谓“夫不贤则无以御妇，妇不贤则无以事夫。夫不御妇，则威仪废缺，妇不事夫，则义理堕阙”，正是要求妻“敬顺之道，妇人之大礼也”。[②] 夫权包括丈夫对妻的人身支配权、财产支配权、管束权、休妻权。在夫权统治下，妻无人身自由，无财产权利，在稍有事夫不周的事由，即遭“七出”被休。法律对夫权的保护，一是认妻殴告夫为不睦，是十恶之八；妻殴夫，徒一年，若殴伤重者，加凡斗伤三等，死者斩。二是媵及妾犯者，各加一等；媵及妾詈夫者，杖八十。[③] 在西双版纳少数民族中，夫权同样具有此种专制性质，甚至规定睡觉前要先向男人磕头，枕头要比男人的低4寸，不能同男人的头平起睡。[④] 甚至有典妻者，因本夫无力抚养，情愿出典他人为妻，两方由媒议定典价、典期，由出典人署名立约作为典婚书，出典之妻迁往受典人之家，或仍留出典夫家。在典期内生有子女，归典权人，期满仍归原夫完聚，交还典价；有不愿还转原夫者，可向受典人找价，与原夫脱离关系。[⑤]

（二）中国古代身份权的特点

1. 人格不平等

在中国古代社会，人的法律人格极不平等。统治者自身享有各种人格特权；普通人只享有一般的人格，且有不同程度的区别；奴婢、家奴、寺奴等奴隶阶层，则根本没有人格。

2. 身份权体系完备且强大

中国古代身份权立法极其完备，并用国家的强制力，对维持这种身份关系予以保障。身份权的基本性质是专制的、封建的人身支配权，权利人的权利至高无上，受支配的义务人毫无权利可言，只有绝对服从的义务。这种专制的人身支配权，是维护封建社会纲常伦理，乃至于维护封建统治的法律手段。

3. 法律保护方法主要是刑罚方法

对于侵犯身份权的行为，中国古代立法均认其为犯罪行为，没有侵权行为的概念，也不加以区别。因而，制裁手段基本上是刑罚。

---

① 《女诫·夫妇》。

② 《女诫·夫妇》。

③ 《宋刑统》“夫妻妾媵相殴并杀”条。媵，读 ying，陪嫁之女。

④ 杨怀英等：《滇西南少数民族婚姻家庭制度与法的研究》，法律出版社 1988 年版，第 189 页。

⑤ 张绅：《中国婚姻法综论》，商务印书馆 1936 年版，第 35、36 页。

三、身份权发展历史的概括

通过以上的分析，可以看出身份权发展的基本线索。

人类社会形成以后，就存在人与人之间的身份关系，如父母子女、亲属之间，部落族长与成员之间的关系等。但原始社会没有法律，因而没有身份权的概念。

身份权出现之后，其性质是赤裸裸的支配权，即由一部分人支配另一部分人。它的社会基础是身份关系，并且由这些身份关系相互交织，构成古代社会的基本法律秩序，少数奴隶主、封建主、家长、家父具有支配的权力，奴隶、农奴、家属、家子则处于被支配的地位，负有服从支配的义务。这一点，不仅从罗马法关于有些人受自己权力的支配，另有一些人受他人权力的支配的规定体现出来，①而且也可以从中国封建礼教关于"父为子纲，夫为妻纲"的要求体现出来。身份权这种赤裸裸的支配性，更准确地说，是专制的权利。古代身份权的基本属性是专制性的人身支配权。

在近代，身份权的专制性有了明显的改变，如家长权、家父权的消亡、家族族长权的减弱。在这些亲属身份关系上，专制性的性质有了重大的改变，家长与家属之间的不平等关系也有了改善。夫权的专制性质有所变化，但没有显著的改变。近代资产阶级革命初期虽然倡导"男女平等"的口号，但在资产阶级革命胜利后的民事立法中，却维护夫对妻的支配权。法国法规定妻应顺从其夫，未经夫的许可，妻不得处分自己的财产；德国法规定夫有权决定共同生活的一切事务，妻的财产由夫管理、用益，未得夫的同意，妻不得处分其陪嫁的财产。英国普通法规定夫对妻享有管束权，包括对妻的体罚权。由罗马法家父权转化来的亲权，变成父母对子女的支配权，除对子女的教育、管束、财产用益权外，还享有拘禁子女、体罚子女的拘留权和惩戒权。近代民法的身份权尽管专制性已弱化，某些纯粹专制的权利已消灭，但其基本性质仍没有变化，仍属于专制性的支配权，只是程度不同而已。

在第二次世界大战以后，世界格局发生了重大变化，人类文明也发生了重大变化，身份权的性质随之发生了根本性的变化。这就是废除身份权中的专制性因素，使各种身份关系转化成为平等、民主性质的人身关系，虽然还属于支配权，但却以民主、平等作为支配权的基础和前提。现代民法的身份权终于从旧民法专制性的支配权脱胎出来，成为进步的、平等的支配权。身份权经过数千年的发展演变，实现了"涅槃"。

---

① 即罗马法规定的自权人和他权人。

第三节　身份权与人格权的联系与区别

一、身份权与人格权的联系

身份权与人格权作为人身权的基本权利类型,其共性十分明显,主要表现在:

(一)身份权与人格权同为专属权

身份权和人格权都与民事主体的人身紧密相联,具有专属性和排他性。身份权和人格权存在于民事主体自身,由其自身享有,是民事主体不可缺少的权利。这种权利专属于权利人自身,只能由民事主体自己享有和行使,具有严格的排他性,不得转让,也不得抛弃或由他人继承。

(二)身份权与人格权同为支配权

人身权都是绝对权,其体现的人身利益,均由民事主体直接支配。这种支配,在人格权,支配的是人格利益;在身份权中,支配的是身份利益。身份权与人格权对其权利客体所享有的权利,是绝对的、支配性的,其他任何人均须承担义务。

(三)身份权与人格权均不具有直接财产性

人身与财产不同,不具有直接的财产内容。民事主体行使身份权和人格权,其目的主要是满足自身精神上、情操上、观念上的需要,主要的不是财产目的。但人身权并非毫无财产因素。在身份权中的具体权利中,如抚养、扶养、赡养的请求权,财产因素至为明显;但与财产权不同,身份权中的财产因素是为维持民事主体自身生存所必需的财产请求权,而不以对财产的占有、使用、收益、处分为目的。

二、身份权与人格权的区别

身份权与人格权也有明显的区别。其表现是:

(一)身份权与人格权的法律作用不同

人格权以维护自然人、法人的法律人格为其基本功能,使之实现人之所以为人的法律效果。身份权的法律作用,是维护以血缘关系组成的亲属团体中人的特定地位及相互之间的权利义务关系,维护自然人对具有身份关系的利益的支配关系。

根据身份权与人格权法律作用的不同,导致在人身权体系中,身份权与人格权的地位并不相同。人格权是人身权中主导的权利,基本的权利;而身份权在事实上是以人格权的存在为前提。人的第一需要乃是生存的需要,人格权就是人的生存需要的法律表现。身份权则是人类在生活中及其相互之间关系的法律表现。从根本上说,身份权是人格权的扩展和延伸。因此,身份权与人格权在人身权体系中的地位并不相同。

身份权虽然在人身权体系中的地位与人格权相比不够重要,但却不能因此而受到轻视。身份权是重要的民事权利。身份权固定人与人之间的身份关系,确定民事主体与其支配的身份利益的关系,对于稳定社会关系、确定权利义务关系、保障民事主体的身份利益不受侵害具有重要的意义。例如,配偶权确定夫妻之间的身份关系,规定夫妻之间的权利义务,配偶一方违背这种法定的身份关系,拒绝同居、违背忠实义务、不尽扶养义务,必然破坏稳定的夫妻关系;他人与配偶一方通奸,也侵害配偶另一方的身份权,构成侵权责任。

(二)身份权不是民事主体固有权利

人格权是民事主体的固有权利,生而享有,死而消灭。身份权并不是民事主体生而固有的权利,而是基于自然人的出生而取得的权利。自然人出生,尽管其一经出生就与其父母、姐妹兄弟、祖父母、外祖父母产生了亲属法上的身份权,但这种身份权的产生不是生来固有,而是依其出生构成的亲属身份关系而取得的身份权。此外,养父母子女、继父母子女之间的身份关系,更是基于收养、抚养的行为和事实而取得。

身份权的非固有性,还表现为其在某种条件下而丧失、消灭,甚至因一定的行为而被依法剥夺。如姻亲产生的身份权,会因离婚、配偶的死亡而消灭,亲权会因子女取得完全民事行为能力或父母、子女死亡而消灭。更为明显的是,配偶权依缔结婚姻关系的行为而产生,同样,也会因解除婚姻关系的行为或配偶一方死亡的事实而丧失。

(三)身份权不是民事主体的必备权利

人格权是民事主体的必备权利。民事主体不享有人格权,就“没有做人的权利,也就没有进入社会的资格,让渡基本权无异于把人复归于兽类”。[①] 身份权不具有这种属性。

身份权的非必备性,主要表现在民事主体不享有身份权依然可以生存,可以进行民事活动,乃至于以独立的人格进入社会从事所有的民事活动。最明显的事例,莫过于父亲死亡后,子女在出生时母亲就死亡的孤儿,如果其没有任何亲属,他就不具有亲属法上的任何身份权,只能由孤儿院抚养;尽管如此,他同样可以生存,同样具有民事权利能力和民事行为能力。

(四)身份权与人格权的权利客体不同

人格权的客体是人格利益,表现为人之所以为人的资格。身份权的客体不是人格利益,而是身份利益。

---

① 徐显明主编:《公民权利主务通论》,群众出版社 1991 年版,第 133 页。

有学者认为，身份权的权利客体为特定身份关系之对方当事人。[①] 这是不正确的。这种观点混淆了传统身份权和现代身份权的性质。绝对权的特征之一，是权利人对权利客体的支配，如所有权就是对物的支配权。身份权同样是绝对权，也是支配权。如果认身份权的客体是权利人相对方的当事人，就使身份权人对相对方当事人的人身产生了支配权，这无异于旧身份权的对人的专制性支配的复活。现代身份权是建立在人人平等原则之上的民事权利，身份权人的权利不在于支配相对之人，而是支配这种身份关系所体现的利益。因此，身份权的权利客体只能是身份利益。

身份利益具有多元性。身份权是一个抽象的权利，表现为各个不同的具体身份权。各个不同的具体身份权的客体，表现为不同的身份利益。配偶权的身份利益，是夫妻共同生活、共同享受相互依靠、相互扶助、相互体贴关爱的人类最亲密的情感。亲权的身份利益，是父母对未成年子女的地位、管理、教育、抚育以及相互尊重、爱戴的亲情和责任。亲属权的客体首先表现为亲情，其次表现为相互扶助、扶养、赡养的责任。身份利益的多元性，构成了身份权客体的复杂性。

身份权客体的身份利益还有一个重要的特点，就是“不独为权利人之利益，同时为受其行使之相对人之利益而存在”。[②] 这种身份利益的双重性质，主要表现在亲属法上的身份权之中。称“身份权虽然本质上是权利，但却是以义务为中心，权利人在道德和伦理驱使下自愿或非自愿地受制于相对人的利益，因而权利之中包含义务”[③]者，正是由于这个原因。且不说配偶权所体现的身份利益是绝对平等的双方利益，就是亲权的身份利益，除父母作为亲权人维护其尊者地位，要求尊重、孝敬的利益以外，子女作为亲权的相对人要求抚养、教育、管束的利益，更是亲权的重要一面。

第四节　身份权的权利内容

一、研究身份权分类的意义在于确定身份权的内容

（一）对身份权分类的主张

对身份权进行分类，是研究身份权的一个重要任务。例如，有的学者主张，身份权

---

① 转引自梁慧星：《中国民法经济法诸问题》，法律出版社1991年版，第50页。

② 史尚宽：《亲属法论》，荣泰印书馆1980年版，第31页。

③ 王利明主编：《人格权法新论》，吉林人民出版社1994年版，第209页。

就其地位而言,有基本身份权和派生身份权。基本身份权,为基本身份地位的总结,如配偶、亲子、亲属三种身份,与之相适应的权利,为基本身份权。由基本身份权所派生的各个权利,为派生的身份权,例如由为子的权利派生的抚养请求权,由为亲属的权利派生的赡养请求权。派生身份权以随基本身份权变动为原则,换言之,基本身份权确定,则当然发生派生身份权;基本身份权消灭,则派生身份权消灭。[①] 也有的学者将身份权分为基本身份权和支分身份权,[②]其实质内容与前述分类相同。

学者对身份权的另一种分类,是将身份权分成形成权、支配权、请求权;[③]或者分为债权性质的身份权、物权性质的身份权和身份形成权。[④]

(二)身份权的类型

综合起来,对身份权的分类应当从两个方面进行。

1. 基本身份权和派生身份权

基本身份权是身份权的下属概念,派生身份权是基本身份权的下属概念。这种分类,有利于分清身份权的权利层次,是必要的。基本身份权和派生身份权是种和属的关系。

基本身份权,是亲属基本身份地位的总称,在我国,为配偶、亲子和亲属三种基本的身份地位,其概括的权利就是配偶权、亲权和亲属权,表现的是为夫为妻的地位和权利义务、为父母为子女的权利地位和权利义务以及亲属之间的地位和权利义务。

2. 形成权、支配权和请求权

这种身份权的分类实际上是对派生身份权的划分,而不是对基本身份权的划分。在诸多的由基本身份权派生或支分出来的各个身份权中,作形成权、请求权、支配权的划分,有利于明确派生身份权的性质,是有必要的。但对于基本身份权的认识则无此必要性。

派生身份权以随基本身份权变动为原则,即基本身份权确定,则当然发生派生身份权。例如,由为亲子的权利发生对于未成年子女的财产管理权以及身上监护权。而派生身份权的消灭,则不消灭基本身份权。例如,父母滥用其对未成年子女的权利,可以请求法院宣告其权利的一部或者部分消灭,如消灭监护权;但基本身份权即为父母的权利地位并不因此消灭。[⑤]

---

① 王利明主编:《人格权法新论》,吉林人民出版社1994年版,第201页。

② 史尚宽:《亲属法论》,荣泰印书馆1980年版,第32、33页。

③ 史尚宽:《亲属法论》,荣泰印书馆1980年版,第32~33页。

④ 王利明主编:《人格权法新论》,吉林人民出版社1994年版,第201页。

⑤ 参见史尚宽:《亲属法论》,荣泰印书馆1980年版,第32~33页。

（三）对身份权划分的意义在于明确身份权的内容

事实上，对于基本身份权没有划分的必要，原因是三个基本身份权，即配偶权、亲权和亲属权，数量不多，性质相同，划分不出各种类型。因此，对于身份权有意义的分类，是对派生身份权的划分。三种基本身份权存在诸多的派生身份权，这些不同的、数量众多的派生身份权，性质各异，多有不同。对它们进行分类，确定不同的性质，具有重要的意义。将身份权分为形成权、支配权和请求权，就是将这些派生身份权进行分类，分成三种不同的性质，以确定法律的适用。

正是基于这样的原因，对身份权的分类就是对基本身份权的内容进行梳理，确定各个派生身份权的性质。可以说，身份权的分类，就是对身份权具体内容的类型化。

二、身份权的内容

（一）身份权的形成权

身份权的形成权，是指基本身份权中关于依照权利人单方面的意思就能使一定的法律关系发生、变更或者消灭的派生身份权。

身份权形成权分为使亲属身份关系发生变动的身份形成权和使身份权发生变动的身份权形成权。身份形成权一经行使，即对亲属的身份关系发生变动。例如，婚姻、收养撤销权，离婚、终止收养关系请求权，婚生子女否认权，非婚生子女认领权，认领请求权，认领撤销权，都属于这种身份形成权。身份形成权一经行使，即使身份权发生变动。例如，亲权全部丧失（或停止）或部分（财产管理权）丧失（或停止）的宣告请求权、无民事行为能力或者限制民事行为能力的宣告请求权、无民事行为能力或者限制民事行为能力宣告撤销请求权。

（二）身份权的支配权

身份权支配权，是指基本身份权中关于对身份利益进行直接排他性支配和控制的权利。这种权利的行使不需要他人的配合，他人也不得为同样的支配行为。

身份支配权可分为对于他人的身上支配权和对于他人的财产支配权。身上支配权直接支配的是对方亲属的人身利益。例如，父母对于子女的监督教育权、工作允许权、撤销允许或者限制权，夫妻同居权。财产支配权是对对方亲属的财产进行支配，例如，父母对于未成年子女的财产的支配权、夫对于妻或者妻对于夫的财产行为的法定代理权。

（三）身份权的请求权

身份权请求权，是指基本身份权中权利主体可以要求对方亲属为特定行为的权利。身份权请求权与身份权支配权不同，请求权的主体不能对人身利益直接进行支配，只能请求对方亲属为一定行为，以满足自己的权利的要求。

身份权请求权包括:对非婚生子女的认领权请求权、未成年子女对于父母的抚养请求权、父母或者祖父母对于子女或者孙子女的赡养请求权、夫妻之间及兄弟姐妹之间的扶养请求权。这些权利的行使,都须权利人提出请求,而权利的实现必须依靠对方亲属为一定行为,权利人单靠自己的行为不能实现该权利。

第五节 身份权的行使与消灭

一、身份权的行使能力及方法

(一)身份权的行使能力

身份权的行使能力,是指能够行使身份行为的资格。身份权行使能力分为两种,即一般的身份权行使能力和特殊的身份权行使能力。

一般的身份权行使能力,是指权利人实施除去婚姻行为及收养行为之外的其他身份行为的资格。这种行为能力适用于除了婚姻行为之外的其他所有身份行为。这种行使能力与民事行为能力是一致的,即享有民事行为能力就享有一般的身份权行使能力。限制民事行为能力人享有的就是限制的身份权行使能力,而无民事行为能力人为无身份权行使能力。

特殊的身份权行使能力,是指权利人实施婚姻行为、收养行为的资格。实施婚姻行为和收养行为的行使能力,由法律作特殊规定;因此与一般的身份权行使能力有所不同。

对于因患精神病而无民事行为能力人或者限制民事行为能力人,其在身份权行使能力方面均受其制约。例如,精神病患者不能行使亲权。

(二)身份权的行使方法

身份权的行使,依据派生身份权性质的不同而不同。例如,对于身份形成权,须依据形成权的行使方法行使权利,身份支配权须依据支配权的行使方法行使权利,而身份权请求权则应当依据请求权的行使方法行使权利。

身份权行使方法的另外一种含义,是指适用什么样的程序行使权利。分为三种:

1.须依诉讼程序行使权利的方法

法律规定必须依照诉讼程序行使身份权的,则必须依法提起诉讼,通过诉讼程序行使身份权。例如,婚姻无效的宣告。婚姻当事人享有无效婚姻宣告的请求权,但是婚姻关系当事人不得自己自行宣告婚姻无效,而必须经过诉讼程序,提出行使该权利的主张,由人民法院作出宣告婚姻无效的判决,该婚姻关系方可宣告无效。又如,可撤销婚姻。婚姻当事人可以选择诉讼程序,请求法院对违法婚姻进行撤销,也不得自行宣告婚姻行为的撤销。

2. 依行政程序行使权利的方法

法律规定必须依照行政程序行使身份权的,则必须依法进行申请,经有关行政机关依法确认或者宣告等,才能够使权利得到实现。例如,结婚行为未经婚姻登记机关依法登记,不发生婚姻的法律效力。对于弄虚作假骗取结婚登记的,只能通过申请婚姻登记机关宣告婚姻无效,收回结婚证,并不能由自己的行为而使婚姻无效。

3. 依行使民事权利一般方法行使权利的方法

对于身份权,不以诉讼程序和行政程序为必要者,权利人可以依照自己的意愿,依据行使民事权利的一般方法行使身份权。

二、身份权的消灭

身份权依据一定的法定事由而消灭。

(一)因当事人死亡而消灭

身份关系的当事人死亡,必然消灭身份权。自然死亡和宣告死亡均发生同样的效果。例如,婚姻关系当事人一方死亡,不论是宣告死亡还是自然死亡,都消灭婚姻关系。

(二)因法律事实而消灭

一定的法律事实的发生,也会对身份权发生消灭的后果。例如,子女年满 18 周岁,成为完全民事行为能力人,在其与父母之间消灭亲权关系,消灭抚养权,继之在父母和成年子女之间产生亲属权。

(三)因法律行为而消灭

身份关系的当事人为行使身份权而实施法律行为,可以消灭身份权。例如,解除收养的法律行为,可以消灭亲权关系或者亲属身份关系。

(四)因行政登记行为而消灭

身份关系因当事人申请行政行为,也可以消灭。例如,离婚登记,发生消灭婚姻关系的法律后果。

(五)因法院裁判而消灭

法律规定应当或者可以经过法院诉讼程序消灭的身份权,必须经过或者可以经过诉讼程序,由人民法院判决消灭该身份权。例如,法律规定宣告婚姻无效,必须经过法院的诉讼程序,因此法院宣告婚姻无效的判决已经发生法律效力,其婚姻关系即行无效,并且自始无效。

第六节 身份权请求权

一、身份权请求权的现实需求

我国亲属法及相关司法解释,对身份权请求权的排除妨害和停止妨害两种救济途径完全没有提及。对于基于违反身份权相对效力而产生的身份权请求权也只有一类:违反扶养、抚养和赡养义务而产生的身份权请求权。① 究其原因,主要在于我国身份权理论的研究相对落后。同时,我国的绝对权请求权研究刚刚起步,虽然已经有一定的成果问世,但是关于身份权请求权的研究仍然基本上无人问津,②甚至专门研究绝对权请求权的文章也忽略了身份权请求权。③ 尽管修改婚姻家庭法的讨论如火如荼,但是除了巫昌祯、李忠芳两位教授关于家庭暴力适用停止侵害民事禁止令④和杨大文教授关于"父母有权依法派出他人对其未成年子女的侵害,保护未成年子女的人身和财产权益"⑤的建议之外(而这其实为人格权请求权的内容),民法学界对这个问题论述不多。

身份权请求权的现实需求并不因为法律没有规定、理论没有研究而自生自灭。在我国,身份权请求权的制度需求在"爷爷无权探望孙子"案中表现得淋漓尽致。艾某夫

---

① 其条文表现为我国《婚姻法》第 20 条的规定:"夫妻有互相扶养的义务。""一方不履行扶养义务时,需要扶养的一方,有要求对方付给扶养费的权利。"第 21 条的规定:"父母对子女有抚养教育的义务;子女对父母有赡养扶助的义务。""父母不履行抚养义务时,未成年的或不能独立生活的子女,有要求父母付给抚养费的权利。""子女不履行赡养义务时,无劳动能力的或生活困难的父母,有要求子女付给赡养费的权利。" 后文将对这一身份权请求权进行论述。

② 王利明教授虽然提出了身份权上的请求权,但他认为身份权上的请求权主要包括抚养请求权和赡养请求权。参见王利明:《民法总则研究》,中国人民大学出版社 2003 年版,第 215 页。在这里,王利明教授没有对身份权自身的请求权和基于身份权支配性而产生的请求权进行区分,忽略了身份权请求权本质上是救济权的请求权。史尚宽先生指出,在诸如亲权、监护权之支配,发生对于妨害人之妨害除去请求权。此外,另有夫妇间之亲属法上请求权,与债权本质上并无差别。我们认为,史尚宽先生虽然指出了身份权上的请求权,但是直接认定"一定亲属间之扶养请求权"为身份权请求权的内容也有不妥。参见史尚宽:《民法总论》,中国政法大学出版社 2000 年版,第 27 页。

③ 参见崔建远:"绝对权请求权抑或侵权责任方式",载《法学》2002 年第 11 期。至今为止,除了我们在《人格权请求权》中简单提及了身份权请求权之外,只见到只有史尚宽先生和王利明教授对此有简单论述。

④ 参见巫昌祯、李忠芳:"民法典婚姻家庭编通则一章的具体设计",载《中华女子学院学报》2002 年第 4 期。

⑤ 参见王利明主编:《中国民法典草案建议稿及说明》,中国法制出版社 2004 年版,第 68 页。

妇的儿子与媳妇离了婚，孙子判给了妈妈抚养。爷爷奶奶非常喜欢孙子，常去探望。但是，孙子的妈妈一纸诉状把艾某夫妇告上了法庭，理由是爷爷奶奶对孙子的探望给她新组成的家庭生活造成了不良影响。法院认为，被告作为祖父母，如果原告没有异议，在适当的场合，有节制的探望自己的孙子是人之常情，但两人在孩子的直接监护人已经对他们的行为有异议的情况下坚持探望，侵犯了原告的监护权，违反了《婚姻法》只有离婚后不直接抚养子女的父或母才有探望子女权利的规定，因而判决被告今后未经孩子母亲的许可，不得擅自探望孙子。这样判决的结果就是，爷爷奶奶没有权利探望自己的孙子，他们只得在幼儿园附近远远观望自己的孙子。①

本案中的“爷爷奶奶”可以主张亲属权上的身份权请求权，进而实现探望孙子的愿望。② 我国《婚姻法》第38条规定：“离婚后，不直接抚养子女的父或母，有探望子女的权利，另一方有协助的义务。行使探望权利的方式、时间由当事人协议；协议不成时，由人民法院判决。父或母探望子女，不利于子女身心健康的，由人民法院依法中止探望的权利；中止的事由消失后，应当恢复探望的权利。”根据对此条的解释，可以知道《婚姻法》允许本案中孩子的父亲在适当的时间对孩子进行探望。尽管《婚姻法》确实没有规定其他的近亲属享有探望权，但是，民法除了物权法之外，法律规定的权利是权利，法律没有规定的权利，只要符合民法的基本原则的，合乎情理、符合人性、符合民事习惯的，都可以认定为是权利，都可以寻求法律的保护。虽然孩子的父母已经离婚，但是由于身份权本身具有事实先在性，离婚并不能够消灭与孩子相关的任何身份权，因此本案中的艾某夫妇仍然享有亲属权，应该享有探望权。其依据就在于其爷爷奶奶享有亲属权上的绝对权请求权。在本案中，孩子妈妈阻止艾某夫妇探望孩子的行为目的是为了疏离爷爷奶奶与孙子之间的感情联络和交往，实际上已经构成对艾某夫妇亲属权的非法妨害。造成本案错误判决的部分原因，就在于我国法律没有明确规定基于亲属权的绝对权请求权。

可见，我国存在确立身份权请求权的现实需要。

二、身份权请求权的基本内容

（一）身份权请求权的概念和特征

身份权请求权是指民事主体在其身份权的圆满状态受到妨害或者有妨害之虞时，得向加害人或者人民法院请求加害人为一定行为或者不为一定行为，以回复身份权的

---

① 案情见杨立新：《杨立新品百案》，中国法制出版社2007年版，第73页。

② 付琴、杨遂全：“祖父母对孙子女应当享有探望权”，载陈苇主编：《家事法研究》（2005年卷），群众出版社2006年版，第134页以下。

圆满状态或者防止妨害的权利。

与其他绝对权请求权类似,身份权请求权是基于身份权而产生的权利,但是它不是身份权的本身,而是一种手段性权利,系属绝对权请求权之一种。它的功能是预防、保全母体权利即身份权不受非法妨害,回复身份权的圆满状态。德国学者拉伦茨认为,人身亲属权(即身份权)请求权实际上具有服务的功能。[①] 当遭遇妨害或者有妨害行为之虞时,绝对性转化为相对性,身份权法律关系中对于任意第三人的绝对义务就转变为直接针对加害人的相对义务。权利人可以向加害人直接行使,也可以向人民法院起诉。需要进一步明确的是:

第一,行使身份权请求权的前提是民事主体的身份权受到妨害。从身份权请求权的角度出发,妨害是没有构成损害的侵害,妨害是对权利人之于其客体意思支配力的侵害;而损害则是造成权利之于其主体的物质上和精神上的有用性减损的侵害。[②] 妨害和损害适用于不同的救济制度,妨害是行使身份权请求权的要件,损害是提起侵权损害赔偿之诉的要件。"侵害"一词可以涵盖妨害和损害的内容,侵害是二者的上位概念。

第二,身份权请求权通常涉及三方主体,而其他绝对权请求权的主体一般只涉及两方当事人。这是因为作为身份权请求权基础的身份权的权利主体具有共生性,此类主体的权利能力可以称为身份性人格。这种共生性的身份权类似于团体,但又不同于合伙等团体。因为团体往往采取一体主义,同一团体在法律上具有一个人格,团体的行为和其组成人员个人的行为之间是可区分的。而自平等原则重塑了亲属法律制度以后,在夫妻关系上,各国普遍弃夫妻一体主义,转而采取夫妻别体主义。夫妻各自为平等的民事主体。[③] 在亲子关系上,随着家不再成为民事主体,父权的主体即男子也不再对外代表家享有民事权利,履行民事义务。父子一体的观念也逐渐进入伦理领域。

第三,在民事责任体系中,身份权请求权单独对应的一类责任方式,可以称为状态责任或者存续保障责任。[④] 众所周知,民法的请求权体系应该和民事责任体系相对应。

---

① 参见[德]卡尔·拉伦茨:《德国民法通论》(上册),王晓晔等译,谢怀栻校,法律出版社 2003 年版,第 325 页。

② 参见徐晓峰:"请求权概念批判",载《月旦民商法学·法学方法论》,清华大学出版社 2004 年版,第 134 页。

③ 参见[美]威廉·杰·欧·唐奈、大卫·艾·琼斯:《美国婚姻与婚姻法》,顾培东、杨遂全译,重庆出版社 1985 年版,第 66 页以下。

④ "状态责任"的提法,参见[德]鲍尔·施蒂尔纳:《德国物权法》,法律出版社 2004 年版,第 233 页。"存续保障责任"的提法,参见徐晓峰:"请求权概念批判",载《月旦民商法学·法学方法论》,清华大学出版社 2004 年版,第 140 页。

而民法的各种请求权基础包括契约上的请求权、类似契约请求权(包括无权代理人损害赔偿责任等)、无因管理上之请求权、物上请求权、不当得利请求权、侵权行为损害赔偿请求权和其他请求权。① 当前民法和民事诉讼法理论基本上没有直接承认这样一种基于绝对权请求权的责任形式,导致的问题是:在民法上,用侵权责任吸纳"状态责任"或者"存续保障责任",造成体系违反;在民事诉讼法上,缺乏独立的程序来适用,造成起诉、受理、判决和执行等多方面的困难。

第四,近亲属(甚至包括其他亲属)侵害身份权的时候,受害人原谅发生的频率往往很大,身份权请求权的适用通常是当事人退而求其次的选择。例如,美国学者认为,配偶之间长期存在的各种冲突不同程度的产生各种需要解决的问题,而唯有婚内自我解决这些问题才是合乎逻辑的选择。而更为重要的是,夫妻间的这些冲突在绝大多数家庭中已构成家庭生活的一部分,因而自我解决这些日常矛盾不仅与婚姻的性质更为适应,而且也是对家庭生活进行社会控制的最有效途径。② 法律程序的对抗性决定了离婚诉讼的疏理能力比任何其他力量都强。夫妻和谐原则认为,在婚姻内部冲突解决的过程中,婚姻矛盾的自我平息比运用法律手段更有利于尊重婚姻自主权,因为法律诉讼的固有缺陷很有可能进一步损及婚姻关系。③ 这个时候,伦理规范一般会代替法律规范,这也是身份权请求权适用的一个特色。在效果上,亲属的原谅容易使亲属身份关系得以继续维持,甚至峰回路转,使亲属身份关系沿着更好的方向发展,正所谓物极必反。究其原因,这主要是因为家庭承担了经济、赋予社会地位、教育、保护、宗教、娱乐、爱情④等较多的社会功能,家庭在很大程度上是一个人的社会关系的基础,家庭也是社会的组织基础,而人的本质就是社会关系的总和。正是基于这些考虑,身份权请求权才往往让位于伦理规范。此外,波斯纳还认为,婚姻关系具有封闭性,配偶在婚姻期间有争议,法院一般不会干预其争端的解决;而配偶双方将不得不努力自行解决。⑤

(二)确定身份权的请求权不属于身份权请求权

在我国,对于确认物权是否构成物权请求权的内容,学者曾有争论。在身份权问题上,同样存在确定身份权的请求权是否属于身份权请求权的问题。我们认为,确定

① 参见王泽鉴:《法律思维与民法实例》,中国政法大学出版社 2001 年版,第 77 页以下。

② [美]威廉·杰·欧·唐奈、大卫·艾·琼斯:《美国婚姻与婚姻法》,顾培东、杨遂全译,重庆出版社 1985 年版,第 69 页。

③ 参见[美]威廉·杰·欧·唐奈、大卫·艾·琼斯:《美国婚姻与婚姻法》,顾培东、杨遂全译,重庆出版社 1985 年版,第 70 页。

④ 参见林显宗:《家庭社会学》,五南图书出版股份有限公司 1999 年版,第 390 页。

⑤ [美]波斯纳:《法律的经济分析》(上册),蒋兆康译,中国大百科全书出版社 1997 年版,186 页。

身份权的请求权不属于身份权请求权。

首先,绝对权请求权是由其基础权利的绝对性而产生的,因此判断一项请求权是否是绝对权请求权的标准,就是其能否由基础权利的绝对性推衍出来。而确定身份权的请求权是指当事人在身份权利地位不明确时,请求相对人、有关行政机关或者人民法院确认所请求的身份权的权利。因此,确定身份权的请求权解决的是基础权利的不明确状态,正所谓皮之不存,毛将焉附,只有明确了当事人之间的身份关系,当事人之间的权利地位才能够产生公示、公信的效力,也才能够进一步使身份权具有绝对性、排他性和支配性,最终保证身份权请求权行使的正当性。

其次,行使确认身份权的请求权的前提通常是权利人、相对人或者第三人的身份异议,且当事人对此请求必须具有确认利益,即必须有值得救济的利益。比如,《德国民事诉讼法》第256条第1项规定:"确定法律关系成立或不成立的诉讼,承认证书的诉讼,或确定证书真伪的诉讼,只在法律关系的成立与否、证书的真伪由法院裁判并即时确定,对于原告有法律上的利益时,原告才可以提起。"①而行使身份权请求权的前提通常需要存在违法行为和妨害,并且二者之间要有一定的因果关系。

再次,身份权请求权在无法行使的情况下通常可以转化为侵权请求权。这一特点也是其他绝对权请求权所共有的特点。② 发生在通化的"串子"案最能说明这个问题。20多年前,赵盛强的妻子宫克、孙华东的妻子李爱野同时在通化市人民医院生孩子。20多年后,赵盛强的儿子赵达在大学献血,经检验,其血型是AB型。赵达写信将自己的血型告诉父母,引起赵盛强和宫克的怀疑,因为赵盛强和宫克的血型都是B型,不可能生出AB型血型的孩子。为了弄清事实,3人又作了一次血型检验,结果仍是同样的结果。他们开始怀疑是在医院抱错了孩子。但是,医院的档案已经被一次洪水冲走,无法查找。他们费尽周折,终于查明当日在该医院出生了8个男孩。宫克找到了当日与自己生产时邻床的李爱野,发现其子孙超酷似赵盛强,于是与李说明来意,一起讨论了两个孩子的特征、性格、嗜好,迹象表明两家的孩子有抱错的可能。随后,赵家和孙家六口人作亲子鉴定,结果却是:孙超是赵盛强、宫克的亲生子,但赵达与赵盛强、宫克及孙华东、李爱野均无血缘关系。赵盛强、宫克夫妇竭力帮助赵达寻找亲生父母,孙华东夫妇也努力寻找自己的亲生儿子,均没有结果。在本案中,赵达和孙家对医院最根本的诉讼请求实际上是妨害的排除,也就是使"亲离子散"的局面得以改变,这属于身份权请求权的内容。但是,由于"出生记录被洪水冲走"的客观情况使得这种请求不能够实现,此时的身份权请求权也就很自然的在客观上转变为侵权请求权。

---

① 参见邵明:"民事之诉法理探微",载 http://www.studa.net/2005/3-17/101056.html,2005年6月22日访问。

② 侯利宏:"物上请求权",载梁慧星主编:《民商法论丛》(第6卷),法律出版社1997年版,第678页。

确认身份权的请求权的情况比较复杂。一方面,如果当事人所主张的身份权能够被确认,则其有可能通过进一步主张侵权给付而获得赔偿。另一方面,如果其所主张的身份权不能够被确认,则其有可能还要承担一定的赔偿费用。

最后,二者所属的诉讼类别并不相同。确认身份权的请求权属于民事诉讼上的确认之诉,是指原告请求法院确认其主张的法律关系或法律事实存在或不存在之诉,可以进一步分为主张法律关系存在的肯定(积极)的确认之诉(比如,原告请求法院确认他与被告之间存在收养关系)和主张法律关系不存在的否定(消极)的确认之诉(比如,原告请求法院确认他与被告之间婚姻无效确认之诉)。[①] 而身份权请求权则属于民事诉讼上的给付之诉。在这类诉讼中,原告会请求被告履行一定给付义务。而身份权人对其义务人享有特定的给付请求权(保全请求权),是该给付之诉成立的实体(法)基础。此时原告所主张的给付,应该包括被告的金钱给付(费用)和行为给付(作为或者不作为)。

(三)身份权请求权的基本类型

身份权请求权的类型具有特殊性,即除了包含停止妨害请求权和排除妨害请求权之外,还包括基于身份权的相对人违反身份权本身的请求权而产生的作为请求权。如前所述,身份权本身已经包含请求权。如抚养请求权、赡养请求权等,都是请求权。但是,这些请求权不是身份权请求权,而是身份权自身的请求权。现在的问题是,如果身份权权利人的相对人不履行抚养义务或者赡养义务等身份权自身的请求权,则权利人依据何种请求权获得救济?我们认为,该救济权的性质为身份权请求权。这主要是考虑到:第一,该请求权具有救济权的性质,已经不是身份权自身的本权请求权。第二,该请求权不属于侵权请求权。在这种情况下,权利人请求相对人请求的目的,是为了回复身份权的圆满状态和支配力。而请求恢复绝对权的圆满状态和支配力则是绝对权请求权的典型类型——物权请求权创设的根本目的。[②] 如果身份权内部的相对性义务没有得到履行,权利人对身份利益的意思支配力就减弱乃至丧失,其结果是消减身份权的绝对性。此外,从功能上来讲,此时侵害的排除无疑是对将来可能发生的损害的预防,这符合绝对权请求权的本质,而不同于侵权请求权填补损害的本质功能。

需要注意的是,应该区分因相对人违反身份权的相对性义务而产生的身份权请求权(如针对通奸一方提出的贞操维持请求权)和因违反身份权的绝对性义务(如暴力殴打致他人致人损害)而产生的侵权请求权,二者违反义务的性质有所不同。

---

① 参见邵明:“民事之诉法理探微”,载 http://www. studa. net/2005/3 - 17/101056. html,2005 年 6 月 22 日访问。

② 参见王利明:《物权法研究》,中国人民大学出版社 2002 年版,第 103 页。

(四)身份权请求权的行使要件

与其他绝对权请求权的行使要件一样,身份权请求权的行使要件包括了妨害、违法性和两者之间的因果关系。下面论述身份权请求权行使要件中的违法性问题。

1.违法性的判断标准

身份权请求权的违法性判断标准包括违反法律规定和违背善良风俗两种情形。需要注意的有两点:第一,违反法律规定不仅包括违反民法上的规定,违反其他以保护他人为目的的法律规范也可以被认定具有违法性。第二,违反违背公序良俗为判断身份权请求权行使要件违法性的重要标准。在身份法中,最重要的是讲究伦理秩序。以亲属权为例,亲属权的内容具体包括亲属之间的抚养关系、孝敬和尊重的权利等。说到尊敬权,卑亲属对尊亲属一定要有尊敬的义务,不可能说无论老少、尊卑、长幼,地位都平等了,就可以称爷爷、父亲为哥们,这是不行的。亲属之间还是要尊卑、长幼有序。一个行为如果违反了这个尊卑长幼秩序,也就具有了违法性。

2.违法性判断标准的不确定化

“打是亲,骂是爱”、“清官难断家务事”等俗语都说明了确定身份权请求权违法性判断标准的难度。我们认为,身份权的相对人对内侵犯身份权和第三人侵犯身份权的违法性判断标准不同。一般而言,对近亲属的妨害行为适用较高的判断标准[1];对其他人的妨害行为适用较低的判断标准。这主要是因为:一方面,在传统上,直系尊亲属对子孙有教养扑责的权利,原不成立伤害罪,因子孙不孝或违犯教令,而将子孙杀死,法律上的处分也极轻,甚至无罪,过失杀死且不得论。[2] 罗马法也曾经主张家父的杀子权。[3] 即使在现代,尊亲属对卑亲属具有一定的管教权(惩戒权)。[4] 正是基于身份权所内在的惩戒权使得尊亲属对卑亲属的伤害行为在一定程度上阻却了违法性,而其阻却程度也要高于其他绝对权请求权行使要件中的容忍义务。另一方面,亲属身份关系的亲疏程度也决定了不同的身份权中所包含的此类阻却违法性的程度的大小。亲属身份关系越“亲”,则阻却违法性的程度就越大,反之,则阻却违法性的程度就越小。诚如瞿同祖先生所讲的,亲属团体固异于非亲属团体,不以凡论,但同属亲属团体,其间的关系也不尽相同,各人之间是有一定的亲疏关系和差别的,伦理上并不要求亲族分

---

① 对于身份权的相对人的加害,需要注意区分是违反了身份权的相对性义务,还是违反了身份权的绝对性义务。

② 瞿同祖:“中国法律与中国社会”,载瞿同祖:《瞿同祖法学论著集》,中国政法大学出版社 2004 年版,第 38 页。

③ 参见[英]巴里·尼古拉斯:《罗马法概论》,黄风译,法律出版社 2000 年版,第 65 页以下;丘汉平:《罗马法》,中国方正出版社 2004 年版,第 81 页以下。

④ 参见杨立新:《人身权法论》,人民法院出版社 2005 年版,第 816 ~ 817 页;张俊浩主编:《民法学原理》,中国政法大学出版社 2000 年版,第 161 页。

子之间社会关系的一致;相反地,是着重于差异性的,亲属间固相亲,但愈亲则愈当亲爱,以次推及于渐疏者,有一定的分寸,有一定的层次,这是上杀、下杀、旁杀的道理,也就是整个服制图成立的基础。亲属间相侵犯的规定是完全以服制上亲疏尊卑之序为依据的。①

归根结底,人伦秩序法律化和非法律化的程度决定了身份权请求权行使要件中违法性判断标准的高低。这充分地体现了即使是现代的身份权也仍然是一种差异性行为规范。

(五)身份权请求权和其他绝对权请求权的适用关系

1. 身份权的权利人和相对人之间

身份权意味着在亲子之间、夫妻之间和亲属之间存在着人格和财产两方面的权利义务关系。由于身份权会使相对人的人格权和财产权受到一定限制,身份权当然也会对产生于人格权和财产权的人格权请求权、物权请求权和知识产权请求权产生一定的限制。当身份权的权利人在身份权的限制范围内而对相对人的人格权和财产权"造成积极妨害"时,其相对人就不能够对权利人主张适用人格权请求权、物权请求权和知识产权请求权。但是,如果其超出了身份权的限制范围对身份权相对人的人格权和财产权"造成积极妨害"时,则相对人有权主张人格权请求权、物权请求权和知识产权请求权的适用。需要注意的是,如果身份权的权利人对相对人的人格权和财产权"造成消极妨害",即权利人没有履行身份权规定的相对性义务时,则其相对人可以主张适用身份权请求权。简言之,身份权在一定程度上可以成为其他绝对权请求权行使的抗辩事由。

2. 身份权的权利人、相对人和第三人之间

在第三人妨害身份权权利人人格权的情况下,身份权的权利人可以依据其人格权受到妨害而主张人格权请求权的适用,而身份权的相对人可以依据身份权受到妨害而主张身份权请求权的适用。例如,甲的领导乙利用职务之便不断对其进行性骚扰,并屡次对甲提出非分要求,据此,甲的丈夫可以依据身份权而主张身份权请求权的适用,而甲则可以依据性自主权主张人格权请求权的适用,从而排除乙的妨害。② 当然,这两类请求权是竞合关系,因为每一种请求权的适用都会达到排除妨害的效果。

第三人妨害身份权权利人物权和知识产权时,情形则较为复杂。如果第三人妨害的是夫妻的共同财产,则夫妻任何一人都可以主张物权请求权和知识产权请求权。反

---

① 瞿同祖:"中国法律与中国社会",载瞿同祖:《瞿同祖法学论著集》,中国政法大学出版社 2004 年版,第 52 页。

② 类似的案件也发生在家庭关系侵权的领域,如我国南京雨花区法院审理的"丈夫受伤妻子索赔",具体案情及评析可参见杨立新:《杨立新品百案》,中国法制出版社 2007 年版,第 61 ~ 62 页。

之,则和上述妨害人格权的适用情况一致。

此外还有一种情况,就是身份权的相对人和第三人串通妨害身份权权利人的利益。最为典型的就是通奸。此时,身份权的权利人如果能够原谅配偶,则可以主张身份权请求权请求相对人履行同居义务。否则,该权利人可以主张离婚或者别居。[①] 当然,无论哪一种情况,该权利人都可以对妨害自己婚姻关系的第三人主张身份权请求权和侵权请求权,因为二者是责任聚合关系。

(六)诉讼时效

身份权请求权不适用诉讼时效的规则。这主要是考虑到:第一,诉讼时效制度违背绝对权的本质。对此,我国学者已经作了精当的概括:基于绝对权受侵害所发生的存续保障责任,旨在回复权利人对其客体的意思支配力,是由绝对权的支配性所决定的绝对权自身之效力内容的表现,若使之罹于时效,则必造成由支配权之外形却无支配之力量的权利变态现象。[②] 因此,身份权作为绝对权的一种,当然不能够适用诉讼时效制度。第二,身份权请求权不适合诉讼时效的设立目的。诉讼时效立足于财产制度,其设立是为了"规定请求权若干年不行使而消灭,盖期确保交易之安全,维持社会秩序耳。盖以请求权永远存在,足以碍社会经济之发展。"[③]身份权虽然也涉及一定的财产利益,但身份权毕竟还包括了一定的人格利益。身份关系是一个社会的最基本关系,身份关系通常也是终身的。就家庭矛盾而言,时间是最好的医治办法。如果由于相对人的原谅(误以为对方能够悔改)而使妨害(如通奸)持续存在,在妨害人长时间(假设这一时间超过了诉讼时效的期限)执迷不悟的情况下,排斥诉讼时效的适用恐怕对受害人的权益保护就会显得不利(例如,受害人有可能在离婚之前不得不继续忍受精神痛苦)。第三,身份权请求权不适用诉讼时效还可以在侵权请求权已经不能保护身份权的时候发挥作用。即依据诉讼时效制度,受害人丧失胜诉权时,权利人仍可以请求排除妨害和停止妨害。

---

① 别居,也称为分居,为判决或合意免除同居义务之制度。参见林菊枝:《亲属法新论》,五南图书出版股份有限公司1996年版,第133页以下。对于设立别具制度的必要性,林诚二先生举出八点理由以支持建立别居制度。参见林诚二:"英国分居制度",载林诚二:《民法理论与问题研究》,中国政法大学出版社2000年版,第402页以下。我国目前未确立别居制度。

② 参见徐晓峰:"请求权概念批判",载《月旦民商法学·法学方法论》,清华大学出版社2004年版,第140页。

③ 王泽鉴:《民法总则》,中国政法大学出版社2001年版,第516页。

第二编　亲属身份的发生和消灭

第三章 结婚

第一节 婚姻概述

一、婚姻的概念和意义

（一）婚姻的一般概念和法律概念

婚姻的一般概念，是指为当时的社会制度所确认的男女双方互为配偶的结合。[①] 婚姻是人类社会发展到一定阶段而产生的，是同一定的社会生产方式和生活方式相适应的男女两性结合社会形式，不是自始存在和永恒不变的。

婚姻的法律概念，是指男女双方以共同生活为目的，以产生配偶之间的权利义务为内容的两性结合。婚姻是最重要的身份关系，创设婚姻的行为是结婚的身份行为，是亲属法的内容。按照我国法律规定，婚姻行为还须得到法律的确认，这就是结婚行为再加上婚姻登记行为才构成婚姻关系，产生配偶权。

（二）婚姻的性质

婚姻的性质，在一般国家的立法上都被认为是契约，即婚姻是男女两性以成立家庭、建立夫妻一体生活为目的，依据法律的规定而缔结的合同。从法律的观点来看，婚姻是一男一女为了共同的利益而自愿终身结合、互为伴侣、彼此提供性的满足和经济上的帮助以及生男育女的契约而已。我国亲属法

---

① 杨大文主编：《亲属法》，法律出版社2003年版，第64页。

通说反对"婚姻契约论"的主张。理由是婚姻并非是以当事人自己的意志即可缔结,必须具有国家的意志才可以成立;婚姻是一种身份关系,婚姻双方在财产上的权利义务不过是附随于人身上的权利义务的,创设这种身份关系的婚姻行为,是一种身份法上的行为,婚姻须有结婚的合意,但是婚姻成立的要件和程序、婚姻的效力、婚姻解除的原因等,都是法定的,而不是行为人意定的,因而不能认为婚姻是契约性质。

近年来,多有学者提倡婚姻契约的观点,认为上述观点只能说明婚姻不是一般的财产法意义上的契约,并不能否定婚姻本身为身份合同。① 我认为,婚姻的本质是契约性质,是经过国家确认的、具有身份性质的、不是一般财产法意义上的契约。理由是:

第一,婚姻的本质是契约。婚姻的缔结,必须未婚男女之间达成建立夫妻关系的合意。虽然夫妻间的权利义务内容、婚姻解除的条件以及结婚、离婚的程序都是法律规定的,都必须具有国家的意志;但最根本的一点是,如果没有当事人之间的合意,无论国家如何干预,也不会建立婚姻。因此,婚姻的本质是契约,没有当事人建立婚姻关系的合意,就没有婚姻。如果不认为婚姻的本质是契约,就无法解释婚姻当事人结婚协议的性质。

第二,婚姻的性质是身份契约。婚姻的契约性质是确定的,但它不是一般的契约,而是身份契约,即建立身份关系的契约。我国《合同法》调整的对象原则上是债权关系的合同,即财产法意义上的合同,但并不排除身份合同。例如,收养协议、转让名称协议、转让肖像使用权协议等,都是身份合同。尽管它们不是财产法上的合同,但其基本规则适用合同法的规则。婚姻合意就是这种身份契约,婚姻契约就是身份契约。

第三,婚姻契约须由国家予以确认。必须承认,婚姻的契约是特殊的契约,这就是必须经过国家的确认,没有国家通过法定的程序,经过法定的机关确认,婚姻当事人所缔结的婚姻契约就不能发生效力。婚姻的合意是婚姻关系的成立,而经过国家的确认,婚姻才发生法律效力。因此,婚姻就是经过国家确认生效的身份契约。

(三)婚姻的意义

婚姻为社会组织之基础,人类生存之根源,②因而婚姻具有多重的意义,这就是生物学意义、社会学意义和法律意义。

1. 生物学意义

婚姻首要的意义是以人的自然条件为基础的意义。男女两性差别和人类的性本

---

① 参见王洪:《婚姻家庭法》,法律出版社2003年版,第62页。

② 罗鼎:《亲属法纲要》,大东书局1946年版,第62页。

能,使婚姻具有生物学和生理学上的意义。人的性本能要求两性之间的结合,同时通过婚姻中的生育行为实现人的繁衍和延续。如果没有这些自然因素,婚姻无须产生,也无从产生,更不能发挥其重要的社会作用。婚姻的生物学意义,就在于合法地满足人的性需求,繁衍后代,使人类得到延续。

从这个意义上说,婚姻的自然要素就是男女两性的结合。据此,婚姻关系区别于其他任何社会关系,没有这个要素,就不会存在婚姻。在现代社会,同性恋在很多国家合法化,甚至准许同性结合、缔结婚姻,表现了社会的宽容和人性化。

2. 社会学意义

人不是一般的生物,因此婚姻的自然属性即生物学上的意义并不是其本质的意义。婚姻作为社会关系的特定形式,在其生物学意义的基础上,更具有社会关系的意义。婚姻不是孤立的、自在的,而是与社会诸关系包括物质社会关系和思想社会关系有着密切的、多方面的联系,依存于一定的社会结构,具有确定的社会内容,其本身就是社会关系。它的产生、演变,反映了社会制度的发展和变化,并非是婚姻的自然属性所能够包含的。在这个意义上,婚姻包括自从人类社会产生以来的一切的两性结合形式,它的意义在于,通过以男女两性永久共同生活为目的,来缔结人类最基本的社会关系,建立最基本的社会联系,满足人类社会发展的需要。

永久共同生活的目的是婚姻的意思要素,包括精神的生活共同、性的生活共同和经济的生活共同,这也是与其他两性结合关系的基本区别。非婚同居、姘居、通奸等,都是人类的两性结合形式,但他们都不是以永久结合为目的,因此都不是婚姻。

3. 法律意义

法律意义上的婚姻,是指狭义的婚姻,是一夫一妻制形成以来的个体婚姻。婚姻的概念就是婚姻法律关系的概念。其法律上的意义,是婚姻关系中的权利义务关系,进而发生其他亲属身份关系;而在形式上,则是具有夫妻身份关系的公示性。

婚姻在法律上的实质意义,首先是确立配偶之间的权利义务关系,产生配偶权。婚姻一经成立,就在婚姻当事人之间确定配偶身份地位,产生配偶的权利义务,法律通过确立这种权利义务关系,确立亲属身份关系的基础。同时,婚姻是产生其他亲属身份关系的基础。婚姻产生亲子关系,婚姻当事人的结合必然发生繁衍,因而产生父母子女关系,发生亲权。婚姻也是产生其他亲属的基础,如产生姻亲关系。

婚姻在法律上的形式意义,在于公示夫妻的身份。公示在于使某种事实为第三人所知悉。婚姻的公示性,既表现为婚姻的成立应当具备社会认可的方式,又表现为男女必须以夫妻的名义共同生活,为亲属、朋友以及其他社会公众所认可,将其内在的夫妻生活内容和外在的夫妻生活形式公诸于世,为公众所知。

总之,不论是实质上的意义还是形式上的意义,婚姻都表明一件事,这就是,婚姻是家庭的基础。家庭是社会的基础结构。在社会中,家庭作为基础的结构,发挥重要的作用。稳定家庭关系,首先就要稳定婚姻关系。而家庭稳定则是社会稳定的重要因素。

二、婚姻制度的发展历史

(一)个体婚初期的结婚

个体婚形成初期,存在多种结婚方式。

1. 掠夺婚

掠夺婚即抢婚。早期的掠夺婚是男子以暴力掠夺女子为妻的结婚形式。原始社会后期和奴隶社会初期,掠夺婚较为普遍。青年男子在朋友的帮助下,劫得一个青年女子并与其发生性关系,即认为该女子成为该男子的妻子。个体婚形成之后,一些民族将掠夺婚作为自己的结婚方式。后来,这种结婚形式演变成了一种徒具形式的礼仪性婚俗,而不是结婚的方式。

2. 有偿婚

有偿婚是指男方向女方家庭支付一定的代价为条件而缔结的婚姻。例如,买卖婚,是男方以支付金钱、财物为代价作为条件而缔结的婚姻;互易婚,则是以女儿或者男子的姐妹交换作为结婚条件而缔结的婚姻,如将妹妹嫁给对方家中的男子,而将对方男子的姐妹娶来与哥哥结婚;劳役婚,则是男方为女方家庭服一定的劳役作为条件而缔结的婚姻。在盎格鲁—撒克逊人的买卖婚中,婚姻分两步完成:一是订婚,新娘的父母或者监护人与新郎就转让监护权的价格达成协议,也叫做聘礼;二是交付,即由新娘的父母或者监护人将新娘交付给新郎。[①]

3. 无偿婚

无偿婚是指男方不需要向女方家庭支付任何代价而缔结的婚姻。例如,赠与婚,是权力者或者女方的父母将其可以支配的女子或者女儿赠与他人为妻而缔结的婚姻;收继婚,则是指女子的丈夫死后有义务在家族内部转房而缔结的婚姻;强制婚则是官府将罪人的妻女断配给他人为妻妾而缔结的婚姻。

(二)中国古代的聘娶婚

人事事项,欧美各国恒执法律以相绳,我国则让诸礼制。[②] 中国古代一直实行聘娶婚,始于伏羲而完备于周朝,后世以法律确认。聘娶婚是指男方以向女方交付聘礼、彩礼作为结婚条件的婚姻形式,具体形式是六礼:(1)纳采,男方求亲须先委托媒人通言,

---

① 李喜蕊:《英国家庭法历史研究》,知识产权出版社2009年版,第39页。

② 徐朝阳:《中国亲属法溯源》,商务印书馆1930年版,自序第1页。

女方家同意后,男方才能够备礼贽见;(2)问名,男方遣媒问明女子的生辰及其生母的身份;(3)纳吉,男方家应仆其吉凶,仆得吉兆,通知女方家;(4)纳征,纳征即交付聘财,是六礼中的最重要程序,成立婚约,对当事人具有法律约束力,因此,"征"即"成",婚约成立;(5)请期,男方家择定婚期并商请女方家同意;(6)亲迎,男方到女方家迎娶女方成婚,婚姻关系成立。

日本学者认为,中国聘娶婚最核心之点,婚姻经订婚与成婚两个阶段完毕。若将之比作交易,则通过订婚契约成立,成婚有履行契约的性质。① 聘娶婚是我国几千年的主要婚姻形式,历经各朝代的变迁,程序有所增减,基本内容和程序没有根本变化,性质属于买卖婚。

(三)欧洲中世纪的宗教婚

在欧洲中世纪,教会法盛行,婚姻的主要形式是依照教会法的规定确定。婚姻的缔结被视为"神的旨意",结婚需要当事人事先按照教规将有关事项报告教会,由教会在布告栏中公告,婚礼在教堂举行,神职人员主持婚礼,并向其祝福。得到教会承认的婚姻,方成立并有效。

(四)近现代的共诺婚

共诺婚是指男女双方基于结婚的合意而成立的婚姻。近代以来,经过宗教改革和婚姻还俗运动,资产阶级强调"自由、平等、博爱",民法认为婚姻是一种契约,强调男女双方结婚是合意产生,法律以当事人双方共同的缔结婚姻关系的意思表示为婚姻成立的基础和要件,因此,婚姻实际上就是男女双方的婚姻契约。这是婚姻制度革命性的变革和进步,实现了当事人自主支配自己婚姻的权利,告别了传统观念。法律规定,凡是具有结婚能力的当事人,都实行自由婚,缔结婚姻关系须经当事人双方同意,其他任何人均不得干涉;未成年人结婚,除了当事人同意之外,还须其父母的同意,婚姻关系始得成立。

三、婚姻成立及其要件

(一)婚姻成立及法律效力

婚姻成立分为广义和狭义的概念。广义的婚姻成立,是指订婚和结婚,两者合为一体。狭义的婚姻成立,是专指结婚。我国古代对婚姻成立采广义概念,订婚是结婚的先行阶段,十分重视婚约的效力。近现代则多采狭义概念,法律不规定订婚和婚约,订婚并非婚姻行为不可缺少的组成部分。在民间,当事人缔结婚姻关系,多采订婚形式,尽管没有法律效力。当事人缔结婚约之后,由于解除婚约而发生的财物纠

① [日]滋贺秀三:《中国家族法原理》,张建国、李力译,法律出版社2003年版,第377页。

纷并不少见。因此,对于婚约也应当进行研究,并对因婚约而发生的纠纷研究解决的对策。

婚姻成立即发生法律效力,法律必须加强对婚姻关系的调整,保障婚姻关系的合法性。婚姻成立的法律效力,分为及于当事人的直接效力和及于第三人的间接效力。前者是发生配偶之间的权利义务关系,后者是以婚姻关系的成立为中介,发生亲属之间以及其他的权利义务关系。

(二)婚姻成立的要件

1. 实质要件和形式要件

法律规定婚姻成立的实质要件的目的,是保障婚姻的内容必须合法。婚姻成立的实质要件是指结婚当事人的本身状况以及一方与另一方的关系须符合法律的要求。具体要件是,结婚当事人必须到达法定婚龄、须有婚姻行为能力、须无禁止结婚的疾病、双方当事人须有结婚的合意、双方须无禁止结婚的亲属身份关系和其他法定障碍等。

法律规定婚姻成立的形式要件的目的,是保障结婚的程序必须合法。婚姻成立的形式要件是指婚姻成立的方式及程序须符合法律的要求。当代各国亲属法多规定要式婚制度。例如,结婚当事人应当进行登记或者户籍申报,或者举行公开仪式并有证婚人在场证婚,或者先申请主管部门颁发结婚许可证再举行结婚仪式或者办理登记。我国规定结婚的形式要件是进行登记。

2. 必备条件和禁止条件

结婚的必备要件是指结婚必须具备的积极要件,如当事人必须到达法定婚龄、须有结婚合意等。结婚的禁止要件就是结婚的消极要件,也叫作结婚障碍,是结婚必须不具有的法定情事。

婚姻成立的必备要件和禁止要件也有广义、狭义之分。狭义的必备要件是指结婚的实质要件,而广义的必备要件和禁止要件还包括形式要件。

3. 公益要件和私益要件

公益要件是指与公共利益有关的结婚要件。例如,结婚当事人须非重婚、须非禁婚亲等,涉及的都是公益。私益要件则是指与私人利益有关的结婚要件,例如,当事人须有结婚的合意以及国外规定的未成年人结婚须得法定代理人的同意等。我国亲属法一般不作这种区分,认为婚姻要件既是公益的,也是私益的。

第二节 婚约

一、婚约的概念和意义

(一)婚约的概念

婚约是指男女双方以将来成立婚姻为目的所订立的预约,[①]也是男女双方已结婚为目的而作的事先约定。[②] 订立婚约的行为叫做订婚。按照习俗,订婚之后,订婚的当事人取得未婚夫妻的资格。婚约不仅与结婚不同,而且与恋爱、未婚同居和事实婚姻都不相同。[③]

婚约起源于个体婚形成初期的有偿婚,[④]在确立婚约的时候,男方要向女方支付一定的财产,方能缔结婚姻关系。当女方接受男方的财物之后,就负有将女子交付给该男子成婚的义务,婚约由此形成。在古代,婚约是结婚的必经程序,没有婚约就不能够结婚。例如,我国古代的订婚须有婚书或者聘礼为证,六礼中的"纳征"即是订婚的程序。近现代以来,婚约逐渐转变为一般意义的婚姻预约,不具有严格的法律意义。因此,我国亲属法并没有对婚约作出规定。韩国法人为婚约是将来要结婚的双方当事人的合意。成年人可以自由订立婚约,婚约成立后当事人在短时间内履行婚姻的义务,第三人侵害他人婚约关系应构成侵权行为。[⑤]

(二)婚约的性质及意义

婚约的性质,在亲属法中有不同的认识。基于不同的认识,婚约具有不同的意义。

"契约说"认为,婚约即订婚契约是作为本约的结婚契约的预约,对婚约应当适用合同法的一般原则,尤其是关于双务契约的规定,违反婚约的责任是一种违约责任。[⑥]"非契约说"则认为,订婚只是一种事实,并不具有契约的性质,[⑦]这种事实是按照法律规定而发生一定效力,因此,违反婚约的责任是一种因侵权行为而发生的责任。"折中

---

① 林菊枝:《亲属法新论》,五南图书出版股份有限公司1996年版,第52页。

② 杨大文主编:《婚姻家庭法》,2012年第5版,第84页。

③ 杨大文主编:《婚姻家庭法学》,复旦大学出版社2002年版,第124页。

④ 李珏:"当代中国婚约初探",载高其才主编:《当代中国婚姻家庭习惯法》,法律出版社2012年版,第66页。

⑤ 姜海顺:《中韩家族法的比较研究》,法律出版社2009年版,第27~29页。

⑥ 史尚宽:《亲属法论》,荣泰印书馆1980年版,第97~98页。

⑦ 陈棋炎等:《民法亲属新论》,三民书局1995年版,第64~65页。

说”则认为，婚约虽然是一种契约，但是婚约并不同于一般契约的预约，具有身份法上的意义，因而与民法上的契约预约不同，法律不要求婚约必须履行，附加在婚约上的任何违约条款均无法律上的意义。①

学者认为，对婚约有一定程度的法律保护。虽然人们更加崇尚平等与恋爱结婚的自由，婚约作为一个产生于买卖婚姻的制度，在一定的地区和一定的群体中，尤其是在农村，仍然具有一定的生命力。② 不过，这种对我国现实婚约的估计显然过低，即使在今天的大城市乃至于北京、上海等大都市，男女婚前订立婚约，都有较大程度的存在，而不是一定的地区和一定的群体中婚约才有生命力。婚约虽然法律并没有规定，但是民间男女订立婚约，法律也不禁止。我国民间存在的婚约，性质属于无配偶男女之间达成的具有道德约束力的婚姻预约，不具有法律的效力。婚约的特征是：

1. 婚约不是结婚的必经程序

法律不要求当事人在结婚前必须订立婚约，不是结婚的法定条件，是否订立婚约，由当事人自主决定，法律不作强制要求。当事人可以事先订婚，也可以不经婚约而直接结婚。

2. 婚约为非要式行为

婚约仅因当事人的合意即可成立，法律不要求婚约具有特定的形式。当事人订婚可以采取各种形式，既可以是口头承诺，也可以是书面约定。

3. 婚约不得强制履行

婚约虽然是结婚的预约，但并不具有合同法上的意义。因此，婚约不具有强制力，不得强制履行，婚约当事人可以自由协商解除婚约，也可依一方的要求而解除，无须经过诉讼程序。婚约解除后，对婚约原当事人不再具有任何约束力，不再受婚约的约束。

4. 婚约解除后会发生赠与物的返还之债或损害赔偿之债

解除婚约并不产生违约责任。但由于婚约之后，婚约当事人之间会发生财产的赠与问题，在婚约解除之后，产生财产返还或者损害赔偿之债。基于婚约而发生的赠与，在婚约解除之后，对于价值较大的赠与物，受赠与人应当返还对方。对于解除婚约而给对方造成婚约不履行所遭受的损失有过错的，应当承担损害赔偿责任，其性质为侵权责任。

---

① 杨大文主编：《婚姻家庭法》，中国人民大学出版社2001年版，第100页。

② 李珏：“当代中国婚约初探”，载高其才主编：《当代中国婚姻家庭习惯法》，法律出版社2012年版，第67～68页。

二、婚约的发展

(一)早期的婚约

早期的婚约,是婚姻行为本身不可缺少的组成部分,婚姻的成立是合订婚与结婚为一体。因此,早期的婚约是结婚的必经程序,未订婚者,其结婚无效;订婚权往往不属于当事人而属于第三人,由男女方的父母或者尊长代为订立;婚约具有法律效力,对婚约当事人具有拘束力。在中世纪的寺院法,规定一方违反婚约另一方当事人享有结婚诉权,请求责令结婚的判决,处以罚款,不能挽回者要承担赔偿责任。

我国古代同样承认婚约的效力,规定以婚书、收受聘礼为订婚的依据,订婚以后,发生婚姻的部分效力,反悔者须科以刑罚,并责令履行原约。特别是对于一女二嫁者,未成婚者或者已成婚者各处以不同的刑罚,后定娶者知情,与女家同罪,财礼入官。不知者不坐,追还财礼;女归前夫。①

民国初年,北洋政府的大理院仍然对婚约解释为成婚的前提,是结婚的必经程序,如果不经过订婚,则虽已成婚,于法律上仍不生婚姻之效。

(二)晚期的婚约

近现代的婚约,并非婚姻行为本身的组成部分,订婚不再是结婚的必经程序,未订婚者亦可径行结婚。

在立法上规定订婚程序的国家,规定婚约的实质要件为:第一,男女双方当事人必须基于合意而自行订定;第二,当事人须到达法定的订婚年龄,未成年人订婚须经其法定代理人同意;第三,作为婚约标的的婚姻须为不违反法律。至于订婚的形式要件,则一般不加规定。即使如此,婚约也不发生强制履行的效力,不得基于婚约诉请结婚,婚约中附有的违约金条款亦属无效。

在立法上不规定订婚的国家,虽然不承认订婚的法律效力,但也不禁止民间未婚男女采取订婚的方式订立婚约。

(三)对婚约的态度

我国立法不规定婚约,但并不禁止未婚男女婚前订婚。对于婚约应当采取以下态度:第一,订婚不是结婚的必经程序,男女双方是否结婚,完全以他们在办理结婚登记时表示的意思为根据。第二,法律并不是不承认婚约或者禁止订立婚约。是否订婚,由当事人自主决定,订婚时,必须出于本人自愿,必须达到一定的年龄,必须没有法定的婚姻障碍。第三,婚约由当事人自由意志决定,父母、尊长等代为订立的婚约一律无效,当事人无须受其约束。第四,婚约的效力极为薄弱,尽管对订婚男女俗称未婚夫

---

① 参见《明律·户律》"男女婚姻条"。

妻，但在法律上不发生配偶或姻亲关系。[①] 当事人订立的婚约没有法律上的约束力，履行婚约以双方当事人的自愿为原则，并且可以解除婚约。

三、婚约关系的解除

(一)婚约关系解除的方式

婚约解除的方式有两种。一种是依婚约当事人的协议而解除。双方当事人经过协商，一致决定解除婚约的，婚约实时解除。另一种是依一方当事人的要求而解除。任何人都享有婚姻自主权，不可强制订婚、结婚，一方要求解除婚约，亦生解除的效力。

(二)婚约财产纠纷

婚约解除后，双方当事人发生婚约财产纠纷，应当妥善处理。婚约财产纠纷的产生，是基于婚约而发生的赠与。

基于婚约发生的赠与，在法律上究竟应当怎样认识，有"附解除条件的赠与说"、"附负担赠与说"、"证约定金说"和"从契约说"等不同主张。通说采"附解除条件赠与说"，认为婚约当事人基于结婚的目的，一方或者双方将自己的财产无偿给予对方而产生的单方赠与或者双方赠与，并非单纯以无偿转移财产权为目的，实际上这种赠与行为是附有解除条件的赠与行为，即预想将来婚约得到履行，而以婚约的解除为解除条件的赠与行为。如果条件不成就，赠与行为继续有效，赠与物归受赠人所有；如果条件成就，赠与行为则失去法律效力，赠与财产应当恢复到订立婚约前的状况，即应当返还赠与人。[②]

基于婚约期间赠与行为性质的界定，当婚约解除后，对于价值较大的赠与物，受赠与人应当将赠与物返还赠与人，如果受赠与人拒不返还赠与物，则构成不当得利，不当得利人负有返还义务，赠与人享有请求返还的权利。但是已经消耗的赠与物不应当返还。

(三)婚约引起的损害赔偿

婚约解除之后，对于当事人是否可以请求对方损害赔偿，有不同主张。有的认为婚约不过是男女双方将来缔结婚姻的事先约定，属于事实行为，不论其是否有过错，均不能要求承担损害赔偿责任。[③] 而大多数国家立法认为婚约是契约，对于有过错的一方由于解除婚约而对他方造成的财产损失，应当承担损害赔偿责任。

对此，不应当一概而论。对于基于解除婚约而请求赔偿青春补偿费、基于婚约约

---

① 林菊枝：《亲属法新论》，五南图书出版股份有限公司1996年版，第56页。

② 参见王洪：《婚姻家庭法》，法律出版社2003年版，第72～73页。

③ 参见王洪：《婚姻家庭法》，法律出版社2003年版，第73页。

定的违约损害赔偿的,不应予以支持。因为这些损害赔偿责任不符合婚约的性质,不具有合法的请求权基础,且有悖于善良风俗。对由于一方的过错解除婚约,因此造成对方财产损害的,则应当予以损害赔偿,以补偿受损害一方的财产损失。例如,一方因筹备结婚等而支出的财产,由于对方毁弃婚约而造成损害的,应当承担赔偿责任。这种损害赔偿的性质相当于侵权责任,即由于过错而侵害了对方的财产权。

(四)婚约期间的共同财产分割

婚约期间,由于当事人的资金共用,财物的合并以及共同投资而产生的共同财产,属于共有财产。究竟是共同共有还是按份共有,原则上应当视为按份共有。婚约解除之后,对于该共同财产,能够确定份额的,按照各自的份额分割;不能确定各自份额的,则推定为份额均等,平均分割。

第三节 结婚条件

一、结婚的必备要件

结婚的必备要件也称结婚的积极要件,是当事人结婚时必须具备的法定条件。①根据《婚姻法》的规定,结婚须具备以下三个必备要件。

(一)必须具有结婚合意

结婚是婚姻当事人双方的法律行为,双方自愿是婚姻结合的基础。因此,结婚合意是结婚的首要条件,是保障结婚自由的前提,是结婚自主权在亲属法中的体现。它的要求是:当事人双方确立夫妻关系的意思表示真实、一致。法律要求男女双方完全自愿包含以下三层含义:一是双方自愿而不是单方自愿;二是双方本人自愿而不是父母或者第三者自愿;三是完全自愿而不是勉强同意。法律禁止当事人的父母或者第三人对婚姻进行包办、强迫或者执意干预,排斥当事人非自愿的被迫同意。

(二)必须达到法定婚龄

法定婚龄是法律规定的准许结婚的最低年龄,表示的是民事主体的婚姻行为能力必须符合法律要求。我国《婚姻法》第6条规定:“结婚年龄,男不得早于22周岁,女不得早于20周岁。晚婚晚育应予鼓励。”当事人只有具有婚姻行为能力,达到法定婚龄,才可以结婚。

---

① 杨大文主编:《婚姻家庭法》,中国人民大学出版社2012年版,第85页。

确定法定婚龄所要考虑的是婚姻的自然因素和社会因素。自然因素是人的生理条件和心理条件发展的因素，社会因素是指政治、经济、文化、人口状况、道德、宗教、民族习惯等方面因素。确定法定婚龄必须符合上述因素。我国的法定婚龄较高，更多考虑的是我国的社会因素，不仅如此，不足以限制我国人口的过度膨胀，同时也可以提高人的生活质量。不仅如此，我国法律还不承认结婚的“特许制度”，即不承认未达法定婚龄的男女基于特殊原因可以经过特定机关批准结婚的制度，这同样也是基于人口增长的考虑。

(三)必须符合一夫一妻制

一夫一妻制，是婚姻制度的基本原则，是结婚的必备条件。法律禁止重婚。凡是已经有配偶的人，不得再结婚。构成重婚的，依法追究刑事责任。

二、结婚的禁止要件

(一)禁止结婚的血亲

禁止结婚的血亲也叫做禁婚亲，是指法律规定的禁止结婚的亲属范围。禁止一定范围的亲属结婚的规则在原始社会就存在，那时候称为结婚禁忌，是人类在群婚制中逐渐发现两性近亲结合的危害，因而禁止一定范围的亲属的两性结合。进入个体婚时期，人类有意识地通过立法禁止近亲结婚，考虑的是优生学的原因和伦理道德以及身份上和继承上的原因。现代亲属法尽管对禁止结婚的亲属范围有所区别，但是确定禁婚亲的制度则是相同的。

我国禁婚亲的规定是：直系血亲和三代以内的旁系血亲为禁婚亲。具体方法是，以世代计算法规定，凡是出自同一祖父母、外祖父母的血亲，都是禁婚亲；三代以内的旁系血亲，一是兄弟姐妹，二是伯、叔、姑与侄、侄女，舅、姨与甥、甥女；三是堂兄弟姐妹和表兄弟姐妹。例如，张刚与王花是亲表兄妹，从小学到中学一起上学，后来一起打工，2007年8月分别向自己的父母请求结婚，得到同意后，到民政部门办理结婚证，被拒绝，得知拒绝办理是法律规定为禁婚亲，以保证子孙后代健康的原因后，女方毅然做了绝育手术，以证明不会造成影响子孙后代健康的问题，但仍被拒绝。上诉到法院以后，也被判决驳回。①

对于拟制血亲是否属于禁婚亲的问题，各国规定不同。我国亲属法没有明文规定。在实务中的做法是：直系的拟制血亲之间不准结婚；旁系的拟制血亲关系未经解除，禁止结婚；如果拟制旁系血亲关系已经解除的，则准许结婚。

---

① 余梦成：“‘亲上加亲’可以重现”，载高其才主编：《当代中国婚姻家庭习惯法》，法律出版社2012年版，第84页。

(二)禁止结婚的疾病

为了防止和避免疾病的传染和遗传,法律禁止患有特定疾病的人结婚,以保护婚姻当事人的利益和社会利益。禁止结婚的疾病分为两类:一是精神性疾病,如精神病、痴呆病等;二是传染性或者遗传性疾病,如艾滋病、麻风病等。前者考虑的是夫妻之间权利义务的行为能力和精神性疾病的遗传,后者则是避免传染和遗传。

至于究竟哪些疾病不得结婚,法律没有明文规定,应以医学上的鉴定为准。

(三)其他禁止结婚的条件

1. 不能人道

国外立法多将不能人道作为禁止结婚的条件。不能人道,是指违反婚姻义务,拒绝性交或者性交不能,包括具有生理缺陷和精神缺陷。对此,我国没有规定,但是两性结合是婚姻的本质,如果明知存在不能人道的事由,应当禁止结婚;结婚后发现的,应当准许离婚。

2. 相奸者

对于相奸者,传统民法禁止结婚。在现代,这种规定逐渐破除,认为是对结婚自由原则的破坏。我国没有这种规定。

3. 待婚期

待婚期是国外亲属立法中的一种禁婚条件,禁止女子在离婚或丈夫死亡后的一定期间内结婚。规定待婚期的基本理由在于保持血缘的纯正,防止血缘的混乱。我国对此没有规定。对这种制度,一般有两种观点:一种意见认为必要;一种认为是对女性权利的限制。对此,尚有值得斟酌的余地。

4. 监护人与被监护人

为了维护被监护人的利益,很多国家立法规定禁止监护人和被监护人结婚。我国对此没有规定。这种制度是积极的,应当借鉴。在监护人与被监护人的监护期间,应当禁止结婚。

第四节 结婚程序

一、结婚程序的意义

(一)结婚程序的意义

婚姻是社会制度,所以男女的结合必须经过社会的承认,才能说是正式成立了婚姻关系。[①] 结婚的程序是结婚的形式要件,是法律规定的缔结婚姻关系必须履行的法律手续。

目前各国立法规定结婚程序,主要有三种形式:(1)仪式婚,是指结婚必须举行一定的仪式,结婚仪式是婚姻成立的法定要件。例如,宗教仪式婚,即神职人员主持的宗教结婚仪式;世俗仪式婚,即民间由家长主持并有证婚人参加的结婚仪式;法律仪式婚,即由政府官员主持结婚仪式。(2)登记婚,是指结婚必须到法定登记机关进行登记,方认为成立婚姻。(3)登记与仪式婚,是指结婚既要进行登记又要举行仪式的结婚形式。

(二)我国的结婚程序及其意义

我国结婚实行登记制。《婚姻法》第8条规定:"要求结婚的男女双方必须亲自到婚姻登记机关进行结婚登记。符合本法规定的,予以登记,发给结婚证。"据此,结婚登记是我国婚姻成立的唯一形式要件,是结婚的法定程序。

我国实行登记婚结婚程序的法律意义在于,只有在履行了法律规定的结婚程序,即进行结婚登记之后,婚姻才具有法律上的效力,才能得到国家和社会的承认。不论男女双方是不是同居、是不是举行结婚仪式,都不是结婚的合法形式,只有进行结婚登记,才能发生结婚的法律效力。同时,加强结婚登记制度的管理,对于保障婚姻自由、一夫一妻、男女平等婚姻制度的实施,保护婚姻当事人的合法权益,都具有重要意义。

二、结婚登记

(一)结婚登记机关

我国的结婚登记机关,在城市为街道办事处,或者市辖区、不设区的市人民政府的民政部门;在农村为乡、民族乡、镇的人民政府。

(二)结婚登记程序

我国结婚登记程序分为申请、审查和登记三个环节。

1. 申请

要求结婚的当事人,应当向婚姻登记机关提出结婚申请。申请应当由当事人亲自到一方户口所在地的婚姻登记机关进行申请,不得他人代理。按照国务院《婚姻登记条例》第5条规定,当事人申请时,应当携带户口簿、身份证,以及本人无配偶及与对方当事人没有直系血亲和三代以内旁系血亲关系的签字声明。离过婚的当事人还必须持离婚证件,即离婚证、生效的准予离婚的判决书或者调解书。

---

① 李宜琛:《婚姻法与婚姻问题》,正中书局1946年版,第39页。

结婚申请须采取书面形式,由当事人填写结婚登记申请书。

申请结婚登记的当事人应当如实向婚姻登记机关提供上述材料,不得隐瞒真实情况。结婚登记机关不得要求当事人提供上述材料以外的其他证件和材料。如果申请结婚登记的当事人受单位或者他人干涉,不能获得所需证明时,经婚姻登记机构查明确实符合结婚条件的,应当予以登记。

2. 审查

审查是结婚登记程序的中心环节,结婚登记管理机关应当全面查明当事人的有关情况,依法认定当事人是否符合结婚条件。申请中有不清之处,应当向当事人补充询问,或者进行调查了解,提供有关证明材料,或者进行医学上的鉴定。我国登记制度还应当建立审查期,在审查期以内完成登记。

3. 登记

经过审查,认为申请结婚登记的当事人符合结婚条件的,结婚登记机关应当进行结婚登记,发给结婚证书;对于离过婚再婚的,应当注销离婚证明文件。对于申请结婚的当事人受单位或者他人的干涉,不能获得所需证明文件的,经审查确认之后,应当予以登记。

对于符合以下情形之一的,结婚登记管理机关不予登记:一是未达法定婚龄的;二是当事人非自愿的;三是当事人已经有配偶的;四是属于直系血亲或者三代以内旁系血亲的;五是患有法律规定的禁止结婚或者暂缓结婚的疾病的。不予登记的决定作出之后,当事人不服的,可以依照行政复议程式申请复议;对复议决定不服的,可以依照《行政诉讼法》的规定提起行政诉讼。

对于离婚后申请复婚的,结婚登记机关依照有关结婚登记的程序进行登记,双方自愿恢复夫妻关系的,予以复婚登记。

(三)违反结婚登记程序的法律后果

申请婚姻登记的当事人如果弄虚作假、骗取结婚登记的,婚姻登记机关应当撤销婚姻登记,对结婚、复婚的当事人宣布其婚姻关系无效,收回结婚证,并可以对当事人处以罚款。单位或者组织为申请结婚登记的当事人出具虚假证件和虚假证明的,婚姻登记机构应当予以没收,并可建议该单位或者组织对直接责任人予以批评教育或者行政处分。结婚登记机构的工作人员对不符合结婚条件的当事人予以登记的,结婚登记机构应当对该工作人员予以行政处分或者撤销其婚姻登记管理人员的资格,对不符合结婚登记条件的当事人撤销结婚登记,收回婚姻登记证书。

第五节 无效婚姻和可撤销婚姻

一、无效婚姻和可撤销婚姻的概念

尽管双方当事人的结婚合意是婚姻的本质,但结婚的合意必须经过国家的确认才能够发生法律效力,因此,合法性是婚姻的实质要件之一。如果婚姻不具有合法性的要件,就不能发生夫妻的权利义务关系,不能发生婚姻的法律后果。欠缺婚姻成立要件的男女结合,应当依法予以宣告无效或者被撤销。所以,无效婚姻和可撤销婚制度就是维护婚姻合法性的必要制度。2001年《婚姻法》已经建立了我国亲属法的无效婚姻和可撤销婚姻制度。正确适用无效婚和撤销婚制度,对于坚持结婚的条件和程序、保障婚姻的合法成立、预防和减少婚姻纠纷以及保护自然人的婚姻合法权益具有重要的意义。

(一)无效婚姻的概念

无效婚姻是指男女因违反法律规定的结婚要件而不具有法律效力的两性违法结合。无效婚姻是违反婚姻成立要件的违法婚姻,不具有婚姻的法律效力。

无效婚姻并不是一种单独的婚姻种类,而是用以说明借婚姻之名而违法结合的概念,属于无效的民事行为。结婚是确立夫妻关系的法律行为,必须符合法律规定的各项条件,只有具备法定实质要件和通过法定程序确立的男女结合,方为合法婚姻,发生婚姻的法律效力。无效婚姻不符合这样的要件,属于无效的婚姻关系。

各国亲属法在明文规定结婚法定条件的同时,大多设有无效婚姻制度,以此来作为避免和处理违法婚姻的对策,确保法定的结婚条件和程序付诸实施。无效婚姻制度与有关结婚条件、结婚程序的规定一道,从正反两方面构成了结婚制度的完整内容,二者相辅相成,缺一不可。

(二)可撤销婚姻概念

可撤销婚姻,亦称可撤销婚,是指已经成立的婚姻关系因欠缺婚姻合意,受胁迫的一方当事人可向婚姻登记机关或者人民法院申请撤销的违法两性结合。可撤销婚姻也是欠缺婚姻成立要件的违法婚姻,它与无效婚姻都是违法婚姻。但无效婚姻是双方当事人具有真实的结婚合意,是由于违反法律关于结婚的强制性规定的而构成的违法两性结合;而可撤销婚姻则是婚姻的基础合意没有达成,在结婚的法律强制性规定方面则没有违反而构成的违法两性结合。

（三）无效婚姻与可撤销婚姻的区别

无效婚姻和可撤销婚姻的概念并不完全相同。例如，有的国家根据违反的结婚要件的不同，把违法婚姻区分为无效婚姻和可撤销婚姻，如日本、英国及美国的部分州立法。有的国家除规定这两种违法婚姻之外，还规定“不适法婚姻”的违法婚姻，如德国和瑞士。有的国家如法国另有“婚姻不存在”的名目，基于“无规定，即无效”的传统见解，把那些同性相婚、不具备结婚的法定方式等未被法律列入无效原因的违法结合概括在其中。[①] 也有的国家并不区分无效婚姻和可撤销婚姻以及其他违法婚姻的种类，而是采取单一的无效婚姻制度，如古巴、秘鲁等国。在不同的国家，关于无效婚姻和可撤销婚姻的概念也不尽相同。

我国立法明确规定无效婚姻和可撤销婚姻的违法婚姻形式。作这样的规定，是基于民法的民事法律行为的基本规则。在我国民法中，民事行为分为民事法律行为、无效的民事行为、可撤销可变更的民事行为和效力待定的民事行为。在亲属法领域，法律确认无效的结婚民事行为就是无效婚姻，而可撤销的结婚民事行为就是可撤销婚姻。

根据民事法律行为的基本规则和《婚姻法》的具体规定，婚姻无效和可撤销具有以下区别：

1. 构成两性违法结合的原因不同

无效婚姻是由于违反法律规定的婚姻成立条件而构成的两性违法结合，违反法律的内容是法律规定的强制性规定，即结婚的法定条件。可撤销婚姻虽然也违反法律，但违反法律的内容是违反关于婚姻当事人的结合必须是真实的婚姻合意的要求，是双方当事人在意志上没有建立真实的婚姻合意，因而违反法律，构成违法婚姻。

2. 两性违法结合的法律后果不同

无效婚姻的法律后果是婚姻当然无效、绝对无效，尽管无效婚姻必须通过诉讼程序宣告，但这并不能否认无效婚姻具有当然无效的性质。而可撤销婚姻由于基本具备了婚姻成立的法定条件，仅仅是当事人的合意不够真实，因此不发生当然无效的问题，如果受胁迫的当事人或其他有撤销权的人申请撤销，法院依照法律予以撤销，发生婚姻自始无效的后果；如果当事人不诉请撤销，则婚姻仍得继续存在，发生婚姻的法律效力。

3. 请求宣告无效或者撤销的时限不同

无效婚姻由于是违反法律的强制性规定，因而自始不发生法律效力，主张婚姻无效没有时间的限制，当事人在任何时候都可以请求宣告婚姻无效。而可撤销婚姻仅仅

---

① 杨大文主编：《婚姻法学》，中国人民大学出版社 1989 年版，第 128 页。

是当事人的婚姻合意欠缺真实基础，在结婚的强制性法律规定方面并没有违反。因此，当事人请求撤销违法婚姻必须在一定的时限之内进行，超过规定的时限，不得提出撤销的请求。

4. 宣告婚姻无效和撤销的请求权人不同

主张婚姻无效的请求权人应当是婚姻关系当事人和利害关系人，因为在无效婚姻的情况下，有的当事人并不请求无效，由于这种婚姻形式违反国家的强制性法律规定，法律规定利害关系人也可以行使请求权，宣告婚姻无效，以维护法律的统一实施。而可撤销婚姻仅仅是缺乏当事人的真实合意，仅仅涉及当事人的结婚意愿的问题，请求婚姻撤销的请求权人则为婚姻当事人，只能由其决定是否撤销婚姻，其他人不享有这种权利。

二、建立无效婚姻和可撤销婚姻制度的必要性

(一)违法婚姻的现实状况

违法婚姻在我国亲属法领域中是较为突出的。其中主要原因在于我国长期的封建传统影响和法治观念的淡薄。近年来，随着社会经济的发展变化，违法婚姻的数量又有所增加。在经济发达地区，重婚、纳妾等现象多有发现；在经济落后的农村，换亲、转亲、抢亲、娃娃亲、买卖婚等现象屡禁不止；甚至拐卖妇女强迫为他人作妻的也不鲜见；就是在一般的城市和乡村，早婚、同居、近亲婚、疾病婚等现象也并非罕见。

违法婚姻的存在和蔓延，破坏了国家对婚姻行为的规范，给当事人和社会都造成了严重危害。违反结婚实质要件的违法婚姻，当事人或是未到结婚的法定年龄，或是患有禁止结婚的疾病，或是为法律禁止结婚的近亲，都难以保证婚姻质量。至于买卖婚、拐卖婚等严重违反当事人意愿的婚姻，更是在两性结合之初就开始了当事人的婚姻不幸。违反结婚形式要件的违法婚姻，由于没有法律的保障，当事人无法用法律维护自己的合法权益，妇女和子女往往成为最直接、受害最深的牺牲品。违法婚姻给国家和社会造成危害，严重地破坏了我国的计划生育制度，不但增加了人口数量，而且降低了人口素质，给人口管理、升学、就业都带来了沉重的负担。违法婚姻还诱发了大量的民事纠纷，甚至引发刑事案件。

(二)立法的欠缺和实践的补充

我国一直未建立无效婚姻制度，对违法婚姻的治理处于不力状态。1950 年《婚姻法》第一章“原则”第 2 条规定了禁止重婚、纳妾、童养媳等违法的婚姻形式，在第二章“结婚”中规定了结婚条件和禁止结婚的法定情形，对于违反上述法律规定的违法婚姻如何处理，则没有具体涉及，只在第八章“附则”中笼统规定“违反本法者，依法制裁”。1980 年《婚姻法》沿袭了这种做法，对无效婚姻制度仍然没有作出规定。

司法解释在弥补《婚姻法》的立法疏漏方面发挥了一些作用。例如,1952 年 6 月内务部、司法部在对西南民政部、司法部的批复中规定:“《婚姻法》颁布后,未达婚龄而私行结婚或同居的早婚男女,任何一方提出离婚时,应视为婚姻无效,无条件取消其婚姻关系。”这是司法解释第一次谈到无效婚姻及其后果,具有重要意义。1955 年 9 月最高人民法院《关于男女双方已办理结婚登记后一方反悔不愿同居应如何处理问题的复函》规定了无效婚姻,其后果是根本无效:“双方结婚虽经登记,而有其他情节使婚姻关系不能成立的,例如一方系重婚,其婚姻根本无效。”1963 年 8 月最高人民法院《关于贯彻执行民事政策几个问题的意见》重复了这一规定,指出对于重婚行为“原则上应当维持原配关系,宣布重婚关系无效。”这些司法解释在实践中实行了无效婚姻制度,但在立法上却还是空白。

在行政法规、规章上,逐步确立了无效婚姻制度。1986 年 3 月民政部《婚姻登记办法》第 9 条规定:“婚姻登记机关发现婚姻当事人有违反婚姻法的行为,或在登记时弄虚作假、骗取《结婚证》的,应宣布该项婚姻无效,收回已骗取的《结婚证》,并对责任者给予批评教育。触犯刑律的,由司法机关依法追究刑事责任。”1994 年 2 月民政部《婚姻登记管理条例》设专章规定了婚姻监督管理制度,主要内容包括:对未办结婚登记的早婚和事实婚,认定“其婚姻关系无效,不受法律保护”;对弄虚作假、骗取结婚登记的,“婚姻登记管理机关应当撤销结婚登记,对结婚、复婚的当事人宣布其婚姻关系无效并收回结婚证,对离婚的当事人宣布其解除婚姻关系无效并收回离婚证”;对于重婚,“其配偶不控告的,婚姻登记管理机关应当向检察机关检举”。除此之外,还对单位或者组织或者婚姻登记管理人员违反《婚姻法》行为的处理,当事人对婚姻登记管理机关的监督权利等问题,都作了规定。不过,这个条例规定的仍然不是一个无效婚姻和可撤销婚姻的系统规定,对无效婚姻制度中婚姻无效的法定原因,宣告无效的法定程序,婚姻无效的法律后果等重要内容,都没有具体规定。

(三)立法规定无效婚姻和可撤销婚姻的必要性

我国立法机关通过修订法律,在 2001 年《婚姻法》规定了第 10 条至第 12 条,确立了无效婚姻和可撤销婚姻制度。

建立这一制度的必要性在于:

1. 保障结婚条件和结婚程序的实施

长期以来,我国《婚姻法》规定了男女结婚必须符合法定的结婚条件和结婚程序,婚姻才能够发生法律效力,但却没有强制性的保障措施。例如,虽然规定对违法婚姻要制裁,但对违法婚姻没有规定其法律效力的状态;同时对于违法婚姻的行为人究竟怎样进行制裁,法律也没有规定。这样,我国亲属法的结婚制度就是不完整的,是没有法律强制力保障的制度。当事人逃避法律规定,法律缺少必要的手段保障亲属法规定的强制实施。确立无效婚姻和可撤销婚姻制度,不仅规定了违法婚姻的法律后果,而且规定了处理和制裁违法婚姻行为的具体措施,就能够保障亲属法规定的结婚条件和结婚程序的实施。

2. 维护亲属法的严肃性和统一性

由于以前立法没有规定违法婚姻制度,司法机关和婚姻登记管理机关不得不作出司法解释和行政规章,自行作出规定。由于这些规定不是法律,又缺乏统一性,因此形成制度本身的不完善,在实施中又避免不了法律适用冲突,对亲属法的严肃性和统一性造成损害。例如,对于一方患有禁止结婚的疾病、一方欺骗对方、在结婚登记时弄虚作假骗取结婚证等违法婚姻,司法解释不仅没有区分无效婚姻和可撤销婚姻的区别,而且一律作为婚后一方提出离婚认定夫妻感情确已破裂的具体理由,成为判决离婚的依据。这混淆了无效婚姻和合法婚姻的界限,与婚姻登记管理机关的规章相矛盾,也造成适用法律的混乱,损害了法律的严肃性。将无效婚姻和可撤销婚姻制度在婚姻法中确立起来,就避免了法律适用上的冲突,有利于维护亲属法的严肃性和统一性。

三、无效婚姻和可撤销婚姻关系的法定原因

(一)区别无效婚姻和可撤销婚姻的基础

如前所述,各国在规定违法婚姻制度时,有不同立法例。我国亲属法之所以要采取无效婚姻和可撤销婚姻作为违法婚姻的基本形式,其法理基础在于:第一,法律的严肃性,对于违反亲属法规定的违法婚姻,法律必须明确态度,或者予以宣告无效,或者赋予当事人以撤销的权利;第二,社会的既存事实,欠缺结婚的有效要件而两性结合,当事人有夫妻共同生活的实质,并且社会一般承认其为夫妻的事实,且该事实已经形成了相当的社会意义,对双方、家庭、子女等都具有一系列的影响,完全不考虑这样的因素,也是不行的;第三,对妇女儿童合法权益的保护,如果不分情况一律宣告违法婚姻为无效,受到伤害的可能更多的是处于弱势地位的妇女和儿童。

正是如此,立法者将违法婚姻分为无效婚姻和可撤销婚姻,规定不同的违法婚姻产生不同的法律后果。

1. 无效婚姻的法理基础

无效的民事行为自始无效,其原来发生的一切效力均归属于消灭。对婚姻无效性的确认会带来严重的消极后果,原因是婚姻一旦被宣告无效,业已形成的婚姻关系就须解体,组成的家庭就要被拆散,造成婚姻关系的不稳定。立法者尽量缩小这样的消极后果,将无效婚姻确定为取决于两性结合的违反法律的强制性规定,其违反的是社会公共利益和公序良俗,而不是以当事人的意思不真实或者直接违背。

2. 可撤销婚姻的法理基础

可撤销的民事行为,其法律后果取决于当事人的态度。如果当事人认为可以维持已经形成的法律关系,则不予撤销,使其继续发生法律效力;如果当事人不想维持已经形成的法律关系,则在一定的期限内行使撤销权,将该法律行为撤销,回复原来没有建立这种法律关系之前的状况。因此,可撤销婚姻的法理基础,在于尊重当事人的意思基础,确定相对性的无效状况,赋予当事人撤销婚姻关系的权利和维持婚姻关系的权利,让其根据自己的意愿自由选择。这样,更有利于保护婚姻当事人的利益,有利于维护婚姻家庭的稳定,而不至于将更多的违法婚姻推入绝对无效的范围,造成社会的不稳定,损害妇女、儿童的权利。

(二)无效婚姻的法定事由

《婚姻法》第 10 条规定:"有下列情形之一的,婚姻无效:(一)重婚的;(二)有禁止结婚的亲属身份关系的;(三)婚前患有医学上认为不应当结婚的疾病,婚后尚未治愈的;(四)未达法定婚龄的。"这四种情形是法定的无效婚姻事由。

对这一规定需要明确两个问题:第一,这里规定的无效婚姻的法定事由是全面列举,仅限于列举的情形为无效婚姻的法定事由。至于其他如无婚姻关系的虚假结婚、弄虚作假骗取结婚证等,都不能作为无效婚姻的法定事由,不得请求宣告婚姻无效。第二,这里规定的无效婚姻法定事由是相对原因,而不是绝对原因。相对原因意味着,如果请求宣告婚姻无效时,无效婚姻的法定事由已经消失的,则不得宣告婚姻无效。对此,最高人民法院《关于适用〈中华人民共和国婚姻法〉若干问题的解释(一)》第 8 条规定:"当事人依据婚姻法第 10 条规定向人民法院申请宣告婚姻无效的,申请时,法定的无效婚姻情形已经消失的,人民法院不予支持。"因此,在婚姻关系成立时存在婚姻无效的法定事由,而在申请宣告婚姻无效时已经不具备该事由的,其婚姻已经由无效婚姻转化为有效的婚姻关系。这有利于稳定婚姻关系的稳定和社会的安定。

1. 重婚

一夫一妻是我国《婚姻法》的基本原则,《婚姻法》第 2 条第 1 款对此作出明确规定。任何人不得有两个或两个以上的配偶,有配偶者在前婚未终止之前不得结婚,否则即构成重婚,后婚当然无效。重婚包括法律上的重婚和事实上的重婚两种。无论哪一种,都构成婚姻无效的法定理由。

2. 当事人为禁婚亲

《婚姻法》第 7 条第 1 项规定,直系血亲和三代以内的旁系血亲禁止结婚,这是我国亲属法规定的禁婚亲范围。凡属上述范围内的亲属,无论是全血缘还是半血缘、无论是自然血亲还是拟制血亲,都不得结婚。

3. 当事人患有禁止结婚的疾病

《婚姻法》第7条第2项规定,患有医学上认为不应当结婚的疾病的,禁止结婚。例如,患麻风病未经治愈或者患艾滋病等,按照法律规定都禁止结婚。这项规定比较抽象,应当由国家卫生部门公布禁止结婚疾病的明细表,根据这些规定确定是否应当宣告婚姻无效。

4. 未达法定婚龄

《婚姻法》第6条规定法定婚龄为男22周岁,女20周岁。未达法定婚龄的婚姻,申请宣告婚姻无效,应当依法获准。

(三)可撤销婚姻的法定事由

《婚姻法》第11条规定:"因胁迫结婚的,受胁迫的一方可以向婚姻登记机关或人民法院请求撤销该婚姻。受胁迫的一方撤销婚姻的请求,应当自结婚登记之日起一年内提出。被非法限制人身自由的当事人请求撤销婚姻的,应当自恢复人身自由之日起一年内提出。"

按照这一规定,我国亲属法规定的可撤销婚姻的法定事由仅为胁迫。对此是否可以进一步扩大,包括诸如违反婚姻自由原则的当事人一方无表意能力、因认识错误而意思表示不真实、虚假结婚等,都作为可撤销婚姻的法定事由,有两种不同的意见。一种意见认为,婚姻撤销的原因仅为胁迫,其他不能作为撤销婚姻的事由。[①] 另一种意见认为,可撤销婚姻制度的主要价值在于保护婚姻当事人的结婚自由权,因受胁迫属于非自愿的结婚,它与其他形式的非自愿结婚都属于欠缺结婚合意这一法定要件,因此有扩大解释的必要,将婚姻关系当事人无表意能力、因同一性认识错误、人身性质认识错误而结婚、虚假结婚等,也规定为婚姻撤销的事由。[②]

婚姻胁迫是指行为人以给另一方当事人或者其近亲属以生命、健康、身体、名誉、财产等方面造成损害为要挟,迫使另一方当事人违背自己的真实意愿而结婚的行为。构成婚姻胁迫,须具备以下要件:

1. 行为人为婚姻当事人或者第三人

婚姻胁迫的行为人不仅包括婚姻当事人,也包括与该婚姻关系有一定关系的第三人。至于受胁迫者,则既可以是婚姻关系当事人,也可以是婚姻关系当事人的近亲属。

2. 行为人须有胁迫的故意

行为人必须有施加威胁迫使一方当事人就范的故意,其内容是通过自己的威胁而使一方当事人产生恐惧心理,并基于这种心理而被迫同意结婚。

---

① 参见杨大文主编:《婚姻家庭法》,中国人民大学出版社2001年版,第122~123页。

② 王洪:《婚姻家庭法》,法律出版社2003年版,第93~94页。

3. 行为人须实施胁迫行为

行为人实施的行为,须以对受胁迫人或者其近亲属的人身利益或者财产利益造成损害为威胁的不法行为,使其产生恐惧心理。这种行为已经实施。

4. 受胁迫人同意结婚与胁迫行为之间须有因果关系

受胁迫人之所以同意结婚,是因为胁迫行为致使其产生恐惧心理而不得不采取的行为。

四、违法婚姻的形成权及行使

(一)违法婚姻的形成权及形成权人

1. 违法婚姻的形成权

救济无效婚姻和可撤销婚姻的法定方法,是赋予权利人以宣告婚姻无效或者撤销婚姻的形成权。这种权利是一种民法上的形成权,权利人可以变更现行的法律关系的现状。无效婚姻的形成权是主张现存的违法婚姻关系归于无效的权利。可撤销婚姻的形成权是主张将现存的形式上合法的婚姻关系予以撤销,归属于无效的权利。

在学说上,通常将这种权利称为请求权,[①]其实是一种误解,因为请求权是请求相对的当事人为一定行为或者不为一定行为的权利,而违法婚姻的形成权是请求法院认定婚姻无效或者被撤销,正是民法权利体系中的形成权,其请求的,并不是对方当事人为一定行为或者不为一定行为,请求法院撤销或者宣告某种法律关系无效,恰好是形成权的特点。因此,本书将其界定为形成权,只有在诉讼法理论方面,才可以将其叫做诉讼请求,诉讼请求的目的则是形成权行使的目的。

2. 违法婚姻的形成权人

违法婚姻的形成权人,是可以主张婚姻无效或者主张撤销婚姻的权利人,他(或她)享有宣告婚姻无效或者撤销婚姻的形成权。

在国外,立法根据主张婚姻无效的不同原因,规定不同范围的有权提起无效婚姻之诉的权利人。《德国婚姻法》第24条规定,在涉及婚姻无效的案件中,宣告婚姻无效的诉讼可以由公诉人或配偶任何一方提出;在因重婚而提起的诉讼中,也可以由前婚配偶提出。如果婚姻关系已经解除,则只有检察官作为公诉人可以提起宣告婚姻无效的诉讼。《瑞士民法典》规定可提起诉讼的权利人有:州的主管官厅、利害关系人及利害关系人原籍或住所所在地的乡镇。

根据我国的实际情况,最高人民法院《关于适用〈中华人民共和国婚姻法〉若干问题的解释(一)》第7条作出了明确规定:

---

① 杨大文主编:《婚姻家庭法》,中国人民大学出版社2012年版,第99页。

1. 无效婚姻的形成权人

无效婚姻的形成权人是婚姻当事人或者利害关系人。利害关系人的范围是：(1)以重婚为由申请宣告婚姻无效的，利害关系人是当事人的近亲属和基层组织。基层组织是当事人的所在单位、居民委员会、村民委员会、妇联等社会团体及户籍管理机关。(2)以未达法定婚龄为由申请宣告婚姻无效的，为未达法定婚龄者的近亲属。(3)以有禁止结婚的亲属身份关系为由申请宣告婚姻无效的，为当事人的近亲属。(4)以婚前患有医学上认为不应当结婚的疾病，婚后尚未治愈为由申请宣告婚姻无效的，为与患者共同生活的近亲属。

2. 撤销婚姻的形成权人

撤销婚姻的形成权，法律只赋予婚姻当事人享有，其他人不享有该项形成权。最高人民法院《关于适用〈中华人民共和国婚姻法〉若干问题的解释(一)》第10条规定："因受胁迫而主张撤销婚姻的，只能是受胁迫一方的婚姻关系的当事人。"这是因为，婚姻关系因受胁迫而缔结，违反的是当事人的真实合意。是否将这个婚姻关系继续下去，应当由受胁迫的一方婚姻当事人做主决定，其他人无权行使这一权利。

(二)违法婚姻形成权的行使

宣告婚姻无效或者撤销婚姻，都必须形成权人自己行使形成权。权利人可以委托代理人，但是权利人必须是本人。

行使宣告婚姻无效的形成权行使没有时限的限制，任何时候都可以就婚姻无效提出宣告的主张。撤销婚姻的形成权行使，《婚姻法》规定的时限是1年，自结婚登记之日起1年内提出主张。如果受胁迫的婚姻关系当事人被非法限制人身自由，则时限从其恢复人身自由之日起1年内行使。超出上述期限提出撤销婚姻主张的，婚姻登记机关或者人民法院不予支持。

(三)行使违法婚姻形成权的程序

无效婚姻本质上为法律所否定的违法两性结合，应为当然的自始无效。形成权人行使这一权利，主张宣告婚姻无效或者撤销婚姻时，法律规定两种程序：

1. 诉讼程序

婚姻当事人或者利害关系人主张宣告婚姻无效，或者婚姻当事人主张撤销婚姻，都可以向人民法院提出诉讼主张，由人民法院依法判决婚姻关系是否有效，或者是否予以撤销。

关于宣告婚姻无效的诉讼程序，最高人民法院《关于适用〈中华人民共和国婚姻法〉若干问题的解释(一)》第9条规定："人民法院审理宣告婚姻无效案件，对婚姻效力的审理不适用调解，应当依法作出判决；有关婚姻效力的判决一经作出，即发生法律效力。""涉及财产分割和子女抚养的，可以进行调解。调解达成协议的，另行制作调解书。对财产和子女抚养问题的判决不服的，当事人可以上诉。”对于单纯宣告婚姻无效的案件，法院直接作出判决，并且一审终审。对于有财产争议和子女抚养争议的，适用的是一般的诉讼程序，可以调解，对一审判决也可以上诉。

关于撤销婚姻的诉讼程序，该司法解释第11条规定：“人民法院审理婚姻当事人因受胁迫而主张撤销婚姻的案件，应当适用简易程序或者普通程序。”对于撤销婚姻的案件适用一般诉讼程序，无论是简易程序还是普通程序，一审判决或者裁定之后都可以上诉。

2. 行政程序

当事人主张宣告婚姻无效或者撤销婚姻，也可以通过行政程序进行。

《婚姻登记管理条例》第25条和第28条规定，有两种情况可以申请行政机关宣告婚姻无效：一是申请结婚登记的当事人弄虚作假、骗取婚姻登记的，婚姻登记机关应当撤销婚姻登记，对结婚、复婚的当事人宣布其婚姻关系无效并收回结婚证。二是婚姻登记管理人员违反法律规定对不符合结婚登记条件的当事人予以结婚登记的，婚姻登记机关对处理时仍不符合结婚登记条件的当事人，撤销婚姻登记，收回结婚证书。至于《婚姻法》规定的婚姻无效，则未规定行政程序，只能依诉讼程序进行。

对于主张撤销婚姻的，婚姻登记机关有权受理，依照法律直接作出撤销婚姻的决定。

《关于适用〈中华人民共和国婚姻法〉若干问题的解释（三）》第1条第2款规定：“当事人以结婚登记程序存在瑕疵为由提起民事诉讼，主张撤销结婚登记的，告知其可以依法申请行政复议或者提起行政诉讼。”这条司法解释是解释《婚姻法》第11条规定外的情形，即以结婚登记程序存在瑕疵为由主张撤销结婚登记的，司法解释认为这不是民事诉讼解决的问题，而是行政法的问题，因而告知当事人依法申请行政复议或者提出行政诉讼予以解决，不以民事诉讼方式解决。这样的做法，是将婚姻登记作为具体行政行为对待。事实上，婚姻登记尽管是民政管理部门负责，但婚姻登记并不是具体行政行为，而是对双方当事人婚姻合意的确认行为。最高人民法院这样认定婚姻登记行为的性质，有失偏颇。①

五、婚姻无效和被撤销的法律后果

婚姻被确认无效或者被撤销，其直接的法律后果是当事人间的不合法婚姻关系溯及既往地消灭。宣告婚姻无效与从来没有婚姻的逻辑相同，法庭对无效婚姻和可撤销

---

① 杨立新：“最高人民法院〈关于适用婚姻法若干问题的解释（三）〉解读”，载《东南学术》2012年第1期。

婚姻所做的无效宣告,至少从表面看,其效力可被追溯至婚姻关系成立之时。[①] 由此派生的法律后果有三:一是对当事人的法律后果,违法婚姻关系消灭之后,在当事人之间有可能产生其他权利义务关系;二是对子女的法律后果,涉及父母婚姻被宣告无效或者被撤销后,子女的法律地位及扶养问题;三是财产上的法律后果,应当对双方当事人的财产进行分割。

(一)对当事人的法律后果

婚姻无效和婚姻被撤销,对于当事人的法律后果就是婚姻关系自始无效。《婚姻法》第 12 条规定:“无效或者被撤销的婚姻,自始无效。当事人不具有夫妻的权利义务。”最高人民法院《关于适用〈中华人民共和国婚姻法〉若干问题的解释(一)》第 13 条进一步规定:无效或者被撤销的婚姻在依法被宣告或者被撤销时,才确定该婚姻自始不受法律保护。所以,婚姻无效或者被撤销,效力溯及既往,从婚姻关系开始时起就不具有婚姻的效力,当事人不具有夫妻的权利义务,相互不享有配偶权,并且自始不享有配偶权。

值得研究的是,婚姻无效或者被撤销,恶意当事人要不要对善意当事人的损害承担赔偿责任。根据成立无效婚姻或者可撤销婚姻时当事人的主观状况,应当把当事人分为善意当事人和恶意当事人两种。例如,抢婚的一方当事人即为恶意当事人,被抢的一方当事人即为善意当事人。对于善意当事人因无效婚姻或者可撤销婚姻被宣告无效或者被撤销,造成财产损失和精神损害的,恶意当事人应当承担赔偿责任。可以借鉴的是,《瑞士民法典》第 134 条规定婚姻无效对配偶人产生的后果:“1. 婚姻被宣告无效的,其善意结婚的妻子保留其因婚姻而取得的身份,但可恢复使用其婚前的姓名。2. 配偶在财产权上的纠纷,以及配偶请求损害赔偿、扶养费或抚慰金等的权利,准用离婚的有关规定。”

(二)对子女的法律后果

婚姻无效或者被撤销,其婚姻关系为自始无效,而对无效婚姻关系或者可撤销婚姻关系中父母所生育的子女却不认为是非婚生子女。依法理,合法婚姻关系以外的男女两性行为所生的子女为非婚生子女。但是,为了保护子女利益,法律应当规定子女的婚生地位并不因父母婚姻被宣告无效或者被撤销而被改变。例如,《瑞士民法典》第 33 条规定:“婚姻被宣告无效,即使双方当事人均为恶意,丈夫仍被视为婚生子女的父亲。在上述情况下,子女与父母的各项准用离婚的有关规定。”《墨西哥民法典》第 255 条和第 256 条规定:“本着诚意缔结的婚姻,虽被宣告为无效,但在该项婚姻存在期间,

① [美]哈里·D. 格劳斯、大卫·D. 梅耶:《美国家庭法精要》,陈伟等译,中国政法大学出版社 2010 年版,第 181 页。

始终产生有利于配偶双方的一切民事效力；同时，始终产生有利于子女的一切民事效力。如果配偶中只有一方是本着诚意的，则该项婚姻只对该配偶及子女发生民事效力。如果配偶双方都是居心不良的，则该项婚姻只对他们的子女发生民事效力。”

正是为了保护子女的利益，我国《婚姻法》第12条规定：“当事人所生的子女，适用本法有关父母子女的规定。”婚姻关系被宣告无效或者被撤销，该婚姻关系发生的父母子女关系并不因此改变，子女仍然是婚生子女，发生父母子女的亲权或者亲属权。同时，在婚姻被宣告无效或者被撤销后，当事人必须妥善处理子女的抚养和教育问题；当事人不能就子女的扶养和教育达成协议的，由人民法院依法判决。

(三)对财产的法律后果

由于无效婚姻关系不具有婚姻的法律效力，因而原则上不能适用夫妻财产制的有关规定。《婚姻法》第12条规定：“同居期间所得的财产，由当事人协议处理，协议不成时，由人民法院根据照顾无过错方的原则判决。”同居期间的财产已经形成共有的，应当按照共有的一般规则处理；没有形成共有的，则按照各自的财产归个人的原则处理；无法确认财产所有的性质的，按照共有处理。

第六节 事实婚姻

一、事实婚姻概述

(一)事实婚姻的概念和特征

1. 事实婚姻的概念

事实婚姻是相对于法定婚姻而言的婚姻状态，是指具备结婚实质要件的男女，未进行结婚登记，便以夫妻关系同居生活，群众也认为是夫妻关系的两性结合。[①] 学者认为，事实婚姻分为广狭两义：狭义的事实婚姻是单一违法，即仅欠缺结婚的法定形式要件的事实婚姻；广义的事实婚姻是双重违法，即既欠缺结婚的法定形式要件，也欠缺结婚的法定实质要件的非法婚姻关系。[②] 前述事实婚姻是指前者，即结婚的单一违法。

研究事实婚姻，应当区分于另一个相关概念，即事实婚主义。事实婚主义不是指这里所说的事实婚姻，而是指婚姻形式要件的立法主义，即事实婚主义和形式婚主义。

---

① 王战平主编：《中国婚姻法讲义》，全国法院干部业余法律大学1986年内部发行版，第74页。

② 陈苇：《婚姻家庭继承法学》，群众出版社2012年版，第98页。

事实婚主义是指当事人如有婚姻之合意，且有夫妻共同生活之生活，无须践行任何之结婚方式，即承认其为完全合法有效之婚姻。①

2. 事实婚姻的法律特征

（1）当事人具有结婚的主观目的

在事实婚姻关系中，当事人双方在主观上具有明确的创设婚姻关系、永久共同生活的主观意愿，并且双方在结婚的意思表示上完全一致，具有结婚合意。

（2）在客观上有夫妻的共同生活

在事实婚姻关系中，当事人双方有共同的婚姻居所，有共同的性生活、经济生活与物质生活，可能形成夫妻共同财产，还可能有共同的子女，具有与婚姻关系当事人几乎相同的权利义务关系。

（3）当事人的事实婚姻关系具有公示性

事实婚姻关系的当事人双方并不隐瞒自己的同居关系，对外公开宣称他们为夫妻，其他人也公认其为夫妻关系，具有婚姻身份关系的公示性。

（4）双方婚姻关系的实质性要件符合法律规定

事实婚姻关系的双方当事人结合，共同生活，完全符合法律规定的结婚的实质要件，不违反法律。

（5）双方婚姻关系欠缺法律规定的形式要件

事实婚姻关系的最直接表现，就是双方没有到婚姻登记机关办理结婚登记手续，欠缺结婚的形式要件。

（二）事实婚姻的亲属法意义

在我国存在事实婚姻，是现实问题，是不容回避的。在当前的亲属法或者婚姻家庭法或者婚姻法的教科书中，却都不研究这个问题，似乎这个问题已经解决。事实并不如此。据广东省民政厅有关部门调查，在全省1976万多个家庭中，有将近10%的家庭即将近200万个家庭由于各种原因，夫妻没有结婚证，是不被法律所承认的事实婚姻。

亲属法必须正视这个现实，解决事实婚姻所带来的一系列亲属身份关系问题。首先，事实婚姻关系双方当事人是否具有配偶的身份，是否享有配偶权？如果否认他们的配偶身份和配偶权，他们之间到底是什么关系、具有何种权利呢？其次，事实婚姻关系当事人生育的子女与他们的生父母是否具有亲子的身份以及相应的亲权关系？按照现行法律，当然不会认为他们不具有亲子身份，但却是非婚生子女。这样的立场对这些子女不公平，因为这样的现实并不是他们选择的。再次，事实婚姻当事人生育的子女与事实婚姻当事人的直系血亲，以及事实婚姻当事人与其子女所出的直系血亲，

---

① 林菊枝：《亲属法新论》，五南图书出版股份有限公司2006年版，第145～146页。

是否具有亲属身份关系？按照现行法律这大概也不是问题。但问题是，对于事实婚姻所带来的一系列亲属身份关系差不多都予以承认，而单单对发生这一切关系的核心关系即事实婚姻关系不予承认亲属身份关系，不合情理。最后，事实婚姻还会带来亲属财产关系问题，即事实婚姻关系当事人的财产关系究竟应当如何对待，是确认其为夫妻共同财产，抑或非夫妻共同财产，还是非共同财产即分别财产？

这些问题不解决，直接涉及几千万家庭的稳定与和谐问题，涉及几亿人的权利保障问题。而其核心，就是亲属法对事实婚姻关系的态度问题。

（三）我国法律对事实婚姻态度的发展

1949年以后，三部《婚姻法》对事实婚姻都未作明确规定。最高人民法院曾经采取实事求是的态度，多次作出司法解释，有条件地承认事实婚姻，直到1994年才完全不承认事实婚姻的法律效力。[①] 这种变化经历了以下四个阶段。

1. 完全承认

1950年至1980年《婚姻法》生效之前，即1981年1月1日之前，司法实践对事实婚姻是承认的。只要当事人具备事实婚姻特征，都按事实婚姻对待，并责令补办登记手续。

2. 起诉承认

1981年1月1日至1986年3月15日《婚姻登记办法》施行之前，是有条件的承认事实婚姻的效力。对于没有配偶的男女，未办结婚登记手续即以夫妻名义同居生活，群众也认为是夫妻关系的，如果一方向人民法院起诉“离婚”，在起诉时双方均符合结婚的法定条件，可认定为事实婚姻关系；如起诉时一方或双方不符合结婚的法定条件，应认定为非法同居关系。

3. 同居承认

1983年3月15日《婚姻登记办法》施行之后至1994年2月1日《婚姻登记管理条例》施行之前。符合事实婚姻条件，一方向人民法院起诉“离婚”，如同居时双方均符合结婚的法定条件，可认定为事实婚姻关系；如同居时一方或双方不符合结婚的法定条件，应认定为非法同居关系。

4. 不承认

1994年2月1日《婚姻登记管理条例》施行之后，法律采取强硬立场，对未到法定结婚年龄的自然人以夫妻名义同居的，或者符合结婚条件的当事人未经结婚登记以夫妻名义同居的，一概为婚姻关系无效，不受法律保护。但在司法中却采取了矛盾的做法：（1）1994年2月1日民政部《婚姻登记管理条例》公布实施以前，男女双方已经符合

---

① 孟令志等：《婚姻家庭与继承法》，北京大学出版社2012年版，第111～112页。

结婚实质要件的，按事实婚姻处理。(2)《婚姻登记管理条例》公布实施以后，男女双方符合结婚实质要件，在离婚案件受理前补办结婚登记的，按照离婚办理；未补办结婚登记的，按解除同居关系处理。(3)在刑事法律上，事实婚姻可以构成重婚罪，可以追究事实重婚的刑事责任。这种对事实婚姻的矛盾态度，说明立法和司法对社会现实生活和法律的价值取向存在偏差。

(四)事实婚姻的立法借鉴

1. 各国亲属法对事实婚姻的态度

在世界各国，事实婚姻都是存在的。各国法律依本国的文化传统和具体国情，对事实婚姻采取的处理原则大致可分为三类：一是承认主义，对符合结婚实质要件的事实婚姻予以承认，与具备了形式要件的法律婚有同等效力；二是相对承认主义，法律为事实婚姻设定了有效的条件，条件具备的事实婚姻法律予以承认；三是不承认主义，即法律不承认任何形式的事实婚姻。

实际情况是，绝大多数国家对事实婚姻都采取承认主义或者相对承认主义。

在英美法，根据英国普通法及1949年婚姻法规定，宗教婚和世俗婚都得到法律承认。但是对于事实婚姻也承认，凡是同居4年以上有子女的，属于事实婚姻，离婚时按注册结婚同等对待。美国法律承认三种结婚形式：宗教婚，即在教堂领取结婚证；民事法律婚，即凡是符合结婚条件的，到政府登记，由村官吏或市书记官发给结婚证并在政府官吏和证人前举行婚礼；事实婚又称习惯婚，即根据习惯法，不需要在教堂或政府官吏前举行婚礼，只要双方同意、写有婚书、注明姓名、结婚时间、地点就行。美国现有20余个州的法律仍承认这种习惯婚姻。

在欧洲，德国法规定，凡未办理结婚手续者，婚姻无效；但如果在举行结婚仪式后，配偶双方曾在婚姻共同体中生活3年以上，婚姻视为自始有效。其他欧洲国家也立法对事实婚姻关系作出规范，并将法律赋予婚姻的某些效力延伸适用之。

2. 对我国亲属法的借鉴意义

绝大多数国家都承认或者相对承认事实婚姻关系，说明承认事实婚姻存在特别的必要性。在我们这样文化相对落后、人口众多、交通不够发达的发展中国家，亲属法完全否认事实婚姻的法律地位，却又在刑事法上承认具有事实重婚的效力，是不应该的。

因此，对事实婚姻政策应当在立法和司法上进行检讨，对其重新界定，采取实事求是的态度，妥善解决它所带来的一切亲属法上的问题。

二、事实婚姻的构成

(一)对待事实婚姻的基本立场

法律对于事实婚姻应当采取相对承认主义，原则上不承认事实婚姻的效力，但如果事实婚姻具备了一定的条件，如结婚时间较长、生有子女等，就应当承认其婚姻的效力，发生亲属法上的一切权利义务关系，在形式上则责令其补办结婚登记手续即可。

采取这样的立场是客观的、实事求是的。它所面对的是全国的实际情况，面对的是极为广大的人群，面对的是约占人口百分之十甚至更多的人的权利保障，以及社会的和谐与安定。

(二)事实婚姻的构成要件

事实婚姻应当具备以下构成要件：

1. 双方当事人都符合结婚的实质要件

构成事实婚姻必须符合法定的结婚实质要件，双方必须具有结婚的合意，均达到法定婚龄，均无配偶，无禁婚亲和禁婚疾病。这是承认事实婚姻具有婚姻效力的首要条件。①

2. 双方当事人具有终生共同生活的目的

构成事实婚姻，要求当事人的结合应当具有终生共同生活的目的，以夫妻名义同居生活，既不是短期的共同生活目的，也不是偶尔的同居生活。因此，事实婚姻与姘居、准婚姻关系具有原则的区别。

3. 双方当事人应当具有公开的夫妻身份

婚姻关系必须具有当事人身份的公示性，即当事人向社会公开的身份是夫妻，而不是一般的性伴侣或者朋友。其判断标准，最高人民法院曾经提出过"群众也认为他们是夫妻关系"的尺度，这就是表明婚姻关系的公示性，还应当坚持这个标准。仅仅是"群众"二字不符合法律要求，改为"公众"即可。

4. 双方共同生活时间较长或者生有子女

构成事实婚姻，应当具备双方共同生活时间较长或者生有子女的要件，这正是保护妇女和子女的合法权益，稳定社会秩序的需要。应当考虑双方共同生活5年以上或者已经生育子女，都可以确认为事实婚姻关系。

5. 未履行结婚登记手续

双方当事人在形式上没有进行结婚登记，没有取得结婚证书。

三、事实婚姻的法律后果

(一)对事实婚姻关系当事人的法律后果

法律应当承认事实婚姻关系当事人之间产生配偶身份地位，确认他们是夫妻，享有配偶权，享有配偶之间的一切权利和义务。

---

① 王战平主编：《中国婚姻法教程》，人民法院出版社1992年版，第80页。

1. 确认当事人之间的配偶身份

承认事实婚姻的法律后果，最重要的是确认事实婚姻关系当事人的配偶身份，互为配偶，并向社会公示，具有法律上的拘束力。

2. 双方当事人享有配偶权

双方当事人享有配偶权，相互享有配偶的权利，承担配偶的义务。同时，对于外部，当事人与其他所有的人构成配偶权法律关系，任何其他人都不得侵害该对配偶的合法权利。

（二）对事实婚姻关系当事人的子女的法律后果

构成事实婚姻，应当确认事实婚姻当事人所生的子女为婚生子女，对子女进行完善的法律保护。

1. 确认婚生子女身份

对于事实婚姻当事人所生的子女，取得婚生子女的身份，发生亲子关系，适用婚生子女的一切法律规定。

2. 享有亲权或者亲属权

在子女未成年时，子女与父母之间享有亲权，发生亲权的一切权利和义务，子女受到父母的亲权保护。在子女成年后，与父母之间享有亲属权，发生父母子女之间的权利义务关系。

事实婚姻也发生子女的祖孙关系和外祖孙关系，发生兄弟姐妹之间的旁系血亲关系，相互享有亲属权。

（三）离婚的法律后果

事实婚姻关系的当事人在离婚时，应当按照法定婚姻的规定依法进行，解除婚姻关系。对子女抚养、财产分割等，均应依法进行。

对于不构成事实婚姻关系的，法律不承认其婚姻的效力，不受法律保护。如果当事人主张“离婚”，则应当依法解除其同居关系。

第七节　准婚姻关系

一、准婚姻关系的概念及与事实婚姻的区别

（一）准婚姻关系的概念

准婚姻关系也称为亚婚姻关系，是未婚男女不办理结婚登记手续而同居的两性结

合关系的事实状态。有的学者将准婚姻关系称之为非婚同居关系。①

对准婚姻关系,有的国家也称为非法同居。例如《埃塞俄比亚民法典》就将其称为非法同居。这种称谓具有比较强烈的谴责性,使用这样的称谓有对准婚姻采取不支持、不赞成态度的嫌疑。不过,多数国家将其叫做同居,②或者叫做同居婚,是指未婚男女之同居而言,在美国承认普通法婚姻之州,符合普通法婚姻即事实婚主义的有效要件的,法律承认其为夫妻,但居住在不承认普通法婚姻之州,或住在承认普通法婚姻之州但不符合婚姻有效要件的,仅认为是同居配偶,不发生婚姻效力。③ 综合起来,使用较为中性的“准婚姻关系”概念比较合适。

在美国,20 世纪 60 年代,人们对待婚姻、家庭和性伙伴关系的态度出现了许多新的变化。随着社会对非婚同居和非婚生育的耻辱标签逐渐淡化,现在很多夫妇认为婚姻的责任比其利益更大。从 1970 年到 2000 年,非婚同居配偶的数量大概每十年就翻一番,过去常常认为的一种新的生活方式现在已经习以为常。非婚同居之所以很有吸引力,是因为结束非婚同居关系不需花太多的费用和经过烦恼的法律程序,并且还可以避免离婚带来的不利经济后果。④ 在我国,情况基本相同。

(二)准婚姻关系的性质

准婚姻是一种事实状态。理由是,准婚姻关系既不是结婚,又不是一般的同居或者姘居的其他法律关系,而是一种事实状态,表明了法律的态度。这类似于物权法对占有的认识,就是事实状态,不发生权利,而法律又承认这种事实状态。不过,把准婚姻关系界定为事实状态还是觉得不够准确,将准婚姻关系的性质界定为亚婚姻的事实状态更为合适,其实质是两人在不违反法律禁止性规定前提下,在感情、经济和性等方面形成了相互依赖的家庭生活共同体,但没有选择婚姻的方式。⑤

准婚姻关系这种事实状态实际上是一种合同关系,即双方根据合意,而采取同居的准婚姻关系方式共同生活。同居者如果愿意,可以缔结同居合同来规范规范他们的事务,例如,对他们关系破裂时的财产分配和其他问题达成协议。在事实上很少有人这么做,⑥但这并不意味着他们之间不存在法律关系,因此应当适用合同法中有关默示

---

① 陈苇:《婚姻家庭继承法学》,群众出版社 2012 年版,第 101 页;王薇:《非婚同居法律制度比较研究》,人民出版社 2009 年版,第 20 页。

② [美]凯特·斯丹德利:《家庭法》,屈广清译,中国政法大学出版社 2004 年版,第 54 页。

③ 林菊枝:《亲属法新论》,五南图书出版股份有限公司 2006 年版,第 148 页。

④ [美]哈里·D. 格劳斯、大卫·D. 梅耶:《美国家庭法精要》,陈伟等译,中国政法大学出版社 2010 年版,第 45 页。

⑤ 王薇:《非婚同居法律制度比较研究》,人民出版社 2009 年版,第 20 页。

⑥ [美]凯特·斯丹德利:《家庭法》,屈广清译,中国政法大学出版社 2004 年版,第 54 页。

合同的一般规定来确定它们之间的关系。①

（三）准婚姻关系与事实婚姻的区别

准婚姻关系与事实婚姻关系具有严格的区别，并非同一性质，基本区别在于：

1. 基本性质不同

准婚姻关系和事实婚姻虽然都是两性结合的形式，但准婚姻关系的性质是亚婚姻事实状态，不是婚姻形式；而事实婚姻是一种婚姻关系，尽管存在形式要件上的欠缺，但具备婚姻关系的实质性要件，当事人之间的关系是婚姻关系。

2. 当事人的合意内容不同

准婚姻关系的当事人和事实婚姻的当事人都有两性结合的合意，但是合意的内容不同。准婚姻关系当事人的合意是共同居住、共同生活，不具有结为夫妻的合意。而事实婚姻的当事人之间具有结婚的合意，彼此愿意永久地成为夫妻，以夫妻的身份共同生活。

3. 对外公示的内容不同

准婚姻关系是公开的关系，不是秘密姘居，对外也具有一定的公示性，但公示的内容不是夫妻关系，不是配偶，而仅仅是同居者。而事实婚姻对外的公示内容是双方为配偶，而不是一般的同居，具有原则区别。

4. 当事人之间的权利义务不同

准婚姻关系的双方当事人之间不发生权利义务关系，不产生亲属身份，法律关于夫妻权利义务关系的一切规定都不适用，不享有配偶权。而事实婚姻的双方当事人发生配偶的权利义务关系，确定的身份是配偶，享有配偶权，法律关于夫妻的权利义务的规定都适用于事实婚姻的当事人。

5. 双方的财产关系内容不同

准婚姻关系的当事人在同居期间在财产上究竟采用何种体制，在于他们之间的合意，如果采用共有制则为共有制，如果采用分别财产制则为分别财产制，如果没有约定则为分别所有，并非必然产生共有制。而事实婚姻的财产制适用关于婚姻财产关系的规定，如果没有约定，则为共同共有，为婚后所得共有制。

二、立法规范准婚姻关系的必要性

（一）反对规定准婚姻关系的理由

非婚同居作为一种现实的社会存在，具有其存在的基础。② 在近几年来，在城市人

---

① ［德］迪特尔·施瓦布：《德国家庭法》，王葆莳译，法律出版社 2010 年版，第 476 页。

② 王薇：《非婚同居法律制度比较研究》，人民出版社 2009 年版，第 419 页。

口中,不办登记手续而同居的男女不断增加,形成了很大的不婚"同居族"。文化越发达的地区,同居族越多。经过一段时间的实践,很多人认为这种形式很好,同居者关系处得好就同居下去,处得不好就离开完事,没有争执,没有纠纷,大家都接受。在老年人的婚姻关系中也有这样的现象,很多老年人再婚时不是不愿意登记结婚,而是担心再婚后过不好还得办理离婚手续,过于麻烦,因此不办结婚登记手续就在一起同居。

这种现象越来越多,说明了社会文明的进步,同时也对婚姻的形式提出了新的要求。事实上,非婚同居是婚姻的替代,对婚姻永久性信心的减失构成了人们将非婚同居作为理性选择的心理基础,非正式的结合将成为他们的主要生活模式。① 学者在修订《婚姻法》时曾经对此提出过意见,建议立法关注这些社会现象,并且加以规制和规范,在婚姻立法中规定准婚姻关系的形式,将这种社会现象纳入法制轨道,防止在发生争议的时候出现更多的问题,更好的保护人的权利和利益。立法者没有接受这个意见,没有对准婚姻形式及其问题的解决作出规定。

之所以没有确认这种准婚姻关系,主要理由是对这种逃避《婚姻法》规范的行为不能予以法律上的承认,否则,就会有更多的人会不登记而同居,使国家的婚姻家庭制度受到严重冲击;同时,对于以这种形式同居的男女之间的关系还没有调查研究清楚,没有准确的规范意见,因此不急于作出规定。

(二)法律必须规范准婚姻关系的理由

实际上,这些理由都不具有说服力:

第一,男女同居形式,包括老年人的同居,不是对现行婚姻制度的冲击,而是对现行烦琐、复杂的婚姻制度尤其是婚姻登记制度的一种改良行为。人们选择认为更为适当的方式解决男女两性结合关系的形式,使之更适合社会的需要和人的需要,更能够体现现代社会男女两性结合关系的多样化,满足人们对两性生活不同层次的需求。这种愿望和选择是无可指责的。即便法律认为这种行为为违法,人们也还是甘愿冒违法之嫌,继续着这样的同居关系。这说明,任何社会现象只要不是反社会、反人民,具有存在的合理性,法律就没有办法取缔它、消灭它。

第二,事实上也正是如此。即使立法对这种社会现象不予以规范和规制,这种现象也还是要继续存在并发展的。在极"左"的时期,对于男女不登记而同居者,被称为非法同居,严重的要予以依法制裁。可即使这样也不能杜绝"非法同居"现象,尤其是在偏远农村,交通不便,人口贫穷,再加上行政机构的官僚主义,很多人就是不登记而同居,政府能够把他们怎么样呢?这也说明,一方面要对这种社会现象进行研究,研究

① 秦志远:"非婚同居之实质初探",载陈苇主编:《家事法研究》2005年卷,第269页。

它的合理性和现实性，根据实际情况，对其加以规范，将其纳入法制轨道；另一方面也应当对现行的婚姻制度进行检讨，是不是存在不尽合理的问题。

第三，既然是异性同居生活，就必然会发生各种各样的社会关系，想不发生也不行。生育年龄的男女同居，就会发生生育问题，即使严格执行计划生育政策，即使现代社会的青年男女不愿意生育，但仍然不可避免地会出现这个问题。既然有生育问题，就会出现非婚生子女问题，涉及他们的子女的法律地位、抚养、认领、准正以及亲属身份关系等问题都会出现。即使男女双方不生育，也还会发生对对方的近亲属的地位、双方的财产、债务等问题。这些确实是不可避免的，想不解决也不行。在有些法院，对于这样的纠纷不予受理，理由就是没有法律依据，埋怨当事人同居时不想法律问题，出了问题倒找法律来了，推出门了事。这是不负责任的态度。民事纠纷发生了，不管有没有法律规定都要解决，或者根据民事习惯，或者依据法理，妥善解决纠纷，防止矛盾激化。

第四，法律对这种现象不加以规制，更大的问题是无法保护当事人的合法权益，尤其是不能保护弱者的权利不受侵害。在城市同居的青年中，发生纠纷，往往是弱者受到抛弃，或者子女的利益受到损害。就是那些同居的老年人，一旦发生纠纷，他们的社会地位更低，更容易出现问题，法律不规范、司法不解决，只能让这些受到损害的弱者的权利和利益受到损害。作为代表并保护最广大的人民群众利益的国家，对这样的问题不应当视而不见，应当通过立法解决，以更好地保护人民的利益。

三、准婚姻关系的构成

结合我国的实际情况，具备以下要件可以认定构成准婚姻关系。

（一）同居的主体为异性、未婚者

准婚姻关系的主体应当是异性同居共同生活，而不是同性同居，因此与同性恋相区别；同居的主体均须为未婚者，而不是一方或者双方为有配偶者，因此与姘居以及“包二奶”相区别。

（二）双方有像夫妻一样共同生活的客观事实

准婚姻关系的当事人应当有共同生活，包括一男一女的性生活、共同的社会生活和经济生活。这样的生活表现为双方在共同的居所中生活，像夫妻那样的共同生活在一起。因此，准婚姻关系绝对不是临时的同居、姘居。

（三）双方合意的内容不是以夫妻身份共同生活

准婚姻关系的当事人具有明确的合意，就是异性长期同居，而不建立夫妻关系。这样的意思表示表达于外，就是对外明确表示双方不是夫妻，或者没有明确表明双方是夫妻。至于共同生活的时间长短，则没有明确的约定，或者有较长时间的约定。

(四)双方当事人的年龄应当符合法定婚龄

准婚姻关系的当事人均须符合法定婚龄,未达法定婚龄的不能认为构成准婚姻关系。

四、调整准婚姻关系的一般规则

有些国家如法国、埃塞俄比亚等国立法对准婚姻关系是通过立法予以确认的,并对调整准婚姻关系规定了一般规则。最值得借鉴的是《埃塞俄比亚民法典》。该法在“人法编”的第八章“非法同居”中,详细地规定了从第708条至第721条共14个条文,涉及准婚姻的几乎所有问题:非法同居的定义、亲属的效果、财产制的形式、终止同居关系的权利、同居身份的证明等。这些规定,对我国规范准婚姻关系立法提供了很好的参考,值得认真分析研究。

对于法律调整准婚姻关系的一般规则,借鉴国外的立法经验和理论研究成果,可以提出以下意见:

(一)关于同居双方当事人的权利义务

我国对准婚姻关系当事人之间的权利义务可以确定以下内容:第一,准婚姻关系当事人不发生配偶的亲属身份关系,无论同居多长时间,是否有子女,只要没有登记结婚,就不能认为是配偶。第二,准婚姻关系当事人不产生姻亲关系,不在同居双方的亲属间或双方的亲属间产生任何姻亲关系,与姻亲有关的婚姻障碍的法律规定都适用于准婚姻关系。第三,准婚姻关系当事人相互间不产生任何提供生活保持的义务,任何一方都可以提出解除共同生活状况的权利,而不需承担相应的法律责任。第四,在双方当事人之间不产生继承关系,不得相互继承遗产。

有的学者把同居的双方称之为。其实生活伴侣关系有别于单纯意义上的同居,它是法律认可的身份关系,生活伴侣概念的出现是为了解决同性婚姻当事人的称谓而提出的,在日后的适用中,其主体范围有扩大的趋势,在狭义概念下,生活伴侣的主体为同性,同居的主体为异性。①

(二)子女的亲子关系

准婚姻关系当事人所生的子女,应当适用亲属法关于亲子关系的一切规定,发生父母子女间的权利义务关系,享有亲权,法律不得对其子女有任何歧视行为。相应的,当事人的子女对于当事人的父母间产生直系血亲关系,取得祖孙、外祖孙身份,享有亲属权。

---

① 张伟:《转型期婚姻家庭法律问题研究》,法律出版社2010年版,第217页。

(三)准婚姻关系的解除

准婚姻关系的解除,就是解除双方当事人的同居关系。《埃塞俄比亚民法典》规定,解除这种非法同居关系,分为妇女作出终止和男子作出终止,效果有所区别。妇女作出终止,可以随时结束此等同居,终止时,她不承担任何损害赔偿或返还原物的责任。男子作出终止,也可以随时作出,如果为公平所要求,法院可判处他对女方偿付不超过 6 个月的生活保持费用的赔偿。

我国亲属法可以规定,双方当事人可以随时终止准婚姻关系,不需要经法定机构的同意。[①] 一方生活确有困难者,对方应当予以适当帮助。

五、准婚姻关系的财产关系

(一)准婚姻关系的财产关系的性质

准婚姻关系中的财产关系涉及两个问题:一是立法应当怎样规范这种财产关系,二是确定解决这种财产关系纠纷的基本立场。这两个问题实际上也是联系在一起的,这就是确定这种财产关系的基本性质。

准婚姻关系中的财产关系应当参照《婚姻法》规定婚姻财产关系的基本办法,采用双轨制,既承认准婚姻关系双方当事人的财产约定的效力,同时也规定在没有约定其财产关系性质时的财产关系性质。

准婚姻关系当事人约定同居期间财产关系的性质,只要不违反法律的强制性规定,应当认可其效力,按照双方当事人的约定处理。例如,双方当事人约定实行分别所有制的,就应当按照分别所有的性质认定双方当事人财产关系。如果约定为共同共有,则应当按照共同共有的规则认定当事人的财产关系。对于这种约定,可以参照夫妻财产约定的一般规定进行。

在双方当事人没有约定财产所有形式时,并且不是明确的分别财产制,发生财产共同使用的,确定其财产制的原则是:

首先,双方当事人没有对财产关系性质进行约定的,这种财产是两个主体参加的财产关系。因此,准婚姻关系的财产关系性质一定是共有。这是基本的认定。《埃塞俄比亚民法典》第 712 条规定:"非法同居的男女间不产生任何共有财产制。"这个规定有一定的问题,准婚姻的当事人在一起共同生活,又没有约定分别所有的财产制,既共居,又同财,怎么会不是共有的性质呢?

其次,对于这种准婚姻关系的财产关系可以选择的性质,一是按份共有,二是共同共有。选择共同共有认定准婚姻关系的财产关系性质基本上是可行的,但是体现不

---

① 陈苇:《婚姻家庭继承法学》,群众出版社 2012 年版,第 109 页。

了与夫妻共有财产的区别，成为与夫妻共有财产关系完全一样的财产关系。这不利于保障婚姻关系的合法性和稳定性，也不能保障行政机关婚姻登记的权威性。选择按份共有性质认定准婚姻关系的财产关系性质，较难解决的是财产份额的认定。在双方当事人都向同居关系中投入财产的，认定按份共有不存在困难。一方当事人有财产收入，一方当事人没有财产收入的，认定各自的财产份额，可以按照一方提供收入，一方提供家政服务的价值量，确定按份共有的财产应有部分，确定份额权。如果双方共有份额难以确定的，则推定为份额相同。故选择按份共有性质认定准婚姻关系财产关系的性质，并以此作为处理准婚姻关系的财产关系纠纷的基本原则，更为妥当。

依照这样的认识和立场，就有了解决准婚姻关系财产关系的原则。

（二）解决准婚姻关系的财产关系纠纷的办法

准婚姻关系中的财产关系纠纷发生的主要原因，是准婚姻关系破裂，发生财产共有关系的基础消灭。这就是通常所说的解除同居关系后的财产纠纷。

按照准婚姻关系财产关系的基本形式为按份共有，并且尊重当事人约定的基本立场，在准婚姻关系破裂、解除准婚姻关系之后，按照下列方法解决其财产纠纷：

1. 约定各自财产分别所有的

双方当事人在同居时对财产分别所有有明确约定的，按照约定处理。发生纠纷，要按照各自对财产范围的举证证明情况认定，个人的财产归个人所有。

2. 约定财产为共同共有的

双方当事人明确约定双方财产为共同共有的，按照共同共有的基本规则处理，确定共同财产范围，以双方均等的潜在应有部分确定份额，按照共同财产分割方法进行分割。

3. 双方当事人对财产所有形式没有约定的

既然没有约定，就按照按份共有的规则处理。有份额的，按照份额确定分割的财产，没有明确的份额的，按照双方的收入和对家务承担的劳动，确定适当的份额比例。不能确定各自份额的，推定为相同份额。

4. 对抚养子女一方的照顾

如果准婚姻关系当事人在同居期间生育子女，在准婚姻关系解除处理财产纠纷时，应当在双方当事人的财产中为子女保留必要的生活费用，作为抚育费或者生活费，子女已经成年的，不在此限。

第八节 同性婚姻关系

一、同性婚姻关系的障碍与正当性

(一)同性婚姻关系的法律障碍

同性恋,是指性成熟的个体在心理上和生理上只对同性具有性兴奋的反应。同性恋者,是指具有同性恋性取向的主体,无论是否已经有过同性恋行为,都是同性恋者。[①]同性恋者有法定的主体资格,与其他民事主体没有任何区别。由于他们在性取向上的特殊性,缺乏对异性的热情,对异性或者冷淡,或者敬而远之,跟异性结婚倍感压力,因而不愿意或者不情愿进入两性婚姻关系中,希望与自己喜欢的同性结为共同生活的伴侣。法律应当尊重他们的选择,而不是歧视他们。

问题在于,我国《婚姻法》第5条关于"结婚必须男女双方完全自愿"的规定,就完全排除了同性恋者进入婚姻家庭生活的可能性。我国《宪法》第33条第2款规定,中华人民共和国公民在法律面前一律平等,享有平等的民事权利。按照这一宪法原则,同性恋者在婚姻的权利上,应当与其他公民完全平等,不应当有任何歧视。但是,在《婚姻法》的上述规定面前,同性恋者只能与异性结婚,不能根据自己的性取向而与自己喜欢的同性结婚,实现婚姻家庭的权利。同性恋者步入婚姻家庭的法律障碍,就是《婚姻法》实际上剥夺了同性恋者的婚姻家庭权利,或者不得不违背自己的真实意志而与异性结婚,形成双方的感情痛苦。

无论对同性恋持何种态度,不可否认的是,同性恋是任何社会都普遍存在的社会现象,不仅使同性恋在个体生存、共同生活等方面都面临各种困难,由此还引发了一系列社会问题。[②] 这种对同性恋者实现婚姻家庭权利的法律障碍,必须予以清除,使同性恋者成为不受歧视的、享有平等的婚姻自主权的民事主体,在《宪法》的保障下,实现自己的权利。

(二)同性婚姻的正当性

同性婚姻的正当性体现在以下几个方面:

---

① 李霞:"论同性婚姻合法化",载杨立新、刘德权主编:《亲属法新问题与新展望》,人民法院出版社2009年版,第285页。

② 王森波:《同性婚姻法律问题研究》,中国法制出版社2012年版,第59页。

第一,结婚并非完全以生育为目的。男女生理上的分化是为了生育,生育又规定了男女的结合。[①] 但是近代以来,随着避孕、堕胎技术的出现和人工授精生育技术的发展,使婚姻与生育之间的紧密联系发生了变化,婚姻关系的缔结并非仅仅是为了生育,甚至出现了"丁克家庭"。这样就使婚姻的异性结合基础发生了动摇,婚姻结合的目的在感情需要、性的需要成为婚姻的主旨,就意味着同性恋者的结合并非不自然,同性婚姻的法律障碍显然是不尊重民事主体根据自己的性意向选择共同生活伴侣的婚姻自由权。

第二,同性家庭模式具有正当性。随着社会经济的迅猛发展,社会观念不断变革,传统的家庭功能也在不断进行调整和变化,传统家庭的功能部分内容已经失去效用,随之不断增强的家庭情感慰藉功能、经济共同功能的强大,为同性结合组建家庭提供了更为合适的土壤。除了生育功能同性恋家庭不能完成之外,其他的家庭功能都可以完成,完全符合现代家庭模式多样化的发展,具有正当性。

第三,《宪法》有关人权规定的保障。同性恋是人权的应有之义。[②]《宪法》第33条第3款规定:"国家尊重和保障人权"。人格权是人权的组成部分,《民法通则》第103条明确规定婚姻自主权是重要的人格权。同性恋者同样享有婚姻自主权,应当得到人权的保障和宪法的保障。同性恋者步入婚姻家庭享有平等的婚姻权利的诉求,是完全正当的,法律必须予以保障。

对此,应当修改我国《婚姻法》,改变目前第5条关于男女双方结婚的规定,消除对同性恋者的歧视,将同性婚姻写入结婚一章,准许同性结合建立婚姻家庭关系。

目前在司法实践中出现的同性恋"婚姻"的主要纠纷包括:同性恋人身关系的法律后果问题,同性恋财产关系的法律后果问题,涉及抚养关系的法律后果问题,涉及人身伤害的法律后果问题,以及涉及同性恋关系而产生的精神利益赔偿问题。[③] 这些问题都期待立法尽早确认同性婚姻关系的合法化。

2013年1月30日,两位老人在他们名为"两个老头的爱情"的微博上,公布他们的恋情,宣布"结婚",其中一人是退休教师,另一人是送水工人,在送水过程中,两人日久生情,互称为"小宝"和"大宝",该日下午在北京平谷,两名老年男同性恋者在支持者的

---

① 费孝通:《乡土中国·生育制度》,北京大学出版社1998年版,第120页。

② 李霞:"论同性婚姻合法化",载杨立新、刘德权主编:《亲属法新问题与新展望》,人民法院出版社2009年版,第285页。

③ 欧阳军:"析涉同性恋关系民事案件的审判对待",载杨立新、刘德权主编:《亲属法新问题与新展望》,人民法院出版社2009年版,第357~362页。

鉴证下举行了“婚礼”。[①] 这是一个鲜活的事例，表达了强烈的对同性婚姻关系合法化的诉求。我支持他们。

二、同性恋家庭的法律问题

（一）一步到位还是两步到位

有学者认为，在同性婚姻的立法模式上看，登记伴侣模式与婚姻模式在伴侣关系的规范方式上几乎不存在差别。[②] 其实差别还是有的，这就是伴侣与配偶的差别。同性婚姻合法化，究竟应当一步到位，还是两步到位，有不同看法。一步到位，是指亲属法一经修改，就立即承认同性婚姻，同性婚姻成立即发生结婚的法律后果，即婚姻模式。两步到位，是先不承认同性婚姻模式，而是先承认同性结合为伴侣模式，确认同性结合的家庭伴侣具有类似婚姻的效力，发生亲属关系，待到立法条件进一步成熟后，再规定同性婚姻合法化。[③] 目前多数国家采取两步到位的做法，先承认了家庭伴侣法律关系合法化。

对此，我采取比较激进的态度，最好一步到位，立法直接承认同性婚姻合法化，同性婚姻具有结婚的一切效力。这样的好处是，能够减少不必要的争论，尽快满足同性恋者步入婚姻家庭的合理诉求。

（二）同性婚姻关系的成立和消灭

缔结同性婚姻关系，应当遵守结婚的一切条件。双方合意后，到婚姻登记机构进行合法登记，即依法建立了同性婚姻关系。

同性婚姻的消灭有两种形式。第一种是，同性婚姻关系中的一方主体死亡，同性婚姻关系即告消灭。第二种是，双方当事人达成合意解除同性婚姻关系，可以通过离婚登记消灭婚姻关系；如果双方不能达成合意，则应当通过诉讼程序，由人民法院判决离婚。

（三）同性婚姻的身份关系

同性婚姻的身份关系适用异性婚的规定。主要产生的身份关系是：同性婚姻关系当事人互为配偶，相互之间享有配偶权；通过人工受精或者收养的子女为婚生子女，产生亲子关系，互相享有亲权；同时发生祖父母、外祖父母与孙子女、外孙子女以及兄弟姐妹等身份关系。

---

① 《老年男同性恋者在北京高调“完婚”》，载 http://yangzhou.bbs.house.qq.com/t－1088－1.htm，2013 年 1 月 31 日访问。

② 王森波：《同性婚姻法律问题研究》，中国法制出版社 2012 年版，第 174 页。

③ 宋丽均：“同性恋者婚姻家庭权利的法律保护研究”，载陈苇主编：《家事法研究》2008 年卷，群众出版社 2009 年版，第 378 页。

（四）同性婚姻的财产关系

同性婚姻的财产关系，适用《婚姻法》关于婚姻财产关系的规定，可以约定财产制形式，也可以直接依照《婚姻法》的规定实行婚后所得财产共同制，为共同财产。

同性配偶之间互相享有继承权，在一方死亡后，可以继承对方的遗产。同性婚姻家庭中的其他成员，依法享有继承权，按照继承法关于遗嘱继承或者法定继承的规则实现继承权。

第四章　离婚

第一节　离婚概述

一、离婚和离婚制度

(一)离婚的概念与相关概念

1. 离婚的概念及意义

离婚也称之为婚姻解除,是指夫妻双方生存期间依照法律规定解除婚姻关系的身份法律行为。

离婚的意义,在于夫妻双方在其生存期间通过法律行为消灭既存的婚姻关系。离婚的这种意义表现在两个方面:一方面是消灭了配偶之间的内部权利义务关系,当事人不再受其拘束,恢复了无婚姻关系的状态,消灭了配偶权的对内权利义务;另一方面是消灭了婚姻关系的对世性,对外消灭了婚姻关系当事人的配偶权的对外权利义务,其他任何人都不再将其视为配偶,无须对该对配偶负担法律义务。

2. 离婚与婚姻关系消灭

婚姻关系消灭是指婚姻关系基于一定的法律事实而消灭。在现代,婚姻关系的消灭有两种原因:一是配偶一方死亡,二是离婚。

婚姻关系的基本特征之一,就是配偶双方的相互依存。配偶一方死亡,是相互依存的配偶关系失去了相互依存的主体,无法构成婚姻关系,配偶一方死亡导致的是婚姻关系消灭,是婚姻关系的自然消灭。而离婚是将婚姻关系人为地解除,使之消灭。

配偶一方死亡,包括自然死亡和宣告死亡。配偶的自然死亡,也就是生理上死亡,作为一个婚姻关系的主体已经不复存在,婚姻关系自然消灭。宣告死亡,尽管被宣告死亡的人可能还在生理的意义上存在,但是从法律的角度而言,婚姻关系的主体也不存在了,婚姻关系也因此而消灭了。所不同的是,配偶一方自然死亡,婚姻关系自然消灭;而配偶一方被宣告死亡,由于宣告死亡需要法院作出判决,因此因宣告死亡而消灭婚姻关系必须经过诉讼程序,依照法院宣告死亡的判决,才能够消灭配偶之间的婚姻关系。

由于宣告死亡是法律对自然人生存状态的一种推定,并非被宣告死亡之人的必然死亡,因此,存在被宣告死亡人重新出现的问题。如果本人或者利害关系人申请撤销死亡宣告,则发生被宣告死亡人与其原配偶之间的婚姻关系是否有效等一系列问题。其基本规则是:第一,被宣告死亡人的配偶未再婚的,被宣告死亡人与原配偶之间的婚姻关系从撤销死亡宣告的判决生效之日起,自行恢复;第二,被宣告死亡人的配偶已经再婚的,后婚有效,被宣告死亡人与原配偶之间的婚姻关系由于已经消灭,不得恢复;第三,被宣告死亡人的配偶已经再婚后又离婚,或者再婚后的配偶又死亡的,被宣告死亡人不得因宣告死亡已经被撤销而自行恢复原婚姻关系。如果双方愿意建立婚姻关系,应当重新进行结婚登记。

配偶一方被宣告失踪,不能自然消灭与其配偶之间的婚姻关系。如果要解除婚姻关系,必须经过法院判决。

3. 离婚的法律特征

(1)离婚以有效的婚姻关系存在为前提

离婚是对婚姻关系的解除,因此,婚姻关系必须现实、有效地存在。婚姻关系不存在,或者曾经存在但不符合法律的规定,都不可以离婚。据此,离婚与婚姻无效和婚姻被撤销存在原则性的区别。

(2)离婚须是在夫妻双方生存期间才能进行

这一特征相对应的是消灭婚姻关系的另一个原因,即配偶一方死亡。如果夫妻双方中的一方已经不存在,就不再存在婚姻关系。离婚必须是在夫妻双方都生存的时候进行的人为解除婚姻关系的身份行为,不得在一方配偶已经死亡之后再请求离婚。

(3)离婚须依照法定程序进行

离婚的法律后果是消灭婚姻关系,是极为严肃的身份法律行为,既涉及婚姻当事人以及亲属的利害关系,也会发生社会影响,因此法律规定了严格的离婚程序,没有依照离婚程序进行离婚,不发生法律效力。

(4)离婚将产生相应的法律后果

离婚不仅仅消灭当事人之间的配偶身份和配偶权,同时还涉及夫妻共同财产的分割、共同债务的清偿、经济帮助,以及子女抚养、探望问题,必然引起相应的法律后果。

4. 离婚与婚姻无效和婚姻撤销

离婚与宣告婚姻无效、婚姻被撤销在形式上看,都是使已经成立的婚姻关系归于消灭,但它们是不同的法律制度。离婚是解除现存有效婚姻关系的制度,而无效婚姻和可撤销婚姻则是解决欠缺结婚要件的婚姻是否具有法律效力的制度,具有原则性的区别:

(1)性质不同

离婚是对现存有效的婚姻关系的解除,是解决不幸婚姻的补救措施。而无效婚姻或者可撤销婚姻则是对不符合法律规定要件的婚姻从根本上予以否定,使这种婚姻关系自始不发生婚姻的法律效力。

(2)形成的原因不同

无论是离婚还是婚姻无效或者被撤销,都必须具有法律规定的理由。法律规定的理由各不相同,但基本的离婚原因是夫妻感情确已破裂。而婚姻无效的形成原因则是因为婚姻关系在成立时不具备法定的结婚要件。离婚的原因一般发生在婚后,而婚姻无效或者被撤销的原因是在婚姻关系成立之时就已经存在。

(3)权利人不同

离婚的权利人只能是婚姻关系当事人;而婚姻无效的权利人既包括婚姻关系当事人,也包括利害关系人;可撤销婚姻的权利人只能是受胁迫的婚姻关系当事人。

(4)法律效力不同

离婚的法律后果是对现存的婚姻关系的解除,其效力不溯及既往;而婚姻被宣告无效或者被撤销,是对婚姻效力的否定,具有溯及既往的效力。

(5)请求的时限不同

离婚请求在婚姻关系存续期间的任何时候都可以提出。婚姻无效的请求在法定的无效事由存在期间都可以提出,但是申请时法定的无效情形已经消灭的,不得再提出;而婚姻的撤销必须在结婚登记之日起 1 年内提出。另外,离婚请求必须在婚姻关系存续期间提出,而婚姻无效或者撤销的请求,既可以在婚姻当事人双方生存期间提出,也可以在一方死亡之后提出。

5. 离婚与别居

别居是指在不解除婚姻关系的情况下终止夫妻同居义务的法律制度。别居最早为欧洲中世纪基督教教会法禁止离婚的一种特殊的法律制度,由于基督教信奉除死亡之外,任何人间权利或因任何原因都不能解除有效的婚姻的信条,因此禁止离婚;但是为了缓和法律和现实生活的矛盾,创造了一些理论和制度作为补救措施,别居就是一种,其他的还如未完成婚、婚姻无效宣告等。别居的理由包括通奸、背教、严重的残酷行为等。近现代以来,教会已经失去了婚姻的管辖权,西方各国通过修改亲属法,允许离婚，同时改革别居制度，普遍实行离婚与别居并存或者别居先置制。

西方国家法律认可的别居，一般分为三种形式：一是裁判别居，婚姻当事人向法院请求并经法院判令别居，裁判别居的理由与离婚的理由大致相同；二是协议别居，夫妻在婚姻关系期间以契约约定别居，以及有关别居时的权利义务；三是事实上的别居，配偶间虽然没有经过裁判，也没有明确的别居协议，但在事实上夫妻不在一起共同生活。事实别居要有客观的别居状态、主观上的别居愿望，后者是指别居不是由于不以双方意志为转移的客观原因，而是别居者所追求的愿望。

别居的法律后果是，废止婚姻共同生活，终止法律上的同居义务，并产生配偶权的变更，但双方的婚姻关系并未解除。就一般的规定而言，别居的主要法律后果是：第一，终止夫妻间的同居义务，双方个别居住，即使同在一起生活，也没有共同家庭事务的共同处理，也没有性生活的存在。第二，日常家事代理权终止，但第三人不知道夫妻已别居者，则夫妻仍就日常家事互为代理人。第三，夫妻财产制变为分别财产制，便利各方对财产的各自利用，也可以杜绝别居后对外的交易麻烦。第四，夫妻间的扶养义务由于婚姻关系尚未解除，因此仍在存续中，仍负法律上的扶养义务。第五，别居期间对子女的亲权和监护权以及抚养关系，准用离婚后子女抚养的规定。

我国立法并没有规定别居制度，在现实中仅有分居的事实。分居不是别居，二者具有本质差别。分居只是夫妻不在一起共同生活或者终止同居义务，其他并没有产生别居的法律后果；只有一点，《婚姻法》第 32 条规定了“因感情不和分居满二年”作为认定夫妻感情确已破裂的具体标准。有的学者主张建立类似于别居制度的分居，使之固定为法律制度，①值得探讨，但目前上看不出可观的前景。有的学者认为，别居对于婚姻关系恶化、婚姻即将破裂的夫妻而言，可以发挥暂时冷却的缓冲功能，对于遭受家庭暴力的受害配偶提供正当途径解脱，提供不愿继续共同生活又不想急切离婚的夫妻以补救措施；特别重要的是，别居可以给他人提供判断夫妻状况，确定是否与其发生财产关系或者其他关系，以及作为婚姻关系确已破裂的事实判断标准，因此建议法律规定别居制度。我对此持肯定态度。

（二）离婚的分类

1. 片意离婚与合意离婚

对离婚的这种分类，是根据夫妻双方对离婚所持的态度为标准，是许可离婚主义的一种最基本、最原始的分类。

片意离婚是指配偶中只有一方有明确的离婚意愿，另一方反对离婚愿意继续保持

---

① 蒋亚婷：“论我国分居制度之构建”，载陈苇：《家事法研究》2007 年卷，群众出版社 2008 年版，第 364 页以下。

婚姻关系的离婚,我国习惯上叫做一方要求离婚。合意离婚是指配偶双方具有离婚的共识,一致要求解除婚姻关系,我国习惯上叫做双方自愿离婚。

区分片意离婚和合意离婚,应当注意的是:第一,所说的片意或者合意,所指向的对象是当事人对婚姻关系是否解除,并不涉及子女抚养和财产分割的问题;第二,这种划分方法关注的是双方当事人对离婚的主观态度,不考虑其他条件和第三人的意见;第三,片意或者合意的主观态度应以在正式场合的正式表态为准。例如,在登记机关或者在人民法院表示的态度,而不是私下表示的意见。

区分片意离婚和合意离婚在法律上的意义在于,当事人的态度表明各自对婚姻状态的评价和认识,进而决定适用法律规定的相应的离婚条件和离婚程序。例如,合意离婚可以直接到婚姻登记机关登记离婚,不需要特别的离婚理由;而片意离婚只能通过法院的诉讼程序确定,并且须有感情确已破裂的事由。

2. 登记离婚与诉讼离婚

这种对离婚的分类,是以离婚的程序是否涉及诉讼为标准划分的。它体现的是对离婚是否实行司法干预。

登记离婚是指不通过诉讼程序的离婚。当事人合意解除婚姻关系,按照行政登记程序规定,依当事人对离婚所达成的协议,到婚姻登记机关进行离婚登记,即发生离婚的法律效果。诉讼离婚是指当事人依照诉讼程序的规定,向法院提起离婚诉讼,经法院审理后调解离婚或者判决离婚。

很多国家法律认为,离婚是一种司法行为,必须经过法院的裁决才能够解除婚姻关系,不承认行政机关离婚程序。我国的离婚程序采取双轨制,包括登记离婚和诉讼离婚。

3. 协议离婚与裁判离婚

这种对离婚的分类,是以当事人对离婚的实质要件的态度作为标准进行的划分。

协议离婚是指婚姻关系当事人达成全面的离婚协议,依照法律规定的程序解除婚姻关系。当事人可以就离婚达成协议,自行解除婚姻关系,只要不违反法定条件即发生离婚的法律效力。裁判离婚是指婚姻当事人达不成离婚合意,一方当事人向法院起诉,由法院裁判是否离婚,因此,裁判离婚一般是片意离婚。

我国法律确认协议离婚必须经过登记程序,方可发生法律效力。裁判离婚也不完全必须是片意离婚,对离婚达成合意,对其他财产关系和子女抚养关系没有达成协议的离婚,也须法院裁判。

(三)离婚的立法例

1. 禁止离婚与许可离婚

禁止离婚主义和许可离婚主义是两种对立的立法例。在当代,禁止离婚主义已经基本上消失，许可离婚主义是各国立法的通例。

禁止离婚主义主张婚姻不可离异原则，除非配偶死亡，否则婚姻关系不得解除。这是本诸基督教的教义奉行的婚姻观点，盛行于中世纪的欧洲，影响及于近代社会，目前也还有极少数国家信奉这种婚姻制度。但是，在15、16世纪的宗教改革中，禁止离婚的教义受到挑战，此后的"婚姻还俗运动"更是动摇了教会法的地位，许可离婚主义兴起。

许可离婚主义是指与禁止离婚主义相对的，一般意义上允许离婚的法律原则。欧洲整个奴隶制时代都实行许可离婚制度，从未对离婚行为明文予以禁止。在古罗马，不仅不禁止离婚，而且还逐渐形成了一套相当完整的离婚制度，在帝国时期，法律承认休妻、合意离婚、正当原因的片意离婚和善因离婚四种离婚形式。善因是指一方当事人进入修道院、不可医治的性无能、一方在战争中被俘等。即使非正当原因的片意离婚，也并非绝对不准离婚，只是在离婚时当事人须受惩罚而已。

2. 限制离婚与自由离婚

限制离婚主义与自由离婚主义的区别在于对法律规定的离婚是否设置限制条件。

限制离婚主义是指准许离婚，但是通过法律设定各种条件，对当事人的离婚权利和离婚行为加以限制，主要体现在两方面：

一是对离婚主体的限制，即对配偶一方行使离婚的权利进行限制，只允许由另一方来决定婚姻关系的存废。对离婚主体的主要限制，是基于性别歧视而对女子的离婚权利的剥夺，使离婚成为男子的特权。这种对主体的离婚限制又称之为专权离婚主义，通行于古代一些准许离婚的国家，丈夫有权休妻，而妻子只能被动地承受离婚的后果。在伊斯兰教中通行"口唤"休妻，丈夫只要对着妻子连说三遍"我要和你离婚"，婚姻关系即为解除。

二是对离婚原因的限制，是规定非有法定原因不得离婚。法律对离婚理由作出严格的规定，只有出现法定原因且符合其他法定条件的时候，婚姻关系才可以依照必要的程序解除。这种立法例称之为法定离婚原因主义。法律规定的离婚原因分为两种：一种是可归责于配偶一方的原因，如遗弃、虐待、侮辱、通奸等，对于通奸为由的离婚，如果另一方已经明示或者默示"宥恕"的，被认为是离婚原因的丧失；另一种是不可归责于配偶一方的原因，即非出于主观过错的原因，如一方患有不治的精神病，生死不明，有无法克服的生理障碍等。因此说，法定离婚原因主义属于有责离婚主义，或者叫做过错离婚主义。在最近一二百年中，有责离婚主义较为普遍，在强调离婚权利平等的同时，实行过错原则的限制离婚主义，强调离婚是"对过错方的惩罚"和"对无过错方的解救"的固有观念，直至"二战"之后，特别是20世纪60年代以来，这种立法例才真正改变。

自由离婚主义是指法律并不列举具体的离婚理由，也不以过错为离婚的必要条件，在婚姻关系破裂时即可依一方或者双方的要求而准予离婚。这种离婚主义并不与破裂离婚主义画等号，破裂离婚主义只是自由离婚主义的一种表现，而不是自由离婚主义的全部。自由离婚主义与限制离婚主义相对，以保护婚姻当事人的离婚自由权利为原则，充分尊重婚姻关系的本质，维护当事人和社会的利益。如果双方当事人合意离婚，当然应当确认其离婚的合法性。即使双方缺乏离婚合意，或者一方有明显的过错，也必须从婚姻关系的实际出发，使那些名存实亡的婚姻关系得以解除。当然，自由离婚主义并不意味着对婚姻关系的轻率行为和个人任意的放纵，法律也不放弃国家对离婚的监督和管理。

二、离婚制度的历史发展

(一)国外离婚制度的历史发展

从前述关于离婚的各种立法例的阐释中，可以看出西方国家离婚制度的历史发展脉络。简要地概括起来，可以用以下四句话说明。

古代早期实行专权离婚主义，离婚制度是片意离婚，离婚的权利主要在男子一方，女子只能承受离婚的后果。

中世纪教会法实行禁止离婚主义，特别是在11世纪和12世纪，教会权力极大扩张，将婚姻奉为“圣事”，归教会管辖，严格禁止离婚。

近代离婚法实行限制离婚主义，或者对主体进行限制，或者对离婚原因进行限制，与专权离婚主义特别是与禁止离婚主义截然划清了界限。

现代离婚法奉行自由离婚主义，保护离婚自由的权利，更多实行的是破裂离婚主义，婚姻感情确已破裂，即可主张离婚。

(二)中国离婚制度的历史发展

1. 中国古代的离婚制度

我国古代的家制严格，婚姻是实现家族利益的手段，因而依礼制调整婚姻，视婚姻为“伉俪之道，义期同穴，一与之齐，终身不改”。同时，将离婚的权利赋予男子，“夫有出妻之礼，妻无弃夫之条”，实行的是专权离婚主义。因此，离婚又称之为“休妻”、“出妻”、“弃妻”、“黜妻”、“休弃”等，典型的离婚制度分为七出、义绝和和离三种。

(1)七出

七出是指丈夫“出妻”、夫家“出妇”的七条理由，起源于奴隶社会末期，开始时是礼制的内容，后来变成法律，成为固定的离婚制度。在礼制时代，七出为“不顺父母去，无子去，淫去，妒去，有恶疾去，多言去，盗窃去”。至唐代，七出变为法律，《唐律疏议》规定：“七出者，依令：一无子，二淫佚，三不事舅姑，四口舌，五盗窃，六妒忌，七恶疾。”古代亲属法也有保护妇女的一些规定，这就是“三不去”：一是经持舅姑之丧不去，即操持公婆丧事，或者为公婆守丧三年者，不可以离婚；二是娶时贱后贵不去，即丈夫前贫后贵的不可以离婚；三是有所受无所归不去，即妻子离婚后无处可归的不可以离婚。但妻犯义绝、淫佚、恶疾者，不受三不去的限制，仍然可以休妻。

（2）义绝

义绝是我国古代封建社会特有的一种强制离婚制度，词义为夫妻的情义乖离、其义已绝，[①]必须离异。义绝制度是指如果夫妻之间或者夫妻一方与他方亲属间或者双方的亲属间出现了一定的事件，经官司处断后，认为夫妻之义当绝，则强迫离异，若不离异，即予处罚。[②] 义绝的事由，《唐律》、《宋刑统》规定为五种：一是夫殴妻之祖父母、父母及杀妻外祖父母、伯叔父母、兄弟、姑、姊妹；二是夫妻祖父母、父母、外祖父母、伯叔父母、兄弟、姑、姊妹自相杀；三是妻殴詈夫之祖父母、父母，杀伤夫之外祖父母、伯叔父母、兄弟、姑、姊妹；四是妻与夫之缌麻以上亲、夫与妻母奸；五是妻欲害夫者，虽会赦，但为义绝。在明清，义绝的事由增多，诸如妻背夫在逃、妻殴夫、妻杀妾子、妻魇魅其夫、夫抑勒或纵容弃妻与人通奸、夫逃亡三年以上不归、夫殴其至折伤以上、夫典雇其妻、夫之祖父母父母非理殴子孙之妇致令废疾、夫强奸妻前夫妇或前夫女、翁欺奸男妇等。这些都是夫妻一方向官府提出离婚之诉的法定事由，由官府判决离婚。

（3）和离

和离是指男女双方合意离婚。《唐律》规定：“若夫妻不相安谐而和离者，不坐。”即“谓彼此情不相得，两愿离者，不坐。”明清称之为“两愿离”。和离是以夫妻双方的合意为其要件，实际上还是要得到父母的同意，并且大多因夫家一方的意思而离婚，妻的合意并无实质性的意义。和离多数并非两愿离婚，多数成为夫家为避免出妻、弃妻的恶名及家丑外扬而逼妻离婚的一种手段而已。

2. 中国近代的离婚制度

清末之后至民国初年，中国的离婚制度发生了重大变化，以《大清民律草案》和《民国民律草案》制定为标志。在这个时期，我国的民事法律制度处于一个变动时期，一方面在向近现代民法转变；另一方面封建伦理思想在新制度中还在顽固地表现自己，不愿意退出历史舞台。在离婚制度上更是如此，清廷一再强调，三纲五常是数千年相传之国粹，立国之大本，不可率行变革，庶以维天理民彝于不弊。但是，极言清末改律变法中“旧式的离婚制度几乎原封不动地予以保留”，[③]也不十分妥当。

《大清民律草案》第四编第四章第五节规定离婚，凡 11 个条文，其中规定了合意离

---

① 《唐律疏议》：“夫妻义和，义绝则离。”

② 王洪主编：《婚姻家庭法》，法律出版社 2003 年版，第 154 页。

③ 杨大文主编：《亲属法》，法律出版社 2003 年版，第 156 页。

婚和片意离婚。合意离婚规定在第1359条:“夫妻不相和谐而两愿离婚者,得行离婚。”第1360条又规定,两愿离婚者,如果男未及30岁,或女未及25岁者,须经父母允许。两愿离婚,须呈报于户籍吏登记而生效力,但是男未及30岁,或者女未及25岁未经父母允许者,户籍吏不得受理其呈报。片意离婚采列举主义,规定了法定事由,第1362条规定的9项:一是重婚者,二是妻与人通奸者,三是夫因奸非罪被处刑者,四是彼造故谋杀害自己者,五是夫妇之一造受彼造不堪同居之虐待或重大之侮辱者,六是妻虐待夫之直系尊属或重大侮辱者,七是受夫直系尊属之虐待或重大侮辱者,八是夫妇之一造以恶意遗弃彼造者,九是夫妇之一造逾三年以上生死不明者。不过,夫妇之一造于彼造犯重婚者、妻与人通奸者和夫因奸非罪被处刑者,同意在前的,不得提起离婚之诉;第一项至第八项离婚理由者,应当在明知离婚事实时起6个月内呈诉,如果离婚事实发生后逾10年者,不得起诉;第九项离婚事实在生死分明后,不得呈诉离婚。此外,《大清民律草案》还规定了离婚后的子女抚养的财产分割的问题。这些规定,是比较开明的,与中国古代封建社会的离婚制度相比,还是很先进的。

《民国民律草案》对离婚的规定在第四编第三章第四节,其基本内容与大清民律草案相似。第1147条至第1150条规定的是两愿离婚,呈报户籍吏登记后发生效力。与《大清民律草案》不同的是,两愿离婚均须夫妇父母同意,而未经父母同意的两愿离婚,户籍吏不受理其呈报。关于片意离婚,《民国民律草案》也规定了9项法定理由:一是重婚者,二是妻与人通奸者,三是夫因奸非罪被处刑者,四是彼方谋杀害自己者,五是夫妇之一方受彼方不堪同居之虐待或重大污辱者,六是妻虐待夫之直系尊属或重大污辱者,七是受夫直系尊属之虐待或重大污辱者,八是夫妇之一方以恶意遗弃彼方者,九是夫妇之一方逾三年以上生死不明者。同时也规定第一项至第三项同意在前者,不得提起离婚诉讼;第一、二、三、五、六、八项事由,于彼方犯之与以宥恕者,不得提出离婚诉讼。《民国民律草案》关于离婚的诉讼时效和夫妇一方生死不明的离婚限制,与《大清民律草案》规定的相同。增加的内容是第1155条和第1156条关于片意离婚,无责任一方对于有责任的一方,得请求损害赔偿或者抚慰金;无责任一方因离婚而陷入非常贫困者他之一方纵亦无责任,应按其资力给以扶养费,给付方式为定期金,至权利人再婚时终止。离婚时,妻不得再在自己姓名之前冠夫姓,专称母家本姓;再醮①之妇离婚后,如归前夫家,得于本姓之上冠前夫家之姓,归母家,则专称本姓。《民国民律草案》关于离婚的规定,采列举主义兼采过错主义,有些方面比《大清民律草案》落后,对妇女一方的限制较多。

1928年,国民政府曾经草拟民法典亲属法编,但是未经审议即告撤销。随后,民法

① 寡妇再嫁为再醮。

起草委员会重新拟成民法典各编，亲属法编于1930年12月26日公布，1931年5月5日施行。离婚方式采两种，即合意离婚和片意离婚。合意离婚规定夫妻俩愿离婚者，得自行离婚，但未成年人应得法定代理人之同意。两愿离婚依照民间要式程序无须进行登记或者通过法院判决，但应以书面为之，并应有二人以上证人之签名。判决离婚，原则上采过错主义和列举主义，列举的10项法定事由为：一是重婚者，二是与人通奸者，三是夫妻一方受他方不堪同居之虐待者，四是妻对于夫之直系尊亲属为虐待或受夫之直系尊亲属之虐待不堪为共同生活者，五是夫妻之一方以恶意遗弃他方在继续状态中者，六是夫妻之一方意图杀害他方者，七是有不治之恶疾者，八是有重大不治之精神病者，九是生死不明已逾3年者，十是被判处3年以上的徒刑或因犯不名誉之罪被处徒刑者。同时规定，关于第一项和第二项法定事由，有事前同意或者事后宥恕，或者知悉后已逾6个月，或者自其情事发生后已逾二年者，不得请求离婚；第六项和第十项，自权利人知悉后已逾1年，或自其情事发生后已逾5年者，不得请求离婚。

三、我国现行离婚制度

1949年以来，中国出现了三次离婚高峰期。一是20世纪50年代初期，在贯彻执行《婚姻法》中，成千上万饱受封建婚姻痛苦的男女特别是妇女，提出解除包办婚姻和买卖婚姻，离婚案件数量逐年大幅上升。二是1961年至1962年期间，离婚率增高的原因是三年经济困难时期，重灾区有不少妇女外流与他人重婚。三是1980年以来至今，随着社会经济的发展，人民生活水平的提高和婚姻家庭观念的变化，以及离婚法定条件的放宽，出现了第三次离婚高潮。[①] 我国《婚姻法》的立法和修正就是伴随着这样的社会背景进行的。

（一）新中国离婚制度的确立与发展

1950年《婚姻法》规定了新的婚姻制度，第五章规定了“离婚”，第六章规定了“离婚后子女的抚养和教育”，第七章规定了“离婚后的财产和生活”，构造了完整的离婚制度。

1950年《婚姻法》全面贯彻离婚自由原则，规定“男女双方自愿离婚的，准予离婚。男女一方坚决要求离婚的，经区人民政府和司法机关调解无效时，亦准予离婚”。这种规定是进步的，合乎新社会发展的需要。同时，也反对在离婚问题上的轻率马虎态度，对离婚规定了较为严格的限制条件。如男女双方自愿离婚的，区人民政府在查明确系双方自愿并对子女和财产问题确有适当处理时，才得发给离婚证；男女一方要求离婚的，得由区政府进行调解，调解无效转报人民法院处理；人民法院处理离婚案件，也应

① 陈苇：《中国婚姻家庭法立法研究》，群众出版社2010年版，第293～295页。

当首先进行调解,调解无效,有正当原因不能继续夫妻关系的,可以判离;否则也可以判不离。对于离婚的其他问题,即关于子女抚养和财产分割以及相互扶助的问题,也都做了详细规定。随后进行的《婚姻法》宣传活动,使新型的离婚制度深入人心,对于建立新型的婚姻家庭关系,推动妇女解放运动,发挥了重要的作用。

其后,在适用《婚姻法》的具体实践中,由于"左"的思想影响,在离婚的问题上出现了较大的偏差,尤其是在一系列政治运动中,"左"的思想越来越严重,请求离婚必须单位开证明同意;在法院诉讼离婚,多数被冠以"资产阶级思想"和"资产阶级生活方式"的帽子,以不准离婚作为惩罚手段,使很多名存实亡的婚姻关系在法律的名义下面苟延残喘,"维持"下来。因此,"维持会"成为当时很多婚姻家庭的代名词。[①] 出现这样一些问题,既有"左"的思想影响原因,也有《婚姻法》在离婚问题上规定不够完善的原因。

正因为出现了这样一些问题,所以改革开放之后,就面临着《婚姻法》的修改问题。1980 年立法机关修订《婚姻法》,在第十章专门规定离婚问题,继续肯定协议离婚和判决离婚两种离婚方式,并对离婚后子女抚养教育和共同财产分割等作了必要的规范。在离婚制度上的最重大的修改,就是规定了离婚理由,把"感情确已破裂"作为判决离婚的实质要件;既坚持了婚姻自由原则,又给了法院以一定的灵活性,比较符合实际情况。不过,1980 年《婚姻法》也存在较多的问题,各种规定较为原则、抽象、缺少可操作性是其最大的弊病。例如,关于感情确已破裂作为离婚的实质性要件,过于抽象,不具体,不好操作。因此,最高人民法院连续作出若干规范性司法解释,对离婚问题作出补充规定,使《婚姻法》的规定具体化,具有可操作性。

随着时代的发展,1980 年《婚姻法》也逐渐落后于时代的要求,立法机关在 2001 年重新修订《婚姻法》,并于 2001 年 4 月 28 日通过。2001 年的修订对婚姻家庭制度进行了重大修改,其中离婚制度也出现了较大的变化。

(二)我国现行离婚制度的特点

2001 年《婚姻法》规定的离婚制度具有以下特点:

1. 保障离婚自由,反对轻率离婚

婚姻自由权是我国公民的民主权利,实行婚姻自由是《婚姻法》的基本原则,婚姻自主权是《民法通则》规定的自然人的人格权。而离婚自由是婚姻自由和婚姻自主权的基本内容之一,婚姻自由和婚姻自主不能只有结婚自由和自主而没有离婚自由和自主。尽管并不是所有的人都要离婚,离婚也并不是普遍现象,但是缺少离婚自由,婚姻

---

① 作者在 1975 年做法官之后,曾经看到很多这样的案件,拖延最长的案件是吉林省集安市的一件离婚案件,被 14 次判决不准离婚,长达 10 年之久,直到改革开放之后才判决其准予离婚。

自由和婚姻自主就不完整。因此,保障离婚自由是我国亲属法的一贯精神,它不仅符合婚姻的本质要求,而且符合社会稳定的要求,避免因该离婚而不予离婚造成社会的不安定。可见,保障离婚自由是实现男女平等、保障人民权利、促进社会进步的重要措施。

在保障离婚自由的同时,亲属法也反对轻率离婚。如果在婚姻关系尚可维持的情况下,轻易地、草率地将婚姻关系予以解除,无论对个人还是对家庭以及社会,都会造成较大的伤害。因此,亲属法主张,在婚姻生活出现一些本属于正常的暂时失调或者局部冲突时,不应当将离婚作为唯一的解决矛盾的手段。这是因为,婚姻关系是一种社会关系,家庭是社会的细胞组织,一个婚姻关系或者一个家庭的解体,就会给家庭、社会造成重要的影响。轻率离婚,既不利于维护当事人自己的合法权益,也对他方当事人、子女、家庭和社会造成损害。因此,反对轻率离婚是我国离婚制度的一个重要特点。

2. 离婚方式采取登记离婚和诉讼离婚双轨制

与《大清民律草案》和《民国民律草案》一样,我国现行的离婚方式也采取双轨制。夫妻双方自愿离婚,并对子女和财产问题已经作出了适当处理的,可以由婚姻登记机关进行离婚登记,即合意离婚采取登记方式。一方要求离婚的片意离婚,或者离婚达成合意但对子女或者财产问题没有达成合意的,向法院提起离婚诉讼,由人民法院调解或者判决离婚或者不准离婚。

3. 诉讼离婚实行破裂离婚主义兼采过错离婚主义

2001 年《婚姻法》在判决离婚的原因上,第一次采取了列举主义,规定了离婚的法定理由;但这并不是完全的列举主义,而是在列举了部分离婚的法定理由之后,作出了一个概括性的条款,即“其他导致夫妻感情破裂的情形”。这个概括性的条款,恰好说明了我国采取的是破裂离婚主义。这些规定并未限制过错一方的离婚请求权,不是绝对的过错离婚主义,但是在离婚的后果上,部分采取了过错主义,对于有过错的一方,有权请求损害赔偿,并且对分割夫妻共同财产中也作为一个考虑的因素。

第二节 离婚程序

一、离婚程序及意义

(一)离婚程序

离婚必须经过法定的程序才能够发生解除婚姻关系的法律后果。各国亲属法都规定离婚程序，婚姻关系当事人要解除婚姻关系，必须按照法定程序进行，才能达到离婚解除婚姻关系的目的。

在亲属法中，规定的离婚程序有以下几种：

1. 户籍登记程序

有的亲属法规定，离婚需要当事人合意，达成离婚协议之后，由法律规定的特定身份的见证人见证，由户籍机关按照户籍法的规定对协议离婚进行登记，即发生离婚的法律后果。例如，我国台湾地区“民法”第1049条规定：“两愿离婚，应以书面为之，有二人以上证人之签名并应向户政机关为离婚之登记。”日本民法典也采此种登记程序。

2. 行政登记程序

有的亲属法规定，婚姻双方当事人达成离婚合意之后，离婚协议应当经过行政程序获得批准，方发生离婚的效果。例如，《墨西哥民法典》第272条规定：“夫妻双方自愿离婚，应亲自到其住所地的民事登记处官员面前声明，由民事官员制作一项记录，载明他们的离婚请求，并在15日内传唤双方前来确认上述记录，如果当事人双方都表示同意，民事登记处官员就应宣布他们离婚。”

我国现行的协议离婚必须经过行政登记程序，属于这种离婚程序。

3. 司法裁决程序

各国亲属法一般都规定离婚的司法程序，分为两种司法程序：一是对协议离婚的司法裁决程序；二是片意离婚的司法裁决程序。协议离婚的司法裁决程序，当事人的离婚协议必须经过法院的裁决才发生法律效力，不经过这个程序，不能协议离婚。法国实行这种协议离婚的裁决程序，规定如果夫妻双方共同请求离婚，无须说明理由，夫妻双方仅应将处理离婚后果的协议草案呈报法官批准。在片意离婚的司法裁决程序，一方当事人须向法院提出离婚请求，由法院依照审判程序进行审理，依法作出裁决。

我国的司法裁决程序属于后一种，是对片意离婚的司法裁决程序，对于具有离婚合意，但在子女抚养和财产分割方面有争议的，也应经过司法裁决程序确定。

（二）离婚程序的意义

对离婚规定严格程序，是因为通过离婚解除婚姻关系会产生一系列的法律后果。第一，通过严格的程序，可以使当事人对于离婚的选择予以慎重对待，在这些严格的程序中，促使婚姻当事人反复进行思索，究竟是不是要选择离婚。在这样的基础上作出婚姻关系解除的宣告，能够更符合当事人的真实意愿。第二，通过严格的程序，将离婚的各方面法律后果予以明确，确定与离婚相关的事项，在法律上作出确定的处理，确定应当明确的权利义务关系。例如，确定对子女的抚养关系，确定夫妻财产的分割关系等，将各自的权利义务确定清楚。第三，通过严格的程序，对社会取得公示的效果，不仅公告婚姻双方当事人之间的婚姻关系消灭,消灭了他们之间的配偶权,而且他们的财产关系也由于离婚而发生了变化,具有物权属性的公示性。

二、登记离婚

(一)登记离婚的概念和特点

登记离婚也叫做两愿离婚、协议离婚、自愿离婚,是指婚姻关系因双方当事人的合意,并经过行政登记程序而解除。我国《婚姻法》第 31 条规定:“男女双方自愿离婚的,准予离婚。双方必须到婚姻登记机关申请离婚。婚姻登记机关查明双方确实是自愿并对子女和财产问题已有适当处理时,发给离婚证。”

我国登记离婚的特征是:

1. 登记离婚的基础是合意离婚

自愿离婚就是合意离婚。如果是片意离婚,不可能经过行政登记程序而发生离婚的法律后果。

2. 登记离婚的性质是直接协议离婚

在协议离婚中,分为直接协议离婚和间接协议离婚。直接协议离婚是直接依据当事人的离婚协议,履行必要的程序后,即产生离婚的法律后果。间接协议离婚,是指由协议别居转变为离婚,即夫妻在法律上或者事实上不中断地别居达到一定的期间后,可因双方的共同请求转变为解除婚姻关系。因此,间接协议离婚也叫做协议别居离婚。我国法律不承认别居制度,因此属于直接协议离婚。

3. 登记离婚也适用于片意离婚但经过调解达成离婚协议的离婚

协议离婚是两愿离婚、合意离婚。对于一方坚持离婚的片意离婚,经过调解,双方达成了离婚合意的,就转化为协议离婚,也适用于登记离婚。

4. 登记离婚须进行行政登记方发生法律效力

协议离婚必须经过法律规定的行政登记程序,即通过婚姻登记机关的确认。只有经过婚姻登记机关登记,发给离婚证的,才能发生解除婚姻关系的效力。

(二)登记离婚的条件

登记离婚的条件是登记离婚的实质性要件。登记离婚的实质要件分为必要性要件和限制性要件。前者是指登记离婚的必要的、积极的条件,这些要件一般是指当事人的行为能力、意思表示、离婚后果作出的一致的安排等。后者是指登记离婚的排除性条件,即夫妻不得提出协议离婚申请的法定事由,诸如不得有未成年子女、结婚须届满一定期间、双方须达一定的年龄等。

我国亲属法规定的登记离婚,没有规定限制性条件,规定的是必要性条件。这些条件是:

1. 登记离婚的男女双方必须具有合法的夫妻身份

离婚解除的是现存的合法婚姻关系，因此，申请登记离婚的当事人之间必须存在合法的婚姻关系。对于无效婚姻、可撤销婚姻、准婚姻关系、非法同居等关系，不得以离婚的方式解除他们之间的关系。

2. 离婚当事人必须是完全民事行为能力人

离婚是解除当事人之间特定身份关系的民事法律行为，当事人必须具有民事行为能力。《婚姻法》第 31 条没有直接规定这一条件；《婚姻登记条例》第 12 条规定“一方或者双方当事人为限制民事行为能力人或者无民事行为能力人的，婚姻登记机关不予受理”。离婚当事人如果不是完全民事行为能力人，即使达成离婚合意，也必须到法院依照诉讼程序处理。

3. 双方当事人必须达成离婚的合意

双方当事人登记离婚，必须存在离婚的合意。该合意是离婚的意思表示一致，必须是真实的，一致的，而不是虚假的，也不是一方胁迫另一方。因一时的气愤、感情冲动、欺诈、哄骗、胁迫达成的离婚协议，都不是真正的离婚合意。为了其他目的而进行虚假的离婚协议，也不是真正的离婚合意。《婚姻法》第 31 条规定的“双方确实自愿”，就是要求真实的、一致的离婚合意。

4. 对离婚后子女抚养已经作出适当处理

登记离婚时，双方当事人必须对子女的抚养教育作出适当处理，进行了合理的安排，并达成一致的协议。协议中应当包括对子女由何方抚养、抚养费的负担和给付期限、给付方式等。且协议必须明确、切实可行。

5. 对夫妻共同财产作出适当处理

登记离婚必须对夫妻共同财产的分割作出适当处理，包括共同财产如何进行分割、共同债务如何进行清偿、一方生活确有生活困难的如何给予适当的经济帮助等。且协议必须明确。

（三）登记离婚的程序

虽然我国《婚姻法》没有对离婚的行政登记程序作明确的规定，但 2003 年《婚姻登记条例》对此作出了明确规定。

1. 申请

该条例第 11 条规定，当事人申请自愿离婚的，必须双方亲自到一方户口所在地的婚姻登记机关申请离婚登记。申请时应当出具下列证件：(1) 户口簿、身份证；(2) 本人的结婚证；(3) 双方当事人共同签署的离婚协议书。香港居民、澳门居民、台湾居民、华侨、外国人除了应当出具上述第二项和第三项规定的证件、证明材料外，香港居民、澳门居民、台湾居民还应当出具本人的有效通行证、身份证，华侨、外国人还应当出具本人的有效护照或者其他有效国际旅行证件。当事人出具的离婚协议书，应当载明双方当事人自愿离婚的意思表示，以及对子女抚养、财产以及债务处理等事项的协商一致的意见。

2. 审查

婚姻登记机关应当对当事人出具的有关材料进行严格审查。审查过程，实际上也是对当事人进行引导、调解和说服教育的过程，使当事人尽可能地进行慎重考虑，挽救那些还有和好可能的夫妻。

审查的过程最主要的是离婚登记当事人出具的证件、证明材料进行审查并询问相关情况。审查双方当事人对于离婚是否达成一致意见，有无欺诈、胁迫、弄虚作假等违法现象，对子女安排和财产分割是否合理等。当事人应当提供真实情况，不得隐瞒或者欺骗。婚姻登记机关发现离婚当事人有违反婚姻法的行为，应当进行批评教育，不予登记。对于触犯刑律的，应当追究刑事责任。

3. 登记

婚姻登记机关经过审查后，对当事人确属自愿离婚，并且已经对子女抚养、财产、债务等问题达成一致处理意见的，应当当场予以登记，发给离婚证，正式解除双方当事人之间的婚姻关系，其登记的其他事项也同时发生法律效力。

三、诉讼离婚

（一）诉讼离婚的概念和适用范围

1. 诉讼离婚的概念

诉讼离婚也叫做裁判离婚，是指夫妻一方当事人基于法定离婚原因，向人民法院提起离婚诉讼，人民法院依法通过调解或判决而解除当事人之间的婚姻关系的离婚方式。

2. 诉讼离婚的特点

这种离婚方式的特点是：第一，诉讼离婚是对真正有争议的离婚事件进行裁判。尽管对于双方达成协议的合意离婚也可以诉讼离婚，但是，真正的诉讼离婚程序是为了解决一方坚持离婚，而另一方不同意离婚的纠纷设置的。第二，诉讼离婚是典型的合并之诉。离婚诉讼绝不是仅对离婚进行审理，还要对由于离婚而引起的其他法律后果进行审理，例如子女抚养、财产分割、经济扶助、子女探望，甚至还有离婚损害赔偿问题等。这些都合并在一起一并进行审理。第三，诉讼离婚实行调解先置程序。法官在审理离婚案件时，必须依照职权进行调解，在审理中，也更多地实行职权主义，这样才能够适应离婚诉讼的特殊性。

3. 离婚诉讼的适用范围

我国离婚诉讼适用于以下三种离婚纠纷：（1）夫妻一方要求离婚，另一方不同意离婚的;(2)夫妻双方都愿意离婚但在子女抚养、财产分割等离婚后果问题上不能达成协议的;(3)夫妻双方都愿意离婚,并对子女抚养、财产分割等离婚后果达成协议,但未依法办理结婚登记手续而以夫妻名义共同生活且为法律所承认的事实婚姻。除此之外,对于符合登记离婚条件的合意离婚,如果当事人基于某种原因不愿意进行登记离婚的,也可以采取诉讼离婚。

(二)诉讼离婚的一般程序

诉讼离婚的程序适用《民事诉讼法》和《婚姻法》的规定。分为三个阶段:

1. 起诉和答辩

当事人起诉离婚案件,应当由原告向人民法院提出。离婚案件的管辖,应当由被告住所地人民法院管辖,被告住所地与经常居住地不一致的,由经常居住地人民法院管辖。

具体的管辖问题,最高人民法院《关于适用〈中华人民共和国民事诉讼法〉若干问题的意见》第 11 条至第 16 条做了具体规定。主要内容是:第一,非军人对军人提出的离婚诉讼,如果军人一方为非文职军人,由原告住所地人民法院管辖。离婚诉讼双方当事人都是军人的,由被告住所地或者被告所在的团级以上单位驻地的人民法院管辖。第二,夫妻一方离开住所地超过 1 年,另一方起诉离婚的案件,由原告住所地人民法院管辖。夫妻双方离开住所地超过 1 年,一方起诉离婚的案件,由被告经常居住地人民法院管辖;没有经常居住地的,由原告起诉时居住地的人民法院管辖。第三,在国内结婚并定居国外的华侨,如定居国法院以离婚诉讼须由婚姻缔结地法院管辖为由不予受理,当事人向人民法院提出离婚诉讼的,由婚姻缔结地或一方在国内的最后居住地人民法院管辖。第四,在国外结婚并定居国外的华侨,如定居国法院以离婚诉讼须由国籍所属国法院管辖为由不予受理,当事人向人民法院提出离婚诉讼的,由一方原住所地或在国内的最后居住地人民法院管辖。第五,中国公民一方居住在国外,一方居住在国内,不论哪一方向人民法院提起离婚诉讼,国内一方住所地的人民法院都有权管辖。如国外一方在居住国法院起诉,国内一方向人民法院起诉的,受诉人民法院有权管辖。第六,中国公民双方在国外但未定居,一方向人民法院起诉离婚的,应由原告或者被告原住所地人民法院管辖。

2. 调解

调解是审理离婚案件的必经程序。《婚姻法》第 32 条第 2 款规定:“人民法院审理离婚案件,应当进行调解。”按照这一规定要求,离婚案件未经调解,法院不能直接作出离婚判决。

调解解决离婚案件也是诉讼离婚。因为诉讼中的调解,是人民法院行使审判权的重要方式,调解书确认的条款具有与判决书同样的法律效力,因此,法院调解与诉讼外的调解具有本质的不同。

法院应当通过调解，充分听取双方当事人的意见，了解当事人离婚的原因，双方分歧的焦点，以及有无和好的可能，进而根据纠纷的具体情况，做好当事人的思想工作，以平息纠纷，妥善处理。经过调解，如果当事人同意和好，由原告撤诉或者将和好协议记录在案，即可终止离婚诉讼。如果达成离婚协议，法院则按照调解协议制作调解书，送达当事人，双方当事人签收后，即发生法律效力，婚姻关系即告解除。如果调解无效，法院则应当做裁判的工作。

3. 判决

对于调解无效的离婚案件，人民法院应当依法判决。在这个问题上，司法实践存在的问题是，过去较长的时间里过于强调调解，致使案件久拖不决，使大量的案件积压。强调司法改革以来，又存在过于强调依法判决而忽视调解程序，不注意做好当事人的思想工作的现象，使调解成了走过场，使本来坚持做好调解工作就可以不离婚的案件，判决离婚之后又很快出现反复。这两种情况都是不正确的，应当避免。

调解不成需要判决的离婚案件，处理的规则是：(1)坚持查明事实，以查明的事实为根据进行判决。确定判决离婚的条件以感情确已破裂为标准。(2)对于符合夫妻感情确已破裂，符合法律规定的准予离婚的条件的，应当判决离婚，并对子女抚养、财产分割等一并作出判决。(3)对于感情尚未真正破裂，不符合法律规定准予离婚条件的，应当判决不准离婚。(4)无论是判决准予离婚还是不准离婚的，当事人都可以在收到判决书的次日起15天内提出上诉。如果在上诉期内没有上诉的，一审判决发生法律效力。当事人未上诉的一审离婚判决在上诉期届满发生法律效力后，人民法院应当向当事人出具判决书生效证明书并加盖院印，确认该判决书已经发生法律效力。(5)当事人上诉引起二审程序的，二审人民法院仍然可以进行调解，调解无效的，依法作出准予离婚或者不准离婚的判决，判决书一经送达即发生法律效力。

（三）诉讼离婚的特别程序

诉讼离婚的特别程序是指在诉讼离婚的程序中，对某些离婚请求权的限制性程序，也叫做离婚请求权的限制。

1. 对男方离婚请求权的限制

《婚姻法》第34条规定："女方在怀孕期间、分娩后一年内或中止妊娠六个月内，男方不得提出离婚。女方提出离婚的，或人民法院认为确有必要受理男方离婚请求的，不在此限。"这是法定的男方离婚请求权的限制。

限制男方离婚请求权的目的，是为了保护妇女和子女的合法权益。其原因是，在法律规定的上述时期，女方在身体上、精神上都有很重的负担，如果男方在这个时期提出离婚会对女方的身体上、精神上增加过重的负担，对女方本人以及对正在孕育的胎儿以及出生后的婴儿,都会造成严重的影响。所以,在这个时期禁止男方提出离婚请求是完全必要的。

按照这一规定,如果男方在上述期间提出离婚请求的,人民法院直接判决驳回原告的诉讼请求,而不是判决不准离婚。因为这个时候并没有进行实体审理。在上述期间经过之后,男方再提出离婚诉讼请求的,应当依法审理。

该期间是法定期间。该期间分为三种:第一种是女方怀孕期间。如果起诉时并没有发现女方怀孕,而是在审理中或者审理结束时发现女方怀孕,也适用该规定,驳回原告的诉讼请求;即使在一审判决作出,在二审期间发现的,也应当撤销原判,驳回原告的诉讼请求。第二种是女方在分娩后1年内。无论女方分娩后是活着出生还是死胎,均受该期间的限制。第三种是女方终止妊娠后6个月。在此期间,无论女方出于何种原因终止妊娠的,都不准男方提出离婚诉讼。上述期间是不变期间,不适用诉讼时效关于中止、中断和延长的规定。

该期间的例外规定是:第一,女方提出离婚的,不受该期间的限制。这是因为女方在该期间提出离婚,自己的思想已经有所准备,在她的价值衡量上认为离婚才能够更好地保护自己和胎儿的利益。对此如果予以限制,反而会对女方和胎儿、婴儿不利。第二,如果法院认为确有必要受理男方的离婚诉讼,则不受该期间的限制。对此,法院应当严格把握"确有必要"的尺度。例如,在此期间双方确实存在不能继续共同生活的重大而紧迫的情事,一方对他方有危及生命、人身安全的可能,女方怀孕是因与他人通奸所致等,均为确有必要。

2. 对现役军人配偶离婚请求权的限制

《婚姻法》第33条对现役军人的配偶的离婚主张作出了限制性规定:"现役军人的配偶要求离婚,须得军人同意,但军人一方有重大过错的除外。"这种离婚权利的限制,在1950年和1980年的《婚姻法》中都有规定,且限制的条件更为苛刻,即现役军人的配偶要求离婚的,必须军人同意,军人不同意离婚的,就不能判决离婚。这些规定显然不符合现在的国情和离婚自由原则。因此,1984年最高人民法院的司法解释做过缓和的工作,即军人不同意离婚时,应教育原告珍惜与军人的夫妻关系,尽力调解和好或者判决不准离婚;但对夫妻感情已经破裂,经过做和好工作无效,确实不能继续维持夫妻关系的,应通过军人所在部队团以上的政治机关,做好军人的思想工作,准予离婚。2001年《婚姻法》对此作出了新规定,在坚持这一原则的情况下,增加了对于军人一方有重大过错的不受这一规定的限制的规定。

该离婚权利的限制,限制的是实体权利,即现役军人的配偶可以起诉离婚,但是只要军人一方没有重大过错,且军人一方不同意离婚的,法院就判决不准离婚。

该离婚请求权的限制,以非军人一方配偶的对方身份确定,起诉的一方是非军人,对方是军人的，即受该条款的限制。军人之间的离婚诉讼、军人起诉非军人的离婚诉讼，则不受该条款的限制。至于军人的范围，是指正在人民解放军和人民武装警察部队服现役具有军籍的干部和士兵。不包括没有军籍的职工，转业、退伍、退休、离休的军人和已经退役的革命残废军人，编入民兵组织或者预备役军官、士兵，以及正在劳动教养或者服刑的军人。

对于重大过错，按照最高人民法院《关于适用〈中华人民共和国婚姻法〉若干问题的解释(一)》第23条解释，可以依据《婚姻法》第32条第2款前三项规定及军人有其他重大过错导致夫妻感情破裂的情形予以判断。军人一方的重大过错包括：重婚或者与他人同居的，实施家庭暴力或虐待、遗弃家庭成员的，有赌博、吸毒恶习屡教不改的，其他重大过错如强奸妇女、奸淫幼女、嫖娼等违法犯罪行为的。

人民法院对此应当遵守的规则是：第一，现役军人的配偶提出离婚诉讼请求的，必须征得军人一方的同意，才可以判决离婚。第二，现役军人不同意离婚的，原则上不能判决准予离婚。第三，现役军人有上述重大过错，非军人一方请求离婚的，其权利不受限制，法院应当根据是否具有法律规定的离婚理由作出判决。

3. 对判决不准离婚或者调解和好再次起诉的离婚请求权限制

对已经起诉离婚法院判决不准离婚或者调解和好的当事人再次起诉离婚，《民事诉讼法》第124条第7项作出程序上的限制："判决不准离婚和调解和好的离婚案件，判决、调解维持收养关系的安家，没有新情况、新理由，原告在6个月内又起诉的，不予受理。"这一规定要求，如果没有新情况、新理由，被判决不准离婚或者调解和好的当事人再次提起离婚诉讼的期限，必须在6个月以后，否则法院不予受理。如果对方提起离婚诉讼，则不受这一规定的限制；如果有新情况、新理由，也不受这一规定的限制。所谓的新情况、新理由，应当是在前一次诉讼中没有提出过、且能够证明夫妻感情确已破裂的事实和根据。

第三节 离婚法定理由

一、离婚法定理由概述

(一)离婚法定理由的发展

我国亲属法对离婚法定理由的规定经历了一个发展的过程。1950年《婚姻法》没有规定离婚条件。1980年《婚姻法》规定了一个概括的"夫妻感情确已破裂"的标准，没有作出具体规定,被称作“单一的破裂主义原则”,可操作性不强,如何掌握,完全在于法官的理解,弹性过大,难以掌握。

为了解决这个问题,最高人民法院在1989年制定了《关于人民法院审理离婚案件如何认定夫妻感情确已破裂的若干具体意见》,列举了可以认定夫妻感情确已破裂的14种情形,这就是:(1)一方患有法定禁止结婚的疾病,或一方有生理缺陷及其他原因不能发生性行为,且难以治愈的。(2)婚前缺乏了解,草率结婚,婚后未建立起夫妻感情,难以共同生活的。(3)婚前隐瞒了精神病,婚后经治不愈,或者婚前知道对方患有精神病而与其结婚,或一方在夫妻共同生活期间患精神病,久治不愈的。(4)一方欺骗对方,或者在结婚登记时弄虚作假,骗取《结婚证》的。(5)双方办理结婚登记后,未同居生活,无和好可能的。(6)包办、买卖婚姻,婚后一方随即提出离婚,或者虽共同生活多年,但确未建立起夫妻感情的。(7)因感情不和分居已满三年,确无和好可能的,或者经人民法院判决不准离婚后又分居满一年,互不履行夫妻义务的。(8)一方与他人通奸、非法同居,经教育仍无悔改表现,无过错一方起诉离婚,或者过错方起诉离婚,对方不同意离婚,经批评教育、处分,或在人民法院判决不准离婚后,过错方又起诉离婚,确无和好可能的。(9)一方重婚,对方提出离婚的。(10)一方好逸恶劳、有赌博等恶习,不履行家庭义务,屡教不改,夫妻难以共同生活的。(11)一方被依法判处长期徒刑,或其违法、犯罪行为严重伤害夫妻感情的。(12)一方下落不明满二年,对方起诉离婚,经公告查找确无下落的。(13)受对方的虐待、遗弃,或者受对方亲属虐待,或虐待对方亲属,经教育不改,另一方不谅解的。(14)因其他原因导致夫妻感情确已破裂的。这些规定,是对亲属法没有规定离婚法定理由的补充。

(二)2001年《婚姻法》采取的立场

在修改《婚姻法》过程中,绝大多数学者主张在坚持破裂主义的同时,应当规定离婚法定理由,并且取得了立法机关的支持。立法确定的基本原则,就是坚持实行破裂离婚主义,同时增加离婚法定理由的列举,实行了离婚法定理由的混合主义立场。

规定具体的离婚法定理由的蓝本就是上述司法解释的规定。在这14条标准中,有些并不是判断夫妻感情确已破裂的标准,例如,“一方患有法定禁止结婚的疾病,或一方有生理缺陷及其他原因不能发生性行为,且难以治愈”、“婚前隐瞒了精神病,婚后经治不愈,或者婚前知道对方患有精神病而与其结婚,或一方在夫妻共同生活期间患精神病,久治不愈的”、“一方欺骗对方,或者在结婚登记时弄虚作假,骗取《结婚证》”等,都不是感情确已破裂的标准,而是无效婚姻、可撤销婚姻的法定事由,或者是影响婚姻目的实现的客观事由。在规定具体的离婚法定事由的时候,进行筛选,准确规定。

二、离婚法定事由的内容

《婚姻法》规定的离婚法定事由是:

(一)基本事由

判决离婚的基本法定事由是夫妻感情确已破裂,2001 年《婚姻法》仍然坚持的是这个标准。修改《婚姻法》的过程中,很多学者主张用夫妻关系确已破裂代替夫妻感情确已破裂,认为前者更为客观,更容易掌握。立法机关没有采纳这种主张,仍然坚持后者。其理由是:第一,夫妻感情是婚姻不可易移的基础,婚姻的成立是基于感情,婚姻的离异也是基于感情,因此把夫妻感情确已破裂作为判断是否离婚的标准,体现了婚姻关系的本质。第二,这一标准是我国长期司法实践经验的总结,从 20 世纪 50 年代开始,司法实践就坚持"确实不能维持夫妻关系"和"夫妻感情确已完全破裂"作为判决离婚的标准,直到 1980 年修订《婚姻法》正式将其规定在法律中,一直坚持这样的标准。实践证明,这样的规定是正确的、必要的。故 2001 年《婚姻法》第 32 条第 2 款规定:"人民法院审理离婚案件,应当进行调解;如感情确已破裂,调解无效的,应准予离婚。"

1. 夫妻感情确已破裂的含义

夫妻感情确已破裂的含义是夫妻之间感情已不复存在,已经不能期待夫妻双方有和好的可能。

2. 夫妻感情确已破裂的认定依据

夫妻感情属于主观的心理范畴,但是任何主观心理的意识总是会在人的行为中表现出来,因而可以依据行为人的客观表现推断其主观心理。确定夫妻感情确已破裂的客观表现的标准是:

第一,从主观标准观察,就是夫妻共同生活不复存在,而且不能期待恢复共同生活。最高人民法院在《关于人民法院审理离婚案件如何认定夫妻感情确已破裂的若干具体意见》中指出:"判断夫妻感情是否确已破裂,应当从婚姻基础、婚后感情、离婚原因、夫妻关系的现状和有无和好的可能等方面综合分析。"这五个方面完整地反映了一个婚姻关系的具体情况,完全可以据此确定双方当事人的夫妻共同生活是否不复存在,是否不能期待恢复共同生活。

第二,从客观标准观察,就是调解无效。《婚姻法》第 32 条规定"调解无效"作为判决离婚的条件之一,并不是任意的、可有可无的,而是必要的。离婚调解应当认真进行,真正做好思想工作,使当事人能够正视离婚的现实影响和不利结果,尽可能做好和好工作,而不是敷衍了事。经过这些工作之后仍然无法使当事人放弃离婚的要求的,才能认定为调解无效。

在实践中,将这两个标准结合在一起,就可以判断一个婚姻关系是否为夫妻感情确已破裂。

(二)具体事由

《婚姻法》第 32 条第 3 款规定了以下事由为离婚法定事由:

1. 重婚或有配偶者与他人同居的

重婚是指有配偶者而与他人结婚的行为，包括有配偶者而与他人进行结婚登记，以及有配偶者而与他人以夫妻名义共同生活的事实重婚。一夫一妻是我国亲属法的基本原则，违反一夫一妻原则而重婚，不仅是一般的违法行为，而且构成犯罪，构成配偶的重大过错，应当受到谴责。如果对方提出离婚请求，则构成判决离婚的法定理由，应判决离婚。如果重婚方提出离婚的，应审查婚姻关系是否确已破裂，对确已破裂的，判决离婚。重婚方构成重婚罪的，依法追究刑事责任。

有配偶者与他人同居，是指有配偶者与婚外异性不以夫妻名义，持续、稳定地共同居住。配偶间互负忠实义务。忠实义务是指配偶的专一性生活义务，也称不为婚外性生活的义务。配偶在婚姻之外发生性行为，与其他异性同居，构成对忠实义务的违反，对婚姻关系最有威胁。因此，有配偶者与他人同居，是离婚的法定事由，对方起诉离婚的，法院应当判决准予离婚。在过错方请求离婚的情形，不应把处理其错误行为与是否判决离婚等同起来，一方坚决提起离婚时，如果确无和好可能，无论对方配偶是否同意，均视为婚姻关系无可挽回的破裂，可以判决离婚。

2. 实施家庭暴力或虐待、遗弃家庭成员的

在婚姻家庭领域，必须贯彻宪法规定的维护人格尊严，确保人身安全的基本人权，禁止实施家庭暴力，禁止对家庭成员进行虐待或者遗弃。因此，《婚姻法》规定实施家庭暴力，或者虐待、遗弃家庭成员的，是法定离婚事由。

家庭暴力是指行为人以殴打、捆绑、残害、强行限制人身自由以及其他手段，给对方配偶以及家庭成员的身体、精神等方面造成损害后果的行为。家庭暴力是发生在家庭里的暴力，不仅包括单纯的身体上的殴打，还包括心理上和情感上的妨害和困扰，以及纠缠不休，打骚扰电话和恐吓。①

虐待是指经常以打骂、冻饿、禁闭、有病不予治疗、强迫过度劳动、限制人身自由、凌辱人格等方法，对共同生活的家庭成员进行肉体上、精神上的摧残和折磨的行为。②按照司法解释的规定，持续性、经常性的家庭暴力，构成虐待。

遗弃是指负有扶养义务的家庭成员而拒不履行扶养义务的行为。

上述三种行为都违反了法律规定，都是夫妻感情确已破裂的客观表现，为判决离婚的法定理由。人民法院应在查明事实的基础上，根据实施家庭暴力以及虐待、遗弃的不同程度区别处理。对于情节轻微的，应对行为人进行批评教育，责令其改正错误；如果行为人承认并愿意改正错误，应作好调解工作，对方配偶愿意谅解的，可以不判决

---

① ［美］凯特·斯丹德利：《家庭法》，屈广清译，中国政法大学出版社2004年版，第101页。

② 参见《中华法学大辞典》，中国检察出版社2003年版，第503页。

离婚;经常发生虐待、遗弃行为,经教育不改,对方不予谅解的,应判决离婚;情节严重构成犯罪的,应依法追究刑事责任。在适用本条规定的离婚法定事由时,应当注意,对配偶一方实施家庭暴力、虐待、遗弃的,适用本条规定的离婚法定事由;对其他家庭成员实施家庭暴力、虐待、遗弃的,也适用本条规定,对方配偶提出离婚的,也为离婚的法定事由,应当准予离婚。

3. 有赌博、吸毒等恶习屡教不改的

一方有恶习,差不多都是各国亲属法规定的离婚法定事由。一方有恶习作为离婚法定事由,我国具体规定为赌博、吸毒等恶习屡教不改。构成这一离婚法定事由须满足两个条件:一是配偶一方确有赌博、吸毒等恶习,经教育、劝说屡不改正;二是配偶一方因恶习不履行婚姻义务,夫妻难以共同生活。如果配偶一方仅仅是曾经有过赌博、吸毒的历史,或者情节轻微,可以改过,不能认为就是“恶习”。达到恶习的程度,应当具有屡教不改的情节。另外,赌博、吸毒仅仅是一般的例示性的规定,其他恶习诸如酗酒、嫖娼、卖淫、淫乱、好逸恶劳等,屡教不改的,也作为离婚的法定事由。

4. 因感情不和分居满两年的

经过一定期间的分居,是各国亲属法普遍规定的离婚法定事由。我国婚姻法也规定了这一离婚法定事由。

有的学者认为,这里规定的分居就是别居,[①]这种意见值得研究。我国婚姻法不使用别居的概念,将法律已经明确规定的分居说成是别居不妥。这里规定的分居与其他国家亲属法规定的别居有很大的区别。

分居是指配偶双方拒绝在一起共同生活,互不履行夫妻义务的行为。在主观上,配偶确有分居的愿望,拒绝在一起共同生活;在客观上,配偶的夫妻共同生活完全废止,分开生活。按照法律规定,这种状态已满两年的,构成离婚法定事由。

对于由于客观原因而引起的“分居”,如夫妻原本就两地生活或者一时气愤而分开居住的,都不构成分居。

5. 其他导致夫妻感情破裂的情形

法律难以穷尽所有可据以认定夫妻感情确已破裂的理由,故作此弹性规定。其他原因,无论主观原因还是客观原因,是否构成离婚法定事由,其判断标准是该原因是否直接引起了夫妻感情确已破裂,且经调解后仍无法挽回。符合这一要求的,构成离婚的法定理由,人民法院应据此判决离婚;否则不能作为判决离婚的法定理由。

例如,一方被判处长期徒刑,或其违法犯罪行为严重伤害夫妻感情的,如犯强奸罪、奸淫幼女罪等不名誉犯罪的,应视为夫妻感情确已破裂。对于其他有违法犯罪因

① 参见王洪:《婚姻家庭法》,法律出版社2003年版,第179页。

素的离婚案件，不能断然作为离婚法定事由，而应认真考察婚姻关系是否确已破裂，只有确属婚姻关系破裂的，才能判决离婚。

6. 一方被宣告失踪

夫妻一方下落不明满两年，经利害关系人的申请，被人民法院宣告失踪的，当事人双方在事实上已经终止了夫妻的共同生活。如果另一方提出离婚的诉讼请求，则表明其已经失去了对婚姻的期待，应当认定为夫妻感情确已破裂，符合离婚的法定事由。

适用该离婚法定事由，应当注意以下几点：

第一，《婚姻法》第 32 条在规定这一离婚法定事由的时候，并没有放在第 3 款，而是单独放在第 4 款。这种立法体例说明，夫妻一方被宣告失踪，本身就是夫妻感情确已破裂的事实，只要一方被宣告失踪，另一方提出离婚诉讼请求，就可以直接判决离婚，无须进行调解，也无法进行调解。

第二，申请宣告失踪和提出离婚诉讼请求是两个不同的诉讼，应当分别进行。申请宣告失踪适用特别程序，而提出离婚诉讼请求则适用普通诉讼程序，在程序上完全是两回事。

第三，最高人民法院在《关于适用〈中华人民共和国民事诉讼法〉若干问题的意见》中，曾经规定“夫妻一方下落不明，另一方诉至人民法院，只要求离婚，不申请宣告下落不明人失踪或者死亡的案件，人民法院应当受理，对下落不明人用公告送达诉讼文书。”在《关于人民法院审理离婚案件认定夫妻感情确已破裂的若干具体意见》中也解释：“一方下落不明满二年，对方起诉离婚，经公告查找确无下落的”，应认定为夫妻感情确已破裂。这一规定在司法实践中是否还可以适用，值得研究。我认为，这种规定随着 2001 年《婚姻法》的颁布实施，已经不能将其作为离婚法定事由直接引用，如果一方下落不明满两年，对方不申请宣告失踪，而直接提出离婚的，可以作为《婚姻法》第 32 条第 3 款第 5 项弹性条款的内容，作出认定。

第四节　离婚的法律后果

一、离婚法律后果及发生时间

（一）离婚法律后果的概念

离婚的法律后果是指离婚所发生的各种法律效力。

离婚一经确定,立即发生法律规定的效力,引起相应的法律后果。这些法律后果包括身份关系方面的法律后果和财产关系方面的法律后果。前者包括对配偶之间婚姻关系的解除,对子女抚养关系的改变,对子女探望权的产生等;对财产关系方面的法律后果,诸如夫妻共同财产解体为个人财产,对原来的共同财产需要进行分割,对共同债务也要进行清偿,同时对生活困难的一方应当确定经济扶助义务等。

离婚的这些法律后果,其效力都指向将来,而无溯及力。

(二)离婚法律后果发生的时间

离婚法律后果发生的时间,是指离婚的上述法律后果究竟在何时起生效。其原则是:离婚的法律后果发生于婚姻关系正式解除之时。

具体的离婚法律后果发生时间是:

1. 登记离婚

双方当事人协议离婚,到婚姻登记机关登记离婚的,离婚的法律后果发生于婚姻登记机关向当事人签发《离婚证》之时。从这时起,婚姻关系正式解除,离婚的法律后果发生。

2. 经法院调解离婚

经人民法院调解离婚的,其离婚的法律后果发生于人民法院制作的调解书向当事人正式送达之时。同时送达的,同时生效;分别送达的,对于个人而言,分别生效,就整体的调解书生效时间,应当是最后一方送达之时。

3. 一审判决离婚当事人不上诉

一审判决准予离婚,当事人不上诉,判决书送达次日起 15 天之即过了上诉期之后,判决书生效之时,发生离婚的法律后果。

4. 二审判决离婚

二审判决一经送达,即生法律效力。离婚的二审判决书送达之时,即发生离婚法律后果。

二、离婚对亲属身份的法律后果

离婚对亲属身份的法律后果,集中表现在配偶权的消灭。消灭了配偶权,原婚姻关系的当事人就不再存在任何权利义务关系。具体表现是:

(一)配偶身份消灭

配偶身份以结婚为发生的法定事由,双方互为配偶,具有配偶的固定称谓和身份。一经离婚,夫妻之间的婚姻关系即行解除,夫妻之间的配偶身份地位即告消灭。对此,不仅仅是发生对内的效力,而且具有对外的效力,他人不再对已经离婚的当事人负有不得与其结婚的义务。

（二）结婚自由恢复

婚姻自由权包括结婚自由权和离婚自由权。任何人不可以同时享有两个婚姻自由权，不能既享有结婚自由权又同时享有离婚自由权。在享有结婚自由权的时候，就不享有离婚自由权，而在享有离婚自由权的时候，就不得享有结婚自由权。当婚姻关系当事人一旦离婚，解除了配偶的身份关系时，即行恢复结婚自由权。对外，该当事人不再负有不得与他人结婚的负担，成为可以结婚的“自由人”；其他任何异性都可以与其结婚，也不再负有不得与其结婚的义务。

（三）相互之间的权利义务消灭

离婚使配偶权消灭，配偶权中关于夫妻之间的权利义务都已经随着配偶权的消灭而消灭。例如，不再存在同居义务，不再受忠实义务的约束，不再对对方负有救助、扶养的义务等。唯有要区分的是夫妻之间的扶养义务与离婚的前配偶之间的适当帮助义务的界限。夫妻之间负有抚养义务，对方存在生活困难，必须履行扶养义务。离婚之后，如果一方生活确有困难，对方应从住房等个人财产中给予适当帮助。这种帮助是适当的，有条件的，因此不是扶养义务。

（四）配偶之间的继承权消灭

配偶之间有相互继承遗产的权利。这种权利是以配偶关系的存在为前提。离婚发生法律效力后，其法律后果之一，就是消灭他们之间的继承权，任何一方都不是对方遗产的法定继承人，无权再以配偶的身份继承对方的遗产。

（五）姻亲关系消灭

姻亲的发生基于配偶结婚的事实。离婚后，姻亲关系是否消灭，我国立法虽未作明确规定，但在习惯上和法理上采消灭主义，认为姻亲关系因离婚而消灭。

确定离婚姻亲关系消灭的意义，在于确定姻亲关系消灭后，直系姻亲之间是否仍然存在结婚的法律障碍。各国有的采取禁止主义，如规定直系姻亲间不得结婚，在姻亲关系消灭后亦同；有的采取不禁止主义。我国亲属法并未明文禁止直系姻亲间结婚，在习惯上不宜结婚。在因离婚而消灭了姻亲关系之后，原来的直系姻亲之间已经不再存在姻亲关系，应当认为可以结婚，没有结婚的法律障碍。

（六）血亲关系继续存续

自然血亲关系不能人为地加以消灭，当然也就不受离婚的影响。《婚姻法》第36条规定：“父母与子女之间的关系，不因父母离婚而消除。离婚后，子女无论由父方或母方抚养，仍是父母双方的子女。”人工授精所生的子女、共同收养的子女，也适用这样的规则。

离婚对于亲权并未发生影响，发生变化的是监护权。只是由于子女只能由一方抚养，因此监护权原则上由抚养子女的一方行使。

离婚不能消灭自然血亲关系，当然对直系血亲的亲属权也不发生影响。

三、离婚对财产关系的法律后果

夫妻关系解除之后，在财产方面所引起的法律后果，就是夫妻共同财产关系消灭，需要对夫妻共同财产进行分割，对共同债务的清偿。由此还引起其他财产上的问题，如一方对他方的经济补偿和一方对他方的适当帮助。

（一）夫妻共同财产的分割和共同债务的清偿

对于离婚后夫妻共同财产的处理，《婚姻法》第39条规定："离婚时，夫妻的共同财产由双方协议处理；协议不成时，由人民法院根据财产的具体情况，照顾子女和女方权益的原则判决。夫或妻在家庭土地承包经营中享有的权益，应当依法予以保护。"在这个问题上，最重要的就是分割夫妻共同财产和清偿夫妻共同债务。

（二）一方对他方的经济补偿

1. 经济补偿义务概念

《婚姻法》第40条规定："夫妻书面约定婚姻关系存续期间所得的财产归各自所有，一方因抚育子女、照料老人、协助另一方工作等付出较多义务的，离婚时有权向另一方请求补偿，另一方应当予以补偿。"一方对他方的经济补偿，是指夫妻双方书面约定实行分别财产制，一方在家庭生活中尽了较多义务的，在离婚时，另一方应当承担的予以经济补偿的义务。

2. 经济补偿义务的发生条件

夫妻离婚之后一方发生经济补偿责任的条件是：

(1)双方当事人在婚姻存续期间书面约定为夫妻分别财产制

发生经济补偿义务的基础条件在于夫妻在婚姻存续期间，通过书面形式约定实行夫妻分别财产制，各自的收入归各自所有。如果双方在婚姻存续期间没有约定其他财产制，而是采用婚后所得共同制，就不会产生这种经济补偿责任，而是离婚分割共同财产问题。值得研究的是，为什么只规定书面形式的约定有效；如果双方是口头约定实行分别财产制，是不是就绝对不能发生经济补偿责任。我认为，规定书面形式约定分别财产制，是为了保证约定的真实和客观。如果双方就是口头约定，而且也在客观上实行了分别财产制，双方承认或者确有证据证明，也应当实事求是地予以认定，发生经济补偿责任。

(2)一方在家庭生活中付出较多义务

一方在家庭生活中付出较多义务，是指在婚姻关系存续期间，夫妻一方比另一方付出的抚育子女、照料老人、协助另一方工作等义务更多，对家庭的建设贡献较大。现实的情况是，在约定夫妻分别财产制的情况下，女方在家庭生活中作出的工作更多，特别是在抚育子女、照顾老人等方面,更是如此。如果按照分别财产制夫妻离婚各自的财产归个人,就会出现严重的不公平,尤其是对女方不公平。因此,如果一方(不仅仅是女方)在上述方面付出较多的义务,应当发生经济补偿责任。

(3)双方婚姻关系已经解除

双方因为离婚而使婚姻关系解除,是发生经济补偿责任的必要条件。如果没有发生离婚的事实,约定分别财产当然还是约定财产,不会发生变化。

3. 经济补偿义务的实行程序

实行经济补偿义务,由共同生活中付出义务较多的一方当事人提出经济补偿请求,补偿的数额应当由双方协商解决。协商不成的,向法院起诉,由人民法院判决。人民法院判决时,应考虑请求权人付出义务的大小,请求权人因此受到损失的情况,另一方从中受益的情况,综合确定。

(三)一方对他方的适当经济帮助

1. 适当经济帮助的性质

《婚姻法》第42条规定:"离婚时,如一方生活困难,另一方应从其住房等个人财产中给予适当帮助。"该条规定的就是一方对另一方适当经济帮助。

在各国亲属法中,一般都规定离婚后一方对另一方给付扶养金。这种扶养金,是夫妻离婚后,一方应当为生活确有困难或有特殊需要的另一方提供救助的责任。救助义务的履行采取扶养金的方式,如果扶养金债务人一方死亡,扶养金由其继承人负担,但扶养金债权人一方再婚或者公然与他人姘居时,扶养金停止给付。我国的一方对他方的适当经济帮助义务,就是这种扶养金性质。它与夫妻关系存续期间的扶养义务不同,只是派生于原存的夫妻关系的一种延伸责任。这种适当经济帮助义务应当是债的性质,是定期金之债。

应当注意的是:首先,适当经济帮助与经济补偿义务不同,经济补偿义务必须是约定夫妻分别财产制,离婚时才发生这种义务,且是一次性义务;而适当经济帮助则是共同财产制分割共同财产后一方还有生活困难时发生的经济帮助义务。其次,适当经济帮助义务与分割共同财产的适当照顾不同,适当照顾是分割共同财产时适当多分,而适当经济帮助义务是分割共同财产制后,一方从自己的财产中对对方进行帮助。

2. 确定适当经济帮助义务的条件

(1)要求适当经济帮助的一方确有困难

生活困难是指依靠个人财产和离婚时分得的财产无法维持当地的基本生活水平,生活难以维持,或者没有住房。

(2)提供经济帮助的一方应当有经济负担能力

这种经济负担能力,不仅指实际生活水平,而且包括住房条件等。

(3)接受帮助的一方没有再婚,也没有与他人同居

如果受助方已经再婚,或者与他人已经同居确立了准婚姻关系,适当经济帮助义务消灭,不再提供经济帮助。

3. 提供适当经济帮助的办法

按照法律规定,提供适当经济帮助的办法,应当有双方当事人协议,协议不成时,由人民法院判决。确定适当经济帮助义务,应当考虑受助方的具体情况和实际需要,考虑帮助方的实际经济负担能力。如果受助方年龄较轻且有劳动能力,只是存在暂时性困难的,多采取一次性支付帮助费用的做法给付。如果受助方年老体弱,失去劳动能力,又没有生活来源的,一般要给予长期的妥善安排,确定定期金给付义务。

提供帮助的具体方法,应当是适当的财产给付,给予金钱或者财物。《婚姻法》第42条中特别提到"房产",说明房产是最为需要解决的困难。如果一方以自己的住房对受助方予以经济帮助的,可以给付的是住房的居住权,或者是所有权、使用权。

(四)离婚住房问题处理

离婚后,对双方当事人之间的住房问题的解决,是亲属法面临的一个重要问题。对此,各国立法差不多都要解决。

在我国,原来的城市住房制度为公房租赁,原则上一对夫妻国家只给提供一套公房作为住房。夫妻离婚后,对于公房租赁的使用权产生较多的争议。因此,《妇女权益保障法》和最高人民法院的司法解释对此都作出了较为详细的规定。在目前,城市住房改革已经完成,城市住房商品化已经实现,这个问题已经解决,不再存在重大问题需要解决。

现在的离婚住房问题主要有两个:

1. 原来的住房是夫妻共有

当事人原来的住房是夫妻共有的私有房屋,在离婚时进行分割,应当按照共有的规则处理。同时,按照《妇女权益保障法》第44条规定:"国家保护离婚妇女的住房所有权。夫妻共有的房屋,离婚时,分割住房由双方协议解决;协议不成的,由人民法院根据双方的具体情况,照顾女方和子女权益的原则判决。"因而,较原来的公房使用权的处理要简单很多。

2. 原来的住房是一方所有

夫妻原来的住房是一方所有的个人财产,离婚时,原则上应当是婚前个人财产归个人;对方如果无法解决住房问题,可以采取以下做法解决:

(1)采取租约形式解决

在这方面,《法国民法典》第285-1条提供了一个较好的租约解决办法,可以借鉴。前提是,住房原来是一方的婚前财产,如果离婚后子女由另一方抚养,需要在该房

屋居住，或者虽有房屋居住，但是该子女惯常在该房屋居住，以及宣告离婚是因作为房屋所有人的一方配偶以夫妻感情确已破裂为由提出请求的，就可以将该房屋租赁给另一方居住。如果是子女的原因租赁住房的，可以到最小的子女成年为租赁的终期；如果是因为一方主动提出离婚而租赁住房的，则至另一方再婚或者与人同居之时为终期。

(2)采取使用权或者居住权的形式解决

如果所有房屋的一方当事人愿意将房屋无偿提供给无房居住的对方当事人居住，可以采取确定使用权或者居住权的方式处理。确定使用权的，应当签订房屋使用权协议。确定居住权的，应当签订协议，并且按照《物权法》的规定，进行物权登记。

四、离婚对子女抚养的法律后果

(一)离婚对子女抚养的法律后果的实质是亲权变更

离婚的直接法律后果还有父母亲权的变更，而不是亲权消灭。《婚姻法》第 36 条第 1 款规定："父母与子女间的关系，不因父母离婚而消除。离婚后，子女无论由父或母直接抚养，仍是父母双方的子女。"

未成年子女与父母之间的权利义务关系就是亲权。离婚后，父母与未成年子女之间的血缘关系不会消灭，亲权也不会消灭，但亲权的内容会发生部分变更，这就是直接抚养人由原来的双方变更为单方，监护人也由原来的双方变更为单方。

至于整体的亲权，并不因离婚而有所改变，仍然是由父母双方共同享有，只是没有直接抚养未成年子女的一方当事人行使亲权受到一定的限制而已。有的学者认为，按照我国法律的精神，父母双方离婚后，双方对无民事行为能力和限制民事行为能力的子女的监护关系不发生变化，只是需要确定他们的直接抚养方。① 这种看法值得研究。实际上，无论法律怎样规定，在离婚后，未成年子女的监护权只能由与其共同生活的一方父或母享有，行使监护义务，不与其共同生活的一方无法行使监护权，因此不能说我国法律的精神是离婚后对未成年子女的监护关系不发生变化，不变的只是亲权，而不是监护权。②

(二)确定直接抚养人、监护人

离婚导致夫妻之间婚姻关系的解除，由此带来的问题就是未成年子女无法再继续与父母共同生活，必须解决应当随哪一方生活的问题。同样，未成年子女随哪一方共

---

① 杨大文主编：《亲属法》，法律出版社 2003 年版，第 191 页。

② 对于这一点还应当说明的是，《民法通则》第 14 条和第 16 条规定的监护权，基本上规定的是亲权，而不是监护权，概念并不完全准确。

同生活，在一般情况下，父或母谁是直接抚养人，谁就是监护人。

确定直接抚养人，应当遵守《婚姻法》第36条第3款规定的基本规则："离婚后，哺乳期内的子女，以随哺乳的母亲抚养为原则。哺乳期后的子女，如双方因抚养问题发生争执不能达成协议时，由人民法院根据子女的权益和双方的具体情况判决。"这一规定与1980年《婚姻法》第29条没有变化，最高人民法院依据该条法律规定作出的《关于人民法院审理离婚案件处理子女抚养问题的若干具体意见》所作的司法解释，原则上应当仍然作为2001年《婚姻法》第36条第3款的解释。

1. 关于哺乳期的子女由谁抚养

哺乳期的子女，以随哺乳的母亲抚养为原则。如何掌握哺乳期的长短，该司法解释第1条规定，"两周岁以下的子女，一般随母方生活"，确定哺乳期为2年。这对儿童的保护是有利的。

子女虽然在哺乳期，但因母方的原因而由父方抚养，需要具备一定的条件。在下列三种情况下，应当由父方抚养：一是母方有久治不愈的传染性疾病或者其他严重疾病的，子女不宜与母亲共同生活的，例如母亲患肺结核、慢性肝炎等。二是母方有抚养条件不尽扶养义务，而父方要求子女随其生活的；如果父方没有要求，就应当让母方抚养，因为抚养子女也是母亲的义务。三是因其他原因，子女确实无法随母方生活的，例如母亲因职业的原因不能哺乳，母亲出走或其他原因不能哺乳婴儿，必须由父亲抚养的。① 如果父母双方协议两周岁以下的子女随父方生活，并对子女健康成长无不利影响的，也可以由父方抚养。

2. 两周岁以上的未成年子女的抚养和优先抚养条件

两周岁以上的子女与哺乳期后的未成年子女为同一概念。对这种未成年子女的直接抚养，原则是协商解决，发生争议的，人民法院根据子女的利益和双方的具体情况判决。最高人民法院规定了子女优先抚养权，有优先抚养权的一方优先抚养。具体规则是：

第一，两周岁以上的子女应由父母协商由谁抚养，既可以随父方生活，也可以随母方生活。因此，人民法院在处理离婚后的子女抚养问题时，首先应当进行调解，尽可能争取协商解决。②

第二，两周岁以上的子女由谁抚养协商不成的，由人民法院判决。不管争夺抚养权也好，推诿抚养义务也好，只要协商不成，都要由法院根据子女的权益、有利于子女身心健康成长和双方的具体情况作出判决。

---

① 参见王战平主编：《中国婚姻法教程》，人民法院出版社1992年版，第213页。

② 参见王战平主编：《中国婚姻法教程》，人民法院出版社1992年版，第213页。

第三，有优先抚养条件的优先抚养。对于两周岁以上的子女的优先抚养条件有两种，一种是绝对的优先抚养条件，即父母本身的优先抚养条件；另一种是相对的优先抚养条件，是将祖父母、外祖父母的条件作为父母的优先抚养条件对待的优先抚养条件。有绝对优先抚养条件的一方，享有绝对的优先抚养权；有相对的优先抚养条件的一方，享有相对的优先抚养权。

绝对的优先抚养条件包括：一是已做绝育手术或因其他原因丧失生育能力，无论是绝育还是丧失生育能力，都是优先抚养条件；二是子女随其生活时间较长，改变生活环境对子女的健康成长不利，要同时具备这两个因素；三是一方无其他子女而另一方有其他子女，包括亲生子女、继子女、养子女，这些其他子女不论是否与其一起生活，无其他子女的一方都享有优先抚养权；四是子女随其生活对子女成长有利，而随另一方生活对子女成长不利，其有利条件主要是生活条件、教育条件、居住条件以及父母一方的品行修养、知识层次、身体健康状况等，不利条件诸如患有久治不愈的疾病、有生活恶习劣迹、对子女漠不关心、长期野外工作不利于照顾子女等。

相对优先抚养条件发生的前提是，父方与母方抚养子女的条件基本相同，双方都要求子女与自己共同生活。发生的具体条件是：第一，子女单独随祖父母或者外祖父母共同生活多年；第二，祖父母或者外祖父母要求并且有能力帮助子女照顾孙子女外孙子女。同时具备这两个条件，再加上其前提条件的，构成相对优先抚养条件，该方父或母享有优先抚养权。应当注意的是，这个优先抚养条件虽然发生在未成年子女的祖父母外祖父母，但是优先抚养权却不是祖父母外祖父母所享有，仍然由有优先抚养权的一方父或母享有。

3. 10 周岁以上的未成年子女的抚养

对于已经达到一定年龄的未成年子女应当由谁抚养，法律没有规定。司法解释规定："父母双方对 10 周岁以上的未成年子女随父或随母生活发生争执的，应考虑该子女的意见。"这是因为，10 周岁以上的未成年人是限制民事行为能力人，已经具备了一定的识别能力，他们可以根据自己的识别能力作出判断，究竟随父还是随母生活对自己更为有利。在确定对他们的抚养问题时，考虑他们的意见是有道理的。由于 10 周岁以上的未成年子女的识别能力毕竟有限，对他们的意见应当是考虑，而不是决定。法官应当在原则上尊重未成年子女的选择，如果子女的选择对他们的成长不利的，也可以作出另外的判决。

4. 协议轮流抚养

由于当前实行独生子女政策，夫妻只生一个孩子，在离婚的子女抚养中，对于独生子女的抚养出现协议轮流抚养的做法，以分享抚养子女的机会。轮流抚养也存在问题，就是涉及子女户口、入托、上学等一系列问题，处理不好会影响子女的健康成长。

司法解释规定，在有利于保护子女利益的前提下，父母双方协议轮流抚养子女的，可予准许。

确定轮流抚养，必须有协议，并且必须有利于保护子女利益。

这种轮流抚养协议的性质是身份性质的合同，父母双方是当事人。协议的内容，应当具备：

(1)轮流抚养的方式

应当解决子女的户口落在哪一方，而不能将子女的户口在父母双方之间流动。应当解决子女的入托、学习方式，避免因轮流抚养而影响子女的托育和学习。应当约定轮流抚养的执行、如何接送等。

(2)轮流抚养的时间

家居同一城市或者同一地区的，轮流抚养时间的长短可以自行约定，长短均可。如果父母异地居住，则时间应当长一些，不宜过短。

(3)扶养费用的负担

轮流抚养可以双方约定互不负担抚养费，也可以约定互相负担抚养费，均可自行约定。

(4)抚养争议的处理

双方应当严格履行协议，同时约定在出现争议时，采取什么样的方法解决。

5. 抚育费的确定

《婚姻法》第37条规定："离婚后，一方抚养子女，另一方应负担必要的生活费和教育费的一部或全部，负担费用的多少和期限的长短，由双方协议；协议不成时，由人民法院判决。""关于生活费和教育费的协议或判决，不妨碍子女在必要时向父母任何一方提出超过协议或判决原定数额的合理要求。"在具体适用这一规定的时候，应当遵循最高人民法院《关于人民法院审理离婚案件处理子女抚养问题若干具体意见》第7条规定的规则。

(1)子女抚育费确定的方法和数额

确定子女抚育费的基本方法，是根据子女的实际需要、父母双方的负担能力以及当地实际生活水平，确定具体的抚育费数额。应当将以上三个因素统一起来考虑，确定具体的数额。具体的方法有三种：

对于有固定收入的，抚育费一般可按其月总收入的百分之二十至三十的比例给付。负担两个以上子女的抚育费的，比例可以适当提高，但是最高不得超过月总收入的百分之五十。月总收入是指一个人一个月所获得的劳动报酬总数。如基本工资、工龄工资、奖金以及其他补贴。完全属于发给职工个人的保健费、洗理费、卫生费等，不应计算在内。

对于无固定收入的，抚育费的数额可依据当年收入或同行业平均收入，参照上述比例确定。无固定收入的，如农民、个体商业者、摊贩等。对于农民，可以按年收入的比例确定，每年支付一次。对于个体工商业者、摊贩等，既可按年收入确定，也可以按同行业平均收入，按比例计算确定月给付数额。

有特殊情况的，可适当提高或降低上述比例。例如，私营企业主或年收入达数十万元、数百万元的，如果也按上述比例给付抚育费，显然不合适，可以降低上述比例。对于子女伤、残的，如果按上述比例给付抚育费难以适应子女生活需要的，可以适当提高比例。

(2)子女抚育费的给付方式

子女抚育费给付可以采用三种方式：

一是定期给付和一次性给付。子女抚育费的一般给付方法是定期金方法。[①] 有固定收入或虽无固定收入但每月都有相当收入的，应按月定期给付；无固定收入的农民等，可按年给付；某些收入较高的父母，也可以按年支付抚育费。一次性给付，是按月或年应付的抚育费数额，乘以对子女抚养到适当年龄的期限，计算总数，一次给付完毕。

二是以物折抵。以财物折抵子女抚育费，适用于没有经济收入的一方和下落不明的一方。在这种情况下，按照确定子女抚育费所要给付的数额，用归属无经济收入一方或下落不明一方的财物，以相当的数额，折抵抚育费，交付抚养子女的一方。

三是协议免除。父母双方可以协议免除不抚养子女一方的抚育费给付义务。协议的内容应当包括子女随该方生活和抚养方自行负担子女全部抚育费两项内容。协议的这两项内容完备，且出于双方的真实意思表示，一般应承认其效力。从有利于保障子女权益的角度出发，如果抚养方的抚养能力明显不能保障子女所需费用，影响子女健康成长的，则不予准许。

(3)子女抚育费的给付期限

子女抚育费给付的期限一般至子女满18周岁时止。如果子女满16周岁不满18周岁，能够以其劳动收入作为主要生活来源，就视为完全民事行为能力人，当他或她能以自己的劳动收入维持当地一般生活水平时，父母也可以停止给付抚育费，让其独立依靠自己的劳动收入维持生活。

在特殊情况下，子女已满18周岁，但因特殊原因仍需父母给付抚育费的，虽然其已为完全民事行为能力人，仍应按父母的经济负担能力负担必要的生活费。特殊原因包括三种：

---

① 最高人民法院《关于审理人身损害赔偿案件适用法律若干问题的解释》第33条和第34条规定了人身损害赔偿的定期金给付方式。《侵权责任法》第25条确定了定期金赔偿制度。这种定期金给付方式与其相同。

一是对于丧失劳动能力的子女,父母应当继续负担必要的抚育费;虽未完全丧失劳动能力,但其收入不足维持生活的,父母也应当继续负担必要的抚育费,数额可与子女的实际需要相适应。

二是对于尚在校就读的子女,父母应当继续负担必要的抚育费。按照我国目前的教育体制,已满18周岁的子女,一般在高中三年级或大学一年级就读。尽管有的学生在大学就读期间,可以打工赚取部分生活费,但不能维持其全部生活,父母也应当继续提供费用,期限至其毕业能够参加工作时止。

三是对于确无独立生活能力和条件的子女,也应当继续提供必要的抚育费。如果有独立生活能力和条件,就是不参加劳动赚取生活费用,完全依赖父母生活,对于这样子女,法律不支持其无理请求,父母不必支付必要的抚育费,而应由其自食其力,独立谋求生活出路。

(4)继子女、养子女的抚育费

继子女的抚育费。生父与继母或生母与继父离婚,对于已经形成抚养关系的继子女,继父或继母既可以给付抚育费,也可以不给付抚育费,原则上由继父或继母自愿。继子女与继父如果形成抚养关系,适用《婚姻法》对父母子女关系的有关规定,形成父母子女的权利义务关系。离婚后,继父或继母愿意继续维持这种关系,当然可以继续提供抚育费。这种父母子女关系是一种特殊的、拟制的血亲关系,是可以解除的,当离婚后,继父或继母不愿意再继续保持继父母子女关系,不同意继续给付继子女抚育费的,应予准许。在这种情况下,该子女的抚养应由其生父母负担。

养子女的抚育费。养父母与养子女的关系为拟制血亲关系,收养关系一经成立,非经合法解除,不能消灭其父母子女的权利义务关系。对于合法成立的收养关系,养父母离婚后,对养子女无论由谁抚养,不抚养养子女的一方都必须承担给付抚育费的义务。

对于单方收养的子女,情况比较特殊,不能适用上述原则。《收养法》规定有配偶者收养子女,须夫妻共同收养。但在《收养法》生效之前,单方收养是存在的。因此,《收养法》施行前,夫或妻一方收养的子女,对方未表示反对,并与该子女形成事实收养关系的,离婚后,应由双方负担子女的抚育费;夫或妻一方收养的子女,对方始终反对的,离婚后,应由收养方抚养该子女。由于《收养法》生效已久,这个问题已经不存在。

(三)直接抚养人、监护人的变更

子女抚养变更包括两个内容:一是子女抚养关系变更;二是子女抚育费变更。

1. 关于离婚后子女抚养关系变更

(1)对于子女抚养关系变更应另案处理

最高人民法院《关于人民法院审理离婚后子女抚养问题的若干具体意见》第15条

规定“离婚后，一方要求变更子女抚养关系的”，“应另行起诉”。这一规定，是针对要求变更子女抚养关系的父母的原离婚案件而言，它不是对原案判决子女抚养关系的改判，而是作为一个新案，由请求变更抚养关系的一方起诉，对方当事人应诉。

（2）要求变更子女抚养关系应当具有法定事由

该司法解释第16条规定了4项具体的法定事由：一是与子女共同生活的一方因患严重疾病或因伤残无力继续抚养子女的。患有严重疾病或者伤残，都可能无能力继续抚养子女；患有传染性疾病的，还可能影响子女的健康。二是与子女共同生活的一方不尽抚养义务或有虐待子女行为，或其与子女共同生活对子女身心健康确有不利影响的。这里包括了三项变更子女抚养关系的法定理由：其一，抚养子女的一方不尽抚养义务，另一方要求变更抚养关系，应予支持。其二，抚养子女一方有虐待子女行为，对方要求变更子女抚养关系，应予准许。其三，父母一方与子女共同生活，对子女身心健康确有不利影响的，对方要求变更抚养关系，应予准许。三是10周岁以上未成年子女，愿随另一方生活，该方又有抚养能力的。对10周岁以上的未成年子女，要考虑他们自己的意愿。如果他们提出要随另一方生活，而该方又有抚养能力，能够很好地抚养子女的，这两个条件具备，应予变更子女抚养关系。四是有其他正当理由需要变更子女抚养关系的。

（3）准许父母双方协议变更子女抚养关系

协议离婚和判决离婚以后，要求变更子女抚养关系并非完全要向法院起诉，双方当事人达成了变更子女抚养关系的协议，只要没有违法事项和对子女成长不利问题，应准许其变更子女抚养关系。

2. 关于子女抚育费的变更

子女抚育费的变更是指父母双方离婚时已经协议确定或经判决确定给付子女抚育费的数额，子女在必要时向父母任何一方要求增加抚育费。对此，《婚姻法》第37条第2款规定：“关于子女生活费和教育费的协议或判决，不妨碍子女在必要时向父母任何一方提出超过协议或判决原定数额的合理要求。”最高人民法院《关于人民法院审理离婚案件如何处理子女抚养问题若干问题的意见》第15条、第18条和第19条对此做了规定：

（1）离婚后子女要求增加抚育费，应另行起诉

该司法解释第15条规定：“离婚后，一方要求变更子女抚养关系的，或者子女要求增加抚育费的，应另行起诉。”子女要求增加抚育费，不再是原离婚案件的继续，而作为新案另行向法院起诉，重新进行审理。增加抚育费的诉讼案件，应由子女作原告，由被要求增加抚育费给付的父方或母方为被告。

本条规定“应另行起诉”，是针对原离婚案件的判决或协议而言，并非是不准许协

议解决。

(2)增加抚育费的法定事由

一是原定抚育费数额不足以维持当地实际生活水平;二是因子女患病、上学,实际需要已超过原定数额;三是其他应当增加抚育费的正当理由。

在子女具有上述法定理由时,并不是必然增加抚育费,还须"父或母有给付能力的",方可增加抚育费数额。如果父方或母方没有给付能力,连维持自己的生活都有困难,就难以增加抚育费。

3. 关于子女变更姓氏的纠纷

夫妻离婚后子女归女方抚养的,女方常常将子女改随后夫姓,或者改随己姓。对于男方因此拒付抚育费的问题,应当认识到以下两点:第一,父母不得因子女变更姓氏而拒付子女抚育费。姓名是自然人人格的文字标记,尽管姓氏有血缘的因素,但不是绝对的,不因子女变更姓名就改变了或者断绝了父母子女关系。因子女变更姓氏而拒付子女抚育费,仍然是不尽法定抚养义务的行为,是违反法律规定的。第二,一方擅自将子女姓氏改为继母或继父姓氏而引起纠纷的,应责令恢复子女的原姓氏。父或母离婚后与他人结婚,不得擅自将子女改为继母或继父的姓氏。将子女改为继母姓氏罕见,一般是将子女改为继父的姓。一方擅自改换姓氏未经对方同意的,其行为无效,应责令其恢复原姓氏。至于离婚后,母亲将子女由父姓改为己姓的行为,按照《婚姻法》第16条关于"子女可以随父姓,也可以随母姓"的规定,于法相符,应予准许。为此而发生争执,为无理由。

(四)子女对离异父母的赡养

《婚姻法》第30条规定:"子女对父母的赡养义务,不因父母的婚姻关系变化而终止。"子女对父母的赡养义务是法定义务,是亲属权的法定内容,子女不能因为父母离婚或者再婚而拒绝履行自己的赡养义务。父母离异后,或者父母再婚后,子女拒绝履行赡养义务的,无劳动能力或者生活困难的父母可以提起赡养费给付之诉,请求人民法院对自己的权利予以保护。

五、不直接抚养子女一方的探望权

2001年《婚姻法》第38条新增加了离婚后不直接抚养子女的父或者母,享有对子女的探望权的规定。

(一)探望权的概念和性质

夫妻离婚以后,独生子女只能由一方抚养;有两个以上子女的父或者母,也有可能将孩子交由一方抚养;即使对几个子女分别抚养,父或者母也有探望不由自己抚养的子女的必要;而现在的绝大多数夫妻养育的子女都是独生子女,只能将独生子女由一方抚养,另一方享有探望的权利。离婚,只能消灭配偶关系,不能消灭血缘关系,也不能消灭父母子女之间的亲情。不论法律是不是有明文规定,夫妻离婚后,都是要探望自己的子女的。在《婚姻法》对此没有规定时,当事人离婚要进行约定,出现争议,要进行调解或者判决。法律正式规定了这个权利,就使它从幕后走到了前台,成为名正言顺的法定权利。探望子女,在一方是权利,在另一方就是义务,不履行义务的,就要承担法律责任。

探望权,是指夫妻离婚后,不直接抚养子女的父或母有探望子女的权利。直接抚养子女的一方有义务协助非抚养一方行使探望的权利。

探望权在国外通称为探望权,起源于英美法系,为处理离婚后父母探望子女提供法律依据,为各国立法和法理所接受。确立探望权符合世界婚姻家庭制度发展的潮流,如《德国民法典》规定,无人身照顾权的父或母保留与子女个人交往权、请求告知子女的个人情况权(以符合子女的利益为限)及对子女财产利益必要时承担财产照顾权之全部或一部,还规定无人身照顾权的父或母和人身照顾权人不得为任何损害子女与他人的关系或造成教育困难的事由。我国台湾地区将探望权称作会面交往权。我国《婚姻法》关于探望权的规定弥补了亲属法制度的缺失,是婚姻立法上的一大进步。

规定探望权的意义在于保证夫妻离异后非直接抚养一方能够定期与子女团聚,有利于弥合家庭解体给父母子女之间造成的感情伤害,有利于未成年子女的健康成长。探望权不仅可以满足父或母对子女的关心、抚养和教育的情感需要,保持和子女的往来,及时、充分地了解子女的生活、学习情况,更好地对子女进行抚养教育,而且可以增加子女和非直接抚养方的沟通与交流,减轻子女的家庭破碎感,有利于子女的健康成长。子女从出生一刻起就有获得父爱、母爱的权利,这些权利是他们健康成长的必要条件,更是社会安定的重要因素,规定探望权有利于保护子女受关爱的权利,并对社会道德起到重要的导向作用。

探望权的性质应当是亲权的内容。这是因为,被探望的对象只能是未成年的子女,父母对未成年子女的权利就是亲权,是对未成年子女的人身和财产照护权。探望权就是亲权的具体内容,是亲权的派生身份权,即亲权的具体内容。这种权利不可能是监护权,因为没有直接抚养子女的父或者母,既然没有直接抚养,当然就没有监护权。同样,它也不会是配偶权的内容,因为这是对子女的权利,不是对配偶的权利,况且享有探望权的人的配偶关系已经消灭,探望权不能成为配偶权的内容。

身份权都是法定权利。夫妻离婚后,基于婚姻关系的各种身份权、财产权归于消灭,但离婚并不能消灭父母和子女间的身份关系。父母离婚后,子女还是父母的子女,父母和子女的身份关系并没有改变。父母子女之间的身份关系,不仅是父母对子女有抚养、教育的权利和义务的基础,也是非抚养方对子女的探望权的法律基础。只要父母子女之间的身份关系存在，探望权就是非直接抚养子女一方的法定权利，非有法定理由不得予以限制或剥夺。因此，在离婚的当事人之间，应当按照法律的规定，对探望权怎样行使进行约定，并且应当遵守协议，不得违反。正如我国《婚姻法》第38条第2款规定："行使探望权利的方式、时间由当事人协议，协议不成时，由人民法院判决。"当事人在协议离婚或者在判决离婚时，应当在这个问题上协商出一致的协议，约定好探望的时间、地点、次数等。如果在协议离婚或者在诉讼离婚中对此协商不成的，应由人民法院依法判决。

(二)探望权的主体及权利行使方式

1. 探望权的主体与权利义务内容

探望权是和直接抚养权相对的一种权利。父母离婚后，如果子女由一方直接抚养，抚养方就成为子女亲权的主要担当人即监护人，取得直接抚养权；非直接抚养方的亲权则受到一定限制，不直接抚养子女的父或母自然享有对子女的探望权。探望权并不是产生于父母之间的协议，也不需要法院判决确认。只要直接抚养权一确定，探望权也同时成立，非直接抚养一方的父或母即取得探望权。探望权的主体是非直接抚养一方的父或母。而直接抚养方父或母则是探望权的义务主体，应该履行协助探望权人实现探望权的义务。

这种协助义务一般包括：直接抚养一方的父或母应该本着方便探望权人的原则，协商确定合理的探望时间、方式，或者按照法院判决安排探望时间。当子女拒绝探望时，直接抚养一方的父或母应该进行说服工作。直接抚养子女的一方不得设置障碍，拒绝非直接抚养一方探望子女，否则就侵害了非直接抚养一方的探望权利，应该承担侵权责任。根据探望权的立法旨意，探望子女是基于亲子关系所衍生的法定权利，不仅是父母的权利，更是为未成年子女的权利，探望权的行使应出自有利于子女身心健康发展的考虑，而不是以父母的利益为出发点。虽然法条无明确规定，但就法理解释而言，基于未成年子女身心健康发展的考虑，未成年子女也可以向法院请求与父母会面。

2. 探望权的行使方式

探望权是一种法定权利，和直接抚养权同时成立，因此不存在确权问题。尽管在实践中，当事人往往都是在协议中约定，但这种协议约定的是权利行使的方式和方法，而不是约定有没有这个权利。行使探望权，涉及直接抚养一方和子女的利益，有必要确定探望的时间、方式。我国《婚姻法》规定了确定探望的时间、方式的两种途径："行使探望权利的方式、时间由当事人协议；协议不成时，由人民法院判决。"婚姻法在确定探望的时间和方式问题上，规定了父母协议和法院判决两种方式，并且确定了"协议优先"原则。

按照协议优先原则,父母应该通过协商确定探望的时间和方式。父母应该本着有利于子女身心健康成长的基本原则,根据夫妻双方的实际情况,确定具体的探望时间和方式。父母是探望权的利害关系人,直接抚养方是子女的监护人,由父母协议,可以有效平衡父母和子女三方面的权益,妥当地安排探望的时间和方式,父母通过平等协商达成的协议也容易得到执行。与法院判决比较起来,父母协议确定探望时间、地点的成本最小,给探望的利害关系人造成的影响也最低,具有优先性。

在实际生活中,由于父母是因为感情破裂解除婚姻关系的,父母在协商时可能会过多考虑自己的利益,故意提出不合理的探望时间、方式,有些直接抚养一方甚至拒绝就探望的有关问题进行协商。如果父母通过协商不能达成协议,或者直接抚养一方拒绝协商,探望权人可以向法院提起诉讼,要求法院依法确定探望的时间和方式。法院应受理探望权人的请求,依法就探望的时间和方式作出判决。

探望的方式可以分为看望式探望和逗留式探望。看望式探望是指非抚养一方父或母以看望的方式探望子女。而逗留式探望在约定或判决确定的探望时间内,由探望人领走并按时送回被探望子女。两种探望方式各有其优点和缺点。如看望性探望,一般时间较短、方式灵活,但不利于探望人和子女的深入交流。而逗留式探望,时间较长,有利于探望人和子女的深入了解和交流,但直接抚养人则要承担不能和子女一起生活的不利后果。逗留式探望对探望人的要求也更高。探望人不仅应该具有较好的居住和生活条件,而且还要有良好的生活习惯。如果探望人有酗酒、赌博、吸毒等不良嗜好,或者居住、生活条件差,不利于子女的身心健康发展,应该避免适用逗留式探望。逗留式探望还要求子女有比较充裕的时间,一般只有在子女寒、暑假或其他假期时才能适用。人民法院根据有探望权父母的实际情况,根据子女的年龄、身体状况等情况,根据不同探望方式的特点,本着对孩子身心健康有利的原则来确定具体探望方式、时间和地点。对探望权的安排因情况不同而有所区别,主要是周末探望和假日探望。如每周或每隔一周的周末、从周五晚到周六或是每月一次;暑假或寒假的一段期间;重大节日或子女生日等特殊日子。法院在判决中应对探望权的安排作出明确确定,增强可操作性,以免当事人在执行时发生争议。

应该指出的是,探望权人按照协议或法院判决实施探望时,还应该考虑子女的意志。如果子女在约定或判决的探望时间不同意,探望权人不得强行探望。

(三)探望权的中止和恢复

探望权中止是指探望人具有探望权中止的法定理由时,由法院判决探望权人在一定时间内中止行使探望权的法律制度。

探望权是探望权人的法定权利,法律应该保护探望人的探望权,但是探望权也涉及抚养方和子女的利益,可能损害相关人尤其是子女的合法权益,有必要从立法上加以限制。探望权中止制度是通过中止探望权人在一定时间内行使探望权,来保护相关人的权益。但探望权毕竟是探望权人的一项重要的人身权利,中止探望权对探望权人影响巨大,法律也应该从制度上保障探望权人的探望权不被任意剥夺。我国《婚姻法》为平衡两者利益,通过立法的方式规定了探望权中止的法定理由和方式。

1. 探望权中止的概念

探望权是人身权,人身权具有专属性,不得以协议或判决的方式予以剥夺。人身权不存在终止,只能被限制。所谓中止,在这里是指由于出现了法定不能行使探望权的情形,探望权人应暂时停止行使探望权。探望权中止只是要求探望权人在法定理由存在期间暂时不能行使探望权,在法定理由消灭后,应该恢复探望权人的探望权。

2. 探望权中止的法定理由

我国《婚姻法》第38条第3款规定:"父或母探望子女,不利于子女身心健康的,经人民法院判决可以中止探望权。"不利于子女身心健康,是探望权中止的法定理由。当父母的探望行为不利于子女身心健康时,经人民法院判决,探望权才能被中止。如果父母的探望行为造成的是其他损害,并没有不利于子女身心健康,人民法院就不能判决探望权中止。探望权中止的法定理由既是人民法院判决的法律依据,也限制了人民法院的自由裁量权,保证了探望权人的探望权不被任意剥夺。《婚姻法》把"不利于子女的身心健康"作为探望权中止的唯一法定理由,体现了婚姻法保护子女身心健康的立法倾向。人民法院应严格按照这一法定理由作出判决,不得任意中止探望权人的探望权。不利于子女身心健康,包括子女的身体、精神、道德或感情的健康。一方不负担子女抚养费或是未按期给付抚养费的情况,并不是中止探望权的条件,不能作为中止探望权的法律依据。

我国《婚姻法》没有列举"不利于子女的身心健康"的具体情形,人民法院在审理请求中止探望权案件时,应本着保护子女身心健康的原则,根据具体的案情作出审慎判决。如果通过审理确认父或母探望子女不利于子女身心健康,探望权就应该被中止。如行使探望权的父或母一方吸毒、赌博、酗酒、品行不端、有严重的传染病、精神疾病或对子女有暴力倾向,或利用探视机会将子女藏匿起来等,应该中止探望。父母因犯罪被收监并不是中止探望权的必然原因,被监禁的父母与自己子女的权利义务关系也并不因入狱而消除,除非父母是因对子女有犯罪行为而入狱。

3. 决定中止探望权的主体和方式

中止探望权对探望权人影响巨大,也可能影响到未成年子女的身心健康。我国《婚姻法》规定决定中止探望权的主体只能是人民法院,其他个人、组织或机关无此权力。探望权中止不得由对方当事人决定。对方当事人禁止或者妨碍以至于宣告"中止"当事人行使探望权的,构成侵权行为,可以依据法理,适用《侵权责任法》第6条第1

款规定，确定侵害亲权的赔偿责任。

探望权中止的事由消失以后，被中止的探望权予以恢复。探望权的恢复，可以由当事人协商，也可以由法院判决。当事人协商不成，当探望权中止的原因消灭以后，法院应当判决探望权恢复。

（四）侵害探望权的损害赔偿问题

对于侵害探望权是否构成侵权行为以及能否适用损害赔偿的民事责任这一问题，我国《婚姻法》没有规定清楚。笔者认为，对侵害探望权的行为应当认定为侵权行为，可以适用损害赔偿方法进行救济。[①] 应当遵循侵权责任构成的一般要求，按照损害事实、违法行为、因果关系和过错的要件，判断这种行为是否构成侵权责任。符合侵权责任要件要求的，认定为使侵害探望权的侵权行为，加害人应当承担侵权责任。反之，则不构成损害赔偿责任。

赔偿的具体内容，主要是精神损害赔偿。应当按照《侵权责任法》第 22 条和最高人民法院《关于确定民事侵权精神损害赔偿责任若干问题的解释》的规定，确定加害人承担精神损害抚慰金的赔偿责任。

（五）探望权的强制执行问题

我国《婚姻法》第 48 条规定："对拒不执行扶养费、抚养费、赡养费、财产分割、遗产继承、探望子女等判决或裁定的，由人民法院依法强制执行，有关个人和单位应负协助执行的责任。"法律通过这条规定，对探望权赋予强制执行效力。

探望权案件的执行，是未与子女生活的一方对子女的亲权得以实现的法律保障。

1. 探望权纠纷案件不同于一般民事案件执行的特点

（1）执行标的模糊

其他民事案件的执行有明确的执行标的，要么是金钱、物，要么是具有某一物质性结果的一定的行为，如加工、修缮；而探望权纠纷案件的执行内容是探望权及其行使方式，具有抽象性，因而没有明确的执行标的。

（2）执行内容的长期性

其他民事案件的执行，除定期支付抚养费的离婚案件外，往往是一次执行完毕，当事人之间的权利义务即行消灭；而探望权纠纷案件的执行内容具有长效性。

（3）执行结果的事后性

探望权纠纷案件执行发生的原因在于出现了与子女共同生活的一方阻碍未与子女共同生活的一方探望子女情形，执行的目的在于使与子女共同生活的一方今后不再

---

① 董炳金、汪群：《试论探望权及其精神损害赔偿》，载万鄂湘主编：《婚姻法理论与适用》，人民法院出版社 2005 年版，第 411 页。

阻碍未与子女共同生活的一方探望子女，这就决定了探望纠纷案件的执行结果具有事后的特点。

2. 执行中可采取的做法

对探望权的强制执行不同于其他民事义务的强制执行，不能直接采取强制执行措施将未成年子女交付给享有探望权的当事人，因为这样涉及对人身执行的问题。民事强制执行的标的，只能是财物和行为，不能强制执行人身。对子女的人身强制执行，既不人道，又不利于双方当事人矛盾的解决，更不利于子女身心健康。探望权是一方的权利，另一方负有协助的义务。美国有些州的法律规定，有监护权的一方不允许有探望权的一方探视，情节轻微的，法院可以增加判决内容或执行条件，以保证将来对探望权判决的执行。对拒不执行判决、具有藐视法庭情况的，可处以罚金或监禁，也可以在规定时间内进行变更监护权的听证，取消监护权人的监护权。美国对干涉探望权的救济总体包括蔑视法庭诉讼、强制执行探望权诉讼以及变更监护权诉讼。我国台湾地区强制执行法的执行措施比较严厉，如果有照顾权的一方不让有会面权的一方行使会面权，法官得对其实施拘提、管收或处以怠金，经责令定期履行而仍不履行者，得再处怠金。与大陆地区执行理念不同的是，我国台湾地区强制执行法还得用直接强制方法，将该子女取交执行人。

根据司法实践，在探望权案件的执行中应注意以下问题：

第一，在执行时，要把思想教育和法制宣传工作贯穿始终，切实做好疏导教育工作。法院在执行这类案件时，要做过细的疏导教育工作，使当事人认识到子女和父母的关系不因父母离婚而消除，另一方有探望子女的权利，阻碍、拒绝对方行使探望权的行为是违法行为，同时探望权的实现也是保证子女身心健康的需要，使当事人能够为子女的健康成长创造适宜的氛围，主动履行协助义务，从而使案件得到圆满解决。

第二，慎重适用强制措施。法院在执行这类案件中应以说服教育做思想工作为主，但对那些经常无故阻挠、刁难甚至隐匿子女、拒绝对方当事人行使探望权的，也可以适当采取强制措施。如拒不配合的，可进行妨害民事诉讼的训诫、罚款、拘留等惩罚，同时，“对拒不履行判决者可追究其刑事责任”。这一极具法律威慑性的规定，也可以确保这类案件得以执行。但如果将直接抚养子女一方予以拘留或刑事处罚，必然不利于子女的最大利益，所以应慎用。

第三，如果是子女拒绝探望，应区别情况对待。探望不仅是父母的权利，也是子女的权利。法院应根据子女的年龄和鉴别能力，正确判断子女拒绝探望的原因，首先要看子女能否独立地作出拒绝父母一方探望的意思表示，其次要看究竟是子女自己不愿意接受探望还是受直接抚养一方父或母的挑唆而不愿接受探望，如果子女年龄较大，有判断能力，不愿接受探望的，就不能强制执行；如系后者，可根据情节是否严重，对直接抚养一方采取批评教育甚至是拘留、罚款等强制措施，勒令其改正错误行为，说服子女同意探望。

六、离婚过错损害赔偿

（一）离婚过错损害赔偿的概念和特征

1. 离婚过错损害赔偿的概念

2001 年《婚姻法》第 46 条规定了离婚过错损害赔偿制度。这是以前婚姻法没有规定的。按照这一规定，离婚过错损害赔偿是一个很复杂的概念，仅从侵权行为所侵害的客体来看，既包括对配偶权的侵害，也包括对亲属权和身体权、健康权的侵害。因此界定这一概念应当从更为宽泛的角度出发，而不能仅仅从配偶权的角度研究离婚过错损害赔偿。

我认为，离婚过错损害赔偿，是指夫妻一方因为过错实施法律规定的违法行为，妨害婚姻关系和家庭关系，导致夫妻双方离婚的，过错方应当承担的侵权损害赔偿责任。

我国《婚姻法》第 46 条规定的离婚过错损害赔偿，保护的是婚姻关系当事人中无过错的一方，明确规定“无过错方有权请求损害赔偿”，不包括有过错的当事人。① 在现实生活中，有的婚姻关系的双方当事人都有过错，都依据该条法律规定请求对方承担损害赔偿责任，这种做法不符合该条法律规定的原则。《关于适用〈中华人民共和国婚姻法〉若干问题的解释（三）》第 17 条规定：“夫妻双方均有婚姻法第 46 条规定的过错情形，一方或者双方向对方提出离婚损害赔偿请求的，人民法院不予支持。”这符合《婚姻法》第 46 条规定精神，是正确的。

2. 离婚过错损害赔偿的法律特征

（1）离婚过错损害赔偿是由于离婚而发生的损害赔偿

离婚过错损害赔偿的概念本身就要求是离婚。因此，这种损害赔偿责任是基于离婚而发生的损害赔偿责任。没有离婚事实的发生，就没有这样损害赔偿责任。

（2）离婚过错损害赔偿是基于过错而发生的损害赔偿

离婚过错损害赔偿实行过错责任原则，法律对于存在的过错行为已经做了明确的规定，这些过错行为应当客观存在。

（3）离婚过错损害赔偿是侵害对方配偶的权利而造成婚姻关系损害的损害赔偿

离婚过错损害赔偿所侵害的客体复杂，但有一个共同特点，就是这些侵权行为都是发生在家庭领域，造成了婚姻关系的损害。界定这个概念的时候，只有认定所侵害

---

① 该条的条文是：“有下列情形之一，导致离婚的，无过错方有权请求损害赔偿：（一）重婚的；（二）有配偶与他人同居的；（三）实施家庭暴力的；（四）虐待、遗弃家庭成员的。”

的客体是婚姻关系，才能够完整概括其全部内容。

(4)离婚过错损害赔偿是发生在婚姻领域中的侵权损害赔偿

这种应当承担损害赔偿责任的违法行为是造成了婚姻关系的损害，其违法行为就一定是侵权行为，即妨害婚姻关系的侵权行为；承担的损害赔偿责任，就是妨害婚姻关系的侵权损害赔偿。

(二)确立离婚损害赔偿制度的理论基础

1. 理论借鉴的基础

我国《婚姻法》为什么要规定离婚过错损害赔偿制度，在学说上有不同看法。其实，规定离婚损害赔偿制度并非始于今日。早在1907年的《瑞士民法典》就规定了这一制度，1920年的北欧诸国的亲属法也规定了这样的制度，1931年的国民政府民法和1941年改正的《法国民法典》，都设有离婚损害赔偿的规定，日本在亲属法中没有这种规定，而是直接援引关于侵权行为的规定认定。①

在理论上，有以下几种理论基础可以选择：

(1)离因损害和离婚损害

在欧洲大陆国家和我国台湾地区的亲属法理论中，对于离婚损害赔偿应当区别离因损害和离婚损害。离因损害是指夫妻之一方的行为是构成离婚原因的侵权行为时，他方可以请求因侵权行为所生的损害赔偿。例如，因杀害而侵害对方的生命、健康或人格，或因重婚、通奸等贞操义务的违反而侵害到对方的配偶权等，都属于离因损害。而离婚损害与离因损害不同，离婚原因不具备侵权行为的要件，而离婚本身构成损害赔偿的直接原因。

(2)侵害配偶人格权

日本民法典亲属法没有关于离婚损害赔偿的具体规定，在理论和实践上都承认离婚损害赔偿，多数学说认为是由于夫妻之一方有可归责的事由而离婚时，他方可请求因侵权行为所致损害的赔偿。这就是夫妻的一方的有责行为引起婚姻的破裂，而此违法性就是侵害了他方配偶人格权，构成侵权行为。②

(3)妨害婚姻关系

美国有关于妨害婚姻关系的侵权行为的法律，认为受害的配偶的行为构成另一配偶请求离婚的原因，并不因而影响夫妻双方的任何一方法律保护婚姻利益受第三人侵犯的赔偿。③ 这种理论，虽非直接规定造成离婚一方对另一方的损害赔偿责任，但这种

---

① 参见林秀雄：《婚姻家庭法之研究》，中国政法大学出版社2001年版，第117页。

② 参见林秀雄：《婚姻家庭法之研究》，中国政法大学出版社2001年版，第115～116页。

③ 《美国侵权责任法重述》第689条，参见台湾“司法院”、政治大学法律研究所合译：《美国法律整编·侵权责任法》，台湾司法周刊杂志社1986年版，第585页。

思路是明确的,即离婚的原因行为造成了婚姻关系的破裂,无过错一方因此受到了损害,构成妨害婚姻关系的侵权行为,应当承担损害赔偿责任。

2. 我国离婚过错损害赔偿的理论基础

建立我国离婚过错损害赔偿责任制度,从理论上应当确立以下要点:

(1)离婚过错损害赔偿应以离因损害理论作为基础

从理论上比较,离婚损害和离因损害最主要的区别在于:离因损害讲究离婚的原因,是由于离婚原因的可归责性,而使离婚的过错一方应当承担侵权损害赔偿责任;而离婚损害不讲离婚的过错,只要是一方提出离婚,就应承担损害赔偿责任。这不符合我国亲属法的立法原则,也违背我国侵权责任法的基本原则。而我国《婚姻法》第46条明文规定的四种离婚过错损害赔偿的事由,都是讲的离婚的原因,而不是讲离婚的结果;因此,确定我国的离婚过错损害赔偿就是离因损害而不是离婚损害。这是我国离婚过错损害赔偿的理论基础。

(2)离婚过错损害赔偿的基本规则适用《侵权责任法》第6条第1款

确定离婚过错损害赔偿责任,在理论上应当解决的一个重要问题就是《婚姻法》第46条规定与《侵权责任法》第6条第1款的关系问题。《侵权责任法》第6条第1款规定侵权法的基本规则是过错责任原则,《婚姻法》第46条规定的是离婚过错损害赔偿责任,两个规定是一致的。《侵权责任法》第6条第1款与《婚姻法》第46条的关系是抽象与具体的关系,是基本原则与具体规定的关系,并非第46条规定是脱离第6条第1款规定而独立存在的法律规范。那种认为"日本民法或借用侵权责任法的构成,或使其寄生于财产法的规定,都是时代的落伍者"①的说法,值得斟酌。因为从侵权责任法的基本规则中,是完全可以推出对离婚过错损害赔偿责任确认的结论的,而非借用。

(3)离婚损害赔偿的基本性质是妨害婚姻关系的侵权行为

界定离婚过错损害赔偿的侵权行为性质,必须从该侵权行为的本质观察,才能够作出准确的结论。如果仅仅从离婚原因方面观察,也就是配偶一方造成离婚的违法行为观察,其所侵害的客体复杂,不易作出判断。从另一个角度观察,这些违法行为也就是离婚过错行为都有一个最终的结果,就是造成了离婚的后果,使受害人丧失了配偶权。基于这样的认识,可以借鉴美国侵权责任法的理论,认定这种侵权行为是侵害了受害人的配偶权,构成了对婚姻关系的妨害。这样,就可以将这种侵权行为界定为妨害婚姻关系的侵权行为,将其归并在妨害婚姻关系以及妨害家庭关系的侵权行为的类型之中。②

---

① 参见林秀雄:《婚姻家庭法之研究》,中国政法大学出版社2001年版,第118页。

② 参见杨立新:《简明类型侵权法讲座》,高等教育出版社2003年版,第172页。

(三)离婚损害赔偿责任的构成

顾名思义,离婚过错损害赔偿责任适用过错责任原则,依照过错责任原则对侵权责任构成要件的要求,离婚过错损害赔偿责任构成须要具备以下四个要件:

1. 离婚损害赔偿责任的违法行为

构成离婚过错损害赔偿责任的违法行为要件,在《婚姻法》第46条中已经做了明确规定:一是重婚的,二是有配偶者与他人同居的,三是实施家庭暴力的,四是虐待、遗弃家庭成员的。法律限定四种违法行为为离婚损害赔偿责任的行为要件,超出这四种行为的,不能认定为构成这种侵权责任。

实施上述违法行为的主体是有过错的配偶。这些行为侵害他人的权利,行为人违反了这些权利中的法定义务,构成违法性。

2. 离婚损害赔偿责任的损害事实

离婚损害赔偿责任的损害事实要件较为复杂,分成几个层次:

(1)侵害的客体有不同的权利

重婚、与他人同居,侵害的是对方配偶的配偶权。实施家庭暴力、虐待、遗弃,都可能侵害配偶的身体权、健康权,也构成侵害配偶权,因为虐待、遗弃本身,就是对配偶权的侵害;同时也构成对配偶之外的其他家庭成员的身体权、健康权和亲属权、亲权的侵害。

(2)受害人受到的损害包括人身损害和精神损害

实施家庭暴力、虐待、遗弃,都可能造成受害人的人身损害的后果。重婚、与他人同居,都可能造成配偶严重的精神损害;即使实施家庭暴力、虐待、遗弃的,也都可能造成精神损害。在救济上,行为人既要承担人身损害赔偿的责任,也要承担精神损害赔偿责任。

(3)损害后果有两个层次

从以上的损害事实看,它们是第一个层次的损害事实,是造成了对方配偶和其他家庭成员权利的侵害;离婚损害赔偿责任损害事实的第二个层次的损害,是对婚姻关系的损害,即由于上述违法行为而使配偶之间的婚姻关系解除,造成了离婚的后果,这是离婚损害赔偿责任损害事实的关键所在。如果存在上述损害事实,但是没有造成离婚的后果,受害人不可以依据《婚姻法》第46条规定请求精神损害赔偿,即使配偶的行为构成侵权,也必须通过其他途径进行救济。正因为如此,最高人民法院的司法解释才规定"在婚姻关系存续期间,当事人不起诉离婚而单独依据该条规定提起损害赔偿请求的,人民法院不予受理",并且"人民法院判决不准离婚的案件,对于当事人基于婚姻法第46条规定提出的损害赔偿请求,不予支持"。因此,离婚损害赔偿的基本损害事实就是离婚,就是婚姻关系的解除,就是婚姻关系受到了损害。

(4)受到损害的受害主体具有双重性

从第一层次的受害主体的身份而言,受害人可以是配偶一方,也可以是其他家庭成员。但认定离婚过错损害赔偿责任损害后果的关键损害事实是离婚,即解除婚姻关系,这个受害人必须是对方配偶,即配偶间的无过错方。

3. 离婚损害赔偿责任的因果关系

离婚损害赔偿责任构成的因果关系要件较为特殊。在一般的侵权责任构成中,因果关系构成只是一个原因和一个结果,即在因果关系链条中只有一个环节,较为简单。在离婚损害赔偿案件中,因果关系的链条起码有两个环节,这就是:违法行为(重婚、与他人同居、实施家庭暴力、虐待或者遗弃)→配偶权、身体权或者健康权、亲权或者亲属权等受到损害;配偶权、身体权或者健康权、亲权或者亲属权的损害→婚姻关系破裂的损害。这样多重的因果关系链条,更体现了我国离婚损害赔偿责任属于离因损害而不是离婚损害。司法解释规定:"符合婚姻法第46条规定的无过错方作为原告基于该条规定向人民法院提起损害赔偿请求的,必须在离婚诉讼的同时提出。""符合婚姻法第46条规定的无过错方作为被告的离婚诉讼案件,如果被告不同意离婚也不基于该条规定提起损害赔偿请求的,可以在离婚后一年内就此单独提起诉讼。""无过错方作为被告的离婚诉讼案件,一审时被告未基于《婚姻法》第46条规定提出损害赔偿请求,二审期间提出的,人民法院应当进行调解,调解不成的,告知当事人在离婚后一年内另行起诉。"这些规定都说明,违法行为仅仅与第一个层次的损害事实之间有因果关系还不够,还必须与最后的婚姻关系破裂的损害事实之间具有因果关系时,才构成因果关系的要件。

4. 离婚损害赔偿责任的过错

离婚损害赔偿的过错要件也具有特殊性。这表现在,行为人在实施违法行为的时候,预见的是第一层次的损害事实,在这个损害事实上,行为人具有故意的过错形式,是明知会造成这样的损害后果,而希望或者追求其发生。在第二层次的损害事实事实上,即婚姻关系破裂的损害事实上,可能是故意,也可能是过失。因为有的重婚、与他人同居、实施家庭暴力、虐待或者遗弃,行为人并不希望或者追求与自己的配偶的婚姻关系破裂,笑话中的"家里红旗不倒,家外彩旗飘飘",正是这种情况的写照。从总体上看,离婚损害赔偿中的过错,既可能是故意,也可能是过失,而不可能都是故意。

(四)离婚损害赔偿的责任方式

离婚损害赔偿的责任方式包括两种,即人身损害赔偿和精神损害赔偿。最高法院的司法解释规定:"婚姻法第46条规定的'损害赔偿',包括物质损害赔偿和精神损害赔偿。涉及精神损害赔偿的,适用最高人民法院《关于确定民事侵权精神损害赔偿责任若干问题的解释》的有关规定。"作出婚姻法司法解释的时候,人身损害赔偿司法解释还没有出台，所以应当追加一句，就是涉及物质损害赔偿也就是人身损害赔偿的，应当适用《关于审理人身损害赔偿案件适用法律若干问题的解释》的有关规定。2010 年 7 月 1 日之后，其法律根据是《侵权责任法》第 16 条关于人身损害赔偿和第 22 条关于精神损害赔偿的规定。

人身损害赔偿，就是在实施家庭暴力、虐待、遗弃等违法行为中，造成了受害人的身体权、健康权的损害，构成了人身损害的后果。在赔偿中，应当按照人身损害赔偿的规则进行。

对于离婚损害赔偿中的精神损害赔偿，应当包括两个方面。第一，侵害配偶权以及其他权利造成的纯粹的精神利益的损害，可以请求精神损害赔偿。第二，造成人身损害的，除了可以请求人身损害赔偿之外，还可以请求精神痛苦的抚慰金赔偿。

离婚损害赔偿造成其他损害的，受害的配偶一方是否可以请求对方承担损害赔偿之外的其他民事责任方式？例如，赔礼道歉、恢复名誉、消除影响等。对此，《婚姻法》以及司法解释都没有规定。按照文意理解，既然是离婚损害赔偿责任，似乎不应当包括其他责任方式。不过，既然离婚损害赔偿责任受《侵权责任法》第 6 条第 1 款约束，应当可以适用《侵权责任法》有关其他民事责任方式的规定。当事人如果请求加害人承担其他侵权民事责任方式的，只要确有需要，就应当准许。

（五）离婚损害赔偿的程序

1. 原告和被告

在离婚损害赔偿诉讼中，原告只能是无过错的一方配偶，简称无过错方。被告是无过错方的配偶，即有过错的配偶一方。司法解释规定“承担婚姻法第 46 条规定的损害赔偿责任的主体，为离婚诉讼当事人中无过错方的配偶”，正是这个意思。

在受到《婚姻法》第 46 条规定的违法行为损害的其他人，即其他家庭成员，不是离婚损害赔偿案件的当事人，无权作为原告或者被告起诉，应当另寻他途救济。

2. 离婚损害赔偿请求权行使的期限

《婚姻法》对离婚损害赔偿诉讼没有规定时限的要求，最高人民法院司法解释对此作出了明确规定：第一，无过错配偶作为原告起诉离婚的，必须在离婚诉讼的同时起诉离婚损害赔偿。为了保证无过错配偶的这一权利的行使，同时规定“人民法院受理离婚案件时，应当将婚姻法第 46 条等规定中当事人的权利义务，书面通知当事人”。当事人应当斟酌自己是不是行使这个权利，如果作为无过错配偶的原告在离婚诉讼中，经过告知也没有提出离婚损害赔偿请求的，视为其已经放弃了这个权利。第二，无过错配偶作为离婚诉讼的被告，在离婚诉讼中不同意离婚，也不提出离婚损害赔偿请求，法院判决离婚的，其起诉的时限规定为离婚后的 1 年，在 1 年内可以提出离婚损害赔偿诉讼请求。第三，无过错配偶作为离婚诉讼的被告，在一审中没有提出离婚损害赔偿诉讼请求,而是在二审中提出的,法院应当对离婚损害赔偿诉讼请求进行调解。调解成功的,调解结案;调解不成的,依法判决离婚,在离婚后1年内,无过错配偶可以另行起诉。第四,无过错配偶作为离婚诉讼的被告,在离婚诉讼中同意离婚,并请求离婚损害赔偿请求的,应当提起反诉。

3. 其他程序和实体问题

其他程序和实体问题包括:一是在婚姻关系存续期间,当事人不起诉离婚而仅仅起诉离婚损害赔偿的,按照司法解释的规定,人民法院不予受理。二是无过错方作为离婚诉讼的原告起诉离婚损害赔偿诉讼请求,法院判决不准离婚的,对于离婚损害赔偿的诉讼请求应当如何处理。对此,司法解释没有规定,应当一并予以驳回。三是“第三者”是否可以作为被告承担离婚损害赔偿责任。离婚损害赔偿是侵害配偶权妨害婚姻关系的侵权行为,作为有过错的配偶当然是侵权人,应当承担侵权责任。但另一个方面,既然有过错的配偶是侵害配偶权的侵权行为人,那么,在违法行为是重婚、与他人同居的时候,侵权行为一定是共同侵权,而不是有过错的配偶的单独侵权行为。既然如此,法律仅仅规定对于有过错的配偶一方责令损害赔偿,而不追究对方即“第三者”的侵权责任,是否有失公正和公平?对于这类案件,从法理上应当准许无过错的配偶一方追究侵权一方的共同侵权责任,即连带责任。对此,学者做了大量的探讨,①但立法机关没有采纳。这种主张,在法理上没有问题,但在司法实践中是一律不予受理。我认为,为了保护好婚姻关系主体的权利,应当准许无过错配偶一方起诉有过错配偶一方的重婚或者同居的对方当事人。

4. 离婚损害赔偿请求权与分割共同财产的照顾无过错方的关系

在分割夫妻共同财产时,对无过错方可以予以适当照顾多分,是对的。对于无过错方既提出离婚损害赔偿的请求又要求在分割共同财产的时候要多分的问题,有的学者主张应当支持,有的学者主张不应予以支持。我认为,这是两种不同的制度,是从两个不同的侧面保护无过错配偶一方,并不矛盾;故对无过错配偶一方同时提出这两种请求的,应当予以支持。②

---

① 参见杨立新:“论妨害婚姻关系的名誉损害赔偿”,载《河北法学》1988年第6期;《简明类型侵权法讲座》,高等教育出版社2003年版,第174页。

② 对此,在作者主编的《中华人民共和国婚姻法释义与适用》一书中,该部分作者持相反的观点,有的学者对此提出批评。这种批评意见是正确的。该批评意见参见王洪:《婚姻家庭法》,法律出版社2003年版,第484页。

第五章　亲子

第一节　亲子概述

一、亲子的概念和意义

（一）亲子的概念

亲子是指亲属法上的父母与子女，即父母子女。

我国亲属法理论在很长时间里回避亲子概念，而用父母子女的概念代替。究其原因，是认为亲子的概念有男尊女卑之嫌。因为在语义学上，亲原本是指男性亲，即父亲；子是指男性子，即儿子；对父母子女关系的法律概念用亲子概念概括，过于重视男性亲而忽视女性亲，是男女不平等的表现。事实上，即使在古代汉语中，亲和子的概念也都是中性的，并没有仅指男性亲的意思，只是在男尊女卑的传统中，亲和子的概念有了轻视女性的含义。正确理解亲子的概念，“亲”谓父母，“子”谓子女，[①]绝不是男尊女卑的概念。在改革开放的今天，在法律概念上不应再继续“左”的思想，不应当再对亲子概念有偏见。

（二）亲子的法律意义

亲子关系是家庭关系的重要组成部分，它因出生的事实或者法律的拟制而发生，是最近的直系血亲。

出生，不仅仅是子女离开母亲的身体而独立，也是母亲将

---

① 史尚宽：《亲属法论》，荣泰印书馆1980年版，第476页。

孕育的子女娩出。子的"出"和亲的"生",构成亲属法上的法律事实,使父母亲和子女之间确定了亲子的身份地位,发生亲权关系。同时,这一法律事实也使祖父母、外祖父母与孙子女、外孙子女之间产生直系血亲的身份地位,产生亲属权关系;使兄弟姐妹之间发生旁系血亲的身份地位,产生亲属权关系;在其他亲属之间也产生近亲属之外的亲属身份关系。

二、亲子的种类

(一)亲属法对亲子的习惯分类

关于亲子的分类,古今中外有很大的差别。

在我国古代封建社会,由于受传统的封建思想和纳妾、宗祧制度以及恩义名分等观念的影响,亲子的种类很多,基本分类有两种:一是出自于自然血统,即亲生父母子女,包括亲生父母,嫡子女、庶子女、婢生子女和奸生子女;二是出自于法律拟制而产生的父母子女,包括嗣父母嗣子女、养父母子女。在亲的方面,礼俗法典上有"三父八母"之称,"三父"依朱子家礼为同居继父、先同后异居继父和不同居继父;依元典章则为同居继父、不同居继父和从继母嫁;"八母"为嫡母、继母、养母、慈母、[1]嫁母、出母、庶母、乳母[2]。养父母、继母、嫡母、慈母等视同亲生父母。在子的方面,则有嫡子、庶子、奸生子、婢生子、嗣子、养子之分。在继承上,元制为嫡四庶三,奸及婢各一,明清制则为妻妾婢生子均分,奸生子与应继嗣子均分,若无应继之人,则奸生子继承全部。[3] 至于义父母、义子女等称谓并不是法律上的亲子,只是一种名分恩义上的称呼,不发生法律上的后果。

《大清民律草案》规定亲子为四种:嫡子即妻所生之子;庶子即非妻所生之子;嗣子即成年男子已婚而无子者将宗亲中亲等最近的兄弟之子立为亲子的子;私生子即由苟合或无效婚姻所生之子。[4]《民国民律草案》在规定了上述四种亲子之外,增加养子,即三岁以下遗弃小儿,被人收养,或以义男名义入异姓人家为子者。[5]

近代国民政府制定民法典,吸取了大陆法系亲子法的立法经验,将亲子分为自然血亲和拟制血亲两种基本类型。父母分为:有婚姻关系的亲生父母为父母、没有婚姻关系的亲生父母为生父母、因收养而发生的为养父母。与此相对应,子女分为:婚生子女、非婚生子女和养子女。

---

① 生母死,其父命别妾抚育成人者,称为慈母。

② 父妾只少哺乳者为乳母,不必教育成人,与慈母有别;也有将有哺乳者即为乳母,不必为父妾。

③ 史尚宽:《亲属法论》,荣泰印书馆1980年版,第481~482页。

④ 参见《大清民律草案》第1380条、第1387条、第1390条、第1403条规定。

⑤ 参见《民国民律草案》第1189条、第1196条、第1201条、第1205条、第1217条。

(二)我国法律对亲子的分类

我国亲属法规定的亲子包括四种,即父母、生父母、养父母和继父母,婚生子女、非婚生子女、养子女、继子女。按照血缘关系,可以分为两大类:

1. 自然血亲的亲子

自然血亲的亲子是指通过自然血缘而构成的父母子女关系,即亲生父母子女。包括三种:(1)父母与婚生子女,是最自然的亲子关系;(2)生父母与非婚生子女,虽然非出生于合法的婚姻家庭关系当中,但仍然是自然的亲子关系;(3)经人工生育技术生育,并由妻子分娩的同质的父母子女,即由父亲提供精子受胎而生的亲子。

2. 法律拟制的亲子

法律拟制的血亲,是指亲子间没有自然血缘关系,是通过法律拟制而成为血亲关系的亲子。包括三种:(1)养父母子女,通过收养关系而成立的拟制亲子;(2)继父母子女,父母通过再婚而与对方亲子形成的拟制亲子;(3)通过人工生育技术形成的,并非血缘同质的亲子,即不是妻的卵子也不是丈夫的精子而生的子女。

三、子女姓氏

(一)我国历史上的子女姓氏

在我国历史上,子女姓氏要根据娶婚还是赘婚的不同而有所不同。原则是娶婚者,子女从父姓;赘婚者,子女从母姓,另有约定者,从其约定。

娶婚者,婚生子女从父姓,父的婚姻即使无效或者被撤销,子女的姓氏也不受影响。非婚生子女从母姓,经生父认领之后,改从父姓。收养的子女,从收养者的姓。于婚姻中受胎而于离婚后出生的子女,或者夫死亡前受胎而于夫死后或母再嫁后始出生的子女即遗腹子,均称父姓。

赘婚者,如没有特别约定,则子女从母姓,如有特别约定,则依其约定。在赘夫认领非婚生子女时,应从父姓。赘婚夫妻收养子女,如果没有特别约定,应从母姓。赘婚夫妻于婚姻中受胎而于离婚后始出生的子女,如果没有特别约定,应从母姓。

关于弃儿,一般规定为由户籍长官或者村的长官为其立姓命名,或者由收养之父母立姓命名。

(二)我国现行法律的规定

1. 基本规则和法律意义

我国现行亲属立法规定子女姓氏坚持男女平等原则,并不强制子女随父姓。我国《婚姻法》第22条规定:“子女可以随父姓,可以随母姓。”其含义是:第一,子女出生后可以随父姓,可以随母姓。第二,究竟应当姓父姓还是姓母姓,由父母协商确定。第三,子女成年之后,可以进行选择而改变。

这一规则的意义是：第一，体现男女平等的原则。1980 年《婚姻法》对本条采用"子女可以随父姓，也可以随母姓"的表述方法，一个"也"字，似乎仍有轻视女方之嫌。去掉"也"字，更能体现男女平等原则。第二，可以适应各种不同的情况，较为灵活。不仅对婚生子女可以适用这样的规则，而且对非婚生子女、养子女、继子女以及赘婚所生的婚生子女等，都可以不必加以区分，统一适用，不必再规定其他规则。第三，能够体现家庭血统的传承，不仅给父母，而且也给子女以适当选择的权利。

2. 子女可否姓父母之外的第三姓

在上述规定中，规定的内容是可以随父姓，可以随母姓。有疑问的是，可以选择父姓、母姓之外的第三姓作为子女的姓氏吗？有些学者认为，既然该条规定的是"可以"而不是"应当"，而且《民法通则》明确规定"公民享有姓名权，有权决定、使用和依照规定改变自己的姓名，禁止他人干涉、盗用、假冒"，并不妨害子女使用父母之外的第三姓。①

一家为一共同体，要求姓氏的一致。② 这是因为姓氏具有表明亲属血缘的意义。例如，《德国民法典》第 1616 条规定："子女以其父母的婚姻姓氏为出生姓氏。"姓名分为姓和名，名字可以变更，但姓氏一般不得变更；即使变更，其范围也仅限于在父或母以及养父母、继父母之间选择。如果准许子女选择父或母之外的任何第三姓，就无法保证家庭姓氏的同一，也不能表明血亲传承关系。因此，我不赞成子女选择父或母之外的第三姓作为自己的姓氏。

四、亲子法的历史变革

（一）国外亲子法的变革

亲子法就是关于调整亲子关系的法律规范。在各国亲属法上，都极为重视亲子法。

在形成的初期，亲子法具有浓厚的家长权实质。这是因为在原始社会崩溃之后，人类进入了父系家族制度的统治时代，家庭成员必须绝对服从父系家长的支配。

在以后漫长的历史发展中，亲子法又经历了以家族为本位、以父母为本位和以本人为本位的亲子关系三个阶段。在奴隶社会和封建社会中，亲子关系以家族为本位，父母子女关系完全从属于宗族制度，基本特征为父系、父权和父治。罗马法是以家父权为中心，家父行使养育子女的权利，对子女享有绝对的支配权。养育子女也完全是为了家长和家族，完全不考虑子女的利益。这时通行的是"家本位"原则。中世纪，亲

---

① 参见杨立新主编：《中华人民共和国婚姻法释义与适用》，吉林人民出版社 2001 年版，第 203 页。

② 史尚宽：《亲属法论》，荣泰印书馆 1980 年版，第 478 页。

子关系逐渐变化，由家父权逐渐转化为父权，亲子关系的中心演化为以父母利益为中心，形成了“亲本位”原则。近现代亲属法完全改变传统亲子法的规则，实行“子女最大利益”原则，亲权的性质由权利的绝对支配改变为义务为中心，确立了“子本位”的亲子法规则。

（二）我国亲子法的发展

我国古代历来实行家族主义，亲子关系以孝道为核心，父为子纲是天经地义的伦常，子女受家长和其他尊长的支配，并须绝对服从于父母，实行的是“家本位”的亲子法规则。至唐代之后，还兼有“亲本位”的性质。① 近现代，直至国民政府的亲属法立法，才基本上实现了亲子法的男女平等和保护子女利益原则，实现了“子本位”的规则；但是在子女的权利上还有一定的不平等内容，并且还具有一定的封建色彩。

1950年《婚姻法》专门规定了“父母子女间的关系”一章，详细规定了以保护子女利益为中心的亲子平等的权利义务关系。1980年《婚姻法》对其进行了重新修订，补充了大量的内容，确立了新型的以保护未成年子女合法权益的基本原则。经过改革开放，我国社会经济发生了变化，2001年《婚姻法》强调父母与子女间的民主、平等的亲子关系，突出了父母对未成年子女的保护和教育，强调了亲权是基于平等、尊重未成年子女人格权为前提、以义务为中心的身份权。应当看到的是，我国《婚姻法》虽然经过这样的修改，但在亲子制度上还是较为欠缺的，诸如婚生子女否认、非婚生子女认领等一系列制度都没有建立起来，需要司法实践和法理作为补充，还不能算作完善的亲子法，需要在制定民法典的过程中进行完善。

第二节 婚生子女

一、婚生子女的概念及构成

婚生子女是指由父母于婚姻关系存续期间受胎而生的子女。子女非父母所生，不为婚生子女；父母非于婚姻关系存续期间受胎而生，也不是婚生子女。

构成婚生子女，应当具备四个条件：

（一）须其父母有婚姻关系存在

婚生子女必须是在其父母有婚姻关系存在的期间内受胎而生，这是婚生子女与非

---

① 参见杨大文主编：《亲属法》，法律出版社2003年版，第199页。

婚生子女的区别所在。没有父母的婚姻关系存在,其生育的子女不构成婚生子女。

(二)须其子女为夫的子女

婚生子女必须是夫的子女,为夫的血缘,夫才能够成为子女的父亲。受胎是由于夫以外的其他男子所为而生的子女,不构成婚生子女。

(三)须其子女为妻所生

婚生子女必须是为妻所生,而不是妻以外的其他女性所生。正如确认母亲的"谁分娩,谁是母亲"基本原则所确认的,分娩子女者就是该子女的母亲。

(四)须子女于婚姻中受胎而生

传统亲属法认为,婚生子女必须于婚姻中受胎,其于婚前受胎而于婚姻中出生者,不受婚生的推定。我国没有这样的规定,习惯上凡是在婚姻关系中出生的子女,即使在婚姻关系缔结之前受胎而于婚姻关系中出生,亦作婚生性推定。

二、婚生子女推定

(一)婚生子女推定的必要性

婚生子女推定是指子女系生母在婚姻关系存续期间受胎或出生,该子女被法律推定为生母和生母之夫的子女。

我国亲属法虽然规定了婚生子女的概念,但对于如何认定婚生子女却没有规定标准。在习惯上,凡是在婚姻关系存续期间女方分娩的子女,就直接认定为婚生子女。这就是进行婚生子女推定。

正因为如此,各国亲属法规定婚生子女都作出婚生子女推定的规则,采用推定的方式,确定婚生子女。例如,《法国民法典》第 312 条规定:"夫妻婚姻期间生育的子女,夫为其父。"第 314 条规定:"夫妻结婚后满 180 天出生的子女为婚生子女,并且视其自受孕起即为婚生子女。"《日本民法典》第 772 条规定:"(一)妻于婚姻中怀胎的子女,推定为夫的子女。(二)自婚姻成立之日起 200 日后或自婚姻解除或撤销之日起 300 日以内所生的子女,推定为婚姻中怀胎的子女。"

我国亲属法没有规定这些规则,是不正常的。在亲子关系中,母亲的身份是容易确定的,但父亲的身份需要确定。问题是,不可能人人在子女出生时都通过 DNA 鉴定来确定父亲的身份。父亲的身份必须通过法律的认定来确定。法律认定父亲资格以及婚生子女的身份,必须借助于两个因素:一是婚姻关系,二是血缘关系。用婚姻关系的方法对子女进行婚生推定,不仅是对子女的婚生身份的推定,也是对父亲身份的推定;受婚生推定的子女即时取得婚生子女的法律地位,又推定了母亲的丈夫是该婚生子女的法律上的父亲。婚生子女推定实际上是在用婚姻关系的存续期间来推定子女的父亲,确定婚生子女身份,而不是靠血缘关系,因此有可能出现错误,可以被客观事实所推翻。法律允许利害关系人提出婚生子女否认之诉，推翻婚生子女推定。

我国亲属法没有规定这些制度，会在司法实践中出现很多麻烦。建立我国的婚生子女推定制度，有利于尊重婚姻道德，保护子女的权益，保护丈夫的合法权益，也有利于维护家庭关系的稳定。《关于适用〈中华人民共和国婚姻法〉若干问题的解释（三）》第2条规定："第一，夫妻一方向人民法院起诉请求确认亲子关系不存在（这就是婚生子女否认的事实），并已提供必要证据予以证明，而另一方没有相反证据但又拒绝做亲子鉴定的，人民法院就可以推定请求确认亲子关系不存在一方的主张成立，否认婚生子女关系。第二，当事人一方起诉请求确认亲子关系（这就是婚生子女认领的事实），并提供必要证据予以证明，另一方没有相反证据又拒绝做亲子鉴定的，人民法院可以推定请求确认亲子关系一方的主张成立，强制其认领自己的亲生子女。"①这两种推定，后一种更为多见，因为拒绝进行亲子鉴定的多数是强制认领中的企图推诿责任的父。这个规定尽管不是正式建立的婚生子女推定规则，但其中包含了这样的内容，这也是在司法实践中如果确定婚生子女推定、婚生子女否认和非婚生子女认领的基本事实依据。在司法实践中应当特别注意适用。②

（二）受胎期间

1. 受胎期间的确定

进行婚生子女推定的关键所在，是受胎期间。各国亲属法都规定受胎期间。例如，《法国民法典》第311条规定："法律推定子女系出生之日前的300天至第180天之时期内受孕。""第300天与第180天包括在内。""视子女的利益所要求，受孕时间，推定为这一时期内的任何时刻。""为推翻此推定，任何相反证据均可受理之。"

按照一般医学上的规律，胎儿从受胎到分娩，通常不少于181天，最长不多于302天。在其最长期与最短期相差的期间内，如有婚姻关系存在，就推定妻所生的子女为夫所受胎。该期间就叫受胎期间。

各国规定受胎期间稍有差别。例如，德国规定以出生日回溯自第181日起至302日止，其间加上181日和302日本身，122天为受胎期间。法国法规定自出生日回溯自第180日起至300日止，其间的121天为受胎期间。

我国古代亲子法没有规定受胎期间，《大清民律草案》第一次规定受胎期间，即第1382条，后《民国民律草案》第1191条也做了相同的规定，采取的是德国立法例："从子出生日，回溯第181天起至302天止，为受胎期间。"民国民法作同样规定。

---

① 参见奚晓明主编：《最高人民法院婚姻法司法解释（三）理解与适用》，人民法院出版社2011年版，第56页。

② 杨立新："最高人民法院《关于适用婚姻法若干问题的解释（三）》解读"，载《东南学术》2012年第1期。

我国《婚姻法》从来没有规定过受胎期间，因此，对婚生子女推定没有计算的根据。我认为，应当沿袭我国一百年来的民法传统，采用从子出生日回溯第181天起至302天止的122天为受胎期间的方法，在此期间妻所生的子女推定为婚生子女。例如，1月1日为出生日，则回溯自3月5日至6月4日，其间的121天为受胎期间。其余类推。其间如有闰年，如出生日在闰年的3月1日至8月28日的，则应当在始日和终日均移后一天；在8月29日至12月27日（即闰月落在受胎期间之内时）为出生日的，则仅始日移后一天；如果出生在2月29日，则受胎期间为5月3日至9月1日。[①]

2. 重复推定婚生子女

婚生子女的推定有时可能重复。如果离婚后妻即重新结婚，而重新结婚后第181日之后，在前婚离婚后202日以内生有子女时，既可以推定为前夫之子女，也可以推定为后夫之子女。这种情形即为重复推定。

对于如何解决重复推定婚生子女的问题，德国民法原来的规定为以前婚解除之日起270日为界，至该日推定为前夫子女，过次日则推定为后夫之子女。这一规定不甚合理，后来改为一律推定为后夫子女，但前夫可以提起撤销婚生子女之诉，经撤销婚生子女判决确定后，则认定为前夫子女。日本民法则规定，此时应由法院判决，即提起父之确定之诉。该诉可以由子女、母、母之前夫、后夫提起。

民国民法从日本立法例，采用法院裁决方式确定。我国《婚姻法》对此没有规定，如果发生婚生子女重复推定，应当采用德国的办法，直接推定为后夫之子女，如前夫有异议，可以提起撤销婚生子女之诉，由法院判决，判决撤销婚生子女之诉，即可认定为前夫之子女。

（三）婚生子女推定的标准

各国规定婚生子女推定所采用的标准基本上有三种：一是受胎说，以子女是否在婚姻关系存续期间受胎所生为标准，只要子女是在婚姻关系存续期间受胎，即推定为婚生子女。二是出生说，以子女是否在婚姻关系存续期间出生为标准，而不论是否在婚姻关系中受胎，只要是由该婚姻关系所生的子女，就推定为婚生子女。三是混合说，不局限于受胎说或者出生说，而是将两种标准综合，分为两种主张：一种是以出生说为原则，受胎说为补充，凡是在婚姻关系存续期间出生的子女或者在婚姻关系中受胎而在婚姻关系终止或者被撤销之后出生的子女，皆为婚生子女；另一种是以受胎说为原则，以出生说为补充，凡是在婚姻关系中受胎，不问在婚姻中出生或在婚姻终止后出生，皆为婚生子女，婚前受胎而婚后出生的子女也为婚生子女。

上述三种主张，混合说对于保护子女利益和父亲的利益较为有利，其中以出生与

---

① 以上计算方法参见史尚宽：《亲属法论》，荣泰印书馆1980年版，第483页所列表格。

受胎混合说更为有利，且计算简便。学者建议我国亲属法规定婚生子女推定，应当采用出生说为原则，以受胎说为补充的标准。[①] 我赞成这种主张。

三、婚生子女否认

（一）婚生子女否认的概念和性质

婚生子女否认是指夫妻一方或子女对妻所生的子女否认其为夫的亲子的法律行为，即在婚生子女推定的前提下，否认婚生子女为丈夫所生，而是由妻与婚外异性性结合所生的非婚生子女的行为。这种否认一般由丈夫提出，但妻否认其所生子女为其丈夫的婚生子女的，亦不乏其例。有的法律也承认子女有这种婚生子女否认权。

在罗马法时期，法律就把子女区分为婚生子和私生子。如果子女在结婚第7个月以后或更确切地说在结婚第182天以后并且自婚姻解除之日起10个月以前出生，则被推定为婚生子；否则，如果丈夫否认是其后代，就必须证明否定这种亲子关系。[②] 这是婚生子女否认制度的前身。

自近现代以来，各国民法普遍设立该制度。《法国民法典》第311条规定："法律规定，子女系在其出生之日前300日至180日止的期间怀孕者。""根据子女利益所要求，受孕被推定在此期间任何一个时候发生。""反对此类推定的相反证据可予受理。"该条第3款规定的内容，就是婚生子女的否认制度，显然是受罗马法前述规定的影响。《德国民法典》第1593条规定："在婚姻期间，或在婚姻解除后或婚姻宣告为无效后302天内出生子女，仅在已经否认此子女为婚生，并于法有效的确认为非婚生者，始得主张其为非婚生。"在这一条之下，还详细规定了婚生子女否认制度的具体内容。《瑞士民法典》第256条规定否认父权推定之诉，可由夫或子女提出；夫对子女及其母有诉权，子女对其母及夫有诉权；但夫同意第三人使其妻怀孕的，则不享有否认婚生子女的诉权。《日本民法典》第774条规定，对于子女婚生性的推定，"夫可以否认子女为婚生"。

我国《婚姻法》没有规定婚生子女否认制度，但司法实践证明，确认这一制度势在必行。

关于婚生子女否认制度的性质，主要有两种学说：一种认为是确认之诉，另一种认为是形成权。[③] 我认为，这一制度为民法上的制度，即实体法上的制度，兼有确认之诉和形成权两种性质。从民法保护方法上看，此制不是给付之诉，亦不是变更之诉，而是确认身份关系有无的制度，因而是确认之诉。从这种权利的性质上看，既非请求权，又

---

① 王洪：《婚姻家庭法》，法律出版社2003年版，第228页。

② ［意］彼德罗·彭梵得：《罗马法教科书》，黄风译，中国政法大学出版社1992年版，第156页。

③ 史尚宽：《亲属法论》，荣泰印书馆1980年版，第490页。

非支配权,而是因一定的事实而形成某种身份关系,是形成权自属无异。有的学者认为婚生子女否认的性质是请求权,或者是诉讼请求权,[①]这种观点值得研究。我们认为,否认婚生子女就诉讼而言,当然是一种诉权,是诉讼请求权。但在实体法上研究这一权利的性质,并不是要说它在诉讼上的性质,而是要说它在实体法上的性质。依婚生子女否认的形成权性质,当否认婚生子女的权利人起诉并胜诉前,其他人不得主张该子女非为夫的子女,其生父亦不得认领。当判决确认不是夫的亲子时,该子女即为非婚生子女。

子女是否为婚生子女,对于子女固有重大之关系,就社会公益而论,亦不失为重要事项,若得任意颠覆婚生子女推定的规定,否认其为婚生子女,则弊害自不在小。因此,法律既赋予夫以否认权,但又规定须以诉之方法为之,以免有轻视之虞。[②]

(二)婚生子女否认权的构成

构成婚生子女否认的形成权必须具备如下要件:

1. 婚生子女否认的权利人必须适格

何种人为适格权利人,各国规定不同。日本规定为夫一人,瑞士规定为夫或子女,德国同此,我国台湾规定夫妻之一方,法国则没有限制。一般地说,该种权利人主要为夫,但妻也应享有这种权利。对于子女是否享有这种权利,有瑞、德的立法例作依据,在现实也确有确认的必要。因此,权利人适格,应当包括夫、妻、子女中的任何一方。只要是现存夫妻、子女关系的主体,均为婚生子女否认确认之诉的权利主体,可以提起这种否认身份关系的诉讼。

相应之下,在诉讼中,当上述三方当事人一方起诉时,其他两方应为共同被告,如由夫起诉者,以妻及子女为共同被告;由妻起诉者,以夫及子女为共同被告;如果妻或夫死亡者,以子女为被告。[③] 至于子女起诉者,当以夫为被告,不需将妻列为共同被告。

2. 须有婚生子女的推定

尽管我国目前尚未确立婚生子女推定制度,但在实践中是存在的。在婚姻关系存续期间妻受胎,如无反证,不会有人否认妻所生之子女的婚生子地位。在亲属法尚未建立该制度之前,可以采取凡是在婚姻关系中出生的子女,即为婚生子女的办法。如有争议,可以参照德国或者我国台湾地区民法的规定精神,确定是否构成推定:婚姻关系存续期间受孕者,一律推定为婚生子女;婚姻成立后或离婚后的受孕推定期间,不妨从其宽者,如在婚姻成立后180日或离婚后303日受孕者,推定为婚生子女。非在婚姻关系中出生的子女,不能推定为婚生子女。非在婚姻成立后180天或婚姻关系解除后

---

① 李志敏:《比较家庭法》,北京大学出版社1988年版,第211~212页。

② 李宜琛:《现行亲属法论》,商务印书馆1944年版,第110页。

③ 我国台湾地区"民事诉讼法"第589条之一。

303 日出生的子女，也不能推定为婚生子女，均不构成否认婚生子女的要件。

3. 须有否认婚生子女的客观事实

否认婚生子女的客观事实，各国立法一般都是进行概括规定，即真正事实与法律上的推定相反，即构成此要件。该客观事实仅以妻与人通奸尚不能构成，因该事实不足以推翻婚生子女的推定。

否认婚生子女的客观事实包括：一是性交不能，包括外在的不能和内在的心理不能，前者如空间阻隔，一方出差远离另一方相当的期间，后者如夫妻反目分居。二是与受胎无因果关系，如夫无生殖能力等。三是子女外在特征非与种族相同或相似，如皮肤颜色，子女与妻之情人特征相似等。四是亲子鉴定否认为婚生子女，此点为最重要、最有说服力的反对推定的证据，在实务中广泛采用。在目前的科技条件下，DNA 技术已经能够作出否定或肯定亲子的鉴定，证明更为便捷和肯定。上述 4 项客观事实，必须有充分的证据确实证明者，才能推翻婚生子女的推定。

（三）婚生子女否认权的消灭

婚生子女否认权消灭的原因如下：

1. 依除斥期间完成而消灭，规定此诉权在一定期间内为之

各国规定婚生子女否认权在一定的期间不行使而消灭，但法定的时限各不相同。德国法规定父母仅得在 1 年期限内否认婚生，子女成年后的否认，应在成年后的两年内提出。《瑞士民法典》第 256－3 条对此规定得最为完善："（1）夫在知悉生育及知悉本人并非子（女）之父或第三人在妻受胎期间与其同居的事实之后，得在 1 年的期限内起诉。超过出生后的 5 年，诉权自行失效。（2）子女最迟得在其成年后的 1 年内起诉。（3）超过上述期限，须因重要原因得到谅解后，始得起诉。"这一规定，与其他关于"应于知悉子女出生之日起，1 年内为之"①的规定相比，更为合理、可行。我国《婚姻法》应借鉴《瑞士民法典》第 256－3 条的规定。在司法实践中，应当参照除斥期间的规定，即在知道或者应当知道子女为非婚生的事由起，两年内不行使该权利而消灭，不受终止、中断或者延长规定的限制。

2. 子女已死亡，为该婚生子女否认权消灭的原因

对此，各国立法不同。有的规定子女死亡时不绝对消灭否认权，但以子女死亡时有直系卑亲属时为限，以其母为相对人，无母时以检察官为相对人。② 有的规定子女死亡时，夫不得再提起否认之诉，起诉后子女死亡时，视为诉讼终结。③

尽管立法规定有上述不同，但子女死亡为否认权的法定消灭原因却没有疑义，只

---

① 我国台湾地区"民法"第 1063 条第 2 款后段。

② 《韩国民法典》第 849 条。

③ 我国台湾地区"民事诉讼法"第 576 条、第 592 条。

是有绝对消灭原因和相对消灭原因的不同而已。从为保护子女利益考虑，采绝对消灭原因为好；但子女死亡时有直系卑亲属，如不准否认，尚涉及父与非婚生子的子女的抚养、继承关系。综合评价，采上述相对消灭原因的立法例更为合理。

3. 夫同意承认出生子女为婚生

对此，原有很多国家承认为否认权消灭的原因，但以后逐渐删除。《日本民法典》第 776 条仍规定："夫于子女出生后承认其为婚生时，即丧失其否认权。"在司法实践中可以采取的办法是，如果夫在明知其子女为非婚生的事实之后，已经明确承认其为婚生的，不得再提出婚生子女否认，因为夫已经接受了这个事实。如果夫并不知情，而仅仅是基于婚姻关系存续期间而生子女而承认其婚生者，不能确认其已经为承认。

应当注意的是，《瑞士民法典》第 256 - 3 条规定："夫同意第三人使其妻怀孕的，无诉权。"这种事实不是否认权消灭的原因，而是自始即不赋予其否认权。这种情况在我国民间确有存在，应借鉴上述立法例，制定相应的法律条文。

四、欺诈性抚养关系及费用返还

(一) 欺诈性抚养关系的概念

在婚姻关系存续期间乃至离婚以后，妻明知其在婚姻关系存续期间所生子女为非婚生子女，而采取欺诈手段，称其为婚生子女，使夫承担对该子女的抚养义务的，可称之为欺诈性抚养关系。欺诈性抚养关系既产生于婚生子女否认之后，也产生于非婚生子女认领之后。婚生子女否认一经判决确认，否认权人与该子女在否认确定前的抚养关系，即属欺诈性抚养关系。非婚生子女经生父认领后，如该非婚生子女与其生母之配偶原有父子抚养关系者，该抚养关系亦为欺诈性抚养关系。

由于我国《婚姻法》没有规定婚生子女否认制度和非婚生子女认领制度，对于这种欺诈性抚养关系应如何处理，无法律依据。

(二) 欺诈性抚养关系中的抚养费返还

对于欺诈性抚养关系的原抚养义务人可否就被欺诈支付的抚育费请求返还，各国立法有不同规定。

1. 以不当得利请求返还

对于非经生父抚养而经认领者，如由生父或生母以外的人抚养，有的国家认作不当得利，得请求返还抚育费。在日本旧法，依其判例，生母就过去已支出之抚养，可以对于生父以不当得利而请求返还。现行日本民法解释为，关于抚育费之负担，如有协议时，依其协议；否则依父母之资力及其他情事分担，已支出部分，得为求偿。瑞士民法解释认为，抚养义务自子女出生之时开始，应由生父母双方按其能力为相当之负担。

在德国，对于一般的亲属抚养，对过去的抚养费不认有请求权；但非婚生子女的生父对过去的给付有请求权。生父的抚养义务先于生母和其他亲属，如生母或其他有抚养义务的亲属对于子女给予抚养的，于其范围对于生父之子女抚养请求权，移转于生母或其亲属，但此转移不得有害于子女之利益而为主张。

2. 以无因管理请求给付

我国台湾地区"民法"认为，认领的效力既然溯及于子女出生时发生，则生父母自亦应溯及于子女出生之时，按其经济能力，共同负担抚养义务。如生母或其他有抚养义务之人已为抚养者，得对于应负担抚养义务之人，就其应负担部分为求偿，但养父母除外。无抚养义务之人已为抚养者，适用无因管理之规定。①

上述立法例，不单规定欺诈性抚养关系的返还抚育费请求，也规定了已尽抚养义务的生母和其他亲属对生父的返还抚育费请求。尽管各国立法规定有上述不同，但对于欺诈性抚养关系的不应负抚养义务之人的返还请求权，均予以承认。至于采不当得利说，还是采无因管理说，自各有道理。

对这个问题，国内学说无大的争论。在实务上，有肯定说、否定说两种不同意见；在肯定说中，有几种不同的理论主张。

否定说认为，在夫妻共同生活期间女方隐瞒真情与他人通奸所生子女，男方虽无法定抚养义务，但由于婚姻存续期间夫妻双方财产为共同共有，不存在债权债务关系，且双方是用共同财产抚养该子女，其各自支出的抚育费金额无法计算，故男方无权主张婚姻关系存续期间的抚育费用。对于离婚以后所支出的抚育费，当然可以请求返还。此种主张的不当之处，一是只注意到对妻一方的请求返还，而未注意到该子女的生父的抚养义务；二是既然离婚以后可以请求返还，为什么离婚之前就不得返还呢？难以自圆其说。

肯定说认为，对欺诈性抚养关系无抚养义务之人支付的抚育费，应予返还。但所持理由各不相同。一是行为无效说，认为女方在婚姻关系存续期间故意隐瞒子女是与他人通奸所生的事实，致使男方误将该子女当成是自己的亲生子女进行抚养，这是男方在受欺诈，违背自己真实意思的情况下所为的行为，依照《民法通则》第58条规定，应属无效的民事行为，因而应予返还已支出的抚育费，包括婚姻关系存续期间和离婚以后支出的所有抚育费。二是无因管理说，即参照我国台湾民法对于无抚养义务之人已为抚养者，适用无因管理之规定的解释，认为男方无法定义务而对非婚生子女予以抚养，构成无因管理，应返还已支出的抚育费。三是不当得利说，即参照德国民法、日本民法的规定或解释，认为对于非婚生子女的生父和生母而言，无抚养义务之人支付

① 以上两种立法例，均据史尚宽：《亲属法论》，荣泰印书馆1980年版，第520~521页。

的抚育费,属于不当得利,生父、生母自应返还不当得利给无抚养义务之人。

欺诈性抚养关系的抚养人为非抚养义务人,其之所以对非婚生子女履行抚养义务,是因为其妻的欺诈行为使其误认为非婚生子女为婚生子女,因而,无论是在婚姻关系存续期间或是在离婚后所尽的抚养义务,亦即支出的抚育费用,都可以依法请求该非婚生子女的生父、生母返还。

最高人民法院(1991)民他字第63号复函确认此种欺诈性抚养关系,指出:"在夫妻关系存续期间,一方与他人通奸生育子女,隐瞒真情,另一方受欺骗而抚养了非亲生子女,其中离婚后给付的抚育费,受欺骗方要求返还的,可酌情返还;至于在夫妻关系存续期间受欺骗方支出的抚育费用应否返还,因涉及的问题比较复杂,尚需进一步研究,就你院请示所述具体案件而言,因双方在离婚时,其共同财产已由男方一人分得,故可不予返还。"

确认离婚后给付的抚育费,受欺骗方要求返还的可酌情返还,是正确的;对于在夫妻关系存续期间受欺骗方支出的抚育费用应否返还,仅就该案而言,认为可不予返还,因为双方在离婚时,共同财产已协议全部归男方分得;但就这类问题应否返还,既未肯定,亦未否定,只称"尚需进一步研究",态度未免保守。

在返还非抚养义务人被欺诈而支出的费用上,上述三说均有道理,但又各有其不足。行为无效说采欺诈行为为无效行为的法律依据,采取宣告欺诈性抚养关系为无效的方式,使该抚养关系归于自始无效,既有法律依据,又可以解决实际问题,是其优点,但抚养关系是法定的权利义务关系,非由当事人合意而发生,且不是与欺诈人而是与被抚养人发生的权利义务关系,因而采用宣告抚养行为无效的办法,不够妥当。不当得利说描绘了生父生母受有不当利益的客观事实,但未能体现生父生母主观恶意的状态,与不当得利似有不合。无因管理说明了受欺诈抚养义务人为他人抚养子女的特征,但忽略了无因管理人应须知其无因而为管理,亦不符合无因管理的法律特征。

解决这一问题,以确认其为侵权性质为准确。其侵权的行为主体是非婚生子女的生父和生母,并非生母一人。其违法行为,是逃避法定的抚养子女义务,采取欺骗手段,让非婚生子女生母之配偶相信该子女为其婚生,并为之提供抚育费用。该行为的后果,是使受欺诈的原抚养义务人支付财产为该子女的生父生母"履行"抚养义务,因而侵害的是财产权,使受害人的财产造成了直接损失。在该法律关系中,生父、生母的欺诈行为,与被欺诈的抚养义务人的财产损害事实之间有必然的因果联系,具有引起与被引起的因果关系链条。最后,该子女的生父、生母明知该子女为其共同的婚外性行为所生,却采取欺诈方法使被欺诈的抚养人相信虚构的事实,因而损失已支付的财产,主观上有共同的意思联络,为共同故意所为。因此,这种欺诈性抚养关系实际上是生父生母对被欺诈人的财产侵权行为，侵权人应当负侵权民事责任。用侵权行为理论来解释这种行为，更为合理和贴切。

（三）处理规则

具体处理这类纠纷可以采取以下方法：

1. 非婚生子女的生母与其配偶未离婚的

非婚生子女的生母与其配偶未离婚的，由于夫妻财产为共同共有财产，因而有两种情况：一是非婚生子女已被生父认领，或者已知其生父的，被欺诈人有权向生父请求返还已支付的抚育费。此时生母与该被欺诈人仍为共同财产主体，不能作为共同侵权人承担侵权责任。但生母与其配偶对婚后财产约定为分别财产制的，则以共同侵权论，可以生父生母作为共同被告起诉之。二是如果非婚生子女未被生父认领，又不知谁为其生父的，在夫妻共同财产的体制下，夫不得向妻即该子女的生母请求承担民事责任，亦因妻无法承担民事责任所致。如果双方约定为分别财产制的，则可以妻为被告，请求其承担民事责任。

2. 非婚生子女的生母已与被欺诈人离婚的

这种情况，无论是夫妻共同财产制，还是约定分别财产制，均因离婚而使夫妻财产分解成个人所有的财产，被欺诈人可依共同侵权行为，诉请该子女的生父生母连带承担民事责任。

3. 保护非婚生子女的合法权益

处理此种案件，应特别注意保护非婚生子女的合法权益，不应因争执抚养关系而使非婚生子女受到权利上的损害。如果被欺诈人予以谅解并同意继续抚养该子女的，对该子女与被欺诈人的关系，应视为有抚养关系的继父与继子女的关系，发生父母子女的权利义务关系。如果受欺诈人追究生母的责任，而生母离婚、生父不认领，生母无经济能力，一旦承担民事责任将损害被抚养人利益的，可以减、免民事责任。

4. 确定案由

此类案件定为抚育费纠纷还是定为侵权案由，不无问题。就案件的实质而言，争议标的并非抚育费，而是被欺诈人因欺诈行为而损失的财产，以侵权定案由不无道理。然而，此类案件毕竟发生在婚姻家庭领域，争议的财产的性质又确系非婚生子女的抚育费，故仍以定抚育费或抚育费纠纷为宜，在处理中可以按照侵权法的规则办理。

第三节 非婚生子女

一、非婚生子女的概念和法律地位

(一)非婚生子女的概念和种类

非婚生子女是指没有婚姻关系的男女所生的子女。①

非婚生子女有三种:一是无婚姻关系的妇女所生的子女,如单亲母亲。二是已婚妇女所生但被法院判决否认婚生子女推定的子女,既然婚生子女的推定已经被否认,为非婚生子女。三是已婚妇女所生的不受婚生性推定的子女,即为超出了婚生子女推定的范围,不能推定为婚生子女的子女。

对于已经宣告无效的婚姻或者已经被撤销的婚姻,其双方所生的子女究竟为婚生子女或者为非婚生子女,多数国家立法规定为婚生子女。我国《婚姻法》第 12 条后段规定,无效或者被撤销的婚姻关系"当事人所生的子女,适用本法有关父母子女的规定"。尽管这个规定并没有明确规定就是婚生子女,但其真实含义应为婚生子女。

(二)非婚生子女与母亲的关系

确认非婚生子女与母亲的关系,基于"母卵与子宫一体"的原则,采用罗马法"谁分娩谁为母亲"的规则,依生理上的出生分娩事实发生法律上的母子(女)关系。差不多所有国家都规定,母亲身份都是基于子女出生的事实或者在出生证上登记母亲的姓名而自动取得。

确认母亲身份的方法除了以上基本方法之外,还有以下三种:

1. 通过认领

生母对于自己的子女可以认领。例如,出生之时被母亲抛弃的弃儿,母亲对其进行认领,经查属实者,可以认定生母子关系。

2. 通过诉讼

通过诉讼,人民法院经过调查确认母亲和子女关系的,应当认定为母子关系。

3. 通过身份占有的事实

身份占有的事实,是指双方一直以母子关系相称,彼此以母子相待,母亲以此身份

① 巫昌祯主编:《婚姻家庭法新论》,中国政法大学出版社 2002 年版,第 238 页。

负担了该子女的抚养、教育以及监护的责任，家庭以及社会也视他们为母子(女)关系的事实。通过身份占有的事实作为确定母子关系的根据，也可以确定母亲的地位。

(三)非婚生子女与父亲的关系

非婚生子女与父亲的关系无法以分娩的事实作出确认，因而确定父亲的身份要比证明母亲的身份复杂得多，困难得多。原因是非婚生子女的父亲身份难以通过一般方法来确定，常见的方法是自愿认领和强制认领，在法国，还通过身份占有证明非婚生血缘关系。

立法确认非婚生子女的父亲的依据，分为两种基本立场：

1. 血缘主义

血缘主义又称为客观主义或事实主义，认为非婚生父子为自然血亲，所以只要有自然血缘关系的存在，法律上当然发生非婚生父子关系，不用任何手续。但作为发生父子关系前提的血缘关系的存在应有证明，从而生父自愿认领或者通过诉讼强制认领即成为确定生父的证明方式。血缘主义重在对客观事实的承认，只要有自然血缘的亲子关系，当然成立法律上的亲子关系，与生父母的主观意思无关。

2. 认领主义

认领主义又称为主观主义，认为自然血缘的亲子关系与法律上的亲子关系并不相同，后者除了具有前者的事实之外，尚须经生父的认领。因而非婚生父子关系的发生，以认领的意思表示为唯一依据，血缘关系仅为认领的意思表示的原因。认领主义以区分血缘关系与亲子法律关系为基础，重在生父的主观意愿，生父如果不为自愿认领或者强制认领，则无法发生法律上的父子女关系。在认领主义的立场之下，非婚生子女被区分为两种类型：一是为经生父自愿认领或者经过强制认领从而与生父间具有法律上的父子关系的非婚生子女，二是未经生父自愿认领或者强制认领从而与生父间不具有法律上的父子关系的非婚生子女。后者被称为事实上的非婚生子女。①

各国立法采取血缘主义或者认领主义确定非婚生子女的生父并非绝对化，因为采用认领主义也要以血缘关系的证明才能够认领，而采用血缘主义也必须在法律上经过认领而被确认为非婚生子女的生父。不过，认领主义有其重要的价值。一方面，仅仅有血缘的证明而无法律上的认领，无法确立法律上的生父子关系；另一方面，非婚生子女在事实上确实存在两种不同的种类，就是有生父的非婚生子女和无生父的非婚生子女。② 因此，确立我国的非婚生子女的生父，应当采纳认领主义，并以血缘关系的存在作为认领的基础。

---

① 王洪：《婚姻家庭法》，法律出版社 2003 年版，第 232 ~ 233 页。

② 例如，在实践中确实存在婚生子女的身份被否认，但母亲拒不说出生父或者根本不知道谁为其生父者，并不少见。

(四)非婚生子女的法律地位

在奴隶社会和封建社会以及资本主义社会的早期,非婚生子女受到歧视,表现在两个方面:一方面是私有制的发展,婚姻制度越来越严格,但是非婚生子女的生育却逐渐增多;另一方面,私有制的发展,更要求父系家族必须将自己的财产转移到"嫡亲",不能落入外人手中,因而造成婚生子女和非婚生子女利益的严重冲突,父系家族极端排斥和虐待非婚生子女。历史上曾经有过非婚生子女不属于任何人的子女,其父不承担扶养义务,不得主张认领,不得继承遗产等歧视非婚生子女的法律规定。20世纪初,各国立法逐渐改变立场,法国首先取消了禁止"搜索生父"的规定,德国魏玛宪法也规定了法律对非婚生子女的身体的、精神的以及社会的发育上,与婚生子女享有相同的待遇。

非婚生子女与婚生子女享有同等的法律地位。这是现代社会维护儿童合法权益的基本要求。作为子女,无法选择自己的出身和身份,如果因为出生而为非婚生子女,就等于人是生而不平等的,这与现代人权观念完全不相符。当代亲属法研究非婚生子女不是着眼于对非婚生子女权利的限制,而是要根除对非婚生子女的歧视,保障他们享有正常的法律地位,享有同等的人格,其合法权利不受任何侵犯。

二、非婚生子女准正

(一)非婚生子女准正的概念

非婚生子女准正也叫做非婚生子女扶正,[①]是指非婚生子女生父母结婚而取得婚生子女的法律地位。非婚生子女准正,实际上就是非婚生子女由于生父和生母在其出生后,而被婚生化,使非婚生子女取得了婚生子女的身份,被赋予婚生子女的合法地位。

应当注意的是,非婚生子女准正必须发生在非婚生子女出生后其生父母结婚。如果是在子女出生前父母结婚,应当是婚生子女推定制度的适用,该子女已经出生即已取得婚生子女的身份地位,无须进行非婚生子女准正。

我国亲属法目前没有规定婚生子女准正制度,但在现实中是承认生父母结婚发生非婚生子女准正效果的。亲属法应当研究非婚生子女准正的具体内容,确定准正的具体方法。

(二)非婚生子女准正的形式

非婚生子女准正有两种形式:

1. 婚姻准正

非婚生子女因生父母结婚而取得婚生子女的法律地位,是一般规定。在适用中有

---

① 曹杰:《中国民法亲属论》,上海法学编译社1946年版,第61页。

两种方法:一是生父母结婚即为非婚生子女准正的必要条件,无须其他要件;二是除了生父母结婚的要件之外,还须对非婚生子女进行认领,未经认领不能发生非婚生子女准正的效力。第一种方法对保护子女的合法权益更为有利,我国应当采用这种方法,只要生父母结婚,取得了配偶地位,其婚前生育的非婚生子女即取得婚生子女的地位。

2. 司法准正

司法宣告的非婚生子女准正,是指男女双方订立婚约后,因一方死亡或者存在婚姻障碍,使婚姻准正不能实现时,可依婚约一方当事人或者子女的请求,由法官宣告该子女为婚生子女。这种准正对保障子女的合法权益有利,也应当采用。

(三)非婚生子女准正的要件

非婚生子女准正应当具备以下要件:

1. 须有事实上的非婚生父母子女关系

非婚生子女准正必须是生父母的非婚生子女,之间须有事实上的血缘关系。如果生父母一致主张子女的血缘关系,没有其他相反证据,当然没有问题。如果有相反的证明,则应当举证证明血缘关系。在现代,这种证明较为容易,只要举出 DNA 证明即可。如果司法准正,则须向法庭提供证据证明血缘关系,方可获得法官的确信,作出准正的宣告。

2. 须有生父母结婚的事实或者婚约

婚姻准正必须有生父母结婚的事实。该事实已经发生,即发生非婚生子女的准正效力。对于婚姻被宣告无效的是否发生非婚生子女准正的效力,有的认为婚姻无效亦不妨因生父母的结婚而成为婚生子女,有的认为不应一律准正,乱伦子女应不因其生父母的结婚而成立准正。① 我国应当采纳前一种做法,即使生父母的婚姻被宣告无效,也应当承认非婚生子女的婚生性,以保障其合法权利。

在司法准正中,因为没有结婚的事实,可以依据双方的婚约事实而认其为准正。婚约事实的证明,应由主张的一方承担举证责任。除了婚约事实之外,还应有生父母一方死亡或者结婚障碍的事实证明,也应由主张的一方举证证明。

3. 婚姻准正无须法律行为,司法准正须经法定程序

非婚生子女准正的性质为事件,而不是法律行为,是生父母结婚的附随效力。非婚生子女准正无须生父母子女行为能力的要求,也不以任何人同意为必要。在程序上,也无须当事人任何表示,无须经过任何程序。惟有司法准正必须经过司法程序,经过法院的准正宣告而发生效力。

---

① 史尚宽:《亲属法论》,荣泰印书馆 1980 年版,第 498 ~ 499 页。

(四)非婚生子女准正的效力

非婚生子女一经准正,即获得婚生子女的身份和法律地位。从时间上,立法有两种区别:一是认定准正的效力发生自生父母结婚或者法院宣告,不具有溯及力;二是具有溯及力,从子女出生之日发生婚生的效力。我们应当采取后者,更有利于保护子女的利益。

准正的效果,首先发生于一切结婚前当事人之间的共同子女,包括已经被认领的子女,已经死亡的子女及其后裔、被他人收养的子女,他们都由非婚生转变为婚生子女。即使是婚姻被宣告无效或者被撤销,已经准正的关系不当然消灭,必须有准正关系不存在的确认判决的确定,才可以撤销该准正。

三、非婚生子女认领

(一)非婚生子女认领的概念

非婚生子女认领,是指生父对于非婚生子女承认为其父而领为自己子女的行为。①

早在罗马法时期,就规定了这种认领制度,允许对姘妇所生子女或专用语意义上的“新生子”实行认领,包括三种形式:一是因随后结婚认领,类似于非婚生子女准正;二是为库里亚社稷认领;三是凭君王批复认领。其中第二种与现代制度一样,只限于家庭,不扩大适用于父亲家庭。第三种适用于不存在婚生子而且与姘妇不可能结婚的情况。②

现代各国民事立法均规定这一制度。《法国民法典》第329条至第333-6条对此作了详细规定。《德国民法典》第1600a条以下、《瑞士民法典》第260条以下和《日本民法典》第779条以下都规定了非婚生子女认领。美国家庭法有父亲身份确认之诉,是一种民事诉讼,联邦最高法院坚持认为,确认父亲身份的证据标准无须高于优势证据。绝大多数州都允许被告父亲在身份确认之诉中接受陪审团审判,并且很多州宪法也保障此种权利。③

(二)任意认领

1. 任意认领的概念与方式

任意认领也称之为自愿认领,是生父的单独行为,无须非婚生子女或母之同意,以父的意思表示为足。而私生子(非婚生子女)因父的认领,父子名分因以确定。④ 认领

---

① 史尚宽:《亲属法论》,荣泰印书馆1980年版,第500页。

② [意]彼德罗·彭梵得:《罗马法教科书》,黄风译,中国政法大学出版社1992年版,第156~157页。

③ [美]哈里·D. 格劳斯、大卫·D. 梅耶:《美国家庭法精要》,陈伟等译,中国政法大学出版社2010年版,第83页。

④ 居景山:《亲属法原论》,世界书局1931年版,第177页。

的权利归于父享有，其父的家庭其他成员不享有此权利。该权利的性质为形成权，原则上对此权利的行使无任何限制。认领权可直接行使，亦可经法院判决确认其父子关系的存在。

关于认领行为是否为要式行为，一般认其为要式行为，如瑞士、法国民法规定应以公证书为之，日本民法则依户籍法所定以申报为之；我国台湾民法认其为非要式行为。在我国，认领以规定为要式行为为好。

2. 认领权的构成

任意认领须要认领人享有认领权。认领权的构成要件包括以下三项：

(1)须为非婚生子女的生父本人认领

不具有生父身份的人不得认领。其认领，亦须生父本人认领，其法定代理人不得为之。生父认领非婚生子女，须在其生存期间为之，生父死亡后，他人不得认领。认领权归于生父，非婚生子女或其母可请求认领，但最终认领应由生父同意或经法院裁判。

(2)须为非婚生子女被认领

婚生子女及已经自己认领的非婚生子女，不得再为认领。已经他人认领的，非经判决确认其父子关系不存在，也不得为认领。他人被推定为婚生子女，非经否认之诉经法院判决后，不得为认领。[①] 对于胎儿、已死亡之非婚生子女、乱伦子女是否可以认领，各国规定不同，有肯定说和否定说的主张。以保护非婚生子女的合法权益考虑，对上述被认领之人均采肯定说，认其可以被认领为宜。

(3)须认领人与被认领人间有事实上父子关系的存在

无父子关系不得为认领行为。该父子关系，应为客观上能够证明属实的事实，仅有认领人与非婚生子女之母同居的事实并不能作为足证。经认领人及被认领人之母共同确认，或经亲子鉴定属实，均可认此父子关系。生理特征、种族特征，对于确认父子关系有重要作用，但须配以其他证据证明属实者，方可认之。以上事实证明，对已受他人婚生子女推定者，非经婚生子女否认之诉的判决确定，认领人不得认领。

只有具备以上要件，构成认领权，享有认领权的生父才可以对非婚生子女认领。

3. 无效认领

下述认领行为无效：一是无民事行为能力之人的认领；二是与事实不符的认领；三是对于婚生子女或受婚生子女推定的子女的认领；四是依遗嘱的认领，未具遗嘱方式而无效。上述认领，由于缺少构成要件，均为无效认领，不发生认领的效力，亦不得判决确认其认领。

---

① 史尚宽：《亲属法论》，荣泰印书馆1980年版，第502页。

4. 认领之后的否认

非婚生子女认领后可否否认，有三种主张：一是主张不得撤销，认为不得任意撤回认领的意思表示，如果认领的意思有瑕疵，应当通过子女或生母依基于反对事实否认认领，而非撤销。二是主张认领纵然反于事实，认领人不得撤销，亦不得提起无效之诉，唯因被诈欺或胁迫而为之者，以民事行为无效而撤销。三是认为父子关系存在，其认领虽基于此以外之错误或由于被诈欺或胁迫，其认领为不可动摇，于此意义不得撤销。如系真实的父子关系，无论认领的意思表示瑕疵或因诈欺或胁迫，均不得撤销，如非真实，则准提起无效之诉，主张其认领无效。①

我们可以采用第三种主张。在认领权人提出认领主张之时，被认领人和其他利害关系人可以主张反对事实，否认认领，这是另一种认领否认。此否认权属形成权，应向认领人行使，并无须举证。认领经否认之后，则应由认领权人请求确认其父子关系存在之诉，主张其为父并证明之。

（三）强制认领

1. 强制认领的概念

强制认领也叫做亲之寻认，是指应被认领人对于应认领而不为认领的生父，向法院请求确定生父关系存在的行为。②

任意认领取决于认领权人的主观意思，依其主观意思决定对非婚生子女是否认领；强制认领则以父子血统关系为基础，由国家予以认定。强制认领适用于生父逃避认领责任，而母及子女要求认领的场合，以国家进行干预，体现了国家的强制力。父不为任意认领时，非婚生子女及其他法定代理人得据事实，呈诉请求其父认领。③

2. 强制认领的事实根据

强制认领的事实，以与生父有父子关系的事实证据证明为已足。具体事实包括：一是受胎期间生父与生母有同居事实的；二是由生父所作的文书可证明其为生父的；三是生母为生父强奸、奸污、诱奸所生子女的；四是生母因生父滥用权势奸污的；五是有其他证据证明认领人与要求认领人为亲子关系的。

要求认领人提出认领主张后，被告应举出反证证明认领请求不存在事实上的依据，否则即可确认强制认领。

各国立法在强制认领制度中，均规定不贞抗辩。如果生母在受胎期间内曾与他人通奸或为放荡生活的，则不得适用强制认领。不贞抗辩包括多数情交之抗辩即依生母受胎期间与他人通奸，也包括放荡生活之抗辩，即生母受胎期间为放荡生活。请求认

---

① 史尚宽：《亲属法论》，荣泰印书馆 1980 年版，第 505 ~ 506 页。

② 史尚宽：《亲属法论》，荣泰印书馆 1980 年版，第 511 页。

③ 屠景山：《亲属法原论》，世界书局 1031 年版，第 178 页。

领之诉的被告除已证明不可能为请求认领的子女之父者外,容许其以上述两种抗辩理由抗辩认领的请求。不过现今社会科技发达,已可为否定或肯定的亲子关系进行科学鉴定,比此种不贞抗辩更为有依据。被告只要提供自己非为请求认领的子女的生父证明,即可否认强制认领的适用。

(四)非婚生子女认领的效力

非婚生子女一经认领,即视为婚生子女,产生父亲与子女间的权利义务关系,无论任意认领或强制认领,均与婚生子女相同。经父认领的非婚生子女对于生父之配偶,母之非婚生子女对于生母的配偶,均为姻亲关系,而无父母子女的血亲关系。

非婚生子女认领的效力溯及至出生之时。但第三人已得的权利,不因此而受影响。对于胎内的非婚生子女认领的,亦只溯及至出生时发生效力,但对死产者不生效力。对于已死亡的非婚生子女为认领的,溯及于死者之生前,使其非婚生子女于生存中与认领者已有亲子关系,从而认领者与死亡者的直系卑亲属,亦有直系血亲关系。

(五)认领的否认

非婚生子女经认领之后,非婚生子女和其他利害关系人可以举出相反的事实,否认认领。这种情形一般是父进行认领,而非婚生子女以及生母进行否认。认领的否认有两种,一是基于事实而否认认领,这是非婚生子女和其他利害关系人提出证据证明并非认领之父所亲生,因而主张否认认领。二是纵有事实上父与子女关系的存在,但若认领对于被认领人有害,则被认领人或生母得否认之。①

第四节 养子女和继子女

一、养子女

养子女是通过法律拟制的方法即收养行为而成为养父母的子女。养父母子女关系,就是通过法律拟制的方法即收养行为而成立的父母子女关系。

收养法是亲子法中的一个重要组成部分,收养是改变父母子女关系的重要身份行为。现行立法通过《收养法》对收养行为及其法律后果进行规范。

由于收养问题的复杂性,本章在第六节专设“收养”进行阐释。

① 林秀雄:《婚姻家庭法之研究》,中国政法大学出版社 2001 年版,第 183 页。

二、继子女

(一)继子女的概念

继子女是指丈夫对妻与前夫所生子女或妻子对夫与其前妻所生子女的称谓,也就是配偶一方对他方与其前配偶所生的子女为继子女。继父母是指子女对母亲或父亲的后婚配偶的称谓,即继父和继母。

继父母子女关系是指因父母一方死亡、他方带子女再行结婚,或者因父母离婚,抚养子女的一方或双方再行结婚,在继父母与继子女间形成的亲属身份关系。

(二)继父母子女关系的类型

按照继父母和继子女之间是否形成抚养关系的标准,继父母子女关系可以分为三种类型:

1. 拟制直系血亲关系的继父母子女关系

这种性质的继父母子女关系除了需要具备继父母结婚这一法律事实以外,还需要具备法律所规定的特定事实,即继父母和继子女之间相互有抚养的事实行为发生。在这种情况下,继父母与继子女关系在法律上的后果与养父母子女的关系大致相同。这种继父母子女关系在法律上具有重要意义,直接涉及《婚姻法》和《继承法》的适用,发生法律后果。在国外,亲属法一般规定继父母收养对方的子女为养子女的方法,完成由姻亲关系向拟制血亲关系的转化,一般不采取单独规定继子女的方法。我国则将这种类型的继子女单独作出规定,规定其相应的法律后果。

2. 直系姻亲关系的继父母子女关系

这种性质的继父母子女关系是由继父母结婚的事实决定的,即只需要具有继父母结婚的这一法律事实,此时的继父母和继子女之间的关系即告形成。这种继父母子女关系属于直系姻亲,属于配偶的血亲,不构成血亲关系,不产生相互之间的权利和义务关系。

3. 不完全收养的继父母子女关系

区分前两种不同类型的继父母子女关系的基本标准,是继父母与继子女之间是否形成抚养关系。判断是否形成抚养关系的基本判断标准是,继父母与继子女共同生活,继父母对继子女进行了教育和生活上的照料,负担了全部或者部分生活费、教育费。如是,则法律认为继父母和继子女之间就形成了抚养关系。在现实生活中,这种抚养关系很难判断。例如,判断继父母与继子女之间形成抚养关系是否要有时间的要求?需要多长的时间才能确定为形成了抚养关系?法律并没有规定。对此,可以根据事实情况,规定不完全收养的继父母子女关系,即继父母对继子女的抚养是时断时续的,或者是时间中断的,或者是临时性的,都发生不完全收养的继父母子女关系。

（三）继父母子女关系的消灭

继父母子女关系依据以下事由而消灭：

1. 继父母子女一方死亡

继父母或者继子女一方死亡，在继父母子女之间消灭权利义务关系，不再具有约束力。这与其他任何父母子女关系一样，都因一方死亡而消灭父母子女关系。

2. 继父母离婚

未成年的继子女，由于生父与继母或者生母与继父离婚而消灭其与继父母间的权利义务关系。生父与继母或生母与继父离婚时，对曾受其抚养教育的继子女，继父或继母不同意继续抚养的，仍由生父母抚养。如果继父母愿意继续抚养该继子女，生父母又同意的，可以允许。例外的情况是，如果继子女已经被继父母抚养成人，已经形成的抚养关系不能因为生父与继母或生母与继父离婚而自然消灭其权利义务关系，对年老体迈、生活困难的继父母仍然应当承担其晚年的赡养义务。

3. 协议解除

已经形成抚养关系的继父母子女关系，是一种拟制血亲，可以因协议而解除。在继子女未成年时，经生父母、继父母协商一致，并经有识别能力的继子女同意，可以协议解除继父母和继子女之间的权利义务关系。继子女成年后，成年继子女与继父母关系恶化，也可以协议解除权利义务关系。但继子女对将其抚养成人的继父母，如果年老体弱、生活困难的，应当承担给付必要生活费的义务。

4. 诉讼解除

在解除已经形成抚养关系的继父母子女关系发生争议的，可以诉请人民法院裁决。法院一经判决解除继父母与继子女之间的权利义务关系，则即行解除，双方不再存在父母子女的权利义务关系。

生父母死亡时，继父母与继子女形成抚养关系的，不能自行解除。继父母不能因为未成年继子女的生父母死亡而停止对继子女的抚养教育。如果继子女的生父母一方还健在，要求将子女领回抚养的，要经继父母的同意。双方协商不成的，由人民法院根据子女的利益判决。如果未成年继子女被生父母生存一方领回抚养，则继父母的子女关系解除。在生父母死亡时，继子女已经由继父母抚养成人，无论继父母子女关系是否解除，继子女都应当对继父母尽赡养扶助义务。

继父母子女关系已经消灭，双方的父母子女的权利义务关系即行消灭。唯有继子女是由继父母抚养成人的，并不消灭对继父母的赡养辅助义务。

第五节　人工授精所生子女

一、人工体内授精子女

(一)人工体内授精的概念和种类

对人工体内授精所生子女的法律地位应如何确定,近年来争论比较大,意见也有分歧,主要有肯定说和否定说两种学说。前者承认该子女具有婚生子女的法律地位,后者则否定这种性质。

关于人工体内授精的定义,英美法与大陆法有所不同。英美法认为,人工体内授精是指不是通过性交方式而是通过诸如注射器之类的器械将精液注入妇女的阴道内,使精子与该妇女的卵子结合受胎。日本法认为,人工体内授精是不以男女性交而以从男性取出精液注入女性体内而使之受胎。相比较而言,日本法对人工体内授精的定义更为确切。

1. 人工体内授精的概念

人工体内授精也称为人工受精,前者从客观行为而言,后者从接受行为后果的妇女而言。两个概念虽角度不同,是指同一行为。这两个概念是同一概念。

最先开始的人工授精是对动物生殖研究的结果,在雄雌动物之间,通过人工授精方法,使受胎机会增加,使物种质量提高,而后得到广泛应用,获得巨大成功。医学界接受了这一先进科研成果的启示,在人类中进行试验,也取得了预期的效果,并将这一成果应用于性交不能的夫妻之间,增加受胎、生产的机会。继而,采用他人的精液进行人工授精,使不想通过婚姻形式获得子女的妇女受胎。后来,人工授精在人类中被广泛应用,技术日臻完善,以至发展到目前的试管婴儿方法的先进阶段。

简言之,人工授精是通过人工的而非性交的方法使妇女接受精液而怀胎。

2. 人工授精的法律意义和后果

人工授精技术的广泛应用,必然产生法律上的意义和后果。其最基本的法律意义和后果,是如何确认人工授精子女的法律地位,即是否承认人工授精所生子女为婚生子女;也涉及人工授精行为的性质。

日本法认为,在配偶者之间进行人工授精,所生子女的法律地位不存在问题,为婚生子女自无疑问。但对在非配偶者之间进行人工授精,虽认这种行为不属通奸性质,但对其所生子女是否为婚生子女,学说不无分歧。妇女未经夫的同意而采用他人精液进行人工授精，对其所生子女，学说和判例上均认其不具有婚生子女的法律地位，而为非婚生子女。在非配偶之间进行人工授精，经夫的同意而合法进行，对其所生子女是否具有婚生子女地位，学说上有肯定说和否定说，肯定说是多数学者的观点。

3. 人工授精的种类

在英美法国家，将采用受精妇女丈夫的精液进行的人工授精，称之为AIH，即同质受精；将采用别人捐献的精液进行人工授精而使妇女受胎，称之为AID，即异质受精。英美法国家认为在AIH情况下所生子女不存在法律地位上的争议，在夫妻之间也不存在性行为性质的争议。但是，在AID情况下问题则较多，主要观点有两种：一是认为AID为通奸行为，所生子女是非婚生子女。加拿大法院认为通奸的核心是受孕，人工授精使不具有婚姻关系的妇女受孕，因而为通奸。这一观点在加拿大某法院判决的奥福德案件中采用，后又在拉赛尔案件中得到了进一步补充。美国法院也认为AID为通奸行为，在多尔博斯案件中，判决AID为通奸行为，所生子女为私生子。二是不认为AID为通奸行为。苏格兰法院认为，通奸的基本行为特征是肉体交媾，是性交行为，AID不具备这样的行为特征，因而不是通奸。在1958年克伦南案件的判决中，苏格兰法院确认了这一观点。至于AID所生子女的法律地位，一般认为应依丈夫是否同意而定。

人工授精分为以下几种情况：(1)由夫的精液而实施的人工授精即AIH，为同质受精。此种情况，有的是因夫的性交障碍、精子成活率低等原因，也可能由妻的某些原因，采用人工授精方法，改变前述受胎不能的客观原因，而使妻受胎。(2)经夫的同意，将他人精液与夫的精液混合而实施的人工授精。这种情况，多是夫的精液质量不好，精子成活率低，采用收集他人的精液与夫的精液混合，以增加受孕机会，使妻受胎。(3)经夫的同意，采用他人的精液实施人工授精，即AID。一般是夫的精液难以使妻受孕，或者性交不能而使妻不能受孕，经夫及妻同意，采用AID的方法，使妻受胎。(4)未经夫的同意，妻自行决定进行人工授精，并且采取他人的精液为之，使妻受胎。(5)未婚女子采取人工授精而怀胎。这种情况一般是采独身主义的女子，为解决自己热爱子女的愿望而采取的方法。

(二)对人工授精所生子女法律地位的界定

在我国，对人工授精行为的性质，在认识上没有分歧，无论是理论上还是实务上，都不认其为通奸行为。这是因为，在我国的观念上，对通奸行为的行为特征不以受孕为标准，而是以无婚姻关系的异性男女的性器官接触为标准。人工授精不以性器官接触为特征，当然不构成通奸。在这一点上，人工授精与民间的“借种”不同。后者是经夫的同意，妻与其他男子进行性交而使妻怀孕受胎，这是当然的通奸行为。相反，即使未婚女子采用人工授精而受胎，也不认其为通奸行为。我国对人工授精的争议，问题不在于对行为性质的认识，而在于对其进行管理。目前，我国对人工授精管理的法规不健全,是引起纠纷的重要原因,应当尽快改进。

对人工授精所生子女的法律地位的认识或认定,以及人工授精所生子女的法律地位,有下面三种情况:

1. 同质人工体内授精

由夫的精液实施人工授精使妻受胎而生的子女,为婚生子女,与父母产生父母子女间的权利义务关系。在这种情况下,子女是父母双方精、卵结合的结果,具有必然的血缘关系。这种情况一般不会引起民事上的争议。

2. 异质或混合人工体内授精

经夫的同意,以他人的精液,或者以他人的精液与夫的精液混合,使妻受胎而生的子女。法律地位认识的分歧,主要是指这种情况。对此,应推定该子女为夫妻双方的婚生子女,夫不得提出婚生子女否认之诉,第三人也不得争论其父子关系的不存在,提供精液之人也不得主张非婚生子女认领。这是因为,无论人工授精的精液是否与丈夫的精液混合,只要丈夫同意采用人工授精方法使妻受胎,就是夫妻双方系以获得共同子女的积极意思所生的子女,应视其为夫对婚生子女否认权的抛弃,不再享有这一权利。另外,提供精液之人,将自己的精液通过医院而提供给他人,亦视为其放弃了自己对该精子所生子女的认领权,自然不得请求认领子女为自己的亲生子。至于通过非正当渠道提供精液使他人受胎、生产者,对其子女亦无权认领。

既然经夫的同意实施人工授精所生子女为夫妻双方的婚生子女,在父母与该子女之间当然产生父母子女的权利义务关系。父不得推卸、免除其责任。

3. 未经丈夫同意的异质体内人工授精

未经夫同意而实施体内人工授精所生的子女,未婚女子采取人工授精所生的子女,均为非婚生子女。对前者,夫可以行使婚生子女否认权,否认该子女为自己的亲生子,不承担父的责任。至于提供精液者与该子女的母亲可否请求或要求非婚生子女的认领,一般均采否认态度。我们也采此种立场。

(三)处理人工授精所生子女法律地位的一般规则

最高人民法院1991年7月8日《关于夫妻离婚后人工授精所生子女的法律地位如何确定的复函》认为:“夫妻关系存续期间,双方一致同意进行人工授精,所生子女应视为夫妻双方的婚生子女,父母子女之间权利义务关系适用婚姻法的有关规定。”

这一司法解释的基本精神是十分明确的,它确定的原则是:“夫妻双方同意进行的人工授精所生子女,为婚生子女。”我们同意这一意见。适用这一原则的条件是:第一,在夫妻关系存续期间。若结婚登记之前和婚姻关系消灭之后,人工授精所生子女,则为非婚生子女,不具有婚生子女的法律地位。第二,夫妻双方一致同意进行人工授精。这一条件,主要是指夫同意妻进行人工授精,夫不同意妻采取人工授精的方法受胎的,不为双方一致同意,为妻单方同意,所生子女为非婚生子女,夫不承担父的责任。是否有夫同意而妻不同意进行人工授精的情况,似无可能,但不应断然否认这种情况。如果夫强迫妻进行人工授精受胎,所生子女亦应承认其婚生子女的地位,如采否认态度,则难以解释。故双方一致同意主要还是指夫同意。

适用这一原则,还有如下的问题需要研究:

第一,这一原则所涵括的,是前述人工授精及所生子女法律地位诸种情况中的哪一种情况。从本复函文字所体现的精神,似包括人工授精五种情况中的第三种,即经夫同意,采用他人的精液实施人工授精,所生的子女为婚生子女。但仅作这样狭窄的理解,不足以完整地揭示这一原则的全部含义,还应包括由夫的精液而实施的人工授精以及经夫同意将他人的精液与夫的精液混合而实施的人工授精。事实上,这一原则涵括这三种情况,所生子女均承认其婚生子女的法律地位。只有妻自行决定进行人工授精,且采用他人精液而为之者,以及未婚女子采人工授精所生子女,才不包括在该原则之内,该子女应为非婚生子女。

第二,构成事实婚姻关系的夫妻双方同意进行人工授精,可否适用本原则。符合事实婚姻构成条件的,视为双方存在婚姻关系,在事实婚姻关系存续期间,双方同意进行人工授精所生子女,应承认其婚生子女的法律地位。

第三,婚前男女双方同意进行人工授精所生子女,如何确认其法律地位,应区别情况分别对待。婚前男女双方同意进行人工授精,所生子女为非婚生子女,男方承担父的责任。具体情况是:一是男女双方在人工授精受胎后结婚的,可适用非婚生子女准正的原则,将该子女准正为婚生子女,取得婚生子女的法律地位。二是男女双方在人工授精受胎后未结婚的,所生子女为非婚生子女,男方应承担父的责任,可以认领。三是男女双方在人工授精受胎后结婚又离婚的,由于该子女已准正为婚生子女,仍享有婚生子女的法律地位,以更好地保护该子女的合法权益。

第四,夫死后,妻为给夫留下子女而采用人工授精方法受胎所生子女,法律难以认其为婚生子女,应以非婚生子女对待,亡夫的父母承认其孙子女地位的,应以收养的方法,使该子女成为亡夫父母的养孙或养孙女。

第五,采用他人精液,或采用他人精液与夫的精液混合,而为人工授精,对其所生子女能够确认非为夫的亲子,或能够确认该子女为提供精液者的亲子的,是否准许夫否认该子女的婚生子女地位,是否准许提供精液者认领该子女为亲子。对此,最高人民法院《关于夫妻离婚后人工授精所生子女的法律地位如何确定》的批复没有明文规定。但从司法解释关于"所生子女应视为夫妻双方的婚生子女,父母子女之间权利义务关系适用婚姻法的有关规定"的精神观察,应采取否定态度。从理论上说,夫一经同意采用他人的精液为妻人工授精,夫即放弃了否认婚生子女的权利。同样,提供精液者既然同意接受以自己的精液为他人人工授精，所生子女为他人的婚生子女的法律后果，亦为放弃了亲子认领的权利。在这样的情况下，虽然可以确认所生子女非为夫之亲子，或者确认所生子女为提供精液者的亲子，但由于权利的放弃，因而禁止这种否认或认领。对此，有关鉴定机关也应明确规定不予进行亲子鉴定，以防止造成不必要的矛盾。

二、人工体外受精子女

人工体外受精也叫作试管婴儿，即 IVF，是指用人工方法将卵子自体内取出，与精子在培养皿中受精，再将受精卵或者胚胎植入女性的子宫内，使其着床、发育至分娩的过程。用这种人工生殖技术生育出来的子女，被称作试管婴儿。

试管婴儿技术也是人工生殖技术，不过由于试管婴儿的人工技术更为复杂，人工的成分更多，涉及的法律问题更为复杂，其主体就有不孕夫妇、精子捐赠人、卵子捐赠人和怀孕分娩者等。

（一）妻卵体外受精

妻卵体外受精是指妻子提供卵子，在体外接受人工授精。分为两种。

1. 同质的妻卵体外受精

同质的妻卵体外受精，是将夫的精子与妻的卵子在体外完成受精，再将受精卵植回妻子的子宫着床、发育、分娩。这种人工授精方法需要具备两个条件：一是妻子的子宫有孕育胎儿的能力；二是丈夫的精子有足够数量和成活能力。采用这种人工授精的方法孕育的后代，与正常生殖没有区别，仅仅是受精的位置不同而已。这种体外受精生育的子女其法律地位与婚生子女没有任何区别。

2. 异质的妻卵体外受精

异质的妻卵体外受精，是将第三人捐赠的精子与妻的卵子在体外受精，再将受精卵植回妻子的子宫着床、发育、分娩。这种体外受精与 AID 相同，可以是完全的第三人的精子，也可以是丈夫和第三人的精液混合后的精子，与妻的卵子结合。其后果也与 AID 相同。

（二）捐卵体外受精

捐卵体外受精是指第三人提供卵子，与丈夫的精子在体外受精，再将受精卵植入妻子的子宫着床、发育、分娩。这种生殖技术应用于妻子排卵不正常、不能提供卵子怀孕的情况，其技术较为复杂。

在法律上，捐卵体外受精向传统的“谁分娩，谁为母亲”的确定母亲原则提出新的挑战，这就是，不是用自己的卵子受精，尽管是自己分娩的子女，是否构成法律上的母亲？对此有三种主张：一是继续贯彻谁分娩谁为母亲的原则，认为第三人捐赠卵子，其胚胎移植到了妻子的体内，由妻子孕育、分娩，因此妻子就是孩子的母亲。二是贯彻血缘真实主义，认为生殖细胞来源于谁，谁就是母亲，因此捐卵者是孩子的母亲。三是意思主义，认为应当以妻子是否有为子女的母亲的意思为标准，捐卵者有成为母亲的意思的，就应当认为捐卵者是子女的母亲；如果捐卵者有提供卵子的意愿而无成为母亲的意愿，则不能成为母亲。

对此，应当以分娩者的意思表示为判断标准。这种情况与代理母亲相似，判断的基本标准，是分娩者的意思。如果分娩者有成为母亲的意愿，当然捐卵者就只是捐卵而已。如果捐卵者有成为母亲的意愿，并且分娩者也同意的，那分娩者就是代理母亲，但怎么可能成为捐卵者所生子女的母亲呢？因此，只要妻子作为分娩者，或者也包括丈夫有成为母亲的意思表示，妻子分娩之后，当然成为子女的母亲。

（三）胚胎移植

胚胎移植，是指利用人工技术将精子注入女性第三人体内，与其卵子受精，将受精卵从体内取出植入妻子的子宫内使其着床、发育、分娩。胚胎移植的捐卵者不仅捐卵，而且还提供体内受精的条件，比体外人工授精更为复杂；同时由于捐卵者和提供受精条件的人多数是公开的，因此产生更为复杂的法律问题。

1. 捐卵同质胚胎移植

这种胚胎移植，是以丈夫的精子与捐卵者的卵子结合，完成胚胎移植，孕育子女。这种胚胎移植，由于是丈夫同意人工授精，且妻子同意接受胚胎移植，并且自己将胎儿孕育分娩，因此妻子应为子女的母亲。妻子接受胚胎移植分娩子女后，不得提出否认之诉。如果确系欺诈或者胁迫所致，则允许妻子提出否认之诉，推翻子女的婚生性。在这种情况下，提供卵子的一方可以认领子女。

2. 捐卵异质胚胎移植

这种胚胎移植更为复杂，是以第三人的精子与捐卵者的卵子结合，完成胚胎移植，孕育子女。这种胚胎移植，只有妻子在孕育上具有一定的关系，在血缘上，子女与妻子和丈夫均无关系，其真实的父和母，分别是捐卵的遗传母亲和捐精的遗传父亲，而妻子只是分娩母亲，丈夫则与子女毫无关系。在法律上，仍然应当以妻子和丈夫的意思表示作为基本标准，只要妻子和丈夫同意接受胚胎移植，并且将做胚胎移植子女的母亲和父亲，就应当认定子女的父母就是妻子和丈夫。除非有欺诈或者胁迫，且有证据证明者方可推翻原来的意思表示，推翻子女的婚生性，否则不得否认该子女的婚生性。

（四）代理母亲

代理母亲，是指使用妻卵和夫精、妻卵和供精、供卵和夫精或供卵和供精在体外受精，将胚胎植入她人子宫妊娠生育的人工生殖技术。同时，提供身体妊娠生育子女的女性也称为代理母亲。代理母亲的生殖技术带来一系列的法律问题,极为复杂,向"谁分娩,谁为母亲"的原则提出了根本性的挑战。最尖锐的法律问题就是谁是子女的真正母亲。此外,还有代孕合同的性质,代理母亲的丈夫与该子女的关系,人工流产的决定权,四方当事人之间如果一方死亡、胎儿的继承权如何处理等,都面临强大的挑战。我们认为还是应当贯彻意思主义,即依妻子和丈夫的意思表示为准,确定上述诸多问题。正是由于代理母亲存在诸多的问题难以解决,所以我国《人类辅助生殖技术管理办法》明确规定禁止任何形式的代理孕母。

第六节　收养

一、收养概述

(一)收养的概念和特征

收养是指自然人领养他人的子女为自己的子女,依法创设拟制血亲的亲子关系的身份法律行为。

依收养身份法律行为创设的收养关系,就是拟制血亲的亲子关系,是基于收养行为的法律效力而发生的身份法律关系。其收养者为养父或养母,被收养者为养子或养女。① 这种拟制血亲的亲子关系,具有与自然血亲同样内容的权利义务关系。

在收养的身份法律行为中,当事人分别是收养人、被收养人和送养人。其中领养他人子女为自己的子女的人是收养人,被他人收养的人为被收养人,将子女或者儿童送给他人收养的自然人或者社会组织为送养人。收养行为是变更被收养人身份关系的行为,而不是一般的民事法律行为,因此,尽管被收养的是人,但被收养人是收养法律行为的主体,而不是收养行为的标的。

收养行为在法律上具有以下特征:

1. 收养是身份法律行为,是要式行为

收养行为的性质属于身份行为,是建立身份关系的法律行为。收养行为的实施,使原来没有血亲关系的收养人和被收养人的身份关系发生改变,使收养人成为养父、养母,被收养人成为养子、养女,建立了拟制的亲子关系。这种身份行为关系到当事人尤其是被收养人的身份地位问题,必须是要式行为。

---

① 陶汇曾:《民法亲属论》,上海法学编译社 1937 年版,第 170 页。

2. 收养行为人应是具有特定法律身份的人

在一般的民事法律行为中，对行为人的身份通常不加限制，但收养行为涉及人的身份地位问题，所以法律规定了特别的限制：第一，收养人和被收养人必须是自然人，社会组织不具有这样的资格。第二，收养人、送养人和被收养人必须符合法律所规定的资格和条件，否则不得收养子女、送养子女或者被他人所收养。第三，收养只能发生在非直系血亲关系的自然人之间。原本就存在自然血亲关系的自然人之间，自然血缘密切，辈分分明，一旦收养，必然造成血缘关系的混乱，法律禁止直系血亲之间进行收养。第四，除了夫妻共同收养之外，禁止被收养人被一人所收养，目的在于避免违反亲子身份秩序，损害被收养人的利益。

3. 收养行为是产生法律拟制血亲关系的行为

收养行为在收养人和被收养人及其近亲属之间产生亲子的权利义务关系，与自然血亲的亲子关系没有区别。这是收养与寄养的主要区别。[①] 这种血亲关系是拟制血亲关系，通过法律的拟制，使没有血亲关系的人发生血亲关系。其特点是，通过法律行为而设立，也可以通过法律行为而解除这种血亲关系。

4. 收养行为消灭养子女的自然血缘关系但自然血缘关系仍然存在

收养行为消灭被收养人与其生父母之间的权利义务关系，但子女被他人收养之后，原有的自然血亲关系并没有完全消灭。基于出生而发生的血缘关系，是不可能人为的加以消灭的，因此，收养的效力不及于自然血亲关系，法律有关自然血亲关系的一些规定，如禁止结婚的血亲关系等，不受收养的影响。

（二）收养的性质与基本类型

1. 收养行为的性质

对于收养行为的性质，有两种不同的认识：一是认为是私法行为，即由当事人自由实施的民事法律行为；二是认为是公法行为，偏重收养的公法性质，强调公权力介入的特征。

收养行为是民事法律行为，是身份行为，当然是私法行为，而不是公法行为。这样认识收养行为的性质，并不排斥公权力对收养行为的干预和监督。对收养实行国家监督主义，有利于保障收养行为依法进行，保护被收养人的合法权益。

2. 收养的基本类型

依据不同的标准，可以对收养进行不同的分类，划分为不同的类型。

（1）未成年人收养和成年人收养

根据收养对象的不同，收养分为未成年人收养和成年人收养。前者的收养对象是

---

① 孟令志等：《婚姻家庭与继承法》，北京大学出版社 2012 年版，第 215 页。

未成年人,后者的收养对象为成年人。我国法律规定被收养人必须不满 14 周岁,只有在收养三代以内旁系血亲的子女、收养继子女等特殊情形才允许收养成年人。这表明我国以收养未成年人为原则,以收养成年人为例外。

(2)完全收养和不完全收养

根据收养的效力不同可以分为完全收养和不完全收养。完全收养是指收养成立之后,养子女与生父母及其近亲属间的权利义务关系完全消灭,只与养父母之间发生亲子关系;不完全收养是指收养成立之后,养子女不但与养父母之间发生亲子关系,而且与其生父母仍保留一定的权利义务关系。前者只适用于未成年人,后者既适用于未成年人,也适用于成年人。我国收养法只规定完全收养,不承认不完全收养。

(3)生前收养与遗嘱收养

按照收养发生的时间,可以分为生前收养和遗嘱收养。前者是指收养人在生存期间与被收养人建立收养关系;后者是死后收养,是指收养人生前通过订立遗嘱的方式指定养子女,在收养人死亡后遗嘱发生法律效力,被收养人有权继承收养人的遗产。我国不采遗嘱收养制,如果有这样的遗嘱,应按照遗嘱继承或者遗赠的规定进行。

(4)法定收养和事实收养

按照收养的成立是否履行法定的形式要件,可以分为法定收养和事实收养。前者是指依照法定的收养实质要件和形式要件成立的收养关系;后者是指不具备法律规定的收养的实质要件和形式要件,但已经形成了事实上的父母子女关系的收养。我国亲属法对 1992 年 4 月 1 日《收养法》生效之前的事实收养承认其效力,其后发生的事实收养则不予承认。

(5)共同收养与单独收养

根据收养人数量的不同,收养可以分为共同收养和单独收养。收养人为一人的收养,是单独收养;收养人为二人以上的,是共同收养。无配偶者收养以及配偶一方进行收养,为单独收养。已婚夫妻收养子女,为共同收养。

(三)收养的基本原则

1. 有利于被收养的未成年人的抚养、成长原则

实行收养制度的首要目的,在于使未成年的被收养人,包括丧失父母的孤儿、查找不到生父母的弃儿、处于某些原因不能得到生父母抚育的子女,能够在收养人的抚育下健康成长。对于收养孤儿、残疾儿童、查找不到父母的弃儿以及继子女,法律都规定了较为宽松的条件,就是体现这一原则。

2. 保证被收养人和收养人的合法权益原则

收养法律关系既关系到被收养人的利益,也关系到收养人的权益,都必须得到法律的保护。保护的标准,就是养父母子女关系适用法律关于父母子女关系的规定。贯

彻这一规定,就体现了保护被收养人和收养人的合法权益的原则。

3. 平等自愿原则

收养行为是民事法律行为,平等自愿是实施一切民事法律行为的基本原则,收养当然不能例外。收养行为的当事人、收养关系的主体,都完全出于平等的地位,实施收养行为必须各方出于自愿。贯彻平等自愿原则,就是要通过协议的方式,各方当事人能表达自己的真实意志。

4. 不得违背社会公德原则

这一原则是民法公序良俗原则的体现。实施收养行为必须依法办事,尊重当事人的意志,同时也要遵守社会公德,不能违反善良风俗。对收养当事人的行为应当加以必要的约束,不能妨害社会公德和社会秩序。

5. 不得违背计划生育法律、法规原则

实行计划生育是我国的基本国策,实施收养行为也应当遵守这一国策,不能违反计划生育法律、法规的要求,不得以送养子女为理由违反计划生育的要求再生与子女,只有无子女者才能够收养一名子女。

(四)收养制度的沿革

1. 收养制度的一般发展历史

收养制度的发展大体经历了为族的收养、为家的收养、为亲的收养和为子的收养四个阶段。

(1)为族的收养

在原始社会末期以及奴隶社会早期,收养是氏族成员的共同行为,收养外来人为本氏族的成员,是壮大本氏族的重要手段。胜利者收养被俘的未成年人入族,是当时部落冲突中常见的现象。这种收养就是为了氏族的利益而为,收养体现的是氏族的利益,并没有个人的因素。

(2)为家的收养

在奴隶社会和封建社会,收养为的是家的利益。在那时,家在私法中具有重要的地位,为了家的利益,收养他人以壮大家的力量。收养成立,养子女视同亲生子女,如果不将收养的子女视同亲生子女,得将其归还于生父母之家。这一时期,收养成为正式的法律制度,法律规定了收养的种类,规定了收养的条件、程序和效力。

(3)为亲的收养

在封建社会,养父母收养是为了亲的需要,即由于自己没有子嗣,因而收养子女为子嗣,以延续后代,传宗接代。我国的立嗣,就是以男性为中心的宗祧继承的产物,男子无子而需要立嗣，所立者也须为旁系血亲中男子，体现的就是为亲的收养。①

(4)为子的收养

现代社会法律规定收养制度，将其转变为子本位，收养的目的不是为了家、也不是为了亲，而是为了子女的利益。《法国民法典》1923年修订的第343条明确规定："收养除了有正当之事由且为子女之利益外，在所不许。"

2. 我国收养制度的发展

我国成立之后，收养制度发生了深刻的变化，封建性的立嗣被完全废除，确立了新的收养制度。

这样的收养制度长期的表现形式为习惯法，尽管《婚姻法》规定了"国家保护合法的收养关系。养父母和养子女间的权利和义务，适用本法对父母子女关系的有关规定"的内容，但缺少明文的收养法律规范，内容不完备、不统一。

1992年4月1日起施行的《收养法》，是我国第一部完整的调整收养法律关系的法律，经过1998年的修订，并于1999年4月1日实施，确立了较为完善的收养制度。不过，从《收养法》的内容考量，仍然存在较多的问题，需要在制定民法典中继续进行完善。

二、收养关系的成立

收养关系的成立，是指收养当事人依照收养法规定的条件和程序建立收养关系。由于收养是变更身份关系的重要法律行为，关系当事人的人身关系和财产关系的变更，也关系社会公共利益和善良风俗，法律实行较多的干预和监督，为收养规定了详细的条件和程序，只有符合法律的要求，才能够发生收养的效力。

收养关系的成立应当具备以下实质要件和形式要件。

(一)收养关系成立的实质要件

收养关系成立的实质要件是收养关系成立的实体性的必要条件。我国《收养法》对被收养人、送养人和收养人的条件以及收养合意等问题都作了明确规定，还针对某些特殊情形，对收养当事人的条件还做了宽于收养一般情形的特别规定。

1. 被收养人的条件

被收养人的条件，在各国的收养法中都是有规定的，宽严程度各有不同，多数国家的规定限制在未成年人，只有少数国家立法规定可以收养成年人。

我国《收养法》第4条规定，只有下列不满14周岁的未成年人具备被收养人的条件：

---

① 马忆南：《婚姻家庭法新论》，北京大学出版社2002年版，第208~209页。

(1)丧失父母的孤儿

孤儿，是指其父母死亡或者人民法院宣告其父母死亡的不满14周岁的未成年人。

(2)查找不到生父母的弃婴和儿童

弃婴是指出生时即被遗弃的初生儿，儿童是指不满14周岁的未成年人。对于弃婴和儿童查找不到其生父母的，其作为被收养人为适格。

(3)生父母有特殊困难无力抚养的子女

具体判断生父母有特殊困难，应当根据当事人的具体情况认定。例如，父母出于无经济负担能力、患有严重疾病、丧失民事行为能力等原因，无法或者不宜抚养子女，可以视为有特殊困难无力抚养。在这种情况下，其子女可以被送养。

2. 送养人的条件

《收养法》第5条规定的送养人的条件是：

(1)孤儿的监护人

监护人送养孤儿，必须以孤儿丧失父母、在监护人的监护之下、将其送养是出于保护孤儿权益的需要为必要条件；同时，还须具备"征得有抚养义务的人同意"①的条件。有抚养义务的人，是指我国《婚姻法》第28条、第29条规定的有负担能力的祖父母、外祖父母和兄、姐。

(2)社会福利机构

我国的社会福利机构是指各地民政部门主管的收容、养育孤儿和查找不到生父母的弃婴、儿童的社会福利院。对于他们养育的孤儿、查找不到生父母的弃婴、儿童，有权送养。

(3)有特殊困难无力抚养子女的生父母

有特殊困难无力抚养子女的生父母，必须双方共同送养。如果生父母一方不明或者查找不到的，可以单方送养；生父母一方死亡，对方配偶可以送养子女，但死亡一方的父母主张优先抚养权的，构成送养的法定障碍，该父母则行使优先抚养权，生父母一方不得送养；未成年人的父母均不具有完全民事行为能力的，该未成年人的监护人不得将其送养，但父母对该未成年人有严重危害可能的，则监护人可以送养。

3. 收养人的条件

按照我国《收养法》第6条的规定，收养人应当同时具备以下条件：

(1)无子女

无子女者，包括未婚者无子女、已婚者无子女以及因欠缺生育能力而不可能有子女等情形。无子女的"子女"，包括婚生子女、非婚生子女及拟制血亲的子女。

---

① 《收养法》第13条规定。

(2)有抚养教育被收养人的能力

不仅要考虑收养人的经济负担能力,而且还要考虑在思想品德等方面是否有抚养教育的能力。其标准,应当不低于对监护人监护能力的要求。[1]

(3)未患有医学上认为不应当收养的疾病

医学上认为不应当收养的疾病,应当是自己危害养子女健康的传染性疾病以及危害养子女人身安全的精神性疾病。

(4)年满30周岁

这是一般规定。特殊的要求是:一是无配偶的男性收养女性的,收养人与被收养人的年龄应当相差40周岁以上,相应的,无配偶的女性收养男性,也应当参照这样的规定;二是有配偶者收养子女,必须夫妻共同收养;三是收养人只能收养一名子女。

4. 当事人的收养合意

收养行为是民事法律行为,必须具备当事人的收养合意这一必要条件。构成收养合意,应当具备以下两个条件:

(1)双方自愿

收养人收养与送养人送养须双方自愿,意思表示一致。收养与送养,是民法上的身份协议,收养合意应当按照合同成立的条件要求。在收养问题上,收养人和送养人的意思表示必须真实、自愿、一致,才能构成合意。

(2)10周岁以上的被送养人同意

收养未满10周岁的未成年人,不必经过本人的同意。收养年满10周岁以上的未成年人,应当征得被收养人的同意。10周岁以上的未成年人是限制民事行为能力人,具有一定的识别能力和行为能力,是否接受收养的事实,改变自己的身份关系,应当征得本人的同意。他(她)的同意,不构成收养的意思表示;但他或她的不同意,构成收养合意的法律障碍,收养人和送养人即使构成了收养合意,但由于被收养人不同意的法律障碍,使其收养合意无效。

5. 特殊情形的特别条件

我国收养法规定了一些例外,在特殊情形下适当放宽收养的条件。

(1)收养三代以内同辈旁系血亲的子女

在收养兄弟姊妹的子女、堂兄弟姊妹的子女、表兄弟姊妹的子女时,条件适当放宽:第一,生父母无特殊困难、有抚养能力的子女,有被收养人的资格,也可以被送养;第二,无特殊困难、有抚养能力的生父母有送养人的资格,可以送养自己的子女;第三,无配偶的男性收养女性,不受收养人与被收养人须有40周岁以上年龄差的限制;第

---

① 杨大文主编:《亲属法》,法律出版社2003年版,第243页。

四，可以收养年满14周岁以上的人。如果是华侨收养子女，还可以不受收养人无子女的限制。

(2)收养孤儿、残疾儿童或者社会福利机构抚养的查找不到生父母的弃儿和儿童

收养孤儿、残疾儿童或者社会福利机构抚养的查找不到生父母的弃儿和儿童，条件也适当放宽：第一，不受收养人无子女的限制；第二，不受收养人只能收养一名的限制。在收养人拟收养多名的时候，应当考虑收养人的抚养能力和其他条件，不宜过多。

(3)继父母收养继子女

继父或者继母经继子女的生父母的同意，可以收养继子女，收养的条件适当放宽：第一，其生父母无特殊困难、有抚养能力的子女有被收养人的资格，也可以被送养；第二，无特殊困难、有抚养能力的生父母有送养人的资格，可以送养自己的子女；第三，不受无子女、有抚养教育养子女的能力、疾病以及年满30周岁的被收养人条件的限制；第四，可以收养年满14周岁以上的人；第五，不受收养一人的限制。①

(二)收养关系成立的形式要件

收养关系成立的形式要件，是指收养关系成立所需要的程序性的必要条件。按照我国亲属法的规定，收养登记是法定程序。收养协议和收养公证则是出于当事人的意愿和要求而进行的程序，不具有强制的意义。

1. 收养登记

收养的各方当事人达成收养合意，尚不能发生收养的法律效果，必须经过收养登记，才能实现变更当事人之间身份关系的效果。因此，收养登记具有对收养合意的确认、国家承认收养行为以及当事人身份关系变更的公示等效力。

(1)收养登记机关

办理收养登记的机关是县级以上人民政府的民政部门。具体管辖的范围：一是收养社会福利机构抚养的查找不到生父母的弃婴、儿童和孤儿的，在社会福利机构所在地的收养登记机关办理登记。二是收养非社会福利机构抚养的查找不到生父母的弃婴、儿童的，在弃婴和儿童发现地的收养登记机关办理。三是收养生父母有特殊困难无力抚养的子女或者由监护人监护的孤儿的，在被收养人生父母或者监护人常住户口所在地（组织作为监护人的，在该组织所在地）的收养登记机关办理。四是收养三代以内旁系血亲的子女，以及继父、母收养继子、女的，在被收养人生父或者生母常住户口所在地的收养登记机关办理。

---

① 关于收养三代以内旁系血亲子女和继父母收养继子女中关于不受被收养人不满14周岁规定的限制，在理解上有不同主张。第一种主张认为只能收养14周岁以上的未成年人，第二种主张认为可以收养14周岁以上的人，包括成年人。我们采纳后一种意见。

(2)收养登记的具体程序

收养登记的程序包括:

一是申请。收养登记必须由当事人包括送养人、收养人以及年满10周岁以上的被收养人亲自到收养登记机关办理,夫妻共同收养、共同送养子女,一方不能亲自到场的,应当出具有效的委托书。收养人应当向登记机关出具收养登记申请书,内容包括收养人、送养人以及被收养人的基本情况,收养的目的,以及收养人所作的不虐待、不遗弃被收养人和抚育被收养人健康成长的保证等。登记时,收养人与送养人应当提交办理收养登记所必需的各种证件和证明,以确认收养行为的合法性。

二是审查。审查是收养登记的中心环节,内容包括各方当事人的条件是否符合法律规定,证件、证明是否齐全、有效,收养的目的是否正当,当事人意思表示是否真实等。审查期限是30日,自收养登记机关收到收养登记申请书以及有关材料的次日起计算。收养查找不到生父母的弃婴和儿童的,需要公告60日,该时限不计算在审查期限内。

三是登记。经审查,对于符合《收养法》规定的条件的,应当准予收养登记,发给收养登记证,收养关系自登记之日起成立。对不符合规定的条件的,则不予登记,并对当事人说明理由。对于登记成立收养关系的,户籍部门应当对被收养人办理户籍的变更登记。

2. 收养协议和收养公证

(1)收养协议

按照《收养法》的规定,收养协议并非收养关系成立的必要形式,而是当事人自愿进行。这种规定不妥。收养协议是收养合意的外在表现形式,是对当事人收养合意的记录。实施收养行为应当首先签署收养协议,然后才能够进行收养登记。现在规定收养登记需要的是收养申请书,并不是确切的法律文书。这种做法应当改进。

(2)收养公证

订立收养协议后,当事人一方或者双方主张进行公证的,应当进行公证。该公证证明的是收养协议的合法性,而不是证明其他。有的主张这种登记应当在准予收养登记后办理,①似有不妥;其原因是,国家主管机关都对收养进行了公证,何以还要公证机关的公证呢?因为公证的效力远远不及登记的效力,这样理解岂不是本末倒置?

(三)事实收养和对《收养法》实施之前形成的收养关系的确认

1. 事实收养

在《收养法》实施以前,承认事实收养。最高人民法院1984年《关于贯彻执行民事

---

① 杨大文主编:《亲属法》,法律出版社2003年版,第248页。

政策法律若干问题的意见》第28条规定:“亲友、群众公认,或有组织证明确以养父母与养子女关系长期共同生活的,虽未办理合法手续,也应按收养关系对待。”在《收养法》实施以前发生的事实收养,承认其效力。对在《收养法》实施以后发生的事实收养,应当进行收养登记,符合收养条件的,予以登记;不符合收养条件的,不予登记;不进行登记的,不承认其收养的效力。

2. 承认《收养法》实施前的收养关系合法

对于《收养法》实施前成立的收养关系,已经进行了收养公证或者户籍登记手续的,承认其合法有效。

3. 法律适用问题

人民法院审理收养案件,对《收养法》实施后发生的收养关系,审理时适用《收养法》的规定。《收养法》实施之前发生的收养关系和收养纠纷,审理时适用原来的法律、法规和司法解释的规定。《收养法》实施前成立的收养关系,《收养法》实施后诉请解除收养关系的,适用《收养法》的规定。

三、收养的效力

收养关系成立后,在当事人之间发生一系列的法律后果,法律赋予收养行为强制性作用力,即法律效力。①

(一)收养的法律效力

收养的法律效力,是指法律赋予收养行为而发生的强制性法律后果。这种法律后果表现为两个方面,即收养的拟制效力和解销效力。

1. 收养的拟制效力

收养的拟制效力,亦称为收养的积极效力,是指收养依法创设新的亲属身份关系及其权利义务的效力。

关于收养的拟制效力的范围,有两种不同的立法例。德国等立法例规定,收养的拟制效力仅及于养父母与养子女以及收养关系存续期间养子女所出的晚辈直系血亲,而不及于养父母的血亲。日本等立法例规定,收养的拟制效力不仅及于养父母和养子女以及养子女所出的晚辈直系血亲,同时及于养父母的血亲。我国收养法采取后一种立场。

(1)对养父母与养子女的拟制效力

收养的拟制效力主要体现在自收养关系成立之日,养父母与养子女之间发生父母子女之间的权利义务关系。《收养法》第23条第1款对此做了明确规定。凡是父母子

---

① 孟令志等:《婚姻家庭与继承法》,北京大学出版社2012年版,第223页。

女之间发生的权利和义务,在养父母、养子女之间同样取得。养子女的称姓,既可以随养父姓,也可以随养母姓,还可以经过协商一致,保留原姓,而不改为养父母的姓。

(2)对养子女与养父母的近亲属的拟制效力

养子女与养子女的近亲属之间的权利义务关系,是养亲子关系在法律上的延伸。收养对养子女与养父母的近亲属的拟制效力,表现为养子女与养父母的近亲属以及养父母与养子女的近亲属之间发生的拟制效力,取得亲属的身份,发生权利义务关系。具体是:养子女与养父母的父母发生祖孙的身份和权利义务;养子女与养父母的子女间,取得兄弟姐妹的身份,发生兄弟姐妹的权利义务;养父母对于养子女所出的晚辈直系血亲,也取得祖孙的身份,发生祖孙的权利义务关系。

2. 收养的解销效力

收养的解销效力,亦称为收养的消极效力,是指收养依法消灭原有的亲属身份关系及其权利义务的效力。在完全收养,其解销效力是养子女与生父母之间的权利义务完全消灭;在不完全收养,则养子女与生父母之间的权利义务不完全消灭,还保有法定的权利义务关系。我国立法采取前一立场,完全消灭养子女与生父母及其近亲属的权利义务。

(1)对养子女与生父母的解销效力

收养关系生效,其养子女与生父母之间身份消灭,他们之间的权利义务同时消灭。对此,《收养法》第 23 条第 2 款做了明确规定。

(2)对养子女与生父母以外的其他近亲属的解销效力

收养关系生效,养子女与生父母以外的其他近亲属间的身份消灭,他们之间的权利义务关系也消灭。养子女与生父母的父母不再存在祖孙间的权利义务关系,与生父母的子女间不再存在兄弟姐妹间的权利义务关系。

这种解销效力,消灭的仅仅是法律意义上的父母子女关系,而不是自然意义上的父母子女关系。养子女与生父母之间基于出生而具有的直接血缘联系是客观存在的,不能通过法律手段加以改变。法律关于禁婚亲的规定仍然适用于养子女与生父母及其近亲属。

(二)无效收养行为

1. 无效收养行为的概念与原因

无效收养行为,是指欠缺收养成立的法定有效要件,不能发生收养法律后果的收养行为。从性质上说,无效收养行为就是无效民事行为。

发生无效收养行为的原因有以下几方面:

(1)欠缺收养关系成立的实质要件

例如,收养人、送养人不具备相应的民事行为能力;收养人、送养人不符合收养法规定的收养或送养条件；收养人、送养人关于收养的意思表示不真实；年满 10 周岁以上的被收养人不同意收养而被收养的等。

(2)欠缺收养关系成立的形式要件

例如，没有经过收养登记、欠缺收养成立的法定程序等。

(3)违反法律或者社会公共利益

例如，以送养为由违反计划生育政策、借收养之名拐卖儿童或者出卖亲生子女等。

2. 确认无效收养的程序

(1)通过诉讼程序宣告收养无效

依照诉讼程序宣告收养无效的，有两种情况：一种是当事人或者利害关系人提出请求确认收养无效之诉，由人民法院判决确定收养无效；另一种是人民法院在审理相关案件中，发现有收养无效的行为，依照职权，在有关的判决中直接宣告收养无效。后者主要是在赡养、抚养、监护、法定继承等案件中，涉及作为其基础的血缘关系的有无，法院必须作出判决以作为判决的基础，确认收养无效。

(2)通过行政程序宣告收养无效

民政部关于收养登记的规定，规定明确当事人弄虚作假骗取收养登记的，可以宣告收养登记无效。

3. 收养无效的法律后果

收养行为被人民法院判决宣告无效的，从行为开始时起就没有法律效力，在当事人之间不发生收养的权利义务关系。同样，收养行为经过收养登记机关依照行政程序确认为无效的，也是自始无效。收养无效的效力溯及既往，而解除收养关系仅仅是在收养关系解除之时消灭养父母和养子女之间的权利义务关系，因而存在原则的区别。

四、收养关系解除

(一)收养关系解除的概念

收养关系解除是指收养的法律效力发生后，因出现一定的法定事由，无法继续养亲子关系，通过法定程序将其人为消灭。

收养关系成立后不得随意解除。这是因为收养是变更身份和权利义务关系的重要法律行为，涉及一系列的法律后果。由于收养关系是拟制的血缘关系，如果出现收养关系恶化，难以为继，或者在事实上的解体，既然通过法律行为可以设立它，也就能通过法律行为和法定程序将其消灭。①

---

① 杨大文主编：《婚姻家庭法》，中国人民大学出版社 2012 年版，第 97 页。

(二)收养关系解除的程序

收养关系解除的程序有两种,即协议解除和诉讼解除。

1. 协议解除

协议解除收养关系适用于两种情况:一种是在收养关系成立之后,被收养人成年之前,收养人和送养人双方可以通过协议解除收养关系;另一种是养父母与养子女间关系恶化,无法共同生活的,也可以通过协议解除收养关系。

协议解除的条件是:

(1)双方当事人必须有解除收养关系的合意

养子女未成年时,解除收养的合意是指收养人与送养人解除收养的意思表示一致;如果被收养人已满10周岁,还需要征求本人同意。养子女成年之后,解除收养的合意是指收养人和被收养人之间解除收养的意思表示一致。

(2)当事人必须具有完全民事行为能力

如果在解除收养关系时,收养人、被收养人以及送养人之中任何一方不具有相应的民事行为能力,都不能通过协议的方式解除收养关系,而只能通过诉讼由人民法院判决。

(3)夫妻共同收养的,解除收养必须夫妻双方共同解除

这是因为,如果准许单方解除收养,无法取得身份上的统一。如果属于无配偶者单方收养,或者收养人在收养时无配偶终止收养时已有配偶的,可以单方提出解除收养关系。

协议解除收养的程序是:达成收养解除的合意的,到收养登记机关办理解除收养关系的登记。登记时,应当携带居民户口簿、居民身份证、收养登记证和解除收养关系的书面协议。收养登记机关收到解除收养关系登记申请书及有关材料后,自次日起30日内进行审查,符合收养法规定的条件的,办理解除收养关系的登记,收回收养证书,发给解除收养关系证明。收养关系自登记之日起消灭。

2. 诉讼解除

收养关系当事人就解除收养关系不能达成协议的,收养人、送养人以及已经成年的被收养人可以向人民法院提起诉讼程序,由人民法院裁决收养关系是否予以解除。人民法院应当根据查明的事实,确认解除收养关系的真实原因,养亲子关系的现状和生活实际情况,作出判决。

诉讼解除收养关系的适用情况,主要是三种情形:

(1)养子女为未成年人,收养人或者送养人要求解除收养关系的

《收养法》禁止收养人在被收养人未成年时解除收养关系,以保护未成年被收养人的权益。当然,收养人和送养人达成一致意见协议解除的,不在此限。一般情况下,收

养人在被收养人未成年时提出解除收养关系诉讼请求的，法院应驳回其诉讼请求；如果生父母反悔，并用不正当手段破坏养亲子关系，以至于收养关系恶化，无法继续维持的，法院也可以判决解除收养关系。送养人要求解除收养关系的，如果是送养人一方反悔，养父母并无过错的，法院应从保护合法收养关系的原则出发，教育送养人应当遵守协议，驳回其诉讼请求。如果送养人有正当理由，如收养人对养子女不履行抚养义务、虐待、遗弃以及其他侵害养子女的合法权益行为的，法院应当判决解除收养关系。

(2)被收养人已成年，关系恶化，一方要求解除收养关系的

应当根据双方关系的实际情况，本着维护收养关系当事人合法权益的原则，如果双方关系尚未恶化到无法共同生活的程度的，应当查明纠纷原因，着重调解和好；如果双方关系已经恶化到无法继续共同生活程度的，应当准予解除收养关系。

(3)养父母死亡后终止收养关系的

对此，我国《收养法》未作规定。收养关系并不因养父母的死亡而消灭，但从实际情况而言，当养父母俱已死亡后，如果不准终止收养关系，有时对养子女甚为不利，因为养子女不能再由他人收养或者回到本家，如果养子女不能维持生活或者无谋生能力，将陷入生活困境而无法解决。因此，可以参照有关立法例，在养父母死亡后，养子女不能维持生活而无谋生能力的，可以请求人民法院判决终止收养关系，使被收养人返回本家。

(三)解除收养关系的法律后果

1. 身份关系的效力

收养关系解除后，养子女与养父母及其他近亲属之间的权利义务关系即行消灭。养子女和养父母之间的亲子身份地位以及权利义务关系不再存在；养子女与养父母的近亲属身份关系，也不再具有子女与父母的近亲属之间的身份地位和权利义务关系。

收养关系解除后，养子女尚未成年的，养子女与生父母及其他近亲属之间的权利义务关系自行恢复；养子女已经成年的，其与生父母及其他近亲属的权利义务关系是否恢复，可以由成年的养子女与生父母协商确定，同意恢复的，即行恢复与生父母及其他近亲属之间的身份地位及其权利义务关系。

2. 其他效力

收养关系解除之后，还发生对解除收养关系后成年养子女的生活费给付义务和养父母的补偿请求权的效力。

(1)成年养子女的生活费给付义务

收养解除之后，经养父母抚养的成年养子女，对缺乏劳动能力又缺乏生活来源的养父母，应当给付生活费，其标准一般应不低于当地居民的普通生活费用标准。

(2)养父母的补偿请求权

养子女成年后虐待、遗弃养父母而解除收养关系的,养父母可以要求养子女补偿收养期间支出的生活费和教育费。如果是生父母要求解除收养关系的,养父母可以要求生父母适当补偿收养期间支出的生活费和教育费,但因养父母虐待、遗弃养子女而解除收养关系的除外。

第三编　亲属身份关系

第六章　配偶权

第一节　配偶和配偶权概述

一、配偶的概念和性质

（一）配偶的概念

配偶是指男女双方因结婚而产生的亲属，即具有合法婚姻关系的夫妻相互间的同一称谓和地位。在婚姻关系存续期间，妻是夫的配偶，夫是妻的配偶，双方互为配偶。

配偶权有广狭义之分，狭义的配偶权仅指夫妻之间在身份上的权利和义务，广义的配偶权不仅包括夫妻之间在身份上的权利义务，而且也包含在财产方面的权利义务。①

（二）配偶的性质

关于配偶的性质颇有争论，各国立法及学说主张颇不相同。《德国民法典》第1589条、第1590条和《瑞士民法典》第20条、第21条都是规定亲属范围的条文，但都没有规定配偶为亲属。《日本民法》第725条明文规定配偶为亲属，但无亲等。我国配偶权的性质是：

1. 配偶为亲属

我国古代立法都将配偶列为亲属，为宗亲。民国民法沿用旧制，认为宗亲是指同一祖先所出之男系血亲之亲属，其来

---

① 杨大文主编：《婚姻家庭法学》，复旦大学出版社2002年版，第158页。

归之妇与在室女亦属之，故女性配偶属男性宗亲的组成部分，不是独立的亲属种类。我国《婚姻法》确认配偶为亲属之一种，与血亲、姻亲共同构成亲属的三大种类，是血亲和姻亲关系赖以发生的基础。

2. 配偶是夫妻之间的称谓

配偶也是夫妻之间一方对对方的称谓。这种称谓具有中性的属性，不区分男女。夫与妻，是男对女或女对男的称谓；夫妻之间不分男女的统一称谓，只有配偶这一概念可以担当。

3. 配偶是夫妻之间的法律地位

配偶还是夫妻相互之间的法律地位。在古代和近代民事立法中，男女不平等，夫与妻的地位亦不平等，夫有对妻的人身支配权和财产支配权。这种处于不平等地位之上的夫与妻，配偶不能标志同一的、平等的法律地位。现代民法强调自然人的平等权利，才使以配偶确定夫与妻的相互平等的法律地位成为现实。

二、配偶权的概念和特征

(一)配偶权的概念

配偶权也叫作配偶身份权，①是指夫妻之间互为配偶的基本身份权，表明夫妻之间互为配偶的身份利益由权利人专属支配，其他任何人均负不得侵犯的义务。

(二)配偶权的法律特征

1. 配偶权的权利主体是配偶双方

配偶权是配偶双方的共同权利，双方配偶均为配偶权的权利主体。这种共同的权利包含两重含义：一是对配偶利益由配偶双方支配，任何一方不能就配偶的共同利益为单独决定；二是双方配偶互享权利，互负义务，权利义务完全一致，任何一方均不享有高于或低于他人的权利。

2. 配偶权的客体是配偶利益

配偶权的客体不包括法律明定的财产权利，如财产共有权、相互继承权，这些权利是由物权法和继承法调整的范围，不属于身份权的内容，是亲属财产法。配偶权也不包括离婚自由权，因为离婚自由权是婚姻自主权的内容，属于人格权性质。配偶权为基本身份权，其利益是确定和支配夫妻配偶关系所体现的身份利益。

3. 配偶权的性质是绝对权

配偶权的权利主体虽然为夫妻二人，但其性质不是夫妻之间的相对权，而是配偶共同享有的对世权、绝对权，是表明该配偶之所以为配偶，其他任何人均不能与其成为

---

① 杨大文主编：《婚姻家庭法》，中国人民大学出版社2012年版，第106页。

配偶，具有公示性。配偶权的权利主体虽为配偶二人，但该对配偶特定化，其他任何人均为该配偶权的义务主体，都负有不得侵害该配偶权的义务。这种义务是不作为义务，违反不作为义务而作为，构成侵害配偶权的侵权行为。

4. 配偶权具有支配权的属性

配偶权是一种支配权，其支配的是配偶之间的身份利益，而不是对方配偶的人身。在古代法律中，配偶之间的权利是人身支配性质的专制权，表现为夫对妻的人身支配。现代法上的配偶权不具有封建的人身支配性质，而是一种新型的支配权，是夫妻共同对配偶身份利益的支配，是平等的、非人身的支配权。

三、从夫权到配偶权的历史演变

（一）从夫权到配偶权的演变过程

在配偶权的历史发展中，经历了从夫权到配偶权的历史演变。

1. 国外的演变过程

在早期罗马法中，已出嫁的妇女通常属于丈夫家庭的成员，服从丈夫的权利，解除同原属家庭的一切关系。这就是早期罗马法的“归顺夫权”。妻子通过归顺夫权，变成“家女”，服从新的家父。如果家父是自己的丈夫，妻则处于准女儿的地位。如果家父是自己丈夫的家父，则处于准孙女地位。在归顺夫权制度下，妻的地位的取得，须经过祭祀婚或买卖婚，甚至在没有举行上述祭祀时，在丈夫家居住超过1年后，丈夫取得夫权，此时适用1年的取得时效，当妇女远离夫家3夜，时效中断。这是纯粹将妇女视为物的制度。在这种制度中，夫权不仅包括丈夫对妻的人身支配权，而且也包括丈夫的家父对妻的统治权。[①] 妻归顺夫权，发生人格小减等，由自权人变为他权人。妻对他人造成侵害时，由丈夫负责；丈夫不愿负责时，可将妻交与受害人，妻因而人格大减等，处于奴婢地位。[②] 妻子品行不端，丈夫有权处罚之。[③]

罗马法中后期废除了夫权制度，实际上废除的是家父权，妻仍然处于夫的某些支配之下，并没有成为完全的自权人；但在某些方面，出现了配偶相互之间的权利。例如，丈夫根据纯粹的婚姻关系而取得对妻子的约束权，妻子因违反配偶间的忠实义务应受到处罚；丈夫负责保护妻子，并有权为她所遭受的侵辱提起“侵辱之诉”；对于任何非法拘禁妻子的第三人，丈夫有权要求颁发“出示和返还妻子令状”。除此之外，配偶

---

① ［意］彼德罗·彭梵得：《罗马法教科书》，黄风译，中国政法大学出版社1992年版，第120～121页。人格减等的制度是罗马法的制度，包括人格大减等、人格中减等和人格小减等。

② 这种制度就是罗马法上的损害投役。

③ 江平等：《罗马法基础》，中国政法大学出版社1991年版，第122页。

相互享受“能力限度照顾”，债务人有权被判决只按照自己的能力清偿债务。[①] 这时的罗马法虽然废除了归顺夫权的夫权，但妻子只是不再服从家父的统治，夫权仍然是丈夫对妻子的支配权，人身支配的程度有所变化而已。

近代资产阶级民事立法强调天赋人权、权利平等，在民事立法中废除了夫权制度，只是废除的程度还不彻底。例如，1804 年的《法国民法典》一方面规定夫妻负担相互忠实、帮助、救援的义务；另一方面又规定夫应保护其妻，妻应顺从其夫，妻负与夫同居的义务并应相随至夫认为适宜居住的地点，夫负责接纳其妻并按照其资力与身份供给其妻生活上需要的义务，即使妻经营商业，或不在共有制下，或采用分别财产制，未经夫的许可，亦不得进行诉讼，等等。这些配偶之间权利不平等的规定，仍然带有封建夫权制的遗迹，尚不具有现代意义的配偶权的全部内容。这种情况，在欧洲各国资产阶级早期的民事立法中是常见的现象。

在现代，各国纷纷修改民事立法，删除配偶之间不平等权利的规定，增设新的平等配偶权的规定。法国于 1942 年 9 月 22 日通过法律修正案，对民法典“夫妻相互的权利与义务”一章进行全面修订，以后几经修订，终于建立了现代意义上的配偶权，规定夫妻各方享有完全的法律权利，对家庭的共同管理权，相互负共同生活的义务，共享住所选定权等。

2. 我国夫权到配偶权的演变

在中国，从夫权到配偶权的历史演变更为缓慢，直到新中国成立，才彻底废除封建夫权，建立现代意义的配偶权。

中国奴隶社会和封建社会，从观念上受儒家礼教统治，特别强调夫权统治，夫为妻纲是正当的伦常。在婚姻家庭关系中，妻处于无权地位，完全受夫权的支配。妻受命于夫，其尊皆天也，虽谓受命于夫亦可，妻不奉夫之命，则绝，夫不言及是也。是谓夫为妻天。[②] 在夫权的统治下，妻必须顺从夫的支配，妻不孝顺父母、无子、多言，都成为休妻的法定理由，而夫有恶行，妻不得去，因系地去天之义也。

清末民初，清政府和北洋政府制定两部民法草案，对夫妻之间的权利义务进行了改革；但仍保留夫权制度，并未建立现代意义上的配偶权。在婚姻关系中，丈夫仍对妻享有支配权，保留大量的封建专制性、支配权的规定。国民政府 1930 年制定的民法亲属编，虽强调两性平等，但也保留了若干夫妻不平等的内容，如规定妻以其本姓冠以夫姓、妻以夫之住所为住所等；虽有准许另行约定的规定，但此种规定本身即含有轻视妻的权利之意。

---

① [意]彼德罗·彭梵得：《罗马法教科书》，黄风译，中国政法大学出版社 1992 年版，第 146、164、320 页。

② 《春秋繁露·顺命》。

1950 年 4 月 13 日我国制定了《婚姻法》,确定男女权利平等为《婚姻法》的基本原则,确立了平等的配偶权。1980 年《婚姻法》进一步确认男女平等为亲属法的基本原则,同时规定夫妻在家庭中地位平等,双方都有各用自己姓名的权利,双方都有参加生产、工作、学习和社会活动的自由,都有实行计划生育的义务,有互相扶养的义务,构成了现代社会新型配偶权的基本内容。2001 年修订《婚姻法》,在此基础上更进一步强调了配偶之间的权利义务关系,对巩固和维护婚姻家庭关系具有重要意义。

(二)夫权演变为配偶权的必然性

综观从夫权到配偶权的历史演变过程,可以看出,以配偶权替代夫权具有历史的必然性。其依据是:

1. 夫权制度不符合人类要求平等的思想

在人类社会中,人人生而平等,应当平等地享有权利,承担义务。但是在历史上,男女两性的不平等却长期存在,在进入文明社会以后,女性被置于社会的底层,处于无权和半无权状态。这种不平等反映在婚姻关系中,就形成了法律上的夫权统治。夫权的本质是不平等之权,是确立丈夫对妻子的支配权、统治权。这种不平等的夫权,有悖于人类平等的要求,违背夫妻共同生活、共同协助的本旨。因而,废除夫权、建立平等的配偶权,就成了婚姻革命、婚姻制度改革的基本要求,成为人权运动的重要组成部分。在欧洲,尽管这种改革在罗马法的中后期就有萌芽,但在中世纪则被封建势力所扼杀。在资产阶级革命的高潮中,虽然在广泛的领域中,权利平等的观念对封建主义思想取得了决定性的胜利,但在婚姻家庭领域中,封建思想却保持了相当大的残余势力,致使在近代资本主义民事立法中仍保存了不平等的夫权思想影响和残余。直至"二战"以后,随着女权运动的蓬勃兴起,平等的配偶权才最后战胜夫权并取而代之。在中国,由于封建势力的强大和顽固,以及中国民族资产阶级的软弱和政治地位的不强大,夫权制度一直保持到 20 世纪 40 年代。直到 20 世纪 50 年代,才正式建立男女平权的配偶权,实现男女在婚姻关系上平等权利的要求。

2. 夫权制度不符合民主思想的要求

专制是对民主的反动。而夫权制度的核心是封建专制,是丈夫对妻子以及家庭的专制统治。在夫权统治下的婚姻关系,当事人一方有权支配一切,另一方只有顺从的义务,而无任何权利。夫权的权利主体只有男子一人,不包括妻子在内。妻子只是夫权关系中的义务人。从这个意义上说,夫权成为一种相对权、对人权,与身份权的绝对权本质属性相悖。在"二战"以后,夫权迅速溃败,配偶权迅猛兴起并取而代之,当时兴起的轰轰烈烈的民主运动是其重要原因。民主运动的集中目标是封建专制制度,而夫权正是封建专制制度中的一个顽固堡垒。在法律领域中以配偶权取代夫权,正是民主运动的胜利成果。

3. 夫权制度不符合人类自由的要求

自由的本质是不受他人支配、不受他人拘束。人只有享有人格的自由，才能充分享受人生，创造自己的幸福。夫权的基本性质是人身支配性，是丈夫对妻子的人身支配，妻子只能接受丈夫支配的“权利”，而无反抗这种支配甚至取得这种支配的权利。而配偶权恰恰体现的是配偶相互之间的人格自由，反对对方对自己人身的支配。配偶权也是一种支配权，但它不是对人的支配，而是对夫妻共同享有的配偶身份利益的支配。这种支配权的主体，是配偶双方共同享有权利，共同进行支配，体现的正是配偶之间的自由权。自由是人类的本质要求，追求、向往自由，是人类的一贯要求。正因为如此，以体现人格自由的配偶权取代人身支配的夫权，就是历史发展的必然结果。

第二节　配偶权的具体内容

一、配偶权内容概说

配偶权的内容，是指配偶权包含哪些派生身份权。对此，学者有不同主张。一是认为配偶权主要包括4种权利或义务：(1)夫妻姓名权；(2)同居义务；(3)住所决定权；(4)贞操义务。① 二是认为配偶权包括以下15种权利，其中前5种为主要内容：(1)同居权；(2)贞操请求权；(3)感情联络权；(4)生活互助权；(5)离婚权；(6)扶养权；(7)财产管理权；(8)日常家事代理权；(9)监护权；(10)收养子女权；(11)住所商定权；(12)行为能力欠缺宣告权；(13)失踪宣告权；(14)死亡宣告权；(15)继承权。② 三是认为配偶权包括以下8项具体内容：(1)姓名权；(2)同居义务；(3)住所决定权；(4)忠实及协助义务；(5)选择职业的自由权；(6)抚养教育子女的权利和义务；(7)代理权；(8)夫妻订约权。③

在学者提到的上述配偶权的派生身份权中，有一些并不是配偶权的内容。例如，学者认为感情联络权是彼此之间相爱以情、相濡以沫的权利。这种解释，很难说是一种法律意义上的身份权。离婚权是婚姻自主权的内容，属于人格权而不是身份权。财产管理权则是夫妻财产权的内容，继承权同此性质。行为能力欠缺、失踪、死亡宣告权

---

① 韩松：“婚姻权及其侵权责任初探”，载《中南政法学院学报》1993年第3期。

② 张俊浩主编：《民法学原理》，中国政法大学出版社1991年版，第161页。

③ 李志敏主编：《比较家庭法》，北京大学出版社1988年版，第101～108页。

是法律特定的权利，不是配偶权的内容。夫妻订约权亦属于行为能力方面的权利，国外多认其为配偶权的内容，我国婚姻法未认其为配偶权的内容。

根据以上分析，我国配偶权的具体内容包括以下8项内容：(1)夫妻姓氏权；(2)住所决定权；(3)同居义务；(4)忠实义务；(5)职业、学习和社会活动自由权；(6)日常事务代理权；(7)相互扶养、扶助权；(8)生育权与计划生育的义务。

二、配偶权的具体内容

(一)夫妻姓氏权

夫妻姓氏权也叫作夫妻称姓，[①]是指夫妻缔结婚姻关系后，妻是否有独立姓氏的权利，也包括赘夫是否有独立姓氏的权利。

对此，有四种立法例可以参考：(1)妻从夫姓。《瑞士民法典》第161条规定："妻从夫姓并取得夫的身份权。"有的国家规定在妻从夫姓的原则下，另规定妻有保留本姓之权，如瑞典。(2)从约定，无约定时从夫姓。《德国民法典》第1355条第2款规定："夫妻得在结婚时向户籍吏表示确定以夫的出生姓氏或妻的出生姓氏为婚姻姓氏。夫妻未作此项确定时，以夫的出生姓氏为夫妻的婚姻姓氏。"(3)允许任意约定。原《苏俄婚姻和家庭法典》第18条规定："结婚时，夫妻可以根据自己的意愿选择一方的姓作为他们共同的姓，或者双方各自保留自己婚前的姓。"(4)妻在姓名前冠夫姓。民国民法第1000条规定："妻以其本姓前冠以夫姓。赘夫以其本姓冠以妻姓。但当事人另有订定者，不在此限。"学者称该条立法为示男女平等之意，实为最进步及合于国情之有弹性的立法。[②] 这种评价似乎并不公允。

配偶各自有无独立的姓氏权，是关系配偶有无独立人格的一个标志。学者认为，本问题欲求男女完全平等，殊无圆满办法，而男女平等似应注意实际，如经济平等、政治平等、私权平等，不必徒骛虚名。若关于姓氏必使铢两悉称，殊属难能，唯当于可能范围内，企求合于平等之职而已。[③] 当然也有反对者，认为男女是否为夫妻，其表征甚多，如同居一处，亲爱之态度、亲密之称呼等是，不待统一的姓氏以为标识。[④] 因而存在同姓说、别姓说和冠姓说之争。[⑤]

形式平等应与实质平等相统一，没有形式平等，实质平等亦难保障。为保障配偶各自的人格独立，尤其是保障妻的独立人格，夫妻应有独立的姓氏权，不能将妻从夫姓

---

① 林秀雄：《婚姻家庭法之研究》，中国政法大学出版社2001年版，第265页。

② 史尚宽：《亲属法论》，荣泰印书馆1980年版，第261页。

③ 史尚宽：《亲属法论》，荣泰印书馆1980年版，第262页。

④ 叶剑锋："民法修正刍议——关于夫妻住所、姓氏及财产制"，载《政大法学评论》总第11期。

⑤ 林秀雄：《婚姻家庭法之研究》，中国政法大学出版社2001年版，第278~280页。

(同姓说)或妻冠夫姓(冠姓说)而称夫妻一体主义,避免妻对夫的人身依附关系。因此,1950年《婚姻法》就废除了妻随夫姓的封建传统,实行了夫妻姓氏权的完全平等(即别姓说)。2001年《婚姻法》第14条规定:“夫妻双方都有各用自己姓名的权利。”完全体现了我国配偶的独立人格。

我国夫妻姓氏权的含义是:第一,夫妻各用自己的姓氏,既不一方随另一方姓,也不一方须冠另一方之姓。其重点,在于彻底推翻“妻随夫姓”的陋习,赋予已婚妇女以独立的姓名权,维护妇女的独立人格。第二,夫妻姓氏权的平等,也意味着双方人格的真正平等,既不歧视妇女的独立人格地位,也不歧视赘夫的独立人格地位,赘夫也有独立的姓氏权。第三,法律做这样的规定,并不妨碍配偶双方在平等自愿的基础上,就姓名问题作出约定,并通过约定,女方可改姓男方的姓,男方也可以改姓女方的姓。第四,在婚姻关系存续期间,双方的姓名权得独立行使,依法可以使用自己的姓名、改变自己的姓名。

(二)婚姻住所决定权

婚姻住所决定权是指配偶选择、决定婚姻住所的权利。

婚姻住所是指夫妻婚后共同居住和生活的场所,也称之为家庭住所,是配偶常住的处所。婚姻住所决定权虽然仅关系到配偶的居住场所问题,但由于历史上长期延续的妇从夫居的传统,实际上体现了男女不平权的根本问题。在长期的奴隶社会、封建社会以及资本主义社会早期,夫享有婚姻住所决定权是立法通例,剥夺了妻的权利。

现代各国关于住所决定权的立法,主要有以下四种:(1)协商一致主义。婚姻住所,应由配偶双方共同选定,协商一致。如《法国民法典》规定:“家庭的住所应设在夫妻一致选定的处所。”罗马尼亚等国亦采此主义。(2)自由主义。规定夫妻各方都有选择住所的自由。(3)丈夫权利主义。这种立法仍维护丈夫的住所决定权,但专制性质有所转变。《瑞士民法典》第160条第2款规定:“夫决定婚姻住所并应以适当的方式扶养妻及子女。”《埃塞俄比亚民法典》第641条规定:“共同居所得由丈夫选定之。当丈夫以明显滥用权利的方式或违反婚姻合同中的约定确定居所时,妻子可向家事仲裁人上诉丈夫的决定。”(4)丈夫义务主义。这种立法改变夫对住所的专制决定权,改为强调夫有提供婚姻住所的义务,而妻有在该住所居住的权利,以此实现男女平权。如英国1967年《婚姻住房法》和1970年《婚姻程序及财产法》规定,即使夫对婚姻住房并无产权,未经司法裁判也不得强令妻迁移。

婚姻或家庭住所是配偶共同生活的依托,关系到共同生活基础,应由配偶双方共同决定。因而,协商一致主义是最适当、最合理的立法例。纯粹的自由主义虽强调了配偶的平等权利,但各方都有选择住所的自由,极易出现争论而造成纠纷,不宜采用。

丈夫权利主义仍保留夫权残余。丈夫义务主义虽强调妇女平权,但丈夫只有义务而妻只有权利,实际上是不平等的。

我国《婚姻法》对于住所决定权没有明文规定。学者认为,我国《婚姻法》规定男女双方登记结婚后,根据双方的约定,女方可以成为男方家庭成员,男方也可以成为女方家庭成员,这就表明在我国男女双方都有平等决定夫妻住所的权利。① 这种看法有一定道理。

对于住所决定权,法律应当有明文规定。过去在城市住房制度没有改革之前,在现实中存在着分房只分男方不分给女方的现象,不能不说是立法无明文规定的影响。目前已经改革了住房分配制度,实行住房商品化,夫妻之间的住所决定权更有重要意义。立法规定婚姻住所决定权应采协商一致主义,由双方共同决定。在实际生活中,应当坚持这种办法,既不能由一方专权决定,也不能强行规定为一方的义务,只有协商一致,共同决定,才符合男女平等的婚姻法基本原则。

(三)同居义务

1. 同居义务的概念

同居是指异性男女共同生活,包括男女共同寝食、相互扶助和进行性生活。配偶之间的同居,是指合法婚姻关系的双方当事人共同生活,包括夫妻共同寝食、相互扶助和进行性生活。② 广义的同居权,是指同在一处居住的权利;狭义的同居权是指夫妻彼此共同生活,并以性生活为核心内容的权利。③

与同居相对应的概念是别居和分居。有些人认为分居与别居是同一概念,这是不正确的。分居是有正当理由而暂时中止同居,或者因夫妻感情不好而停止共同生活。别居则为某些国家的具体婚姻制度,即经法定程序不解除合法婚姻关系的停止共同生活。我国《婚姻法》没有规定别居,2001 年增加了分居的规定,即第 32 条第 2 款第 4 项,规定"夫妻分居一定期间,是确定夫妻感情确已破裂的标准,可以依法判决离婚"。可见,我国承认分居制度,而不采用别居制度。不过,我国的分居与美国家庭法中的分居不同,美国法的分居是夫妻双方不愿保持婚姻关系而签订分居协议,如果法院的离婚判决采纳了分居协议的内容,将成为离婚判决主文的组成部分,但这个协议本身不能获得像判决一样的法律地位。④

---

① 韩松:"婚姻权及其侵权责任初探",载《中南政法学院学报》1993 年第 3 期。

② 杨大文主编:《婚姻家庭法学》,复旦大学出版社 2002 年版,第 162 页。

③ 郑伟:"夫妻同居权与婚内强奸的法律冲突及对策",载万鄂湘主编:《婚姻法理论与适用》,人民法院出版社 2005 年版,第 172 页。

④ [美]哈里·D. 格劳斯、大卫·D. 梅耶:《美国家庭法精要》,陈伟等译,中国政法大学出版社 2010 年版,第 234 页。

配偶同居义务是指男女双方以配偶身份共同生活的义务。这是夫妻间的本质性义务，是婚姻关系得以维持的基本要件。同居义务是配偶双方共同的义务、平等的义务，双方互负与对方同居的义务。

近代民事立法曾经基于妻对于夫的人身依赖性和依附性，规定同居是妻的单方义务，而不是夫的义务。如日本旧民法规定，妻负有与夫同居之义务，夫须许妻与之同居。现代民事立法实行男女平等，规定同居是配偶双方的平等义务。

2. 同居义务的产生

同居义务的发生，以婚姻关系的有效成立为标志。当男女双方正式办理结婚登记手续之后，无论其是否举行结婚仪式，其婚姻关系均为有效成立，配偶双方即承担同居义务。在婚姻关系存续期间，同居义务始终存在，至婚姻关系因一方死亡或离婚而消灭时，同居义务终止。

3. 同居义务的内容

同居义务的内容，首先是性生活的义务。夫妻的性生活是配偶共同生活的基础，任何一方均有义务与对方进行性生活。无正当理由而拒绝与对方性交，为违反法定义务。其次是共同寝食的义务。婚姻关系维系的是异性共同生活实体，共同寝食，就是夫妻共同生活的基本内容，因而也是同居义务的基本内容。再次，同居义务是夫妻双方相互协力的义务。夫妻共同生活，必须相互协力，共同进行，不能单由一方进行，同时，一方对另一方不得以暴力或威胁手段强迫要求同居。

4. 同居义务的中止

具有正当理由，可以分居。诸如处理公私事务、生理方面的原因、被依法限制人身自由而不能履行同居义务时，不为违反法定义务。国外民法还规定，配偶一方在其健康、名誉或者经济状况因夫妻共同生活而受到严重威胁时，在威胁存续期间有权停止共同生活；提起离婚诉讼后，配偶双方在诉讼期间均有停止共同生活的权利。夫妻感情破裂是不是分居的正当理由，无明文规定。从我国司法解释的精神分析，分居是夫妻感情破裂的标准，可以确认感情破裂是分居的正当理由。

5. 违反同居义务的后果

无正当理由违反同居义务，有些国家规定了相应的法律后果。如英国法律规定，配偶一方违反同居义务，他方享有恢复同居的诉讼请求权；关于恢复同居的判决虽不得强制执行，但不服从这种判决可视为遗弃行为，是构成司法别居的法定理由之一。在法国，违反同居义务的后果主要是申请扣押收入或精神损害赔偿。

对此，我国立法没有规定，应当借鉴国外立法，采取训诫促使其履行同居义务，并采用扣押收入、赔偿等方法予以制裁。构成违反同居义务的条件有三个：一是故意遗弃对方为目的；二是无正当理由；三是不履行同居义务达到一定期间。

(四)忠实义务

1. 忠实义务的概念

忠实义务也称贞操义务,通常是指配偶的专一性生活义务,也称不为婚外性生活的义务。对贞操义务或忠实义务的广义解释,还包括不得恶意遗弃配偶他方以及不得为第三人的利益而牺牲、损害配偶他方的利益。①

在修订《婚姻法》过程中,很多人反对规定忠实义务。但唯夫妻关系,即应以人伦秩序为其基础,又在采取规范的一夫一妻制的民法婚制下,夫妻应负忠实义务(贞操义务),奈何当今中国社会人伦秩序上的当然要求,且在法律解释上,至属当然。② 故立法肯定了忠实义务为配偶权的法定义务。

早期的忠实义务为强加给妻的单方义务,这是出于维护男系血统的需要,也是男女不平等的表现。法律对妻的贞操要求极其严苛,对失贞妇女的处罚十分严厉;反之,对夫的通奸却十分宽容。即使早期资本主义的民事立法虽然规定了夫妻互负忠实义务,但仍是严于妻而宽于夫。对于这种男女双方不平等的义务规定,学理解释上仍然认为是基于亲属血统观念,认为丈夫的通奸充其量是影响夫妻关系和家庭秩序,而妻子的通奸则关系到夫可能不是子女真正的生父。事实上,丈夫通奸虽然不影响自己子女的血统纯正,但却影响与其通奸对方子女的血统纯正。这种立法是不平等、不科学的。至当代,各国立法普遍规定夫妻互负忠实义务。例如,《法国民法典》第 212 条规定:"夫妻负相互忠实、帮助、救援的义务。"《瑞士民法典》第 159 条第 3 项规定:"配偶双方互负诚实及扶助的义务。"这样的立法,体现了男女平等的原则。

2. 忠实义务的含义

忠实义务要求配偶之间相互负不为婚外性交的不作为义务,因而忠实义务与性自主权是截然不同的两个概念。性自主权是自然人的具体人格权,是自然人保持性生活贞洁操守的权利。而忠实义务是配偶权的内容,是为保持爱情专一,感情忠诚而负担的义务,履行义务的目的是忠实于配偶的对方当事人。

忠实义务不仅约束配偶双方当事人,而且也约束配偶权的义务人。配偶权的权利主体以外的其他任何人,负有对配偶权的不可侵义务,与配偶一方通奸,破坏一方配偶的忠实义务,构成对配偶权的侵害。

忠实义务的基础是婚姻法中婚姻自由、一夫一妻、男女平等的制度,要求配偶相互忠贞,彼此忠实,互守贞操。它也是社会文明、高尚道德的要求,不仅是对封建主义贞操观的否定,也是对"性自由"、"性解放"思潮的否定。忠实义务是对一切违背贞操、卖

① 李志敏主编:《比较家庭法》,北京大学出版社 1988 年版,第 105 页。

② 陈棋炎、黄宗乐、郭振恭:《民法亲属新论》,三民书局 2002 年版,第 134 页。

淫、通奸等社会丑恶现象的否定和谴责。

忠实义务既然是法定义务,法律必然规定对违反该义务的制裁措施和责任。国外立法一般规定配偶一方通奸是构成他方配偶提起离婚之诉最重要的法定理由,但无过错方对与人通奸一方的行为表示“宽恕”的,此项理由不再成立。有的国家立法认为,与有配偶者通奸是对配偶他方的侵权行为,一方面允许无过错方向与另方通奸的第三人提起中止妨害之诉,另一方面还可以向侵权人请求精神损害赔偿。也有的国家规定,有过错的配偶一方负有向无过错的一方配偶损害赔偿的责任。①

3. 我国亲属法对忠实义务的规定

1980 年《婚姻法》没有规定配偶的忠实义务,是立法的一个严重疏漏,不利于巩固、维护健康的婚姻关系。最高人民法院《关于人民法院审理离婚案件如何认定夫妻感情确已破裂的若干具体意见》第 9 条前段规定:“一方与他人通奸、非法同居,经教育仍无悔改表现,无过错一方起诉离婚”,视为夫妻感情确已破裂,经调解无效,可以依法判决准予离婚。这一司法解释,包含了对违背忠实义务一方的制裁。2001 年《婚姻法》修正案已经明定配偶之间的忠实义务,补充了立法不足,有利于维护社会主义婚姻家庭关系,稳定社会秩序和生活秩序。

确立这一配偶义务,具有以下重要意义:第一,体现了婚姻的本质要求,一夫一妻制的实质,就在于规范男女两性的性关系,使人的性要求通过婚姻得到合理满足,因而不得与配偶之外的异性发生性关系。第二,体现了婚姻道德的要求,以性爱为基础的婚姻,具有排他性和专一性,婚姻关系的稳定,取决于配偶之间的忠实,已婚者应当自觉要求自己性行为的合法性。第三,夫妻相互忠实,可以保证子女血缘纯正,避免乱伦,防止造成血缘混乱。第四,对于夫妻行为的评断提供标准,在婚姻关系出现问题时,有了评断是非的标准,例如离婚过错损害赔偿制度的基础,也在于对忠实义务的维护。

(五)职业、学习和社会活动自由权

职业、学习和社会活动自由权,亦称为从业自由权或者平等从业权,是指已婚者以独立身份,按本人意愿决定社会职业、参加学习和社会活动,不受对方约束的权利。《婚姻法》第 15 条规定:“夫妻双方都有参加生产、工作、学习和社会活动的自由,一方不得对他方加以限制或干涉。”明文确认此权利,并且适当扩大了从业自由权的范围,将学习和社会活动的参加权也包括在内。

很多学者将这一权利称之为夫妻的人身自由权。② 这种称谓值得研究。人身自由

① 李志敏:《比较家庭法》,北京大学出版社 1989 年版,第 105 页。

② 杨大文主编:《亲属法》,法律出版社 2003 年版,第 113 页;王洪:《婚姻家庭法》,法律出版社 2003 年版,第 109 页;刘引玲:《配偶权问题研究》,中国检察出版社 2001 年版,第 118 页。

权是具体人格权，表明的是自然人对于行动和思维的自由权。配偶权中的自由权内容相当单纯，就是指夫妻婚后的职业、学习和社会活动的自由权，不具有人身自由权那样广泛的内容，因此仍然应当称之为职业、学习和社会活动自由权或者从业自由权为好。

各国关于从业自由权的立法大致有4种体例：一是明文规定配偶双方享有平等的从业权，如德国、俄罗斯等国；二是一般地规定夫妻各自相对独立的平等权利而不作具体例示，如法国；三是完全不设定有关条文，如日本；四是赋予夫对妻就业的同意权，如瑞士。

从业自由权，既是配偶法律地位平等的标志，又是配偶平等行使权利和承担义务的法律保障。只有配偶享有平等的从业权，才能把社会、家庭和夫妻双方的个人利益有机地结合起来。平等从业权是配偶双方共同享有的权利，但更重要的是指妻的从业权，保障已婚妇女参加工作、学习和社会活动的自由权利。社会实践表明，已婚妇女如无平等的从业权，不能自由进行工作、学习和社会活动，就不能享有政治、经济和地位上的平等。国外传统民法中的"锁钥权"，就是从业权的对立物，即夫享有从业权，妻享有主持家务权。这种立法与我国古代"男不言内，女不言外"的封建礼教是一致的。在这种制度下，妻的权利和地位都不能实现平等。

我国《婚姻法》规定配偶的从业自由权的内容，包括三个方面：

1. 从业自由权

夫妻双方都有权参加生产和工作，反对禁止已婚妇女参加工作的做法，保障双方的权利平等。夫妻都有选择职业的自由，反对一方干涉另一方的择业自由。

2. 学习自由权

夫妻在婚姻关系存续期间，有权通过适当的方式进行学习，提高自己的素质和能力，特别是保障已婚女性的学习自由，提高妇女的素质和工作能力。

3. 社会活动自由权

夫妻在婚姻关系存续期间享有平等的社会活动自由权，可以自由参加参政、议政活动，参加科学、技术、文学、艺术和其他文化活动，参加群众组织、社会团体的活动以及各种形式的公益活动。

《婚姻法》在规定职业、学习和社会活动自由权时，特别规定一方不得对他方加以限制或干涉。夫妻双方应当互相尊重，保证其自由，不得进行非法限制和干预，特别要消除重男轻女、男外女内的传统观念，确保已婚妇女的自由。

（六）日常事务代理权

日常事务代理权亦称家事代理权，是指配偶一方在与第三人就家庭日常事务为一定法律行为时，享有代理对方权利行使的权利。日常事务代理权行使的法律后果是，配偶一方代表家庭所为的行为，对方配偶须承担后果责任，配偶双方对其行为应当承担连带责任。

我国《婚姻法》未规定配偶的家事代理权。有人认为，该法第 17 条第 2 款关于“夫妻对共同所有的财产，有平等的处理权”的规定，包含有配偶家事代理权的内容。这种看法是不正确的。共同财产的平等处理权是共同财产权的具体内容，不包含家事代理权。家事代理权是配偶权中的一项重要内容，不仅关系到夫妻平等权利问题，而且关系到善意第三人的合法利益问题，立法必须明确。在法律无明文规定之前，司法机关应当以司法解释明确此权利，以解急需。

家事代理权与表见代理相似，适用表见代理的原理，其目的在于保护无过失第三人的利益，有利于保障交易的动态安全。在英美法国家，规定妻以夫的信用与商人交易，只要夫未表示反对者，法律即认为妻有代理权。《瑞士民法典》第 166 条第 1 款对此规定最为典型：“配偶双方中任何一方，于共同生活期间，代表婚姻共同生活处理家庭日常事务。”

家事代理权的前身是罗马法的妻之理家权。在罗马法，妻在家的地位是家子，本无治理家务之权。依学说上的家事委任说，妻的理家权系由夫的委托而生。近现代民事立法的夫妻权利日渐平等，妻之理家权渐由家事代理权所代替，夫妻相互享有家事代理权的主张逐渐得到认可并且在立法上得到承认。在英国，1970 年的婚姻程序及财产法废除了原法律中对家务契约单独负责的规定，改为夫妻互有家事代理权，承认了双方的对等地位。民事立法对此规定得最为科学、严谨的，是民国民法第 1003 条规定，“夫妻于日常家务，互为代理人”，“夫妻之一方滥用前项之代理权时，他方得限制之，但不得对抗善意第三人”。

家事代理权的性质，有委任说、默示委任说、法定代理说、婚姻效力说等不同主张。通说采法定代理说，认为该权利为法定代理权之一种，非有法定的原因不得加以限制，妻因其身份当然有此项代理权。日常家务的范围，包括夫妻、家庭共同生活中的一切必要事项，诸如购物、保健、衣食、娱乐、医疗、雇工、接受馈赠等，皆包括在内。一般认为，家庭对外经营活动不包括在内。

家事代理权的行使，应以配偶双方的名义为之。配偶一方以自己的名义为之者，仍为有效。行为的后果及于配偶二人。如为夫妻共同财产制，夫妻共同承担行为的后果，取得权利或承担义务；夫妻有其他约定的，从其约定。对于配偶一方超越日常事务代理权的范围，或者滥用该代理权，另一方可以因违背其意思表示而予以撤销，但行为的相对人如为善意无过失，则不得撤销，因为法律保护善意第三人的合法权益。

具体的行使规则是：

1. 代理的事务限于家庭日常事务

夫妻之间对于日常事务的代理，应当限于通常家庭生活一切必要的日常事务，诸如一家的食物、光热、衣着等用品的购买，保健、娱乐、医疗，子女的教养，家具及日常用品的购置，保姆、家庭教师的聘用，亲友的馈赠，报纸杂志的订约，皆包含在内。[①] 对于这类事务，夫妻间均有代理权，一方不得以不知情而推卸共同的责任。

2. 紧迫情形处理的代理权推定

在特殊情形，该代理权的范围可以适当扩张，推定有代理权。对于夫妻一方在紧迫情形下，如果为婚姻共同生活的利益考虑，某业务不容延缓，并且他方配偶因疾病、缺席或者类似原因，无法表示同意时，推定夫妻一方对超出日常事务代理权范围的其他事务的代理，为有代理权。

3. 其他事务的共同决定

对于超出上述范围的婚姻事务，应当由夫妻双方共同决定，不得一方决定。对于超出日常事务代理权范围的事务，如果一方配偶赋予他方特别的授权，则该方为有代理权。

4. 第三人无法辨别配偶一方是否有代理权的责任

如果配偶中任何一方实施的行为为个人责任，但该行为无法使第三人辨别是否已经超越日常事务代理权的，他方配偶应当承担连带责任。

5. 滥用代理权的限制

夫妻一方滥用日常事务代理权的，他方可以对其代理权加以限制。为了保障交易的安全，保护善意第三人的合法利益，该种限制不得对抗善意第三人。

家事代理权依一定的事实而消灭。这种消灭分为一时消灭和永久消灭。日常家务代理权的一时消灭，诸如，无正当理由拒绝同居而分居者，分居期间无代理权，恢复共同生活即恢复代理权；因一方滥用代理权而被对方予以限制的期间，该代理权亦一时消灭。日常家务代理权的永久消灭为离婚、婚姻因无效而被撤销、一方配偶死亡，均永久消灭家事代理权。

（七）相互扶养、扶助权

配偶之间享有相互扶养、扶助的权利，相对的一方负有此种义务。《婚姻法》第20条规定，“夫妻有互相扶养的义务”，“一方不履行扶养义务时，需要扶养的一方，有要求对方付给抚养费的权利”。这里只规定了相互扶养权，而没有规定相互扶助权。完整的相互扶养、扶助权，不仅包括扶养权，还应包括夫妻间的彼此协作、互相救助的权利和义务。

夫妻之间的扶养是指夫妻在物质上和生活上互相扶助、互相供养。这种权利和义务完全平等，有抚养能力的一方必须自觉承担这一义务，尤其是在一方丧失劳动能力

---

① 史尚宽：《亲属法论》，荣泰印书馆1980年版，第284页。

时，更应当履行这一义务。一方违反这一义务，另一方有权要求其履行，可以请求有关组织调解，也可以向人民法院提起请求给付之诉。

配偶之间的彼此扶助义务，要求夫妻相互支持对方的意愿和活动，对家事共同努力，相互协力。当配偶一方遭遇危急，对方配偶负有救助、援救的义务。违反这种彼此协作、互相救助义务，法律一般将其作为离婚的法定理由。我国古代立法中的“义绝”，就包含这种意思。有的国家规定配偶一方有权限制或禁止他方从事有害于自己的行为。最高人民法院《关于人民法院审理离婚案件如何认定夫妻感情确已破裂的若干具体意见》第10条有关于“不履行家庭义务”和第13条有关于“受对方虐待、遗弃”可以确认夫妻感情确已破裂，可以依法判决离婚的规定，包含有违背相互协作、相互救助的义务，得为合法离婚理由之义。至于限制、禁止配偶一方有害于自己的行为的权利，我国立法无明文规定，依正当防卫的原则，如配偶一方实施有害于另一方的行为构成不法侵害时，对方配偶有权防卫。

（八）生育权和计划生育的义务

已婚夫妻享有生育的权利。这种权利是平等的权利，需要夫妻共同协力来实现。生育权在夫妻之间，具有繁衍后代，提供社会劳动力的重要意义。

生育权的争议，主要表现为：一是一方要求生育子女，另一方不同意；二是一方未经对方同意，采用强制、欺诈、隐瞒等方法使妻子怀孕；三是妻子未经丈夫同意而进行人工流产，终止妊娠。争议的实质，是生育权究竟是男方的权利还是女方的权利。

生育权是夫妻共同的权利，在行使这一权利时，没有双方的配合就无法实现。事实上，行使生育权更多地取决于女性一方，男性一方虽然也有平等的生育权，但是无法强制不愿意生育的女性一方生育。处理这种争议，应当尊重个人的意志。一方主张生育，另一方不主张生育，为无法达成合意，更不能强制另一方生育或者不生育。妻子未经同意而进行人工流产，丈夫主张侵害生育权的，应当区别情况：如果事先双方已经达成生育合意，女方反悔的，可以认为是侵害生育权；如果事先没有生育的合意，则不能认为是侵害了对方的生育权。

计划生育是我国的基本国策，也是我国家庭职能的一项重要内容。《婚姻法》第16条规定：“夫妻双方都有实行计划生育的义务。”因此，计划生育是夫妻双方的法定义务，而不是一方的义务。

第三节 对配偶权的法律保护

一、保障配偶权的权利实现

(一)配偶之间权利义务的强制性

法律保护配偶权,就是要用国家强制力保障配偶权各项权利的实现。配偶之间应当依法行使权利,履行配偶义务。

配偶权内容中的夫妻姓氏权、住所决定权、同居义务、忠实义务、职业与学习及社会活动自由权、日常事务代理权、相互扶养扶助权、生育权与计划生育义务,在一方为权利,在另一方就为义务,配偶都应当自觉履行,保障对方权利的实现。

配偶一方对配偶义务不履行,应当有强制措施。一般认为,配偶之间的权利具有人身性,一般不应当强制执行。这种意见有失偏颇。法定义务的强制性并不一定都表现为强制执行。对违反义务的人责令其承担不利后果,也是一种强制措施。我国亲属法对配偶权中的义务缺少强制性法律后果规定,因而对于违反配偶权法定义务的行为缺少必要的惩戒。

(二)配偶权作为绝对权其法定义务的强制性

配偶权是绝对权,也是对世权,表明特定配偶的地位,享有配偶的身份,他人不得侵害这种权利,负有不可侵的义务。

对于配偶权的不可侵义务,特定配偶之外的所有的人都是义务主体,都负有这种义务。这种义务是不作为义务,只要不采取积极的行为,就尽到了自己的义务。

违反对配偶权的不可侵义务,侵害了特定配偶的配偶权,应当承担民事责任。对此,配偶可以行使配偶权的请求权,救济自己的损害。对此,我国亲属法还缺少具体规定。

二、适用侵权责任法的方法保护配偶权

(一)侵权责任法保护配偶权的演变

侵权责任法保护配偶权,对侵害配偶权的违法行为追究侵权责任,经历了三个不同的演变过程。第一个过程,是将破坏婚姻关系的行为认定为侵害夫权的行为,在古代可以对妻和通奸者处以刑罚;在近代则追究妻及通奸者的民事责任。这是一种不平等的权利。第二个过程,是对破坏婚姻关系的行为认定为侵害名誉权责任,依照侵害

名誉权的法律规定处理。例如,认为婚姻关系是一男一女终生共同生活体,它含有人格的因素,应当适用有关人格权的法律规范。所以,妨害婚姻关系情节严重的,可以认为侵害了受害配偶的人格权,可以依照法律的规定请求损害赔偿。第三个过程,是将破坏婚姻关系认定为侵害配偶权的民事责任。破坏婚姻关系的行为,从客观上会造成侵害配偶一方的名誉损害,但这种损害结果是一种间接的结果,行为所直接侵害的客体是配偶权,造成的直接损害结果是配偶身份利益的损害。因此,依破坏婚姻关系行为的实质,认其为侵害配偶权的侵权行为,是最准确的。

(二)侵权责任法保护配偶权的意义

1. 侵权责任法保护配偶权是婚姻义务的内在要求

配偶权是自然人的身份权,是自然人基于结婚的事实而产生的配偶之间的身份权。配偶权与其他身份权的基本属性一样,都是以义务为中心的权利义务关系。缔结还是不缔结婚姻是自然人的自由权利,但婚姻一旦缔结,当事人就必须负载相应的道德与法律义务与责任。这些义务和责任乃人伦秩序、道德和法律在婚姻共同体中的体现,当事人按自己的自由意愿选择进入婚姻殿堂,则意味着别无选择地对婚姻共同体所负载的责任与义务的承诺,并在婚姻关系存续期间,认真履行其义务、落实其责任。当夫妻一方违背这些义务,逃避婚姻责任时,一方面可以通过当事人自觉的调适、改过而矫正,使婚姻关系得以继续维持和发展,法律无须干预;另一方面则是从根本上破坏了婚姻的稳定结构,使婚姻走向无可挽回的破裂。一方违背婚姻义务,就是对对方配偶权利的侵害,就要由有过错的一方承担责任,从而既维护婚姻义务的社会性、严肃性和权威性,又实现对无过错方的必要补偿与救济。

2. 侵权责任法保护配偶权是民法属性的直接反映

配偶权植根于婚姻的自然性能和社会功能,经由人伦秩序和道德化提炼,最终成为法律制度。法律对配偶权的规定,就是要依法调整婚姻当事人的关系,使之符合社会对婚姻关系稳定性的要求,有利于社会的发展和人们的生活幸福。一方违反婚姻义务,另一方的权利就必然地受到损害。民法恰恰就是规定权利、保护权利的。婚姻关系的当事人违反义务,侵害权利,民法的本质属性就会发挥作用,对违法的行为人进行制裁。借此保障任何人进入到婚姻共同体中,都必须遵守这种权利义务关系的要求,按配偶身份权规则约束自我,既维护自己的权利,同时也尊重另一方的权利。《民法通则》从总体上确认了配偶身份权的存在,却没有配置侵权责任。《婚姻法》对此应当作出规定,以适应民法对婚姻关系进行调整的要求。

3. 侵权责任法保护配偶权是保护离婚当事人合法权益的需要

近年来,社会上“包二奶”的现象较为严重,家庭暴力亦呈上升趋势。据有关部门统计,我国每年约有 40 万个家庭解体,其中多数起因于家庭暴力和夫妻一方与人有婚外情,或通奸、姘居、重婚而导致离婚。许多无过错的离婚当事人因另一方的侵权行为,身心受到严重摧残,却得不到法律救济,感到有苦难言。《婚姻法》规定侵害配偶权的损害赔偿制度,可以有效地运用民事制裁手段制裁重婚、“包二奶”、家庭暴力等违法行为,并在经济上予以制裁,对受害一方给予一定的补偿,以有效保障婚姻家庭及妇女儿童的合法权益。

(三)侵权责任法保护配偶权的功能

在目前社会中,侵害配偶权,破坏婚姻关系的行为发生较多,使婚姻、家庭关系受到很大威胁,给社会造成不安定。更为严重的是,因奸情而引起的凶杀案件屡屡发生,据调查,占某一地区的全部凶杀案件的32%。这些情况必须引起高度重视。

这种情况的发生,一个重要的原因是对此类违法行为制裁不力。在实践中,审判机关对于在妨害婚姻关系中具有虐待、伤害、流氓等情节构成犯罪的,依法论罪处罚。但是,或者有的妨害婚姻关系行为中没有上列情节,或者有的审判机关对此认识不够,使多数这类行为并没有或不能受到刑事制裁。在行政制裁方面,虽有多种形式宽严不等,但处理较轻时行为人不以为然,处理较重的又没有法律根据。

实际上,在对妨害婚姻关系的行为人施以法律制裁上,忽略了侵权法的作用。侵权法保护配偶权的功能:一是填补损害。损害赔偿作为侵权责任法的基本救济手段,最基本的功能就是填补受害人的损害。通过补偿损失,使受到损害的权益得到救济和恢复。二是精神抚慰。侵害配偶权的损害赔偿包括财产损害赔偿和精神损害赔偿,这都具有精神抚慰性质,抚慰受害一方因精神损害而产生的痛苦、失望、怨愤与不满,使受害一方获得心理上的慰藉,平息其怨愤、报复的感情。三是制裁和预防违法行为。通过责令侵权人承担损害赔偿责任,使侵权者不但没有因为其违法行为而获益,反而对其侵权行为的损害后果还要承担赔偿责任,这体现了法律对侵权者的惩罚与制裁;并且对其他有可能发生侵权行为的人而言也有警戒和预防作用。

(四)具体的侵害配偶权的侵权行为

1.重婚行为侵害配偶权

重婚行为是有配偶者而与他人结婚或者明知他人有配偶而与其结婚的行为,是严重的侵害配偶权行为。其中的“结婚”,既包括法律婚,也包括事实婚。这种行为在刑法上构成刑事犯罪,在民法上应当构成侵害配偶权的侵权行为,在追究刑事责任的同时,可以追究民事责任,责令加害人承担精神损害赔偿责任,补偿受害人的精神损害。

《婚姻法》这一新的规定,涉及一个新的问题,就是对重婚者追究民事损害赔偿责任,可否在刑事诉讼程序中进行,即可否在提起刑事诉讼的同时,提起附带民事诉讼程序?按照《刑法》和《刑事诉讼法》的规定,刑事附带民事诉讼的对象,只能是犯罪行为所造成的物质损失或者经济损失,不能附带提起精神损害赔偿的诉讼。这种规定本身就是有缺陷的，立法者在修订《刑法》和《刑事诉讼法》中没有接受这种修改意见，仍然坚持过去的规定，形成了现在这种尴尬局面。按照现在各地法院在处理侵害人格权精神损害赔偿案件的习惯做法，对构成重婚的侵害配偶权的精神损害赔偿，受害人应当在重婚的刑事诉讼以外，另行提起民事诉讼，由法院作出民事判决，确定究竟是否应当承担损害赔偿责任。

2. 有配偶者与他人同居侵害配偶权

有配偶而与他人同居的行为，是侵害配偶权的行为。这种侵权行为的构成应当具备以下要件：(1)加害人是有配偶者。无配偶者与他人同居，不构成这种侵权行为。(2)行为人应当是与他人同居。同居的含义是在一起共同生活，在一起起居、餐饮、进行性行为。同时还应该是持续一定的时间，仅仅有一两次在一起短暂的起居、性生活，仅仅是通奸行为，不能叫作同居。究竟应当共同生活多长时间才算是同居，应当在审判实践中积累经验，做出司法解释。(3)应当因此而引起夫妻离婚，或者主要因此而引起离婚。

具备以上要件，应当构成这种侵权行为，加害人应当承担民事责任。

3. 实施家庭暴力侵害配偶权

实施家庭暴力侵害的对象不仅是配偶，侵害的客体也不仅仅是配偶权，还包括其他。例如，对孩子和老人实施家庭暴力的，构成侵权，但不是侵害配偶权，而是侵害受害人的身体权、健康权和生命权等。实施家庭暴力侵害配偶权的，仅指对配偶实施家庭暴力行为。

对配偶实施家庭暴力，可能造成伤害，也可能没有造成伤害。侵害的客体也不单纯是配偶权，同时侵害的还有健康权或者身体权。造成伤害的，侵害的是健康权；没有造成伤害的，侵害的是身体权。这种侵权行为实际上是一种法规竞合，行为人实施的一个行为，既侵害了受害人的一个权利，又侵害了受害人的另一个权利。由于实施的是一个行为，因此可以就一个行为的诉因起诉，而不是行使两个诉权。这样受害人可以选择一个诉因起诉，究竟是选择侵害配偶权起诉，还是选择侵害健康权(或者身体权)起诉，由受害人自己决定。

4. 虐待、遗弃侵害配偶权

虐待配偶者，有些是与对配偶实施家庭暴力行为是一样的，也有虐待不构成家庭暴力的。与实施家庭暴力行为一样的行为，构成请求权的竞合，由当事人选择诉因起诉。没有与实施家庭暴力的行为竞合的虐待配偶行为，构成独立的侵害配偶权的行为。受害人请求加害人承担损害赔偿责任的，法院应当受理，并根据实际情况作出判决。

遗弃配偶者是一种不作为行为，即在夫妻关系存续期间，对配偶一方不尽配偶的扶养、扶助义务，使配偶一方遭受精神上的痛苦，构成遗弃，受害人请求损害赔偿的，应当准许。应当注意，构成遗弃行为的，有的是犯罪行为，有的不视为犯罪行为，或者不构成犯罪行为。对此，都可以请求侵害配偶权的损害赔偿责任，不是必须构成遗弃犯罪者才准许请求损害赔偿。这里也有一个是否准许附带民事诉讼的问题，应当与处理重婚罪的损害赔偿采用同一个办法，即在刑事诉讼之后，再提起单独的民事诉讼程序。

（五）配偶权受到侵害的救济方法

侵害配偶权民事责任构成以后，即在当事人之间产生侵权损害赔偿法律关系。

一般认为，这种损害赔偿法律关系具有特殊性，其主体有三方，这是该种侵权关系的复杂性表现。《婚姻法》虽然没有明文规定，但可以看出，规定的赔偿义务主体，仅仅是有过错的一方当事人，即受害人向有过错的一方配偶请求赔偿，没有规定可以向第三人请求赔偿。在重婚和与他人同居的侵害配偶权的损害赔偿关系中，是完全可以向重婚和同居的对方请求损害赔偿，因为他们是这一侵权行为的共同加害人，有责任赔偿受害人的损失。学理认为，确认侵害配偶权损害赔偿的权利义务主体，有利于维护现存的合法婚姻关系，有利于制裁民事违法行为。如果受害人在愿意保持现存的婚姻关系而不追究其配偶责任的情况下，即没有离婚的，可以不将他（或她）的配偶作为加害人，而只将“第三者”作为加害人予以追究。这样，既可以制裁违法行为，又可以保护现存的合法婚姻关系不致破裂，有利于社会的安定和婚姻家庭关系的稳定。这样的主张可以在实践中试行，进行探讨和总结经验，为将来修改法律做好准备。

对权利主体的确定，就是受到损害的受害人为权利主体，没有配偶关系的人，不能作为这种侵权行为的赔偿权利主体。至于受害人是否依法行使这一请求权，则应依受害人的意思表示为准。

对义务主体的确定，离婚的有过错的配偶是侵权行为的加害人，应当承担侵权责任。受害人也追究与加害人重婚或者同居的人的民事责任的，这种人也是侵权赔偿的责任主体，也要承担损害赔偿责任，按照共同侵权行为处理，令双方共同承担赔偿责任。

对于在社会生活中出现较大、较多争议的侵害生育权的问题，《关于适用〈中华人民共和国婚姻法〉若干问题的解释（三）》第9条规定：“夫以妻擅自中止妊娠侵犯其生育权为由请求损害赔偿的，人民法院不予支持；夫妻双方因是否生育发生纠纷，致使感情确已破裂，一方请求离婚的，人民法院经调解无效，应依照婚姻法第32条第3款第5项的规定处理。”这个原则是：首先，不承认中止妊娠的行为是侵害生育权的行为，丈夫以妻子中止妊娠侵害其生育权为由请求损害赔偿的，人民法院不予支持。这是因为，中止妊娠是女性的一项权利，应当依法保护，不是侵害生育权。其次，对于如果夫妻双方是因为是否生育问题发生纠纷，导致感情确已破裂的，应当认为是夫妻感情确已破裂的一种表现,属于《婚姻法》第32条第3款第5项规定的“其他导致夫妻感情破裂的情形”,可以判决离婚。

侵害配偶权的损害赔偿,主要是精神损害赔偿。侵害配偶权的精神损害赔偿的基本内容,是赔偿精神创伤和精神痛苦的损害,具有抚慰金赔偿的性质。确定损害赔偿的数额,应当依照一般精神损害赔偿的计算方法算定。当确定侵害配偶权的民事责任构成以后,应当按照上述办法,计算精神损害赔偿数额,责令侵权人承担精神损害赔偿责任。

对于配偶权遭受侵害造成财产损失的,特别是实施家庭暴力造成受害人人身伤害的,侵权人对财产损失也应当承担赔偿责任。这种财产损失,主要是为恢复权利所支出的费用。

对于侵害配偶权,还应当根据实际情况,确定其非财产民事责任。可以责令侵权人停止侵害,恢复名誉,消除影响,赔礼道歉。

三、侵害配偶权构成刑事犯罪的应当依法追究刑事责任

对配偶权法律保护中最重要的,是对违反配偶权义务的行为人依法追究刑事责任。

(一)重婚罪

夫妻一方违反一夫一妻原则,婚外与他人实施结婚行为或者事实婚姻的行为,构成重婚罪的,应当依法追究刑事责任,处以刑罚。

(二)遗弃罪

配偶一方不尽扶养义务,如果情节一般,尚不构成遗弃罪的,可依扶养纠纷处理,责令承担履行法定扶养义务的责任。对于情节严重,构成遗弃罪的,应当依照刑法规定,追究刑事责任。

(三)虐待罪

夫妻一方对对方实施家庭暴力,进行虐待,侵害人格尊严和身体权、健康权,造成严重后果的,依法追究其虐待罪的刑事责任。

四、违反配偶权所负义务的予以民事制裁

对于违反配偶身份关系中所负义务,又不构成侵权责任的违法行为,应当予以民事制裁。

依照《民法通则》第134条第3款的规定,人民法院在审理民事、经济案件中,可以对民事违法行为予以民事制裁。其目的,在于通过对民事违法行为人实行民事处罚,制裁民事违法,保护自然人、法人的合法权益不受侵犯,救济受到损害的民事权利,教

育群众，从而减少和防止民事违法行为的发生。

我国立法关于配偶权的内容放在《婚姻法》中，仍属私法范畴，是民法的组成部分。《婚姻法》在这次修订中，规定了救助措施与法律责任一章，具体规定了对于违反《婚姻法》行为的民事责任。违反婚姻法的行为，就是民事违法行为，违反婚姻法规定的配偶义务，同样是违反民事义务的行为。对这些民事违法行为，依照《民法通则》第134条的规定予以民事制裁，符合立法本意，是顺理成章的。

在适用中，应当执行最高人民法院《关于贯彻执行〈民法通则〉若干问题的意见（试行）》的有关规定，严格掌握。其一，受制裁的对象应是人民法院在诉讼中发现的与案件有关的违法行为人，不能脱离诉讼而去制裁行为人；其二，受制裁的违法行为应当达到一定的严重程度，轻微的违反配偶义务的行为，不宜进行民事制裁；其三，对应适用拘留、罚款的，应当慎重，对具有违法行为情节恶劣、后果严重的，才可适用；其四，适用民事制裁，应以职权主义决定，不必依当事人申请，人民法院一经发现，即可予以制裁。确定民事制裁，应当严格执行程序规定，可经本院院长批准，制作民事制裁决定书，当事人对民事制裁不服的，可以在收到决定书的次日起10日内向上一级人民法院申请复议一次，在复议期间，决定暂不执行。

第七章 亲权

第一节 亲权概述

一、亲权的概念和特征

(一)亲权的概念

亲权是指父母对未成年子女在人身和财产方面的管教和保护的权利和义务。[①] 换言之,民法上父母保护教养未成年子女之权利义务,谓之亲权。[②] 在近代法上,亲子关系之效力中最重要、最核心的部分就是亲权。[③]

亲权肇始于个人主义勃兴之际。当家属制度盛行之时,以其家长权独为强大,只有家长权而无亲子权利义务。待家属制度衰落,个人主义代起,乃与家长权中之一部分变为由父一人行使,称之为父权,再变而由父母共同行使,称之为亲权。[④]

(二)亲权的法律特征

1. 亲权的性质是基本身份权

亲权不是人格权,是基本身份权,是由若干派生身份权构

---

① 李志敏:《比较家庭法》,北京大学出版社 1988 年版,第 227 ~ 228 页。

② 林菊枝:《亲属法新论》,五南图书出版股份有限公司 2006 年版,第 305 页。

③ 陈棋炎、黄宗乐、郭振恭:《民法亲属新论》,三民书局 2002 年版,第 377 页。

④ 曾明群:《父母子女之权利义务》,商务印书馆 1939 年版,第 1 页。

成的权利的集合体。因此,亲权不是单一的权利,而是一个由若干具体权利构成的权利,与配偶权、亲属权相并列,三者统一构成亲属法的身份权。

2. 亲权是权利和义务的综合体

亲权作为父母与未成年子女之间的身份权,一方面,是父母的权利,未成年子女必须服从父母的教养与保护;另一方面,亲权的行使,又具有职责的性质,是法定的义务,父母基于这种法定义务,应对其未成年子女的养育和照顾尽全责。因而,亲权不得抛弃、非法转让或非法剥夺。

3. 亲权是父母对于未成年子女的权利义务

亲权的主体是父母和未成年子女,各国现代立法对此的规定是一致的。日本旧法以子女成年兼能自立者,始不服从亲权,故子女虽已成年,若仍在其父母家而待其抚养,尚不能脱离亲权。其现行民法已无此限制。① 现代民法认为,亲权只是父母对其未成年子女的权利与义务,子女既已成年,即脱离父母亲权的保护,享有完全的民事行为能力,父母与成年子女之间的权利义务关系就成为亲属权。有的学者主张亲权是专属于父母的权利,②但既然亲权是确定父母与未成年子女间相互关系的身份权,其权利主体就不能只是父母,还必须有未成年子女。未成年子女同样也是亲权的权利主体,而不能是亲权的义务主体。

4. 亲权以教育、保护未成年子女为目的

亲权是专有权,只为父母所专有。父母者,无论生父母、养父母及形成抚养关系的继父母,都专有享有亲权。亲权的目的具有一定的支配性质,这种支配性质并非专制的人身支配,而是以教养、保护未成年子女为其目的,对亲权利益进行支配。因此,父母的亲权并非无限制,亲权的行使仅限于监护子女的必要范围且符合子女的利益始可。③

二、我国民法的亲权概念

(一)我国亲属法长期不使用亲权概念的原因

亲权一词,已为中外学术及法典上通用之法律用语,外国立法例,莫不在亲属法上设有专章或专节,予以详尽之规定。④ 但在我国1949年以后的民法教科书和专著、文章中,多不使用亲权的概念。学者认为,“社会主义法系多未设亲权制,但有亲权的实

---

① 史尚宽:《亲属法论》,荣泰印书馆1980年版,第591页。

② 杨大文主编:《婚姻家庭法》,中国人民大学出版社2012年版,第167页。

③ 林菊枝:《亲属法专题研究》,五南图书出版股份有限公司1985年版,第139页。

④ 林菊枝:《亲属法新论》,五南图书出版股份有限公司2006年版,第306、307页。

际内容”,[①]这确是实际情况。近年来,有些学者提出使用亲权概念的意见,开始在亲属法教科书和科研文章中使用。

长期以来,我国亲属法为什么有亲权的实际内容而又不采用亲权的概念,原因在于:第一,亲权的基础是私法的理论,前苏联的民法理论不承认私法概念,所以我国的亲属法理论不承认亲权概念是顺理成章的。第二,《婚姻法》在法律体系中,被认为是独立的基本法律部门,与民法是并列的基本法。民法不规定亲权概念,在《婚姻法》上又不承认私法的理论,自然就不用亲权的概念。第三,是“左”的思想束缚,认为亲权是资产阶级亲属法的概念而故意回避它。

这种狭隘的法学理论观念,在改革开放的潮流中受到了挑战。在实事求是思想原则的指引下,学者进行了深入的研究和探讨,逐渐认识到公法、私法的划分是有其理论根据的,确认民法的性质为私法是合乎民法的本质属性的,婚姻法的实质是亲属法,为民法的有机组成部分。在这样的思想指导下,亲属法应当恢复亲权的地位。

(二)《婚姻法》对亲权的规定

我国《婚姻法》第23条规定:“父母有管教和保护未成年子女的权利和义务。”这一规定的内容,再加上第21条、第22条以及第25条和第26条,就是亲权的全部内涵,与亲权的概念完全相合;只是这一规定过于简略,没有规定亲权的具体内容,但这并不妨碍确认亲权的概念。既然如此,确认亲权概念和亲权制度,实质上只是一种观念上的束缚,只要破除了“左”的思想束缚,实事求是地对待这个问题,确认亲权概念和亲权制度,完全是顺理成章的。有的学者认为,我国目前尚未建立亲权制度,父母是以监护人的身份对未成年子女的人身和财产进行教养和保护的。[②] 事实上,这是一个理解的问题,上述规定其实就是亲权的概念,不必一定将其理解为监护权。

三、亲权制度的历史沿革

(一)古代的家父权和父权

亲权制度来源于两个方面:一方面是罗马法的家父权;另一方面是日耳曼法的父权。我国古代的父权制度,就是亲权制度的前身。

1. 家父权

家父权是罗马法特有的制度。一般来说,家父是指那些在罗马家庭中不再有活着的直系尊亲属的人,家父可以是父亲、祖父或曾祖父。当家父死亡以后,在原有的家庭中便分裂为数个有着各自家父的家庭,在这个家庭中,不再有活着的直系尊亲属的人

---

① 李志敏:《比较家庭法》,北京大学出版社1988年版,第228页。

② 杨大文主编:《婚姻家庭法》,中国人民大学出版社2012年版,第167页。

又是新的家父。

家父的对称是家子,包括家父家庭中的其他任何成员,即妻、子、女以及子妇、孙子女等。在家父权法律关系中,家父是自权人,家子是他权人。罗马法认为,罗马家庭有自己的圣物,即自己的特殊崇拜,家父就是这一崇拜的司铎。[①] 家父是家子的法官,对于家子所犯的过错,家父有权以任何可能的方式加以惩罚,包括采用监禁、身体刑,甚至死刑。对于侵犯家外人的犯罪,家父可以将家子交给被害人,以摆脱自己的责任。家父也可以出卖或出租家子,遗弃或杀死新生儿。

罗马法的家父权过于专制和残忍,罗马法学家一直在试图限制它。至《法学阶梯》,家父权已成为有节制的矫正权和规束权,可以授予父亲或母亲,并以罗马的父权相称呼,罗马的家父权最终被父权所代替。

罗马法的家父权是一个相当复杂的概念,它不仅包括父权的内容,而且还包括夫权的内容和亲属权的内容。它的性质是专制的人身支配权。

2. 父权

日耳曼法的父权表现为对子女的保护权,是以子女利益为出发点规定父亲对子女的身份权。日耳曼法的父权与现代亲权制度比较接近:它既是权利,又是义务;它不是对子女的赤裸裸的人身支配或占有;而是从保护子女的利益出发,规定父亲对子女应尽的职责。近现代许多国家民事立法确定亲权制度,一般多继受日耳曼法的原理。对于近现代亲权立法,日耳曼法的父权制度是有很大影响的。

中国古代法律中的父权亦是亲权制的渊源之一。中国古代尊崇父权,“三纲”中的“父为子纲”,既是父权制度的理论基础,亦是亲属法的中心内容。中国古代的父权,含有罗马法家父权的人身支配权的性质,如“父要子亡,子不敢不亡”之说,体现了它的支配权的性质;也含有日耳曼法父权的保护权性质,即父须负有教养、保护其子女的义务。中国古代父权制的核心是“孝”,要求子女对于父母必须孝顺、尊崇,不得违逆父母的意志。推而广之,不但父对于子,而且祖对于孙推而至于曾高祖对于曾玄孙等均享有尊长权,违反者均应处以刑罚。中国古代的父权原则上为父亲享有,但母亲亦享有部分权利。

(二)近代亲属法的亲权概念

近代以来,各国民法典均设置亲权标题,专门规定亲权制度。例如,1804 年《法国民法典》第一卷第 9 章专门规定“亲权”一章,共 17 条,第 10 章专设“亲权的解除”一节,共 12 条,规定了亲权的基本制度。此时的亲权为父亲单独的权利,由父单独行使,规定子女对父母负尊敬的义务。子女在成年或亲权解除前,均处于父母权力之下,除

---

① 司铎:天主教、东正教的神职人员,即神甫、神父。

于18周岁后为志愿兵入营外，非得其父的许可不得离开其父的家庭。父亲对子女有矫正权，父亲以及婚姻解除后尚未死亡的父、母，对于亲权支配下的子女的财产有用益权，等等。

这一时期的亲权基本内容是比较合理的。其最大的缺陷，在于规定亲权是父亲的单独权利，没有体现男女平等的原则。

（三）现代亲属法的共同亲权

现代亲属法的亲权，是父母共同亲权。以《法国民法典》为例，1804年法典第373条规定："父母婚姻关系存续中，亲权由父单独行使之。"根据1970年6月4日第70－459号法律，第9章"亲权"进行了重新修订，修订后的第372条为亲权行使的基本原则，规定："父母在婚姻关系期间，共同行使亲权。"确定了共同亲权原则。《德国民法典》原第1627条和第1634条规定，原则仅以父亲为亲权人；根据1979年7月18日《亲权照顾权新调整法》修订，将该法典第1626条规定为："父母有照顾未成年子女的权利和义务（亲权照顾权）。"也确定了共同亲权原则。日本同样经历了这样的过程。"二战"前《日本民法典》第877条规定："除已成年，而能独立谋生的子女外，均应服从父的亲权。其父失踪、去家或不能行使亲权时，由其母行使亲权。"1948年修改民法典，第818条规定："未成年之子，服从父母之亲权。""亲权，于父于婚姻中，由父母共同行使之，但父母之一方，不能行使亲权时，由他方行使之。"实现了日本民法典上亲权制度的根本性改革。韩国民法明确规定父母共同行使亲权，体现了侵权共同行使的原则，表明行使亲权要由父母共同作出决定。①

现代民事立法对亲权制度的具体规定尽管各有不同，但在基本性质上和男女平权等问题上，则具有共同性。

四、亲权与监护权

（一）大陆法和英美法的区别

在大陆法系，亲权与监护权是两个不同的概念，有严格区别。但在英美法系，亲权与监护权却不加区别，统称监护权。他们认为监护的职责，就包括亲权。例如，在英格兰法律中，一个人可能根据父或母的权利，为了养育未成年人而自然地、习惯地成为未成年人的监护人。监护人的职责可能是关于未成年人的人身或财产，或二者兼而有之。对于未成年孩子的人身，父亲是自然监护人。父亲或没有父亲时的母亲，是负有将未成年孩子教养到14岁责任的监护人，而且根据父或母的的权利，他或她是未到法定年龄的未成年人的监护人。人身监护人有权照管和负责未成年人的人身，安排他的

① 姜海顺：《中韩家族法的比较研究》，法律出版社2009年版，第232页。

教育。监护人有权为被监护人的利益管理其私人财产,直到他到法定年龄为止,而且必须将此种收入用于抚养被监护人。[①] 可见,英美法系中的上述监护权内容,实际上就是大陆法系的亲权制度。

(二)我国的亲权和监护权

我国亲属法采用大陆法系的立场,亲权与监护权是有区别的。对于亲权,规定在《婚姻法》第23条,已如上述。对于监护权,则规定在《民法通则》第一章第二节。在立法上已经作了原则的区别。

1. 亲权与监护权的区别

(1)性质不同

亲权与监护权虽然同为身份权,但二者在其具体属性上有严格区别。亲权确定的是父母与未成年子女之间的身份权,属于亲属法上的身份权,规定在婚姻家庭法之中,是亲属法的具体内容。监护权是基于身份权而发生的权利,是民法关于民事主体制度的组成部分,它确定的是监护人与被监护人之间的权利义务关系。亲权是严格的身份权概念,监护权并不是严格的亲属法上的身份权的概念,因而可以称之为准身份权。

(2)权利主体的范围不同

亲权仅仅限于父母对于未成年子女的教养保护权,既不包括亲属以外的其他人对未成年子女的权利义务,也不包括父母以外的其他亲属对未成年子女的权利义务。因而,亲权的权利主体是有限的,主体单一。监护权的权利人范围较宽泛,包括祖父母、外祖父母,兄、姐,配偶,子女,其他亲属、朋友,所在单位,居民委员会、村民委员会或民政部门。二者相比,监护权的权利主体范围远远超过亲权的权利主体范围。

(3)权利范围不同

亲权的权利范围仅限于对未成年子女的教养和保护的权利和义务,除此之外亲权无权调整。监护权的权利范围不包括父母对未成年子女的身份利益支配权,而是包括对其他无民事行为能力人或限制民事行为能力人的身份利益支配权。如对已成年的精神病患者,亲权不能概括这样的监护内容,只能由监护权进行调整。

(4)权利内容不同

亲权的内容包括对未成年子女的教养和保护权。教养权内容很广泛,包括住所指定权、子女交还请求权、惩戒权、职业许可权、法定代理权和同意权。监护权的权利范围虽宽于亲权,但其内容只具保护权,不具有教养权的内容。因而在权利内容上,监护权窄于亲权。

---

① [英]戴维·M.沃克:《牛津法律大辞典》,光明日报出版社1988年版,第390页。

2. 亲权与监护权的联系

亲权与监护权同为身份权,除有以上区别以外,它们还具有共同之处和相应的联系。这主要表现在:亲权和监护权都表明人与人之间的身份关系,亲权表现的是父母与未成年子女之间的身份关系,而监护权则表明的是监护人与被监护人之间的身份关系;亲权与监护权的客体都具有身份利益的性质。

五、亲权与亲属权

(一)亲权与亲属权的联系

亲权与亲属权都是亲属法上的身份权,都是关于亲属之间身份关系的权利,其功能都是表明特定的亲属之间的身份和地位,规范特定亲属之间的权利和义务。

(二)亲权与亲属权的区别

1. 权利主体不同

亲权的权利主体只是父母,不包括其他人。亲属权的权利主体不仅包括父母,还包括其他亲属,即除了配偶和未成年子女的父母之外的其他近亲属。

2. 权利主体的相对人不同

亲权的权利主体是父母,其相对权利主体是未成年子女。子女成年以后,不再是亲权主体的相对权利主体,而是亲属权的权利主体。亲属权的权利主体具有平等性,不存在相对权利主体。

3. 亲权的内容宽于亲属权

亲权的主要内容是教养、保护权,内容很广泛。相比之下,亲属权的内容是比较狭窄、单一的,一是表明亲属的身份,二是相互之间的扶养、赡养、抚养权等。

4. 亲权是父母的权利

亲权从总体上说,是父母的权利,包括权利和义务。亲属权是亲属身份关系当事人的权利,其权利义务是相互的。

第二节　亲权法律关系的当事人

一、共同亲权原则

(一)共同亲权原则的含义

共同亲权原则是当代亲属法规定的亲权基本原则。共同亲权,是指亲权的共同行使,即亲权内容的行使均应由父母共同的意思决定,并对外共同代理子女。[①] 在美国家庭法,尽管不称为亲权而成为监护权,但也承认共同监护,认为在婚姻关系存续期间,监护的权利由夫妻共同享有。[②]

共同亲权原则之前的亲权原则是父亲专权原则。父亲专权原则是男女不平等原则的产物,体现了亲属法上的人格不平等。这一原则不只是古代父权、家父权的原则,就是在近代资产阶级民事立法中,父亲专权原则也是亲权的原则。后来基于子女利益的观点,认为最需要亲权保护的幼儿,与母之关系更较其与父为密切,母之亲权遂受承认,但初时仍以父亲为第一亲权人,以母为第二亲权人。直至近代,因男女平等观念的兴起,各国立法才以共同亲权原则取代了父亲专权原则,[③]在亲权领域中真正实现了男女平等。

(二)共同亲权的内容

1. 亲权为父母平等的权利

在父亲专权原则下,亲权只为父亲享有。始则由父亲或男性最高尊亲属所专有,父亲或最高尊亲属死亡后,仍由男性继承人所专有享有;继之则由父亲所享有,当父亲失踪、离去或死亡时,则由母亲代理(或享有)。直到现代立法,亲权才成为父母平等的权利,无孰高孰低之分。

2. 亲权为父母共同的权利

共同亲权原则不仅表现在平等享有,也表现在由父母所共同享有。这就是说,亲权是一个整体的权利,父和母是共同亲权人,而不是将亲权分割,由父和母分别享有。

3. 亲权的行使由父母共同为之

亲权是父母的共同权利,行使时应由父母共同的意思来决定。单独行使符合配偶权的相互代理权的,认其有效;但父母的一方违背另一方意思表示的亲权行为,则为无效。

父母共同行使亲权原则,以父母间有婚姻关系存在为前提。因而在父母离婚后,亲权由与未成年子女共同生活的一方行使;对非婚生子女,亲权由母亲行使,当其被认领后,亲权才得为其父母共同行使。

(三)共同亲权原则的实施

父母共同行使亲权,当意思表示不一致时,规则是:

1. 一般事务

对于一般的日常事务,共同亲权原则并不排斥由父母各自独立处理。这些事务无

---

① 林菊枝:《亲属法专题研究》,五南图书出版股份有限公司 1985 年版,第 143 页。

② [美]哈里·D. 格劳斯、大卫·D. 梅耶:《美国家庭法精要》,陈伟等译,中国政法大学出版社 2010 年版,第 149 页。

③ 林菊枝:《亲属法新论》,五南图书出版股份有限公司 2006 年版,第 312 页。

关大局，父母的意思表示一致，或者一方违反他方的意思，虽有争议，但不致引起法律上的问题。

2. 重要事项

对于必须由父母双方共同决定不可的重要事项，如果父母意思表示不一致，无法共同行使亲权时，必须采取妥善的对策解决。

对此，各国立法有的作了规定，有的未作具体规定。在日本，旧民法规定，亲权归属于与子女同居之父，如父不在或不能行使亲权时，由母行使。战后日本民法修改，提倡男女两性平等，改为亲权由父母于婚姻中共同行使，对于意思表示不一致的应如何处理，则未设规定。《德国民法典》曾规定，当出现此种情况时，父亲享有父之最后决定权，但这条规定于1959年7月29日被德国联邦宪法法院以违宪为理由判决无效。经过修改的该法典第1627条后段规定："在意见发生分歧时，父母应力图取得意见一致。"第1628条规定："父母在处理亲权照顾权的个别事务或对子女具有重要意义的某些种类的亲权照顾权的事务意见不能一致时，监护法院得按父母的一方申请，将决定权让与父母的一方，但以此让与符合子女的权益为限。此项让与得附以某些限制或负担。在决定之前，监护法院应谋求父母就符合子女利益的处理取得一致的意见。"德国法的上述规定是可以借鉴的。我国台湾地区"民法"则承认父母共同行使亲权发生意见分歧时的最后决定权。

以上立法，一般均认为父之最后决定权违反两性平等的原则；未作任何规定的立法不能解决争议，难以妥善保护未成年子女的利益；而法院参与家庭事务，不仅违反家庭自治原则，而且会给法院造成过重负担。综合比较起来，仍以德国的立法为佳。

我国也应采取德国的立法例，补充这样的内容。在实务中，首先应当坚持父母协商原则；其次在重大问题父母争议无法统一时，应当准许亲权人一方向法院起诉，法院依子女利益原则作出判决。

二、亲权法律关系的当事人

亲权法律关系的当事人，传统理论认为包括亲权人和客体。亲权人为父母，客体为子女。① 我国民法理论不能接受这种主张。原因是，在身份权法律关系和一切民事法律关系中，人不能成为客体，只能是主体。如果将子女作为亲权的客体，等于认子女为亲权权利义务的标的，这显然不符合民事法律关系的基本原理。亲权是绝对权，但又具有相对性。其当事人包括以下三种主体：

---

① 史尚宽：《亲属法论》，荣泰印书馆1980年版，第592、594页。

（一）亲权权利主体

亲权权利主体是父母。在共同亲权原则指导下，亲权权利主体是共同主体，即父母。在下述具体情况下，亲权权利主体有不同的变化：一是婚生子女的父母一方死亡时，生存的一方父或母为单独亲权人，由其单独行使亲权。二是婚生子女的父母离婚时，父母何方为亲权权利人，立法多有不同。如依协议，或父为亲权权利人，或法院指定。依我国立法的基本精神，亲权人应为抚养该未成年子女的父母一方，由该方单独行使亲权，但不应否认对方的亲权。三是非婚生子女，以母亲为亲权人；非婚生子女准正以后，父母为共同亲权人。非婚生子女认领，一般认为父为亲权人，或经父母协议或裁判，父始为亲权人。对此，应以协商为原则，由抚养该子女的一方为亲权人。四是养子女，其亲权人为养父母；生父母将子女送养，收养关系成立之后，生父母即丧失亲权。养父母均死亡以后，收养关系并不必然消灭，生父母亦不必然恢复亲权。收养关系终止或撤销以后，养父母的亲权消灭，生父母的亲权恢复。五是继子女，与其共同生活的生父或生母为亲权人，与其形成扶养关系的继父或继母亦为共同亲权人。

（二）亲权的相对权利主体

亲权权利人的相对权利主体为子女。这种子女应为未成年人，即未满 18 周岁。子女满 18 周岁始，亲权自然消灭，子女脱离亲权照顾，失去亲权相对权利主体的资格。

未成年子女作为亲权的相对权利主体，其范围包括婚生子女、非婚生子女、养子女和形成扶养关系并共同生活的继子女。

（三）亲权义务主体

亲权是绝对权，其他任何第三人都是亲权义务主体，负有不得侵害亲权的不作为义务。

第三节　亲权的内容

一、身上照护权

身上照护权[①]的基本内容，是父母对未成年子女人身的教养、保护的权利和义务。

教养和保护是同一目的的权利义务，但作用不同。教养，是着眼于积极的作用，指教导养育未成年子女，以使其身心健康发育；保护，是着眼于消极作用，指预防及排除

① 陈棋炎、黄宗乐、郭振恭：《民法亲属新论》，三民书局 2002 年版，第 385 页。

危害，使未成年子女身心处于安全状态。学者认为，对于子女身心的教养，例如鼓励有益身心的运动游戏；对于子女精神上之教育，例如以身作则，鼓励崇高品德，学习进修；对于子女心身的保护，例如子女疾病的预防及治疗；对于子女精神的保护，例如子女交际通信，选择宗教，禁止阅读黄色低级书刊及观看诲淫诲盗的电影。然而二者无严格区别的必要。① 这些意见是正确的，在身上照护权的各项权利义务，均是教养、保护的具体体现。

（一）住居住所指定权

为了保障未成年子女的身心健康和安全，各国立法均规定，父母对未成年子女的住所或居所享有指定权，子女不得随意离开父母指定的住所或居所。例如，《法国民法典》第 371－3 条规定："未经父母同意，子女不得离开其父母的家庭。子女仅在法律确定的必要情况下，始得离开家庭。"《德国民法典》第 1631 条明确规定："人身照顾权，特别是包括了对子女的培养、教育、监督和决定其住所的权利和义务。"《瑞士民法典》认为父母子女构成一个固有的共同体，子女在父母保护之下，应与父母同居。其第 301 条第 3 款规定："子女非经父母同意，不得离父母他去。"

住居所指定权是教养、保护未成年子女权的重要内容，应由父母共同行使。非婚生子女，该权利由母亲行使。父、母亲离婚者，对于未成年子女居住所指定权，按我国户籍法的规定，应由与其共同生活的一方行使，户籍应与共同生活的父母一方相一致，不得自行决定；至于居所，可由父母双方商定，或由已有一定识别能力的未成年子女选择；但必须与父母中的一方的住所或居所相一致，而不得他居。

住居所指定权的相对人，只能是未成年子女，已成年人不为亲权的相对主体，故有权决定自己的住居所。对于未成年子女入学、参军等需与父母他居者，应依法律规定，父母不再行使该权利。

未成年子女无权自行选定住居所，自行选择者，除法律另有规定者外，一律无效。

（二）管教权

管教权，是父母对于未成年子女于必要时可予以必要管教的权利。它是基于教养、保护的人身照顾权，特别是基于教育权而产生的权利。1804 年《法国民法典》于第 375 条以下规定了此权利，在以后的修改中，虽然内容有所变化，但仍保留其基本内容，规定："应父母双方共同、或其中一方、照管人或监护人、未成年人本人或检察部门的请求，由法院命令采取干预教育的措施。法官得作为特例依职权受理"。《德国民法典》第 1631 条第 2 款规定，"有损人的尊严的教育措施为不允许"；第 1631－b 条规定，"对子女关联到剥夺自由的安置，仅在经监护法院的批准后始得实行之。仅在因迟延会造

---

① 史尚宽：《亲属法论》，荣泰印书馆 1980 年版，第 596 页。

成危险时,始得不经法院批准对子女进行安置;应立即补办批准。在子女的利益不再需要此种安置时,法院应撤回批准”。我国台湾地区“民法”第1085条规定,“父母得于必要范围内,惩戒其子女”,倘有子女性行恶劣不受训诫,则为完其责任期间,施以惩戒,自属必要。①

亲权的这一权利究竟是管教权还是惩戒权,学说颇不一致。有的认为我国亲权无惩戒权;有的认为当未成年人沾染了不良习气时,亲权人有惩戒权,得予以必要的家庭处分,惩前毖后。② 惩戒权,乃与子女之身体上或精神上以苦痛,俾其改过迁善为目的之行为也。③ 我国亲属法虽无明文规定惩戒权,但在实际生活中,父母适度惩戒其未成年子女,并不认为是违法行为,可见惩戒权为习惯法所确认。从尊重未成年人的人权出发,不应当将管教权称之为惩戒权。我国《未成年人保护法》第10条规定:“父母或其他监护人应当以健康的思想、品行和适当的方法教育未成年人,引导未成年人进行有益身心健康的活动,预防和制止未成年人吸烟、酗酒、流浪以及聚赌、吸毒、卖淫。”这一规定中的“适当的方法教育未成年人”,“预防和制止未成年人”的非法行为,就是规定的管教权。

亲权人行使管教权的目的,是教育子女。未成年子女不听从管教,犯有劣迹时,亲权人在必要范围内采取适当措施,教育子女改恶从善。行使管教权,必须在适当的范围内,以适当的方法为之,以不损伤未成年子女的身心健康为原则;具体方法,可以由亲权人亲自管教,也可以送交行政机关予以行政处罚。严格禁止亲权的滥用,如果采取伤害身体、危害生命、破坏健康的方法为之,构成刑事犯罪,应依法追究父母的刑事责任。

(三)子女交还请求权

子女交还请求权,是指当未成年子女被人诱骗、拐卖、劫掠、隐藏时,亲权人享有的请求交还该子女的请求权。这是亲权保护权的重要体现。《德国民法典》第1632条规定:“人身照顾权包括同非法对父母或父母的一方扣留子女的人要求交出子女的权利。”瑞士旧民法规定,子女不得违法的由父母夺去,对于子女的掠夺或扣留,父母有交出请求权,得请求警察及法院的保护。④

我国《婚姻法》未明文规定子女交还请求权,但在解释上自无疑义。我国《未成年人保护法》第46条关于“未成年人的合法权益受到侵害的,被侵害人或者其监护人有权要求有关主管部门处理,或者依法向人民法院提起诉讼”的规定中,就包括了子女交

① 郁嶷:《亲属法要论》,朝阳大学1934年版,第155页。

② 张俊浩:《民法学原理》,中国政法大学出版社1991年版,第162页。

③ 郁嶷:《亲属法要论》,朝阳大学1934年版,第155页。

④ 史尚宽:《亲属法论》,荣泰印书馆1980年版,第598页。

还请求权的内容。其中的监护人,包括父母在内;要求处理或提起诉讼,包括通过法律程序要求返还子女。

在父母亲权照护下的未成年子女被他人违法诱骗、拐卖、劫掠、隐藏的,既是对父母亲权的侵害,也是对该未成年子女人身权的侵害,亲权人有权要求该他人交还子女,带回父母身边。尤其在拐卖、诱骗儿童脱离家庭的情况下,父母当然享有这种权利。对于未成年子女依照国家法律予以拘留、剥夺自由、强制戒毒或治疗时,其父母不得以交还子女请求权而为抗辩。该种请求权不受诉讼时效限制,但于子女结婚时而自然消失。例如,成年子女因父母阻挠婚姻选择,与其恋爱对方共同居住而脱离家庭时,父母不得行使交还子女请求权。这是因为在子女成年后,父母已无亲权。

离异的父母,其未成年子女由一方抚养,行使亲权。当不行使亲权的另一方强行将该子女夺走归自己抚养时,亲权人有子女交还请求权,可以请求人民法院判令交还子女。

行使子女交还请求权的相反情况是,如果交回子女明显不符合子女利益时,则该父或母不得行使这种请求权。

(四)子女身份行为及身上事项同意权与代理权

未成年子女不能独立行使身份行为和决定身上事项,必须由父母代理或同意方能行使。《德国民法典》第1629条规定:"亲权照顾权包括子女代表权。父母共同代表子女,如对子女为意思表示时,只需对父母的一方为之即可。父母的一方独立行使亲权照顾权,或者按第1628条第1项向其让与决定权者,则该父或母独自代表子女。"

该种亲权的代表权和同意权,是为身份行为及身心事项而行使。其主要内容是:

1. 职业许可

未成年子女从事职业,必须经父母同意。其中,不满16周岁的未成年子女无劳动行为能力,不得参加职业劳动,擅自参加者,父母享有撤销权;已满16周岁的未成年人,从事职业必须经父母同意;未经父母同意,以及当其不能维护其经营职业时,亲权人有撤销权。

2. 收养、送养的承诺

未成年子女幼年时,被送养或被收养,不能自己为意思表示,父母可以作出收养或者送养的承诺。父母的送养、收养行为,实际上是父母亲权的承诺权。

3. 身上事项的代理

未成年人的身上事项,由父母代理。如未成年子女的肖像使用,其承诺应由父母代理;子女被人伤害,父母得以法定代理人的身份行使损害赔偿请求权;子女因病需手术治疗时,须经父母的同意。

4. 法律行为补正

这也是代理权和同意权的内容。未成年子女为限制行为能力人，当其实施的民事行为不完善时，其父母可依此权利，对该行为进行补正，进行完善或者撤销。

（五）抚养义务

父母对未成年子女的抚养义务是法定义务，古往今来的立法作如此规定。我国《婚姻法》第21条规定，“父母对子女有抚养教育的义务”，“父母不履行抚养义务时，未成年或不能独立生活的子女，有要求父母付给抚养费的权利”。《未成年人保护法》第8条规定：“父母或者其他监护人应当依法履行对未成年人的监护职责和抚养义务。”第52条第4款规定：“对未成年人负有抚养义务而拒绝抚养，情节恶劣的，依照刑法第183条的规定，追究刑事责任。”这两部法律的上述规定，构成了我国亲权中的父母抚养义务的全部内容，并且以民事责任、刑事责任加以保障。

抚养是指父母对未成年子女的健康成长所提供的必要物质条件，包括哺育、喂养、抚育、提供生活、教育和活动的费用等。父母对未成年子女的抚养义务是无条件的义务，不能以任何借口而免除。从子女出生开始直到能够独立生活止，父母都必须承担抚养义务，即使父母离婚后也不能免除。在亲权消灭以后，亲权的抚养义务消灭；如果成年子女需要抚养，则亲权的抚养义务转化为亲属权上的抚养义务，虽性质上有变化，但具体内容仍基本不变。所不同的是，子女因其已经成年，有自谋生路的义务，当其具有独立生活能力时，应当终止父母的抚养义务。

抚养义务的法律关系，义务主体是亲权人。亲权人的抚养义务虽为法定义务，但如果亲权人无抚养能力，则有不履行此种义务的理由。抚养能力一般解释为自给有余。① 在亲权的抚养义务上解释抚养能力应从严，即父母只要有维持自己生计的能力，就须负对未成年子女的抚养义务，因而对未成年子女的抚养义务必须尽全力履行。亲权的抚养义务须以直接养育为原则，即让未成年子女与亲权人共同生活，直接进行养育。对于因事脱离亲权人的未成年子女，如参军、就学、与无亲权的父母一方暂居等，亲权人应当支付现金或实物，进行间接养育。

亲权抚养关系的权利主体是未成年子女。未成年子女作为权利人，有权要求亲权人履行抚养义务。亲权人拒绝履行抚养义务，权利人依法享有抚养费给付的请求权。第三人侵害亲权人的人身造成致残、致死后果的，侵害了抚养权利人的权利，权利人有权要求该侵权人承担赔偿责任。

（六）赔偿义务

亲权中的赔偿义务，是指亲权人对于其抚养的未成年子女致他人以损害，所应承

---

① 李志敏：《比较家庭法》，北京大学出版社1988年版，第248页。

担的赔偿该受害人损失的义务。我国《婚姻法》第 23 条后段规定:“在未成年子女对国家、集体或他人造成损害时,父母有承担民事责任的义务。”这种赔偿义务的承担原则,应当依照《侵权责任法》第 32 条的规定进行。未成年人造成他人损害的,应当由其父母即亲权人承担赔偿责任。这种责任,是法定的责任,亲权人不得推诿。对于父母已经尽了监护责任,即父母对于未成年子女造成他人损害无过失的,并不能免除父母的民事责任,而是可以适当减轻其赔偿责任。未成年子女如果有财产,赔偿费用应当从本人财产中支付,不足部分,仍由其父母承担。

二、财产照护权

亲权的财产照护权,[①]是亲权保护权的体现。对于未成年子女的财产,亲权人有保护义务。

关于财产照护权的具体内容,学界看法不尽相同。有的认为,对子女财产上的亲权是指父母对未成年子女的财产依法享有管理、使用、收益和必要处分的权利,包括:(1)管理权;(2)使用收益权;(3)处分权。[②] 有的认为,父母对子女财产之照护包括:(1)财产法上法定代理权;(2)财产法上同意权;(3)子女特有财产管理权。[③] 也有的认为,父母对子女财产之监护,包括所有为保管增加子女财产上所有事实上及法律上之监护措施,不但可占有子女之财产,并得以子女之名义主张属于子女财产之权利。父母管理子女特有财产,如有必要时,也得将该财产予以处分,唯非为子女利益之其他处分行为,为法所不许。[④]

亲权上的财产照护权,应当包括以下 4 项内容:

(一)财产行为代理权

亲权人为未成年子女的法定代理人,除享有身份关系和身上事项的代理权利,还享有财产行为的代理权。例如,《瑞士民法典》第 304 条第 1 款规定:“父母在其亲权范围内,对第三人,依法得为子女的代理人。”《法国民法典》第 389 条规定:“如父母双方共同行使亲权,父为法定代理人。在其他情形,法定管理权属于父母中行使亲权的一方。”《德国民法典》对此规定了更为详尽的内容。

在我国,财产照护权中的财产行为代理权不是在婚姻家庭法中规定的,而是在监护法中规定的。《民法通则》第 16 条第 1 款规定:“未成年人的父母是未成年人的监护人。”第 18 条规定:“监护人应当履行监护职责,保护被监护人的人身、财产及其他合法

---

① 陈棋炎、黄宗乐、郭振恭:《民法亲属新论》,三民书局 2002 年版,第 391 页。

② 李志敏主编:《比较家庭法》,北京大学出版社 1988 年,第 234、235 页。

③ 史尚宽:《亲属法论》,荣泰印书馆 1980 年版,第 601、602 页。

④ 林菊枝:《亲属法专题研究》,第 141 页。

权益,除为被监护人的利益外,不得处理被监护人的财产。”

依照上述规定,是否我国未成年人的父母对于未成年子女的法定代理权就是监护权的内容,而不是亲权的内容呢？对此,我持否定态度。理由有两点:第一,我国《婚姻法》没有规定亲权的概念,只规定了亲权的内容,没有明确规定亲权的法定代理权。但是,在该法第 17 条关于保护未成年子女的规定中,包括了法定代理权的内容。亲权的财产行为代理权,确系保护未成年子女的权利和义务,因而不能否认财产行为代理权的亲权性质。第二,《民法通则》第 16 条在规定监护人的顺序时,是严格区分未成年人的父母的监护权优于其他人担任监护人的优越地位,这是亲权的性质和地位使然。因此,也不能否认未成年人的父母是未成年人的法定代理人的亲权性质。

财产行为代理权,是亲权人对未成年子女实施财产行为的法定代理权。当未成年子女需要与他人实施具有财产内容的民事法律行为时,因其不具有民事行为能力或民事行为能力欠缺,需要由其父母即亲权人代理实施。例如,未成年的歌星、影星与他人签订演出合同及接受片约,须由其父母代理进行。无父母代理进行的这种约定,为无效或者相对无效的民事行为。

对未成年子女的财产行为进行代理,因未成年子女的行为能力状态的不同而有所不同。例如,对于无民事行为能力的未成年子女,财产行为的代理方式应以父母的意思表示为意思表示或受意思表示。对于限制民事行为能力的未成年子女,财产行为的代理方式为父母的同意,即该未成年子女可以为意思表示或受意思表示,但必须经亲权人的同意。未经父母同意而由限制民事行为能力的未成年子女自行实施的财产行为,父母作为亲权人,有撤销权。对于限制民事行为能力的未成年子女的财产行为,父母也可以为意思表示或受意思表示。当 16 周岁以上的未成年子女有独立的经济收入时,可以由自己独立意思表示为财产行为,如无明显对该子女利益不利,亲权人不得撤销,也无须亲权人同意。

行使财产行为代理权,应以维护子女利益为原则,违反未成年子女利益的代理行为,为无效。例如,未成年子女的继承权之抛弃行为、遗产分割行为、放弃遗赠行为、不接受财产赠与的行为等,如果违背未成年子女的合法权益,则代理行为无效。

(二)管理权

亲权财产照护权中的管理权,是对子女特有财产的管理权,是指以财产价值的保存或增加为目的的行为。① 管理权的范围及于未成年子女所享有所有权的一般财产,但对于法律规定父母对子女的某些财产不得为财产管理人时,该父母不享有此种管理权。这种财产主要指以下三种:

---

① 史尚宽:《亲属法论》,荣泰印书馆 1980 年版,第 602 页。

1. 指定父母不得为财产管理人的财产

遗赠、赠与或遗嘱继承指定父母不得为财产管理人的财产，为未成年子女所有以后，父母对此财产不享有管理权。指定父母一方不得为财产管理人时，则父母的另一方享有管理权，由该方父或母管理。如果父母双方均被指定不得为该财产管理人，应当为该未成年人的财产另行指定管理人，以避免其财产利益受到损失。

2. 未成年子女独立取得的财产

有劳动能力的未成年子女（16 周岁以上）经允许独立经营企业或因劳动所得的财产收入，由该子女自行管理，父母无权管理。

3. 允许独立处分的财产

亲权人允许子女独立处分的财产，子女得独立处分，父母无管理权。对于其他未成年子女因继承、赠与、遗赠、因时效而取得之财产，以及其他无偿取得的财产，父母均享有管理权，包括父母赠与子女的财产在内。

关于财产管理权的主体由父还是由母行使，有三种不同立法例：一是规定由父行使，父不能管理时，由母管理。二是由父母共同行使，父母意见不一致时，以父的意见决定。三是由父母共同管理为通例。我国立法对此无明文规定，依《婚姻法》和《民法通则》的立法精神及男女平等原则，应为由父母共同管理，协商处置。

管理行为包括保存、利用、改良等行为。这些行为主要指事实行为，因管理行为中的法律行为已由亲权的财产行为代理权所包括。事实行为包括：第一，占有子女财产的权利，只有占有该财产，亲权人才能予以保存、利用或改良。他人无正当理由而占有该财产，即为对财产所有人即未成年子女财产权的侵害，也是对亲权人管理权的侵害，亲权人得以未成年子女的法定代理人身份，请求损害赔偿或返还财产。第二，为增加财产的价值，亲权人得对未成年子女的财产为加工、改制。如财产为易腐变或其他贬值可能者，得变卖处理以保存价款。财产系钱款者，应为储蓄等方法以增加其利息。

亲权人行使管理权应以何种注意为之，国外立法采两种立法例：一是应负善良管理人的注意为之；二是应与处理自己事务为同一的注意。我认为，负善良管理人的注意要求过高，亲权人稍有疏忽，即违背亲权管理权的要求，而使其丧失亲权，承担相应的民事责任。相比之下，负与处理自己事务的同一注意较为公允。例如，亲权人以其未成年人的财产为投资、炒股，其目的是为增加财产的价值，因投资、炒股的风险性极大，造成损失者，不为侵害子女的权益；反之，用子女的财产赌博，则为进行非法行为，构成对子女财产权的侵害，为管理权的滥用。因而，亲权人对子女财产未尽与处理自己事务为同一的注意，使子女财产受到损害者，负有赔偿责任，其管理权亦应宣告停止。①

① 史尚宽：《亲属法论》，荣泰印书馆 1980 年版，第 604 页。

（三）使用收益权

亲权中的使用收益权是指亲权人在不毁损、变更未成年子女享有的物或权利的性质的前提下，有支配、利用财产和获取天然孳息或法定孳息的权利。

行使该种权利的目的，是维护未成年子女的财产权益。亲权人行使使用收益权，应从有利于保护未成年子女的合法财产权益出发，对未成年子女的财产为使用和收益。

在历史上，亲属法均承认亲权的财产使用收益权，但惟认该权利为父所专有，收益亦为父所享有。现代立法首先确认此权利为未成年子女的父母所共同享有，渐次对收益确认为归子女所有。

我国亲属法对未成年子女财产收益使用权规定的规则是：

1. 父母共享

父母共同享有这一权利，但被剥夺或丧失亲权者除外。父母一方死亡时，另一方独自行使这一权利。父母离婚的，由享有亲权的一方行使此权利。

2. 使用、收益均可

行使此权利，亲权人可以使用，也可以收益。为使用者，系亲权人为一定目的而利用未成年子女财产的使用价值。使用可能使财产的价值降低，如一定程度的折旧。为收益者，是利用此财产而创造新的价值。对未成年子女的财产进行使用和收益，是该权利的具体内容。亲权人以与处理自己事务为同一注意而行使权利，造成损失，亦不负赔偿责任。如果未尽此义务，造成损失者应赔偿损失。

3. 收益后果的归属

使用收益权行使后的收益，应归属于何人，我国实务可采以下原则：第一，未成年子女财产的收益，原则上应归该子女所有。第二，亲权人对于未成年子女财产的收益，应先用于清偿财产管理费用，然后用于该子女的养育费用。如果收益用于该子女的养育不足者，不足部分仍应由父母支付。第三，对于支付养育该未成年子女费用仍有剩余的收益，可用于该子女的兄弟姐妹的扶养，但须以公平原则为限；如果父母收入不敷支出时，可用于家庭必要的开支，但父母对于无管理权的未成年子女的财产的收益，则不得用于此项使用。对于父母一方无自养能力的，此项费用可用于养育父母。第四，对于该项收益的最终收益归属于何人，有两种立法制，一种是归子女所有，另一种是归父母所有。依我国立法的精神，以归子女所有为恰当。

父母的收益使用权为亲权的内容，具有身份权的性质，基于法定身份而产生，因而不得让与，也不得扣押。已经发生的收益，如分离的果实、已届期的利息，可以为父母的债务而扣押,但以其收益须非为子女教养所不可缺者为限。①

(四)处分权

亲权人对于未成年子女的财产,为维护子女的利益的需要,可以为适当的处分。对此,各国规定均比较严格。

对亲权人的财产处分权的基本限制,在于处分行为必须以为子女的利益和需要为目的,不具备此目的,亲权人对未成年人的财产不得为处分。例如,德国法禁止以未成年子女的财产为赠与。日本法规定,利益相反的行为,应请求家庭法院选定特别代理人,超过一定权限的行为应得法院之许可。我国《民法通则》第 18 条第 1 款后段规定:“除为被监护人的利益外,不得处理被监护人的财产。”即原则上不认亲权人的财产处分权,只有为子女利益才可以处分其财产。

如何判断财产处分是否为子女利益?史尚宽先生认为,应斟酌当时的一切情形定之。故亲权人与子女间的行为,为子女对于他人为赠与,为继承的抛弃或承认或为限定继承,均应以子女的利益为准。父母如陷于穷困、为子女适当保护及教养之费用而为子女财产的处分,则不能不谓为有利于子女,应在许可之列。与子女利益相反的行为,例如亲权人放弃子女的债权以获自己债务免除的契约,以子女的财产为亲权人债务代物清偿的契约,以子女的财产为亲权人债务代物清偿的契约,为亲权人的债务于子女的财产设定抵押权的契约,明为不利于子女的处分。② 总之,应以子女利益为判断,有利于子女利益的处分,如增加财产价值、有利于子女的生活、有利于子女长期利益的,为有效的处分,否则,只对父母利益有利而对子女利益不利的行为,为法律所禁止。

父母即亲权人实施财产处分行为不利于子女利益时,该行为为无权代理行为,为无效,可以依裁判而予以撤销。造成子女利益损失的,按照《民法通则》第 18 条第 3 款的规定,应当赔偿损失,法院可以根据有关人员或者有关单位的申请,撤销亲权人的资格。

第四节 亲权的丧失、中止和消灭

一、亲权的丧失

亲权的丧失是指亲权人因法定原因而失去行使亲权的资格。亲权丧失的原因有

① 史尚宽:《亲属法论》,荣泰印书馆 1980 年版,第 606 页。

② 史尚宽:《亲属法论》,荣泰印书馆 1980 年版,第 607 页。

以下几种：

（一）亲权的剥夺

亲权人滥用亲权，违反行使亲权的原则，给子女造成人身及财产上严重损害的，法院可以依法宣告剥夺亲权人的亲权。我国民法虽然没有剥夺亲权的明文，但《民法通则》第18条第3款关于“人民法院可以根据有关人员或者有关单位的申请，撤销监护人的资格”的规定，其内容及性质与剥夺亲权的内容及性质相同。美国家庭法认为，法律力图保护父母与子女之间的关系，因此除非万不得已，不会终止父母的权利。由于父母子女关系的重要价值，以及终止父母权的严重性和侮辱性，美国联邦最高法院在一系列案件中判定，在这种诉讼中，要求遵守特别的宪法保护。[①] 这些做法值得借鉴。

按照《民法通则》第18条和《未成年人保护法》第12条、第52条规定精神，不履行亲权义务、侵害未成年子女的合法权益、虐待、遗弃未成年子女的，均为剥夺亲权的法定理由。但仅有这些规定尚不完备，剥夺亲权的法定事由应当包括以下几点：

1. 亲权人对未成年子女实施犯罪行为的

这些犯罪行为严重地侵害了亲权人的未成年子女的人身权利，已经表明其不具有亲权人的资格，应当剥夺其亲权，以保护子女的合法权益。对于虽未直接对子女实施犯罪行为，但为犯罪的共谋者或帮助犯的，亦应剥夺其亲权。例如，虐待、遗弃、强奸、奸淫未成年子女的，均应当依法剥夺其亲权。

2. 教唆、引诱子女犯罪或与子女共同犯罪的

我国《刑法》和《未成年人保护法》均规定，教唆、引诱未成年子女犯罪的，应当依法从重处罚。教唆、引诱未成年子女犯罪，或者与未成年子女共同犯罪，是对子女合法权益的最大侵害，应当剥夺亲权人的亲权，以预防或制止未成年子女的犯罪行为。

3. 侵害未成年子女人身权利、财产权利的

亲权人侵害未成年子女的人身权利、财产权利，构成侵权行为的，除应承担侵权责任以外，还应当剥夺其亲权。

4. 不履行亲权义务达到一定严重程度的

对于亲权人一般的不履行亲权义务，应当责令其履行；当不履行义务达到一定的严重程度，给子女造成损害的，均认其为剥夺亲权的法定理由。我国立法对此有规定，应在实务中实行。

5. 滥用亲权造成一定后果的

滥用亲权，必然会对未成年子女造成损害，不利于保护未成年子女的合法权益，应

---

① ［美］哈里·D. 格劳斯、大卫·D. 梅耶：《美国家庭法精要》，陈伟等译，中国政法大学出版社2010年版，第133、134页。

当剥夺其亲权。

6. 亲权人有显著劣迹的

亲权人有赌博、吸毒、卖淫、流氓等显著劣迹或犯罪行为的，为预防未成年子女受其影响，应当剥夺其亲权。

剥夺亲权，须依一定的法律程序，由人民法院依审判确定。目前，我国司法实务未设此程序，一般在子女抚养纠纷中确定子女由何方抚养，包括亲权由父母何方行使的内容，但无明确的亲权剥夺内容。对此，应设立专门的亲权剥夺程序，性质为形成之诉，应由亲权人一方、未成年人的其他亲属、负有监护义务的组织或人民检察院向人民法院起诉，由人民法院判决。这是因为，亲子关系及亲权不仅为亲子间的私法关系，同时也是为国家所保护的公法关系，关乎国家的利益，国家有权干涉。

剥夺亲权包括剥夺全部亲权和剥夺部分亲权。部分剥夺亲权，亲权人仍享有未被剥夺的部分亲权。剥夺亲权应当对亲权人个人剥夺，即剥夺有法定剥夺亲权事由的一方亲权人的亲权，他方亲权并不一并剥夺，未被剥夺的一方亲权人仍得行使亲权。父母双方均受亲权剥夺宣告的，双方共同丧失亲权。

（二）亲权的移转

亲权移转，是指亲权因协议或法院的宣告，由亲权人移转给他人或社会救济机构行使。亲权移转使原亲权人丧失亲权，由受移转人取得亲权或监护权。

亲权移转的主要事由是：

1. 送养和收养未成年子女的协议

依照法律规定，一般的送养、收养行为，依协议为之。当送养人与收养人就未成年子女的收养达成协议时，收养法律关系成立，送养父母的亲权即时消灭，收养人取得亲权。

2. 父母协商

父母双方协议将一方的亲权移转给另一方行使，该方亲权人的亲权丧失。这种情况与日本法的亲权辞退有类似之处，须有不得已的原因。

3. 亲权人将亲权转移给社会救济机构

亲权人如因不得已的原因，又无其他可事抚养的近亲属，可以与社会救济机构或者慈善机构协议，将亲权移转给上述机构，亲权人丧失亲权，受移转机构取得监护权。

二、亲权的中止和消灭

（一）亲权的中止

亲权的中止，是指亲权人因事实上的原因或法律上的原因不能行使亲权时，依法宣告停止其亲权，当其停止亲权的原因消灭时，仍恢复亲权的制度。

亲权人行使亲权，乃为维护其未成年子女的合法权益。当亲权人因故不能行使亲权时，如果不及时停止其亲权，另设监护人，必然影响或损害未成年子女的合法权益，因而设置亲权中止的制度。

亲权的中止须有法定原因。这种法定原因包括事实上的原因和法律上的原因。事实上的原因也称为行使亲权的事实障碍，包括父母患重病、长期外出等；法律上的原因也称行使亲权的法律障碍，包括父或母被宣告为无民事行为能力人或限制民事行为能力人。

当亲权人有上述行使亲权的障碍出现时，中止其亲权。法律障碍出现时，无须经法院判决，因为无民事行为能力或限制民事行为能力之宣告，即已确定其亲权的中止。事实障碍出现时中止亲权，应经法院判决。停止亲权的父或母，在亲权停止期间不得行使亲权。离婚时获得亲权的父母一方，当其亲权中止时，应将亲权移转给另一方。

（二）亲权的消灭

亲权的消灭是指亲权因一定事由而不复存在。

亲权消灭的事由分为事实原因和法律原因。事实原因，一为未成年子女已经成年，子女脱离亲权关系而自立；二为子女死亡。这两种情况使亲权自然消灭。法律原因为收养关系解除，养父母的亲权自然消灭。

（三）关于离婚一方的亲权问题

传统离婚认为，亲权消灭分为绝对消灭与相对消灭。在子女已成年的亲权消灭，为绝对消灭，永不恢复。因亲权人离婚，未成年子女由一方抚养，亲权由该方父或母行使，他方父或母的亲权自然消灭，为相对消灭，可依一定事由而恢复，如亲权移转、对方亲权被剥夺或中止，而使无亲权的父母一方恢复亲权。离婚的父母复婚，无亲权的一方因复婚而恢复亲权。在离婚的父母之间并没有消灭亲权，消灭的只是监护权；如果认为离婚使未抚养子女的一方亲权消灭，则无法解释探望权的权利根源。离婚仅仅使亲权处于一种特定的休眠状态，待对方亲权被剥夺或者中止，或者离婚父母复婚，则亲权完全恢复。

第五节 民法对亲权的保护

一、亲权损害民法救济的一般方式

（一）救济方法

亲权遭受侵害，可以用各种法律手段进行法律救济。如亲权人虐待、遗弃未成年子女,构成犯罪的,应依刑法制裁,予以刑罚。

民法救济亲权损害,是最主要的法律救济手段。这不仅是由于亲权关系为民事法律关系,而且由于民法救济手段的普遍性、多样性和补偿性所决定的。

民法救济亲权损害的基本方式,一是剥夺亲权,二是确定侵权责任。剥夺亲权的事由、程序和后果,已在前一节作了阐述。这里所说的民法救济亲权损害的一般方式,就是认侵害亲权的行为为侵权行为,确认侵权人承担侵权责任,以救济亲权人的损失或损害。最高人民法院《关于确定民事侵权精神损害赔偿责任若干问题的解释》第2条规定:"非法使被监护人脱离监护,导致亲子关系或者近亲属间的亲属身份关系遭受严重损害,监护人向人民法院起诉请求赔偿精神损害的,人民法院应当依法予以受理。"这里规定的就是对于亲权保护的方法。

(二)侵害亲权责任构成

侵害亲权的侵权责任构成,应具备侵权责任构成的一般要件。

1. 侵害亲权的违法行为

侵害亲权的行为必须违反法律,是构成侵权责任的必备要件,判断的标准是违反国家关于保护亲权的法律规定。

由于亲权法律关系具有绝对性和相对性的双重属性,侵害亲权的行为主体既包括侵害亲权的第三人,也包括侵害亲权关系相对人合法权益的亲权人。第三人侵害亲权,是违反不得侵害亲权的法定不作为义务,行为方式基本为作为的方式。亲权人侵害亲权,实际是亲权人违背亲权人的教养、保护未成年子女的合法权益的义务,以作为或不作为的方式侵害未成年人的合法权益。

2. 侵害亲权的损害事实

亲权受到损害表现为两种形式:一是狭义的亲权损害事实,表现为亲权人亲权的损害,如亲权人行使亲权受到障碍,使亲权人未能对未成年子女行使亲权。例如,引诱子女脱离家庭、劫夺未成年子女作为人质、迫使未成年子女从事某种职业、伤害亲权人以致无法履行抚养义务以及非法剥夺亲权等,均使亲权人行使亲权受到障碍。二是广义的亲权损害事实,表现为亲权关系相对人的合法权益遭受损害,如亲权人不履行义务而使未成年子女丧失生活条件、亲权人滥用管教权而使未成年子女遭受伤害或致死、亲权人侵害未成年人的特有财产而使财产利益遭受损失等。

亲权损害事实的形态有三种:一是财产利益的丧失,如第三人非法剥夺亲权人的财产管理权而造成收益的损失,亲权人侵害未成年子女的财产收益而造成的财产损失,以及第三人侵害亲权人的人身而使亲权相对人抚养供给的丧失等。二是健康权、生命权的损害,如亲权人滥用管教权而造成未成年子女人身伤害、死亡。报载我国曾经发生多起父母因子女学习成绩不好而将其责打致死的事例。三是精神利益及精神痛苦的损害，如非法剥夺亲权人的亲权而造成的精神利益损害，致伤、致死亲权人而给未成年子女造成的丧失父母的精神创伤和精神痛苦。

3. 侵害亲权的因果关系

由于亲权关系及侵害亲权行为的复杂性，侵害亲权的因果关系不限于直接因果关系，也包括某些间接因果关系。在第三人直接以亲权作为侵权对象的场合以及亲权人侵害未成年子女合法权益的场合，违法行为与损害事实之间一般为直接因果关系。在第三人非以亲权作为侵权对象而客观结果造成亲权损害的场合，为间接因果关系而不是直接因果关系。

4. 侵害亲权的过错

侵害亲权的民事责任构成，以侵权人主观上有过错为必要，故意、过失均可构成。在实务中，侵害亲权以故意为之的居多，但过失同样可以构成侵害亲权的责任。例如，亲权人管理未成年子女的财产、代理未成年子女的身上事项，均应负与处理自己事务为同一注意，违反该义务而造成损害即为过失。

二、具体的侵害亲权行为

具体的侵害亲权行为分为两类：一类是第三人侵害亲权的行为；另一类是亲权人侵害未成年子女合法权益的行为。

（一）第三人侵害亲权的行为

第三人侵害亲权的行为，是狭义的侵害亲权行为，也是典型的侵害亲权行为。侵权人以亲权为侵害对象，实施侵害行为，即为此种侵权行为。具体的行为方式是：

1. 非法剥夺亲权行为

亲权非因法定事由及法定程序不得剥夺。第三人非法剥夺亲权人的亲权，构成侵权责任。非法剥夺亲权包括非法剥夺全部亲权，也包括非法剥夺部分亲权。例如，某女行为与常人有异，但非精神病患者，其单位宣告其无自主行为能力，而将其子送交孤儿院养育。这是非法剥夺亲权人的全部亲权。非法剥夺部分亲权者，如非法宣告其不具有对亲子财产的管理权等。非法剥夺亲权行为是最严重的侵害亲权行为，给亲权人以严重的精神损害。

2. 侵害亲权权利行为

与非法剥夺亲权行为不同，侵害亲权权利的行为不是从整体上或部分上将亲权人的亲权予以剥夺，而是以作为的行为方式对亲权的权利进行非法侵害。可以是针对亲权的整体而为，也可以是针对亲权的具体内容而实施。无论侵害亲权整体还是侵害亲权的具体内容，都是侵害亲权的行为，应当承担侵权责任。例如，离婚的母方为亲权人，抚养未成年子女，男方及其亲属以非法手段抢走该子女，就是对母方的亲权实施侵权行为。拐卖、劫夺、藏匿未成年子女，诱骗未成年子女脱离亲权人，是严重的侵害亲权行为，应当治罪。引诱未满16周岁的子女参加职业而未经其亲权人同意的，为侵害亲权人的职业许可权；未经亲权人同意而诱使未成年人处分其特有财产，亦为侵害亲权人的财产照护权的行为。

3. 侵害亲权人的人身而致其未成年子女抚养来源断绝的行为

这种行为本为侵害身体权、健康权或生命权的行为，由于受害人具有亲权人的特定身份，因而同时构成侵害亲权的行为，应该同时承担侵害亲权的赔偿责任。

4. 非法使被监护人脱离监护导致亲权受到严重损害的行为

最高人民法院《关于确定民事侵权精神损害赔偿责任若干问题的解释》第2条规定的行为，也是一种侵害亲权的行为。按照《民法通则》的规定，被监护人或者是未成年人，或者是精神病患者，其中对未成年人进行监护的，多数是由亲权人行使监护权利。非法使未成年人脱离监护，而监护人又是由亲权人担任的，这种行为就构成侵害亲权的侵权行为。

在以上四种侵害亲权行为中的前两种，行为主体主要是第三人，包括自然人和法人。同时，共同亲权人的另一方也可以构成此种行为的主体，例如，亲权人一方非法剥夺亲权人另一方的亲权或者侵害另一方亲权人的亲权权利。至于被剥夺亲权、中止亲权及消灭亲权的人侵害他方亲权人的亲权，可视为第三人侵害亲权，因其虽有亲子关系，但毕竟为非亲权人。

（二）亲权人侵害未成年子女权利的行为

亲权人侵害未成年子女合法权益的行为，是比较复杂的，既包括典型意义的侵害亲权行为，即狭义的侵害亲权行为；也包括既侵害亲权，又侵害未成年子女的人身权利或财产权利的行为。这些广义上的侵害亲权行为由于发生在亲权关系领域，因而将其纳入侵害亲权行为的系统之中。

亲权人侵害未成年子女权利的行为，主要包括以下两种情况：

1. 违背法定义务

亲权人违背法定的抚养义务，断绝未成年子女的生活来源者，为不作为的侵害亲权行为。这是狭义的侵害亲权行为，因为抚养义务是亲权人的法定义务，同时为未成年子女的权利，亲权人拒不履行亲权的抚养义务，就是侵害了未成年子女的抚养权利。

2. 滥用亲权

滥用亲权既指滥用人身照护权的行为，也指滥用财产照护权的行为。滥用亲权是以行使亲权的名义为亲权人自己谋私利，及虽为行使亲权的目的但因未尽义务而致未成年子女遭受损害。前者为故意滥用亲权，后者为过失滥用亲权。

确定滥用亲权应采客观标准，即是否有利于维护未成年子女的利益。在财产照护权领域,不当处分子女财产、使子女负担不当债务,利用子女财产进行不当乃至非法经营或者用于非法活动、以子女名义借款、用子女财产设置抵押等,均为对财产管理权的滥用,因为这些行为的动机、目的或用途,对于亲子的共同生活及子女的利益有害。在人身照护权领域,最为显著的是为管教权的滥用,超出适当范围而管教子女,造成身体、健康伤害的,既侵害了子女的身体权或健康权,也构成对亲权关系的侵害。其他诸如滥用人身事项及身份行为的代理权而侵害未成年子女的利益、滥用职业许可权而指定子女从事违法职业等,均为违背子女利益的目的,构成侵害亲权的行为。

三、侵害亲权的救济方法

亲权损害的救济方法,主要适用侵权责任,同时对于违反抚养义务的行为应强制其履行抚养义务。第一,侵害亲权造成财产损失的,应当承担财产损害赔偿责任,依照《侵权责任法》第 19 条的规定确定赔偿数额。第二,侵害亲权造成人身伤害的,应当承担人身损害赔偿责任,依照《侵权责任法》第 16 条规定,参照其他法律、法规、司法解释的规定,确定赔偿数额;对于同时造成抚养权损害的,还应当承担抚养损害赔偿责任。第三,造成精神性人格权损害的,应当依照《侵权责任法》第 22 条及其他法律、法规及司法解释的规定,赔偿精神利益的损害。第四,侵害亲权造成精神痛苦、精神创伤的,应当赔偿抚慰金。第五,侵害亲权,还应当依据实际情况,承担除去侵害的非财产民事责任方式,责令侵权人承担停止侵害、恢复名誉、消除影响、赔礼道歉等责任。第六,亲权人拒不履行抚养义务,应责令其履行义务,仍不履行的,责令强制其履行,可以采取扣发工资、扣押物品等方法。第七,抢夺亲权人抚养的子女的,应责令侵权人强制交还子女给亲权人。

第八章　亲属权

第一节　亲属权概述

一、亲属权的概念和特征

亲属权也叫作其他亲属权，[①]是指除配偶、未成年子女与父母以外的其他近亲属之间的基本身份权，表明这些亲属之间互为亲属的身份利益为其专属享有和支配，其他任何人均负不得侵犯的义务。如果不使用亲属权的概念，就要使用“其他家庭成员的关系”，[②]或者使用“祖孙和兄弟姐妹关系”[③]这样复杂的概念。

亲属权具有以下法律特征：

（一）亲属权是独立的身份权

亲属权与配偶权、亲权三位一体，共同构成完整的亲属法身份权。亲属权具有身份权的一切特点，如绝对权、专属权、支配权的属性，均为亲属权的基本属性。

（二）亲属权的客体是亲属身份关系中特定的身份利益

除了近亲属之外的其他亲属虽为亲属，但无明显的亲属

---

① 官玉琴：《亲属身份权理论与实务》，厦门大学出版社 2007 年版，第 214 页。

② 孟令志等：《婚姻家庭与继承法》，北京大学出版社 2012 年版，第 211 页。

③ 房绍坤等：《婚姻家庭与继承法》，中国人民大学出版社 2007 年版，第 202 页。

身份利益，只具有法律上的亲属地位，法律并未赋予其特定的权利义务关系。在近亲属中，配偶的身份利益由配偶权调整，未成年子女与父母的身份利益由亲权调整，除此以外的近亲属的身份利益由亲属权调整。

（三）亲属权的权利主体较为宽泛

在身份权中，配偶权规范配偶之间的权利义务关系，亲权调整未成年子女与父母的权利义务关系，主体范围较为单纯。而亲属权的权利主体范围是除了配偶权和亲权主体之外的其他所有的近亲属，包括父母与成年子女、祖父母与孙子女、外祖父母与外孙子女、兄弟姐妹。

（四）亲属权具有绝对权和相对权的双重属性

首先，亲属权是绝对权，表明亲属之间对亲属身份利益的独占权，除了特定身份关系的近亲属之外，其他任何人都不得侵害，都负有不作为义务。其次，亲属权又是相对权，其他近亲属之间的亲属身份利益，总是存在于相对的亲属之中，权利义务由相对的近亲属享有和承担。离开相对的其他近亲属，不存在亲属权。

二、亲属权为独立的身份权

（一）对亲属权的不同主张

亲属权是否为独立的身份权，学说不无争论。主要有三种主张：

肯定说认为，亲属权为独立的身份权，认为亲属权是指父母与成年子女、祖父母与孙子女、外祖父母与外孙子女，以及兄弟姐妹之间的身份权。① 在其他民法学教科书中，有的虽未明文承认亲属权的概念，但在论述家庭关系中的身份权时，涉及亲属权的内容。如认为："我国现阶段的家庭关系中，在一般情况下，除了夫妻关系外，就是父母与子女间的关系、祖父母与孙子女间的关系和兄姐与弟妹间的关系。他们之间相互享有身份权。"②"有扶养关系的祖父母与孙子女、外祖父母与外孙子女相互之间的人身权，有监护关系的兄弟姐妹或其他近亲属、其他监护人，与被监护人之间的人身权，等等，这些权利均受到我国法律的保护。"③在前一论述中，论述的就是亲属权；在后一论述中，论述的主要是亲属权。

上属概念说认为，亲属权是一种民事权利，但不是独立的基本身份权，而是亲权、配偶权的上属概念，大致相当于亲属法上的身份权概念。如日本法学家认为，亲属权是指"有特定身份关系者间的以身份利益为内容的权利。如亲权、夫权即是。多称为

---

① 张俊浩：《民法学原理》，中国政法大学出版社 1991 年版，第 162 页。

② 李由义主编：《民法学》，北京大学出版社 1988 年版，第 573 页。

③ 马原主编：《中国民法教程》，人民法院出版社 1989 年版，第 500 页。

身份权。”①这里所说的亲属权,就是指身份权。

否定说认为,一般的民法著作不认亲属权为独立的身份权,而是在亲属法中只认扶养的权利义务关系,研究近亲属之间的抚养问题,将其作为亲属之间的权利义务关系。②

(二)亲属权为独立身份权

我认为,亲属权并不是一个抽象的概念,而是身份权的下属概念,其性质是独立的基本身份权。其理由是:

1. 亲属权并不是身份权概念的本身

身份权是各种基本身份权的总称,与人格权一起构成人身权,因而是类的概念。亲属权是部分亲属之间的身份权,是身份权的下属概念,是基本身份权。按照我国民法的权利体系,身份权与亲属权是从属关系,并不是同一概念或并列概念,不能相互代替或者颠倒关系。

2. 亲属权是独立的基本身份权

亲属法上的身份关系共分三种,亲属权所概括的身份关系为其中一种,具有独立性。具有法律意义的亲属是指近亲属。近亲属的身份关系分为配偶身份关系、亲子身份关系和其他近亲属身份关系。其中,配偶身份关系产生的是配偶权,亲子关系产生的是亲权,这两种权利都是独立的基本身份权。在近亲属中,除了配偶身份关系和亲子身份关系以外的其他亲属身份关系,也是一种身份关系,具有特定的身份利益和特定的权利义务关系;其与配偶之间和亲子之间的权利义务关系并不相同,具有独立的特征,是一种独立的身份权。

3. 亲属权与配偶权和亲权一道构成完整的身份权体系

亲属权概括的正是与配偶权所反映的配偶身份关系和亲权所反映的亲子身份关系相并列的其他近亲属之间的身份关系,包括父母与成年子女、祖父母与孙子女、外祖父母与外孙子女、兄弟姐妹之间的身份关系。对于这种身份关系以亲属权称之,略嫌大词小用;因为配偶与亲子关系均为亲属,而且亲属除近亲属之外,还包括其他一般亲属。但是,除此之外,再无更合适的称谓。许多民法著作之所以认为有亲属权之实而无亲属权之名,主要是因为没有更准确的概念来称呼它。只要对亲属权的概念进行严格界定,相信可以准确反映其内涵和外延,不至于与身份权以及其他民事权利相混淆,也不会与亲属的概念相混淆。

---

① [日]《新版新法律学辞典》,中国政法大学出版社 1991 年版,第 527 页。

② 参见杨大文主编:《亲属法》,法律出版社 2003 年版,第 282 页以下;王洪:《婚姻家庭法》,法律出版社 2003 年版,第 291 页以下。

三、亲属权的历史沿革和我国的亲属权

(一)亲属权的历史沿革

亲属权与亲权有共同的历史渊源,均产生于古代亲属法的家父权和家长权。

在母系社会中,母亲在血缘关系中占有支配地位;但这时的亲属身份关系,还不具有法律意义,因为母系社会大致处于原始社会的早期和中期,还不存在国家和法律。当原始社会解体,私有制、国家和法律产生时,亲属身份关系已经成为父系的血缘关系,家长权随之产生。

在罗马法,家父权有一个逐渐演进的过程。最早的家父权,是一个无所不包的概念。这时的家又叫家族,是家父权之下所支配的一切人和物,包括家父、妻、子女、孙子女、儿媳、孙媳、买进来的市民、奴隶和牛、马、土地等。家父权既包括对家属即人的支配权,又包括对奴隶和物的所有权。随着法律的不断发展,家父权的内容逐渐有所变化,各种权利逐渐从家父权中分离出来。首先,把人和物区分开,家父权成为对人的支配权,对家里的物的支配权成为所有权;其次,把奴隶从家父权中分离开,家父对奴隶的权利称为家主权;再次,把妻子从家父权中分离开,成为单独的夫权;最后,把买进来的市民从家父权分离开,家父对买进来的市民叫作买主权。这时的家父权,只剩下对子女、孙子女包括子媳和孙媳的支配权。罗马法的主要亲属是法亲,亦称为宗亲,是市民法上所规定的亲属身份关系,彼此间不一定有亲属身份关系。法亲完全以男系作标准,以家父权为基础,即由家长所生的子孙后裔之间所发生的亲属身份关系。① 罗马法的法亲与我国古代的宗亲十分相似,它的家父权与我国宗亲中的家长权亦很相似。

经过历史的演变和社会、法律文化的不断进步,家长权一分为二,一部分成为亲权,另一部分成为亲属权。

《法国民法典》首先将亲权规定为独立的身份权,其第372条规定:“子女在成年或亲权解除前,均处于父母权力之下。”同时第488条规定:“满21岁为成年;到达此年龄后,除结婚章规定的例外外,有能力为一切民事生活上的行为。”但处于痴愚、心神丧失或疯癫的状态者,则为禁治产人,亲属(包括血亲和配偶)有权请求宣告为禁治产人。此为亲属权的内容。《德国民法典》亦规定了亲权照顾权,同时,对亲属权亦作出明文规定。该法第1618a条至1620条分别规定:“父母和子女负有相互帮助和体谅的义务。”“以子女隶属于父母的家庭,并由父母教育和扶养者为限,此子女有义务以符合其体力和身份的方式,在家务和业务中向父母给付劳务。”“如隶属于父母的家庭的成年子女,为负担家事费用从其财产中支出或子女为此目的就自己的财产向其父母让与一些财

① 龙斯荣:《罗马法要论》,吉林大学出版社1991年版,第53、54页。

物者,在发生疑问时,应推定为并无请求偿还之意。"该法第1601条对其他亲属的权利义务关系规定为:"直系亲属互负扶养的义务。"《瑞士民法典》在"子女关系的效力"一章,专节规定了亲权,在"家庭的共同生活"一章,专节规定了家长权,将亲权和亲属权(即家长权)相分离。在当代,亲权与亲属权已经完全分离,成为两个独立的身份权。

(二)我国的亲属权

我国《婚姻法》没有将亲权和亲属权截然分开规定,但从条文的内容中可以看出亲权和亲属权的明显区别。

关于亲权,《婚姻法》第21条和第23条规定:(1)父母对子女有抚养教育的义务(未成年子女);(2)父母不履行抚养义务时,未成年的子女有要求父母付给抚养费的权利;(3)父母有管教和保护未成年子女的权利和义务,在未成年子女对国家、集体或他人造成损害时,父母有赔偿经济损失的义务。

关于亲属权的规定:(1)第21条规定,子女对父母有赡养扶助的义务;父母不履行抚养义务时,不能独立生活的子女有要求父母付给抚养费的权利;子女不履行赡养义务时,无劳动能力的或生活困难的父母,有要求子女付给赡养费的权利。(2)第28条规定,有负担能力的祖父母、外祖父母,对于父母已经死亡的未成年的孙子女、外孙子女,有抚养的义务;有负担能力的孙子女、外孙子女,对于子女已经死亡的祖父母、外祖父母,有赡养的义务。(3)第29条规定,有负担能力的兄、姐,对于父母已经死亡或父母无力抚养的未成年的弟、妹,有抚养的义务。由兄、姐扶养长大的有负担能力的弟、妹,对于缺乏劳动能力又缺乏生活来源的兄、姐,有扶养义务。

从上述规定看,我国立法亦采亲权与亲属权分立的先进立法,规定亲权和亲属权各为独立的身份权。

第二节 亲属权的内容

一、亲属权内容概说

(一)立法规定的内容

对亲属权的具体内容即亲属权的派生身份权。我国《婚姻法》,对此规定得比较简略,归纳起来,均为扶养权。根据不同的亲属权主体,分为抚养权、赡养权和扶养权。

(二)学说上的主张

在学说上,有的学者主张,亲属权的内容分为以下三种:

1. 父母与成年子女之间

在父母与子女之间,亲属权的内容是:(1)父母对精神病成年子女有监护权和抚养权;(2)子女对父母有赡养权;(3)父母子女之间互有继承权;(4)父母子女间互有行为能力宣告、失踪宣告和死亡宣告申请权以及一方失踪后的财产代管权。

2. 祖父母与孙子女、外祖父母与外孙子女之间

在祖父母与孙子女、外祖父母与外孙子女之间,亲属权的内容是:(1)有负担能力的祖父母、外祖父母,对于丧失亲权保护的未成年孙子女、外孙子女有抚养权和监护权;(2)有负担能力的孙子女、外孙子女,对于子女已经死亡的祖父母、外祖父母有赡养权;(3)互有继承权、行为能力宣告、失踪宣告、死亡宣告申请权以及一方失踪后的财产代管权。

3. 兄弟姐妹之间

兄弟姐妹之间,身份权的内容是:(1)有负担能力的兄姐对于失去亲权保护的未成年弟、妹有抚养权和监护权;(2)弟妹对没有生活来源的兄姐有扶养义务;(3)互有继承权、行为能力宣告、失踪宣告和死亡宣告申请权以及一方失踪后的财产代管权。①

在上述列举的亲属权内容中,有些是亲属权的内容,如扶养、抚养、赡养权;有些则不是亲属权的内容,而是监护权和继承权的内容。因而上述关于亲属权内容的论述并不准确。

(三)亲属权应当具有的内容

我国立法仅规定亲属权包括扶养权,范围明显过窄,不能涵括亲属权的全部内容即全部派生身份权。但是,将亲属权极力扩大,将监护权和继承权也概括其中也不适当,混淆了权利与权利之间的界限。应当依据我国立法的基础,参照国外的立法例和我国具体的民情、风俗,确定我国亲属权的内容。具体方法是扩展其内容,将现代亲属权的基本内容都包含进去,成为名副其实的独立的基本身份权,而不能让亲属权变成亲属扶养权,改变其基本身份权的性质。

根据我国亲属法的规定,借鉴国外亲属法关于亲属权的规定,我主张我国的亲属权包括下述内容:(1)尊敬权及孝敬义务;(2)相互帮助和体谅的权利和义务;(3)祭奠权;(4)相互之间的扶养权利与义务。

二、亲属权中的一般内容

(一)孝敬尊重权

孝敬尊重权,包括长辈尊亲属基于其亲属身份而产生的被孝敬的权利,也包括平

---

① 张俊浩:《民法学原理》,中国政法大学出版社 1991 年版,第 162、163 页。

辈亲属相互之间以及尊亲属对卑亲属基于其亲属身份而产生的被尊重的权利。孝敬权既是权利,又是义务。在尊亲属,享有尊敬权,要求卑亲属必须对自己尊敬、孝敬;在卑亲属,则为义务,对尊亲属必须尽尊敬、孝敬的义务。同样,尊亲属也应当对卑亲属予以尊重,平辈亲属也应当相互尊重,不得进行人格歧视。

《法国民法典》第 371 条规定了该种权利:“子女,不问年龄,应尊敬其父母。”不问年龄的规定,使这一权利既为亲权的内容,亦为亲属权的内容。《智利共和国民法典》第 219 条规定:“正统子女应尊敬和顺从其父与母,但应特别地服从于父。”我国台湾地区“民法”原无此规定,后于第 1084 条增加第 1 款,内容是:“子女应孝敬父母。”修正理由认为:我国传统伦理观念,素重孝道,孔子视之为先王之至德要道,自天子以至庶人皆当奉行无违,方能民用和睦,上下无怨。盖以孝之本义虽在善事其亲,然推而广之,则仁民爱物,尽在其中,是故孔门以“亲亲而仁民,仁民而爱物”教人,后世有“百善孝为先”之训,于此世事变化日益加速,人际关系转趋疏远之时代,如何加强人际纽带,增进社会之亲和感与凝聚力,实为当务之急,而提倡孝道,正为达成此项目之最佳途径。故增加此项规定,以强调国家法律重视孝道之旨,对于传统伦理观念及当代民法思潮两俱兼备。① 这些立法例及立法理由是有道理的。

我国亲属法是否称此权利为孝敬权,颇值斟酌。因为我国传统的封建父权的核心,就是孝悌,谓之“百义孝为先”。在亲属权中强调孝敬权,似有复古之嫌。我并不如此认为。近几十年来,在意识形态方面,我国的传统思想和传统道德已经被折腾得差不多了,坏的东西被扫地出门了,好的东西也一起被扫除了。亲属之间不讲孝道,就是其中一例。卑亲属对于自己的尊亲属应当尽其孝道,无可非议,只是应赋予“孝”新的含义。

孝敬权不仅仅局限于父母子女之间,不仅父母享有尊敬权,而且举凡尊亲属均享有尊敬权。与此相对应,一切卑亲属均负尊敬的义务。

平辈亲属以及尊亲属对于卑亲属应有尊重的义务。尊重者,无论尊亲属、卑亲属还是平辈亲属,均应承担,这是因为尊重对方的人格,以及维持平等、亲密的亲属身份关系的缘故。

(二)帮助、体谅义务

亲属之间互负帮助、体谅的义务,当对方发生困难时,应尽力帮助,并予以体谅,不向其提出过高的要求,共同克服困难。

《德国民法典》第 1618a 条是 1979 年增订新条文,规定:“父母和子女负有相互帮助和体谅的义务。”《瑞士民法典》第 272 条规定:“父母与子女为共同生活的利益互负

---

① 黄宗乐监修:《六法全书·民法》,保成文化事业出版公司 1991 年版,第 990 页。

扶助、关心及尊重的义务。”在这些规定中的帮助、体谅、扶助、关心，其基本意思是一致的。这样规定的目的，在于建立和睦、亲善的家庭关系，促进社会和谐的人际关系。

亲属权的这项派生身份权的基本含义有二：一是，亲属之间的帮助、扶助，是指物质上的、劳务上的帮助、扶助。当一方亲属在生活中发生困难，他方应尽力提供经济帮助和劳务帮助。二是，亲属间的体谅是精神上的谅解和关心。当一方亲属发生困难、遭遇挫折、出现麻烦时，他方应在精神上予以关心、同情，使其获得心理上的安慰，同时，应体谅亲属的困难，不向其提出超过其能力的请求或其他过分的要求。帮助、体谅义务的范围，不应仅局限于父母子女之间，还应扩展到整个近亲属的范围之内，对于祖父母与孙子女、外祖父母与外孙子女，以及兄弟姐妹之间，都应当负有这样的义务。

（三）祭奠权

祭奠权也称之为悼念权，是指近亲属之间对亡故亲属的祭祀和悼念的意愿和可能，是亲属权的内容。

最近几年，不断有祭奠权的纠纷案件诉讼到法院。有的法院支持当事人关于祭奠权的主张；有的法院则驳回当事人的祭奠权诉讼请求，认为它不是一个权利，随纠纷自消自灭。

我认为，我国亲属法虽然没有明文规定祭奠权，但这种权利是存在的。民法调整亲属身份关系，是通过赋予近亲属之间相互享有身份权的方式实现的。在夫妻之间，享有配偶权；在未成年子女和父母之间享有亲权；在其他近亲属之间则产生亲属权。在这三个权利之外，再创造其他新的有关身份的权利，都是不实际、不现实的。祭奠权不是独立的权利，而是亲属权的具体内容，其中也包括配偶权和亲权。三种亲属法上的身份权，都是近亲属之间的权利义务关系，详细规定夫妻之间、未成年子女与父母之间以及其他近亲属之间的权利义务关系。而祭奠权都是近亲属之间对于已故的共同亲属的祭祀、悼念之权。凡是近亲属，都有这种权利，它产生于亲属权以及配偶权和亲权，是亲属权等权利的具体内容，而不是独立的权利。

祭奠权的具体内容，是每一个近亲属对已故的近亲属（尤其是尊亲属）进行祭祀的权利。其共同的近亲属相互之间应当尊重对方的这一权利，相互通知，相互协助，使其真正享有这样的权利并使其得以实现。

在法律适用上，祭奠权没有法律明文规定，处理实际的祭奠权纠纷应当按照民事法律适用的原则，有法律依法律，无法律依民事习惯。祭奠权没有法律规定，就应当按照民间习惯进行保护。发生争议，也要按照民间习惯进行裁决。那种认为没有法律规定，就不能对发生的民事争议进行裁决的思想，是不正确的。法官应当熟知法律，也应当熟知民事习惯，当民事法律缺少具体规定的时候，就应当按照习惯裁决案件。这才是一个正确的方法。例如，夫妻之间、父母子女之间都有对死去的一方的祭奠权。从夫妻之间和父母子女之间的祭奠而言,显然更应当尊重夫妻之间的祭奠要求。这既是亲等关系使然,也是民间习惯的约定俗成。按照这样的习惯处理祭奠权的案件,就不会出现太大的问题。具体的规则是:(1)祭奠权发生纠纷,应当平等协商解决;(2)不能协商解决的,应按亲属身份关系的远近,以亲属身份关系近的亲属优先;(3)亲属身份关系相等的平辈亲属之间,以长者为优先。

三、亲属权中的扶养权[①]

(一)扶养权的概念和特征

扶养权是指一定亲属之间一方接受生活供养、他方应当对其提供生活供养的权利和义务。提供扶养的人为扶养义务人,接受扶养的人为扶养权利人。单讲扶养权,仅指扶养权利人接受生活供养的权利;在一般情况下讲扶养权,是指扶养的权利义务关系。

扶养权是亲属权中最重要的派生身份权,关系亲属一方的生存、健康问题。我国扶养权分为三种:抚养权,是父母对子女的权利义务关系和祖父母外祖父母对孙子女外孙子女的权利义务关系;赡养权,是子女对父母、孙子女外孙子女对祖父母外祖父母的权利义务关系;扶养权,是配偶之间的权利义务关系以及平辈亲属间的权利义务关系,《婚姻法》规定兄、姐对未成年弟、妹,使用抚养权概念,是因为其未成年不具有生活能力之故。

扶养权的法律特征是:

1. 扶养权具有人身属性

抚养关系只能发生在一定范围内的亲属之间,是具有特定身份关系的亲属之间的权利义务关系;因此,扶养权具有身份的属性,只为特定的亲属所享有,不能转让、处分或者抵销。扶养的权利不受一般财产关系的约束,例如不得成为债权人代位权的标的。

2. 扶养义务的履行具有必要性和条件性

一方面,扶养权的行使要有必要性,扶养权人在不能维持生活、无谋生能力时,即可行使。另一方面,履行扶养义务也应当为义务人保留必要的生活条件,不能因为承担扶养义务而使自己陷入生活困境。

3. 扶养权不受诉讼时效约束

扶养权是请求权,但其行使不受诉讼时效限制,义务人不得以请求权的行使已过诉讼时效期间而拒绝履行扶养义务。

---

① 本节研究扶养权,适当超出亲属权的范围,包括配偶权和亲权中的扶养问题。

（二）我国亲属法规定的扶养权范围

1. 现行规定

我国亲属法关于亲属间的扶养义务，包括以下各项：

（1）父母对无独立生活能力的成年子女

父母对尚无独立生活能力的成年子女，仍需尽抚养义务，至其有独立生活能力时为止。目前我国已满18岁的成年人，一部分已经就业，一部分正在求学，对于诸如后一部分极其相似情形的成年子女，父母应继续提供抚养费和教育费。

父母对未成年子女负有抚养义务，对于不能独立生活的子女也有抚养义务。如果父母一方或者双方不履行抚养义务，未成年子女和不能独立生活的子女有权请求支付抚养费，这就由抚养义务转变为责任，具有强制性。因此，《关于适用〈中华人民共和国婚姻法〉若干问题的解释（三）》第3条规定："婚姻关系存续期间，父母双方或者一方拒不履行抚养子女义务，未成年或者不能独立生活的子女请求支付抚养费的，人民法院应予支持。"不过，这里规定的"不能独立生活的子女"应当进行进一步的界定。例如，无民事行为能力或者限制民事行为能力的成年子女、没有独立经济收入在学校就读的成年子女，是否都是不能独立生活的子女？这需要研究，否则会增加父母双方或者一方的抚养义务。已经成年但有残疾而不能独立生活的子女，与已经成年上大学甚至在读研究生、博士生的子女是不一样的，应当有所区别。①

（2）离婚后父母对未成年子女的抚养义务

因离婚等原因而中止亲权的父母一方或双方，对于其未成年子女，应继续负担抚养义务。

（3）子女对父母的赡养义务

子女对父母负有赡养义务，条件是父母有赡养的必要，如父母无劳动能力或者生活有困难。此种赡养义务是法定义务，是必须履行的。目前，某些地区实行父母与子女签订赡养合同，并采公证形式确认合同成立，实际上是以约定义务取代了法定义务。这种经验并不可取。

（4）祖父母、外祖父母对孙子女、外孙子女的抚养义务

以祖父母外祖父母有负担能力、孙子女外孙子女的父母已经死亡为必要条件。不具有这两个条件的，不发生此种抚养义务。

（5）孙子女、外孙子女对祖父母、外祖父母的赡养义务

以孙子女、外孙子女有负担能力，祖父母、外祖父母的子女已经死亡为必要条件。

---

① 杨立新："最高人民法院〈关于适用婚姻法若干问题的解释（三）〉解读"，载《东南学术》2012年第1期。

不具备这两个条件,不发生此种赡养义务。

(6)兄姐对弟妹的抚养义务

以父母已经死亡或者父母无力抚养为选择条件,具备其中之一者,发生此种抚养义务,否则不发生此种抚养义务。

2. 我国法律规定的扶养义务的缺点

我国亲属法规定的上述扶养义务,基本上符合实际情况,但存在以下缺点:第一,就近亲属间各个不同身份分别规定,过于烦琐。第二,某些扶养关系的发生依据各个不同的必要条件,过于复杂,不易掌握和操作。第三,规定发生抚养关系的必要条件,有的不甚合理。如祖父母、外祖父母与孙子女、外孙子女之间的抚养、赡养关系,只规定其中间一代亲属死亡,而没有规定有无负担能力。而在兄弟姐妹之间的扶养关系中,不是规定在必要时互尽扶养义务,而是规定有负担能力的兄姐对于父母已经死亡或父母无力抚养的未成年的弟、妹负有扶养义务;由兄姐抚养长大的有负担能力的弟妹,对于缺乏劳动能力又缺乏生活来源的兄姐有扶养义务。这些均存在更多的问题。

(三)扶养权立法的完善

对此,应当借鉴国外的立法例,弥补我国立法的缺陷,完善我国扶养权的立法。

1. 扶养义务人的范围

立法应当明确规定谁有抚养权利、谁有扶养义务。例如,《德国民法典》第1601条规定:"直系亲属互负抚养的义务。"第1602条规定:"抚养权利人,只限于不能维持自己生活的人。未成年的未婚子女,虽有财产,以其财产收入和其劳动所得不足维持生活者为限,仍得向其父母请求扶养。"

2. 扶养义务的要件

立法应当明确规定不具有负担抚养义务要件的抚养义务人,免除扶养义务。可以参照的立法例如《德民法典》第1603条规定:"考虑由于其所负担的其他义务,以致不损及其适当生活就无法扶养他人者,不负扶养的义务。""1. 有前项情形时,父母对其未成年的未婚子女负有义务,将全部可处分的金钱平均用于自己的和子女的扶养。2. 如有其他负扶养义务的亲属时,不发生上述义务;对能就自己的财产获得扶养的子女,也不发生此项义务。"

3. 扶养顺序

在扶养人与被扶养人各有数人时,法律应当明确规定义务人和权利人的先后次序。扶养义务人的顺序,以在先者负担,在先者死亡或免除义务者,由后一顺序的义务人负担。具体顺序各国规定不同,我国可以考虑如下的顺序:一是父母,二是子女,三是祖父母、外祖父母,四是孙子女、外孙子女,五是兄弟姐妹。抚养权利人的顺序,以在先者优先接受抚养,如未成年子女优于其他子女,子女先于其他直系卑亲属,直系卑亲属先于直系尊亲属。

4. 扶养程度

扶养程度是指应给予扶养权利人扶养的水平、标准。扶养程度应当按照扶养权利人的实际需要和扶养义务人的经济能力确定。实际需要是以正当并且必要的需求为标准,经济能力是以能够负担为标准。

各国规定扶养程度,主要有三种不同的方法:一是规定扶养包括供给全部生活的必要费用,包括学会某种职业所必需的培训费用、需要受教育者的教育费用的及医疗、护理费用等。二是作概括的规定,没有作出具体标准的规定,如规定以扶养人的生活需要即义务人的财产给付。三是依协议确定,必要时由法院裁决。

我国亲属法对扶养程度没有作具体规定,借鉴国外的经验,可以确定以下规则:

(1)夫妻以及父母子女之间的扶养程度

扶养义务人对于被扶养人应当承担全部的生活必需的费用,包括起码的生活费、受教育者的教育费即职业培训费、疾病患者的医疗护理费等,还要包括必需的精神的和体力上的扶助。在夫妻同居时,夫妻双方的扶养义务在共同生活中履行,在其他情况下,应当由双方当事人协商决定,协议不成的,由人民法院判决。

(2)其他近亲属之间的扶养程度

在其他直系血亲之间,旁系血亲兄弟姐妹之间,依扶养权利人的需要和扶养义务人的能力,经协商决定,协议不成的,由人民法院判决。

5. 扶养方式

扶养方式是指履行扶养义务的具体方法。各国亲属法规定扶养方式主要有四种:一是共同生活扶养,即被扶养人和扶养人共同居住,进行直接扶养;二是定期金扶养,即以确定期间支付固定的扶养金;三是实物扶养;四是不定期支付扶养金。

我国亲属法对于扶养方式没有作明确规定。确定扶养方式的一般原则是,在父母子女和夫妻关系中,一般以共同生活扶养为主,在其他亲属之间,可以用定期金方式,或者实物扶养,或者不定期支付扶养金的方式进行扶养。

6. 扶养变更

扶养变更是指扶养义务人、扶养权利人的顺序以及扶养程度和扶养方式的变动。

扶养变更需要抚养当事人享有扶养变更权。扶养变更权是指扶养当事人的一方或者双方在经济和生活状况发生变化的时候,当事人双方所具有的请求变更原扶养协议或判决的权利。提出扶养变更的请求,必须具有原有的扶养情况发生变化为条件,否则不得提出变更请求。扶养变更请求的内容包括增加、减少或者免除原扶养协议的扶养费的要求,变更扶养方式的要求等。

我国亲属法对扶养变更没有作明确规定,只作了笼统规定。确定我国扶养变更的

规则是:

(1)变更的时间

扶养关系当事人在发生需要变更扶养顺序、扶养程度或者抚养方法等法定事由时,享有扶养变更请求权。

(2)变更的事由

扶养变更的事由是:第一,社会经济变化,生活必需品费用提高,原定抚养费数额明显不足;第二,被扶养人病重,医疗费用增加,临时增加抚养费;第三,扶养方式因特殊情况需要改变;第四,扶养义务人因重大理由无法继续承担扶养义务,需要对扶养费用进行减免;第五,因其他重大事由,需要变更抚养顺序、扶养程度或者抚养方法。

(3)变更扶养的方式

原来是扶养协议的,仍然用协议的方式进行变更;协议不成或者无法协议的,由人民法院裁决。原为裁判确定的,双方当事人也可以进行协议,进行变更扶养的协议,协议不成的,仍由人民法院判决。

7. 扶养义务的消灭

扶养义务的消灭,是指在一定的法定原因或者一定事实的情况下,当事人之间的扶养关系终止,扶养义务人的义务消失。扶养义务消灭的原因是:

(1)当事人死亡

不论是扶养权利人还是扶养义务人,一方死亡,扶养即告消灭。如果是扶养权利人死亡,则他或者她的所有扶养义务人的扶养义务都消灭;如果是扶养义务人死亡,仅仅消灭他或者她一个人的扶养义务。

(2)当事人身份解除

扶养义务必须基于一定的身份关系而发生,如果发生扶养义务的身份关系消灭了,扶养义务一定也要随之消灭。例如,夫妻离婚,夫妻之间的扶养义务即告消灭;解除养父母子女关系,其相互间的抚养关系也告消灭。

(3)扶养要件消灭

扶养要件是指发生扶养权利的法律事实。例如,扶养权利人的扶养要件消灭,不再需要扶养;扶养义务人的扶养能力完全丧失或者未成年子女已经成年独立生活,抚养关系予以消灭。

第三节 亲属权的民法保护

一、亲属权民法保护概说

（一）亲属权民法保护的一般方法

亲属权是自然人的法定身份权，民法采取自己特有的手段，对其进行法律保护。

亲属权与亲权、配偶权一样，既具有绝对性，又具有相对性。因而保护亲属权，既要保护亲属权利人内部关系的权利，又要保护亲属权利人外部关系的权利；既要制裁违背亲属权相对义务人的不履行义务行为，又要制裁亲属权绝对义务人的侵权行为。

（二）亲属权保护的侵权法方法

违背亲属权绝对义务的违法行为，为侵权行为。这是因为，亲属权是绝对权，除特定的亲属权权利人之外，其他任何人都是亲属权的绝对义务人，都负有不可侵的不作为义务。违背这种义务而使亲属权人遭受亲属权损害的，构成侵权行为，应当承担侵权责任。

违背亲属权相对义务的行为，是违法行为；是否构成侵权行为，应当斟酌。违背亲属权相对义务的行为，当行为以故意使权利人遭受亲属利益以外的损害时，可以认其为侵权行为；没有造成亲属利益以外的损害的，可以用亲属法的规则调整。过失违背亲属权相对义务者，应责令其履行或强制履行其义务，一般不应认定为侵权行为。

（三）侵害亲属权的侵权责任构成

侵害亲属权的侵权责任构成，应当具备违法行为、损害事实、因果关系和过错要件，即具备一般侵权行为构成要件。

1. 侵害亲属权的违法行为

侵害亲属权行为的违法性，表现为违反法定义务。对此，立法有两方面的规定：一是对亲属权内容的具体规定，如《婚姻法》对亲属之间扶养权利的规定；二是对民事权利主体合法权益予以全面保护的概括规定，即《民法通则》第 5 条和《侵权责任法》第 2 条第 2 款规定。对于侵害扶养权利的侵权行为，违法性判断的依据是《婚姻法》的规定；对于侵害尊敬权、帮助体谅权等精神性权利内容的，虽然立法没有具体规定，以《民法通则》第 5 条作为判断的依据。

侵害亲属权行为的义务主体，既包括亲属权的绝对主体，即特定亲属身份关系以外的第三人；也包括亲属权关系主体内部的义务人。第三人侵害亲属权，主要的行为方式是作为;相对义务人侵害亲权,主要的行为方式是不作为。

2. 侵害亲属权的损害事实

亲属权受到损害,在客观上表现为三种方式。一是扶养来源的丧失。扶养来源包括抚养来源、赡养来源和扶养来源,扶养权利人依靠扶养来源而生活,失去扶养来源,将造成扶养权人的生活困难以至发生危险。扶养来源丧失是亲属权中的扶养权损害的客观事实。二是精神利益的损害。侵害尊重权、帮助体谅权等精神性权利内容,必然造成亲属权人精神利益的损害,亲情受到破坏。这种损害事实也是亲属权受到损害的客观事实。三是精神痛苦的损害。断绝扶养来源,侵害亲属权精神利益内容,可以使权利人遭受精神上的打击,造成精神痛苦和感情的创伤。侵害亲属权的损害事实主要是直接损害事实,但在特殊情况下损害事实是间接损害,这主要是指第三人侵害法定扶养义务人健康权、生命权,造成死亡或丧失劳动能力的后果,间接地使扶养权利人的扶养来源丧失。

3. 侵害亲属权的因果关系

侵害亲属权的违法行为与侵害亲属权的损害事实之间,必须有因果关系。确定这一因果关系,不能以直接因果关系为限,在特定的场合,间接因果关系亦构成。在侵权行为造成扶养权损害时,相对义务人故意违反法定义务者,应为直接因果关系,绝对义务人即第三人违反法定义务者,一般为间接因果关系,只有直接以故意断绝扶养来源的,方为直接因果关系构成。

4. 侵害亲属权的过错

侵害亲属权的过错有以下三种不同的要求:第一,对于相对义务人侵害亲属权的,应具备故意的主观心理状态,过失不构成侵权责任。第二,对于绝对义务人侵害亲属权的,在一般情况下,故意、过失均可构成侵权责任。第三,对于侵害扶养义务人的健康、生命权,造成扶养权利人扶养来源丧失的,如果是在高度危险作业、动物致害、产品责任、环境污染这四种适用无过错责任原则归责的场合,则行为人主观上无过错,也构成侵权责任。

二、侵害亲属权民事责任的承担

(一)继续履行义务

对于相对义务人违反亲属义务的,无论是构成侵权行为,还是不构成侵权行为的,都应当承担继续履行义务的责任。

继续履行义务是一种民事责任方式,尽管《中华人民共和国民法通则》第134条没有规定这种民事责任形式,但《婚姻法》第21条及相关内容包含这一责任形式。侵害亲属权的继续履行义务与违反合同的继续履行有相似之外,其原因在于这两种民事法律关系均是相对的法律关系或具有相对性。但这两种继续履行责任形式从本质上说是不同的。亲属权法律关系虽然具有相对性,但其本质属性是绝对权,其相对的权利义务关系是法定的,而不是约定的。因而,相对义务人违背亲属的继续履行义务,不能像违反合同的继续履行那样,要看继续履行是否有必要,而是一律要履行,必须履行。

这种继续履行义务的责任形式是强制性的。当相对义务人不履行亲属义务时,亲属权人有权要求相对义务人继续履行,也可以向人民法院起诉,由人民法院判决其承担此项责任。如果相对义务人拒不执行判决时,可以依法强制执行其财产。

继续履行义务的内容,应依相对义务人违反何种亲属义务而定。如果违反的是扶养义务,则应继续履行扶养义务。如果违反的是一般的尊敬、帮助体谅义务,则应继续履行该种义务,必须尊敬尊亲属,相互之间尊重、帮助和体谅。

(二)赔偿损失

侵害亲属权造成损害的,必须承担损害赔偿的责任。

主要的赔偿损失有以下几种:

1. 对于侵害扶养义务人健康权、生命权而使扶养权利人扶养来源丧失的,应当赔偿必要的生活费。

2. 第三人以拘禁扶养义务人、剥夺扶养义务人劳动权利等方法故意侵害扶养权利人扶养权的,应当赔偿给扶养权利人所造成的全部财产损失。

3. 对于侵害亲属权造成精神性权利损害的,侵权人应当承担精神损害赔偿的责任,赔偿受害人的精神利益损害。对此,可参照精神损害赔偿的一般方法计算损害赔偿金。例如,按照最高人民法院《关于确定民事侵权精神损害赔偿责任若干问题的解释》第 2 条的规定,非法使被监护人脱离监护,导致近亲属的亲属权受到严重损害,构成侵权的,可以请求精神损害赔偿。这种赔偿金的计算,应按照一般的精神损害赔偿计算办法进行。

(三)除去侵害

侵害亲属权除应承担继续履行义务、赔偿损失责任之外,还应当根据具体情况,判令侵权人承担停止侵害、消除影响和赔礼道歉的责任。这些都是非财产性的责任方式,对于维护受害人的精神利益具有重要意义。

第四编　亲属财产关系

第九章　亲属财产关系概述

第一节　亲属财产关系的概念和种类

一、亲属财产关系概念和意义

（一）亲属财产关系的概念和特征

亲属财产关系，是指亲属之间在财产关系上的权利义务关系。亲属财产关系具有以下法律特征：

1. 亲属财产关系是发生在亲属法领域的财产关系

亲属财产关系发生在亲属法领域，不是单纯的物权关系、债权关系和知识产权关系，而是亲属之间发生的财产关系。因此，亲属财产关系是以亲属为权利主体的财产关系。

2. 亲属财产关系是广义的财产关系

广义的财产关系，包括物权关系、债权关系和知识产权关系。亲属财产关系跨越物权关系、债权关系和知识产权关系，包括所有的财产关系。因此，在亲属财产关系中，要研究物权关系，如夫妻共有财产、家庭共有财产；也要研究债权关系和知识产权关系，如共同债务和共同债权以及共同著作权等。应当看到，亲属财产关系的主要内容是物权关系，物权关系是最主要的、主导的亲属财产关系。

3. 亲属财产关系是以财产所有为基本内容的财产关系

亲属财产关系主要研究的是亲属之间的财产关系，即亲属之间的财产究竟是共同所有还是分别所有。例如，物权的共有或者单独所有，债权和知识产权的准共有或者单独所有。

至于构成共有或者单独所有后,其具体的权利行使规则,与物权的共有或者单独所有、债权的准共有或者单独所有以及知识产权的准共有或者单独所有的规则没有区别。

4. 亲属财产关系适用法律具有双重性

亲属财产关系不是身份权的本身,而是身份权所引发的财产权。因此,亲属财产关系具有明显的身份内容,但又不是身份权的内容。在亲属财产关系的法律适用中,必须体现这一特点,既要符合亲属法的规定,又要符合财产法的规定。

(二)亲属财产关系的意义

在亲属法领域,一般着重研究的是夫妻财产关系,多数忽略对亲属财产关系的研究。夫妻财产关系确实是亲属财产关系中的主要部分,具有重要地位,但夫妻财产关系是亲属财产关系的一部分,而不是全部。研究亲属法,就应当研究亲属财产关系。研究亲属财产关系的意义在于:

1. 确定亲属之间的财产归属和利用

财产是社会生活的基础,是亲属共同生活不可或缺的物质基础和财产保障。特别是在市场经济社会中,亲属生活更离不开财产作为基础。亲属财产关系就是要解决在亲属之间作为共同生活基础的财产的归属关系和利用关系,明确亲属之间的财产权利界限,确定各自的支配利用关系。

2. 保护亲属共同生活基础

亲属财产关系不仅要研究亲属之间财产的所有和利用关系,还要解决亲属财产的保护。任何亲属对于自己的财产以及对依法应当共有的财产,都有权利寻求法律保护,任何人不得侵害财产权利。财产权利受到侵害,依据财产权利的请求权和侵权请求权获得民法的保护,使亲属共同生活的财产基础得到保护。

3. 保障亲属身份权利义务的享有和履行

在亲属法的身份权中,很多内容是财产的权利和义务,最主要的是扶养权利和义务。行使这个权利,履行这个义务,都必须有财产支持。保护亲属的财产关系,也是保障身份权利的享有、身份义务的履行的基础,使其实现。

4. 保护交易安全和善意第三人利益

当代社会是市场经济,财产交易频繁,而亲属的共同生活必然要与亲属之外的他人进行交易,发生财产关系。亲属之间实行的是何种财产制,不仅关乎他们自己的权益问题,也关乎与其进行交易的第三人的权益问题。研究亲属财产关系也关系到保护交易安全,涉及保护第三人的合法权益问题,同样存在善意取得等一系列民法制度的适用。

二、亲属财产关系的种类及其主要财产制

（一）夫妻财产

在亲属财产关系中，最主要的种类是夫妻财产。在亲属中，夫妻虽然各具独立、自由、平等的人格，但对于共同生活体的圆满维持应共同负责，所以，夫妻应共同分担家庭生活费用。[①] 而负担共同生活费用、抚育子女、赡养老人费用等，都必须有财产来源，夫妻的财产来源也构成夫妻财产关系。夫妻财产关系是派生于夫妻身份关系和重要法律关系，是实现家庭经济职能的基础性要素。

反映夫妻财产的法律形式是夫妻财产制。在各国亲属法或者物权法中，存在不同的夫妻财产制，诸如夫妻共同财产制、分别财产制和联合财产制等。在我国，则分为法定财产制和约定财产制两种基本的夫妻财产制形式。

（二）家庭财产

在亲属财产关系中，家庭财产关系的地位仅次于夫妻财产关系。家庭财产关系既与夫妻财产关系相联系，又与夫妻财产关系不同。

首先，家庭财产关系通常是以夫妻财产关系为基础，基于夫妻财产关系而发生家庭财产关系。在通常情况下，夫妻财产关系是家庭财产关系的基础，在夫妻财产关系中加入了其他共居亲属的财产之后，才形成家庭财产关系。

其次，家庭财产关系与夫妻财产关系不同。夫妻财产关系是特定的，是仅指夫和妻的财产关系，不包括其他亲属的财产，并且夫妻财产关系是由法定财产制或者夫妻共同约定制调整。而家庭财产关系基于亲属的共同生活和财产投入而发生，法律没有明确的具体规范，适用财产共有的基本规则。

最后，家庭财产关系和夫妻财产关系通常是混杂在一起的，在家庭财产关系中包含着夫妻财产关系。在共同的家庭生活解体之后或者夫妻离婚之后，需要进行析产，确定家庭财产关系和夫妻财产关系，之后才能够进行财产的分割。

家庭财产制的主要形式是共同财产制。如果没有实行共同财产制，就是实行的分别财产制，无法成立家庭财产关系。

（三）个人财产

亲属在一起共同生活，如果没有采取共有财产制，而是约定或者实行的是个人财产，财产所得就是个人财产关系。同样，即使实行共同财产制，也会存在个人的财产关系。例如，夫妻婚前财产，按照法律规定属于婚前个人财产，由个人所有和支配。

---

① 参见林秀雄：《家族法论集（一）——夫妻财产制研究》，中国政法大学出版社 2001 年版，第 213、214 页。

第二节 夫妻财产制

一、夫妻财产制的概念和法律规范形式

(一)夫妻财产制的概念

夫妻财产制也叫做婚姻财产制,是指关于夫妻婚前财产和婚后所得财产的归属、管理、使用、收益、处分,以及债务的清偿、婚姻关系解除时财产清算等方面的法律制度。① 简言之,夫妻财产制者,婚姻共同生活中,夫妻之财产关系之制度也。②

夫妻财产制作为调整夫妻财产关系的法律制度,是抚育子女、赡养老人、维续家庭共同体的物质保障,关乎家庭的生活和谐圆满。因而,在罗马时期就有嫁资制作为法定财产制进行详细规定。现代社会经济飞速发展,个人财富的数量和种类都有快速增长,夫妻财产已经延伸到家庭之外,直接影响到第三人和社会的利益。③ 亲属法研究夫妻财产制具有重要意义。

(二)亲属法规范夫妻财产制的形式

1. 约定财产制

约定财产制又称为夫妻财产契约,是夫妻以契约进行选择。

法律规定夫妻约定财产制的原因,在于其更能够体现个体夫妻的财产个性。在现代社会,夫妻财产关系因不同夫妻的财产状况和家庭经济生活的不同而呈现出多样性和差异性,单一类型的法定财产制不可能适合于所有的夫妻,为尊重夫妻的意思以及因应婚姻生活的特殊性和个性,各国法律都承认夫妻约定财产制。同时,规定约定财产制在适用上具有优先于法定财产制的效力。

夫妻约定财产制分为两种形式。

(1)自由式的约定财产制

当事人可以自由约定夫妻财产关系的内容,只要不违反合同的一般禁止性规定,法律不加以限制,允许自由约定。这种形式更能够体现夫妻的个性和特殊性需要,但存在的问题是会使夫妻财产制混乱,且对第三人的保护不利。因此应当对其缔约的形

---

① 参见李志敏主编:《比较家庭法》,北京大学出版社1988年版,第109页。

② 胡长清:《中国民法亲属论》,商务印书馆1936年版,第135页。

③ 陆静:《大陆法系夫妻财产制研究》,法律出版社2011年版,第3页。

式和内容进行登记予以补救。

(2)选择式的约定财产制

当事人虽然可以对夫妻财产约定排除法定财产制的适用,但只能在法律所规定的数种典型的夫妻财产制中选择一种,不得全面另行约定其内容。这种方法对夫妻财产制约定的类型进行限制,一是从维护交易安全考虑,使财产约定具有公示性,以更好地保护第三人的利益;二是保护夫妻一方的权益,避免一方利用强势或者感情引导他方订立不公平的契约。

2. 法定财产制

法定财产制是指依照法律规定而直接适用的夫妻财产制。夫妻之间无约定财产制的,直接适用民法规定的财产制。法定财产制分为两种:

(1)通常法定财产制

通常法定财产制是指夫妻在婚前或者婚后未进行夫妻财产约定,或者虽有约定但约定无效或者被撤销,因而适用法律所规定的夫妻财产制。目前各国亲属法规定的通常法定财产制有分别财产制、共同财产制、迟延共同财产制等。

(2)非常法定财产制

非常法定财产制是指夫妻在婚姻关系存续期间,因发生特定事由,适用通常法定财产制或者约定财产制难以维持正常的夫妻财产关系时,依照法律的规定或经夫妻一方以及夫妻的债权人的申请由法院宣告,终止原来的财产制而适用分别财产制。设立非常法定财产制的目的,在于保护婚姻关系的一方当事人的合法权益,以免因他方的财产行为而深受其害,同时也为保护第三人的利益和维护交易安全。

实行非常法定财产制需要有法定事由。一般的法定事由是:夫妻分居,夫妻一方不履行家庭生活费负担义务,夫或妻的财产不足清偿债务或夫妻共同财产不足清偿夫妻共同债务,夫妻一方对共同财产的管理显有不当或者滥用管理权经请求而不改善;一方无正当理由拒绝对共同财产的通常管理予以应有的协作,或拒不同意他方为夫妻财产上的处分行为等。在具体形式上有两种模式:一是单一的宣告制;二是复合的双轨制,分为当然的非常财产制和宣告的非常财产制。前者为发生法定事由,无须婚姻当事人或者第三人申请及法院的宣告,依法改用分别财产制;后者是当具有法定事由时,须经夫或妻或其债权人的申请,并经法院宣告,始改用分别财产制。

二、夫妻财产制的类型

在历史上,曾经出现以及现存的夫妻财产制有以下几种类型:

(一)吸收财产制

吸收财产制是指在夫妻财产关系中,除了夫的财产为本人专有外,妻携入的财产以及婚后所得的财产的所有权、管理权以及用益权都归属于夫的夫妻财产制度。这种古代的夫妻财产关系与“夫妻一体主义”相适应,体现的是男尊女卑的特点。在古巴比伦、古印度、古罗马前期以及中世纪的欧洲国家,多数实行吸收财产制。近现代已经不存在这种夫妻财产制了。

(二)统一财产制

统一财产制,是指夫妻可以契约订定,将妻的原有财产估定价额,移转所有权于其夫,妻则保留对此项财产的返还请求权,在婚姻关系终止时,夫须把这笔财产或其折价金额返还给妻或妻的继承人的夫妻财产制。其特点是妻将自己的财产权交于夫而变为债权。这种夫妻财产制较之于吸收财产制有所进步,对妻的财产权有所尊重;但将妻的财产所有权转变为债权,使女方处于财产的不利地位,带有浓厚的夫权主义色彩。在近现代,这种夫妻财产制已经被抛弃。

(三)联合财产制

联合财产制是指夫妻结婚后财产仍归各自所有,但将其联合在一起,由夫管理,当婚姻关系终止时,妻的原有财产由妻或妻的继承人收回的夫妻财产制。这种制度产生于中世纪的日耳曼法,被许多资本主义国家的亲属法所继承并加以发展。1900 年《德国民法典》就规定:“妻之财产因结婚而归夫管理及用益”,“妻未得夫之同意而以单独行为处分其携入财产者无效”。联合财产制较之于统一财产制有明显的进步,但夫妻双方仍处于不平等的地位。所以,在“二战”之后,这一制度被许多国家的亲属法所抛弃。

(四)分别财产制

分别财产制是指夫妻的婚前财产和婚后财产归夫妻各自所有,单独行使管理、用益和处分权利,但一般妻可以通过约定而将其财产交付夫管理的夫妻财产制。创设分别财产制的目的,在于使夫和妻各保有财产之所有权管理权及使用收益权。[①] 这种夫妻财产制发端于罗马万民法的“无夫权婚姻”中,对于保护妻子的财产权较为有利。在英国,1882 年《已婚妇女财产法》规定,已婚妇女有权以其婚前所有的财产及不动产作为分别财产,单独行使所有权及处分权。1935 年《法律改革(已婚妇女与侵权行为人)法》进一步规定,已婚妇女有取得、占有和处分任何财产的能力,有对任何侵权行为、契约、债务、义务主动地或者被动地承担责任的能力,进一步确认了分别财产制。英国法律还规定,夫妻之间未满足婚姻共同生活的抚育子女的需要,可用协议设定婚姻财产,一方用货币或货币价值的方式对他方财产的增加作出了明显贡献的,有权占有该项财产的相当份额。目前,英美法系国家多采用此制,大陆法系国家有的规定为法定财产制,也有的将其规定为约定财产制。

---

① 钟洪声:《中国亲属法论》,世界书局 1933 年版,第 161 页。

（五）共同财产制

共同财产制是指夫妻双方财产的全部或者一部依法合并为共有财产，按照共同共有规则行使权利，承担义务，在婚姻关系终止时加以分割的夫妻财产制。

共同财产制包括一般共同制、动产及所得共同制、劳动所得共同制。

1. 一般共同制

一般共同制是将婚前财产和婚后财产一律归夫妻共同所有。实行此制，不论使夫妻各自的婚前财产或者使婚后所得的财产，也不论是动产还是不动产，一律属于夫妻共同共有，只是法律有特别规定的除外。如果对一般共同制设定例外的，就叫作"限制的一般共同制"。

2. 动产及劳动所得共同制

动产及所得共同制，是夫妻在结婚时的全部动产以及婚后所得的财产确定为夫妻共有。但结婚时的不动产不属于共同所有。

3. 劳动所得共同制

劳动所得共同制是仅以夫妻在婚姻关系存续期间的劳动收入作为共同财产，其他财产以及婚前财产仍归个人所有。在这种制度下，立法一般规定属于共有的财产范围，以及不属于共同所有的财产范围，加以区别。

（六）延期共有制

延期共有制是指夫妻对于自己的婚前财产和婚后所得财产，在婚姻关系存续期间各自保留其所有权、管理权和使用、收益权以及有限的处分权，在婚姻关系终止时，对夫妻双方婚后所取得的财产增值的差额，归夫妻双方分享的夫妻财产制。这种夫妻财产制产生于欧洲大陆斯堪的纳维亚国家的婚姻份额权制度，"二战"后被德国、瑞士、法国和奥地利等国移植为法定财产制或者约定财产制的一种。其特点，一是夫妻财产在夫妻关系存续期间所有权分离，各自享有自己的所有权；二是在婚姻关系终止时个人财产的盈余或者净益双方共享。这种财产制，既保留了夫妻个人的财产个性，体现男女平等的原则，又实现了对婚姻期间双方共同创造的财产的共同权利，体现了夫妻财产制的多向度的价值追求，是较为理想的夫妻财产制形式。

其计算方法是：

一方的净益财产 = 最终财产（财产总值减去债务）- 原有财产（财产总值减去债务）

夫妻的净益差额 = 丈夫（或妻子）的净益财产 - 妻子（或丈夫）的净益财产

一方的净益补偿债权 = 夫妻的净益差额/2

（七）嫁资制（妆奁制）

嫁资制也称之为妆奁制，是指妻子陪嫁的财产的提供、所有、管理、收益、处分及返还的夫妻财产制。嫁资制产生于古罗马社会，妆奁是以补助家庭生活费用为目的，因结婚而由女方带往男家的财产。罗马法前期,妆奁是妻或者妻的血亲对夫的赠与,婚姻关系已经成立,妻的所有权便转移于夫。古罗马后期,妆奁虽然仍由夫管理,但已由所有权转变为一种债权,婚姻关系解除后,夫有返还的义务。在近现代,有些国家继承了罗马法的传统,曾经或者仍然在亲属法中规定嫁资制。

奁产由财产和权利组成,在通常情况下,在世双亲必须为其婚生女儿提供妆奁,如果父母双亡,则女子的妆奁相当于她应得到遗产份的二分之一;如果女子所有的财产相当于强制份的一半,则其父母提供妆奁的义务便可免除。妆产有可估价和不可估价之分。可估价的妆产,在婚姻关系存续期间归属于夫,夫承担恢复原价值的义务。不可估价的妆产,妻子仍保留所有权,而丈夫享有用益权。在婚姻关系解除或者无效、因夫无能而将管理权移转妻子本人时或者根据法院的命令应予返还时,夫应将妆产返还妻子或者妻的继承人。①

三、我国夫妻财产制的立法沿革

(一)我国古代夫妻财产制

我国古代亲属法实行家族或者家庭的财产共有制,没有独立的夫妻财产制,妻子没有财产,也没有自己的财产权利。其原因,一是我国封建社会的礼制和法律在夫妻关系上历来实行的是夫妻一体主义,妻子的人格被丈夫所吸收,既无行为能力,也无财产权利,无须在法律上承认妻子的财产权;二是在宗法家族体制之下,实行"同财共居"的家庭共同财产制,家庭的财产权集于家长一身,法律禁止子妇拥有私产,明确规定祖父母、父母在,子孙不得别籍异财。

(二)我国近代夫妻财产制

清末引进西方的夫妻财产制立法,在《大清民律草案》的"婚姻之效力"一节规定了两个条文,第1357条规定:"夫妇于成婚前,关于财产有特别契约者,从其契约。前项契约,须于呈报婚姻时登记之。"第1358条规定:"妻子成婚时,所有之财产及成婚后所得之财产,为其特有财产。但就其财产,夫有管理使用及收益之权。夫管理妻之财产,显有足生损害之虞者,审判厅因妻之请求,得命其自行管理。"实行的是分别财产制。

《民国民律草案》专设"夫妇财产制"一款,对夫妻财产实行约定制和法定制。法定财产制实行的是分别财产制。

民国民法专设"夫妻财产制"一节,规定夫妻可以于结婚前或者结婚后,以财产契约形式就民法所规定的约定财产制中,选择其一,作为夫妻财产制。同时规定法定夫妻财产制为联合财产制。

---

① 参见李志敏主编:《比较家庭法》,北京大学出版社1988年版,第116、117页。

（三）我国现代夫妻财产制

1.1950 年《婚姻法》的规定

1950 年《婚姻法》规定的是家庭财产，没有明文规定夫妻财产，其中包括夫妻财产。该法第 10 条规定："夫妻双方对于家庭财产有平等的所有权与处理权。"家庭财产包括男女婚前财产、夫妻共同生活时所得的所有财产和未成年子女的财产。法律没有规定夫妻约定财产制，但在解释上认为，这样的规定不妨碍夫妻间真正根据男女权利平等和地位平等原则作出任何种类家庭财产的所有权、处理权与管理权相互自由的约定，对一切种类的家庭财产问题，都可以用夫妻双方平等的自由自愿的约定方法来解决。①

2.1980 年《婚姻法》的规定

1980 年《婚姻法》对夫妻财产关系进行了较大的修改。规定夫妻财产制的法律条文是第 13 条："夫妻在婚姻关系存续期间所得的财产，归夫妻共同所有，双方另有约定的除外。"这一规定的内容是：

（1）夫妻法定财产制为婚后所得共同制

婚姻当事人婚后所得为夫妻共同财产，婚前财产属于个人的财产，保持了婚姻当事人的财产个性。这个规定过于概括，操作性不强，在实践中被"左"的思想进一步限制，出现了"婚前个人财产转化为共同财产"的司法解释，限制了当事人的财产个性，使婚姻当事人的个人财产权利不能得到保护。②

（2）准许婚姻当事人对财产制形式进行约定

对于婚姻财产可以另行约定，是 1980 年《婚姻法》的一个进步；但规定的内容极为原则，几乎没有可操作性。在实践中选择约定财产制的婚姻当事人并不多见。1993 年最高人民法院作出司法解释，规定："夫妻双方对财产归谁所有以书面形式约定的，或以口头形式约定，双方无争议的，离婚时应按约定处理。但规避法律的约定无效。"这一规定的主要内容还是对约定的形式要求，并没有涉及约定的内容，可以理解为自由式的约定财产制。

四、我国现行的夫妻财产制

2001 年《婚姻法》对夫妻财产制进行了较大的修改。主要的内容是：

（一）限制夫妻共同财产范围

2001 年《婚姻法》确立的法定夫妻财产制是"限定的婚后所得共同制"。法律规定

---

① 参见中央人民政府法制委员会《关于中华人民共和国婚姻法起草经过和起草理由的报告》（1950 年 4 月 14 日）。

② 对于这个问题，作者参加了司法解释的起草过程，后来又做过专门的研究，进行了批判。参见杨立新：《共有权研究》，高等教育出版社 2003 年版，第 240～244 页。

夫妻共同财产应当具备三个属性:(1)必须是在婚姻关系存续期间双方合法取得的财产,婚前的个人财产、离婚后的个人财产以及非法所得的财产不属于共同财产;(2)必须是没有被双方约定为个人所有的财产以及约定无效的婚后所得,凡是通过双方约定被个性化的个人财产不属于共同财产;(3)必须是法定个人特有财产以外的双方婚后所得财产。

(二)强调婚姻当事人的个人财产

2001年《婚姻法》与限制夫妻共同财产范围的立场相适应,突出强调婚姻当事人的个人财产及保护。不仅规定婚前个人财产归个人所有,坚决否定了"转化论",而且对于一方因身体受到伤害获得的赔偿金、遗嘱或者遗赠确定只归一方的财产、一方专用的生活用品、其他应当归一方的财产,都属于个人的特有财产。这样的规定大大地突出了个人财产的合法性,对于保护个人的所有权具有重要意义。

(三)明确夫妻约定财产制的内容

2001年《婚姻法》改变了对约定财产制过于概括的做法,明确规定了约定财产制的内容和形式。

1. 约定的内容

夫妻约定财产制的内容是,"夫妻可以约定婚姻关系存续期间所得财产以及婚前财产归各自所有、共同所有或部分各自所有、部分共同所有"。

2. 约定的形式

夫妻约定财产制的形式是"应当采取书面形式"。夫妻财产约定的合同应当是要式合同,须有书面合同,口头约定无效。

3. 没有约定或者约定不明确的后果

如果夫妻在婚前或者婚姻关系存续期间对夫妻财产制没有约定,或者有约定而约定不明确的,"适用本法第17条、第18条的规定",即按照共同财产的范围和个人特有财产的范围处理。

第三节 夫妻财产约定

一、夫妻约定财产概说

(一)夫妻约定财产的概念和性质

夫妻约定财产是指夫妻以契约形式决定婚姻关系存续期间所得财产所有关系的

夫妻财产制度，是夫妻法定财产的对称。

关于夫妻财产关系的约定属何法律性质，学说上不无争议。其主要障碍，在于对婚姻关系性质的确定上否认婚姻关系缔结的契约性质。既然否认婚姻关系缔结的契约性质，当然就不好再确认夫妻财产关系的约定为契约性质。这是一种形而上学的思想方法和研究方法。

1. 婚姻的合意就是婚姻的契约形式

“结婚是男女双方依照法律规定的条件和程序，确立夫妻关系的行为”。① 但是，分解“确立夫妻关系的行为”，却可以发现这一行为的两个结构，一是男女双方同意缔结婚姻关系的协议，二是婚姻登记机关的登记批准行为。前一个结构是确立夫妻关系行为的基础，是男女双方对在他们之间缔结婚姻关系的合意，没有这种协议，婚姻关系无从发生。我国法律赋予自然人以婚姻自主权，就是保障自然人缔结婚姻关系合意的自由。这种男女双方缔结婚姻关系的合意或协议，无疑具有基于身份关系的契约性质，而正是由于这种契约具有基于身份关系的特点，才与真正的契约即债权合同存在差别。男女双方缔结婚姻关系协议的契约性质，是一个客观存在的事实，无论采取什么办法回避都是回避不了的，因为没有这样一个基于身份关系的契约，确立夫妻关系行为的后一个结构，即婚姻登记机关的登记行为就无由发生。因此，确立夫妻关系行为的第二个结构，乃是对缔结婚姻的契约进行依法审查，对合乎结婚的实质要件和形式要件的婚姻契约予以确认的行为。在这样分析的基础上，结婚实际上是国家依照婚姻立法对男女双方缔结婚姻关系的契约进行审查、予以确认的行为，它从男女双方建立感情出发，共同缔结终生共同生活的婚姻契约，最终以国家婚姻机关登记批准而宣告结婚行为的完成。

2. 约定夫妻财产制的协议当然是契约性质

在实事求是地确认婚姻契约是结婚行为的初始结构的基础上，再来分析夫妻财产的约定的性质，就非常清楚了。第一，夫妻财产约定是确立夫妻财产所有关系的契约。夫妻财产的约定是男女双方在婚前或婚后，对于双方在婚姻关系存续期间的财产归谁所有、如何所有的意思表示一致的协议，这种意思表示一致的协议就是一种契约。第二，夫妻财产约定是婚姻契约的从契约。确立夫妻财产所有关系的契约不能独立存在，只能依附于缔结夫妻关系的婚姻契约。婚姻契约经国家审查批准生效，附随于婚姻契约成立的夫妻财产约定才能生效；婚姻依法成立以后的夫妻财产约定，由于婚姻契约已经生效，当然可以附随生效。只是由于夫妻财产契约是婚姻契约的从契约，它可以在结婚前订立，但却不能在婚姻契约生效前生效。第三，夫妻财产约定是附随身

① 杨大文主编：《婚姻法学》，中国人民大学出版社 1989 年版，第 115 页。

份行为的契约。没有夫妻关系的有效确立,就没有夫妻财产约定的效力。夫妻财产的约定尽管内容是对财产关系的协议,但它的基础仍然是婚姻关系这种身份关系。夫妻财产契约不得由他人代理而订立,原则上不得附以条件或期限。

因此,夫妻财产约定其实就是夫妻财产制合同,是指夫妻或者即将成为夫妻的人,就夫妻间之财产关系所订立的合同。①

(二)夫妻约定财产的优先效力

《婚姻法》第 17 条和第 19 条规定了夫妻财产制的两种形式,即夫妻法定财产制和夫妻约定财产制。两者究竟是何关系、夫妻约定财产制的法律地位如何,学说上已有定论,即法定财产制是基本的夫妻财产制,约定财产制是补充的、特殊的夫妻财产制。在这样的学说指导下,婚姻法理论长期以来对约定财产制重视不够,没有进行深入、广泛的研究和探讨。随着社会文明的不断进步和公民素质的不断提高,夫妻以契约约定财产所有关系的情况会越来越多,夫妻约定财产制的法律地位将会变得越来越重要。婚姻立法改变过去的用除外条款来允许约定财产制存在而不具体规定其内容的办法来规定约定财产制的办法,制定了新的夫妻财产约定的内容,适应了社会发展的需要。

立法者将夫妻法定财产制确定为基本的夫妻财产制,将约定财产制作为特殊的、补充的财产制,尽管两者有性质和地位的不同,但在适用上,约定财产制却有着排斥法定财产制的效力,只要缔结夫妻财产契约的男女双方协议成立,在他们之间就不再适用法定财产制。现在,越来越多的夫妻采用夫妻财产契约约定夫妻财产所有关系,夫妻财产约定的地位越来越重要,将来夫妻约定财产制与夫妻法定财产制在法律上将会具有同等地位,成为夫妻财产制上的两大基本制度。法律应予以同样的重视,理论上也应予以同样的重视。无论是在立法上还是在理论上乃至于在实务上,对这两种夫妻财产基本制度采取偏重一方忽视另一方的态度,都会产生严重的影响和后果,都是不正确的。

二、夫妻财产约定的一般问题

(一)夫妻财产约定自由的限制

夫妻财产约定的性质为夫妻财产契约,自应受契约自由原则调整。订立这种契约还是不订立这种契约、订立何种内容的夫妻财产契约、在婚前还是婚后订立这种契约、夫妻财产契约订立后可否变更或撤销,原则上均由当事人自主决定。然而,各国国情不同,是否准许这种自由及自由程度如何,立法各有不同。在我国,由于立法采取概括方式,对其中很多问题并无定论,探讨的余地很大。

---

① 林秀雄:《夫妻财产制之研究》,中国政法大学出版社 2001 年版,第 184 页。

1. 是否准许自由订立夫妻财产契约

对此，我国婚姻立法是予以肯定的，准许采取约定的方法确定夫妻财产的所有关系，当事人可以自由行使这种权利。近代曾有一些国家立法不准婚姻当事人自由约定夫妻财产契约，如1926年《苏俄家庭法典》、1950年《波兰家族法典》、1952年《匈牙利家族法典》等，均采共同制为法定财产制，无契约活动之余地。① 现今准许自由约定夫妻财产关系已成通例。

2. 准许在何种时候订立夫妻财产契约

对此，各国规定分三种情况：一是准许婚前约定，以契约选定财产制，如法国、比利时、巴西等国；二是准许婚前约定，于特殊情形也允许婚后约定，如意大利；三是既准许在婚前缔结，也允许在婚后缔结，如瑞士。我国立法对此没有规定。一般认为，夫妻财产约定的时间，可以在结婚前、结婚时或婚姻关系存续期间。② 这种意见是正确的，《婚姻法》对此没有限制性规定。

3. 对夫妻财产约定的内容是否有限制

各国立法规定夫妻约定财产制，往往规定数种夫妻财产制，婚姻当事人只能在其中选择约定，不许约定法律未规定的夫妻财产制，如《瑞士民法典》第179条第2项规定："婚约人或配偶人缔结夫妻财产契约，应采用本法所规定的财产制中的一种。"我国《婚姻法》对财产约定的形式只规定了归各自所有、共同所有或者部分各自所有、部分共同所有，在条文中规定的文字是"可以"，是弹性规定，并不是只能选择这样的内容进行约定，选择其他所有形式是可以的。学说上认为，约定的内容不受限制，既可以约定采取何种财产制，也可以约定某物归谁所有；既可以就所有权进行约定，也可以就财产的使用权、收益权、处分权进行约定。在法律没有具体规定的情况下，这样主张是可以的。

4. 约定的夫妻财产契约是否准许变更或撤销

一些国家规定，在夫妻约定财产以后不得变更或撤销。如《日本民法典》第758条规定："夫妻的财产关系，于婚姻申报后，不得变更。"夫妻财产约定既为契约性质，自应允许变更或撤销，但应有一定的条件和程序。我国立法没有这种规定，原则上应准许变更或撤销，但没有变更或撤销的条件和程序。我认为，夫妻财产契约在订立生效后可以变更或撤销，但变更或撤销必须经夫妻双方意思表示一致方可为之，没有变更或撤销的一致意思表示，夫妻财产契约不能变更或撤销，继续发生效力。就夫妻财产契约的变更或者撤销发生争议，可以诉请法院裁决。

---

① 史尚宽：《亲属法论》，荣泰印书馆1980年版，第302页。

② 杨大文主编：《婚姻法学》，中国人民大学出版社1989年版，第149页。

（二）夫妻财产约定的要件

1. 婚姻关系当事人须有订约能力

婚姻当事人缔结夫妻财产契约的能力，德国法称之为与一般财产法的行为能力，瑞士法称之为有判断能力，法国认为有结婚能力者即有订立婚姻财产契约的能力。在我国，法定婚龄比完全民事行为能力的年龄为高，从年龄的角度，有婚姻行为能力者即有缔结婚姻财产契约的能力，自无疑义。对于精神病人的婚姻行为能力，我国《婚姻法》没有明文规定，在禁止结婚的条件中，亦未明确规定精神病人不得结婚，学说认为，不能完全辨认自己行为的精神病人无婚姻行为能力，不具有缔结婚姻财产契约的能力。不能完全辨认自己行为的精神病人有婚姻行为能力，但在订立婚姻契约时应当经其法定代理人同意，自己订立夫妻财产契约。

2. 订立夫妻财产契约须具备形式要件

各国通例均认为夫妻财产契约为要式行为，必须具备书面形式，口头约定无效。我国立法规定应当采用书面形式，夫妻财产契约必须以书面形式为之，口头约定无效。

3. 夫妻财产契约须经申报登记程序确认

各国规定这一要件有两种方式：一是公证方式，德、瑞、法皆规定夫妻财产契约须在法官前或公证人前订立，当事人签署；二是登记方式，日、韩规定夫妻财产契约应于婚姻申报时进行登记。我国立法没有规定。鉴于夫妻感情的易变性和夫妻财产契约的严肃性，为预防纠纷，建议立法增加夫妻约定财产的登记程序。具体方法可以参照日、韩的模式：夫妻约定财产，如果在婚前约定，应于婚姻登记的同时将夫妻财产契约的内容予以登记，并将其书面形式附于登记档案中备案；如果是在婚后约定财产契约的，也应到婚姻登记机关登记、备案。

（三）夫妻财产约定的效力

最高人民法院在司法解释中涉及夫妻财产约定效力的内容有两项：一是“离婚时应按约定处理”；二是“规避法律的约定无效”。前者涉及夫妻财产约定的对内效力，后者涉及夫妻财产的对外效力。夫妻财产约定效力不仅仅包含这些内容，还包括其他一些内容。

《婚姻法》第 19 条规定了夫妻财产约定的效力问题：第一，对双方具有约束力；第二，第三人知道该约定的，可以对抗该第三人。这就是夫妻财产约定的两种效力，即对内效力和对外效力。

1. 对内效力

夫妻财产契约的对内效力，是指该契约对婚姻关系当事人的拘束力。其最基本的效力，就在于夫妻财产契约成立并生效，即在配偶间及其继承人间发生财产契约的物权效力，婚姻关系当事人受此物权效力的约束。在夫妻财产契约中无论约定分别财产制还是个别财产归一方所有的财产制，乃至就使用权、收益权、处分权的约定，都依其约定发生物权效力。如为变更或撤销，必须经婚姻当事人双方同意，一方不得依自己的意思表示为变更或撤销。

2. 对外效力

夫妻财产契约的对外效力，是指夫妻对婚姻财产的约定可否对抗第三人。承认其对外效力，即可依约定而对抗第三人，不承认其对外效力，则不能依约定而对抗第三人。如夫妻约定分别财产制，当夫妻一方与他人实施民事行为，发生对外效力者，只以其个人财产承担民事责任；不发生对外效力者，则以夫妻双方共同财产承担民事责任。国外立法通例是，夫妻财产契约已经登记者具有对外效力，未经登记者不发生对外效力。我国立法规定，第三人知道该约定的，即发生对抗第三人的效力；第三人不知道该约定的，就不发生对抗第三人的效力，应当以双方当事人的财产清偿债务。

值得注意的是，最高人民法院司法解释关于“但规避法律的约定无效”的但书规定。这种规定从原则上说是正确的，婚姻关系当事人为逃避债务等原因采取夫妻财产约定的方法规避法律，当然为无效。问题是仅仅依据这一标准来确定其有无对外效力，尚不足以确定约定的对外效力。应当考虑的是，依据公示方式进行登记，才能有效地防止上述规避法律的行为，更有利于保护与约定财产的夫妻进行交易活动的人的合法权益。因此，我国也应规定夫妻财产契约经登记者方产生对外效力，未经合法登记者不产生对外效力。

三、夫妻财产约定的具体内容

（一）约定内容

夫妻财产契约约定的内容，各国立法通例是准许配偶人或婚约人采用法律所规定的夫妻财产制中的一种，即选择式约定财产制。具体方法是，法律先规定共同财产制、分别财产制、统一财产制和联合财产制等夫妻财产制，婚约人或配偶人从中选择一种约定为该对夫妻的财产所有关系。很多国家立法也准许在采用法定财产制或者约定一种基本的财产制之外，还可以就个别财产的所有关系进行约定。因此，“夫妻财产不必及于全部财产，对于一定之个人财产，亦为可能”。[①]

我国婚姻立法规定的是自由式约定财产制，对夫妻财产约定内容规定的是婚姻关系存续期间所得财产或者婚前财产归各自所有、共同所有或者部分各自所有、部分共同所有，对于其他形式没有限制性规定，学者主张对此不加特别限制。我认为，我国夫妻财产契约的约定内容，包括以下四点：

---

① 史尚宽：《亲属法论》，荣泰印书馆 1980 年版，第 307 页。

1. 对夫妻财产所有关系的选择

夫妻财产契约约定的主要内容,应当是选择何种夫妻财产所有关系作为该对夫妻全部财产的归属形式。按照《婚姻法》第17条规定,我国的法定夫妻财产制是婚后所得共同制。因而,这种选择的原则准许当事人约定选择除婚后所得财产共同制以外的其他各种夫妻财产制的形式。诸如:(1)共同财产制中的一般共同制、动产及所得共同制、劳动所得共同制;(2)分别财产制;(3)统一财产制;(4)联合财产制;(5)延期共有制。夫妻可以选择上述财产制形式。约定财产一般采分别财产制、共同财产制和联合财产制,统一财产制对保护女方利益有欠缺,不宜选择。至于夫妻财产契约选择财产制形式是否须以上述内容为限,由于我国立法没有明确规定,应从宽掌握,不必加以限制。这种约定一经生效,及于夫妻的全部财产确定所有权关系,发生效力。

2. 对部分财产的所有关系进行约定

婚姻当事人在总体上采用法定的婚后所得财产共同制,仍不妨就个别财产的所有关系订立夫妻财产契约,确定所有权关系。例如,夫妻双方各自租有公房,婚后在房改中按政策卖给双方个人。该双方当事人约定,各人买的房子归个人所有,不为夫妻共有财产。这种约定发生夫妻婚姻财产契约的效力,为夫或妻的个人财产,但并不妨碍其他财产仍为夫妻共同所有。

对个别财产的约定,除可约定为分别所有外,亦不妨约定为联合财产制、统一财产制等所有形式。

3. 对部分或全部财产的使用权、收益权、处分权进行约定

在法定财产制的基础上,婚姻当事人也可以就部分财产或全部夫妻财产的使用权、收益权或处分权进行约定,对共同所有的财产如何使用、收益、处分,确定由各方分别行使权利。例如,夫妻双方约定,男方工资收入用于购置家电、家具等大件用品,女方工资用于购买粮油副食等生活消耗物,所有权仍为共同共有。这种约定即为各自工资使用的约定。

4. 夫妻财产契约的约定内容不限于婚后所得财产

夫妻财产契约的约定内容,不限于婚后所得财产,还可以包括婚前个人财产,约定为个人所有、共同所有、联合所有或统一所有。

(二)内容约定的原则

约定夫妻财产契约的内容,应当遵守三项原则

1. 自愿原则

婚约人或配偶在约定夫妻财产契约内容时,必须以自己的真实意志来表示自己的意愿,任何人不得强行要求对方订立夫妻财产契约,不得强迫对方接受自己提出的约定内容。一方采取欺诈、胁迫手段,或者利用对方的某种危险等,强迫另一方接受违背

自己真实意志的约定内容,该约定无效。只要双方当事人就夫妻财产所有关系所表示的意愿是真实的,任何人和组织不得非法干预。

强调夫妻财产契约内容的约定应遵循自愿原则,并不是说只要双方自愿什么内容都可以约定。夫妻财产契约是约定基于身份的财产关系,不是一个无所不包的法律文件。只能约定夫妻财产的所有关系,涉及夫妻之间的非财产关系,不得在夫妻财产契约中约定。在约定夫妻财产所有关系的内容中,不得加入准许某人继承或不准许某人继承的内容。

2. 公平原则

公平是一种主观的评价,总的要求是确立民事法律关系应以公平作为尺度,不承认特权,不承认特殊地位,不准许在民事法律行为中一方当事人借机谋取不公平的利益。在约定夫妻财产契约的内容时,应当遵守这一原则,防止夫妻财产约定中的显失公平和不公平。在我国目前情况下,在夫妻财产契约内容的约定中适用公平原则,更应当着重保护妇女的合法权益,着意保护妻的财产权益。在约定选择夫妻财产所有关系的形式时,要特别注意歧视、侵害妇女财产权益的夫妻财产制,如吸收财产制等,应当限制选择。女方应当注意保护自己的财产权益,社会也有这种责任。

贯彻公平原则,应当着重强调保护婚姻关系双方当事人的合法权益,不得一方借机侵害另一方的利益,不得剥夺一方的权利,也不得免除一方的义务。任何违背公平原则的夫妻财产契约都是无效的。

3. 合法原则

约定夫妻财产的合法原则要求婚约人或配偶人在缔结夫妻财产契约时,必须遵守我国法律的规定。这里的法律,主要指亲属法,包括立法、法规、地方法规、司法解释中有关婚姻家庭的内容。它不仅要求遵守关于缔结夫妻财产契约的条文规定,而且要遵守亲属法中所有的规定。其他民事法律也必须严格遵守,包括民事法律关系缔结的一般规定。违反法律的夫妻财产约定一律无效。

适用合法原则,要求当事人在夫妻财产契约的内容约定上不得违背公共秩序和善良风俗,任何违背公序良俗的约定均为无效;要求当事人不得违反强行法的规定,凡是违反强行法规定的也一律无效;借夫妻财产契约规避法律的亦一律无效。

(三)约定内容的解释

就夫妻财产契约而言,由于当事人自身的局限性,如人们认识水平的限制、智力水平的限制、语言使用能力的限制等,常常对内容的约定出现不同的理解,甚至含混不清的表述,无法理解;表述契约内容的语言、契约约定的具体内容也会有相当的局限性。尤其是在我国立法对于夫妻财产约定尚无具体规定的情况下,这些问题更是无法避免。因此,对于夫妻财产契约内容的解释是十分必要的。

夫妻财产契约内容的解释,是指对夫妻财产契约当事人所约定的财产所有关系内容的含义的理解和阐释。解释的目的是使不明确、不具体的夫妻财产约定内容归于具体、明确,使当事人之间的纠纷得以解决。因此,对夫妻财产契约内容的解释实际上是在当事人发生纠纷后,在纠纷进行处理过程中,对作为裁判依据的事实所做的权威说明。① 它的解释,实际上只有处理这类纠纷的法院才有权进行。当夫妻财产契约当事人对约定内容的理解发生争议时,应当诉请人民法院处理,人民法院依据法律进行解释。

解释的原则是依据法律探求真意,阐释约定内容的真实含义。例如,援用过去或其他外国的财产制,可解释为婚姻法理论所称相当的财产制。夫抛弃管理及收益权,可认为设定特有财产或分别财产;财产契约上此项权利的付与,可认为就该标的物约定联合财产制;分别财产制与所得共同制结合,可认为依分别财产制各别管理其财产,而由收益或其他所得构成共同财产。

夫妻财产契约内容的最终解释原则,是契约内容无法解释时,推定为共同财产,依据法定的婚后所得共同制。最高人民法院《关于离婚财产分割意见的司法解释》第 7 条规定:"对个人财产还是夫妻共有财产难以确定的,主张权利的一方有责任举证。当事人举不出有力证据,人民法院又无法查实的,按夫妻共有财产处理。"

第四节　亲属个人财产

一、夫妻个人财产

(一)夫妻个人财产概述

1. 夫妻个人财产的概念和特征

夫妻个人财产,是指夫妻在婚姻存续期间于夫妻共同财产之外享有个人所有权的财产。夫妻个人财产具有三个明显特征:一是独立于夫妻共同财产之外;二是其权利主体是单个的人,是夫或者妻;三是其权利属于单独所有权,而不是共有权。

2. 确认和保护夫妻个人财产的必要性

我国《婚姻法》关于夫妻财产制的发展,可以分为明显的三个阶段:一是家庭财产属于夫妻共同财产;二是规定婚后所得财产归夫妻共同共有;三是既强调对夫妻共同财产的保护,也强调对夫妻个人财产的保护。这三个阶段的发展,是逐渐向着承认夫

① 苏惠祥主编:《中国当代合同法论》,吉林大学出版社 1992 年版,第 246 页。

妻财产个性的立场进步，逐渐摆脱在夫妻财产制上的“左”的思想。

在现阶段，我国亲属法采取保护夫妻个人财产的立场的必要性是：第一，顺应时代的发展需要。我国现在实行的是市场经济，通行的是市场经济规律，过于强调共有制，在家庭领域完全不保护个人的财产所有权，与社会的市场经济形式不相符合。第二，适应财产关系的变化。财产法的基本规律体现的是个性化，强调个人权利界限的清晰。在财产法领域，一旦出现财产权利的界限模糊，就会妨害个人创造财富的积极性。亲属法应当在强调家庭共同生活的共同财产基础的同时，尊重个人的财产权利要求，也不能搞“大锅饭”。特别是婚前财产，其所有权就是个人的，如果结婚后，对于自己的婚前财产的所有权都无法享有，显然是在借口婚姻的共同生活而侵害个人的财产权。第三，保护财产权利人的权利支配。在婚姻存续期间，对于有些财产也应当确认为个人的财产，予以保护。例如，在赠与和继承问题上，财产所有人明确夫妻的一方作为继承人或者受赠人的，就应当保护这种权利人权利支配的意思表示，不能将其作为夫妻共同财产。

（二）夫妻个人财产的范围

《婚姻法》第18条规定了夫妻个人财产的范围。这个规定接受了司法实践中的做法，确定夫妻个人财产的范围是：

1. 婚前个人财产

婚前个人所有的货币及一般的生产资料、生活资料归个人所有，不属于夫妻共同财产。

以前的司法解释曾经规定的婚前财产转化为共同财产的规定，是不尊重个人财产所有权的做法，2001年《婚姻法》没有采纳这个意见，婚前个人的财产无论夫妻共同生活多少年，都不能改变婚前财产的性质，永远归个人所有。如果个人婚前所有的不动产在婚后用共同财产进行过修缮等改良行为，增加了价值的，在该财产中应当包含对方配偶的权利。

2. 一方因人身伤害获得的医疗费、残疾人生活补助费

一方因受人身伤害而获得的医疗费、残疾人生活补助费，是因受到人身伤害而得到的补偿费中的部分。该种财产具有人身性质，是用于保障受害人生活的基本费用，须归个人所有，不能作为夫妻共有财产。我曾于1990年处理过一起人身损害赔偿案件，女方为受害人，受到损害之后，基本丧失生活自理能力，赔偿金为40余万元，在当时全国范围内为最高的赔偿数额。受害人为了保障自己的生活，将得到的全部赔偿费隐藏起来，不交给丈夫，其担心的就是丈夫和自己离婚之后分割这部分费用。将这一部分财产规定为个人所有，就使受害人免除了这种担心，将来的生活能够得到保障。

3. 遗嘱或赠与合同中确定只归夫或妻一方的财产

赠与人或被继承人明确以赠给、继承给个人为条件，所赠与或者所继承的物品具有鲜明的个人属性，也体现了财产所有人支配财产的真实意志，完全是所有权应有的内容。过去，将这一部分财产一律作为婚后所得成为夫妻共同财产，有的基于这种后果而遗嘱人或者赠与人撤销这个行为，或者引起其他争议，有的在财产归属上发生严重分歧造成纠纷，既不利于社会秩序的稳定，也违背了财产所有人的意志。现在规定这种财产为个人所有，不能成为夫妻共同财产，也就避免了这些问题的出现，同时也是公平的。

4. 一方专用的生活物品

个人衣物、书籍、资料等都是极具个人属性的财产，为个人财产。在离婚纠纷中争夺这些财产的也不在少数。比如，夫妻一方是科研人员，积累了很多科研资料和书籍，价值也很大。但是这些资料对于不是专业的人士毫无意义。离婚时，有的对这些财产也要争执，也要平均分配。这种做法毫无道理。这些财产确定归个人所有，就防止了这些争执的发生。但是在生活物品中，应当注意贵重物品和其他奢侈品应除外，因为这些物品中有些价值极大，完全归一方所有不公平。例如，贵重首饰属于生活用品，但是价值极大的首饰完全归一方所有，对对方的权益是有损害的。

5. 其他应当归一方所有的财产

其他应当归属于一方所有的财产包括：(1)婚前个人财产增值部分。婚前个人财产在婚后增值，应当分为两个部分：经过夫妻共同管理、经营部分的增值，为夫妻共同财产；自然增值和未经共同管理、经营部分的增值，为个人财产。(2)复员、转业军人的复员费、转业费、医疗补助费和回乡生产补助费，永远归个人所有。(3)夫妻一方的人身保险金。人寿保险金、伤害保险金等具有人身性质，只能作为个人财产。(4)其他个人财产。如与个人身份密切相关的奖品、奖金，国家资助优秀科学工作者的科研津贴，一方创作的手稿、文稿、艺术品设计图、草图等，永远为个人所有。(5)其他财产。

6. 夫妻之间借贷

近年来，出现了夫妻之间的借贷关系，也就是夫妻双方订立借款协议，约定将夫妻共同财产的一部分借给一方，从事个人经营活动或者用于个人其他事务。对于这种借贷关系是否承认其效力的问题，有不同意见。最高人民法院《关于适用〈中华人民共和国婚姻法〉若干问题的解释(三)》第16条认可这种借贷关系。如果夫妻之间订立借款协议，以夫妻共同财产出借给一方从事个人经营活动或用于其他个人事务的，应当视为双方约定处分夫妻共同财产的行为，发生借贷的效力。这时，从事个人经营活动的一方对于借款享有个人所有权，不认为是夫妻共同财产，但该方当事人对夫妻共同财产负有债务。在离婚时，如果发生争议，可以按照借款协议的约定处理。但这样的协议不能对抗善意第三人,如果第三人不知道双方的婚内借款协议,或者双方的婚内借款协议,不具有对抗善意第三人的效力。①

二、其他亲属个人财产

(一)其他亲属个人财产的概念

其他亲属个人财产是指家庭中的其他成员在家庭共同财产之外自己享有所有权的财产。其特征,一是独立于家庭共同财产之外;二是其权利主体是单个的家庭成员,不是夫或者妻,而是夫或妻之外的其他成员;三是其权利属于个人单独所有权,而不是共有权。

(二)对其他亲属个人财产的保护

对于其他亲属的个人财产,法律予以保护。除非是权利人同意,其他任何人包括家庭成员,都不能侵害其他亲属的个人财产权。这样的规定不是来自于亲属法,而是来自于物权法以及债权法和知识产权法。例如,盛行的春节“压岁钱”,应当属于子女个人的财产,无论其是否成年、年龄多大,其享有的所有权都应当予以保护。

---

① 杨立新:“最高人民法院《关于适用〈婚姻法〉若干问题的解释(三)》解读”,载《东南学术》2012 年第 1 期。

第十章　夫妻共有财产

第一节　夫妻共有财产概述

一、夫妻共有财产的概念和特征

（一）夫妻共有财产的概念

1. 夫妻共同财产与夫妻共有财产的差别

在亲属法学领域，夫妻共同财产与夫妻共有财产互用，视为同一概念多使用夫妻共同财产的概念。夫妻共有财产和夫妻共同财产并不完全同一，应当区分两者的差别。《婚姻法》使用夫妻共同财产这个概念是指实在的财产形式，是指夫妻共有财产的客体，即夫妻所有的财产，而不是指夫妻财产关系。例如，夫妻共同财产范围、夫妻共同财产分割，讲的都是这个意思，而不是说夫妻对共同财产所享有的权利和承担的义务。夫妻共有财产强调的是"共有"，即特别突出财产的所有权形式，而不是所有权的客体。因此，夫妻共有财产所指的是所有关系，是基于财产而产生的人与人之间的财产所有权关系。夫妻作为财产所有权的共同主体，享有的是一个共同的所有权，这就是"夫妻共有"。

夫妻共有财产所要研究的是物权法所要研究的共有问题，而夫妻共同财产则是夫妻共有财产的客体，即物的概念。这是两个概念的不同之处。

2. 夫妻共有财产和夫妻共同财产的界定

夫妻共有财产是指夫妻在婚姻关系存续期间，一方或双方取得,依法由夫妻双方共同享有所有权的共有关系。

夫妻共同财产是指夫妻共有财产权的客体,即夫妻共同共有的财产。例如,夫妻共同财产范围、夫妻共同财产分割中的夫妻共同财产,均为这一概念。

夫妻共有财产这一概念并不是讲某种财产,它是指一种夫妻财产制度以及在该种财产制度下财产所有人的权利义务关系。如果将夫妻共有财产的概念混同夫妻共同财产的概念,将夫妻共有财产也理解为某种财产,则使这个概念的含义过于狭小而发生错误。我们使用"夫妻共有财产"这一概念,是指夫妻共有财产制以及夫妻对于共有财产所形成的共有的权利义务关系。夫妻共有财产制包括一般共同制、动产及所得共同制、所得共同制、劳动所得共同制诸种样态。在我国,夫妻共有财产制专指法定的夫妻婚后所得共同制,在这种制度下,夫妻关系缔结后,双方或一方所得财产,夫妻双方享有平等的共有权,构成共同共有的财产所有权关系。

(二)夫妻共有财产的法律特征

1. 夫妻共有财产的发生以夫妻关系缔结为前提

夫妻共有财产的发生以夫妻关系缔结为前提,以夫妻没有选择其他夫妻财产制为必要条件,依照法律的规定而产生。任何共同共有关系的产生均须依一定的法定共同关系的存在为依据,夫妻共有财产同样如此。由于夫妻共有财产具有多种形式,法律准许夫妻共同选择法律规定以外的财产制形式;因而,夫妻共有财产不仅要基于夫妻关系的缔结为前提,而且还必须具备夫妻没有选择其他财产制形式为条件,并非因存在夫妻关系就必然发生。

2. 夫妻共有财产的权利主体是夫妻二人

夫与妻是两个权利主体,不是一个权利主体。正因为这样,才对财产的所有关系构成共有关系。有的学者认为,夫妻构成家庭就是一个主体,对外享有一个权利,是一个整体。这种观点不准确。诚然,在夫妻共有财产中,夫妻享有的是一个权利,即共有权,但作为它的主体的夫妻却是两个具有独立民事权利能力和民事行为能力的独立主体,是独立的人。将夫妻作为一个整体对待有其道理,但因此认为夫妻是一个共同的权利主体,则是错误的。

3. 夫妻共同财产的来源为夫妻双方或一方的婚后所得

形成夫妻共同财产,一是婚后所得,二是夫妻双方或者一方所得。在一般情况下是双方所得,但是一方工作获得报酬,而另一方没有工作,对家庭没有实际的财产贡献,同样也构成夫妻共同财产,享有共有权。这一点,与合伙构成合伙共有财产和夫妻以外的家庭成员构成家庭共有财产不同。合伙人不向合伙投资,不创造利益,就不会享有合伙财产的权利,也就不是合伙人。其他家庭成员成为家庭共同财产的主体,应当向家庭作出财产贡献,否则也不能形成家庭共有财产。

4. 夫妻共有财产的性质为共同共有

在夫妻共有财产存续期间，夫妻作为共有人，不分份额地共同享有夫妻共同财产的所有权，不到夫妻关系消灭，共同共有关系不能终止，共有财产不得分割。

二、研究夫妻共有财产应当从物权法的角度深入研究

夫妻共有财产作为亲属法的概念，受到婚姻法学界的广泛重视，成为婚姻家庭法理论研究的重点问题，尤其是在处理离婚时的夫妻共有财产分割的实务上，受到更高的重视。然而，夫妻共有财产作为共有权的一个种类，在物权法上具有重要意义，着重于研究夫妻作为共有主体构成共同共有的权利义务关系，并不着力于研究夫妻财产的分割问题，而是为了揭示这种共有的内在规律性。

研究亲属法也必须研究亲属的财产关系，必须研究夫妻的财产关系。一方面，经济是社会的基础，构成人与人之间的关系的基础是财产关系，如果没有财产关系的基础，任何人与人之间的关系都不会存在下去。另一方面，民法的另一个基本内容是对财产关系的调整，如果忽视对财产法的调整，民法的两大支柱即人法和财产法就会缺少一个，造成残缺，就不是完整的民法。

亲属身份关系首先是人与人之间的关系，是民法中人法的内容，是关于人本身的权利义务关系。特别是夫妻关系是亲属身份关系的基础，是产生其他身份关系的基础。而身份关系是人与人之间最广泛的关系，构成社会关系的基础。同时，就像构成人与人之间关系的基础是财产关系一样，任何身份关系包括夫妻关系，也都是以财产关系作为基础的，基于财产关系生存，基于财产关系发展，没有财产关系，任何亲属身份关系、任何婚姻关系都将无法维持和继续。在现代社会中，在经济不够发达的时候，夫妻关系分裂酿成的纠纷多数是由于财产问题；就是在经济已经基本发达的小康社会，夫妻关系的纠纷基于精神成分酿成的纠纷增加，但对于经济利益的纷争仍然存在，而且争执的标的额更为巨大，形成了更为重大的财产争议。由此可见，一个社会，一个家庭，应当充分重视人的因素，重视对人的关系中的精神利益调整，但是绝不能因此而忽视对人与人之间财产关系的调整，把决定人生存、发展的物质基础关系重视起来，依法调整好。

夫妻关系既涉及亲属法中的配偶财产关系，也涉及物权法中的共有权。亲属法包括对夫妻的财产制度，夫妻对共同财产的占有、使用、收益和处分；物权法的共有权包括夫妻共有财产，夫妻对共同财产享有的权利和义务。这两个相互融合的关系构成夫妻关系的基本特点，也构成了夫妻共有财产的基本特点。在民法研究中，如何全面地、完整地、科学地揭示这两种关系的渗透和融合，揭示其基本的运行规律，是一个重大任务。

在研究亲属法中研究夫妻共有财产是必然的，因为财产关系是夫妻关系的一个重要内容。但是，亲属法特别重视的是夫妻之间的身份地位关系，侧重的是夫妻之间的精神利益关系。虽然也极为重视夫妻财产关系，但由于不是纯粹从物权法的角度研究问题，对物权规律的阐释、依循、操作，可能都会存在不足，对夫妻共有财产的阐释不一定全面和准确。因此，有必要在物权法和亲属法的结合上，加强对夫妻共有财产的研究，深入研究夫妻共有财产的规律和特点，对于全面发展婚姻家庭关系，保障夫妻双方当事人的合法权益，具有重要意义。

第二节　夫妻共有财产的产生和夫妻共同财产范围

一、夫妻共有财产的产生

夫妻共有财产关系的发生，依照共同共有依据法律规定而发生的原则，是基于夫妻关系的缔结。但仅基于这样一个法律事实并不必然发生夫妻共有关系，还必须基于另一种法律事实，即缔结夫妻关系的双方未选择其他夫妻财产制。缺少上述任何一个必备要件，都不能发生我国法定的夫妻财产共有关系，即夫妻共有财产。

(一)夫妻关系的缔结

这是发生夫妻财产共有关系的首要条件。婚姻关系的缔结，依照法律规定，须由缔结婚姻关系的男女亲自到国家婚姻登记机关，表示双方缔结婚姻关系的意愿，经审查符合结婚条件的，以结婚登记的时间作为婚姻关系缔结的时间。夫妻关系一经缔结，即具备发生夫妻共同共有关系的第一个要件。

(二)缔结婚姻的双方当事人未选择其他夫妻财产制

依照《婚姻法》规定，缔结婚姻的双方当事人有约定夫妻财产制而排除法定夫妻共有财产制适用的权利。如果双方行使这一权利，另行约定其他夫妻财产制形式，也不发生我国法定的夫妻共有关系。只要双方没有约定采取其他夫妻财产所有形式，夫妻共有财产关系自婚姻缔结之日起发生，夫妻一方或双方所得的财产均为夫妻共同财产。

夫妻对财产所有的约定对法定夫妻共有财产制产生排斥的效力：约定全部财产采取其他夫妻财产所有形式的，全部排除法定夫妻共有财产制的效力；约定部分财产或某个财产采取其他所有形式的，约定只对这部分和这个财产发生效力，对于夫妻婚后所得的其他财产仍发生共同共有关系。在时间上，约定整个婚姻期间采取其他所有形式的,排斥法定夫妻共有财产制的适用;在婚姻关系缔结以后约定采取其他所有形式的,原则上从约定时间起,约定生效,但约定采取溯及既往原则的,则从夫妻关系缔结起,约定生效。

二、夫妻共同财产范围

在婚后所得共同共有的体制下,确定夫妻共同财产范围,一方面应当确定夫妻共有财产范围,另一方面要确定夫妻个人财产范围。

1980 年《婚姻法》规定,夫妻双方在婚姻关系存续期间所得的财产均为夫妻共同财产。这个规定过于简单和原则,无法解决具体问题,同时也没有区分具体情况,有时候会侵害对方的个人财产权利。2001 年《婚姻法》第 17 条规定,夫妻共同财产分为五个部分,只要是夫妻双方在夫妻关系存续期间所得,即直接成为夫妻共同财产。

(一)工资、奖金

工资、奖金均为劳动所得报酬,指夫或妻一方或者双方从事一切劳动包括脑力劳动、体力劳动所获得的工资报酬和奖金报酬。

(二)生产、经营的收益

生产、经营活动的收益,诸如承包、租赁等,凡属于夫妻关系存续期间一方或双方经营承包、租赁企业、私营企业、个体工商业、合伙等,其所获收益,均为夫妻共同财产。

(三)知识产权的收益

夫妻共同取得的知识产权,如共同写作的书籍、论文,共同发明的专利等,归夫妻共同享有,其所得经济利益,属于夫妻共同财产。一方取得的知识产权,权利本身属于个人所有,依该权利已经取得的经济利益为夫妻共同财产,在夫妻关系存续期间尚未取得的经济利益即预期利益,不属于夫妻共同财产。在现实中,很多离婚的夫妻争议对一方未取得经济利益的知识产权作为夫妻共有财产进行分割。例如,一方在婚姻存续期间写作的著作,离婚时还没有得到稿酬,对方要求对该著作权全部或者对其预期的财产权利作为夫妻共同财产进行分割。这种要求是无理的,因为一方面知识产权是权利人的权利,不是权利人就不能获得这个权利;另一方面在婚姻关系存续期间获得的财产是夫妻共同财产,著作权的稿酬等还没有获得,不能作为夫妻共同财产。

(四)继承或受赠的财产

对此,各国立法一般都不认其为夫妻共同财产,但以共同受赠、继承的财产,当然为夫妻共有财产。一方或双方继承、受赠的财产作为夫妻共同财产,符合婚后所得共同制的原则,扩大了夫妻共同财产的范围。这样做的后果是,对于限制只许一方继承或者一方受赠的情况而言,显然侵害了继承人或者受赠人的合法权益,也是对被继承人和财产所有人支配财产的意志的不尊重。2001 年《婚姻法》对此作了限制性规定,这就是“遗嘱或赠与合同中确定只归夫或妻一方的财产”除外，这就是说，如果遗嘱或者赠与合同明确规定只将遗产或者财产处分给夫妻一方的，他方不享有这项财产的所有权，不作为共同财产。

（五）其他应当归夫妻共同所有的财产

这些财产主要包括：(1)一方或双方取得的债权：双方取得的任何债权均为预期的夫妻共同财产；一方取得的债权亦属夫妻共同财产。该种债权，包括各种债权及记载债权的文书即有价证券，包括这些债权实现所获得的财产利益。如夫或妻一方购买奖券而中奖、购买股票的增值，均为夫妻共有财产。(2)其他还如获得的资助、捐助等，也为夫妻共有财产。

三、具体问题的处理

在确定夫妻共同财产范围时，还有以下几种具体情况：

（一）夫妻分居的财产

夫妻分居两地分别管理、使用的婚后所得财产，为夫妻共同财产，不能因为分别管理和使用而认为是个人财产。近年来，这种情况大为减少，但还存在。夫妻分居两地，并不影响夫妻的权利义务关系，对财产的性质仍然是共有，不会因为分居两地而改变。对财产的分别管理、使用，是夫妻行使共有权的内容，也不是对共有财产的分割，也不会改变财产共有的性质，应当认定为夫妻共同财产。但这种情况在离婚时分割财产会发生作用。分居两地，财产分别管理、使用的，原则上将自己管理、使用的财产分割给该人，如果财产价值悬殊，可以作价补偿。

（二）已登记结婚但未共同生活的财产

已登记结婚尚未共同生活，一方或双方受赠的礼金、礼物、收入，只要不违背法律规定，应认定为夫妻共同财产，不能因尚未共同生活而认定为个人财产。这是因为，既然建立了婚姻关系，没有约定实行其他财产所有形式，当然产生夫妻共有财产。从此之后各人所得财产都是夫妻共同财产。如果双方离婚，对这些财产应当作为夫妻共同财产分割。

（三）性质难以界定的财产

对是个人财产还是夫妻共同财产难以确定的，主张权利的一方不能证明，人民法院又无法查实的，按夫妻共同财产处理。这是夫妻共同财产推定。没有证据证明特定财产是夫妻共同财产还是个人财产的，推定为夫妻共同财产，较为公平。离婚时因此发生争议，按照夫妻共同财产进行分割。

（四）夫妻相互赔偿的可能性

《婚姻法》建立了离婚过错赔偿制度，规定了由于过错造成离婚的，无过错一方可以请求对方损害赔偿。这样规定是没有问题的。问题是,很多人主张在实行家庭暴力造成对方损害的,即使没有离婚,受害方也可以请求对方予以损害赔偿。对于这个问题,涉及夫妻共有财产的范围问题。如果发生这种行为的夫妻是夫妻共有财产制,个人又没有自己的个人财产,这就面临两方面的问题:一方面是加害人如何支付损害赔偿金;另一方面是受害人对这个收入是否作为共同财产。这两个问题中的后一个好办,直接由受害方建立自己的个人财产就行了;前一个问题,如果加害人一方没有自己的财产,是没有办法处理的,只能从共同财产中支付。这种作法是不得已而为之,弄得不好,会损害夫妻关系,加速夫妻关系的破裂,因此必须慎重。

第三节　夫妻共有财产的效力

一、夫妻共有财产权与配偶权的关系

(一)配偶权是配偶之间的身份关系

配偶权是夫妻之间的基本身份权,所包括的八项权利都是基本身份利益,并没有财产权的内容。这是因为,配偶权的客体不包括法律明定的财产权利,如财产共有权、相互继承权,这些权利是《物权法》和《继承法》调整的范围,不属于人身权法的内容。夫妻共有财产权是夫妻之间最重要的权利之一。只是因为这个权利是财产权性质,是物权,所以在身份权中不加以规定而已。

(二)夫妻共有财产权与配偶权是婚姻发生的两个最重要的关系

婚姻一经发生,在配偶之间就发生两个法律关系,一个是配偶的身份关系;另一个是配偶的财产关系。配偶权和夫妻共有财产权,是两个相互依赖、相互配合的权利。尽管它们作为性质不同的两个权利,也是不能完全分开的。离开了配偶权,夫妻共有财产权就失去了存在的基础;离开了共有权,配偶权就失去了物质依赖,无法保持和发展。只有这两个权利一起并存,才能保证夫妻关系和谐发展。

二、夫妻共有财产主体的权利

夫妻共有财产主体的权利义务,原则上与一般共同共有人的权利和义务相同,但仍有其特点。夫妻共有财产权利人即配偶享有如下权利:

(一)平等享有占有、使用、收益、处分权

这个权利包含两个方面:一方面表明,配偶对于夫妻共有财产享有平等的权利,

一律平等地享有所有权,包括占有、使用、收益权和处分权,任何一方不得歧视对方;另一方面表明,每个人的权利都是针对全体夫妻共同财产的,是完整的权利,而不是共有权的某一个部分。平等的权利,完整的权利,构成夫妻共有财产权利的主要内容。

由于夫妻之间可以约定不同于夫妻共有财产的其他形式。因此,在双方约定的对财产的不同行使权利方法时,并不是违反法律,而是行使自己权利的行为,是对财产权行使的约定。

(二)共同处理权和单独处理权

配偶对夫妻共同财产均有共同处理权和单独处理权。共同处理权,是针对处分夫妻共同财产重大事务的权利,如变卖夫妻共同财产、在夫妻共同财产上设置他物权以及其他使夫妻共同财产发生重大变化的事务,均应由配偶共同决定处理,任何人不得独断专行。单独处理权是指对某些具体的、不涉及夫妻共同财产发生重大变化的事务,以及依据家事代理权进行的事务,配偶有单独的处理权。

(三)相互代表权

在配偶之间相互有代表权。对于一般的夫妻共有财产处理,可以代表对方进行,但是重大事项不能代表。

这种相互代表权与配偶权中的日常事务代理权相似。共同财产的平等处理权是共有财产权的具体内容,而不包含家事代理权。

行使相互代表权应当受到必要限制。对此,可以借鉴《埃塞俄比亚民法典》的规定。该法第658条规定:"下列事项,必须得到配偶双方一致同意:(1)转让共同的不动产;(2)转让价值超过5000埃塞俄比亚元的动产,或记有配偶双方之名的有价证券;(3)订立超过1000埃塞俄比亚元的借款合同;(4)进行超过100埃塞俄比亚元的赠与或为第三人超过100埃塞俄比亚元的债务作保证。"进行这种限制,是对保障配偶双方财产权利的重要的措施。我国立法和司法也应当建立这样的限制制度。

可以考虑限制的条件为:夫妻处分下列夫妻共同财产,必须得到配偶双方一致同意:(1)转让共同的不动产;(2)转让价值超过1万元人民币的动产或记有配偶双方之名的有价证券;(3)订立超过1万元人民币的借款合同;(4)进行超过5000元人民币的赠与或为第三人超过5000元人民币的债务作保证。

(四)物上追及权

夫妻共有财产受到不法侵害的,配偶双方均享有此权利,可以独自行使停止侵害、排除妨碍、返还原物、赔偿损失的请求权。

三、夫妻共有财产主体的义务

（一）将夫妻共同财产交付夫妻共同管理使用的义务

2001 年《婚姻法》规定，在实行夫妻共有财产的配偶之间，财产绝大多数是分为两部分的：一部分是夫妻共同财产；另一部分是个人财产。这就将俗称的家庭中的"小金库"合法化，配偶一方可以公开享有自己单独的所有权。在这样的体制下，应当将个人财产和夫妻共同财产严格划清界限。同时，明确配偶双方都负有将属于夫妻共同财产的财产集中归配偶共同管理使用，严格履行义务，按时将自己的所得交付夫妻共同管理使用。违背该义务，应当承担责任。

（二）夫妻共同财产的维修、保管、改良义务

这项义务为配偶双方的义务，均应承担。具体操作，可以由双方配偶实行，也可以由配偶一方实行，所支出的费用由夫妻共同财产支付。

（三）对所欠债务的连带清偿义务

因家庭共同生活、共同经营中所欠债务，为夫妻共同债务，须负连带清偿义务，配偶为连带债务人。

（四）共同赔偿责任

夫妻共同财产致他人损害，或者夫妻一方造成他人损害时，应以夫妻共同财产承担赔偿责任。

（五）保持共有关系

在夫妻共有财产关系存续期间，任何一方不得要求划分份额、分割共有财产、擅自处分共有财产。夫妻双方均须负此义务。

四、对夫妻共有财产支配权的法律保护

（一）司法实践中提出的问题

在司法实践中遇到一个具体问题，涉及婚内的夫妻共同财产法院可否判决一方予以强制性支配？对此有两种不同的意见。主张夫妻关系没有消灭对共同财产能够分割的，试图说明进行分割是一种现实的需要。主张夫妻共同财产不能分割的，则强调夫妻共同财产的整体性，如果需要分割，则应当进行分别财产的协议，以此确定分割财产的法律依据。

引发这一争论的案件的简要案情是，原告苟某与被告李某结婚 20 余年，所生子女已成年。二人自 1992 年起外出经营，积蓄由李某掌管。2002 年 8 月后，李某独自去成都，不再顾及苟某。苟某没有经济来源生活无着，遂向法院起诉，要求使用李某掌管的夫妻共同存款 10 万元中的一半。法院查实李某名下存款 1.5 万元，认为原、被告对此

款均享有平等的权利，现原告没有生活来源，被告独占存款的行为剥夺了原告对夫妻共同财产享有行使支配、处分的权利，判决被告将存款 1.5 万元在判决生效后一日内分给原告 8000 元，由原告自主支配。

（二）法律应当保障夫妻共同财产的权利一方对财产的支配权

夫妻共同财产是共同共有的财产。如果共同共有财产关系发生的原因没有消灭，共同共有财产就不能分割。

共同共有关系没有消灭之前，对共有财产不能进行分割的意义，在于保持共有关系的稳定性和基础，保护共有人的合法权益。如果在共同共有关系没有消灭之前，就分割共同共有财产，将会对共同共有关系的当事人造成损害。如本案，如果认为本案判决是在分割共同共有财产，就不能予以强制，这样将使原告在未来的生活中，无法再继续请求被告为原告支付财产，很可能使原告生活陷入极度贫困。因此，不论是何种共同共有关系，如果要消灭其财产关系，必先消灭其基础关系。这样再分割共有财产就顺理成章了。

夫妻财产关系可以进行约定。如果本案的原、被告在争议发生之后，约定改变财产所有关系而采用各自所有，这种共同共有的财产关系也会发生消灭，因此而发生分割共有财产的后果。但是，本案的当事人没有这样的主张，那当然不能适用《婚姻法》关于夫妻财产约定的规定来分割财产。《物权法》没有颁布实施之前，对本案解决的办法只有在法律规定和法理的指导下进行。共有权也是所有权，同样具有占有、使用、收益、处分的权能，这些权能的集中体现，就是所有权的支配权。《民法通则》第 78 条第 2 款规定："共同共有人对共有财产享有权利，承担义务。"《婚姻法》第 17 条第 2 款也规定："夫妻对共同所有的财产，有平等的处理权。"这种平等的权利，就包括所有权的本质，即对财产的支配权。本案原、被告的共同财产长期控制在被告手中，进行事实上的独占支配，而原告无法行使这一权利，因此而使原告生活无着，已经损害了共同共有关系中其他共有人的合法权利，不符合共同共有权利义务关系的基本规则，违反了《民法通则》和《婚姻法》的规定，构成违法。对此，原告提出自己的权利主张，是完全有道理的。法院判决依照所有权的支配权原理处理这一案件，确认原告对夫妻共同财产具有同等的支配权利，是正确的，是符合法律和法理的。如果法官的胆子更大一些，完全可以将这 1.5 万元完全判归原告支配。理由是，既然不是分割所有权，而仅仅是对所有权的支配权争议进行处置，那完全不必考虑份额的问题；而被告已经长期独自支配共有财产，将这 1.5 万元交由原告支配，是顺理成章的。况且法院仅仅是查实了这 1.5 万元，依据常理判断，原、被告的共同财产决不会只有这一点。如果作这样判决就会更有意义，一是避免了没有消灭共同共有关系而分割共有财产的嫌疑，二是保护了需要支持的弱者一方，三是制裁了恶意违反法律损害共同共有人权益的人，四是又坚持了法律的规定和法理的精神。

《物权法》第99条为这种情况提供了操作办法,即:“共有人约定不得分割共有的不动产或者动产,以维持共有关系的,应当按照约定,但共有人有重大理由需要分割的,可以请求分割;没有约定或者约定不明确的,按份共有人可以随时请求分割,共同共有人在共有的基础丧失或者有重大理由需要分割时可以请求分割。”后段中的“有重大理由”,就包括了这样的情形。最高人民法院《关于适用〈中华人民共和国婚姻法〉若干问题的解释(三)》依据这一规定,在坚持夫妻共同财产不能分割原则基础,规定婚姻关系存续期间夫妻一方请求分割共同财产的人民法院不予支持的基础上,对于特别情形作为例外,准许在婚姻关系存续期间分割夫妻共同财产,以保护婚姻当事人的合法权益。该司法解释规定,如果有规定的重大理由且不损害债权人利益的,就可以分割共有财产。重大理由有二:一是一方有隐藏、转移、变卖、毁损、挥霍夫妻共同财产或者伪造夫妻共同债务等严重损害夫妻共同财产利益行为的。这里概括了六个理由,具备其中之一,就可以请求进行分割,而不是这些条件都具备才可以请求分割;二是一方负有法定扶养义务的人患重大疾病需要医治,另一方不同意支付相关医疗费用的。例如,妻子的父母患重大疾病,需要进行医治,但丈夫不同意以夫妻共同财产支付医疗费用,这时,就可以请求分割共有财产,由自己分割得到的财产支付费用。①

夫妻共同财产经过婚内分割之后,分割出来的财产成为个人财产,主张分割的一方对分割所得的部分,享有所有权,可以依照自己的意志处分该财产。②

第四节　夫妻共有财产的消灭和共同财产分割

一、夫妻共有财产消灭

夫妻共有财产关系的消灭,应当基于婚姻关系消灭的原因事实,包括离婚和夫妻一方死亡。

(一)离婚

离婚导致婚姻关系消灭,导致夫妻共有财产关系的消灭。离婚分为登记离婚和判

---

① 杨立新:“最高人民法院《关于适用〈婚姻法〉若干问题的解释(三)》解读”,载《东南学术》2012年第1期。

② 奚晓明主编:《最高人民法院〈婚姻法〉司法解释(三)理解与适用》,人民法院出版社2011年版,第99页。

决离婚。这两种离婚发生同样的法律效力。

离婚的时间是夫妻共有财产终止的基准时间。从这时起,夫妻共有财产关系不复存在,夫妻共同财产开始分割,成为个人各自所有的财产。登记离婚的时间,应以离婚证上登记的时间为准;裁判离婚的时间,应以调解或判决离婚的法律文书发生法律效力的时间为准。

(二)夫妻一方死亡

夫妻一方死亡,婚姻关系消灭,导致夫妻共同共有关系终止。死亡包括自然死亡和宣告死亡,产生同样的法律后果。死亡的时间,自然死亡以死亡证开具的时间为准,宣告死亡则以裁判文书发生法律效力时为准。夫妻一方死亡引起的夫妻共有财产终止与离婚引起的夫妻共有财产终止的效力基本相同,只是前者为分出死者的财产为遗产,后者进行共同财产分割而已。

夫妻双方同时死亡,也同样发生婚姻关系消灭和夫妻共有财产消灭的后果,但共同财产成为遗产。

(三)夫妻另行约定其他财产制

在夫妻之间实行夫妻共有财产期间,如果双方配偶共同约定不再实行夫妻共有财产制,重新约定实行分别所有制或者其他财产制,也消灭夫妻共有财产,发生新的财产关系。

二、夫妻共同财产的原则分割方法

夫妻关系一经终止,夫妻共有财产即告废止,应当对夫妻共同财产进行分割。

夫妻共同财产的分割方法分为两种,即原则分割方法和具体分割方法。原则分割方法是指离婚财产分割的一般方法,即分割夫妻共有财产进行分割的基本方法。

分割夫妻共有财产的原则方法是均等分割,辅之以根据生产、生活的实际需要和财产来源等情况的适当差别,属于个人专用物品归个人所有。

(一)均等分割

均等分割夫妻共有财产,是我国司法实务一贯坚持的方法,即确定夫妻共有财产的范围之后,一分为二,平均分成两份。它的依据是《婚姻法》第 17 条第 2 款"夫妻对共同所有的财产,有平等的权利"和《民法通则》第 78 条规定。

(二)有所差别

坚持均等分割的原则并不是绝对的。如果不分青红皂白一律均等分割,可能会造成不公平的后果。司法解释认为,在坚持均等分割的原则之下,允许在某些条件下适当地有所差别。这样的条件就是夫妻一方在生产、生活上有特别的需要,或者财产来源有特别的情况。

夫妻一方有生产、生活特别需要的,如某一方具有使用某种生产资料特别技能,将此种生产资料分给该方不仅对发挥技术特长有利，而且还对发展社会生产有利。又如夫妻一方生活上有特别需要，生活上需要护理，生活有特别困难，应当适当多分一些财产予以扶助。

作为夫妻共同财产的来源有特别情况的，分两种情况：一是作为典型的夫妻共同财产，即直接作为夫妻共同财产的财产，由一方取得，不体现分割的差别会出现特别不公平后果的，如婚姻关系存续期间，一方继承相当数量的财产，一方经营活动有相当数量的收入等；二是作为特别情况的夫妻共同财产，例如，夫妻分居两地分别管理使用的共同财产，已登记结婚尚未共同生活时受赠的礼金、礼物等。它们都有来源特别的共同特点。对此，应当考虑财产来源的具体情况，在分割时适当体现差别。对于夫妻分居两地分别管理使用的共同财产，分割时，各自分别管理使用的财产归各自所有，如果双方所分财产相差悬殊，差额部分由多得财产的一方以差额相当的财产折抵另一方。对于已登记结婚尚未共同生活时受赠的礼金、礼物，应考虑财产来源、数量等情况，合理分割；各自出资购置、各自使用的财产，原则上归各自所有。

在离婚时，双方当事人已经对夫妻共同财产的分割达成协议也已经履行，但事后又发现还有其他夫妻共同财产当时没有分割的，最高人民法院《关于适用〈中华人民共和国婚姻法〉若干问题的解释（三）》第18条规定，离婚后，一方以尚有夫妻共同财产未处理为由向人民法院起诉请求分割的，经审查该财产确属离婚时未涉及的夫妻共同财产，人民法院应当依法予以分割。这样规定是完全正确的，是保护夫妻双方的合法权益的正确做法。

三、具体分割方法

具体的分割方法，是对各种具体的夫妻共同财产怎样进行分割的办法。主要是对夫妻共同财产中合伙经营的财产、生产资料、当年无收益的养殖种植业、婚前个人房屋婚后增值的部分、不宜分割的共有房屋等。对于这些具体的分割方法，司法解释作了具体的规定。

（一）一方以夫妻共同财产与他人合伙经营的财产

这种财产属于合伙的共同共有财产，合伙未经清算，无法确定个人的应得部分，因而无法分割。处理的方法有：一种是将入伙的财产分给一方所有，分得入伙财产的一方对另一方给予相当于入伙财产一半价值的补偿；另一种是将入伙财产分为两个股份，双方均作为合伙人参加合伙，但须征得全体合伙人的同意。

（二）属于夫妻共同财产的生产资料

生产资料的范围，应包括家庭拥有的汽车、拖拉机、机械设备，乃至工厂、厂房等。分割的方法是分给有经营条件和能力的一方，分得该生产资料的一方对另一方应给予相当于该财产一半价值的补偿。也可以另行采取分割方法。

(三)夫妻共同经营的当年无收益的养殖、种植业

范围是承包经营、租赁经营等,因承包经营和租赁经营,都对经营的土地、水面等没有所有权,分割的只能是收益部分和经营权。农村土地承包经营权应当分割为夫妻个人享有,平均分割;其他承包、租赁经营权,可以分割,也可以不分割而分给一方享有,分割的应经发包人、出租人同意,将经营权不分割而归一方经营的,对可能得到的收益应折价补偿给另一方。

(四)一方个人房屋婚后增值的部分

结婚后,双方对婚前一方所有的房屋进行过修缮、装修、原拆原建,离婚时未变更产权的,房屋仍归产权人所有,增值部分中属于另一方应得的份额,由房屋所有权人折价补偿另一方。进行扩建的,扩建部分的房屋应按夫妻共同财产处理,每人分得一半。

(五)不宜分割使用的夫妻共有的房屋

应根据双方住房情况和照顾抚养子女方或无过错方等原则,分给一方所有,另一方有权得到相当于该房屋一半价值的补偿。在同等条件下,应优先分给女方。

(六)一方尚未取得经济利益的知识产权

在离婚时,一方在婚姻关系存续期间取得的知识产权,尚没有取得经济效益,发生争议的,应判决权属归该方所有。如果在创造性劳动中对方也作出贡献的,可根据具体情况对另一方予以适当照顾。

四、夫妻共同债务的范围及清偿

夫妻共同债务是以夫妻共同财产作为一般财产担保的债务,是在夫妻共有财产的基础上设定的债务,包括夫妻在婚姻关系存续期间为解决共同生活所需的衣、食、住、行、医、履行法定扶养义务、必要的交往应酬,以及因共同生产经营活动等所负之债。[①]分割夫妻共同债务,首先以夫妻共同财产清偿。

(一)夫妻共同债务的范围

关于夫妻共同债务,最高人民法院在《关于处理离婚案件分割共同财产的司法解释》中下了一个比较权威的定义,这个定义对于处理因一方死亡分割夫妻共有财产的场合也适用。该定义是:"夫妻为共同生活或为履行抚养、赡养义务等所负债务,应认定为夫妻共同债务。"

将这一定义与《婚姻法》第41条关于"离婚时,原为夫妻共同生活所负的债务,应当共同偿还"的规定相比较,增加了"为履行抚养、赡养义务等所负的债务"的内容。这

---

① 蒋月:《夫妻的权利与义务》,法律出版社2001年版,第206页。

种扩张解释，是符合《婚姻法》的立法原意的，使确定夫妻共同债务的标准更为明确。

《埃塞俄比亚民法典》对夫妻债务问题规定得比较清楚，可以借鉴。该法第659条规定的是“配偶的债务”：“（1）配偶一方的债务可以由其个人财产和共同财产清偿。（2）为了家庭的利益发生的债务视为由配偶双方承担连带责任；它可以由配偶各自的个人财产和共同财产清偿。”第660条规定的是“为家庭利益发生的债务”：“下列债务视为为家庭利益发生的债务：（1）为保持配偶或其子女的生活发生的债务；（2）为了履行配偶双方或一方的生活保持义务产生的债务；（3）其他由家事仲裁人根据配偶一方或债权人的请求确认为具有此等性质的债务。”

应当将夫妻关续存续期间发生的债务分为两种：一种是为共同生活所负债务；另一种是夫妻个人债务。

共同生活所负债务，包括购置家庭生活用品、修缮房屋、支付家庭生活开支、夫妻一方或双方乃至子女治疗疾病、生产经营以及其他生活必需而负的债务。为抚育子女、赡养老人，夫妻双方同意而资助亲朋所负债务，亦为夫妻共同债务。

夫妻个人债务是与夫妻共同债务相对应的，法律规定不属于以夫妻共同财产清偿的以一方名义所负的个人债务。① 下列债务为夫妻个人债务：

1. 夫妻双方约定由个人负担的债务

《婚姻法》第19条准许夫妻双方对财产的所有进行约定，也包括对债务的负担进行约定，双方约定归个人负担的债务，为个人债务。约定个人债务，可以与财产所有的约定一并约定，也可以单独就个人债务进行约定。经过公示的约定债务可以对抗第三人，但以逃避债务为目的进行约定，不产生法律上的效力，仍为夫妻共同债务。

2. 一方未经对方同意擅自资助与其没有扶养义务的亲朋所负的债务

没有抚养义务，指的是没有法定的抚养、赡养、扶养义务。没有此种义务、未经对方同意包括未征得对方同意和对方反对擅自对亲朋进行资助所负债务为个人债务。

3. 一方未经对方同意独自筹资从事经营活动，其收入确未用于共同生活所负的债务

这种经营活动属于个人一方的经营活动，所负债务应为个人债务，由个人负责清偿，或由个人遗产清偿。构成此种个人债务须具备三个条件：一是未经对方同意，包括未征得对方同意和对方不同意；二是独自筹资，或者用属于一方所有的婚前个人财产投资，未以夫妻共有财产投资；三是其收入确未用于共同生活。之所以这样严格要求，目的是为保护债权人的利益。

4. 其他应由个人承担的债务

这种债务包括：因个人实施违法行为所欠债务，如个人赌博所欠赌资的债务；婚前

---

① 胡苷用：《婚姻合伙视野下的夫妻共同财产制度研究》，法律出版社2010年版，第107页。

一方所欠债务;婚后一方为满足个人欲望确系与共同生活无关而负的债务等。

(二)夫妻共同债务的清偿

离婚时的夫妻共同债务清偿,应由夫妻共有财产清偿。在具体清偿时,有两种方法:

第一种,是从夫妻共有财产中先清偿夫妻共同债务,然后再对剩余的夫妻共有财产进行分割,即先清偿、后分割的办法。清偿时以共同财产为限,清偿后不剩共同财产的,不再分割,共同财产清偿债务不足的,剩余的债务消灭。

第二种,是先分割、后清偿,即先分割共同财产和共同债务,然后各自以各自分得的财产清偿分得的债务。

采用第一种方法,对于保护债权人的利益有利,符合"以共同财产清偿"的立法本意,因而应着重使用第一种方法。

夫妻一方死亡时分割夫妻共有财产,对于夫妻共同债务的清偿,原则上也有以上两种方法,但是侧重于使用第二种办法,即先从夫妻共有财产中分出一半,作为死亡一方的遗产范围,然后再从夫妻共同债务中分出一半,作为死者应负的债务份额,从遗产中清偿其应负的清偿份额。

五、《关于适用〈中华人民共和国婚姻法〉若干问题的解释(三)》规定的几个新问题

最高人民法院《关于适用〈中华人民共和国婚姻法〉若干问题的解释(三)》在夫妻共同财产关系方面规定很多新的规则,是其重点规定的问题。除了在前文说明的几个问题之外,还有几个新问题是:[①]

(一)个人财产婚后增值

《婚姻法》尊重婚姻关系当事人的财产个性,对于个人财产在婚后增值的,应当区别具体情形,确定为共同财产或者是个人财产。基本原则是该司法解释第5条规定的"夫妻一方个人财产在婚后产生的收益,除孳息和自然增值外,应认定为夫妻共同财产"规则。其含义是,一方的个人财产在婚后孳息和自然增值,应当作为个人财产。例如婚前的存款发生的利息,不能认为这是婚后取得的财产因而作为夫妻共同财产。但其他个人财产婚后收益,按照婚后所得财产共有制,婚后的其他收益都应当作为共同财产。[②] 例如,婚前个人财产,婚后进行投资获得收益,该收益属于婚后所得财产,应作为夫妻共同财产,符合《婚姻法》规定的原则,也比较符合个人财产没有凝聚婚姻合伙

---

① 杨立新:"最高人民法院《关于适用〈婚姻法〉若干问题的解释(三)》解读",载《东南学术》2012年第1期。

② 奚晓明主编:《最高人民法院〈婚姻法〉司法解释(三)理解与适用》,人民法院出版社2011年版,第99页。

的劳动,在应当归属于一方个人所有,反之则应当作为夫妻共同财产的意见。①

(二)夫妻之间的房产赠与

房产是不动产,在婚姻家庭财产关系中属于大宗财产,对于双方都具有重要意义。如果夫妻之间在缔结婚姻关系之前或者在缔结婚姻关系之后,一方将自己所有的房产赠与对方,这样的赠与是否有效,特别是没有实际过户登记的,容易发生争议。对此,司法解释三第6条规定:“婚前或者婚姻关系存续期间,当事人约定将一方所有的房产赠与另一方,赠与方在赠与房产变更登记之前撤销赠与,另一方请求判令继续履行的,人民法院可以按照合同法第一百八十六条的规定处理。”《合同法》第186条的内容是:“赠与人在赠与财产的权利转移之前可以撤销赠与。”“具有救灾、扶贫等社会公益、道德义务性质的赠与合同或者经过公证的赠与合同,不适用前款规定。”婚前赠与和婚后赠与房产的行为,显然不属于该条第2款规定的内容,应当适用该条第1款规定,赠与方在赠与房产变更登记之前撤销赠与的,是准许的,是有效的。因为赠与合同是实践性合同,赠与合同在没有正式履行之前,是可以撤销的。因此,另一方请求判令继续履行的为无理由,应当驳回其诉讼请求。

(三)父母为子女购房

父母为子女结婚购房包括其他不动产,有两种情况:一是一方父母出资为子女购买不动产,二是双方父母各自出资为子女购买不动产。司法解释三分别情况,在第7条规定了两款。第1款规定的内容是:“婚后由一方父母出资为子女购买的不动产,产权登记在出资人子女名下的,可按照婚姻法第十八条第(三)项的规定,视为只对自己子女一方的赠与,该不动产应认定为夫妻一方的个人财产。”这是因为,父母出资为自己的子女购买不动产,登记在自己的子女名下,尽管是婚后赠与,但登记在自己子女一方名下就意味着只赠与自己子女,这种财产的属性是个人财产,不因为夫妻双方共同使用而改变财产的性质。应当注意的是,这里规定了一个“可”和一个“应”,“可”按照婚姻法第十八条第(三)项规定认定为对自己子女一方的赠与,该不动产“应”认定为夫妻一方的个人财产,仍然带有选择性,如果有证据证明是赠与双方的,可以作出相反判决。第二款规定的内容是:“由双方父母出资购买的不动产,产权登记在一方子女名下的,该不动产可认定为双方按照各自父母的出资份额按份共有,但当事人另有约定的除外。”双方的父母都出资,为双方的子和女购买不动产,但登记在一方名下,这不能改变该不动产的共有财产性质,应当认定为夫妻共有财产。共有的性质应当是按份共有,而不是共同共有,因为出资份额清楚,认定按份共有更为适当。但书规定当事人另有约定除外,包括两种情况:一是约定为共同共有,不管出资多少,或者出资相同,都应

① 胡苷用:《婚姻合伙视野下的夫妻共同财产制度研究》,法律出版社2010年版,第141页。

当认定为共同共有;二是约定一方所有,这种情形尽管可能性较小,但也有可能,如果当时就是约定为一方单独所有,也应当认定为单独所有。

当然也有第三种情况,即一方或者双方出资,登记为共有财产,那就是共有财产,这种情况发生争议的可能性不大,因此不必规定,但实践中是存在的。至于父母购房登记在自己的名下而不是登记在子女名下的,应当认定为父母的权属,不能认定为夫妻共同财产。

(四)一方婚前签订不动产买卖合同婚后双方共同还贷

夫妻之间的不动产买卖中的另一种情况是第10条规定的情形,即婚姻关系一方当事人婚前签订不动产买卖合同,婚后双方共同还贷,该不动产的产权归属问题的争议应当如何处理。第10条分为两款规定:"夫妻一方婚前签订不动产买卖合同,以个人财产支付首付款并在银行贷款,婚后用夫妻共同财产还贷,不动产登记于首付款支付方名下的,离婚时该不动产由双方协议处理。""依前款规定不能达成协议的,人民法院可以判决该不动产归产权登记一方,尚未归还的贷款为产权登记一方的个人债务。双方婚后共同还贷支付的款项及其相对应财产增值部分,离婚时应根据《婚姻法》第39条第1款规定的原则,由产权登记一方对另一方进行补偿。"具体情形是:

第一,对于一方婚前签订不动产买卖合同,并且以个人财产支付首付款,其余款在银行贷款,婚后用夫妻共同财产还贷,不动产登记在首付款支付方名下的,离婚时对该不动产的产权归属发生争议,司法解释三规定的基本规则是由双方协议处理。这个协议,主要是指离婚时处理夫妻共同财产的协议,特别是指处理该不动产权属的协议。如果协议清楚,双方意思表示一致,按照协议处理即可。如果事先双方就有关于财产归属的协议,该协议当然有效力。后一种协议应当是书面协议。

第二,如果双方不能达成协议,法院可以判决该不动产归产权登记一方,尚未归还的贷款为产权登记一方的个人债务,按照债务关系处理。按照这样的方法处理,并不是简单地计算利息清偿,而是要根据双方婚后共同还贷支付的款项及其相对应财产增值部分,离婚时应根据《婚姻法》第39条第1款规定的原则,由产权登记一方对另一方进行补偿。

第三,应当看到的是,在第2款中规定的是"可以"而不是"应当"。这意味着除了将共同还贷作为债务关系处理之外,还有另外的方法,即可以不判决该不动产归产权登记一方,而是判决归双方当事人共有。双方当事人共同还贷的部分已经超过全部不动产价款50%以上的,就可以判决为共有财产,将一方当事人单独首付的部分作为债权处理,或者作为共有份额予以考虑,离婚时按照夫妻共同财产的分割原则进行分割。这样处理更为稳妥,公众更为欢迎。

（五）一方当事人擅自出售夫妻共有房屋的善意取得

夫妻一方在婚姻关系存续期间，对夫妻共有房屋擅自出售，符合善意取得规则的，应当按照《物权法》的规定认定为善意取得，善意第三人取得该房屋的所有权。司法解释三第11条规定："一方未经另一方同意出售夫妻共同共有的房屋，第三人善意购买、支付合理对价并办理产权登记手续，另一方主张追回该房屋的，人民法院不予支持。""夫妻一方擅自处分共同共有的房屋造成另一方损失，离婚时另一方请求赔偿损失的，人民法院应予支持。"这些规定是《物权法》第106条规定的具体落实，是正确的。①

（六）房改房的产权确认

房改房的产权问题是一个特殊问题。司法解释三第12条规定的情况是："在婚姻关系存续期间，双方用夫妻共同财产出资购买以一方父母名义参加房改的房屋，产权登记在一方父母名下，离婚时另一方主张按照夫妻共同财产对该房屋进行分割的，人民法院不予支持。对于购买该房屋时的出资，可以作为债权处理，产权一方应当对本金和利息一并清偿。"在这个条文之外，如果在婚姻关系存续期间，双方用夫妻共同财产出资购买一方父母名义参加的房改房，登记在双方当事人的名下的，就应当按照登记的权属确定产权，可以视为一方父母的赠与。

（七）养老保险金的归属问题

司法解释三第13条规定的是养老保险金的权属问题。这个规定分为两个方面：第一，离婚时，如果夫妻一方尚未退休、还不符合领取养老保险金条件，而另一方请求按照夫妻共同财产分割养老保险金的，因为领取养老保险金的条件还没有成就，当然不能支持；第二，离婚时，对婚后以夫妻共同财产缴付的养老保险费，一方主张将养老金账户中婚姻关系存续期间个人实际缴付部分作为夫妻共同财产分割的，这个请求是合理的，人民法院应予支持。但应注意的是，作为夫妻共同财产分割的不是养老保险金，而是个人实际缴付的养老保险费。

（八）离婚财产分割协议的附随性

当事人签订离婚协议主要包括三个方面的协议：一是离婚协议；二是分割财产的协议；三是子女抚养的协议。后两个协议附随于前一个协议，即后两个协议的生效，应当依附于前一个协议的生效。前一个离婚的协议没有生效，后两个协议当然不能生效。正因为如此，司法解释三第14条规定："当事人达成的以登记离婚或者到人民法院协议离婚为条件的财产分割协议，如果双方协议离婚未成，一方在离婚诉讼中反悔的，人民法院应当认定该财产分割协议没有生效，并根据实际情况依法对夫妻共同财

---

① 奚晓明主编：《最高人民法院〈婚姻法〉司法解释（三）理解与适用》，人民法院出版社2011年版，第173页。

产进行分割。”财产分割协议具有附随性，不能离开离婚协议而单独生效。

（九）夫妻一方共同继承遗产

夫妻一方在婚姻关系存续期间继承遗产，其财产的权属分为两种情况：一是作为婚后取得的财产，为夫妻共同财产；二是特别约定为个人继承的遗产，为个人财产，不作为夫妻共同财产。司法解释三第15条针对的是前一种情况，即婚姻关系存续期间，夫妻一方作为继承人依法可以继承的遗产，在继承人之间尚未实际分割，起诉离婚时另一方请求分割的，人民法院应当告知当事人在继承人之间实际分割遗产后再另行起诉。这是因为，我国民间传统大量存在的情形是，在父母一方死亡之后数个继承人并不立即继承，而是默示共同继承，形成共同继承遗产，成为共同继承人的共有财产；通常在父母双方都死亡之后再分割遗产。这种做法就形成了婚姻关系存续期间一方作为继承人可以继承的遗产尚未实际分割，起诉离婚时另一方请求分割遗产的情形。司法解释尊重民间习惯，并不准许该方当事人可以在离婚时主张请求分割遗产，而是告知当事人在继承人之间实际分割遗产后，也就是继承人一方已经取得继承的遗产之后，再请求分割这部分共同财产。这一规定完全正确。

第十一章　家庭共有财产

第一节　家庭共有财产概述

一、家庭共有财产的概念和特征

（一）对家庭共有财产概念的界定

家庭共有财产，是指全体或部分家庭成员在家庭共同生活关系存续期间，对共同所得和各自所得的财产约定为共同共有的共有权利义务关系。

家庭共有财产也叫作家庭共同财产，一般认为两者为同一概念。这两个概念是有区别的。其区别之处，就在于一个更侧重于法律关系的形式，另一个更侧重于法律关系的客体。作者在文中做这种区别，使用家庭共有财产的概念是指家庭共有这种权利义务关系，使用家庭共同财产则是指家庭共有财产的客体即共有的财产。

家庭共有财产这一概念的本身，并不是指的财产，因为财产只是物权的客体。这一概念不是指的某种物权的客体，而是指的某种物权形式。因此，界定家庭共有财产的概念，其落脚点必须落在所有权上，落在所有权的权利义务关系上。

（二）界定家庭共有财产应当注意的问题

1. 家庭共有财产的来源问题

家庭共有财产是否家庭成员共同创造、共同所得的财产，有的学者认为只有家庭成员共同创造、共同所得的财产方为家庭共有财产。共同创造、共同所得,是指成员在一起共同进行劳动,创造成果,取得收益,其成果和收益均为共同的。如果强调家庭成员虽有不同工作而都在创造成果,获得收益,用共同创造和共同所得来概括显然不合适。绝大多数的家庭共有财产不是共同创造、共同所得,而是各自劳动所得聚集在一起构成的共同财产。

2. 家庭共有财产的产生问题

界定家庭共有财产还应当注意一个问题,就是家庭共有关系的产生问题。家庭共有财产不是法定的财产所有形式,而是家庭成员以某种形式的约定而产生的共同共有关系。只有家庭成员有明确的家庭共有财产的约定,才会发生家庭共有财产。没有共有财产的约定,但在事实上家庭成员的所得集中在一起,形成了共同财产的,也应当认定为发生了家庭共有财产。

3. 家庭共有财产与家庭财产

在研究家庭共有财产概念时,应当严格掌握家庭共有财产与家庭财产的区别。1950 年《婚姻法》曾经有过把家庭财产与夫妻共同财产相混淆的问题,在嗣后的一些司法解释中,也存在这种现象。① 近几年,也有将家庭共有财产与夫妻共有财产相混淆的意见。例如,认为:“在由夫妻和未成年子女组成的家庭中,家庭共有财产一般以夫妻共有财产的形式存在。”②这种界定,就是将家庭共有财产和夫妻共有财产混淆在一起,没有分清界限。之所以存在这些问题,都是因为没有真正弄清家庭财产和家庭共有财产的界限。家庭财产实际上包括夫妻共有财产、个人财产和家庭共有财产,家庭共有财产只是家庭财产的一部分。在家庭财产只是由夫妻共同财产构成的情况下,该财产只能称为夫妻共有财产而不能称为家庭共有财产。

(三)家庭共有财产的特征

1. 家庭共有财产的发生以家庭共同生活关系为前提

家庭共有财产的发生以家庭共同生活关系为前提,依家庭成员的约定而发生。任何共同共有关系的产生均须依一定的法定共同关系的存在为依据,家庭共有财产同样如此。家庭共有财产关系并非因存在家庭共同生活关系就必然发生,即“共居”并不必然“同财”。在很多家庭中,老一辈夫妻和少一辈夫妻在一个家庭共同生活,但并不是一个财产单位,而是少一辈夫妻向老一辈夫妻缴纳生活费,剩余的收入归自己所有。少一辈缴纳的生活费只是解决伙食问题,其余的财产不发生共有,将来也不存在分家

① 1950 年《婚姻法》第 10 条规定:“夫妻双方对于家庭财产有平等的所有权与处理权。”这一规定中的家庭财产是指夫妻共同财产。司法解释的混淆请见 1977 年 11 月 7 日最高人民法院的批复,载《中华人民共和国法律规范性解释集成》第 1136 页。

② 唐德华主编:《民法教程》,法律出版社 1987 年版,第 171 页。

析产问题。可见,产生家庭共有财产必须经过家庭成员的协商选择,进行约定,而绝不是有了家庭共同生活就自然依照法律发生了。

2. 家庭共有财产的主体是对家庭贡献财产的家庭成员

家庭共有财产的权利主体可以是家庭全体成员,也可以是家庭部分成员。构成家庭共有财产的权利主体,一是对家庭财产要有贡献,即将所得财产交给家庭共有;二是有愿意成为家庭共有财产权利主体的主观意愿。这两个条件实际上是一致的,只有具备"同财"的意愿,又有"同财"的行为,才可以成为家庭共有的权利主体。那种认为所有家庭成员均对家庭财产享有所有权,幼年子女可以和父母共享所有权的观点,①是不正确的。同样,认为家庭共有关系只依家庭共同生活关系发生,无须经家庭成员约定而发生的观点,也是不正确的。

3. 家庭共有财产的来源为家庭成员的共同所得和各自所得。

形成家庭共同共有的财产,首先是家庭成员的共同所得,如共同创造的成果、共同经营的收入、共同继承的遗产、共同接受的赠与等;其次是家庭成员个人所得而按协议纳入共有的财产,例如,将自己的收入交给家庭共有。在一般情况下,家庭共有财产包括夫妻共同财产,夫妻共同财产是家庭共有财产的主要部分或基本成分。也正因为如此,家庭共有财产呈献复杂的状况,尤其是在分家析产时更为复杂。

4. 家庭共有财产的性质为共同共有

在家庭共有财产关系存续期间,各共有人不分份额,共同享有财产的所有权,不到共同共有关系消灭,家庭共有财产不得分割。

二、家庭共有财产的历史沿革

(一)古代的家庭共有财产

在历史上,家庭财产的共有权是最早出现的共有权。在原始社会解体之初,首先出现了家庭,并由家庭掌握私有的财产,因而在私有制刚一出现的时候,就出现了家庭共有财产这种共有权的最初形态。

在《汉穆拉比法典》中的"份地"制度中,将土地分给各家使用,允许世袭和出卖,是将土地作为家庭共有财产的基础,也是家庭共有财产较早阶段的共有形态。

在中国古代,家庭共有财产的传统根深蒂固,是中国最重要的封建传统之一。《礼记》作为我国奴隶社会的法典,就规定:"子妇无私货,无私蓄,无私器,不敢私假,不敢私与。"《朱子家礼》也称:"凡为子妇者,毋得蓄私财,俸禄田宅所入,悉归之父母舅姑,当用则请而用之。"其家庭共有权至上,不许子女、儿媳私有。

---

① 佟柔主编:《民法原理》,法律出版社 1983 年版,第 168 页。

（二）现代的家庭共有财产

现代立法关于家庭财产有两种立法例。

1. 立法明确承认家庭共有财产制

有的国家立法明确承认家庭共有财产制，并对家庭共有财产关系制定详细的法律条文。例如，《瑞士民法典》在"家庭的共同生活"一章中专设"家产"一节，其中专门规定"家庭共有财产关系"，分设立、效力、管理及代理、终止、收益的共有关系等共13条，确认"家庭成员有权将其继承的财产，全部或部分地作为共有财产保存，或汇集一定财产作为共有财产，该财产即为家庭共有财产"，[①]规定家庭共有财产使共有人产生平等的权利、义务，这种共有关系因法定原因而终止，并导致该共有财产的分割。

2. 法律不禁止家庭共有财产

有的国家法律不禁止家庭共有财产，但亦不明确规定。法律明文规定，夫妻财产由夫妻共有、分别所有或联合所有，子女财产由子女个人所有，父母在子女未成年时依亲权中的财产管理权管理该财产。事实上，未经家庭同意，不可能产生家庭共有财产。这种立法例，更尊重民事主体的独立性和财产的处置权利，更具民主性。目前，在立法上明确规定家庭共有财产的比较少见。

三、我国家庭共有财产的现状

（一）我国对家庭共有财产的立法和理论研究状况

我国《婚姻法》对家庭共有财产没有规定，只对夫妻共有财产作了规定，对子女财产权也没有加以规定。最高人民法院曾经作过两个关于家庭共有财产的司法解释：一是1955年10月18日《关于转业军人带回的资助金分家时应如何处理的复函》，明确规定转业军人由部队带回的资助金应归军人所有，在分家时，其他家庭成员不应将该资助金视为家庭共有财产而共同分享；二是1979年3月21日《关于复员、转业军人的复员费、转业费、医疗费能否按家庭共有财产处理问题的批复》，亦认为不属于家庭共有财产。此外，最高人民法院在《关于贯彻执行〈民法通则〉若干问题的意见（试行）》第88条至第92条关于共同共有的解释，准用于家庭共同共有关系。

在理论上，民法学者在研究共有权时，都普遍承认家庭财产的共同共有，几乎任何一本民法教材和专著都是如此，有的还专设节目进行专题论述。

（二）我国家庭共有财产的现实状况

在我国现实生活中，家庭共有财产大量存在，是一种相当普遍的社会经济现象，而且具有相当的复杂性。具体有以下类型：

---

① 《瑞士民法典》第336条。

1. 同财共居

包括由父母、子女共同生活、共同共有财产，祖父母、父母、子女等共同生活、共同共有财产。这是典型的家庭共有财产关系，在城市已比较少见，在农村还可见到，如父母组织数名子女、媳妇、孙子孙女等结成大家庭，几代同堂，同财共居。

2. 同财不共居

很多家庭的家庭成员虽不居住一起共同生活，但将收入除留下部分作生活费外，其余交由家庭中作共同共有财产。这种情况在农村多见，如子女在城里工作，家居农村，工资交由家庭共有。在城市，子女在工作单位居住而与父母同财者，也是此种类型的共同共有。

3. 共居不同财

这种情况在城市比较普遍，多表现为子女与父母共同生活，但所得收入归子女所有，或者仅向父母交伙食费；子女婚后，与父母共同生活，亦只交生活费，其余财产自己所有。这种情况，并未形成家庭共有财产，所交伙食费或生活费只为支付共同生活所需，在共同生活中消耗。如果严格把握，只有共同的伙食费及为伙食而购买的物品才是家庭共有财产，范围十分狭窄。

（三）前景展望

综上可以看出，我国的家庭共同共有关系还是普遍的，与此相比较，国家关于调整家庭共有财产关系的立法落后于现实生活的需要，有关家庭共有财产的理论研究具有一定的规模，但亦缺乏深度，还应进一步深入发展。随着社会的进步，家庭共有财产关系可能会逐步弱化和减少，但在一个相当长的历史时期内不会消亡。因此，应当加强立法，调整好这种财产共有关系。好在不论立法是不是对家庭共有财产作出明确规定，对家庭共有财产都可以依照共同共有的法律规定进行调整，只要在理论上加强研究，加强指导，同样会达到这样的效果。

第二节　家庭共有财产的发生和家庭共同财产范围

一、家庭共有财产的发生

（一）家庭共有财产发生的特点

家庭共有财产关系的发生，依据共同共有关系依法律规定的共同关系而发生的原则，是基于家庭共同生活关系的存在。但仅基于家庭共同生活关系这一条件的存在，并不必然发生家庭共同共有关系，还必须有财产的家庭成员就发生家庭共有财产关系协商一致，达成协议，才具备发生家庭共有财产的全部条件。在这一点上，家庭共有财产与夫妻共同财产发生的条件正相反，夫妻共同财产的发生是双方不选择其他夫妻财产所有形式，为消极行为构成要件；家庭共有财产为家庭成员约定采用财产共有形式，为积极行为构成要件。这是两种共有财产关系的一个重要区别。

(二)家庭共有财产发生的要件

家庭共有财产的发生要件是：

1.家庭共同生活关系存在

没有家庭共同生活关系存在，不发生家庭共有财产。家庭共同生活关系，是指所有家庭成员共同在一起为生存和发展进行各种活动的关系。

家庭共同生活的基本标志是共居一起。对"共居"应作广义理解，对于在外地工作而以家庭为基本生活单位的，也应认为是共居。

共居的家庭成员应是近亲属，包括父母、子女、祖父母外祖父母、孙子女外孙子女、兄弟姐妹。对于其他亲属乃至收留他人共同生活，只要在一个户籍登记的，也视为家庭成员。

2.家庭成员协议实行家庭财产共同共有的约定

这种约定的内容，是就家庭财产的全部或部分实行共同共有关系。其约定的形式，可以是书面的，也可以是口头的；它可以载于书面合同中，也可以由默示行为表现出来。在现实中，全家的成员共同签署一项协议约定财产的共同所有，极为少见，这不大符合我国国情。多数是在一起共同说明即可，甚至根本不说，在实际行动上表现了愿意共同共有的意愿。如子女将其所得交给父母，需用从父母处支出，如果无相反证据，即为默示同意实行家庭共有财产制，成为共有人。正是由于这样的原因，现实中出现的纠纷更多的是没有约定，也没有协议，其是否构成家庭共有财产，需要法官根据证据判断。对此，法官要认真审查、核对双方当事人提供的证据，作出准确的判断。

至于同意实行家庭共有财产制请求的性质，《瑞士民法典》认其为权利，是正确的。因而是否实行家庭共有财产制，完全由家庭成员自己做主，任何人不得干涉或强迫，更不是由法律强制性规定而产生的。

(三)家庭共有财产的主体

1.确定家庭共有财产主体的一般原则

在一个家庭中，究竟一个特定的家庭成员是不是家庭共有财产的主体，也需要认真判断。这就是确定在一个家庭中，究竟谁是家庭共有财产的权利主体，谁不是家庭共有财产的权利主体，是在谁的身上发生财产共有的权利义务关系。

最简便、最实用的标准，就是确定究竟是谁对家庭共有财产的形成作出贡献。为家庭共有财产作出过贡献的，就是家庭共有财产的权利主体；没有作出过贡献的，就不是家庭共有财产的权利主体。这是因为，在家庭成员中，并不是每一个家庭成员都享有对家庭共有财产的共有权，只有以自己的财产参加到了家庭共有财产之中的，才可以称为家庭共有财产的权利主体。

处理这个问题的一般原则是：第一，没有财产的家庭成员，不可能成为家庭共有财产的权利主体。没有自己的财产，就没有对家庭共有财产的形成作出贡献，当然不可能成为家庭共有财产的权利主体。第二，就是有了自己的财产，或者是接受赠与、遗赠，或者是自己通过劳动获得的财产，如果没有将自己的财产贡献给家庭，对家庭共有财产的形成没有贡献，也不能成为家庭共有财产的权利主体。例如，未成年子女接受了赠与或者遗赠，但是没有把这些财产贡献给家庭，而且也不应当贡献给家庭，因为他们还没有完全的民事行为能力，无法确定自己的行为目的，他们的财产是自己独立所有的财产，不能成为家庭共有财产的权利主体。又如，子女已经通过劳动获得了自己的财产，但他不愿意参加家庭共有财产，或者父母不愿意他们参加家庭共有财产，他们没有向家庭共有财产作出贡献，因此也不能成为家庭共有财产的权利主体。第三，只有成年的，具有自己的财产的家庭成员，向家庭共有财产形成做出贡献的家庭成员，才能作为家庭共有财产的权利主体。

2. 确定家庭共有财产主体的具体问题

有两个值得注意的问题是，未成年的子女和患有精神病的家庭成员是不是可以作为家庭共有财产的主体？

对前一个问题，有两种意见：一种意见认为，任何家庭成员都对家庭共同财产享有共有权，未成年子女也不例外；另一种意见认为，未成年子女不能享有对家庭共同财产的共有权，只有那些对家庭共同财产的产生、积累和增值作出过贡献的人，才享有对家庭共同财产的共有权。[①] 从原则上说，未成年人在没有劳动能力之前，不应当成为家庭共同财产的共有人。一方面，他们不具有劳动能力，不能过通过自己的劳动为家庭共同财产作出贡献；另一方面，即使他们有自己的财产，也不宜将他们的财产作为家庭共同财产的组成部分，而是应当为他们保留这些财产，父母作为他们的亲权人，对这些财产进行照护。如果有特别必要，或者未成年子女与父母共同受赠财产又不宜分割，当然也可以作为家庭共同财产，使未成年子女成为共有人。在农村，承包的土地经营权是一种财产权，无论成年人还是未成年人，只要是在分配承包土地的时候作为一个主体参加分配土地的，就都是家庭共有财产的主体，因为承包经营权本身就是家庭承包，是家庭共有财产，未成年人也有主体资格。

---

① 参见王利明：《物权法论》，中国政法大学出版社 1998 年版，第 349 页。

对后一个问题，成年的精神病人只要有财产，对家庭共同财产作出了贡献，就应当作为家庭共同财产的共有人。

（四）家庭共有财产发生的时间

关于家庭共有财产发生的时间，与夫妻共同财产发生的时间不同，不是从缔结家庭关系时发生，而是在家庭成员有了财产并愿意成立家庭共有财产关系的约定生效时发生。

实际发生家庭共有财产的过程，往往是先存在夫妻共同财产，然后子女等家庭其他成员有了财产收入，将其收入的财产纳入到家庭共有财产中来，发生家庭共有财产。在一般情况下，家庭共有财产中包含着夫妻共有财产。

二、家庭共同财产的范围

（一）确定家庭共有财产的一般方法

家庭共有财产关系产生之后，家庭共同财产就发生了。从理论上说，从这时起，家庭共同财产的范围就应当是确定了的。但是在现实生活中，更多的纠纷不是从这个时间确定家庭共同财产的范围，而是在纠纷发生之后的处理中，才来划清家庭共同财产的范围的。在此之前，多数家庭的共同财产并不是清晰的、确定的。在司法实践中，处理家庭共有财产纠纷案件，最重要的就是依照确定的方法和规则，准确认定家庭共同财产的范围。

确定家庭共同财产范围的基本规则是：

1. 确定家庭共有财产的范围应以共有人的约定为准

共有人约定全部财产均为家庭共有财产的，应依其约定，将全部家庭财产均作为家庭共有财产；共有人约定部分财产为家庭共有财产的，则只以约定的这部分财产为家庭共有财产。

2. 按照实际发生的共同财产关系认定

家庭共有财产共有人对共同财产范围没有约定的，按照实际发生的财产共有部分，认定为家庭共同财产。如果家庭成员对共同财产的范围没有约定（在现实生活中多数是这样的情况）或者约定不明确，能够确定每个共有人贡献的范围的，按照实际发生的贡献给家庭的财产作为标准，认定为家庭共同财产。

3. 无法查明是否为共有财产的推定为家庭共有财产

通过以上方法无法判明家庭共同财产范围的，如果共有人中有人主张为共同共有，有人主张为个人单独财产的，推定为家庭所有的财产为家庭成员共同共有。

4. 按照当事人的一致主张认定

通过以上方法无法判明家庭共同财产范围的，如果家庭成员一致主张为各自单独所有的，认定为各自所有，没有发生家庭共有财产关系。

（二）夫妻共有财产对家庭共有财产范围的影响

在发生家庭共有财产的情况下，夫妻共同财产是家庭共有财产的主体部分，除非有特别约定，否则全部夫妻共同财产全都是家庭共有财产。

按照共同共有的原理，共同共有存续期间共有财产不分份额，为全体共同共有人共同所有。在这时，夫妻共同财产包融在家庭共同财产之中，并且不分应有部分，只在潜在的意识上，可以计算出潜在的应有部分，为共同财产的分割打下基础。

在家庭共有财产中，夫妻共同财产的存在，以及它的潜在的应有部分，具有十分重要的影响。这是因为，一是夫妻共同财产是家庭共同财产的基础，一般家庭共同财产都是在夫妻共同财产的基础上发生的，都是在父母的夫妻共同财产之上，增加子女向家庭共同财产投入的财产，发生家庭共同财产；二是夫妻共同财产在夫妻关系没有消灭之前是不会消灭的，而家庭其他成员的家庭共有财产权利主体地位是随时可以消灭的，这就是其他成员可以请求分家析产，从家庭共同财产中分离出来，成为独立的所有权主体，而不是永远存在的；三是夫妻共同财产的潜在应有部分是等分的，在婚姻关系存续期间不分应有部分，在离婚的时候按照均等原则分割，而其他家庭成员在家庭共同财产中的潜在应有部分是按照贡献大小确定的，分割时，不能分割夫妻共同财产。

（三）共同继承的遗产对家庭共有财产的影响

共同继承的遗产对家庭共有财产也具有重要影响。

首先，共同继承的遗产是家庭共同财产的重要组成部分。在原来就实行家庭共有财产制的家庭中，共同遗产加入到家庭共同财产中，成为家庭共同财产的组成部分。在原来没有实行家庭共有财产的家庭，共同继承了财产以后，也会发生家庭共同财产。

其次，共同继承的遗产是有继承份额的，在将来分割遗产时，还是要对遗产按照遗产继承份额进行分割，因而共同继承的遗产的潜在应有部分十分明显。家庭共有财产关系消灭之后，分割家庭共同财产不是将共同遗产作为家庭共同财产的整体参加分割，而是要从家庭共同财产中分割出来，按照《继承法》的规定进行析产，由各继承人继承。其他的共同财产才按照共同财产分割。因此，共同继承的遗产在家庭共有财产中的地位特殊，具有相当的独立性。

最后，我国的传统习惯在父母一方死亡之后并不立即发生继承，而是由父母的另一方与其他继承人共同共有这些遗产，直到父母的另一方也死亡之后，才开始分割遗产。正因为如此，也给家庭共同财产范围的界定带来相当的困难。

在司法实践中要特别注意共同继承遗产的地位问题和具体分割方法，即使它已经成为家庭共同财产，也还是具有特殊地位，不能混同于一般的家庭共同财产。

(四)划出个人财产范围

在确定家庭共同财产范围时,在注意了夫妻共同财产和共同继承遗产的影响之后,还要注意属于个人财产的那一部分财产。在一般情况下,下列财产是家庭成员的个人财产,不能计入家庭共同财产的范围:

1. 夫妻个人财产

夫妻个人财产包括婚前的个人财产和婚后的个人财产。这种财产是个人所有的财产,且不计入夫妻共同财产范围,也不应当作为家庭共同财产。除非个人同意将其加入家庭共有财产,否则永远为个人财产。

这一部分夫妻个人财产包括父母一代夫妻的个人财产,也包括子女一代的夫妻个人财产。这两部分个人财产都不计入家庭共同财产范围,作为个人独立所有的财产。

判断夫妻个人财产的范围,应当按照界定夫妻共同财产范围的方法进行,法律标准是《婚姻法》第 18 条规定,即:“有下列情形之一的,为夫妻一方财产:(一)一方的婚前财产;(二)一方因身体受到伤害获得的医疗费、残疾人生活补助费等费用;(三)遗嘱或赠与合同中确定只归夫或妻一方的财产;(四)一方专用的生活用品;(五)其他应当归一方的财产。”

2. 子女给付父母的赡养费

子女向父母给付赡养费,是子女履行法定赡养义务,不是向家庭共同财产作出贡献,并且这种义务的履行具有严格的身份关系。因而子女给付的赡养费属于父母个人所有,不能作为家庭共有财产。即使父母以子女给付的赡养费积蓄而购置的财产,也属于父母个人或者共同所有财产,不是家庭共同财产。

3. 父母给付子女的抚养费或赠与子女的财产

父母给付子女抚养费和父母赠与子女的财产,都是转移财产所有权的行为,所有权从父母转移到了子女身上,子女享有了该财产的所有权。前者是父母履行抚养义务,后者是赠与财产行为,均转移了所有权,应归于子女个人所有,不再是家庭共同财产。

在实践中,经常出现父母以向子女赠与财产的名义将自己所有的财产登记为子女的财产,一方主张父母已经将财产赠与自己,对方主张只是将财产登记为子女所有并不是真正转移所有权,双方都主张所有权而引起纠纷。处理这样的纠纷,应当依据证据确认。如果能够证明这一项财产确实是家庭共同财产或者夫妻共同财产的,可以认定;如果没有证据推翻登记行为确认的所有权权属证明,则应当按照登记行为证明的权属确认权利,认定为子女所有的个人财产。其他子女主张权属的,也按此办理。

4. 子女按约定不作为家庭共同共有的劳动收入及其他财产

劳动收入包括工薪收入、奖金、其他劳动报酬、经营活动的收益等。这一部分财产是否作为家庭共同财产,应当根据约定。约定全部不作家庭共有的,则全部收入均为个人所有,约定部分作为家庭共有的,剩余部分为个人所有。没有约定或者约定不明确的,按照前述的确认家庭共同财产的一般办法认定。

5. 子女的其他所得

这一部分财产内容较多,也较为复杂。诸如:(1)接受继承、赠与、遗赠等而取得的财产,原则上应为子女个人财产,不列入家庭共同财产。有特别约定的除外。(2)一方因人身伤害获得的医疗费、残疾人生活补助费,是因受到人身伤害而得到的补偿费,具有人身性质,是用于保障受害人生活的基本费用,须归个人所有,不能作为家庭共有财产。(3)一方专用的生活物品,如个人衣物、书籍、资料等,为个人财产,都是极具个人属性的财产,应当归个人所有。(4)复员、转业军人的复员费、转业费、医疗补助费和回乡生产补助费,永远归个人所有。(5)一方的人身保险金。人寿保险金、伤害保险金等,具有人身性质,只能作为个人财产。(6)其他个人财产,如与个人身份密切相关的奖品、奖金,国家资助优秀科学工作者的科研津贴,一方创作的手稿、文稿、艺术品设计图、草图等,永远为个人所有。

(五)家庭共同财产的具体范围

家庭共同财产所包括的内容是:

1. 父母的夫妻共同财产

这是构成家庭共同财产的基础,在构成家庭共同财产之后,成为家庭共同财产的主要部分,在没有分割家庭共同财产之前,都由全体家庭共同财产的共有人享受权利,承担义务,不作为夫妻共同财产对待。但是这一部分财产将在分割家庭共同财产时分离出来。

2. 共同继承财产

这一部分财产也是作为家庭共同财产的一部分,在成为家庭共同财产以后,由全体家庭共同财产的共有人享有权利,承担义务,不分为特别的共同继承财产。在分割家庭共同财产的时候,这一部分财产要从家庭共同财产中分离出来,作共同继承遗产的分割处理。

3. 其他家庭成员投入家庭的财产

除此之外的其他家庭成员向家庭共同财产投入的财产,都是家庭共同财产,由全体家庭共同财产的权利人享有共有权。

4. 其他列为家庭共同财产的财产

其他没有列入上面三项内容的家庭共同财产,也是家庭共同财产的组成部分,全体家庭共有财产的权利人享有共有权。

第三节 家庭共有财产的效力

一、家庭共有财产共有人的权利

家庭共有财产共有人的权利义务,原则上与一般共同共有人的权利和义务相同,但仍有其特点。

(一)平等的所有权

家庭共有财产的权利主体即各共有人,对于家庭共同财产一律平等地享有所有权,不得歧视任何共有人。

共有人对于共有财产享有平等的使用、收益权,既可以共同使用共同财产,也可以单独使用共同财产,共同享用共有物产生的收益。尽管家庭共同财产具有明显的潜在应有部分,但共有人不得主张就共同共有财产划分特定的部分。有的家庭成员自己划分自己的应有部分的,是无效的,对其他共有人没有拘束力。

家庭共有财产往往是集合物,由全体共有人占有,对具体的物的占有,可以由个别共有人为之。

(二)共同处理权和单独处理权

处理权实际上就是处分权,但是较之于处分权,处理权的范围似乎更大。每一个共有人对家庭共同财产均有共同处理权和单独处理权。

共同处理权是针对处分家庭共同财产的重大事务的权利,如变卖家庭共同财产、在家庭共同财产上设置他物权以及其他使家庭共同财产发生重大变化的事务,均应由全体共有人共同决定处理,任何人不得独断专行。

单独处理权是指对某些具体的不涉及家庭共同财产发生重大变化的事务以及全体共有人委托进行的事务的,单个共有人有处理权。这种可以共有人单独处理的事务,称为普通事务。

应当注意的是,按照共同共有的基本规则,在共同共有关系存续期间,对于全部共有财产不能全部处分,只能处分部分共有财产。共同共有人享有的共有财产处分权,只及于部分共有财产,不能及于全部共有财产。[①] 在家庭共有财产中,也应当遵守这个规则。

---

① 在这个问题上,《瑞士民法典》有不同规定,认为不能处分部分共有财产的规定不够妥当。

(三)代表权和推举权

在家庭共有财产中,全体共有人可以推举一名共有人作为全体共有人的代表。该代表人享有代表权,在家庭共有关系的范围内行使代理权,并主持家庭共有关系的各项经济活动,处理日常事务。代表权只由代表人一人行使,其他共有人无权代理其他共有人为民事法律行为。

在实际生活中,代表权一般总是与家庭中的长辈尊亲属行使,作为家庭共有财产的代表人。这个代表权与过去的家长权相似。但代表权绝不是家长权。家长权是封建家制的内容,早已经被废除,退出了历史舞台。现在经常在生活中出现的"家长"的称呼,早已经不是原来意义上的家长了,而是一种对家庭代表人的称呼,作为对家庭事务的代表者进行管理行为。因此,这种意义上的"家长"与家庭共有财产中的代表权有一定的重合。那就是在处理家庭共同财产上的"家长"行使的权利,就是代表权,而在其他方面,即一般家庭管理事务上的"家长",则不是这种代表权。

代表权的范围是有限度的,并不能在一切方面都能够代表。对家庭共同财产的处分权,属于全体共有人,处分家庭共同财产的重大行为,必须经全体共有人一致同意,否则为无效。

(四)物权请求权

物权请求权包括所有物被他人非法侵占时的所有权返还请求权、所有物受到妨害时的妨害排除请求权以及所有物有受到妨害之虞时的所有物妨害预防请求权。当家庭共同财产受到不法侵夺时,任何共有人均享有物上追及权,可以独自行使这一权利,以保全共有物。

行使此种权利,必须为全体家庭财产共有人的利益而行使,不得仅为个人或者部分共有人的利益而行使。

(五)在家庭共同财产上设置负担的权利

行使此权利,应由家庭共有财产的全体共有人协商一致,由有代表权的共有人与他人以法律行为设立。例如在共有物上设立担保物权、用益物权。这种行为涉及共有物的命运,必须由全体共有人同意才能够实施。

(六)共同管理权

家庭共有财产的管理,原则上由全体共有人进行,也可以由家庭中具有代表权的共有人代表管理。管理的费用,由家庭共同财产支付。

二、家庭共有财产共有人的义务

(一)履行约定的义务

家庭成员允诺以自己的财产参加家庭共有财产,成为共有人。家庭共同财产的共有人与其他共同共有人不同,应负有履行约定的义务,即按时将自己的所得按照约定的内容,交付家庭共有财产的代表人,使该财产成为家庭共有财产。例如,在合伙共有关系中,各合伙人的财产都在合伙人全体掌握之中,个人无法取得合伙财产,因此不需承担此项义务。而家庭共有财产的共有人多数是自己进行劳动,取得自己的收入,参加家庭共有财产关系就必须按照约定兑现自己的承诺,向共有财产投入财产。共有人违背该义务,在一定期限内不交付其承诺的财产所得的,可以取消其家庭共有财产共有人的资格,无权从家庭共同财产中支付费用。

(二)对共有物进行维修、保管、改良义务

这项义务为全体共有人的义务,均应承担。具体操作,可由部分共有人负责,所支出的费用由共同财产支付。

在实际管理中,维修、保管、改良的行为,由家庭共有财产的代表人进行,或者由代表人委派具体的共有人实施,其后果归于全体共有人,而不能由个人负责。

(三)保持共有关系的义务

按照共同共有的基本规则,共同共有人负有保持共有关系的义务,约束共有人保持共有财产的完整性和统一性,在共同共有关系存续期间,不得分割共同共有财产或者处分全部共同共有财产。在家庭共有财产关系存续期间,各共有人也应当承担这种义务,不得在共同共有财产中要求划分自己的份额、分割共有财产、擅自处分共有财产。

(四)对所欠债务的连带清偿义务

因家庭共同生活、共同经营中所欠债务,为家庭共同债务,须负连带清偿义务,各共有人均为连带债务人。连带的方法,是债权人可以向任何一个家庭共有财产的共有人要求清偿,清偿债务的财产应从家庭共同财产中支付。

关于家庭共有财产的共有人承担连带债务究竟是有限连带责任还是无限连带责任的问题,值得研究。一般认为,家庭共有财产的共有人应当承担有限连带责任。我认为,家庭共有财产的性质与合伙共有财产性质相同,参照合伙共有财产的做法,家庭共有财产共有人承担连带债务,应当是无限连带义务。家庭共同财产不足以清偿,共有人有其他财产的,亦应清偿。家庭共有财产的共有人没有其他财产的,以家庭共同财产承担债务。

(五)共同赔偿责任

家庭共有财产致他人损害,如家庭饲养的动物致人损害、家庭共有的房屋坍塌致人损害等,属于共有财产管理不善造成他人损害,为物的替代赔偿责任,[①]应以家庭共

---

① 在侵权责任法中,关于特殊侵权责任分为对人的替代责任和对物的替代责任。这种分法,从《法国民法典》的规定就开始了。请参见《法国民法典》第1384条规定。

同财产承担赔偿责任。

家庭成员致人损害,均须由家庭共同财产承担赔偿责任,即从共有财产中支付赔偿金。

这种赔偿责任也是连带责任,应当由全体家庭财产共有人作为连带责任人,任何人都有责任向债权人承担责任。这种连带责任的形式与其他家庭共同责任一样,也是无限连带责任,在家庭共同财产不足以清偿债务时,各共有人有个人财产的,应当以其个人财产清偿。

第四节 家庭共有财产的终止及分割

一、家庭共有财产的潜在应有部分

(一)一般表现

在研究家庭共同财产范围的时候,有一个很重要的现象,就是在家庭共同财产中,夫妻共同财产和共同继承财产的特殊地位。

共同共有是基于共同关系而共有一物。各共同共有物的所有权属于共有人全体,而非按照应有部分享有所有权,故对该共同共有物的全部,共有人并无应有部分存在。继承人对于应继财产的应继份,合伙人对合伙财产的股份,就是就抽象的总财产而言,而不是对个别的共同共有物,学说上称之为共同共有的潜在应有部分。[1] 这一论述说明了共同共有关系中,没有应有部分但应有部分又在暗中发挥影响的现象。这就说明,共同共有没有应有部分,但并不是说就绝对的没有任何应有部分。实际上,共同共有既然是财产权,既然是几个共有人共同享有共有财产的所有权,在市场经济条件下,不可能就绝对的共同所有,绝对的不分份额,那样就没有各个共有人的利益了。当然,共同共有的这种潜在应有部分是在暗中存在的,不是公开表露出来的。家庭共有财产同样是共同共有,其中必然存在潜在应有部分。不过,家庭共有财产中的潜在应有部分具有特殊之处,它的表现更为明显,起的作用更为突出。尤其是表现在家庭共有财产中作为家庭共有财产组成部分的夫妻共有财产和共同继承财产上。

---

① 王泽鉴:《民法物权(1)通则·所有权》,中国政法大学出版社 2001 年版,第 377 页。

(二)具体表现

1. 夫妻共有财产的潜在应有部分

在家庭共同财产中,夫妻共有财产是作为其中的一个组成部分存在的。尽管夫妻共同财产已经融在家庭共同财产中,并不作为独立的表现形式表现出来;但它的潜在应有部分却始终是存在的,并不随着家庭共同财产的变化而弱化。尤其是当家庭共有财产关系消灭,家庭共同财产分割时,夫妻共同财产的潜在应有部分就公开表现出来,成为分割家庭共同财产的份额。

从具体的表现情况看,一方面,夫妻共同财产在家庭共同财产中,潜在应有部分的构成几乎是固定的,是不加改变的。这就是夫妻共同财产始终在家庭共同财产中稳定地存在着,不因为外来的变化而变化,也不因为其他财产的增加减少而变化。另一方面,夫妻共同财产的具体数量也是在变化的,尽管不是根本的变化,但它随着夫妻财产的增加和减少而不断地增加或者减少,它的具体表现是一个动态形态。

2. 共同继承财产的潜在应有部分

共同继承财产在家庭共同财产中,其潜在应有部分不但始终存在,而且极为稳定,甚至从构成上是完全固定的。当时发生继承事实的时候,这部分财产是多少,几乎以后不会有太大的变化,基本维持原来共同继承时的形态,这一部分财产就保持在家庭共同财产中。

其实,财产是会变化的。这不仅是指这一部分财产在数量上会随着使用而增值或者折旧、减损,同时也是指继承下来的财产也不会保持原样。但在观念上,在财产的处理上,人们不让它发生变化,直到分割家庭共同财产时,或者在对共同继承财产进行析产时,总是要将确定继承财产的界限上溯到继承财产开始时的状况,确定遗产的总额是多少,每个人继承的份额是多少,然后进行分割析产,分配到每个继承人。正是从这个观念和处理共同继承财产析产的角度上观察,共同继承财产的潜在应有部分具有极为稳定的特点。这一点,在家庭共有财产消灭、家庭共同财产分割的时候,就会明显表现出来,并主宰着财产的分割。

3. 家庭共有财产其他组成部分的潜在应有部分

相对于夫妻共同财产和共同继承财产这两种家庭共有财产的组成部分而言,其他家庭共有财产的组成部分,其潜在应有部分不具有这些特点,它们也存在潜在的应有部分,但是这个潜在应有部分是变动的、动态的。一方面,它们随着具体的共有人对家庭共同财产的贡献大小而发生变化,并不是一个相对稳定的潜在应有部分;另一方面,它们受夫妻共同财产和共同继承财产的稳定的潜在应有部分的影响,从比例上在不断地变动着,而不是固定不变的。

（三）具体影响

正是由于在家庭共同财产中不同的组成部分的潜在应有部分的情况不同，从表面上看，它对家庭共同财产的存在并不发生质的变化，但却在潜在地发生着决定性的影响。这种影响，直到家庭共有财产关系消灭，家庭共同财产分割时，最终表现出来，其潜在发挥的作用变成了实实在在的发挥决定的作用。这就是，在分割家庭共同财产时，应当特别注意家庭共同财产构成的各个部分潜在应有部分的影响，准确分割家庭共同财产，而不是像一般共同共有财产分割那样进行平均分割。

二、家庭共有财产的终止

家庭共有财产关系终止的原因，是作为家庭共同生活成员请求终止家庭共有财产关系，致使家庭共同生活关系消灭。只要家庭共同生活关系消灭，就引起家庭共同共有关系终止，家庭共同财产就要被分割，转变为个人单独所有。

家庭共同生活关系的消灭，可以分为全部消灭和部分消灭。在这一点上，家庭共同生活关系与婚姻关系不同，婚姻关系只能由两个人构成，夫妻双方只要离婚或一方死亡，婚姻关系即行消灭。而家庭关系由父母子女等近亲属构成，一般应当有三人以上，父母离婚或者某一家成员死亡，不可能引起家庭关系的全部消灭，只是引起部分消灭；只有家庭成员剩下一人时，家庭共同生活关系才全部消灭。由于必须具备同财、共居两个条件才发生家庭共有财产，因而并非家庭共同生活关系消灭就一律引起家庭共有财产的终止，只有共居关系消灭，且是由同财的家庭成员的原因而引起时，才使家庭共有财产发生终止的法律后果。

综合起来分析，家庭共有财产关系依下列事实而消灭：

（一）实行家庭共有财产关系的约定终止

家庭共有财产的建立，是在家庭共同生活关系存在的前提下，依约定发生的。当该约定完成时，家庭共有财产关系即行消灭。例如，该约定有一定期限的，以该期限到来为家庭共有财产关系的终期；约定一定条件的，以该条件成就的日期为家庭共有财产的终期。如果该约定未设定共同共有关系消灭的期限或条件，则家庭共有财产的共有人另行约定终止家庭共有财产关系的，依约定而终止共有关系，使全部共有关系消灭。

（二）家庭共有财产的共有人分出

共有人从家庭共有关系中分出，如果家庭共有财产关系中还有两个以上的共有人，为部分消灭共有关系；如果剩下的两个人是夫妻，也消灭家庭共有财产关系，仅剩下夫妻共有财产关系；如果仅剩一个共有人，则全部消灭共有关系。

共有人从家庭共有中分出，最常见的是已婚子女分家另过。《瑞士民法典》第 344

条第2款规定:“共有人中一人,在其结婚时,可无须通知终止而请求清算。”这一规定可以参考。

子女调外地工作,虽未成婚但因无共居条件且不同财的,亦为分出,终止共有关系,但约定继续同财的除外。

共有人之一因重大原因请求终止,也是一种分出的情况,是指在家庭共有财产关系存续期间,共有人因其他重大原因而要求从共有关系中分出,终止共有关系。这种请求是当然发生终止共有关系的效力,抑或还须其他共有人同意,当取前者。

(三)家庭共有财产的共有人死亡

共有人中的一人死亡,部分消灭家庭共有财产关系。如果在共有人之一死亡后,只剩一个共有人时,则家庭共有关系全部消灭。

共有人死亡时,如果他的继承人不是共有人时,该继承人有权请求分割家庭共有财产,从中析出该共有人的遗产予以继承。如果死亡的共有人遗有有继承权的直系卑血亲时,经其他共有人同意,该直系卑血亲可以代替其被继承人,继续共有关系,成为新的共有人,或者增加自己在共有财产中的潜在应有部分;也可以要求继承遗产,独立享有所有权。

至于继承人是共有人的,继承的遗产是否仍作为共有财产,依原约定,没有约定的,依继承人的意思表示为之。

(四)其他事由

在《瑞士民法典》中,还规定如下终止家庭共有关系的事由:一是共有人中一人的共有财产被扣押,且已受作价处分时;二是共有人中一人破产时,对此,其他共有人可以开除上述共有人,或替其清偿债务,终止该共有人的共有关系。这种规定可以借鉴,我们倾向采纳这种做法,或者由家庭共有财产的各共有人协商决定。

家庭共有财产关系全部消灭的,分出的原共有人和尚在一起共同居住的原共有人可以组成新的共有关系,建立新的家庭共有财产。在其他共有人分出,只剩下夫妻以及没有财产收入的子女共同生活时,构成夫妻共同财产,原家庭共有财产应视为全部消灭。部分共有财产消灭,剩余的部分共有财产继续存在,继续实行共有关系。

三、家庭共同财产的分割

对家庭共同财产的分割也称作分家析产。但是,分家实际上是说家庭共同生活关系的解体和家庭共有财产关系的消灭。析产才是指家庭共同财产的分割。

在我国民间,事实上存在两种分家析产:一种是分割家庭共有财产,即真正意义上的析产,终止家庭共有财产关系;另一种并非分割家庭共有财产,而是父母出于防止子女间在日后发生纠纷的动机,把自己积蓄的财产分给子女或其他家庭成员。这种情况，是父母把自己的财产赠与给子女或其他家庭成员，并不是分割家庭共有财产。这是两种不同的情况，但在现实生活中往往都交织在一起，应当认真加以区分。

分割家庭共有财产应当遵循以下方法：

（一）确定家庭共有财产范围

这是确定应当分割的财产的范围，如果家庭共有财产范围不能分清，则可能使分割不完全，或者分割了不属于家庭共同财产的财产。确定家庭共有财产范围，应首先确定家庭共有关系终止的时间，以此时间为准，以后的财产不再作为家庭共有财产。其次，应将家庭成员个人的财产分开，防止将个人财产混入共有财产中一起分割而损害个人的财产权益。最后，还应当将混入家庭共有财产的其他财产，如寄托的他人财产、代管的他人财产等，从家庭共有财产中分离出去。

（二）确定家庭共有财产的权利主体

该权利主体即共有人，以为家庭成员和将所得财产归入共同财产为必要条件。在理论研究和实务中，一般称家庭财产共有人为对家庭共有财产作出贡献的家庭成员，这样说比较形象、具体，可以采用。虽是家庭成员，但如果没有财产所得，或者有财产所得却未将其纳入共同财产范围，均不是家庭共有财产的权利主体，对家庭共有财产不享有共有权，因而也无分割家庭共有财产的权利。分割家庭共有财产将只在有分割权的共有人中进行。

（三）确定各共有人应当分得的份额

在共同共有中不分份额，家庭共有财产也同样如此。但家庭共同共有与合伙共同共有、夫妻共同共有有所不同，即夫妻共同财产没有份额的概念，而家庭共同共有按贡献、合伙共同共有按约定或按出资额，都有潜在应有部分存在，对这种区别不能忽视。前文对家庭共同财产的潜在应有部分作出详细阐释，就是为了说明这个问题。因此，当分割家庭共有财产时，原则上是均等分割，但要依各共有人的贡献大小区分差别，即在贡献大小相等的情况下才均等分割，贡献有明显差别时，分割应体现差别。对此，前苏联的做法是，全体成员之间均等划分；此后，由于有劳动能力的成员生产时间短，或者自己投入劳动和资金数量不大，该成员的份额应该减少，减少的部分财产分配给其他成员。[①] 这种办法不仅烦琐，亦不合理。事实上，父母和子女共同生活，在一般情况下，父母的收入要远远超过子女的收入，完全均等分割是不合适的。

应当结合贡献大小，计算出各共有人的份额，首先分出父母的夫妻共同财产，如果有共同继承财产的，还要分出共同继承财产，对遗产在继承人中进行析产，然后分出各其他共有人的份额。

---

① ［前苏］B. T. 斯米尔诺夫等：《苏联民法》（上卷），中国人民大学出版社 1987 年版，第 334 页。

确定上述份额时,对于负担抚养、赡养、扶养其他家庭成员义务的共有人应当适当多分。

具体分割家庭共有财产的办法,应依分割共同财产的一般办法,主要是:

实物分割。家庭共有财产均为集合物,可按实物进行分割。对于可分物也应进行实物分割,每人分得若干部分。

变价分割。对于某些不可分或分割后损害其经济价值的共有物,或者共有人均不愿采取实物分割的共有物,可以变价出卖,将变价款进行分割。

作价补偿。对于某些不能分割,或虽可分割但有的共有人愿意取得实物、有的共有人不愿意取得实物的,可以将该共有物归愿意取得实物的共有人所有,对其他共有人作价补偿。

下卷　继承法

第一编　继承法与继承权

第十二章　继承与继承法

第一节　继承概述

一、继承的概念和特征

(一)继承概念的法律界定

继承是一个多含义的概念。从最广义上说,是指对前人事业的承接和延续。这是政治学和社会学关于继承的含义。民法中的继承概念有广义与狭义之分:广义的继承,是指对死者生前权利义务的承受,不仅有财产继承,还有身份继承;[①]或言之,继承者,乃有法定亲属身份者之间,因法定原因而继承他方法律上地位之谓也。[②] 狭义的继承,是指对死者生前的财产权利义务的承受,又称为财产继承。日本将继承称为相续,指的就是财产在亲属之间的相续。古代法中的继承是就其广义而言的,而现代法上的继承一般是指其狭义来说的。[③]

继承法使用继承的概念是狭义概念,即财产继承,是指自然人死亡时,其遗留的个人合法财产归死者生前在法定范围内指定的或者法定的亲属依法承受的法律制度。

在继承中,生前所享有的财产因其死亡而移转给他人的死者为被继承人,被继承人死亡时遗留的个人合法财产为遗

---

① 陈苇:《婚姻家庭继承法学》,群众出版社2012年版,第305页。

② 李宜琛:《现行继承法论》,国立编译馆1947年版,第19页。

③ 郭明瑞等:《继承法》,法律出版社2004年第2版,第1页。

产，依法承受被继承人遗产的法定范围内的人为继承人。

（二）继承的法律特征

1. 继承因自然人死亡而发生

生存的自然人为独立的民事主体，对自己所享有的财产自主地享有权利和承担义务。自然人死亡后，不再具有民事权利能力，不再是民事法律关系的主体，其原享有的财产权利和负担的义务需要由人承受，因而产生继承问题。因此，继承是因自然人死亡而发生的法律制度。

2. 继承中的继承人与被继承人存在特定亲属身份关系

被继承人死亡后发生继承，但并非任何人都可以参加继承，只有与被继承人存在一定亲属身份关系的人才可以作为继承人参加继承。按照《继承法》的规定，继承人（包括法定继承人和遗嘱继承人）都是与被继承人有密切关系的亲属；无亲属身份关系的人不能作继承人，只能作为遗赠人。即使能够继承遗产的亲属，也仅限一定范围内与被继承人具有近亲属身份的人。

3. 继承是处理死者遗产的法律制度

在现代法，继承的标的只能是财产，而不能是其他标的。因此，继承的发生须以死者财产的存在为前提。继承以私有财产的存在为前提，在没有任何私有财产存在的社会，不会有也不可能存在继承制度。

4. 继承是继承人概括承受被继承人财产权利和义务的法律制度

自然人死亡，其财产权的主体必定发生变更。因此，继承是财产所有权转移的一种基本方式。不过，继承中的财产转移与一般的财产转移不同：一般的财产转移是个别财产的转移；而继承则是被继承人财产权利和义务的整体概括转移。只有依法由继承人概括地承继被继承人在财产关系中的法律地位的法律现象，才属于继承。①

二、继承的本质

（一）关于继承本质的学说

继承的本质也称为继承的根据，是指继承人基于何种原因承受被继承人的遗产。对此，主要学说有以下几种：

1. 意思说

该说认为，继承的根据在于被继承人的意思，依被继承人的意思，财产由被继承人

---

① 我国《继承法》规定了其他一些因自然人死亡而发生的财产的转移的情形，如因遗赠扶养协议而发生的死者财产的转移，由于不属于概括承受，不属于继承。之所以规定在《继承法》中，是因为涉及死者遗产的处理问题。

转移于继承人。正因为继承决定于死者的意思，所以，被继承人有立遗嘱的自由，在无遗嘱时，立法者也应根据人的自然情感推测死者的意思，按照法定继承来确定。这种学说是自然法学派观念在对继承本质认识上的反映。他们认为，一切权利义务变动的根据，都应求诸于个人的意思，继承权也不例外。英美法系国家的继承立法较多体现了意思说，看重个人意思，推崇遗嘱自由原则。

意思说强调近现代民法的意思自治精神，寻求被继承人的意思来解释继承的本质，具有一定的合理性。但把个人意思、遗嘱绝对自由作为继承的本质，过分强调个人意思与遗嘱自由，忽视了继承制度存在的其他重要因素。20 世纪后，起初实行遗嘱绝对自由的英美法系国家对遗嘱自由也进行限制，体现了这种学说存在不合理之处。

2. 家族协同说

该说认为，继承是由于家族协同生活而发生的，没有一体的协同生活或协同感者，不应继承。依照该说，个人死后其财产应传于一定的家族或亲属；即使被继承人得立遗嘱，遗产的一定数额也必须留给某些法定继承人。该学说对遗嘱自由持怀疑甚至否定态度。如黑格尔在《法哲学原理》一书中认为，遗嘱依个人意志处理财产，其中有很多偶然性、任意性、追求自私目的的企图等因素在起作用，承认有权任意订立遗嘱，很容易造成伦理关系的破坏。遗嘱自由应当受到严格限制，以免破坏家庭的基本关系和违反家庭的实体性法律。死者的遗嘱之所以得到承认，也是因为家庭对已死家庭成员的热爱和崇敬。[①] 还有学者认为，同时代的横的共同生活不同于纵的共同生活，人的生活不仅是生存中的共同生活，还得承继前代人的生活并传至下一代，继续自己的生活。这种纵的共同生活是继承产生的母胎，继承系为人类自祖先以至乃子乃孙，维持过去、现在、未来之纵的共同生活的必然现象。

该学说具有一定的合理性。家庭至今仍是社会的基本单位，人们普遍希望将自己身后的财产继续留在家庭中，以保障自己的家庭成员尤其是配偶和后代的生活。各国继承法将与死者共同生活的近亲属确定为法定继承人，设立特留份制度，即体现了家族协同说的思想。[②] 但家族协同说强调家庭共同生活，忽略被继承人的意思，否定遗嘱自由；而且随着社会的进步、经济的发展，人们私有财产的大量增加，男女平等观念的确立，导致了人们的家族观念日趋衰落，仍用家族协同说来揭示继承的本质，则显捉襟见肘。

3. 死后扶养说

该说认为，继承的根据在于死者的扶养义务。对一定范围内的宗族或亲属负有扶

---

① ［德］黑格尔：《法哲学原理》，范扬、张企泰译，商务印书馆 1996 年版，第 191 ~ 192 页。

② 刘文：《继承法比较研究》，中国人民公安大学出版社 2004 年版，第 7 页。

养义务的人,不仅于生存中应当扶养,即使于其死后也应继续扶养。继承人正是基于负有扶养义务的人死亡后受扶养的权利而有权继承遗产的。依照此说,受扶养权利人与继承人应是一致的,不需要扶养的家族成员或亲属,不论其与被继承人的关系如何密切,也不得有继承权,遗产继承的范围应以扶养所必要者为限。德国、瑞士等国的应继份制度以及配偶、非婚生子女对遗产的扶养请求权,即体现了这一学说。

该学说强调扶养义务,尤其是在法定继承中具有合理性。我国也有学者认为对继承的本质应当以意思说为主,死后扶养说为辅。[①] 但是,继承不仅仅包括法定继承,还有遗嘱继承。而且在法定继承中,有的继承人不需要扶养,也可以通过继承取得遗产。换言之,继承人从来也不限于受扶养的权利人。过于强调继承是对需要扶养的权利人的死后扶养,也同现代社会保障制度不符,因为需要扶养的人除了通过继承取得遗产,更重要的是需要社会保障制度的保护。

4. 无主财产归属说

该说认为,人的人格因死亡而消灭,人于生存中虽为财产的主体,但于死亡后其财产则成为无主的财产,该无主财产应归属何人,则属于继承问题,全由国家的立法政策而定。现代立法把继承人限定在一定范围内的亲属,就是这种学说的体现。[②]

5. 共分说

该说认为,被继承人的财产上原本有三个所有权,即本人的所有权、亲属的所有权和国家的所有权。因为本人的财产中包含有亲属和国家的帮助,所以,在被继承人死亡后应属于亲属的部分归于亲属(法定继承),应属国家的部分由国家收回(遗产税),属于本人的部分则由本人自由处分(遗嘱处分)。共分说将被继承人财产上拟制为三个所有权,则与遗产的性质不符合。

6. 先占说

该说认为,死者的一切权利义务均随主体的死亡而消灭,故其财产也成为无主物,最先占有者取得其权利。而死者最近的亲属居于最先取得此无主物的地位,故各国法律皆规定死者近亲属取得遗产。先占说无法解释继承是遗产所有权的继受取得方式,因为先占是原始取得。

(二)我国继承法对继承本质的认识

我国对继承本质也有不同认识。有的认为,"决定继承制度的直接根据是家庭的结构、职能和人们的愿望,而家庭的结构、职能和人们的愿望从最根本意义上是由该社会的经济基础决定的。"[③]有的认为,"财产继承作为一项法律制度是由社会的经济基础

---

① 冯乐坤:"继承权本质的法理透析",载《法律科学》2004 年第 4 期。

② 史尚宽:《继承法论》,中国政法大学出版社 2000 年版,第 6 页。

③ 张玉敏:《继承法律制度研究》,法律出版社 1999 年版,第 18 页。

决定的，有什么样的经济基础，就有什么样的财产继承制度。”①这些从社会所有制或经济基础的视角分析继承的本质，难免脱离现实，因为无论是私有制社会还是公有制社会都存在基础法律制度，即使同在私有制社会，各个时期和各个国家的基础法律制度也有很大差异。因此，应当寻找新的视角探求继承的本质。

现代法上的继承根据有两个：

1. 继承人生活保障

在现代社会下，“家”中财产权利人死亡时，对此财产之储蓄有所协助者，或于过去、现在以及将来须依靠此财产始能维持其生活者，理应有权利主张取得该死亡人所遗财产。继承即因家族共同生活体内之一构成员死亡，为避免其他构成员之生活陷入绝境，而使其与此共同生活曾有关系之特定生存人，承继该死亡人遗产之制度。

2. 社会交易安全保护

被继承人死亡后，如果其债务亦归于消灭，无从保护被继承人的债权人，因而不能保护交易安全。故被继承人所遗的债权、债务，均应为继承的标的，而由继承人继承，才能够保证社会交易安全。原因是，继承制度虽以继承人生活的保障为目的，但维护被继承人债权人的权益不容忽视，故为保护继承债权人利益，而可牺牲继承人权利之最大限度，宜限于继承积极财产范围之内，始可谓合情合理。②

继承的发生有其自然原因，也有其社会原因。从自然原因上说，继承决定于人类历史的无限性和人的生命的有限性。由于每个个人的生命是有限的，而人类的历史又是无限的，人类的生命也就具有延续性；因此自有法律以来，就会发生后人承受前人的权利义务问题。从社会原因上说，出于社会生产和再生产的需要，有了个人财产的存在和将这种个人财产关系维持下去的社会需要，才会发生后人承受前人权利义务的问题。人类的生产本身又有两种：一方面是生活资料即食物、衣服、住房以及为此所必需的工具的生产；另一方面是人类自身的生产，即种的繁衍。可以说，继承正是基于这两种生产的社会需要而产生的，实质上是一种社会关系的更替。③

三、继承的分类

（一）遗嘱继承与法定继承

以继承人继承财产的方式为标准，可以将继承分为遗嘱继承和法定继承。这是对继承最基本、适用范围最广泛的分类。

---

① 刘春茂主编：《中国民法学·财产继承》，中国人民公安大学出版社1990年版，第33页。

② 陈棋炎等：《民法继承新论》，三民书局2001年版，第5～7页。

③ 郭明瑞等：《继承法》，法律出版社2004年第2版，第5页。

遗嘱继承是指于继承开始后，继承人按照被继承人的合法有效的遗嘱继承被继承人遗产的一种继承方式。在遗嘱继承中，具体的继承人、继承顺序、应继份、遗产的管理、遗嘱的执行等都由被继承人在遗嘱中指定，也就是直接决定于被继承人生前的意思。因此，遗嘱继承也被称作“指定继承”，与法定继承相对应。

法定继承是指继承人范围、继承顺序、继承条件、继承份额、遗产分配原则及继承程序均由法律直接规定的继承方式。在法定继承中，有关继承的各个方面是由法律直接规定的，而不是由被继承人的意思直接确定的。

从整体上说，法定继承与遗嘱继承自古代社会就一直存在，不过在不同时期、不同国家，对遗嘱自由的限制程度不同。从产生的历史上说，法定继承先于遗嘱继承。因遗嘱继承需要更高的法律技术，故以前者为旧，以后者为新，殊无疑问。① 但从适用上说，遗嘱继承优先于法定继承。

（二）限定继承与无限继承

以继承人继承被继承人财产权利义务的范围为标准，可以将继承分为限定继承和无限继承。

限定继承又称有限继承，是指继承人得仅于一定的范围内继承被继承人的财产权利和义务的继承。在有限继承，继承人继承被继承人的债务仅以遗产的实际价值总额为限度，对于被继承人生前所欠债务超过遗产的实际价值的部分，继承人可不负清偿责任。

无限继承又称为不限定继承，是指继承人必须承受被继承人的全部财产权利义务的继承。在无限继承，即使被继承人的债务超过其财产权利，继承人也须继承被继承人的遗产，而不得拒绝，继承人须以自己的财产清偿被继承人生前所欠的全部债务。所谓的“父债子还”，就是无限继承的表现。无限继承强调的是保护被继承人的债权人利益。

也有的学者根据继承人有无限制的标准来区分有限制继承与无限制继承。凡有血缘关系的人均得继承而不加限制的，为无限制继承；而将继承人限定于一定范围内有血缘关系的继承，为有限制继承。这种区分实际上涉及法定继承人的范围问题。

（三）共同继承与单独继承

以得参与继承的人数为标准，继承可以分为共同继承和单独继承。

共同继承是指依法律规定由数个继承人共同继承被继承人的遗产。共同继承人是指共同继承的数个继承人，只能是同一顺序的法定继承人。因为法定继承人的继承顺序具有排他性，若前一顺序的继承人存在，则后一顺序的继承人不得参加继承，也就

---

① 陈棋炎等：《民法继承新论》，三民书局 2001 年版，第 8 页。

不可能成为与前一顺序的继承人共同继承的共同继承人。现代法规定的继承一般为共同继承,而且由于共同继承人之间涉及遗产的分割,容易发生纠纷。考察各国继承立法例,根据继承人的应继份,共同继承又可分为均等份额继承和不均等份额继承。均等份额继承也称为共同平均继承,是指同一顺序的继承人原则上应均分遗产;不均等份额继承,也称为共同不平均继承,是指共同继承人得继承的遗产份额不均等,其中特定的继承人比其他继承人的应继份多,其他继承人的应继份少。共同继承只发生在法定继承中;遗嘱继承中由于指定继承人的遗产份额已经确定,不存在遗产份额的分配问题,不区分共同继承。

单独继承是指法律规定继承人仅为一人的继承,即仅由亲属中的一人继承被继承人的遗产。如仅由长子继承、幼子继承、旁系继承(如兄亡弟继)等。因单独继承中仅由一人继承被继承人的全部遗产,所以又称为独占继承。单独继承的继承人仅为一人,也是指法律规定的继承人仅为一人,而不是指实际上继承被继承人遗产的人仅为一个。单独继承是古代法上存在过的制度,现代法上已不存在单独继承。

(四)本位继承与代位继承

以继承人参与继承时的地位为标准,可以将继承分为本位继承和代位继承。

本位继承是指继承人基于自己的地位,在自己原来的继承顺序继承被继承人的遗产的继承。例如,依我国《继承法》的规定,配偶、子女、父母以及对公、婆或岳父、岳母尽了主要赡养义务的丧偶儿媳或女婿为第一顺序法定继承人,由这些人参与继承时即均为本位继承。本位继承无论在法定继承还是在遗嘱继承中都存在。

代位继承是指在直接应继承被继承人遗产的顺序者不能为继承时,由其直系晚辈血亲代其地位的继承。如依我国《继承法》的规定,被继承人的子女先于被继承人死亡的,由被继承人的子女的晚辈直系血亲代位继承。在代位继承中,代位继承人只能在被代位人原来的继承顺位上继承被代位人应继承的份额,而不论代位继承人有几人。

(五)财产继承与身份继承、祭祀继承

以广义的继承的继承对象(标的)为标准,可以将继承分为财产继承、身份继承与祭祀继承。这种分类只是在历史上具有意义,现代继承法不作这样的分类。

财产继承是指继承的对象仅为财产权利义务的继承。在财产继承中,继承人只能继承被继承人的财产权利义务,而不能继承人身等方面的权利义务。在现代各国的继承法中,人们从死者承受的只能是财产权利义务,继承仅为财产继承。

身份继承是指以死者生前的身份地位为继承对象的继承。在身份继承中,继承人继承的是被继承人的身份权利,如官职、爵位、户主身份等。在古代社会,财产关系依附于身份关系,财产继承也依附于身份继承。所谓的继承,首先是对身份的继承,谁继承了身份,谁也就同时继承了财产;相反,能继承被继承人财产的人不一定能继承被继承人的身份。

祭祀继承是指承受祭祀宗庙资格的继承。在祭祀继承中,继承人继承的是祭祀祖先的权利义务。祭祀继承人有权继承财产,也继承被继承人的身份。古代社会通行的嫡长子继承制就是与祭祀继承联系在一起的。我国古代的宗祧继承制也是集祭祀继承、身份继承与财产继承合为一体的继承制度,有祭祀继承权的人既可继承被继承人的身份权,也可继承被继承人的财产权。现代继承法的继承不包括祭祀继承,祭祀继承与财产继承分离。

第二节 继承法的概念和性质

一、继承法的概念

继承法是指调整因自然人的死亡而发生的继承法律关系的法律规范的总称。

继承法有实质意义上的继承法与形式意义上的继承法之分。形式意义的继承法,是指冠以“继承法”名称的法律或民法典的“继承编”,如我国《继承法》及德国、瑞士、日本等国民法典中的继承编。实质意义的继承法,是指有关继承关系的法律规范的总和。实质意义的继承法不仅包括形式意义的继承法,还包括其他法律和法规中有关继承的规范、有法律效力的关于继承问题的规章、决定、指示等规范性文件以及最高人民法院有关继承的司法解释等。在继承法学中所研究的继承法是实质意义的继承法,不限于形式意义的继承法。

继承法应当规定如继承因何原因而开始、继承权应归属何人、继承人有何权利和责任、遗产应当如何清算和分配等内容。这些内容组成的继承法为固有意义的继承法。① 各国的继承法都并不限于上述内容。例如,遗嘱并不完全与遗产的转移有关。立遗嘱人在遗嘱中不仅得指定继承人、遗嘱执行人及对遗产的分配办法,而且还可以通过遗嘱指定其未成年子女的监护人等。尽管有的法学家主张将遗嘱规定于民法总则中,而不规定于继承法中但遗嘱大都是针对有关继承的事项而作的,且各国的立法大多将遗嘱规定于继承法中,这种做法并无不当。

---

① 参见史尚宽:《继承法论》,中国政法大学出版社 2000 年版,第 12 页。

二、继承法的性质

继承法的性质是指继承法的法律属性,一般从以下几方面来理解。

(一)继承法为私法

继承法是规定因自然人死亡而发生的财产继承法律关系的,它规定的是私人之间的关系,不涉及公权力事项,因而属于私法,不属于公法。民法的根本属性是私法,是规范市民社会的法;继承法作为民法的组成部分,也当然具有私法的属性。明确继承法的私法性质,有助于正确理解继承法的立法精神,正确处理继承纠纷,更好地保护自然人在继承上的合法权益。

(二)继承法为普通法

继承法是普通法而不是特别法。因为财产继承关系是自然人之间普遍存在的社会关系,继承法是适用于所有自然人的,而不是仅适用于某一部分人。凡我国公民,不论其性别、年龄、出身、职业、文化程度、社会地位如何,均适用我国继承法,依继承法的规定享有继承权,并受法律的平等保护。继承法中有一些特别规定,例如,按照我国《继承法》第35条的规定,民族自治地区可以根据继承法的原则,结合当地民族财产继承的具体情况,制定变通或者补充规定。这类由民族自治地区制定的有关继承的变通或者补充的特别规定,是继承法的特别法。

(三)继承法为实体法

继承法规定继承的开始、继承关系的主体、继承人的权利义务、继承权的客体等有关主体事实上的权利义务的实质性问题,属于实体法。继承法也存在一定的程序性规定,比如关于遗嘱订立的程序、遗产分割的程序等,但这些不是程序法意义上的程序,依然属于实体法意义内的程序,因为这些程序也是针对一些实体权利义务的规定。

(四)继承法为强行法

继承法的绝大多数规范是都是强行性的,而不是任意性的,不允许当事人任意变更。继承法也有一些任意性规定,并非全为强行性规范;但从整体上说,继承法应为强行法。继承法之所以为强行法,是因为继承不仅涉及继承当事人的利益,而且关系家庭关系的稳定和社会利益,也关系对继承债权人的利益,与社会的政治、经济、伦理、道德都有密切联系。

(五)继承法为固有法

固有法是指保留了较多的国家、民族和历史传统的法律。固有法相对应于移植法。在我国,继承法根植于本国、本民族,在许多方面体现了我国的现实国情和民族的历史传统,并吸纳了许多习惯因素,因而是固有法。但这并不意味着我国继承法律制度是自我封闭的体系；相反，该制度的建立也借鉴了国外成熟的立法经验，并对我国继承法律进行了完善。

（六）继承法为兼有身份权法性质的财产法

在继承法是财产法还是身份法的问题上，学者有不同看法，争论较为激烈。主张继承法为身份法的理由是，继承法虽然规定财产转移的条件、方式和效力，但这不过是身份继承的伴生效力，继承法的本旨在于规定有一定身份关系的人继承被继承人财产的条件，即规定以身份关系为基础而发生的权利，因而继承法为亲属法的补充，本质上应属于身份法。① 认为继承法属于财产法的理由是，继承法规定的是财产转移的方式、效力和条件，其本质上为财产法，即使在容许户主权继承的法制，在今日户主权已经没有社会意义，故户主权继承、遗产继承，均应认为亲属财产法。② 主张兼有身份法和财产法的理由是，现代财产属于个人支配，身份继承大都已被废止，承认财产继承，在法定继承中，继承权虽仍然为附随于一定亲属或家属地位的权利，但已不是亲属身份关系的当然效力，尤其在指定继承，依遗嘱进行的财产处分不以有此关系为前提，故谓之纯粹的身份法不适当。但是在私人所有权基础之上，法定继承仍然以近代家族的共同生活关系为着眼点，故继承法实为财产法与亲属身份关系的融合，以之为亲属身份关系上的财产法。③

继承法是兼有身份法性质的财产法，在性质上属于以亲属身份关系为基础的财产法。④ 在我国继承法中，身份关系对继承法具有重要作用。尽管继承法在本质上属于财产法，但继承权是以一定的身份关系为前提，没有亲属身份关系，就没有继承的发生，也就没有继承制度。因此，继承法是融合了身份法和财产法的法律。

三、继承法的立法体例

继承的立法体例，是指继承法的立法形式，也被称为继承法的地位，即继承法在民法中所采的特别法主义或者法典主义。⑤

（一）各国继承法的立法体例

继承法虽为民法的一个重要组成部分，但各国对继承法的编制体例有所不同。

---

① ［日］柳川：《相续法注释》（上），第16页，转引自史尚宽：《继承法论》，中国政法大学出版社2000年版，第14页。

② ［日］近藤：《相续法论》（上），第34页，转引自史尚宽：《继承法论》，中国政法大学出版社2000年版，第14页。

③ 史尚宽：《继承法论》，中国政法大学出版社2000年版，第14页。

④ 张玉敏：《继承法律制度研究》，法律出版社1999年版，第7、8页；刘文：《继承法比较研究》，中国人民公安大学出版社2004年版，第12页。

⑤ 胡长清：《中国民法继承论》，商务印书馆1936年版，第1页。

1. 特别法主义

采取特别法主义立法的国家，将继承法作为民事特别法予以单独立法。采取这种立法体例的，主要是实行判例法的国家和一些未制定统一民法典的国家。因为在这些国家没有成文的民法典或者统一民法典，对于继承问题只能通过单独制定继承法的方式解决。例如，英国早在1837年就颁布了《遗嘱条例》，规定遗嘱继承；1925年颁布的《遗产管理条例》及以后修改该法的法规（包括1952年的《无遗嘱继承条例》和1971年的《遗产管理条例》），规定了无遗嘱继承制度。印度调整继承的法律是1925年《继承法》，同时印度教徒和伊斯兰教徒关于遗产和继承的事宜还受他们各自的属人法支配。

2. 法典主义

采取法典主义立法的国家是将继承法作为民法典的一个组成部分，列入民法典。大陆法系中有民法典的国家均采用这种立法体例，如法国、德国、瑞士、日本、意大利等。在采取这种立法体例的国家，由于对继承法的认识不同，继承法在民法典中的位置也不同。主要有以下几种做法：

将继承法规定于民法典中的财产取得编。这种立法体例是将继承视为财产所有权转移的一种方式，将继承与买卖、赠与等取得财产的法律行为同等看待。法国即采这种立法体例，将继承法规定于民法典的第三编"取得财产的各种方法"之中。

将继承法规定于民法的物权编。采取这种立法例的国家，是将继承权看做是财产所有权于所有人死亡后的自然延伸，继承法应为物权法的一部分。如奥地利就采取这种体例，将继承法规定于民法典的物权编，与占有、所有、质权、地役权等并列。

将继承作为民法中的单独一编。采取这种立法体例的国家认为继承权既不属于债权，也不属于物权，而是与身份关系相联系的一项独立民事权利，因而将继承法作为独立的一编，并将其置于亲属法之后；但有的是将继承法放在物权编之前，如瑞士民法典；有的是将继承法放在民法典的最后一编，如德国民法典、日本民法典。

（二）我国继承法的立法体例

对于我国现行的继承立法究竟采取的是何立法体例的问题，学界有不同看法。有的认为我国没有民法典，现行《继承法》为特别法，应属特别法主义。① 有的认为从我国的民事立法实践看，我国采取法典主义，而不采取特别法主义。尽管我国于1985年单独颁布了《继承法》，但这并不表示我国将继承法作为民法特别法看待。《继承法》仅是为了适应社会的需要，将民法的继承部分先以单行法的形式颁布，并且《继承法》也是在民法草案的基础上制定的。自《继承法》颁布施行后，我国又先后制定了《民法通则》、《合同法》等重要民事法律。现在我国的民法典的编纂工作正在进行，在2002年

---

① 刘文：《继承法比较研究》，中国人民公安大学出版社2004年版，第3页。

《民法(草案)》中,继承法是其中一编。因此,《继承法》于将来必是作为民法典的一个组成部分而存在,如同《合同法》、《物权法》和《侵权责任法》等一样。①

我国继承法采取法典主义立场。尽管目前是单独制定了《继承法》,但在观念上都将继承法作为民法一编看待。在适用上,继承中一些属于民法总则性的内容,应当适用《民法通则》的规定,如有关权利主体和民事行为能力、民事权利能力的规定等。

第三节 继承法的历史发展

一、古代社会的继承制度

继承作为古老的法律制度,萌芽于原始社会末期的父系氏族时期,成熟于国家出现之时。母系氏族时期,由于生产力水平极低,社会财富难以满足全体氏族成员的需要,加之人们要靠群体力量才能生存,不可能出现继承这一社会现象。随着生产力的进一步发展,男子的社会地位提高,父系氏族取代了母系氏族。在父系氏族时期,私有观念逐渐形成。持有私有财产的一些个体家庭首长产生了欲在死后将其财产留给家人的想法,社会认可后,便形成了原始习惯,调整着家庭私有财产的继承关系。当这种私有制的发展取代了原始公有制以及国家出现的时候,财产继承便成为靠国家强制力保证实施的法律制度。

奴隶制与封建制有着不同的经济基础,因而在继承法上也有不同的特点。在奴隶制社会,奴隶不是权利主体,只能作为"物",是奴隶主的财产,可以为继承权的客体;而且继承也只发生在自由民之间。在封建制社会,尽管在一定程度上也存在可作为物交换的奴隶,但被剥削阶级主要是农民。农民依附于土地,但却是有一定的自由和财产的权利主体,已经不是权利的客体。尽管继承主要是发生在地主阶级成员之间,但农民也可以为继承权的主体。诚然,由于各国的历史传统不同,古代各国的继承法也不完全相同。但从整体上说来,古代社会的继承制度呈现出以下特点。

(一)身份继承与财产继承并存以身份继承为主

古代社会是身份社会、等级社会,剥削阶级需要通过身份的继承来维护其统治地位,维系社会的等级关系,因而身份继承与财产继承是联系在一起的,并且身份继承是主要的,财产继承依附于身份继承。

① 郭明瑞等:《继承法》,法律出版社2004年第2版,第16、17页。

在我国古代,在战国以前主要通行"兄终弟及"的继承原则,兄长的身份由弟继承。自战国以后"兄终弟及"逐渐为"父终子及"代替,确立了父死子继、嫡庶有别的宗法继承原则。宗法是以血缘为纽带调整家族内部关系,维护家长、族长的统治地位和世袭特权的法则。在继承关系上,宗法的原则是嫡长子继承制,以嫡长子为主要继承人,继承宗庙的祭祀。在宗法继承制度下,家产往往作为祭祀义务的附属物而存在。最初,只有继承爵位、家族权力、宗庙祭祀的嫡长子才能继承家产。其后,在财产继承上"诸子有份",不仅存在嫡长子的身份继承,而且存在诸子的财产继承。①但在整个古代社会,身份继承一直是继承的主要内容,成为维护封建等级制的重要保证措施。

在古罗马法中早就确立了遗嘱继承制,而其创制遗嘱继承的目的首先也是为了保证家长身份和家庙祭祀能得以延续的需要。② 罗马家长利用遗嘱,选定能干的继承人为继任的新家长,以期维持己"家"之存续;如家长不采此措施时,则不得不依法遵行诸子均分原则,因而耕地细分,家族渐由乡土分离,其为继祖承孙之"家",将随而归诸消灭。③ 在古印度,《摩奴法典》规定,"独有长兄可得全部父产,其余弟兄应该像依靠父亲那样依靠他生活"。古希伯来法也规定由长子继承家长身份地位。

(二)通行单独继承,单独继承与共同继承并存

在古代社会,由于实行身份继承,在身份继承上通行单独继承制,即仅由子女中的一人继承被继承人的身份,如官位、爵位、家长的身份、祭祀祖先的权力等。在单独继承中,大多实行长子继承制,但也有实行幼子(即末子)继承制或弟弟继承制的。由于古代社会在身份继承的同时也存在财产继承,而在财产继承上往往是诸子有份,因而身份上的单独继承与财产上的共同继承并存。

我国自战国时期就出现身份继承与财产继承的并存现象,宗子单独享有身份继承权,他人则得享有财产继承权。至唐代,诸子均分财产已经法制化。唐代户令中的"应分条"中规定:"诸应分田宅者,及财物,兄弟均分。""兄弟亡者,子承父份。""兄弟俱亡,则诸子均分。""寡妻妾无男者,承夫分。"④后来,不仅婚生子得共同继承遗产,非婚生子也得继承一定的财产。在古印度,依《摩奴法典》的规定,"亲生子"、"田生子"、"过继子"、"收养子"、"秘密生子"和"遗弃子"是六种有财产继承权的亲属,"姑娘生子"、"随妻来子"、"买来子"、"再醮妇生子"、"自送子"和"首陀罗生子"为六种无财产继承权亲属。有财产继承权的亲属得继承父产。

---

① 程维荣:《中国继承制度史》,中国出版集团东方出版中心 2006 年版,第 230 页。

② 费安玲:《罗马继承法研究》,中国政法大学出版社 2000 年版,第 105 页。

③ 参见陈棋炎等:《民法继承新论》,三民书局 2001 年版,第 8 ~9 页。

④ 《宋刑统》,中华书局 1984 年版,第 197 页。

（三）否认男女继承权平等

在古代社会，无论是奴隶制社会还是封建制社会，都从法律上否认男女继承权的平等，当然这与以男子为中心的家族制度有直接关系。男女的继承权不平等主要表现在以下两个方面：

1. 女儿不能与儿子一样继承父产

我国古代最初不承认女子继承权，“男承家产，女承衣箱”，女子除得于出嫁时得到一定妆奁外，不得继承家业。后来，家中无儿子仅有女儿的，女子得因无兄弟而承继家业。至唐代，女子继承遗产虽已经制度化，但也仅以户绝者为限。在外国古代，女儿也不能与其兄弟一样继承遗产，只有未婚女儿可以分母亲的私房。古日耳曼法对动产的继承，继承顺序为子女、父母、兄弟、姐妹，但女子仅得男子遗产的一半，所以法谚说：“男子以双手接受，而女子则以一只手接受”；不动产则一般只能由儿子继承，无子交回马尔克公社。

2. 妻子继承夫家财产的权利受限制

在我国古代，妻子不能继承夫家的财产，丈夫死亡后，财产由儿子继承，妻子受儿子供养；无子孙的寡妇“守志”者，得占有、管理和使用丈夫留下的财产，但不得“擅卖田宅”，更不得于改嫁时带走亡夫留下的财产。印度《摩奴法典》规定，“未生儿子的女儿只要一死，女婿就可以立即把那份财产拿走”，但寡妇不能拿走亡夫的财产，“寡妇如果为无子的亡夫而与同族生了一个儿子，她应该把亡夫的全部财产交给那个儿子”。欧洲中世纪法兰克王国的法律承认，在同一亲等中男性优先，妻子不能继承丈夫的财产。

（四）土地为继承权的主要客体

古代社会是商品经济不发达的农业经济社会，土地是最主要的财产，遗产制度以土地所有制为基础，因而土地也就成为继承权的主要客体。在我国春秋前的奴隶社会，“普天之下，莫非王土”，宗子继承的首先是“封地”。后来土地私有制产生，土地也是由嫡长子继承。在欧洲中世纪，土地一般也由长子继承，即使在教会法的盛行时期，对土地的继承也受封建国家的法律来支配。

（五）继承方式以法定继承为主

古代社会的继承制度由于强调和特别重视身份继承，强调和特别重视对作为统治阶级经济基础的土地私有制的保护，因此在继承方式上主要以法定继承为主。法定继承主要是指身份继承和祭祀继承的继承方式。古代社会也已存在遗嘱继承。例如，在《汉穆拉比法典》中就有了关于遗嘱继承的规定，在罗马法中遗嘱继承制度已经比较完善。我国早在春秋战国时期也出现了遗嘱的形式。但总的说来，欧洲封建制社会由于受宗教的影响，在动产继承上遗嘱继承适用较广泛，不动产的继承则适用法定继承。在我国古代，遗嘱继承从未成为继承的主要方式，即使承认遗嘱继承，也是往往是以

"身丧户绝"为前提条件的。如《唐律·丧葬令》户绝条中"若亡人存日自有遗嘱处分,证验分明者,不用此令"的规定。

二、西方国家的近现代继承制度

西方国家的近现代继承制度是从中世纪的法律中发展而来,与资本主义工业化的要求相适应的。一方面,最初的资本主义继承法在立法上保留了封建制社会立法的一些痕迹;另一方面,随着资本主义生产力和生产关系的发展,各资本主义国家的立法不断修正,逐渐消除继承法中的封建残余。各西方国家的立法进程和形式也不完全一致,各自也都有自己的一些特点。

西方国家的近现代继承制度主要有以下特点:

(一)取消身份继承,仅实行财产继承

近代资本主义社会"从身份到契约",资本主义经济关系不再是一种等级制的身份关系,而是一种契约关系。资产阶级革命时就以"平等"、"自由"、"博爱"、"天赋人权"为旗帜。在资本主义的继承立法上,理所当然地要取消身份继承,以资本特权的继承代替了以身份继承为前提的封建特权的继承。在西方近现代社会,身份已不再是继承的对象,只有财产才是继承权的客体;继承就是指财产继承,不再包括身份继承。

(二)取消单独继承制,实行共同继承

单独继承制以封建土地私有制为基础、以身份继承的存在为条件,是子女法律地位不平等的法律表现。资本主义继承法为体现自由平等的精神,取消了单独继承制,而奉行共同继承制。例如,法国资产阶级于1790年就曾宣告废止长子继承制,实行遗产均分继承;并在资产阶级大革命胜利后制定的第一部民法典即《法国民法典》中明确规定了遗产均分继承的原则。该法第745条规定:"子女或子女的直系卑血亲,不分性别与长幼,即使属于不同的婚姻所生,均得继承其父与母、祖父与祖母或其他直系尊血亲的遗产。""子女或子女的直系卑血亲,在其均属于第一亲等并以自己的名义继承时,按人头与相同继份继承;在他们全部或一部是代位继承时,应按房数继承。"英国的继承制度受教会的影响很大,在继承中强调不动产继承与动产继承两种制度。在1925年的法律颁布前,对不动产实行"一子继承"制,对动产实行共同继承制。1925年的法律废除了一子继承制,其后对不动产和动产继承的区别也已不严格了。

(三)继承人的继承权仍存在事实上或形式上的不平等

虽然资产阶级提出了"自由"、"平等"的政治口号,以"自由"、"平等"为私法的基本理念,但资产阶级继承法上继承人继承权的"平等"却经过了一个漫长的发展历程而实际上仍是不平等的。最初的资产阶级继承法并没有体现其政治上所说的"人人生而平等",保留了封建法上的许多不平等条款。例如,非婚生子女的继承权与婚生子女的继承权不平等。依 1804 年《法国民法典》规定，非婚生子女不得为继承人，只有经合法认领的非婚生子女可以继承其死亡父母的遗产，但其并不能与其他婚生子女以同样的份额继承。1971 年 1 月 3 日的法律将这一制度修改为非婚生子女得为继承人，但仅取得婚生子女应继份的一半。《德国民法典》经 1969 年 8 月修订，在第 1934 条中承认非婚生子女可取得与婚生子女相等的遗产份额，但其权利为"遗产补偿请求权"，而未明确规定为继承权。

(四)遗嘱继承普遍适用，遗嘱自由与特留份制相结合

罗马法已有较发达的遗嘱继承。在欧洲中世纪，由于教会的影响，对动产继承也普遍实行遗嘱继承。受这两方面因素的影响，加之资产阶级强调"自由"，西方各国的近现代继承法普遍适用遗嘱继承，实行遗嘱自由原则，遗嘱继承成为遗产继承的主要方式。各国也普遍对遗嘱自由予以一定的限制，但限制程度不同。一般说来，大陆法系的国家对遗嘱自由的限制较多，在法律上规定了特留份制度，立遗嘱人不得以遗嘱剥夺继承人依法定继承应得到的遗产的全部，而须保留其应继份。普通法系的国家原来对遗嘱自由一般不加限制，立遗嘱人得以遗嘱自由处分其财产；在现代，普通法系国家也对遗嘱自由予以一定限制。例如，英国在 1938 年以前实行遗嘱绝对自由。立遗嘱人的遗嘱不仅不须经过任何人的同意，只要依一定的形式作出即发生法律效力，而且立遗嘱人可以遗嘱剥夺任何法定继承人的继承权，可自由地处分其全部财产。1938 年制定的《家庭供养条例》则对遗嘱自由予以一定限制，准许某些受扶养人(如果再无人扶养)向法院提出申请，要求从遗产中拨付生活费用。死者的配偶、未成年的儿子、未婚的女儿、无劳动能力或不能维持自己生活的子女以及被继承人死亡时并未再婚的前配偶，经法院审核后，均可享有此项"法定权利"。第二次世界大战后，特别是经 1966 年《继承法》和 1969 年《家庭法改革令》对 1938 年法律的修正，享有"法定权利"的继承人的范围进一步扩大，死者的所有子女(包括非婚生子女和收养的子女)都在该范围之内。可以说，现代西方国家的继承法实行的是遗嘱自由与特留份相结合的原则。

(五)重视维护遗产集中，避免资本分散

资本主义各国继承法对遗产原则上采取均分制，但均分制易造成资产分散，故各国也采取一些特别制度以维护资本的集中。例如，法国依据 1961 年的法律，如果遗产规模只够维持最低限度的农业经营，便可认可由生存配偶与未成年直系卑亲属共有此项遗产，而不予以分割；后来这一制度也扩大适用于农业以外的家族经营事业资产。在德国，农场也由一子继承，以维系经营事业资产的集中。

三、中国近现代继承制度的立法

中国继承法的历史沿革，民国时期的学者将其分为四个时期，即第一时期是光绪

三十三年(1907年)之前即古代继承法时期;第二时期是光绪三十三年底至1928年(民国十七年)即民国民律三草,第三时期是1928年至1930年(民国十九年)即民国民法继承编立法及通过;第四时期是1930年(民国十九年)开始正式实施民国民法继承编。[1] 这个分法并不准确,不过可以说明一点,即中国继承法的近现代化是从1907年开始的。

中国近现代继承法的立法始于清末民初。清光绪三十三年(1907年)由沈家本等三人为修订法律大臣,开始主持制定民律,于宣统三年(1911年)八月完成《大清民律草案》。其第五编为继承法,共分为六章,包括总则、继承、遗嘱、特留财产、无人承认之继承、债权人或受遗赠人之权利共计110条。

1925年北洋政府又着手制定民法,该民法草案的第五编也为继承法。这一继承法草案是以《大清民律草案》继承编为基础,并吸取了《大清现行刑律》中民事有效部分及历年大理院的判例拟定的。该继承法草案将原草案中的继承一章分为宗祧继承、遗产继承、继承人未定及无人承认之继承三章,继承法共计225条。这部法律草案也未经正式通过,仅由北洋政府司法部于1926年11月通令各级法院在司法中作为法理加以引用。

1927年6月,南京国民政府设立法制局,着手制定各重要法典。1930年12月,民法继承编经立法院通过并颁布,于1931年5月5日开始施行;与继承编同时施行的还有1931年1月颁布的继承编施行法(11条)。这是中国历史上的第一部继承法。

南京政府制定的民法继承编分为遗产继承人、遗产之继承(包括效力、限定之继承、遗产之分割、继承之抛弃、无人承认之继承等五节)、遗嘱(包括通则、方式、效力、执行、撤销、特留份等六节)等三章,共计88条。该法具有以下特点:第一,废除宗祧继承,"遗产继承不以宗祧继承为前提";第二,遗产继承不分男女,赋予女子继承权;第三,承认配偶有相互继承遗产的权利;第四,原则上采用法定继承制,规定特留份以限制遗嘱自由;第五,规定限定继承,继承人对偿还被继承人的债务负有限责任;第六,留有宗法制度的痕迹,非婚生子女须经抚育或认领后才能同婚生子女一样地享有继承权。

1949年以后,我国长期没有继承法,曾经有一段时间将继承案件称之为遗产纠纷,避讳继承概念。1985年4月10日《继承法》经第六届全国人民代表大会第三次会议通过,共分总则、法定继承、遗嘱继承和遗赠、遗产的处理、附则等五章,共计37条。经过将近30年的实践,目前正在进行修订中。[2]

---

① 郑国楠:《中国民法继承论》,中华书局1945年版,第5页。

② 参见杨立新、杨震等:"《中华人民共和国继承法》修正草案建议稿",载《河南财经政法大学学报》2012年第5期。

第四节　我国继承法的基本原则

一、继承法基本原则概述

(一)继承法基本原则的概念

继承法的基本原则,是指贯穿于我国整个继承法律制度和规范中,对具体的继承法律制度与规范具有重要指导作用的根本性准则。继承法基本原则是我国继承法自身特色的集中体现,是我国宪法原则在继承法上的具体化。

(二)继承法基本原则的意义

1. 继承法基本原则是继承立法的准则

一部法律的制定需要在基本原则指导下进行。继承法的基本原则就是制定《继承法》所依循的基本准则。正是在继承法基本原则的指导下,才使《继承法》成为一部完整、和谐、进步的法律。

2. 继承法基本原则是民事主体进行继承活动的基本准则

民事主体进行继承活动,应当遵循继承法律的具体规范,比如订立遗嘱应当依法进行、要为特定的人保留必要的遗产份额。这些都是必要的,但还须遵守继承法基本原则,按照继承法基本原则的要求进行,如进行继承活动就不得违反公序良俗原则。

3. 继承法是法官解释继承法律、补充法律漏洞的基本依据

法律不可能穷尽生活,随着社会生活的发展和变化,会出现有一些新的法律问题,没有现行、具体的法律规范进行调整。这就需要法官依据法律基本原则,对法律漏洞进行补充。继承法律也会出现这样的问题,需要法官发挥自由裁量权,依据继承法基本原则进行漏洞补充,正确处理继承纠纷。

4. 继承法基本原则是继承法学研究的准则

对继承法的学术研究具有自由品性,但如果无视继承法基本原则的研究,会存在不妥当性,且对继承法理论与实践也不具有指导意义。在继承法学研究中应当以继承法基本原则作为指导,准确阐释继承法的基本精神和具体规定。

(三)继承法基本原则的内容

我国法律规定法律基本原则,有的在立法文本中进行完整描述,有的在立法文本中没有完整规定法律的基本原则,需要进行学理的解释。我国《继承法》仅在第 1 条指明了保护公民私有财产继承权的基本原则,对于其他的基本原则没有明确规定,因此

需要进行学理解释。

我国学者对继承法基本原则的认识不完全一致。有的学者认为我国继承法自始至终贯穿着4项基本原则，即“保护公民私有财产继承权的原则；养老育幼的原则；继承权男女平等的原则；互助互让、团结和睦的原则。”[①]有的认为我国继承法所具有的基本原则大致可以归纳为以下6个：(1)保护公民个人私有财产继承权；(2)继承权男女平等；(3)权利与义务相一致；(4)限定继承；(5)互谅互让，团结和睦，协商处理遗产；(6)养老育幼，照顾病残者。[②] 还有的学者认为，我国继承法的基本原则主要有以下7项：(1)保护公民私有财产继承权的原则；(2)继承权平等的原则；(3)互谅互让、团结和睦的原则；(4)养老育幼，特别保护缺乏劳动能力又没有生活来源的人的利益的原则；(5)权利义务相一致的原则；(6)个人利益与社会利益相结合的原则；(7)对被继承人的债务限定继承的原则。[③]

我国《继承法》制定的时间较早，受当时社会生产力不够发达、个人拥有的财富相对较少等特殊国情，以及社会保障制度还不够完善的影响，在某些方面具有了社会保障的功能。[④] 但不论怎样，在准确解释继承法基本原则的问题上，应当遵循继承法的本质与继承法基本内容的基础，对继承法基本原则进行淳化，把一些不属于继承法基本原则的内容剔除。我认为，我国继承法基本原则应当包括保护公民继承权原则、公序良俗原则、继承权平等的原则、权利义务相一致的原则和遗嘱自由原则。

二、继承法基本原则的具体内容

(一)保护公民继承权原则

保护公民继承权原则的法律依据是《宪法》第13条关于“国家依照法律规定保护公民的私有财产权和继承权”的规定。这一规定确立了宪法保护公民继承权的基本原则，并把继承权与私有财产权并列。《民法通则》第76条关于“公民依法享有财产继承权”的规定，《继承法》第1条关于“为保护公民的私有财产的继承权，制定本法”的规定，也是保护公民继承权原则的法律依据。保护公民的继承权是我国《宪法》确立的、《民法》、《继承法》具体体现的基本原则，也是我国继承法的目的和任务，是我国继承立法的基础和根据。我国《继承法》自始至终贯穿了保护公民继承权这一宪法规定的

---

① 参见佟柔主编：《继承法教程》，法律出版社1986年版，第34页；刘素萍主编：《继承法》，中国人民大学出版社1988年版，第90页。

② 参见刘春茂主编：《中国民法学·财产继承》，中国人民公安大学出版社1990年版，第44页。

③ 郭明瑞等：《继承法》，法律出版社2004年第2版，第31～42页。

④ 冯乐坤：“继承制度与社会保障制度的协调——兼论法定继承制度的重新构建”，载《当代法学》2004年第4期。

原则。

这一基本原则包含两方面的含义：一是法律保护公民享有依法继承遗产的权利，任何人不得干涉；二是公民的继承权受到他人非法侵害时，有权依照法律规定请求予以救济，国家以其强制力予以保护。

保护公民继承权原则贯穿于我国《继承法》的始终，特别是表现在以下几个方面：

1. 确立遗产范围依法进行保护

凡自然人死亡时遗留的个人合法财产，均为遗产，都得由继承人依法继承。《继承法》第3条明确规定，遗产是公民死亡时遗留的个人合法财产，既包括公民的生活资料，也包括公民的生产资料；既包括公民的有形财产，也包括公民的无形财产。依《继承法》第4条的规定，个人承包的，不仅个人承包应得的个人收益得依继承法继承，而且依照法律允许由继承人继续承包的，按照承包合同办理。《农村土地承包法》还规定林地承包权可以继承。

2. 保障被继承人的遗产尽量由继承人或受遗赠人取得

被继承人的遗产一般不收归国家所有，尽可能地由继承人或受遗赠人取得。依《继承法》第14条规定，对继承人以外的依靠被继承人扶养的缺乏劳动能力又没有生活来源的人，或者继承人以外的对被继承人扶养较多的人，可以分给适当的遗产。《继承法》第32条规定，无人继承又无人受遗赠的遗产，死者生前是集体所有制组织成员的，应归所在集体所有制组织所有，而不是收归国家所有。

3. 继承人的继承权不得非法剥夺

《继承法》第7条明确规定了继承人丧失继承权的法定事由。除法律规定的丧失继承权的法定情形外，继承人的继承权不能丧失，任何单位或个人也不得非法剥夺继承人的继承权。继承开始后，继承人没有明确表示放弃继承权的，视为接受继承，而不能作为放弃继承权处理。

4. 保障继承人、受遗赠人的继承权、受遗赠权的行使

继承人、受遗赠人可以选择接受继承或受遗赠，也有权选择拒绝继承或受遗赠。而且为了充分保障无民事行为能人与限制民事行为能力人的继承权、受遗赠权，《继承法》第6条明确规定，无民事行为能力人的继承权、受遗赠权由其法定代理人代为行使；限制民事行为能力人的继承权、受遗赠权由其法定代理人代为行使，或者征得法定代理人同意后行使。

5. 继承人享有继承权回复请求权

在继承权受到他人非法侵害时，继承人可以向侵害人请求恢复，亦得于法律规定

的期间内通过诉讼程序请求人民法院依法给予法律保护。这就是继承回复请求权。[①]我国《继承法》第8条专门规定了继承权回复请求权的诉讼时效,规定“继承权纠纷提起诉讼的期限为2年,自继承人知道或者应当知道其权利被侵犯之日起算。”

(二)继承权平等原则

平等原则是民法的一项基本原则,继承权平等原则就是民法平等原则的具体化。

继承权男女平等原则仅是继承权平等的内容之一,不能完全代替或包含继承权平等原则的内容,还包括其他丰富的内容。主要包括以下几点:

1. 继承权男女平等

继承权男女平等是继承权平等原则的核心和基本表现。在中国古代和近代均有女子不的继承的规定,直至1929年国民政府司法院法律解释,承认无论是已嫁或未嫁的女子,均得享受继承遗产的权利。[②] 我国《继承法》第9条明确规定:“继承权男女平等。”继承权男女平等既是对私有制古代以及近代社会中男女不平等的继承制度的根本否定,也是对我国宪法确认的男女平等原则以及国家在遗产继承问题上一贯的法律、政策的贯彻落实。继承权男女平等包含多方面的含义:(1)男性与女性具有平等的继承权,不因性别差异而有有所不同。(2)夫妻在继承上有平等的权利,有相互继承遗产的继承权,《继承法》第30条明确规定:“夫妻一方死亡后另一方再婚的,有权处分所继承的财产,任何人不得干涉。”(3)在继承人的范围和法定继承的顺序上,男女亲等相同,父系亲与母系亲平等。(4)在代位继承中,男女有平等的代位继承权,适用于父系的代位继承,同样适用于母系。

2. 非婚生子女与婚生子女继承权平等

在国外的继承立法例中,有的对非婚生子女的继承权进行限制。我国继承法反对这样的做法,承认非婚生子女与婚生子女的社会法律地位是平等的,受国家法律的同等保护。我国《婚姻法》第25条第1款明确规定:“非婚生子女享有与婚生子女同等的权利,任何人不得加以危害和歧视。”同样,非婚生子女与婚生子女同为子女享有平等的继承权。《继承法》第10条规定:“本法所说的子女,包括婚生子女、非婚生子女、养子女和有扶养关系的继子女。”在立法上明确了对非婚生子女与婚生子女不作区分,享有同样的继承权,并不因子女的婚生还是非婚生而有所区别。

3. 养子女与亲生子女继承权平等

我国法律一贯确认养子女与亲生子女有同等的法律地位。《婚姻法》第26条第1款规定:“国家保护合法的收养关系。养父母和养子女间的权利和义务,适用本法对父

---

① 参见张康林:《继承回复请求权研究》,中国政法大学出版社2010年版,第54页。

② 汪澄之:《女子继承权诠释》,民治书店1929年版,第35页。

母子女关系的有关规定。”明确养子女与亲生子女在亲属身份关系中的法律地位平等。养子女与亲生子女在继承权上也是平等的,《继承法》第10条对明确规定:“本法所说的子女,包括婚生子女、非婚生子女、养子女和有扶养关系的继子女。”养子女与亲子女享有平等的继承权。

4. 儿媳与女婿在继承上权利平等

我国《继承法》第12条规定:“丧偶儿媳对公、婆,丧偶女婿对岳父、岳母,尽了主要赡养义务的,作为第一顺序继承人。”只要儿媳或女婿符合丧偶的条件,而且对公、婆或岳父、岳母尽了主要赡养义务,就享有继承权,并不区分是儿媳与儿子、女儿与女婿的不同。因此,儿媳与女婿在继承上的权利平等,也是继承权平等的表现之一。

5. 同一顺序的继承人继承遗产的权利平等

我国《继承法》第13条第1款规定:“同一顺序继承人继承遗产的份额,一般应当均等。”凡为同一顺序的继承人,不分男女、长幼,也不论职业、政治状况,继承被继承人遗产的权利一律平等。

(三)遗嘱自由原则

遗嘱自由是自然人生前享有通过订立遗嘱处分自己身后财产的自由权利。继承法最早实行强制保存原则,规定一家财产应由家族中一人(多为长子)继承;继之为强制分割原则,规定一家财产应由各家族平均继承;复次为遗嘱自由原则,规定一家财产究归属于何人,应由被继承人以遗嘱自由定之,为近代以来通行的继承法原则。①

关于遗嘱自由是否为继承法的一项基本原则,在学者之间存在很大争议。我认为,虽然遗嘱自由仅在遗嘱继承与遗赠中适用,但遗嘱自由体现的是自然人对自己财产的自由处分,在继承法中占据着重要位置,因此,遗嘱自由是继承法的最根本原则。随着遗嘱在我国现实生活中采用的越来越多,遗嘱自由原则也会越来越重要。我国《继承法》第16条规定:“公民可以依照本法规定立遗嘱处分个人财产,并可以指定遗嘱执行人。公民可以立遗嘱将个人财产指定由法定继承人的一人或者数人继承。公民可以立遗嘱将个人财产赠给国家、集体或者法定继承人以外的人。”这是《继承法》对遗嘱自由原则的确认。

将遗嘱自由作为一项基本原则,具有重要的社会意义:一是实行遗嘱自由有利于对自然人个人财产所有权的彻底保护,充分实现自然人的意志;二是实行遗嘱自由有利于发挥家庭职能作用,以发挥家庭的养老育幼职能;三是实行遗嘱自由有利于减少和预防纠纷,在法定继承中,由于遗产分割容易发生纠纷,而通过遗嘱的方式对自己的遗产预先作出处分,明确了具体的应继份,有利于避免纠纷,维护家庭团结。

① 胡长清:《中国民法继承论》,商务印书馆1936年版,第5页。

遗嘱自由原则包含三方面含义，一是遗嘱内容的确定自由，在设立遗嘱时，有自由确定其遗嘱内容的权利；二是遗嘱形式的选择自由，可以根据自己的意愿和条件，按照法律规定的形式设立遗嘱；三是遗嘱变更、撤销的自由，可以自由变更或者撤销已经设立的遗嘱。①

遗嘱自由意味着自然人享有充分的自由，可以订立遗嘱，也可以不订立遗嘱；可以按照自己的意愿订立遗嘱的内容，自由指定继承人，自由确定继承人的应继份，不受其他因素的约束。但遗嘱自由不是绝对的自由，应当受到一定的限制。在大陆法系国家，各国继承立法通过特留份制度限制遗嘱自由。在起初实行绝对遗嘱自由的英美法系国家，也在20世纪通过相应立法限制遗嘱自由。

我国继承法赋予了自然人订立遗嘱的自由，遗嘱人可以变更法定继承人的继承顺序和应继份，甚至可以取消法定继承人的继承权，将遗产遗赠给法定继承人之外的自然人、国家或集体。这些都是我国遗嘱自由的具体体现。我国遗嘱自由原则受到一定限制的表现是：(1)遗嘱要受法律约束，不得违反法律法规的规定，违法的遗嘱无效；(2)遗嘱不得违背社会公共道德和善良风俗，否则该遗嘱处分会被认定为无效；(3)实行遗嘱自由，应当对缺乏劳动能力又没有生活来源的继承人保留必要的遗产份额，否则，涉及该应当保留的必要的遗产份额部分的遗嘱处分无效。

(四)权利义务相一致原则

对于权利义务相一致是否为继承法的一项原则的问题，学界既有赞成的意见，也有反对的意见。我赞同将权利义务相一致作为我国继承法基本原则的主张。虽然基于继承的本质，继承与合同不同，不严格要求权利义务的相一致，在继承的产生、遗产的分配等方面也不是以权利义务相一致作为决定性因素，但我国《继承法》在许多方面体现了权利义务的相一致。把权利义务相一致作为继承法的一项基本原则，有利于保障权利人的权利，督促义务人履行义务，还有利于被继承人生前能得到较好的抚养，促使继承人履行应尽的义务，促进家庭内部的团结互助，也有利于人民法院处理财产继承纠纷。这种权利义务相一致所要求的，不是严格的对等，不要求等价有偿，而是一种有弹性的权利义务相一致。

权利义务相一致原则在继承法中主要表现在以下方面：

1. 丧偶儿媳和女婿的权利义务相一致

丧偶儿媳对公婆、丧偶女婿对岳父母，尽了主要赡养义务的，要作为第一顺序继承人，享有继承权。丧偶儿媳和丧偶女婿本不在法定继承人的继承顺序中，但因为他们对公婆、岳父母尽了主要赡养义务，因而法律规定他们享有继承权，并且是第一顺序的

---

①　李宏：《遗嘱继承的法理研究》，中国法制出版社2010年版，第150页。

继承人。该规定明显地体现了权利义务相一致的原则。

2. 同一顺序的继承人尽了主要抚养义务的权利义务相一致

同一顺序继承人,继承遗产份额一般应当均等,但对被继承人尽了主要扶养义务的继承人,分配遗产时可以多分;有扶养能力和有扶养条件的继承人,不尽扶养义务的,分配遗产时应当不分或者少分。在遗产份额的分配上,将继承人对被继承人所尽扶养义务作为获得遗产份额多少的一个考虑因素,体现了权利义务相一致原则。

3. 接受遗产与清偿遗产债务的权利义务相一致

继承人在接受遗产的同时,必须在所继承的遗产实际价值的限度内,对被继承人依法应当交纳的税款和债务负担清偿的责任。清偿被继承人债务是继承人的一项必须履行的义务,如果其接受继承就要履行这一义务,只有履行这一义务完毕还有剩余遗产的,继承人才可以享有剩余遗产的权利。

4. 遗赠扶养协议中的权利义务相一致

有遗赠扶养协议的,只有扶养人按照扶养协议尽了扶养义务,才有权取得遗赠。没有履行应尽的扶养义务不能取得遗产。

5. 遗嘱继承和附义务遗赠的权利义务相一致

遗嘱继承或遗赠附有义务的,继承人或受遗赠人应当履行义务,没有正当理由不履行义务的,人民法院可以取消其继承或接受遗产的权利。

6. 继父母、子女、兄弟姐妹的权利义务相一致

继父母、继子女、继兄弟姐妹之间如果有扶养关系,才可互相继承遗产。形成扶养关系才能继承遗产,这也从一个方面体现了权利义务一致的原则。

7. 尽到扶养义务不同的继承人的权利义务相一致

对被继承人生前不负有任何法定的扶养义务而对被继承人扶养较多的人,有权取得适当的遗产。相反,法定继承人虐待、遗弃、故意杀害被继承人的,则丧失继承权。

第十三章　继承法律关系与继承权

第一节　继承法律关系

一、继承法律关系概述

（一）继承法律关系的概念和特征

继承法律关系是民事法律关系中的一种，是由继承法规范调整的，因自然人死亡而发生的继承人与其他人在财产继承上的民事权利义务关系。

继承法律关系的特征是：

1. 继承法律关系是一种民事法律关系

继承法律关系是由继承法规范调整的继承人与其他人之间的财产关系，以民事权利和民事义务为核心，完全符合民事法律关系的构成。因此，继承法律关系为民事法律关系之一种，在继承法对继承法律关系没有特殊规定时，适用民事法律关系的有关规定。

2. 继承法律关系以被继承人死亡为发生根据

任何法律关系的发生都须以一定的法律事实为根据。一般民事法律关系的发生都是因生存行为人的行为，而继承法律关系则是因被继承人的死亡而发生，被继承人不死亡，不会发生继承法律关系。人的死亡是不依人的意志为转移的客观现象，性质属于事件（即使自杀死亡的，对于其他人来说死亡也是事件）而不属于行为。

继承法律关系不仅包括法定继承法律关系，还包括遗嘱继承法律关系,遗嘱继承法律关系的发生根据并不是一个单一的法律事实,而是法律事实构成,不仅要有被继承人死亡的事实,还须有被继承人生前所立的合法遗嘱。

3. 继承法律关系是绝对性财产法律关系

在继承法律关系中存在财产流转关系,不存在与人身不可分离的人身利益,所以是具有财产内容的财产法律关系,不属于人身法律关系。

继承法律关系的权利主体是特定的继承人,而义务主体是不特定的继承人以外的一切人;继承人实现其权利无须借助于义务人的行为,义务人也不负有实施某种行为以使继承人实现权利的积极义务,所以继承法律关系是绝对财产法律关系,而不是相对财产法律关系。

4. 继承法律关系与亲属身份关系密切相关

继承法律关系属于财产法律关系而不属于亲属身份关系,但这种性质上的差别并不妨碍两者之间存在密切的关系。同一般财产法律关系不同,在继承法律关系中,内容与亲属身份关系密切相关,因此,继承法律关系是一种与亲属身份关系相联系的财产法律关系。

5. 继承法律关系的权利主体只能是自然人

在继承法律关系中,作为权利主体的继承人只能是自然人,法人、其他组织或国家都不能作为继承人,法人、其他组织或国家获得遗产只能通过受遗赠,或者在遗产无人继承时收归国有或集体所有,但这都不是继承法律关系的内容。因此,继承法律关系只能是以自然人为权利主体一方的财产法律关系。

(二)继承法律关系的要素

继承法律关系的要素是指构成继承法律关系的主体、客体和内容等必要因素。

1. 继承法律关系的主体

继承法律关系的主体,是指参加继承法律关系,并在继承法律关系中享受权利和负担义务的人,包括权利主体和义务主体。

确定继承法律关系的主体须把握以下两点:第一,必须符合一般民事法律关系主体的条件,必须具有独立的法律人格;第二,必须是参加继承法律关系,并能够在继承法律关系中享受权利承担义务。继承法律关系的主体是继承人与继承人之外的其他自然人、法人,这样能够将继承法律关系同其他相关法律关系区别开来,准确认定继承法律关系的主体只能是继承人和继承人以外的所有人(义务主体包括自然人、法人或其他组织以及国家),权利主体为继承人,义务主体是继承人以外的其他所有人。在继承法律关系的主体上,继承人只能为权利主体,而不能充当义务主体;继承人以外的人只能为义务主体,而不能充当权利主体。

2. 继承法律关系的内容

继承法律关系的内容是指继承法律关系的权利主体即继承人所享有的权利和继承法律关系的义务主体即继承人以外的其他人所负担的义务。继承人所享有的权利就是继承被继承人遗产的继承权。继承权有继承期待权与继承既得权两种含义,继承人享有选择承认或放弃继承权的权利,在承认继承权后,继承人享有遗产管理、请求分割遗产的权利等。而继承法律关系的义务主体所负担的义务是不得侵害继承人的继承权,不得妨害、干涉继承人继承权的行使。如果继承人之外的其他人侵害了继承人的继承权,继承人可以行使继承回复请求权。

3. 继承法律关系的客体

继承法律关系的客体,是指继承法律关系的权利主体的权利和义务主体的义务共同指向的对象,即被继承人遗留的遗产。

继承法律关系的客体只能是遗产,没有遗产也就不存在继承法律关系;而缺少遗嘱的见证,缺少继承人、受遗赠人的行为,都不会影响继承法律关系的存在。

(三)继承法律关系流转

继承法律关系必须因一定的法律事实的出现而发生。继承法律关系的发生,根据法定继承与遗嘱继承的分类不同而有差异。在法定继承中,继承法律关系因被继承人的死亡而发生;在遗嘱继承中,除了被继承人的死亡这一法律事实之外,还必须存在合法有效的遗嘱这一法律事实,构成一个法律事实构成。在继承法律关系发生后,继承人就可以参加继承,行使继承权。

继承法律关系不是固定不变的,在出现某种法律事实时会发生变更。继承法律关系的变更包括继承法律关系的主体变更、客体变更与内容变更三个方面。

继承法律关系在出现一定的法律事实时,有关的权利义务关系会消灭,这就是继承法律关系的消灭。继承法律关系消灭的法律事实由遗产分割完毕、遗产因不可抗力而全部灭失等。

二、继承人

(一)继承人的概念和特征

继承人是继承法的基本概念,是指依照继承法的规定在法定继承或遗嘱继承中有权获得被继承人遗产的自然人。

继承人的特征是:

1. 继承人须由继承法规定

继承法具有固有法的属性,同各国的政治、经济、社会传统等密切相关,具体规定应与各国的具体情况相符。什么范围内的亲属可以作为继承人、可以作为第几顺序的继承人,都由法律强制规定,不能由当事人自由决定。在遗嘱继承人的确定上,被继承人可以进行指定,但根据我国《继承法》的规定,所指定的遗嘱继承人也必须是在法定继承人范围之内的人,这也体现了法律对继承人的强制规定性。

2. 继承人必须是自然人

继承人必须是自然人。自然人之外的法人、其他组织、国家在一定条件下虽然可以取得遗产,但不是基于继承人的地位,而是基于受遗赠或者遗产无人继承时而取得,这同继承人的性质不同。

3. 继承人必须是在法定继承或遗嘱继承中对被继承人遗产享有继承权的人

继承人必须享有继承权,才有资格参加继承并取得遗产。在被继承人死亡后,可以从被继承人处获得遗产的人不仅仅是继承人,其他的一些符合法定条件的人也可以获得遗产,但他们都不是以其继承权而是以其他根据而取得遗产的人,不是继承人。

(二)继承人的分类

在我国,继承人根据其继承的方式,分为法定继承人和遗嘱继承人。这是现代继承法对继承人的基本分类。

1. 法定继承人

法定继承人是直接依照继承法有关法定继承人的范围、顺序、继承份额等规定,对被继承人的遗产享有继承权的人。法定继承人的继承权直接来自法律规定,无须被继承人通过遗嘱予以指定。值得注意的是,在对法定继承人的界定上,有的学者认为法定继承人是直接承受被继承人遗产的继承人,这是一种误解。因为法定继承人只有实际参加继承并通过一系列程序才能实际承受遗产,而法定继承人的范围不限于此,例如存在第一顺序法定继承人时的第二顺序法定继承人,也是法定继承人。

法定继承人是法定继承的基础,各国继承法都对法定继承人的范围和顺序作了明确规定。虽然各国一般都依据婚姻关系、血缘关系、扶养关系等对法定继承人进行规定,但由于各国的现实条件及立法传统不同,在法定继承人的规定上也存在差异。我国《继承法》规定的法定继承人的范围比较狭窄,包括配偶、子女、父母、兄弟姐妹、祖父母、外祖父母、对公婆或者岳父母尽了主要赡养义务的丧偶儿媳或者丧偶女婿。而国外的立法例则广得多。我国继承法规定继承为两个顺序,《德国民法典》规定为五个顺序,《日本民法典》规定为三个顺序;相较之下,我国继承法规定的继承顺序也是最少的。在继承开始时,法定继承人并不是同时参加继承,而是依法律规定的一定先后顺序参加继承,只有前一顺序法定继承人不存在、全部丧失或者放弃继承权时,后一顺序法定继承人才能参加继承。

2. 遗嘱继承人

遗嘱继承人是指在遗嘱继承中存在的,按照被继承人生前订立的合法有效的遗嘱指定而有权承受遗产的继承人。许多学者认为,"遗嘱继承人的继承权不是来自法律的直接规定,而是来自被继承人依照法律规定所设立的遗嘱。因此,遗嘱继承人是由被继承人的意志决定的"。[①] 遗嘱继承人虽然表现为通过被继承人的遗嘱取得继承权,但同法律规定存在重要联系。因为根据《继承法》的规定,被继承人只能在法定继承人范围之内指定遗嘱继承人,因此遗嘱继承人的继承权离不开法律规定,必须以法律规定的法定继承人范围为基础,如果超出这一范围,就不再是遗嘱继承人而是受遗赠人。因此,遗嘱继承人的继承权应当是由法律和被继承人共同决定的。

在我国,遗嘱继承人只能是法定继承人范围之内的人,亦即遗嘱人只能指定法定继承人中的一人或数人为遗嘱继承人;法定继承人以外的人(不论自然人或法人)只能作为受遗赠人,而不能成为遗嘱继承人。遗嘱继承人依据被继承人的遗嘱继承遗产,不受原来的法定继承顺序的限制。

(三)继承能力

1. 继承能力的概念

继承能力,也称继承权利能力,是指能够享有继承权的法律资格,亦即作为继承人的资格。

继承能力同民事权利能力紧密相连,是民事权利能力的一项内容。现代各国大多承认自然人自出生开始到死亡为止具有民事权利能力,因而具有继承能力,即继承人的继承能力只和自然人的生命相联系,与其他因素没有关系。[②] 继承能力与自然人年龄、智力等状况无关,不因当事人的民事行为能力状态不同而不同。

继承能力与继承权既存在紧密的联系,也存在本质区别。继承能力是法律赋予的享有继承权的资格,是当事人享有和取得继承权的前提条件。只有有继承能力的人才能成为继承人,享有继承权;不具备继承能力的人,不得成为继承人,不得享有继承权。但继承能力仅仅是一种资格,继承权是一种独立的权利,两者不能等同;即使继承期待权含义的继承权,与继承能力也是不同的。因为继承期待权含义的继承权会因为法定事由的发生而丧失,但继承人丧失继承期待权只是对特定被继承人继承期待权的丧失,并不丧失对其他被继承人的继承期待权,并不丧失继承能力。有的学者认为,"继承开始后,立法上使用'继承权'一词,实指公民的继承能力,而不是指民事权利意义上的'期待权'"。[③] 这是把继承能力混同于继承权了。继承能力不同于继承权,任何人不得非法剥夺,当事人自己也不得放弃。

---

① 郭明瑞等:《继承法》,法律出版社 2004 年第 2 版,第 51 页。

② 张玉敏:《继承法律制度研究》,法律出版社 1999 年版,第 24 页。

③ 李双元等主编:《比较民法学》,武汉大学出版社 1998 年版,第 966、967 页。

2. 继承能力的确定

继承自被继承人死亡时开始，被继承人的遗产自继承开始时转移于继承人。因此，只有于被继承人死亡时即继承开始时生存的自然人，才能享有继承权，继承被继承人的遗产。在继承开始时已经死亡的人，其法律人格消灭，继承能力不复存在，因而不能成为继承人，不享有继承权。

继承人于继承开始时应为生存之人，这一原则被称为“同时存在”原则。同时存在是指继承开始时继承人已经出生且尚生存。不论法定继承还是遗嘱继承，继承开始时生存者才有继承能力，只有有继承能力的继承人才实际享有继承权。这一原则为现代各国的立法所接受。

死亡包括自然死亡和宣告死亡。宣告失踪不同于宣告死亡，于继承开始时被宣告失踪的继承人也具有继承能力，不得否认其继承权的享有。

3. 胎儿的继承能力

胎儿是否具有继承能力是一个特殊问题，有两种不同的观点和立法例：

肯定说认为，胎儿具有继承能力，得享有继承权。对此有两种立法例：一是采取罗马法上的一般主义，认为胎儿如是活产者则于出生前有权利能力，认为胎儿具有附解除条件的人格，于继承开始时如同已出生，具有继承能力；如出生时为死产，则其权利能力溯及的消灭。二是采取个别主义，并不一般地规定胎儿的权利能力，仅就继承、遗赠、损害赔偿等个别的法律关系视胎儿为已出生。相应在继承问题上，承认于继承开始时已受孕但尚未出生的胎儿视为已出生，具有继承能力。[①]

否定说认为，于继承开始时尚未出生的胎儿不具有继承能力，但法律采取一定的措施保护胎儿出生后的合法利益，承认于继承开始时已受孕其后活着出生的有继承能力。

胎儿继承能力是与胎儿的权利能力结合在一起的，只有具备了权利能力，才能具备继承能力。我国《民法通则》和《继承法》都没有规定胎儿的权利能力问题，《继承法》第28条规定：“遗产分割时，应当保留胎儿的继承份额。胎儿出生时是死体的，保留的份额按照法定继承办理。”我们认为，胎儿具有准人格，即其民事权利能力受到限制。[②] 当其尚未出生前，因其具有准人格，但尚未具备完整的人格，因而还不能继承，而是为其保留应继份；但其出生后，其民事权利能力受到限制的部分已经丧失，已经具备完全的民事权利能力，就可以继承了。如果胎儿是死体出生的，则其受到限制的那一部分民事权利能力消灭，不具有继承能力，保留的份额应当按法定继承处理。

---

① 刘春茂主编：《中国民法学·财产继承》，人民法院出版社2008年第2版，第83页。

② 刘召成：《准人格研究》，法律出版社2012年版，第187页。

于继承开始后，利用人工生殖技术用被继承人生前保留的精子受孕的胎儿在活着出生后，可否继承被继承人的遗产，法律无明确规定。这是现代生殖技术带来的新问题。[①] 法律应当因应社会发展，对不违反法律和人伦道德的新型生殖技术孕育的胎儿，应当按照传统的母体孕育胎儿对待。

4. 法人、国家的继承能力

在国外立法例上对法人、国家的继承能力有不同的规定。在法国、德国、瑞士、匈牙利等，法律规定法人、国家在民事活动中都有民事权利能力，同样可以成为继承权的主体，具有继承能力。根据我国《继承法》的规定，只有自然人才可作为继承人，法人、国家不具有继承能力。

三、遗产

（一）遗产的概念和特征

遗产是继承法律关系的要素之一，是继承法律关系的客体，是继承人享有的继承权的标的。没有遗产就不存在继承法律关系。我国《继承法》第 3 条对遗产的概念有明确规定，遗产，是公民死亡时遗留下的个人合法财产。

这一概念包含三方面的含义：第一，遗产是自然人死亡时遗留下的财产，不是自然人死亡时遗留下的财产不为遗产；第二，遗产是自然人的个人财产，不属于个人的财产不能为遗产；第三，遗产是自然人的合法财产，不是自然人合法取得和合法享有的财产，不能为遗产。

对遗产的范围存在两种立法例：一种认为，遗产应包括两部分，即积极财产和消极财产；积极财产是指被继承人遗留下来的财产和财产权利，而消极财产是指被继承人的债务。德国、瑞士、日本等采此立法例。另一种认为，遗产不包括债务，专指继承人、受遗赠人净得的财产和财产权利。英美法采此立法例，在继承开始后先由信托人清偿债务，剩余的财产才是遗产。我国《继承法》第 3 条规定的遗产仅限于财产和财产权利。

遗产的法律特征是：

1. 时间上的限定性

被继承人死亡的时间是划定遗产的特定时间界限。在被继承人死亡之前，该自然人具有民事权利能力，依法享有各种权利和承担各种义务，得对自己的财产占有、使用、收益和处分，其他任何单位和个人均不得非法干涉。自然人死亡后，不再有民事权利能力，不能享有权利和负担义务；所以于该自然人死亡时，其财产即转变为遗产。

---

① 郭明瑞等：《继承法》，法律出版社 2004 年第 2 版，第 53 页。

2. 内容上的财产性

遗产只能是自然人死亡时遗留的个人财产，因而具有财产性。虽然在学说上对遗产的范围存在分歧，但是根据继承法的规定，遗产的范围仅仅包括被继承人遗留的财产和财产权利，而不包括诸如被继承人的姓名权、肖像权、名誉权、生命权、健康权等人身权利。因侵害自然人的人身权利致其死亡而应负损害赔偿责任的，死者的继承人得请求侵权人负责赔偿，所得到的损害赔偿金可属于遗产（如死亡赔偿金等）。在某些人身权利上，在被继承人死亡后还会存在一定的财产利益，如肖像、隐私等人格利益利用而产生的财产利益；对此，其近亲属作为保护人予以保护，但不能继承。

3. 范围上的限定性

遗产必须为自然人死亡时遗留的个人财产，只有在被继承人生前属于被继承人个人所有的财产，才能为遗产。虽于被继承人生前为被继承人占有，但不为其所有的他人的财产，如被继承人生前租赁、借用而于死亡时尚未返还的财产等不属于遗产；被继承人占有的但为其与他人共有的财产，不属于被继承人的部分，也不属于遗产。自然人与他人共有财产的，如为按份共有，则于该人死亡时，应将其份额从共有财产中分出作为遗产；如为共同共有，则原则上应按其潜在应有份额从共有财产中分出作为遗产。

4. 性质上的合法性

自然人死亡时遗留下的财产，无论是积极财产还是消极财产，并非都为遗产，只有依法可以由自然人拥有的，并且被继承人有合法取得根据的财产，才为遗产。自然人没有合法根据而取得的财产，例如非法侵占国家的、集体的或者其他人的个人的财产，不能作为遗产；依照法律规定不允许自然人个人所有的财产，也不能为遗产。

5. 处理上的流转性

遗产是要转由他人承受的被继承人死亡时遗留的财产，因而必须具有流转性。反言之，虽为被继承人生前享有的财产权利和负担的财产义务，但因具有专属性而不能转由他人承受的，也不能列入遗产的范围。例如，以人身关系为基础的财产权利义务、以当事人的相互信任为前提的财产权利义务等一般都不能转让，不能作为遗产。

（二）遗产范围

对于遗产范围的界定，有不同的立法例：一是排除式，即仅规定何种权利义务不能继承，将不能继承的权利义务排除出遗产范围，未被排除的权利义务可为遗产；二是列举式，即规定何种权利义务可以继承，列举出遗产包括的权利义务的范围，未被列举为遗产的权利义务不属于遗产；三是列举式与排除式相结合，既列举可为遗产的财产范围，又规定不能列入遗产的权利义务。①

---

① 郭明瑞等：《继承法》，法律出版社 2004 年第 2 版，第 86 页。

我国《继承法》采取第三种立法例，该法第3条不仅概括地规定“遗产是公民死亡时遗留的个人合法财产”，也列举了遗产包括的范围，还规定了不能为遗产的财产范围。

1. 遗产包括的财产

(1) 自然人的收入

自然人的收入，一般是指自然人从事劳动的工资、奖金所得以及从事承包土地的农业生产收入。自然人从事个体经营的劳动收入，创造智力劳动成果取得的报酬，还有来自继承、赠与的收入，也都属于遗产范围。根据最高人民法院《关于适用〈中华人民共和国婚姻法〉若干问题的解释(二)》第13条的规定，军人的伤亡保险金、伤残补助金、医药生活补助费属于个人财产，也应当作为自然人的收入。个人资产投资所得的收益也属于收入。

(2) 自然人个人的房屋、储蓄和生活用品

自然人个人所有的房屋，是自然人最重要、最基本的生活资料，在某些情形下也可作为生产资料。在自然人死亡时应当将房屋作为遗产处理。如果是共有房屋，应当进行共有物分割，再确定被继承人的部分作为遗产处理。自然人的个人房屋为遗产，但个人房屋的宅基地使用权是否为，有的学者认为宅基地使用权能够作为他物权成为财产继承标的。[①] 根据我国现行立法的精神，宅基地使用权不得转让，不具有流转性，不能作为遗产而继承。但这不是否认获得被继承人个人房屋的民事主体不具有宅基地使用权，因为房屋不能离开地面而存在，个人房屋的所有人同时也享有宅基地的使用权。所以，个人房屋为遗产的，继承人继承房屋，同时也享有该房屋占有的宅基地范围内的土地使用权。但宅基地的使用权不是遗产，不是因继承宅基地使用权而是因继承房屋所有权取得宅基地使用权的。[②]

自然人的储蓄是指自然人存入储蓄机构的属于其所有的人民币或者外币及其利息，为遗产。

自然人的生活用品是指自然人所有的为满足其日常物质生活和精神生活需要的生活资料。自然人生活用品的范围很广，小到鞋帽、服装等，大到家具、家用电器等，不论其价值大小，都可作为遗产。

(3) 自然人的林木、牲畜和家禽

城乡居民在住宅地范围内或者其承包经营的林地、自留山和按照统一规划承包荒山、荒地、荒滩种植的林木归个人所有，可以作为自然人的遗产。

自然人的牲畜、家禽，既可以是作为生产资料的大牲畜，也可以是作为生活资料的

---

① 刘文：《继承法比较研究》，中国人民公安大学出版社2004年版，第336页。

② 郭明瑞等：《继承法》，法律出版社2004年第2版，第87页。

牲畜、家禽;既包括自然人为满足自己生产和生活需要所饲养的牲畜、家禽,也包括作为商品而饲养的牲畜、家禽。

(4)自然人的文物、图书资料

文物属于遗产的范围,可以通过依法继承取得文物。

自然人个人所有的图书资料,无论是一般图书资料,还是机密资料,都可为遗产。继承人继承后对这些图书资料的使用、处分,不得违反保密法规的规定。

(5)法律允许自然人所有的生产资料

生产资料是指劳动者进行生产所运用的资源和工具。在《继承法》制定时法律允许自然人个人所有的生产资料的范围比较狭窄,但随着社会发展,法律允许自然人所有的生产资料的范围在不断扩大,而且有的生产资料的经济价值巨大,比如房屋、机器设备等。只要法律允许个人拥有的生产资料,在被继承人死亡时都可以作为遗产。

(6)自然人的著作权、专利权中的财产权利

知识产权中的财产权符合遗产的要件,在自然人死亡时,其所拥有的知识产权的财产权利应当作为遗产。《继承法》由于受到历史条件的限制,仅仅规定了著作权、专利权中的财产权利。从立法精神上看,应当扩张解释为包括各种知识产权中的财产权利,如商标专用权以及自然人的发现权、发明权、科技进步权、合理化建议权等。

(7)自然人的其他合法财产

在前述遗产的范围之外,《继承法》作了这一弹性规定。根据我国现时的具体情况,自然人的其他合法财产主要包括:

一是有关承包经营权及收益。承包经营权是指农村集体经济组织成员对集体所有或国家所有由集体经济组织长期使用的农业土地采取家庭承包、招标、拍卖、公开协商等方式承包,依法对所承包的土地进行占有、使用、收益的权利。《继承法》第4条规定:“个人承包应得的个人收益,依照本法规定继承。个人承包,依照法律允许由继承人继续承包的,按照承包合同办理。”根据该规定,承包经营权不能作为遗产。因此,在自然人个人承包期间,承包人死亡时,会同时发生两种关系:其一,承包人承包应得的个人收益的遗产继承关系;其二,承包经营权的转移关系,即承包合同中承包权主体的更换。这两种关系虽有联系,但性质不同。承包人死亡时,个人承包所得的收益为遗产。承包人死亡时尚未取得承包收益的,死者生前对承包所投入的资金和所付出的劳动及其增殖和孳息为承包人的收益,应为遗产(由发包单位或者接续承包合同的人合理折价、补偿)。承包合同于承包人死亡时终止,依照法律允许由继承人承包的,在承包人死亡后,如果承包合同中规定了由某继承人继续承包的,该继承人得依合同的规定继续承包。这里的继续承包,实际上是由继承人依原来承包合同中约定的条件承包,已属于另一个承包关系,是继承人与发包单位订立了另一承包合同。如果承包合

同中没有约定在承包人死亡后由继承人继续承包时,则继承人不能当然地取得继续承包的权利,但在发包人重新发包时,继承人应当有优先承包权,即在继承人提出的承包条件与他人提出的条件相同时,应当由继承人承包。[①] 2002年《农村土地承包法》第31条规定:“承包人应得的承包收益,依照继承法的规定继承。林地承包的承包人死亡,其继承人可以在承包期内继续承包。”该规定除了进一步强调了承包收益可以作为遗产继承外,还实质上承认了林地承包经营权可以继承。根据新法优于旧法的适用原则,林地承包经营权可以作为遗产。但遗憾的是该法没有规定土地承包人死亡的,其继承人可以继续承包。不过,该法规定土地承包经营权的性质已经被界定为物权,可以通过转包、出租、互换、转让、入股等方式流转,应当承认土地承包经营权具有可让与性,也应当承认其可以继承。对此,许多学者建议在未来的立法修正中应当确认土地承包经营权可以继承。[②]

二是担保物权。抵押权、质押权、留置权、优先权、所有权保留以及让与担保都是对担保标的物的价值予以直接支配并排除他人非法干涉的物权,是担保主债权实现的从权利,为财产权。担保物权是可以转移的财产权,并不具有专属性,只不过与被担保债权具有不可分离性,必须与被担保的债权一起转移。自然人生前享有的担保物权,于该自然人死亡时得与其所担保的债权一并作为遗产。

三是有价证券。有价证券是设立并证明某种财产权的书面凭证,有价证券的持有者对有价证券本身以及其上记载的权利享有权利,具有财产性。有价证券不具有专属性,可以自由流通转让,在自然人死亡时其所持有的有价证券可以作为遗产。

四是债权。债依其发生根据,可以分为合同债权、侵权行为债权、不当得利债权以及无因管理债权等,均为财产权之一种,而且都可以转移,并不具有专属性。在自然人死亡时,其享有的合法债权可以作为遗产。具有人身性质的债权是专属于特定债权人的,此种权利与其人身不可分离,不得作为遗产。如以某演员的表演为标的而订立的演出合同,该演员死亡,合同终止,该演员的继承人不能继承其在该演出合同中的权利。

五是其他特殊财产权利。除了前述财产和财产权利外,还有一些财产权利也应当归入遗产范畴,如保险金、住房补贴、住房公积金、养老保险金、破产安置补偿费等。关于保险金,《保险法》第63条规定,被保险人死亡后,遇有下列情形之一的,保险金作为被保险人的遗产,由保险人向被保险人的继承人履行给付保险金的义务:(一)没有指定受益人的;(二)受益人先于被保险人死亡,没有其他受益人的;(三)受益人依法丧失受益权或者放弃受益权,没有其他受益人的。因此,保险赔偿金在有受益人享有受益

---

① 郭明瑞等:《继承法》,法律出版社2004年第2版,第91、92页。

② 参见郭明瑞、房绍坤、关涛:《继承法研究》,中国人民大学出版社2003年版,第11、12页。

权时，为受益人取得，不作为遗产继承；但在无受益人享有受益权时，作为遗产继承。关于住房补贴、住房公积金、养老保险金、破产安置补偿费，《关于适用〈中华人民共和国婚姻法〉若干问题的解释（二）》第11条将其明确规定为夫妻之间"其他应当归共同所有的财产"，在夫妻一方死亡时，应当把住房补贴、住房公积金、养老保险金、破产安置补偿费按夫妻共同财产划分完毕后，把属于死亡的被继承人的部分作为遗产处理。

2. 遗产不能包括的权利义务

遗产须有财产性，非财产性的权利不能作为遗产，如与被继承人人身密不可分的人身权利。除此之外，还有一些财产性的权利亦不得作为遗产：

（1）具有抚恤、救济性质的财产权利

一些与自然人人身不可分离的具有抚恤、救济性质的财产权利，如抚恤金、补助金、残疾补助金、救济金、最低生活保障金等。这些财产权利专属于自然人个人，随着符合救济条件而享有该财产权利的自然人死亡而终止，不能转移，不能作为遗产由其继承人继承。不过该自然人生前已经根据此种权利而取得或应取得的部分，可以作为遗产继承。

值得注意的是，在因侵权而导致自然人死亡的，虽然损害赔偿金作为遗产可以由其继承人予以继承。但损害赔偿中具有专属于特定人的具有救济性质的部分不得作为遗产，比如被扶养人生活费赔偿部分，应当作为个人财产直接给予需要扶养的未成年人或者丧失劳动能力又无其他生活来源的成年近亲属。

（2）国有资源的使用权

自然人可以依法取得和享有某些国有资源的使用权，如采矿权、海域使用权等。这些权利虽从性质上说是用益物权，但因其取得须经特别程序，权利人不仅有使用、收益的权利，同时也有管理、保护和合理利用的义务。国有资源使用权是由特定人享有的，不得随意转让，不得作为遗产。享有国有资源使用权的自然人死亡后，继承人要从事被继承人原来从事的事业，须取得国有资源使用权的，应当重新申请并经主管部门核准，而不能基于继承权而当然取得。

（3）自留山、自留地

自留山和自留地是指农村集体经济组织分配给农民个人使用的少量的土地和山坡地或山岭地，农民个人具有使用权。农民个人对自留山、自留地的使用权具有专属性，农民个人的死亡，农村集体经济组织应当收回。在现实农村生活中，农村集体经济组织对自留山、自留地都是按家庭人口、劳动能力，以农户为单位分配的，一般不作过多调整，以保持其稳定性。家庭个别成员死亡，并不妨碍农户其他成员对自留山、自留地的继续经营权和使用权。但这并不是继承，自留山、自留地的使用权也不是遗产，只是家庭共同生活人继续经营和使用。

3. 遗产范围的适当扩大

修正《继承法》,首先就要扩大规定遗产范围,这是《继承法》现代化迫在眉睫的主要问题。《继承法》第3条规定存在的问题是列举的遗产范围过窄,一些重要的遗产没有概括在其中。由于该条文设有遗产的一般概念和兜底条款,尽管在法律适用上不会有障碍,但仍然存在缺点。

(1)规定遗产范围的方式

《继承法》如何规定遗产范围的方式,目前提出的方案有:①列举 + 兜底式;②概括 + 排除式;③概括式。我原本倾向于采取"概括 + 排除式"的立法方案,理由是,对遗产的列举是永远也无法列举全面的,即使加上兜底条款,也仍然会存在大量的疑问,在法律适用上也会存在不同看法;立法采取概括式的方式规定,具体内容交由法官判断,只要是被继承人的合法财产就是遗产,容易操作。对于有些财产在继承上受到限制,可以加上排除的条款。不过,立法不仅是为了操作,也是为了宣示。适当列举遗产,既能够确定主要的遗产项目,又能够宣示主要的遗产范围,有利于人民群众掌握。因此,坚持《继承法》第3条采取的"适当列举 + 兜底"式的方式规定遗产范围,具有优势,也符合我国的民事立法习惯。

(2)如何列举遗产项目

在修正《继承法》中,提出了一些有争议的遗产项目。对此,我的看法是:①经济适用房。经济适用房是未缴纳土地使用权出让金、未取得完全的土地使用权的房屋,但仍然是自然人享有所有权的不动产,不能排除在遗产范围之外。应当规定经济适用房可以继承,继承时应当补缴土地使用权的出让金,以保证土地使用权也能够一并继承。②限价商品房。限价商品房与经济适用房尽管有所不同,但性质相似,可以适用同样的规则继承。③公有住房租赁权。公有住房租赁权尽管带有物权性质,但仍然是债权。债权也是财产权,属于遗产范围,应当准许继承,但不一定写在遗产范围之中,可以概括地规定为有财产价值的债权,都是遗产。④网络财产。网络财产不论是不动产还是动产,都可以继承,都属于遗产范围,是新型的财产,《继承法》应当列举为遗产。⑤建设用地使用权。自然人享有的建设用地使用权是建筑物地基的地上权,性质是不动产用益物权,属于遗产范围,应当准许继承人继承。①

(三)遗产的确定

在现实生活中,被继承人生前基于家庭生活需要或其他经济目的,会与配偶、家庭成员或其他社会成员发生财产共有关系。被继承人死亡后,其遗产也就与他人的财产混在一起。只有将遗产与他人的财产区分开,才能保证遗产分割的正确性,保护继承

---

① 杨立新:"对修正《继承法》十个问题的意见",载《法律适用》2012年第8期。

人和其他财产所有人的合法权益。

1. 遗产同夫妻共有财产的区分

《继承法》第 26 条第 1 款规定:“夫妻在婚姻关系存续期间所得的共同所有的财产,除有约定的以外,如果分割遗产,应当先将共同所有的财产的一半分出为配偶所有,其余的为被继承人的遗产。”在存在夫妻共有财产的情况下,确定遗产时,须首先分出一半归生存的配偶所有,另一半才能作为被继承人的遗产。

属于夫或妻一方的个人财产,在夫妻一方死亡时,应当作为死者的遗产,不得作为共同财产分割后再作为遗产。

2. 遗产同家庭共有财产的区分

《继承法》第 26 条第 2 款规定:“遗产在家庭共同财产之中的,遗产分割时,应当先分出他人的财产。”在确定家庭共有财产时,不能将家庭成员的个人财产当作家庭共同财产。家庭成员的个人财产主要包括:家庭成员没有投入家庭共同生活的财产;约定家庭成员个人所有的财产;基于家庭成员的赠与而获得的财产;未成年子女于继承、受赠与、知识产权所获得的财产等。这些财产都属于个人财产,当所有人死亡时,可以作为遗产。

3. 遗产同其他共有财产的区分

财产共有关系,除夫妻共有财产、家庭共有财产之外,还存在着其他形式的财产共有,如合伙共有财产等。《民法通则》第 32 条规定:“合伙经营积累的财产,归合伙人共有。”当合伙人之一死亡时,应当将被继承人在合伙中的财产份额分出,列入其遗产范围。被继承人在合伙财产中的份额,应当按出资比例或者协议约定的比例确定。如果继承人愿意加入合伙,其他合伙人亦同意继承人加入的,不必对合伙财产进行分割,只需确定继承人作为新合伙人享有的合伙财产份额即可。

被宣告无效或被撤销的婚姻,在当事人同居期间所得的财产亦属于共有财产。在一方死亡时,应当将生存一方的份额分出,其余为死者的遗产。

第二节　继承权概述

一、继承权的概念

(一)继承权概念的界定

对于继承权的界定,学者众说纷纭,可以分为权利说与法律地位说两种主要主张。

权利说认为,继承权是继承人继承被继承人遗产的权利。认为“继承权者,存在于为继承人地位上之权利也”,[①]或者认为,“继承权,是指公民依照法律的规定或者被继承人生前立下的合法有效的遗嘱承受被继承人遗产的权利”[②]或者认为,“继承权是指公民依照法律的规定或者被继承人生前立下的合法有效的遗嘱而承受被继承人遗产的权利”,[③]“继承权是继承人依法享有的继承被继承人遗产的权利”[④]或者认为,“继承权是指自然人依照法律的直接规定或者被继承人所立的合法有效的遗嘱享有的继承被继承人遗产的权利”。[⑤]

法律地位说认为,继承权所表示的是继承人的一种法律地位。认为“继承权是指继承人所享有的继承被继承人遗产的权利。它体现为继承人的继承地位”[⑥]或者认为,“继承权是继承人依法承受被继承人的财产法律地位权利。继承权所表示的是继承人的一种法律地位”。[⑦]

继承权为权利还是法律地位的分歧,反映了继承权的历史发展。古罗马人对继承权所下的定义是:“继承权是对于一个死亡者全部法律地位的一种继承。”[⑧]在当时,继承制度不仅包括财产继承,还包括身份继承,而且更看重身份继承,故这一定义同这一历史条件相关联。在现代社会中,继承已经转变成单纯的财产继承,继承权也表现为对被继承人遗产的权利。无论是继承人在被继承人生前所享有的继承期待权,还是在被继承人死后享有的继承既得权,都不再仅仅是一种法律地位,而是直接地表现为继承人的权利。

继承权的权利说更能反映继承权的本质。继承权是指自然人按照被继承人所立的合法有效遗嘱或法律的直接规定而享有的继承被继承人财产的权利。

为了准确掌握继承权的概念,应当从以下几个方面理解:第一,在继承权的主体方面,继承权只能是自然人享有的权利。[⑨] 继承权的主体,只能是自然人,而不能是法人、

---

① 招汉明:《民法继承论》,万公法律事务所 1939 年版,第 27 页。

② 佟柔主编:《继承法学》,法律出版社 1986 年版,第 62 页。

③ 刘素萍主编:《继承法》,中国人民大学出版社 1988 年版,第 135 页。

④ 巫昌祯主编:《婚姻与继承法学》,中国政法大学出版社 1997 年版,第 284 页。

⑤ 郭明瑞等:《继承法》,法律出版社 2004 年版,第 55 页。

⑥ 刘春茂主编:《中国民法学·财产继承》,中国人民公安大学出版社 1990 年版,第 123 页。

⑦ 张玉敏:《继承法律制度研究》,法律出版社 1999 年版,第 50 页。

⑧ [英]梅因:《古代法》,沈景一译,商务印书馆 1997 年版,第 104 页。

⑨ 值得注意的是,在国外立法例上,有些国家明文规定法人、国家可以成为继承权的主体,采此立法例的有法国、德国、瑞士等。如《德国民法典》第 1936 条〔国库的法定继承权〕规定:“(1)在继承开始时,被继承人没有血亲,也没有同性生活伴侣,也没有配偶的,被继承人死亡时所隶属的邦的国库是法定继承人。被继承人隶属于两个以上的邦的,其中每一个邦的国库有资格按等份继承。(2)被继承人为不隶属于任何邦的德国人的,帝国国库是法定继承人。”

其他社会组织和国家。第二,在取得根据方面,继承权是自然人依照合法有效的遗嘱或者法律的直接规定而享有的权利。继承权的发生根据有两种:或者是法律的直接规定,或者是合法有效的遗嘱的指定。第三,继承权的客体是被继承人的财产权利。有的学者认为继承权的客体是被继承人的遗产。这种观点不太准确,因为在继承期待权中,被继承人尚未死亡,遗产也就无从确定,只能是对其财产享有的期待权。正因为继承权是继承被继承人财产的权利,所以,继承权具有财产性。继承权的客体只能是财产,而不能是被继承人的身份或者其他人身利益。

(二)继承权与受遗赠权、酌情分得遗产权的关系

1. 继承权与受遗赠权的关系

受遗赠权是指法定继承人之外的自然人、法人或者国家、集体组织享有的接受被继承人生前在遗嘱中所遗赠的财产的权利。

受遗赠权与继承权有共同之处:第一,两者都是从被继承人处取得遗产,而且受遗赠权人与遗嘱继承权人所取得的遗产份额都根据遗嘱的指定;第二,继承权丧失的事由也大多准用于受遗赠权的丧失;第三,有关遗嘱继承权的一些规定同受遗赠权相同,比如两者都通过遗嘱获得权利;第四,在对权利的保护上,受遗赠权与继承权的保护期限相同。

受遗赠权与继承权是两种不同的权利:第一,权利主体不同,继承权的主体,无论是法定继承权还是遗嘱继承权,都必须是法定继承人范围之内的人,而受遗赠权的主体则是国家、集体或法定继承人范围之外的人;第二,适用范围不同,继承权既适用于法定继承,也适用于遗嘱继承,但受遗赠权存在于遗嘱继承中;第三,对权利的接受和放弃方式不同,我国继承法规定,继承开始后、遗产分割前,继承人未明确表示放弃继承权的,视为接受继承,而在继承开始两个月后,受遗赠权人未对被继承人的遗赠表示接受,视为放弃受遗赠权。

2. 继承权与酌情分得遗产权的关系

我国继承法还存在酌情分得遗产的情形,即《继承法》第 14 条规定:“对继承人以外的依靠被继承人扶养的缺乏劳动能力又没有生活来源的人,或者继承人以外的对被继承人扶养较多的人,可以分给他们适当的遗产。”能够分得适当遗产的权利,被称为酌情分得遗产权。酌情分得遗产权既不属于继承权,也不属于受遗赠权,是我国法定继承制度中的一项独特的权利。[1]

继承权与酌情分得遗产权相比,区别在于:第一,继承权既存在法定继承中,也存在遗嘱继承中,而酌情分得遗产权只在法定继承中才会存在。继承权的权利主体是法

---

① 刘文:《继承法比较研究》,中国人民公安大学出版社 2004 年版,第 33 页。

定继承人范围之内的人，而酌情分得遗产权的主体具有特定性，仅限于法定继承人之外的与死者生前形成某种扶养关系的人。第二，酌情分得遗产的份额同继承人的份额也不同，可以少于法定继承人的继承份额，也可以均等，甚至高于法定继承人的继承份额。

二、继承权的性质

对于继承权的性质，学界存在分歧。主要有以下几种学说：

物权说认为，继承权为一种物权，具有排他性，当继承人继承被继承人遗产的权利受到他人侵害时，享有类似物权请求权性质的继承回复请求权。但是排他性并非物权所独具，人格权、知识产权等绝对权也具有排他性，所以不能根据排他性就认定继承权为物权的一种。此外，继承回复请求权同物权请求权也不同，继承回复请求权以继承权为基础，目的在于恢复到继承开始时财产继承关系的最初状态。物权说为大多数国家所不取。

财产取得方式说，如法国法将继承编与生前赠与、契约等编并列，放入财产取得卷；还有国家将继承和遗嘱作为所有权的取得方式加以规定，列入物权编，如阿尔及利亚民法典。将继承仅仅界定为财产的取得方式之一，并将其列入债权或物权，都不妥当。因为继承权是一项独立的权利，不仅仅是财产的转移，还涉及身份关系等。

选择权利说认为，继承权是一种选择权，即本于继承权，可以选择接受继承、放弃继承、无条件接受继承或限定接受继承的权利。这种意见说明了继承权的一些特点，但继承权的目的不在于这些选择，而最终在于对被继承人财产权利的承受。

法律地位说认为，继承权的性质是继承人得接替被继承人财产法上的权利义务的一种资格或法律地位。[①] 这种资格或地位的具体内容是在继承开始后，在法定期间内享有继承选择权，继承人基于自己的法律地位得选择接受或放弃继承；并且基于继承人的选择，确定继承人的法律地位。继承权作为一项权利，并不主要体现在资格或地位，关键的是在于权利。

独立权利说将继承权视为一项独立的民事权利。德国、日本、瑞士等国均采此说，将继承作为民法典中的独立一编。我国《继承法》也是如此，把继承权作为一项独立的民事权利。

我赞同继承权的本质归为独立民事权利的学说。因为从权利和义务的分类上，继承权当然是一种权利，继承权人可以基于自身的权利请求为某项事项，比如接受或放弃继承、请求遗产分割、享有继承回复请求权等。继承权不同于物权、债权，是一项独立的民事权利，因为继承权具有自身的特性，无法为其他性质的权利所包容。

---

① 张玉敏：《继承法律制度研究》，法律出版社 1999 年版，第 54 页。

三、继承权的两种含义

继承权在不同的场合具有两种不同含义,有学者称为客观意义上的继承权与主观意义上的继承权,[①]也有学者称为继承期待权与继承既得权。[②]

从权利的分类来看,根据权利的成立要件是否全部实现,可以将继承权分为既得权和期待权。既得权是指成立要件已全部实现的权利;而期待权是指成立要件尚未全部实现,将来有可能实现的权利。对继承权进行分析,可以发现,在被继承人死亡前,继承人所享有的继承权,由于被继承人死亡的法律事实尚未发生,只是一种期待权,而在继承人死亡后,继承人所享有的继承权为一种既得权,成为一种现实的权利。将继承权蕴含的两种含义称为继承期待权与继承既得权比较准确,且通俗易懂。

(一)继承期待权

继承期待权是指继承开始前继承人的法律地位,指的是自然人依照法律的规定或者遗嘱的指定,继承被继承人遗产的资格。继承期待权在我国立法中有规定,比如《继承法》第7条中的"继承权"。继承期待权虽然不是一种现实的权利,但非常重要,是继承既得权的基础和前提。因为只有享有继承期待权的继承人,在被继承人死亡后,才可能享有继承既得权;不享有继承期待权的人,即使在被继承人死亡后也不能享有继承既得权。

继承期待权是基于法律的规定或者遗嘱的指定发生的,是不依继承人的主观意志为转移的。法定继承人的继承期待权来自法律规定的特定亲属身份关系,如子女自出生时起取得对父母的继承期待权、妻子自结婚时起取得对丈夫的继承期待权。遗嘱继承人的继承期待权来自有效遗嘱的指定,遗嘱指定的继承人也只能是法定继承人范围之内的人。因此,继承人都是由法律规定的。法律对法定继承人范围的规定是以继承人与被继承人之间存在的一定的亲属身份关系为根据的,继承期待权是法律基于自然人的一定身份(如配偶、子女、父母)而赋予自然人的。可见,继承人之所以具有为继承人的资格,是以其与被继承人的亲属身份关系为前提的,是基于其与被继承人之间的身份关系而当然发生的。继承期待权的意义也仅在于赋予继承人取得被继承人遗产的资格,保障继承人可以取得被继承人的遗产,而不是让继承人取得被继承人的某种人身利益;它也并非只要具备特定的身份(如子女)就必然享有、不会丧失的权利,也可能被剥夺(丧失)。

---

① 参见刘素萍主编:《继承法》,中国人民大学出版社1988年版,第135~136页;郭明瑞、房绍坤:《继承法》,法律出版社2004年版,第56~61页。

② 参见张玉敏:《继承法律制度研究》,法律出版社1999年版,第50~53页;刘文:《继承法比较研究》,中国人民公安大学出版社2004年版,第26~29页。

继承期待权实际上只是继承人将来可参与遗产继承的客观的、现实的可能性。继承期待权的主体即继承人对于被继承人的财产并不享有任何权利。继承人的继承期待权因继承人顺序不同,其效力强弱也不同;而且该效力会因先顺序或同一顺序的继承人的出现而全部或一部分消失。例如,当被继承人没有第一顺序继承人时,其兄弟姐妹、祖父母、外祖父母都有继承权;但如果被继承人死亡前收养一子的,则其兄弟姐妹、祖父母、外祖父母的继承权落空。这种因为收养、结婚等使继承人的期待地位下降,不能认为是对继承权的侵害。[①]

(二)继承既得权

继承既得权是指继承人在继承法律关系中实际享有的继承被继承人遗产的具体权利,是一项现实的权利。只有被继承人死亡并留有遗产,继承人具有参与继承的权利,继承人才能参与继承法律关系而享有继承既得权。所以,继承期待权转化为继承既得权,必须具备三个条件:第一,被继承人死亡;第二,被继承人留有遗产;第三,继承人未丧失继承权。缺少其中任何一个条件,继承期待权也不能转化为继承既得权。

继承既得权是一项独立的权利,我国《继承法》第6条中的"继承权"就是继承既得权意义上的继承权。

同继承期待权相比,继承既得权的最大不同在于其是一项现实的权利,具有权利的完整性:(1)继承既得权是继承人对遗产的权利,继承人享有请求分割遗产的权利,可以参与遗产的管理等活动,而继承期待权的继承人对被继承人的财产则不享有权利,不能请求分割;(2)继承人在取得继承既得权后,可以选择接受或放弃,行使自己的权利,而继承期待权的继承人不能放弃继承期待权,即使表示放弃也无效;(3)继承既得权的继承人,实际参加继承,在继承法律关系中享受权利,承担一定的义务,而继承期待权的继承人,仅仅是一种期待,被推定为将来有继承被继承人财产的希望。当然,继承既得权与继承期待权虽然存在一些区别,但是两种都属于继承权的范畴,只不过是继承权的两种含义而已。

对于继承既得权的性质,有学者认为是身份权而非财产权,[②]有的学者认为继承既得权也有社员权的性质。[③] 继承既得权虽然专属于一定身份的人,但这不能代表继承既得权就是身份权。继承既得权以对遗产的取得为核心,其财产权属性至为明显。在我国没有确立社员权的立法现状下,认为其为社员权缺乏基础。且诸如参与遗产管理、参与遗嘱执行等权利,也并非继承人一定享有的,在有遗嘱执行人的情况下,继承人并不实际参与这些活动。

---

① 参见郭明瑞等:《继承法研究》,中国人民大学出版社2003年版,第16~17页。

② 参见杨与龄:《民法概要》,中国政法大学出版社2002年版,第369页。

③ 参见郭明瑞等:《继承法研究》,中国人民大学出版社2003年版,第20页。

第三节 继承权的丧失

一、继承权丧失概述

（一）继承权丧失的概念和种类

继承权的丧失是指继承人因发生法律规定的事由失去继承被继承人遗产的资格。故继承权的丧失又称继承权的剥夺，[①]谓之有继承权人之人，因一定之行为，法律上剥夺其继承权，是为继承权之丧失。[②]

早在古罗马和日耳曼的法律中，即有"染血之手不得取得遗产"原则的规定，体现了继承权丧失制度的萌芽。在罗马法中，死者虽未另为意思表示，但继承人或受遗赠人对被继承人或遗赠人为不道德的行为（例如，杀害被继承人或遗嘱人、依诈欺胁迫遗赠人遗嘱之作成、变更或提出无理由的不伦遗嘱之诉），被认为不配为继承人时，法律上虽仍为继承人，然已取得之遗产，为剥夺遗产，归属国库，由国库清偿遗产债务，履行遗赠。[③] 不过这种制裁既有民事制裁性质，也有刑事制裁性质。后世公法与私法严格划分，丧失继承权的人原本可能分得的遗产给予其他继承人，不再没收归公。

基于继承权丧失的重要性，近代各国民法基本上都对继承权的丧失作出了规定，但具体制度的设计各具特色，主要有继承人缺格与继承人废除、特留份剥夺等几种不同立法例。

1. 继承人缺格

继承缺格是指于一定的事由发生时，继承人基于法律的规定丧失作为继承人的资格。有两种立法例：(1)继承人有缺格的事由时，当然发生继承权丧失的效果，法国、瑞士、日本民法采取这种方法；(2)由于某继承人丧失继承权，而得继承法上利益之人，以丧失继承权的人为被告，提起继承财产取得撤销之诉，经判决后，发生继承权丧失的效果，德国民法采取这种方法。

2. 继承人废除

这是日本民法上特设的制度，即除继承人缺格外，另特设继承人废除制度。设置

---

① 郭明瑞等：《继承法》，法律出版社 2004 年版，第 61 页。

② 李谟：《继承新论》，大东书局 1932 年版，第 26 页。

③ 史尚宽：《继承法论》，中国政法大学出版社 2000 年版，第 94 页。

继承人的缺格与废除的目的均在于对继承人加以制裁,从而使其发生丧失继承权的效果。两种制度有如下不同:(1)废除的事由,比缺格为轻;(2)废除必须由被继承人向家庭裁判所申请,以判决宣告继承人废除,而缺格则是当然失格;(3)废除是对有特留份的继承人所为,而缺格则对各种继承人均可发生;(4)废除者嗣后得撤销之,而缺格则否。

3. 特留份剥夺

除继承人缺格外,德国民法另设特留份剥夺制度,与日本民法上的继承人废除的机能大致相同。德国民法的特留份权是遗产债权,特留份权利人纵然因被继承人的死后处分被排除于继承之外,仍得主张特留份。特留份剥夺,是特别为剥夺此特留份权利而设的制度。该制度的要点如下:(1)被继承人以遗嘱对有特留份权利的继承人,剥夺其特留份;(2)剥夺特留份权利的事由,就直系卑亲属、父母、配偶,法律分别作不同的规定;(3)特留份剥夺的效果,仅剥夺其特留份权利,非消灭继承人的资格;(4)因遗嘱发生效力,即发生剥夺特留份权利的效果;(5)特留份的剥夺,因宽宥而消灭。①

(二)我国的继承权丧失

我国《继承法》第7条规定了继承权丧失,仅指继承人缺格,不包括继承人废除和特留份剥夺,有以下特征:

1. 继承权的丧失是继承人继承期待权的丧失

继承权丧失的客体是继承期待权,并非继承既得权。因为继承权丧失仅仅是继承被继承人遗产资格的丧失;而继承既得权在继承未开始前尚不存在,无从丧失。即使在被继承人死亡后发生继承权丧失的法定事由,也因继承权的丧失的效力溯及继承开始时,继承既得权也无从丧失。

2. 继承权的丧失是继承人继承期待权的自然丧失

继承权的丧失,是在发生法定事由时继承人继承期待权的自然丧失,无需采取什么程序。虽然因为继承权的丧失会引致纠纷,有时需要提交法院裁判,但法院裁判不是继承权丧失效力发生的根据,只是从司法机关的角度进行确认。这同继承权的剥夺是不同的,继承权的剥夺需要被继承人采取一定的行为或遗嘱,而且还应当履行一定的程序。

3. 继承权的丧失是指在发生法定事由时丧失

继承权的丧失必须存在法定事由,非有法定的事由,任何人不得非法剥夺。至于何为法定事由,各国根据自身的情况作出了不同的规定。考察继承权的丧失,关键的是看继承权丧失的法定事由是否存在。

---

① 参见戴东雄等:《中国继承法》,三民书局1998年版,第72~73页。

二、继承权丧失类型和法定事由

(一)继承权丧失的类型

依照我国《继承法》的规定和司法实践,根据继承权丧失后能否得以恢复,可以将继承权丧失分为继承权绝对丧失和相对丧失。

1. 继承权绝对丧失

继承权绝对丧失,是指因发生某种使某继承人丧失继承权的法定事由时,该继承人对特定被继承人的继承权便终局地丧失,该继承人再不得也不能享有对特定被继承人已丧失的继承权。继承权绝对丧失是不可改变的,不依被继承人或者其他人的意志而变化。

我国《继承法》没有明确规定哪些事由导致的继承权丧失是绝对丧失。根据最高人民法院《关于贯彻执行〈继承法〉若干问题的意见》第13条的精神,可以推定因故意杀害被继承人丧失继承权的、因为争夺遗产而杀害其他继承人丧失继承权的、因伪造、篡改或者销毁被继承人的遗嘱情节严重而丧失继承权的,都为继承权绝对丧失。

2. 继承权相对丧失

继承权相对丧失,是指虽因发生某种法定事由继承人的继承权丧失,在具备一定条件时继承人的继承权也可最终不丧失制度,所以又称继承权的非终局丧失。法律规定继承权相对丧失并不是为了继承人的利益,而是为了促使继承人改恶从善,尊重被继承人的意愿,贯彻养老育幼的原则。

依我国《继承法》和最高人民法院《关于贯彻执行〈继承法〉若干问题的意见》第13条的规定,遗弃被继承人或者虐待被继承人情节严重的,继承人丧失继承权。如果继承人其后确有悔改的表现,而被继承人生前又表示宽恕的,可不确认继承人丧失继承权。因此,因遗弃被继承人或者虐待被继承人情节严重而丧失继承权的,即属于继承权相对丧失。

有学者认为最高人民法院《关于贯彻执行〈继承法〉若干问题的意见》第13条规定限制过严,只要被继承人表示宽恕,就应当尊重被继承人的意愿,准许继承人继承遗产,不必要求继承人有悔改表现。对此,应当进一步明确,被继承人生前表示宽恕,应包括通过生前行为表示宽恕和以遗嘱表示宽恕,前者包括以口头、文字等明示表示,也包括以默示的方式,如双方关系改善、接受扶养、共同生活等。① 这种意见是正确的。

(二)继承权丧失的法定事由

继承权丧失的法定事由,也就是得依法取消继承人继承权的原因或者理由。继承

---

① 张玉敏:《继承法律制度研究》,法律出版社1999年版,第70页。

权丧失是对继承人继承权的取消,是一种严厉的制裁。根据《继承法》第7条规定以及借鉴国外立法例,以下几种事由应为继承权丧失的法定事由:

1. 继承人故意杀害被继承人的

继承人故意杀害被继承人是一种严重的犯罪行为,不论其是否受到刑事责任的追究,都丧失继承权。

继承权的丧失事关继承人的重大利益,构成故意杀害被继承人丧失继承权的事由须具备以下三个条件。

(1)须是继承人实施的

对被继承人的故意杀害行为须继承人实施,如果是继承人之外的人实施的,不存在继承权丧失的问题。故意杀害被继承人丧失继承权的,既可以是法定继承人,也可以是遗嘱所指定的继承人。教唆杀害被继承人,应当认定为杀人共犯,丧失继承权。

(2)须是杀害被继承人的行为

一种观点认为,继承人故意杀害被继承人,指继承人故意侵犯被继承人人身权利,情节严重的行为,主要指故意杀人、故意伤害、诬陷、奸淫幼女、抢劫、暴力干涉婚姻自由等犯罪行为。我认为,杀害是以剥夺生命为目的,不能扩大解释为包括"杀"和"害",不能解释为既包括杀人,也包括伤害。因此,继承人实施的行为须是以剥夺被继承人生命为目的才能构成杀害行为。如果继承人对被继承人实施的不法行为虽为危害人身安全的行为,但不是以剥夺其生命为目的,不能构成杀害行为。反之,只要继承人实施的行为有剥夺被继承人生命的图谋,不论出于何种动机,采取何种手段杀害,直接杀害还是间接杀害,是亲手杀害还是教唆他人杀害,杀害行为是既遂或未遂,都构成杀害被继承人的行为。有的人认为,为了"大义灭亲"而杀害有严重劣迹的被继承人的,不应丧失继承权。这种认识是不对的。从刑法上说,即使被继承人有严重劣迹,他人也无私自将其杀害的权利,对其杀害行为可构成犯罪;继承人不论出于何种动机杀害被继承人,都不会影响其继承权的丧失。①

(3)须继承人主观上有杀害的故意

至于继承人的杀害故意是直接故意还是间接故意,均无影响。但如果继承人主观上并无杀害被继承人的故意,则不丧失继承权。例如,继承人由于过失而致被继承人死亡的,因其并无杀害的故意,不构成故意杀害被继承人,不能丧失继承权。

在故意杀害被继承人行为丧失继承权方面,有以下两个问题应当注意:

第一,继承人因正当防卫而杀害被继承人的继承权丧失问题。主流观点认为,正当防卫是在行为人受到他人不法侵害时对侵害人所实施的一种合法的、正当的自救措

---

① 郭明瑞等:《继承法》,法律出版社2004年版,第64页。

施,因之正当防卫是一种合法行为,并不具有违法性。因此,继承人因正当防卫而杀害被继承人的,不丧失继承权。但是,如果继承人实施的防卫行为过当而构成杀人罪时,继承人仍应丧失继承权。[①] 根据我国刑法理论,对于正当防卫造成的伤害,行为人不承担刑事责任,这说明法律对正当防卫的合法性认可,因此也不应让因正当防卫杀害被继承人的继承人丧失继承权。对于防卫过当,刑法规定行为人应当对过当行为承担刑事责任,这说明对防卫过当的否定性评价,因防卫过当杀害被继承人的继承人应当丧失继承权。

第二,未成年人故意杀害被继承人的继承权丧失问题。有的学者认为,"凡故意杀害被继承人的,不论其是否成年,也不论是否追究其刑事责任,都应丧失继承权。不满10周岁的未成年人杀害被继承人的,因其为无民事行为能力人,无民事行为能力也就无民事责任能力,无民事行为能力人不能认识其行为的性质和后果,主观上也就不存在故意过失问题,其杀害行为也就构不成故意。因不满10周岁的继承人杀害被继承人的,并不为故意杀害,所以其才不因此而丧失继承权,而并非因其他理由不丧失继承权。"[②]这种主张具有合理性,也比较容易操作。但是,民事行为能力与刑事责任能力不同,如果继承人为14周岁以上的未成年人而杀害被继承人的,根据刑法的规定,该未成年人达到了刑事责任年龄,具有刑事责任能力,应当承担刑事责任,14周岁以下的未成年继承人杀害被继承人的,则该未成年人不承担刑事责任。建议将继承权的丧失同故意杀害被继承人的继承人是否承担刑事责任相结合,如果被判令承担刑事责任,则继承权也相应丧失,而如果未被判令承担刑事责任,则应当不丧失。

2. 继承人为争夺遗产而杀害其他继承人的

继承人故意杀害其他继承人,是指继承人中的一人或数人出于争夺遗产的动机而杀害居于同一继承顺序的其他继承人,或者杀害先于自己继承顺序的继承人,或者杀害被继承人在遗嘱中指定的继承人。实施杀害行为的继承人无知,认为后一顺序的继承人会妨碍他继承全部遗产而杀害了后一顺序继承人的,也丧失继承权。

构成继承人为争夺遗产杀害其他继承人的行为,须具备以下两个条件:

(1)继承人杀害的对象是其他继承人

继承人杀害其他继承人,是继承人实施剥夺其他继承人生命的违法犯罪行为。其主体为继承人,只要是继承人实施该杀害行为,不论其直接杀害还是教唆他人实施杀害行为,均可构成。但继承人的配偶或其他亲属独立实施杀害行为的,不发生继承人丧失继承权的后果。被杀害的对象只能是其他继承人,而不能是继承人以外的其他

---

① 郭明瑞等:《继承法》,法律出版社2004年版,第64页。

② 郭明瑞等:《继承法》,法律出版社2004年版,第64~65页。

人。继承人杀害继承人以外的其他人的,尽管构成杀人罪,继承人应受刑事责任的追究,但不能因此而丧失继承权。继承人杀害其他继承人既包括法定继承人杀害遗嘱继承人的情形,也包括遗嘱继承人杀害法定继承人的情形;既包括后一顺序的继承人杀害前一顺序的法定继承人,也包括前一顺序的继承人杀害后一顺序的继承人,还包括继承人杀害同一顺序的继承人。

(2)继承人杀害的目的是为了争夺遗产

杀害行为人必有主观上的故意,其目的是为了争夺遗产。继承人杀害其他继承人不是为了争夺遗产,而是为了其他目的,虽然也会受刑事责任的追究,但不能因此而丧失继承权。即使因继承人杀害了其他继承人而使继承人实际上可以多得到遗产的,只要继承人杀害的动机和目的不是为了争夺遗产,其继承权也不因此而丧失。

在国外立法中,一般并不将争夺遗产的动机作为继承权丧失的限定条件,仅规定故意杀害其他继承人而被判刑的,就丧失继承权。对此,我国的规定有所不同。

3. 遗弃被继承人或者虐待被继承人情节严重的

继承人遗弃被继承人,是指继承人对没有劳动能力又没有生活来源和没有独立生活能力的被继承人拒不履行扶养义务。构成遗弃行为的条件是:(1)被遗弃的对象是没有独立生活能力的被继承人。例如,被继承人年老、年幼、有残疾等。被继承人虽有生活来源但并没有独立生活能力的,仍可为被遗弃的对象。如果被继承人有独立生活能力,尽管继承人不尽扶养义务也是不合法、不道德的,但不构成遗弃。(2)继承人有能力尽扶养义务而拒不尽扶养义务。如果继承人本身也是没有独立生活能力的,其并无力尽扶养义务,不构成遗弃。遗弃行为是一种置被继承人于危险境地而不顾的严重的不道德行为、违法行为,不限于积极的行为,消极的不作为也可构成。对于因家庭矛盾或被继承人的误解所引起的关系冷淡、联系不密切或短时期不来往,不能认定为继承人遗弃被继承人。继承人遗弃被继承人的,均丧失继承权,而不问其是否被追究刑事责任。继承人遗弃被继承人以后确有悔改表现,而且被继承人生前又表示宽恕的,可不确认其丧失继承权。

虐待被继承人,是指继承人在被继承人生前对其以各种手段进行身体上或者精神上的摧残或折磨。例如,对被继承人经常进行打骂、迫使其从事不能从事的劳动、限制其人身自由等。虐待行为与遗弃行为的后果不同。继承人虐待被继承人的,并不就丧失继承权;只有虐待情节严重的,才丧失继承权。最高人民法院《关于贯彻执行〈继承法〉若干问题的意见》第10条第1款规定"继承人虐待被继承人情节是否严重,可以从实施虐待行为的时间、手段、后果和社会影响等方面认定"。如果继承人对被继承人的虐待具有长期性、经常性,并且手段比较恶劣,社会影响很坏,则可认定为虐待情节严重。如果继承人对被继承人只是一时的不予以关心、照顾,或者因某些家务事发生争吵,甚至打骂,则不应认定为情节严重。只要继承人虐待被继承人情节严重,不论其行为是否构成犯罪,其是否被追究刑事责任,均丧失继承权。[①] 如同继承人遗弃被继承人的情形一样,如果继承人虐待被继承人虽情节严重,但以后确有悔改表现,且受虐待的被继承人表示宽恕的,可不确认其丧失继承权。

4. 伪造、篡改或者销毁遗嘱,情节严重的

被继承人的合法遗嘱受法律保护,任何人不能非法改变被继承人通过遗嘱表现出来的生前意愿。伪造、篡改或者销毁被继承人遗嘱,违背了被继承人生前的真实意愿,继承人实施这类行为往往是从利己的目的出发,为使自己多得或者独得遗产,会侵害其他继承人的合法利益。这是违反社会道德和法律的行为,对于这种行为应当进行制裁,通过使其丧失继承权,维护遗嘱人的合法权益。

伪造遗嘱,是指被继承人生前未订立遗嘱,继承人以被继承人的名义制作假遗嘱的行为。有的学者认为,继承人为了夺取或独吞遗产而制造假遗嘱的行为,才为伪造遗嘱的行为。[②] 继承人伪造遗嘱一般是为了多得或独吞遗产,但继承人制造虚假遗嘱的动机或目的,并不是构成伪造遗嘱的要件,我国《继承法》未对此强加要求。伪造的遗嘱根本就不是被继承人生前的意思表示,根本不能体现被继承人生前的意志。伪造遗嘱一般是在被继承人未立遗嘱的情形下实施的,但被继承人立有遗嘱,继承人将被继承人所立的遗嘱隐藏起来另制作一份假遗嘱,也是伪造遗嘱。在现实生活中,伪造遗嘱的人不一定都是法定继承人范围之内的人,也有可能是法定继承人范围之外的人。

篡改遗嘱,是指继承人改变被继承人所立遗嘱内容的行为。这种行为是改变了被继承人生前的意志,限制被继承人生前对其合法财产的处分。有学者认为,法定继承人发现被继承人生前所立的遗嘱对自己不利,为了夺取或独吞遗产而进行篡改。[③] 继承人篡改被继承人的遗嘱,一般是因为被继承人所立的遗嘱对自己不利,对遗嘱予以篡改以使其内容对自己有利,但这不是构成篡改遗嘱的条件,我国《继承法》未对此强制要求。只要继承人改变了被继承人所立遗嘱的内容,就为篡改遗嘱。

销毁遗嘱,是指继承人将被继承人所立的遗嘱完全破坏、毁灭。这是一种完全否定被继承人生前意愿的行为,是对被继承人生前财产处分权的一种剥夺。继承人之所以销毁被继承人的遗嘱,一般是因为其要达到多得或者独吞遗产的目的,但继承人因何目的和动机而销毁遗嘱,并不影响销毁遗嘱行为的构成。

继承人伪造、篡改或者销毁被继承人的遗嘱,情节严重的,才丧失继承权。按照最

---

① 参见最高人民法院《关于贯彻执行〈继承法〉若干问题的意见》第10条第2款。

② 刘文:《继承法比较研究》,中国人民公安大学出版社2004年版,第48页。

③ 刘文:《继承法比较研究》,中国人民公安大学出版社2004年版,第48页。

高人民法院《关于贯彻执行〈继承法〉若干问题的意见》第14条规定,"继承人伪造、篡改或者销毁遗嘱,侵害了缺乏劳动能力又没有生活来源的继承人利益,并造成其生活困难的,应认定其行为情节严重"。如果继承人伪造、篡改或者销毁被继承人的遗嘱,并未侵害缺乏劳动能力又没有生活来源的继承人的利益或者虽侵害其利益但未造成其生活困难的,不丧失继承权。

继承人伪造、篡改或者销毁被继承人的遗嘱,并不限于继承人亲自实施的行为。继承人授意他人伪造、篡改或者销毁被继承人遗嘱的,只要情节严重,同样也丧失继承权。但这类行为须有继承人的故意才能构成。继承人因过失而使被继承人的遗嘱损毁的,不能认定为销毁遗嘱。例如,某被继承人把遗嘱和其他文件书籍放在一起,后来被继承人在清理书籍时粗心大意而将遗嘱和过时的文件书报一起销毁,不应认定继承权丧失。①

5. 以欺诈或者胁迫手段迫使或妨碍被继承人设立、变更或撤销遗嘱情节严重的

前述四项法定事由是我国现行《继承法》规定的继承权丧失的法定事由。该规定同国外立法例规定的继承权丧失事由相比之下,显得过于狭窄。国外立法例除了前述的法定事由外,妨碍被继承人设立、变更或者撤销遗嘱,诬告被继承人,知道被继承人被谋杀而不告发,都导致继承人丧失继承权。修订《继承法》应当借鉴有关立法例,应当确立以欺诈或者胁迫的手段,迫使或者妨碍被继承人设立、变更或者撤回遗嘱,情节严重的行为,作为继承权丧失的事由之一。欺诈,是指继承人故意告知被继承人虚假情况,或故意隐瞒真实情况,诱使被继承人做出违背其真实意愿设立、变更或者撤销遗嘱的行为;胁迫,是指继承人以给被继承人或其亲友的生命健康、荣誉、名誉、财产等造成损失为要挟,迫使被继承人做出违背其真实意思设立、变更或者撤回遗嘱的行为。设立遗嘱的权利是被继承人的基本权利和自由,受法律保护。以欺诈或者胁迫的手段,迫使或者妨碍被继承人设立、变更或者撤回遗嘱,严重侵犯了被继承人的遗嘱自由和权利,使被继承人所立遗嘱违背其内心的真实意思。因此,继承人有上述行为并且情节严重的,应剥夺其继承权。

三、因宽宥而恢复继承权

(一)宽宥的概念和意义

在继承法领域,以法定继承权的丧失为前提,宽宥特指被继承人在情感上对继承人的故意或过失行为的谅解和宽恕,表达被继承人对继承人继承身份或资格的再次认可、肯定与承认,恢复其已丧失的继承权。

---

① 刘春茂主编:《中国民法学·财产继承》,中国人民公安大学出版社1990年版,第144页。

在继承人丧失继承权后，只要被继承人对继承人宽宥，就应当恢复继承人已丧失的继承权或被剥夺的特留份。宽宥作为被继承人的单方意思表示，不需要相对方即继承人做出任何意思表示便产生法律效力。

（二）我国现行宽宥制度的缺陷

《继承法》第7条规定了丧失继承权的法定事由，没有规定宽宥制度。最高人民法院《关于贯彻执行〈继承法〉若干问题的意见》第13条规定的宽宥制度，仅适用于虐待被继承人情节严重或者遗弃被继承人但以后确有悔改表现的情形，其他三种丧失继承权的行为，不得适用宽宥制度；并且特别强调，故意杀害被继承人，以及为争夺遗产而杀害其他继承人的，不仅不可以适用宽恕制度，而且即使被继承人以遗嘱将遗产指定由该继承人继承的，都应确认遗嘱无效，丧失继承权。现行宽宥制度的缺陷是：

第一，适用范围太窄，仅适用于《继承法》规定的虐待被继承人情节严重或者遗弃被继承人的情形，其他丧失继承权的三种情形都不得适用宽宥制度。须知，杀人行为有既遂、未遂和预备之区别；伪造、篡改或者销毁遗嘱，即使情节严重，也不一定就不准许被继承人予以宽宥。

第二，适用条件过于苛刻。司法解释规定，即使对虐待被继承人情节严重或者遗弃被继承人的，适用宽宥也要求丧失继承权的继承人必须确有悔改表现，如果不具有这样的条件，即使被继承人予以宽宥，继承人丧失的继承权也不得恢复。这样的规则，不符合私法自治原则。

（三）应当建立全面的宽宥制度

1. 基本构想

在继承人因法定事由丧失继承权时，尽管不同国家根据其价值选择及立法倾向对宽宥制度的态度各异，但基本趋势均是以宽宥来防止对被继承人意志自由的过度干预，让其能在私权领域自由决断，以当事人的意思自治来修正或限制继承权丧失制度的刚性。修订《继承法》应当从保障被继承人的个人财产处分权出发，在对继承人的违法犯罪行为依法予以刑事处罚的同时，以宽宥能够恢复全部已丧失的继承权来建构我国的宽宥制度模式最为妥当，这既能保证充分尊重被继承人的意思自治，又能准确表达法律对继承权的价值选择。

基于继承权的私权属性，公权力对私权领域的民事行为自由侵入应得到控制，不应侵害被继承人的意思自治。当继承人实施与遗产继承有关的严重违反伦理道德而不得不对其进行惩处的违法行为时，法律采取相应的措施对其进行惩处，继承人的继承权因此而被剥夺，对行为严重构成犯罪的，法律还以刑事责任的形式予以惩处，这直接表达了法律对该类行为的价值判断与选择，继承人也为自己的违法行为付出了应有的代价。如果被继承人知道继承人对其实施了相应的违法行为，却仍然对继承人为遗嘱处分或财产处分，或明确表明对继承人曾有的过错行为予以宽宥，就意味着被继承人对继承人的过错行为已经原谅或宽恕，更乐意将自己的遗产留归已被法律剥夺了继承权的继承人。此时，以宽宥来恢复已丧失的继承权，既不会与科以继承人刑罚处分的法律规范相抵触，更与私法自治的精神相符合，还为私法领域亲情关系的重续与再造提供积极的方向与途径。对此，法律应开方便之门，承认宽宥行为的效力，以示对被继承人意愿的尊重。继承人也有了具体的改过自新的动力与缘由，被继承人也能重新体会给予亲人的快乐及亲情的温馨，更能通过自由处分财产的方式感受到法律给予的自由。

特别是对那些因严重违法触犯刑律而被判处刑罚的继承人，法律对被继承人的宽宥更不应该无视甚至禁止。即使从继承人严重违法应受刑事惩罚的角度来说，对其犯罪行为的依法惩处不仅已经让其领受牢狱之苦，其付出的代价已经足以与应受的道德非难相适应。在继承人为自己的行为付出必需的代价后回归社会时，其最需要的便是亲人的关怀、接纳及社会的宽容，在其最需要被继承人对之宽恕接纳且被继承人自愿乐意如此时，法律却以强行法的方式对宽宥行为明令予以禁止。这种对已受到应有处罚后弃恶从良、改恶从善的人弃之不顾的做法，无论与我国监狱工作方针，还是法律的宗旨，甚至人道主义精神，都直接违相背。所以，在对继承人因遗产继承所为的严重违法犯罪行为进行严格惩处并剥夺法定继承权之后，更应该将处分财产自由的权利交由被继承人自行决断，法律不应该再强行介入。以被继承人的宽宥来恢复其继承权，不仅能保证遗嘱人的意志自由不被过分限制，还对继承人的悔悟及改过具有积极的促进作为。这既能体现对被继承人意愿的尊重，保障公民的自由权利与维护继承权的私权性质，又有利于促使继承人积极改恶从善，以从亲情关系的重建来有效促使其更好地回归社会。

2. 宽宥的概念选择

各国对宽宥概念的具体表述各不相同，说明、表达被继承人对继承人已经谅解，继承人因此而恢复已丧失的继承权的方式有多种，无论用确定的词汇来明确表达，还是用描述性的语言来表述，其本质含义都相同，都表明被继承人对继承人曾有的过错行为已经谅解，不希望继承人继续承担因其过错行为而不得继承遗产的不利后果。从法律用词须具体、确定、准确的要求出发，针对各国规定不一的现状，使用具体明确的词汇清楚表达出被继承人对继承人的态度始为正确。因此，结合“宽宥”、“宽恕”、“宥恕”等词的具体含义，使用“宽宥”这一概念更为妥当。它所包含的宽容、饶恕、宽恕、原谅之意，能全面概括被继承人对继承人虽有过错但仍为谅解的复杂含义。

3. 宽宥的具体规则

(1) 宽宥制度既适用于继承权丧失也适用于特留份权丧失

根据各国立法例的比较及宽宥的本质含义，通过对被继承人的遗嘱自由、继承人的继承权利及国家对违法及严重违反伦理道德的行为进行惩处获得的效益进行权衡，应当将宽宥制度全面适用于已丧失的继承权的恢复。这既能保障被继承人个人财产自由权利的实现，也对继承人重获继承的机会提供了可能，让其更具有去恶向善的动力，促进家庭的团结与和睦。这并没否定或消减继承权丧失规定的法律效力，也让公权力对违法犯罪的惩处与私权对公民个人权利的充分保障较好地结合起来。

基于特留份权实为不可剥夺的遗产继承权的本质，当宽宥制度适用于所有已丧失继承权的恢复时，其自然也适用于所有已丧失的特留份权的恢复。目前我国《继承法》没有规定特留份制度，但规定特留份制度是必需的、必然的。所以，修订《继承法》，应当在规定特留份及特留份权的同时，规定特留份权的丧失及经过宽宥而恢复的制度。《继承法》应当在对导致继承权与特留份权丧失的行为进行明确界定的基础上，同时规定宽宥制度既适用于继承权的丧失，也适用于特留份权的丧失。

（2）所有的继承权丧失和特留份权丧失行为一律适用宽宥制度

修订《继承法》，不应维持目前部分关于绝对丧失继承权和相对丧失继承权的区别，即对丧失继承权的行为有的准许适用宽宥而多数不适用宽宥的两分法，将所有继承权丧失的情形统一适用宽宥制度。对新创设的特留份制度也纳入其中，一律适用宽宥制度。针对目前我国宽宥制度适用范围较窄的现状，应扩大其在继承领域的适用范围，扩大的方式主要有三种：第一，将《继承法》原规定的丧失继承权的行为全部适用宽宥制度。第二，将继承人因实施与继承有关的严重违反伦理道德的行为而失去继承权的情形全部纳入宽宥制度的适用范围。第三，对《继承法》针对部分法定继承人不可剥夺的继承权而设置的特留份，基于其与继承权为同一性质，且较普通继承份而言对继承人意义更为重大，也一并适用宽宥制度。

（3）适用宽宥不规定前提条件

适用宽宥制度，除我国对宽宥的适用附加了继承人须“确有悔改表现”的前提条件外，其他国家都规定仅具备被继承人单方对继承人表示宽宥的条件即可，无须再有继承人的表现或其他法定前提条件，更无须由第三方来判断继承人是否确有悔改。基于宽宥的本质实为被继承人的单方意思表示行为，不应该再对被继承人的意志自由附加任何不合理的束缚或限制。建议取消目前司法解释设置的“确有悔改表现”这一前提条件，也不增设任何其他条件。

就宽宥的形式而言，尽管有学者认为为了慎重，并为减少纠纷，应当将被继承人宽恕的行为规定为要式法律行为。[①] 不可否认，将宽宥规定为要式行为，的确可以减少纠纷，但这种过于苛严的要求不仅严重束缚了当事人的自由，也与宽宥的单方意思行为

---

① 陈苇、宋豫主编：《中国大陆与港、澳、台继承法比较研究》，群众出版社 2007 年版，第 191 页。

的本质内涵相抵触。所以,对宽宥的形式也不应作特别要求,无论是被继承人以口头或遗嘱直接表达对继承人的原谅、宽恕,还是被继承人接受继承人的扶养、与之共同生活、赠与财产等,均应视为被继承人已对继承人表示了宽宥。如果被继承人在遗嘱或公证书内未明示恢复继承人已丧失的继承权,但遗嘱人在明知继承人丧失继承权的情况下仍向其作出遗嘱处分,则丧失继承权的人得在有关遗嘱处分的限度内继承财产。

四、继承权丧失的效力

继承权丧失的效力,是指继承权丧失导致的法律后果。继承权丧失的效力包括时间上的效力和对人的效力两个方面。

(一)继承权丧失的时间效力

继承权丧失的时间效力是指继承权的丧失于何时发生效力。继承权丧失的事由多发生在继承开始前,比如继承人故意杀害被继承人的、遗弃被继承人的、虐待被继承人情节严重的等;但也有发生在继承开始后的,如继承人篡改、销毁遗嘱的。继承权丧失的事由无论发生在继承开始前还是继承开始后,均应自继承开始之时发生效力。如果继承权的丧失是于继承开始后由人民法院确认的,则人民法院对继承人继承权丧失的确认溯及自继承开始之时发生效力。

(二)继承权丧失的对人效力

继承权丧失不仅对继承人本身产生丧失继承权的效力,还对被继承人的其他继承人、丧失继承权的继承人的晚辈直系血亲以及从丧失继承权的继承人处取得遗产的第三人产生一定的约束力。

1. 继承权丧失对被继承人的其他继承人的效力

继承人丧失继承权会对被继承人的其他继承人产生重大影响。如果继承人因法定事由丧失继承权,则其应继份(无论是法定应继份还是遗嘱应继份)都转归同顺序的或后顺序的法定继承人享有。这涉及遗嘱指定的继承人是否受其他继承人丧失继承权的影响。由于遗嘱指定了遗嘱继承人的应继份,则该部分不受其他继承人丧失继承权的影响。不过,由于我国《继承法》规定遗嘱继承人只能在法定继承人范围内指定,如果其他继承人丧失继承权,该遗嘱继承人还可以作为法定继承人获得因其他继承人丧失继承权增加的应继份。

2. 继承权的丧失对继承人的晚辈直系血亲的效力

继承权的丧失对继承人的晚辈直系血亲的效力,实际上就是丧失继承权的晚辈直系血亲能否代位继承。各国法律对此规定不一:(1)继承权的丧失对继承人的晚辈直系血亲不发生效力,继承人丧失继承权的,继承人的晚辈直系血亲仍然得代位继承。(2)继承权的丧失对继承人的晚辈直系血亲发生效力,即继承人丧失继承权的,其晚辈直系血亲也不得代位继承。

我国《继承法》未规定继承人丧失继承权时其晚辈直系血亲可否代位继承问题。最高人民法院《关于贯彻执行〈继承法〉若干问题的意见》第28条规定,“继承人丧失继承权的,其晚辈直系血亲不得代位继承”。依此可见,我国继承法是采取第二种立场的,承认继承权的丧失对继承人的晚辈直系血亲发生效力。①

3.继承权的丧失对取得遗产的第三人的效力

在某些情形下,丧失继承权的继承人可能已经对被继承人的遗产的全部或一部分进行了处分,继承权的丧失对取得遗产的第三人是否发生效力?对此也有两种观点。一种观点认为,继承权的丧失对善意第三人不发生效力,不得以继承人的丧失继承权而对抗善意第三人。② 另一种观点认为,继承人丧失继承权的,对一切第三人都发生效力,可以继承无效对抗从丧失继承权的人取得遗产的所有第三人。如果善意第三人丧失从继承权的继承人处取得遗产的,虽然其他继承人会因丧失继承权的继承人的处分行为受到损害,但为了保护交易安全和善意第三人的利益,不应当使继承权的丧失具有对抗善意第三人的效力,而且善意第三人在取得遗产时根本无从知晓继承人丧失继承权的情形,让其承担不利后果显然不公。再者,即使其他继承人因丧失继承权的继承人的处分行为受到了损害,也可以要求丧失继承权的继承人返还不当得利,赔偿损失。如果第三人是无偿取得财产,或者其在取得财产上有恶意,则继承权丧失对第三人发生效力,其他继承人向第三人请求返还时,第三人应当返还。

第四节　继承权的承认和放弃

一、继承权的承认

继承权的承认,是指继承人在继承开始后、遗产分割前,以一定的方式作出愿意接受被继承人遗产的权利的意思表示。

(一)继承权承认的立法例

各国法关于继承权承认的意思表示的方式与效力的规定,与遗产的移转方式即继

---

① 我们认为这一规定未必合适。对此,在代位继承问题中具体说明我们的理由。

② 张玉敏:《继承法律制度研究》,法律出版社1999年版,第67页。

承的样态有关，大致有以下四种立法例：①

当然继承主义，认为继承权利义务的归属，系属当然，不以继承人的承认为其取得遗产的必要条件。该立法例源于日耳曼法，后为德国、法国等国民法采纳。

承认继承主义，认为遗产并不因被继承人的死亡而当然地归属于继承人，须俟继承人为承认继承之意思表示后，始发生归属效力。这种立法例为罗马法所采。

法院交付主义，认为遗产须于法院决定将其交付于继承人时，始生归属效力。故继承权承认，乃请求继承财产交付之意思表示。奥地利民法采此立法例。

剩余财产交付主义，认为遗产先归属于遗产管理人或遗嘱执行人，经其清算后，尚有财产时，继承人始得请求其交付。故继承权承认为财产交付请求权之行使。该立法例为英国法所采。

我国《继承法》第25条第1款规定："继承开始后，继承人放弃继承的，应当在遗产处理前，作出放弃继承的表示。没有表示的，视为接受继承。"我国对此采取的是当然继承主义。

（二）继承权承认的方式

对于继承权承认的方式，在大陆法系国家根据继承人对继承权承认是否附加条件（主要是对被继承人生前所欠债务是否表示以其所继承的遗产范围为限），划分为单纯承认和限定承认两种方式。

1. 单纯承认

单纯承认是指继承人无所保留地、确定地承继被继承人财产的单方意思表示。②换言之，此种承认使继承人无限地承受被继承人财产上的一切权利义务。不过现代立法的单纯承认同罗马法时不同，在现代的单纯承认情形下，虽然继承人对于被继承人的遗产予以概括承认，但其继承标的仅限于财产而不及于身份权或祭祀权。

单纯承认的情形有两种：一种是本于继承人的自由选择而为的单纯承认，称为"一般的单纯承认"或"任意的单纯承认"；另一种是本于法律强制而为的单纯承认，称为"法定的单纯承认"或"强制的单纯承认"。这两种情形虽有差异，但在承继遗产的无限性上并无不同。③ 一般的单纯承认为不要式行为，且继承人承认的意思表示无须向相对人为之，仅以将其意思表达于外部为已足。究为明示抑或默示，在所不问。④ 至于法定的单纯承认，则多因继承人的不正行为而发生，在此种情形下，继承人不仅不许主张限定承认，亦不得为放弃继承。其实质为民法对继承人不正行为的制裁，使其对遗产

① 参见戴炎辉等：《中国继承法》，三民书局1998年版，第161～162页。

② 戴炎辉等：《中国继承法》，三民书局1998年版，第171页。

③ 参见陈棋炎等：《民法继承新论》，三民书局2001年版，第214页。

④ 参见陈棋炎等：《民法继承新论》，三民书局2001年版，第215页。

债务承担无限责任。至于不正行为的种类,一般包括:(1)隐匿财产;(2)虽为限定承认,但在遗产清册上为虚伪记载;(3)意图诈害被继承人之债权人权利而为遗产处分等几种情况。[①] 实际上,单纯承认多因继承人未于法定期间内为限定承认或抛弃继承之意思表示而由法律推定成立。[②]

2. 限定承认

限定承认也被称为限定继承,是指继承人附加限制条件地接受被继承人的全部遗产的意思表示。一般的限定条件是以因继承所得之遗产偿还被继承人债务。如果继承人采取限定承认的,则意味着继承人只对被继承人生前所欠债务负有以其所继承的被继承人的遗产为限的清偿责任,对超出部分不负责清偿。

限定承认与单纯承认的最大区别,在于责任承担上的有限性。在限定承认条件下,即便被继承人的债务超过遗产,继承人亦无须以其自己原有财产为清偿。虽然为放弃继承也可达成此目的,但于继承开始之际,继承人未必能确切明了被继承人的债务是否超过遗产,若盲目为放弃的表示,后又发现遗产尚有剩余,则将悔之无及。不如自始即为限定承认,则可于承担有限责任与接受剩余财产之间两全。另外,同单纯承认相比,限定承认必须为要式行为,在一些立法例中规定限定承认必须在法定期限内以明示的方式,并且还要按照法律规定将限定承认的意思表示出来。

我国《继承法》以继承人承担有限责任为原则,不认可单纯承认。而且在继承权的承认方面,无论明示还是默示方式均可。如果在继承开始后、遗产分割前继承人未作出明确表示的,视为接受继承。

(三)限定承认的效力

《继承法》对继承权的承认采取限定承认方式,其效力主要体现于以下三个方面:

1. 继承人参与继承法律关系

继承人作出限定承认的意思表示后,其取得继承既得权,法律地位可以确定,可以实际参与继承法律关系,对遗产进行占有、管理,并有权请求分割遗产。由于我国继承法采取当然继承主义,继承人还须履行一定的义务,比如在继承遗产的限度内清偿遗产债务。

继承权的限定承认须由本人实施,不得代理。不过,如果继承人是无民事行为能力人或限制民事行为能力人的,其法定代理人可以代理,但不得损害无民事行为能力人与限制民事行为能力人的权益。如果在继承开始时有胎儿继承人的,则由其母代为进行继承权的承认。

---

① 参见《法国民法典》第792条、《日本民法典》第921条、我国台湾地区"民法"第1163条。

② 郭明瑞等:《继承法研究》,中国人民大学出版社2003年版,第37~38页。

2. 继承人责任的限制

在限定承认时，继承人仅需以因继承所得的积极财产为限，对全部遗产债务承担清偿责任。即继承人唯就遗产负物的有限责任。[1] 对于遗产债权人而言，其债权额并未因继承人的有限责任而减少，债权人仍可以就其债权额之全部请求继承人偿还，只不过继承人享有以遗产为限承担责任的抗辩而已。倘若继承人以自己的固有财产清偿遗产债务，则由于债权为有效存在，遗产债权人的受偿并不构成不当得利，继承人事后不得以其不知享有抗辩为由请求返还。

在限定承认下，继承人虽可就遗产债务承担有限责任，但遗产债务的保证人或连带债务人则不得享受此待遇，保证人与连带债务人仍须对全部遗产债务负偿还责任。[2] 保证人与连带债务人负清偿责任后，依法享有对继承人的追偿权。

3. 继承人固有财产与遗产分离

由于限定承认使继承人仅负物的有限责任，为公平保护遗产债权人和继承人的权利，充分实现遗产上的物的责任，必须对继承人的固有财产与遗产进行分离，使其各自享有独立的法律地位。此种分离，一方面体现遗产与继承人财产的区分，即物质形态上的分别管理与处置，故继承人不得侵吞、隐匿或非法处分遗产；遗产债权人亦不得申请法院就继承人的固有财产为强制执行，否则继承人可以第三人身份提出异议。另一方面还体现在继承人对于被继承人的权利义务，不因继承而消灭。[3] 这些规定都有必要，否则，如果继承人对被继承人享有债权时，该债权将因混同而消灭，不能从遗产中求得清偿，其结果无异于将继承人的固有财产用于清偿遗产债务；反之，如继承人对于被继承人负有债务时，该债务也将因混同而不能归入遗产，亦无异于侵害了遗产债权人的利益。这两种情形皆与限定继承的本意不合，故应特设例外规定，以阻止混同效果的发生。[4] 我国现行继承法对后一种分离虽无明确规定，但从法理角度而言，亦应为同一解释。

此外，还需强调的是，前面所说的不因继承而消灭的权利义务，不仅包括债权，亦应包括用益物权及担保物权。在因继承清算完毕而使遗产丧失独立法律地位之前，继承人与被继承人之间的一切财产上权利义务，均不因混同而消灭。

二、继承权的放弃

(一)继承权放弃的含义

继承权放弃又称继承权拒绝、继承权抛弃，是指继承人于继承开始后、遗产分割前

---

① 参见史尚宽:《继承法论》,中国政法大学出版社 2000 年版,第 278 页。

② 参见陈棋炎等:《民法继承新论》,三民书局 2001 年版,第 234 页。

③ 参见史尚宽:《继承法论》,中国政法大学出版社 2000 年版,第 282 页。

④ 参见陈棋炎等:《民法继承新论》,三民书局 2001 年版,第 236 页。

所作出的放弃其继承被继承人遗产的权利的意思表示。继承权放弃是继承人自由表达其意志、行使继承权的一种表现，是一种单方民事法律行为，无须征得任何人的同意。

罗马法初期，家父权下的当然和必然继承人绝对不能拒绝继承，即为继承人，永为继承人。至裁判官法时代，才开始予以当然和必然继承人有“拒绝继承的特权”。家主以遗嘱解放的奴隶，同时指定其为继承人的必然继承人，是不得拒绝继承的。只有外来继承人（即任意继承人）才有接受和拒绝继承的自由，可以放弃继承权。① 近代各国继承法基于个人责任的原则，继承人不再是家、家族、家产或祭祀的继承，而纯粹为个人遗产的继承，无论对于任何人，以不强制其承受继承为原则。一般继承人有抛弃继承的自由，一般并不限制。②

中国近代，尽管法律上允许继承人放弃继承，而实际上奉行“父债子还”的原则，被继承人的子女往往是不能以放弃继承来拒绝承受被继承人债务的。1949 年之后，在长期的司法实践中，一直承认继承权放弃，保护继承人接受或放弃继承的自由。我国《继承法》第 25 条明确规定了继承人得放弃继承权。

继承人放弃继承权与丧失继承权都不能取得遗产，其直系晚辈血亲也都不能代位继承，在后果上具有相同性。但二者在性质上完全不同：(1)放弃继承权所放弃的是继承既得权，而丧失继承权所丧失的是继承期待权。只有没有丧失继承权的人才可以放弃继承权，丧失继承权的继承人并无继承权可放弃；(2)放弃继承权是继承人自愿作出的意思表示，并不需要有何事由；而丧失继承权却是因发生法定事由而当然发生的，当事人不认为其继承权丧失的，法院得以裁决确认其丧失继承权。因此，放弃继承权是继承人对自己权利的一种处分，而丧失继承权则是法律对实施违法行为的继承人的一种民事制裁；(3)放弃继承权只能在继承开始后遗产分割前实施，在继承开始前不能发生继承权的放弃；而继承权丧失的事由可以发生在继承开始以前，而且有的事由（如遗弃被继承人）只会发生在继承开始以前。③

（二）继承权放弃的要件

继承权虽得以继承人的自由意志予以放弃，但并非无所限制，行使继承权的放弃须符合以下要件：

1. 必须在继承开始后、遗产分割前放弃

这是放弃继承权的时间要件。由于继承人只能于继承开始后才享有继承既得权，因此，继承权的放弃只能于继承开始后实施。于继承开始前，继承人并不享有可以处

---

① 参见周枏：《罗马法原论》（下册），商务印书馆 2001 年版，第 585 页。

② 史尚宽：《继承法论》，中国政法大学出版社 2000 年版，第 325 页。

③ 郭明瑞等：《继承法》（第 2 版），法律出版社 2004 年版，第 78 页。

分的继承既得权，仅享有继承期待权，而继承期待权仅是一种资格，是不得放弃的，即使放弃，也不发生效力。又因为继承权的放弃是继承人对自己继承权的处分，继承权的放弃也只能在遗产分割前实施。于遗产分割后，继承人再作出的不接受遗产的意思表示，属于放弃遗产，继承人放弃的不是继承权，而是单独的遗产所有权。

为了促使继承人尽快作出决定，稳定继承关系，对继承人放弃继承权有具体的期限规定。我国《继承法》只是笼统地规定为"继承开始后，遗产分割后"。由于遗产的处理并无时间限制，在遗产处理前遗产为继承人共有，而一旦某继承人放弃继承，遗产的共有状态就会变化。如果许可继承人长期内仍可放弃继承，不利于财产关系的稳定和交易安全的保护。不过，我国《继承法》第 25 条对受遗赠权放弃的具体期限作了规定，受遗赠人应当在知道受遗赠后两个月内，作出接受或放弃受遗赠的表示。因此，建议可将继承人放弃继承的期间与受遗赠人接受遗赠的期间予以相同的规定，即继承人放弃继承的，应当在知道继承开始后，两个月内作出放弃的意思表示，逾期未作表示的，视为接受。

2. 原则上由继承人本人放弃

这是放弃继承权的主体要件。继承权的放弃为单方民事法律行为，应当由继承人本人亲自实施，不得代理。不过，对于无民事行为能力和限制民事行为能力继承人而言，允许其法定代理人代理该继承人放弃继承，以保护无民事行为能力和限制民事行为能力的继承人利益。

在继承权的放弃与接受是否能由继承人的债权人行使问题上，有肯定说与否定说两种观点。肯定说认为，继承权于继承开始之前仅为一种期待权，该期待权因与身份不能分离，故其不能为他人代为行使；但一旦继承开始后，被继承人财产上的一切权利义务即概括地移转于继承人所有，放弃继承的单独行为不过为财产法上的无偿处分行为，故如有诈害债权情形时，债权人自得行使撤销权。[①] 否定说认为，继承权虽具财产属性，但其取得是以一定身份为前提的，如无该身份，则不得为继承人；且继承权的抛弃与结婚、离婚、收养子女或非婚生子女认领相同，属身份行为，具有人身专属性，纵因该行为而间接地对债权人的财产产生不利影响，债权人亦不得撤销，继承的承认或放弃不能作为债权人代位权的标的。[②] 我认为，放弃继承权必须以不能侵害他人的权益为限，如果继承人故意通过放弃继承权的方式逃避债务或法定义务，则相关的权利人可以对继承人的放弃继承权行为进行撤销。对此，我国最高人民法院《关于贯彻执行〈继承法〉若干问题的意见》第 46 条规定："继承人因放弃继承权，致其不能履行法定义

① 戴东雄：《继承法实例解说》，三民书局 1999 年版，第 199 页。

② 史尚宽：《继承法论》，中国政法大学出版社 2000 年版，第 341 ~ 343 页。

务的，放弃继承权的行为无效。”

3. 放弃继承权不得附加条件

许多国家明文规定，继承人放弃继承权不得附加条件。我国《继承法》没有规定继承人放弃继承权不得附加条件，但在司法实践与学界中倾向于不允许继承人附加条件。对于继承人在放弃继承时提出的将其放弃的遗产让与某人的附加条件，继承人所附加的条件和保留的意见，应当视为继承人在接受继承以后对自己的继承份额所作的处分。①

4. 不得部分放弃

对于是否允许部分放弃继承权，《继承法》没有明文规定。继承的放弃具有不可分性，应及于全部继承财产。如果继承人部分放弃继承权的，应当视为继承人接受接收后，对自己继承的遗产份额所作的处分。这不属于继承权放弃的性质了，而是继承人对自己财产权的处分。

（三）继承权放弃的方式

继承权放弃的方式是指继承人放弃继承权时表达意思表示的方式。各国对于继承权放弃的方式规定不一，概括起来，可分为明示与默示两种方式。

依《继承法》第 25 条第 1 款的规定，“继承开始后，继承人放弃继承的，应当在遗产处理前，作出放弃继承的表示。没有表示的，视为接受继承”。可见，我国采取的是明示方式，可以口头方式或书面方式向其他继承人作出。如果主张继承人用口头方式表示放弃继承的，须本人承认，或有其他充分证据证明。如果继承人本人不承认，又没有其他充分的证据证明继承人表示过放弃继承权，则不能认定继承人放弃继承。在诉讼中，继承人可以向人民法院表示放弃继承。继承人向法院以口头方式表示放弃继承的，法院要制作笔录，由放弃继承权的继承人签名。不论以何种形式作出的放弃继承的意思表示，都必须是继承人的真实意思表示，否则不能发生放弃继承的效力。②

（四）继承权放弃的效力

继承权放弃的效力，指的是继承权放弃后的法律效果。继承权放弃不仅会对继承人自己产生法律约束力，而且对于放弃继承权的继承人的晚辈直系血亲、被继承人的其他继承人也会产生一定的效果。

1. 对放弃继承权的继承人的效力

继承人放弃继承权，也就丧失了参加继承法律关系的资格，应当退出继承法律关系。自继承人放弃继承权时开始，继承人不承受被继承人生前的债务，也不得继承被

---

① 刘春茂主编：《中国民法学·财产继承》，中国人民公安大学出版社 1990 年版，第 182 页。

② 郭明瑞等：《继承法》，法律出版社 2004 年版，第 75 页。

继承人生前的财产权利。继承人放弃继承权的效力，溯及自继承开始之时，并非其作出放弃之时。

继承人放弃继承权虽对被继承人的遗产丧失了权利，但如果该继承人已经实际占有被继承人的遗产的，则应当担负一定的义务。放弃继承权的继承人应当将自己占有的遗产移交遗产管理人或其他继承人，在未进行移交前，负有继续管理义务。放弃继承权的继承人不能因为自己放弃了继承权，就对原来由自己保管的遗产置之不理，这会有损于其他继承人、受遗赠人和被继承人的债权人的权益。此外，如果被继承人生前与继承人之间有债权债务关系的，该债权债务也不因继承人放弃继承而消灭，仍为遗产权利义务。

2. 对放弃继承权人的晚辈直系血亲的效力

继承人放弃继承的，其应继份是否发生代位继承，有两种立法例。一种认为，放弃继承的人“视为自始即非继承人”，未曾拥有继承权，因此，放弃继承不发生代位继承。另一种视放弃继承权人于“继承开始前死亡”或遗产自始对其“未发生归属”，因放弃继承的继承人曾有主观继承权，因而放弃继承的继承人之直系卑亲属可代位继承。我国继承法仅仅将被继承人的子女先于被继承人死亡作为代位继承的发生原因，在继承人放弃继承权时，不发生放弃继承权人的晚辈直系血亲的代位继承问题。

3. 对被继承人其他继承人的效力

继承人放弃继承权的，其放弃的应继份应当按照法定继承处理。第一顺序的法定继承人中有人放弃继承权的，其放弃的应继份归属于同一顺序的其他继承人；没有同一顺序的继承人的，放弃的应继份归属于第二顺序的继承人；两个顺序的继承人均放弃继承权或者均不存在的，按照无人继承的遗产处理。如果遗嘱继承人放弃继承权的，则遗嘱对该继承人所指定的应继份按照法定继承处理。

4. 放弃继承权的表示撤回的效力

继承人放弃继承权的，其后可否撤销其放弃继承的意思表示，应当从继承权放弃的意思表示是否有瑕疵为标准判断。如果继承人放弃继承权的意思表示有瑕疵，是受欺诈或胁迫而放弃，或者行为能力欠缺而放弃，则根据民事法律行为理论，该行为应属于无效或可撤销民事行为，应当允许放弃继承权的继承人予以撤销。

对于不存在意思表示瑕疵的放弃继承权能否撤回的问题，我国《继承法》没有明确规定，但最高人民法院《关于贯彻执行〈继承法〉若干问题的意见》第 50 条规定：“遗产处理前或在诉讼进行中，继承人对放弃继承翻悔的，由人民法院根据其提出的具体理由，决定是否承认。遗产处理后，继承人对放弃继承翻悔的，不予承认。”依最高人民法院的这一规定，法院可以决定承认继承人对放弃继承的翻悔。我们认为，对于继承人放弃继承的撤回，应当严格限制，不能随意为之。一方面，不允许随意撤回，否则影响遗产的分割和处理，不利于生产和生活；另一方面，即使允许撤回，也应当在一定的期间内为之，可以借鉴《合同法》对撤销权 1 年的期限规定。

第五节　继承回复请求权

一、继承回复请求权的概念

（一）继承回复请求权的概念和特征

继承回复请求权又称继承恢复请求权，是指在发生继承权侵害情形时，真正继承权人所享有的请求侵害人或者通过法院诉讼程序，将自己的权利回复到继承开始时的状态的权利。

继承回复请求权的法律特征是：

1. 继承回复请求权是继承权受到侵害时继承人享有的权利

继承权未受侵害的，不发生此项权利。对真正继承人的继承权侵害的主要情形有以下几种：丧失继承权人或后顺序继承人等，知悉或不知悉自己不是真正继承人，但因故意或过失而占有或管理继承财产；虽为真正继承人，但因其排除其他共同继承人，而占有或管理继承财产；自称为真正继承人，占有全部或一部继承财产；虽不主张自己为继承人，但该人现实地占有或管理遗产；第三人从非真正继承人或不法占有人处受让遗产。

2. 继承回复请求权是实体权而非诉权

此权利是指，在发生侵害继承权情形时，继承人可以直接基于自己的权利人地位请求侵害人回复其权利状态，是一项实体权利。继承人也可以直接要求法院通过诉讼程序，使其权利回复到继承开始时的状态，以保护其继承权的请求权。这是基于继承回复请求权这一实体权利进行的诉讼，继承权人享有胜诉权，而不仅仅是诉讼发生的诉权。

3. 继承回复请求权的目的是回复继承人的继承权到继承开始时的状态

继承回复请求权同其他请求权不同，其目的不在于对某特定财产的权利，而在于概括的回复其权利到继承开始时的状态，使真正继承人可以继承遗产。

（二）继承回复请求权的发展

继承回复请求权滥觞于罗马法的继承之诉，但当时这一法律权利的性质为诉权。依照继承之诉，继承人可以申请确认他是被继承人的合法继承人；也可以要求占有被继承人的全部遗产,或者占有遗产中某项特定的财物;还可以请求保全被继承人的债权、他物权、损害赔偿请求权等。[①] 继承之诉是一种混合诉,包括对人之诉及对物之诉,被告包括自称为继承人而占有被继承人遗产者、普通占有人、假占有人、被继承人的债务人和供役地人等。诉讼中原告只需证明其合法继承人的资格及讼争物和权利确为遗产的一部分即可,而且只要为被继承人生前所占有的财产都应视为遗产,占有人欲提出抗辩,必须提出优于被继承人的权利而所享有的本权的证据。后世各国继承罗马法的继承之诉,形成了现代的继承回复请求权。不过,对于继承人的这一权利,在各国法上的名称不一,称为继承恢复请求权、遗产回复诉权(又称遗产诉权)、返还遗产请求权或者遗产请求权。

继承回复请求权有以下特点:(1)继承人得向任何根据实际上并不存在的继承权而已从遗产中取得财物的人(遗产占有人),请求其返还已取得的财物;(2)行使请求权的继承人以证明其所请求各个之物于被继承人死亡时属于被继承人之直接或间接占有的事实为已足,无须证明被继承人对于其占有之物有所有权或其他权利;(3)原告为继承人,被告除了是继承财产的占有人之外,还包括承受遗产的第三人;(4)因对其认识不同而规定的时效不同。[②]

我国继承法未对继承回复请求权明文规定,不过在司法实践与学界中都予以认可,而且在司法实践中也存在大量的继承回复请求权的诉讼。

(三)继承回复请求权与物权请求权、侵权请求权

1. 继承回复请求权与物权请求权、侵权请求权的属性和关系

请求权在民事权利中包含两个系统:一个系统是本权请求权;另一个系统是权利保护请求权。前一个系统是指具有请求权性质的民事权利,如债权及其他民事权利中所包括的请求权内容,如身份权中诸如扶养请求权等对外、对内的请求权。[③] 后一个系统是对民事权利进行保护的请求权系统,包括原权利的保护请求权和侵权请求权。原权请求权是民事权利固有的保护请求权;侵权请求权是基于权利被侵害依照侵权责任法的规定产生的权利保护请求权。

原权请求权是民事权利本身固有的保护请求权,随着原权利的产生而产生,原权利的消灭而消灭。侵权请求权,是基于权利被侵害而发生的权利保护请求权,不是原权利本身的权利内容,而是基于侵权责任法的规定而产生的新的请求权,是基于原权利的损害而新生的权利,也称作次生请求权。

原权请求权在所有的民事权利中都存在。例如,物权法规定物权请求权,是各国

---

① 周枏:《罗马法原论》(下册),商务印书馆 2001 年版,第 580 页。

② 参见郭明瑞等:《继承法研究》,中国人民大学出版社 2003 年版,第 50 页。

③ 杨立新:《侵权责任法专论》,高等教育出版社 2005 年版,第 132 页。

物权立法的通例，我国物权法也规定了物权请求权。身份权属于亲属权，不仅它自己存在请求权，同时也存在保护其权利的身份权请求权。①

侵权请求权是专门为了救济民事权利受到侵害后果而设立的请求权，是侵权责任法的基本手段。当民事权利受到侵权行为的侵害时，侵权责任法赋予受害人侵权请求权，在民事权利和诉讼权利之间发生请求权，使受害人即权利人可以依据侵权请求权，依法行使诉权，向法院起诉，寻求法律保护。

民事权利保护请求权系统中的原权请求权和侵权请求权结合在一起，构成了严密的民事权利保护系统，共同担负着民事权利的保护职责。这两个系统缺一不可，必须同时共存，才能够担负起保护民事权利的重任。② 继承权回复请求权属于原权请求权中的一种，与物权请求权相并列，不属于侵权请求权的范畴。

2. 继承回复请求权与物权请求权的区别

继承回复请求权与物权请求权同属于原权请求权，性质相同，但有如下区别：

（1）权利客体不同

物权请求权是保护物权的请求权，对于单个、特定物行使的权利，不能简单地适用于一个权利，而不能对包括有体物、无体物在内的遗产的情况。继承回复请求权是保护继承权的请求权，是对整个继承权受到侵害的保护请求权。

（2）是否适用诉讼时效不同

物权请求权不受诉讼时效限制。而继承回复请求权按照《继承法》第 8 条规定，应当受到诉讼时效的限制。对此不同究竟应当怎样看待，尚需深入研究。

（3）侵害权利发生的时间不同

自命为继承人而行使遗产上的权利的人，必须在继承开始时即已有此事实存在，才可以称为继承权被侵害。如果在继承开始后发生这个事实，则其所侵害者为继承人已取得的权利而不是侵害继承权，此时，自然无法适用继承回复请求权，③而只能适用物权请求权、侵权损害赔偿请求权等救济方式。

3. 继承回复请求权与侵权请求权

继承权能否成为侵权行为的客体，有不同的主张。肯定说认为，继承权是兼具身份权与财产权的双重性格，认为继承权的侵害因非继承人的第三人僭称为继承人而发生。④ 史尚宽认为，德国、瑞士、法国、日本立法或学说上认为得对于非继承人故意或过

---

① 杨立新：《侵权责任法专论》，高等教育出版社 2005 年版，第 132 页。

② 以上参见杨立新等："论民事权利保护的请求权体系及其内部关系"，载《河南省政法管理干部学院学报》2005 年第 4 期。

③ 参见杨与龄：《民法概要》，中国政法大学出版社 2002 年版，第 371 页。

④ 参见王泽鉴：《侵权责任法》（第 1 册），中国政法大学出版社 2001 年版，第 147 页。

失占有遗产时,构成侵权行为,[①]侵害继承权不仅要求非继承人之第三人僭称为继承人而发生,须实际行使继承人之权利,达到自己为继承人之状态才行,因此,继承权为侵权行为法保护的客体。[②] 否定说认为,由于侵害继承权总是表现为对遗产的侵害,而对遗产侵害的救济采用的是行使继承回复请求权,继承回复请求权之诉为确认之诉与给付之诉的结合。这些非为侵权之诉所能包括。因此,继承权不可能成为侵权行为的客体,不法行为人所侵害的不是继承人的继承权而是财产所有权。[③]

继承权既然作为一项独立的民事权利,可以成为侵权行为的客体,《侵权责任法》第2条第2款明文予以规定。在继承权受侵害时,对于侵害继承权而导致的损害进行侵权责任救济,依法有据。继承回复请求权是继承法特有的救济制度,具有侵权请求权所不具备的功能,可以通过概括性的请求恢复至继承开始时的状态,而侵权请求权仅仅可以进行个别性的救济。因此,继承回复请求权可起到侵权损害赔偿请求权的作用,而侵权损害赔偿请求权却不能代替继承回复请求权的作用。这正是民事权利保护请求权体系设置两个请求权体系的意义之所在。

二、继承回复请求权的性质

关于继承回复请求权的性质,学说不一,主要存在以下三种学说:

一是继承人地位恢复说,又称形成权说,认为继承回复请求权是确定合法继承人的继承地位的权利,而不是继承财产的恢复请求权。如有学者认为,"继承权为被继承人之人格或地位之包括的承继,故继承回复请求权,系真正继承人回复其地位之形成权之一种。"[④]但该说颇受批判。有学者认为,"此说对被表明继承人所占有之财产权利,仍无法解决,胜诉之继承人仍须提出遗产权利之请求诉讼"。[⑤] 亦有学者认为,"继承权不会因被他人否认而丧失,真正继承人不必依继承回复请求权之行使以回复其继承权,此时,更(得)本于继承人之身份行使继承回复请求权以回复被占有之遗产标的物。形成权说所谓继承回复请求权回复继承地位之形成权,理论上是矛盾的。所有权人之所有权被否认而所有物被占有时,并不会因此而使其所有权丧失,反而(可)基于所有权人之身份行使物上返还请求权请求返还被占有之所有物。而所有物与物上返还请求权之关系,就有如继承权与继承回复请求权之关系。若继承回复请求权仅在回复继承人之地位,则真正继承人之继承人地位回复后,仍须个别行使物上返还请求权,

---

① 参见史尚宽:《继承法论》,中国政法大学出版社2000年版,第127~128页。

② 参见史尚宽:《债法总论》,中国政法大学出版社2000年版,第159页。

③ 参见马俊驹等:《民法原论》(下册),法律出版社1998年版,990页。

④ 戴炎辉:《中国继承法》,三文印书馆1981年版,第85页。

⑤ 戴东雄:"继承回复请求权",载《法学丛刊》1986年第1期。

始得回复其被占有之遗产标的物,对真正继承人而言亦是不胜其烦。此说之不当,明确可知”。[①] 虽然该说被罗马法的继承之诉所采,但随着现代继承法的财产继承的性质得以确立,继承的终极目的在于取得继承的财产,若将继承回复请求权的性质单纯归结为继承人地位恢复的形成权,不免有失偏颇。虽然继承人地位的恢复非常关键,但其地位恢复的最终归依在于继承人取得遗产。

二是遗产权利恢复说,又称遗产返还请求权说,认为继承恢复请求权就是遗产恢复请求权,继承人所主张的是对遗产的权利。此说分为集合权利说与单独权利说。集合权利说认为,“继承回复请求权为继承财产之个别权利(请求权)之集合。”[②]独立权利说认为,“继承回请求权,系基于继承人之继承权,由法律所认为特别独立的请求权。”[③]德国民法、瑞士民法均采此观点。

三是形成权(确认资格)兼遗产返还请求权说,认为继承回复请求权包括两方面:其一是确认继承人资格的请求权;其二是对遗产的返还请求权。这是以确认真正继承人的继承权及请求被继承人遗产的给付为内容的请求权。日本学者多采这一观点。我国大陆学者大都赞同此说,认为此说较符合实际。[④] 形成权兼遗产返还请求权说较为可采。因为继承回复请求权在行使中存在两个方面:一方面为对继承权发生争议,要对此进行确认;另一方面继承人的继承遗产的权利需要在诉讼中予以确定。因此,继承回复请求权具有概括性,兼有确认之诉与给付之诉的功能,其性质应为确认继承人继承权与遗产返还请求权的结合。

三、继承回复请求权的行使

继承回复请求权作为一项独立的权利,在发生侵害继承权的客观事实时,继承人可以向侵害人直接提出回复的请求,也可以直接向有管辖权的人民法院提起诉讼,请求人民法院通过民事诉讼予以裁决。

一般情况下,继承回复请求权应当由继承权被侵害的继承人本人来行使,但在继承人是无民事行为能力人或限制民事行为能力人时,由其法定代理人代理行使。如果胎儿的继承份额未在遗产分割时予以保留,在其尚未出生时,其母亲有权代理胎儿主张其继承回复请求权,要求保留其应继份。在胎儿出生后,其法定代理人都有权代理其行使继承回复请求权。

在共同继承中发生继承权受侵害时,行使继承回复请求权有两种不同的做法:

---

① 林秀雄:《家族法论集》,汉兴书局 1994 年版,第 333 ~ 334 页。

② 陈棋炎:《民法继承》,三民书局 1987 年版,第 314 页。

③ 史尚宽:《继承法论》,中国政法大学出版社 2000 年版,第 119 页。

④ 刘春茂主编:《中国民法学 · 财产继承》,中国人民公安大学出版社 1990 年版,第 187 ~ 188 页。

(1)共同行使说;(2)单一行使说。[1] 在共同继承中发生的继承回复请求权应当区分具体情形予以行使。因为在共同继承中不仅共同继承人之外的人会没有合法根据地占有遗产而侵害继承权,在共同继承人内部也会发生某些继承人否认其他继承人的继承权而侵害继承权。具体情形为:一部分共同继承人侵害其他共同继承人的继承权,如独立行使遗产权利、排除其他共同继承人进行遗产分割等,该其他共同继承人可以行使继承回复请求权;真正继承人之外的表见继承人同部分共同继承人进行遗产分割,被排除的其他共同继承人可以行使继承回复请求权;共同继承人之外的其他人侵害继承权的,不论单一继承人、共同继承人中的一部分还是全体共同继承人都可成为继承恢复请求权的主体,都可行使继承恢复请求权。

在继承人通过向法院提起诉讼行使继承回复请求权时,继承人只需证明自己是真正继承人即可,不必逐一证明其对遗产的真实权利。继承人应对自己有继承权的事实以及请求的标的物于继承开始时属于被继承人占有而为被告所侵害的事实,负举证责任,无须对被继承人的原有所有权及其他权原举证。

继承回复请求权的行使必须在诉讼时效内行使。否则,人民法院将不予以保护。

---

① 参见史尚宽:《继承法论》,中国政法大学出版社2000年版,第133页。

第二编　遗 产 继 承

第十四章　遗嘱继承

第一节　遗嘱继承概述

一、遗嘱继承的概念和特征

（一）遗嘱继承的概念

遗嘱继承是指于继承开始后，继承人按照被继承人合法有效的遗嘱，继承被继承人遗产的继承方式。在遗嘱继承中，具体的继承人、继承顺序、应继份、遗产管理、遗嘱执行等，都可由被继承人在遗嘱中指定，故遗嘱继承也被称作"指定继承"，与法定继承相对应。

在遗嘱继承中，生前立有遗嘱的被继承人为遗嘱人或立遗嘱人，依照遗嘱的指定享有遗产继承权的人为遗嘱继承人。不过，遗嘱继承开始后，享有遗嘱继承权的人为遗嘱继承人，其他任何人（包括遗嘱继承人之外的法定继承人）均作为义务主体，对遗嘱继承人的继承权都负有不得侵害的义务。遗嘱继承所指向的客体为被继承人指定的遗产份额。

（二）遗嘱继承的沿革

遗嘱继承最早肇始于古巴比伦王国。公元前 18 世纪古巴比伦王国的《汉穆拉比法典》第 165 条规定："倘自由民以田园、房屋赠与其所喜爱之继承人（即爱子），且给他以盖章之文书，则父死之后，兄弟分产之时，此子应取其父之赠物，此外诸兄弟仍应均分父之家产。”[①]但通说认为遗嘱继承源于罗马法。古罗马的“十二铜表法”第5表第3条规定:“凡以遗嘱处分自己的财产,或对其家属指定监护人的,具有法律上的效力。”公元前200年,遗嘱在罗马已为普通市民所使用。罗马法遗嘱继承的目的在于保持人格继承、祭祀继续及家产,而不是为了将财产从家族中分离出去,因此遗嘱继承是把家族代表权转移给指定继承人的手段,是为了保持“灵魂不死”;遗嘱的主要作用是决定继承人,而不是单纯财产的分配;遗嘱继承完全排除法定继承,任何人不得就一部分为遗嘱,以一部分为遗嘱的为“无遗嘱而死亡”。[②] 中世纪的欧洲接受了古罗马的遗嘱继承制度。14世纪后的法国与15世纪后的德国,将遗嘱继承适用于一般庶民。[③] 中世纪遗嘱继承的流行同当时的教会有关。在当时,宗教基金几乎完全来自私人遗赠,教会鼓励人们立遗嘱,把遗产赠给教会,据说这样做能够拯救死者的灵魂。[④] 此时遗嘱继承的目的已从保持人格继承、祭祀继续及家产转化为财产所有人能够任意处分身后财产。

到了近代,遗嘱继承得到充分发展,在个人意思自治、所有权神圣的理念指引下,在财产继承中盛行遗嘱继承,强调遗嘱自由原则,遗嘱继承优先于法定继承。甚至在一些国家,如英国、美国,实行绝对的遗嘱自由原则,使得遗嘱继承占据主导地位。

进入20世纪后,随着立法社会本位理念的确立,许多实行遗嘱绝对自由的国家也开始对遗嘱自由加以一定限制,如英国1938年的《家庭供养条例》及1952年的《无遗嘱继承条例》、美国1969的《统一继承法典》都对遗嘱自由施加了限制。

我国古代也有遗嘱继承制度。例如,《唐律·丧葬令》规定:“诸身丧户绝者,所有部曲、客女、奴婢、店宅、资财,并令近亲(亲依本服,不以出降)转易货卖,将营丧事及量营功德之外,余财并与女(户虽同,资财先别者亦准此)。无女均入次近亲,无亲戚者官为检校。若亡人在日,自有遗嘱处分,证验分明者,不用此令。”[⑤]我国古代的遗嘱继承虽得以存在,但由于受宗法制度的严格限制,加之封建社会漠视个人的权利与自由,并未形成完整的遗嘱继承制度。到了近代,在《大清民律草案》中对遗嘱继承作了规定,这是我国立法首次明确规定遗嘱继承,但未及实施。其后,民国政府于1930年颁布了民法继承编,详尽规定遗嘱继承制度;经1985年修订,目前仍然在我国台湾地区实施。

我国《继承法》总结长期的司法实践,明确规定了遗嘱继承制度。《继承法》第16条第1款规定:“公民可以依照本法规定立遗嘱处分个人财产,并可以指定遗嘱执

① 参见刘文:《继承法比较研究》,中国人民公安大学出版社2004年版,第168页。

② 参见郭明瑞等:《继承法》,法律出版社2004年版,第133页。

③ 史尚宽:《继承法论》,中国政法大学出版社2000年版,第395页。

④ 刘素萍主编:《继承法》,中国人民大学出版社1988年版,第249页。

⑤ 《宋刑统》,中华书局1984年版,第198页。

行人。”

（三）遗嘱继承的特征

1. 遗嘱继承以事实构成作为发生依据

遗嘱继承除了必须具备被继承人死亡这一法律事实外，还须以被继承人所立的合法有效的遗嘱为要件，这两个法律事实缺一不可，两者构成一个完整的事实。遗嘱继承中的遗嘱要件是合法有效的遗嘱，如果被继承人所设立的遗嘱无效，则遗产须按法定继承办理，不适用遗嘱继承。

2. 遗嘱继承直接体现被继承人的意志

虽然遗嘱继承与法定继承在一定程度上都是被继承人意志的体现，但二者的体现方式与程度是不同的。法定继承是通过推定被继承人愿意把遗产留给关系亲密的亲属来体现被继承人的意志，而遗嘱继承则是通过对被继承人的遗嘱的执行与实现来直接体现被继承人的意志。在遗嘱继承中，不仅继承人，甚至继承人的顺序、继承人继承的遗产份额或者具体的遗产，都是被继承人在遗嘱中指定的。按照遗嘱进行继承是充分尊重被继承人对自己财产处分的自由。

3. 遗嘱继承具有效力优先性

世界各国继承法都规定遗嘱继承的效力优于法定继承，在继承开始后，有合法有效遗嘱的，先要按照遗嘱进行继承。遗嘱继承在效力上的优先性，关系到谁可以实际参与继承，关系到遗嘱继承人可以得到多少遗产份额。

4. 遗嘱继承的主体具有限定性

这是我国遗嘱继承的一个特征。在遗嘱继承人的确立上，各国立法规定有以下几种做法：(1)规定遗嘱继承人可以是法定继承人范围之内的人，也可以是法定继承人范围以外的人，但只能是自然人；(2)规定遗嘱继承人不仅可为法定继承人范围以外的自然人，而且也可以是法人、国家；(3)规定遗嘱继承人只能是法定继承人范围之内的自然人。我国《继承法》采取第三种做法，“公民可以立遗嘱将个人财产指定由法定继承人的一人或者数人继承”。遗嘱继承的主体具有限定性，限定在一定的范围之内。

二、遗嘱继承的适用条件

遗嘱继承的适用，必须具备一定的条件，这就是遗嘱继承的适用条件。我国《继承法》规定，只有具备以下条件时，才按遗嘱继承办理：

（一）须立遗嘱人死亡

在遗嘱继承中，被继承人就是立遗嘱人，按照继承法的原理，遗嘱继承的适用，必须是立遗嘱人死亡。继承只有在被继承人死亡后才能开始，如果立遗嘱人还没有死亡，则遗嘱继承无法适用。

（二）须被继承人立有合法有效的遗嘱

作为遗嘱继承的事实构成之一的遗嘱，必须是被继承人生前订立的遗嘱，而且该遗嘱须为合法有效。在实践中，虽然被继承人生前订立了遗嘱，但并非所有订立的遗嘱都会有效，还要考察遗嘱是否符合法律规定的有效条件。如果因被继承人无遗嘱能力、处分他人财产等情形，则遗嘱归于无效，不具有可以执行的效力。

（三）须指定继承人未丧失或放弃继承权

在适用遗嘱继承时，遗嘱指定的继承人，也会因法定事由丧失继承权，此时指定继承人就不具有继承资格，不能享有继承权。对遗嘱中指定的由该丧失继承权的指定继承人继承的遗产，须依照法定继承处理。指定继承人对于遗嘱继承可以放弃，只要符合放弃继承的要求，就会产生放弃继承的效果，也就是指定继承人对遗嘱指定的遗产不再享有继承权。此时，遗嘱中指定的由其继承的遗产，也须按照法定继承处理。

（四）须指定继承人继承开始后尚生存

在遗嘱继承中，被继承人一般都是提前立下遗嘱，在继承开始前的一段时间内，指定的遗嘱继承人可能会先于被继承人死亡，此时遗嘱涉及该指定继承人的部分不发生代位继承，也不发生转继承，只能适用法定继承。因此，遗嘱指定继承人的生存是适用遗嘱继承必不可少的一个要件。

（五）须没有遗赠扶养协议

遗赠扶养协议具有最优先适用的效力，遗嘱继承与法定继承都不能对抗遗赠扶养协议，应当先执行遗赠扶养协议，在执行完遗赠扶养协议后，再适用遗嘱继承或法定继承处理。被继承人在签订遗赠扶养协议对某项财产予以约定后，如果还通过遗嘱对该项财产进行遗嘱处分，应当先执行遗嘱扶养协议，不能先按遗嘱继承办理。

当具备这些要件时，遗嘱继承得以适用。基于继承的非强制性，在遗嘱继承开始后，遗嘱指定的继承人也可以放弃继承。放弃继承应当按照我国《继承法》的规定进行，须以明示的方式作出意思表示，并且在特定的时间内，否则即视为接受继承。对于遗嘱指定继承人明确表示放弃继承时，对其放弃继承的遗产部分，不再适用遗嘱继承，而应按法定继承办理。

三、遗嘱继承的意义

遗嘱继承自确立以来，在人类历史上发挥了重大作用。我国《继承法》对遗嘱继承予以规定，而且经过长时间的运作，也体现出了其重要意义。

第一，有利于保护公民的私有财产权和继承权。2004 年《宪法》第 13 条明确规定“公民的合法的私有财产不受侵犯”，“国家依照法律规定保护公民的私有财产权和继承权”。国家不仅应当保护公民生前在不违反国家法律的前提下，按照自己的意志对自己的私有财产进行占有、使用、收益、处分的权利,而且对于公民生前对自己私有财产的身后处分也应当保护,这就是对公民继承权的保护。遗嘱继承正是公民生前对自己私有财产进行的处分,使自己的财产按照自己的意愿传承到继承人手中,体现了公民的私有财产权和继承权。

第二,有利于体现被继承人的意志。作为私权的私有财产权,国家法律没有过度干预的必要,只要权利人不违法,就应当予以尊重。在遗嘱继承中,被继承人对自己的私有财产通过遗嘱进行处分,并且对遗嘱继承人、继承的顺序、继承的份额、遗嘱的执行、遗产的管理等事项都根据自己的意志进行安排,充分地体现了被继承人的意志。尊重遗嘱就是尊重被继承人的意志。

第三,有利于减少继承争议、稳定家庭关系。由于遗产的价值属性,在发生继承时,法定范围内的继承人基于逐利的目的,都希望谋求自己利益的最大化,导致在遗产分割时纷争不断。遗嘱继承同法定继承相比,是由被继承人对遗嘱继承人、遗产份额等在遗嘱中明确的继承方式,只要遗嘱合法有效,有关的当事人就应当予以执行,能够避免继承纠纷。尊重自然人生前对自己财产的遗嘱处分,也有利于稳定家庭关系,促进家庭成员间的和睦团结。

第二节 遗嘱概述

遗嘱的概念和特征

(一)遗嘱的概念

遗嘱是指自然人在生前按照法律的规定对自己的财产处分做出意思表示,安排与此有关的事务,并于死后发生法律效力的单方民事行为。遗嘱有广义与狭义之分,广义的遗嘱包括死者生前对于其死后一切事务作出处置和安排的行为,继承法的遗嘱是指狭义的遗嘱。① 随着我国民众生活水平的不断提高和法律意识的增强,对遗嘱含义的理解没有分歧,不会发生疑义。

遗嘱一词原指确定意思的证明。罗马法中的遗嘱与近现代法上的遗嘱是不同的。到了近现代,遗嘱获得了特定的含义,指自然人所作的于其死亡后发生法律效力的处分遗产的法律行为。我国古代对遗嘱有不同称谓,如遗命、遗令、遗言、遗诏、遗表等,

---

① 郭明瑞等:《继承法》(第2版),法律出版社2004年版,第136页。

含义较现代民法上遗嘱的含义要广得多,凡于生前处理死后事务的意思表示,都可称为遗嘱。随着我国立法对西方遗嘱继承的引进,现代遗嘱也具备了对遗产进行身后处分的意思表示的特定含义,不再泛指。

在遗嘱中,设立遗嘱的自然人称为立遗嘱人或遗嘱人,而遗嘱指定的继承人则为遗嘱继承人。在订立遗嘱的过程中,有的遗嘱需要有人予以见证,这就是遗嘱见证人。此外,有的遗嘱还规定了遗嘱执行人。

(二)遗嘱的法律特征

1. 遗嘱是无相对人的单方法律行为

遗嘱仅有立遗嘱人自己的意思表示即可成立,无需取得遗嘱指定继承人的同意,不存在合意问题,因此遗嘱属于单方法律行为。遗嘱不以立遗嘱人的意思表示到达遗嘱继承人为生效要件,只要立遗嘱人做出自己的意思表示,遗嘱即可成立,并自被继承人死亡时生效。因此,遗嘱是无相对人的单方法律行为。正因为遗嘱是一种单方的且无相对人的民事法律行为,在遗嘱生效前的任一时刻,遗嘱人都可以自己的意思予以变更或撤回。

2. 遗嘱是遗嘱人亲自作出的独立的法律行为

遗嘱是遗嘱人处分自己身后财产的法律行为,影响其处分决定的因素,主要是遗嘱人与有关亲属之间的感情和遗嘱人的愿望,具有强烈的感情色彩,必须由遗嘱人亲自进行,不得代理。① 在代书遗嘱中,立遗嘱人只是请他人代笔,而遗嘱的具体内容还是立遗嘱人根据自己意思表示的口述,代书人的作用仅仅是记录。立遗嘱人必须具有遗嘱能力,其意思表示能力健全,不需征得他人的同意,无需他人的辅助。因此,遗嘱是独立的民事法律行为。

3. 遗嘱是于遗嘱人死亡后发生法律效力的法律行为

遗嘱虽是于遗嘱人生前因其单独意思表示即可成立的行为,但于遗嘱人死亡时才能发生法律效力,因此是死因行为。只要遗嘱人还健在,不管这种遗嘱订立了多长时间,均不发生法律效力,任何继承人都不能要求按照已订立的遗嘱继承财产。

遗嘱为死因行为,但死因行为并不都是遗嘱。例如,死因赠与也是于赠与人死亡后才发生效力的死因行为,但它属于双方法律行为,而不属于遗嘱。②

4. 遗嘱是要式法律行为

我国《继承法》明确规定了公证遗嘱、自书遗嘱、代书遗嘱、录音录像遗嘱、口头遗嘱的形式,立遗嘱人必须根据这些形式订立遗嘱,否则无效。因此,遗嘱是一种要式法律行为。

---

① 张玉敏:《继承法律制度研究》,法律出版社 1999 年版,第 238 页。

② 史尚宽:《继承法论》,中国政法大学出版社 2000 年版,第 399 ~ 402 页。

第三节 遗嘱能力

一、遗嘱能力的概念

遗嘱能力是指被继承人依据法律享有的在生前通过订立遗嘱自由处分自己财产的资格。

有些国家将遗嘱能力分为三种:一是立遗嘱的能力;二是遗嘱继承能力;三是遗嘱作证能力。[①] 我们认为,所谓的遗嘱继承能力实际上遗嘱继承人的继承资格问题,这属于继承权范畴内的问题,而遗嘱作证能力则是遗嘱见证人的资格问题。因此,遗嘱能力应当就是立遗嘱的能力。我国《继承法》有关遗嘱能力的规定也是从订立遗嘱的角度规定的。

遗嘱能力虽然与民事行为能力存在联系,都是一种资格,但两者不同:(1)两者的适用范围不同。遗嘱能力仅指被继承人(指自然人)订立遗嘱的资格,而民事行为能力则是指民事主体(包括自然人与法人)能够以自己的行为独立参加法律关系,行使民事权利和设定民事义务的资格。民事行为能力的范围要广泛得多。(2)两者的划分标准不同。虽然两者都根据行为人的意思表示能力来进行划分,但在具体的划分上不一样。遗嘱能力一般划分为有遗嘱能力与无遗嘱能力两类,而民事行为能力则划分为无民事行为能力、限制民事行为能力与完全民事行为能力三类。

只有具有遗嘱能力的人才有设立遗嘱的资格,具有了完全民事行为能力即具有遗嘱能力,而无民事行为能力与限制民事行为能力则为无遗嘱能力。

二、遗嘱能力的分类

(一)国外继承法关于遗嘱能力的分类

遗嘱能力关系遗嘱的效力,进而关系遗嘱人与指定继承人的切身权益,各国对此都非常重视并根据本国情况对遗嘱能力作出明确规定。虽然各国基本上依据遗嘱人的意思表示能力对遗嘱能力进行划分,但由于各国关于民事行为能力划分的差异,因此在遗嘱能力的划分上也存在差异。这种差异主要体现为被继承人的遗嘱能力与民事行为能力是否一致。

---

① 参见刘文:《继承法比较研究》,中国人民公安大学出版社 2004 年版,第 190 页。

1. 遗嘱能力与民事行为能力不一致

遗嘱能力与民事行为能力并不完全一致,即使限制民事行为能力人在一定的条件下也可以具有遗嘱能力。这种立法例虽然赋予一部分限制行为能力人一定的遗嘱能力,但该遗嘱能力也是受到限制的,同完全行为能力人的遗嘱能力不完全一样。主要理由在于:因遗嘱对于遗嘱人本身之利益,并无任何损害;而遗嘱既在尊重人之遗志,自应尽可能予人有为遗嘱之机会;且遗嘱又系无相对人之单独行为,故民法对已有相当识别能力之人,即允许其为遗嘱。①

2. 遗嘱能力与民事行为能力一致

将遗嘱能力与民事行为能力结合起来,完全民事行为能力人具有遗嘱能力,而限制民事行为能力人与无民事行为能力人则不具有遗嘱能力。虽然遗嘱能力与民事行为能力一致,但并不完全等同。在民事行为能力的划分中,存在限制行为能力的立法例,但是在遗嘱能力上不存在限制遗嘱能力的问题。

(二)我国《继承法》中遗嘱能力的分类

我国《继承法》规定自然人遗嘱能力的是第 22 条第 1 款:"无行为能力或者限制行为能力人所立的遗嘱无效。"采纳遗嘱能力与民事行为能力一致的立法例。

我国自然人在遗嘱能力上可分为有遗嘱能力人和无遗嘱能力人两种情况:

1. 有遗嘱能力的人

有完全民事行为能力即具有遗嘱能力。年满 18 周岁的成年人和年满 16 周岁以上以自己的劳动收入为主要生活来源的未成年人,均有遗嘱能力人,得设立遗嘱处分自己的财产。

2. 无遗嘱能力的人

不满 10 周岁的未成年人和完全不能辨认自己行为的精神病人、10 周岁以上的未成年人和不能完全辨认自己行为的精神病人,都无遗嘱能力,不得以遗嘱处分其财产,即使设立遗嘱也是无效的。

三、确定遗嘱能力的时间标准

遗嘱能力的有无有一个确定时间的问题,各国继承法一般认为确定遗嘱能力的时间为立遗嘱时。我国《继承法》对此未明确规定,最高人民法院《关于贯彻执行〈继承法〉若干问题的意见》第 41 条明确规定:"遗嘱人立遗嘱时必须有行为能力。无行为能力人所立的遗嘱,即使其本人后来有了行为能力,仍属无效遗嘱。遗嘱人立遗嘱时有行为能力,后来丧失了行为能力,不影响遗嘱的效力。"明确遗嘱能力的确定应当以立

---

① 参见陈棋炎、黄宗乐、郭振恭:《民法继承新论》,三民书局 2001 年版,第 302 页。

遗嘱时遗嘱能力的有无为标准。无遗嘱能力人所立的遗嘱当然无效。

四、遗嘱能力的特殊问题

(一)精神病人的遗嘱能力

精神病人,无论是不能辨认自己行为还是不能完全辨认自己行为,在被确定为无民事行为能力或限制行为能力人后,都属于无遗嘱能力人。不过,精神病人的民事行为能力问题需要按照法定程序进行宣告。由于精神病患的发生与治疗同法院对无民事行为能力或限制民事行为能力的宣告及撤销存在时间差,对于这段时间差内的精神病人的遗嘱能力问题,我国《继承法》并未规定。

自然人罹患精神病,但在未经过法院无民事行为能力或限制民事行为能力宣告前所订立的遗嘱是否有遗嘱能力?根据遗嘱能力以订立遗嘱时为判断依据,则在该精神病人未经无民事行为能力或限制民事行为能力宣告前,推定其有遗嘱能力,其所立遗嘱有效。当然,如果有关利害关系人有确实的证据证明,该精神病患在立遗嘱时精神不正常、意思表示不真实的,则可以认定所立的遗嘱无效。

精神病患者在治愈后能够正确表达自己的意思时所立的遗嘱或者患有间歇性精神病人在神志清醒时所立的遗嘱,经审查确属代表了本人真实意思的,应当承认其具有法律效力,而无论其是否被撤销了无民事行为能力或限制民事行为能力的宣告。因为对精神病人的无民事行为能力或限制民事行为能力的宣告,仅仅是法律上的形式要求,但确立遗嘱能力,则是探求立遗嘱人的真实意思表示。精神病人在立遗嘱时如果精神正常,其意思表示真实,应当予以尊重,确认其有遗嘱能力,使其所立遗嘱有效。不过,为了保护有关当事人的合法权益,应当在当事人就遗嘱人立遗嘱时确实属于神志正常的人发生争议时,由主张遗嘱有效的当事人举出医疗机构的权威性医疗结论作证据。

(二)患有聋、哑、盲等疾病的人的遗嘱能力

在古罗马法上,基于必须履行一定的遗嘱仪式,而聋、哑人基于事实上的不能而无遗嘱能力,而盲人只能按特别方式立遗嘱。[①] 在近现代法上,虽一般都承认聋、哑、盲人有遗嘱能力,但也多对其设立遗嘱作了特别规定。

我国《继承法》未对患聋、哑、盲等生理疾病而无精神障碍的成年人的遗嘱能力问题作出特别规定。根据我国继承法的平等原则,患聋、哑、盲等生理疾病而无精神障碍的成年人应当与健全的成年人享有同样的遗嘱能力。为了切实落实对残疾人的保护,应当根据具体的情况,对聋、哑、盲等残疾人订立遗嘱提供方便。对这部分人设立的遗

---

① 参见周枏:《罗马法原论》(下册),商务印书馆2001年版,第490~491页。

嘱不仅要依法定形式作成,而且还应当从设立方式能否真实表达遗嘱人的意思上判别遗嘱的真伪。例如,对不会书写的聋哑人订立的代书遗嘱,代书人、见证人应为会哑语或明白其意思的人。如设立遗嘱的聋哑人为文盲,而代书遗嘱的代书人、见证人中又无人会哑语或明白其意思,则该代书遗嘱应当认定为无效。

第四节　遗嘱的订立

一、遗嘱的形式

遗嘱的形式,是指遗嘱人表达自己处分其财产的意思的表示方式。订立遗嘱既反映遗嘱人对自己财产处分的意愿,又影响到法定继承人对遗产的继承,是严肃的行为,需要在形式上予以明确。由于遗嘱行为是要式法律行为,遗嘱人非依法定方式作成,遗嘱不能发生效力,法律必须对遗嘱的形式进行规定。另外,遗嘱只有在遗嘱人死亡后才能生效,遗嘱的订立与生效之间存在时间差,为了确保遗嘱内容的真实性,防止发生纠纷,也需要对遗嘱的形式进行规定。不过,法律规定遗嘱形式的目的不是限制遗嘱人设立遗嘱的自由。

我国《继承法》从我国的实际情况出发,适应我国的民族习惯与文化水平,在第 17 条规定了公证遗嘱、自书遗嘱、代书遗嘱、录音录像遗嘱、口头遗嘱五种法定形式,并对有关遗嘱的适用作了规定。为了适应社会生活变化和人的实际需要,应当规定更多的遗嘱形式,应当规定自书遗嘱、代书遗嘱、打印遗嘱、电子数据遗嘱、录音遗嘱、录像遗嘱、公证遗嘱、密封遗嘱、口头遗嘱等方式。①

(一)公证遗嘱

公证遗嘱在罗马法就已出现,公证遗嘱由遗嘱人到法官或地方官处口述遗嘱的内容,由负责人把它记录在特定的簿册中。② 公证遗嘱在中世纪的欧洲得以发展。寺院法的遗嘱方式,要求在寺院执事和两名或三名证人面前订立遗嘱。13 世纪,意大利将这种寺院法的遗嘱方式世俗化,以公证人代替寺院执事,近现代民法上的公证遗嘱制度正式确立。此后,这种遗嘱形式传入德国,14 世纪的日耳曼出现了在公证人和证人

---

① 杨立新:“对修正《继承法》十个问题的意见”,载《法律适用》2012 年第 8 期。

② 周枏:《罗马法原论》(下册),商务印书馆 2001 年版,第 485 页。

面前订立的公证遗嘱。到了近现代,大陆法系的许多国家都明文规定了公证遗嘱形式。①

公证遗嘱是指通过法律规定的公证形式订立的,有关的订立程序、形式都由法律规定的遗嘱。公证遗嘱与遗嘱公证不能等同,遗嘱公证是公证处按照法定程序证明遗嘱人设立遗嘱行为真实、合法的活动。

公证遗嘱作为一种遗嘱形式,具有重要意义。首先,公证遗嘱是最为严格的遗嘱,较之其他的遗嘱方式更能保障遗嘱人意思表示的真实性;其次,在当事人发生继承纠纷时,公证遗嘱是证明遗嘱人处分财产的意思表示的最有力的和最可靠的证据;最后,公证遗嘱的效力具有特殊性,其他形式的遗嘱不得撤销公证遗嘱。

根据我国《继承法》以及司法部《遗嘱公证细则》的规定,公证遗嘱的办理须符合以下要求:

1. 须由遗嘱人亲自申办

遗嘱人亲自申办,是指立遗嘱人应当亲自作出遗嘱,不仅是指对有关遗嘱的内容,而且对申办公证也应当亲自进行。申办遗嘱公证,遗嘱人应当填写公证申请表,并提交下列证件和材料:(1)居民身份证或者其他身份证件;(2)遗嘱涉及的不动产、交通工具或者其他有产权凭证的财产的产权证明;(3)公证人员认为应当提交的其他材料。当事人确有困难(如因病或者其他原因)不能亲自到公证机关办理公证的,可以要求公证人员到其住所或者临时处所办理遗嘱公证。但无论在何种情形下,遗嘱人不能由他人代理办理遗嘱公证。

2. 须于公证人员面前亲自书写遗嘱或者口授遗嘱

遗嘱人提供自书或者代书的遗嘱或者遗嘱草稿,由公证人员对该遗嘱或者遗嘱草稿进行审核,由遗嘱人签名确立公证遗嘱;如果遗嘱人未提供遗嘱或者遗嘱草稿的,公证人员可以根据遗嘱人的意思表示代为起草遗嘱,并由遗嘱人核对、签名。遗嘱人也可以在有两个以上的公证人员参加的情形下,在公证人员面前以书面或口头表述出遗嘱的内容来确立公证遗嘱。遗嘱人亲笔书写遗嘱的,要在遗嘱上签名或盖章,并注明年、月、日;遗嘱人口授遗嘱的,由公证人员作出记录,然后公证人员须向遗嘱人宣读,经确认无误后,由在场的公证人员和遗嘱人签名盖章,并应注明设立遗嘱的地点和年、月、日。

3. 须公证人员遵守回避的规定

以公证方式订立遗嘱的,必须遵守法律、法规有关公证管理的规定。为保证公证遗嘱的真实性,遗嘱人与公证人员有近亲属身份关系的,公证人员应当回避;遗嘱人认

---

① 参见刘文:《继承法比较研究》,中国人民公安大学出版社2004年版,第217~218页。

为出场办理公证的人员有某种利害关系会影响公证的，有权要求公证人员回避。遗嘱人要求公证人员回避时，公证人员应当回避，由公证机关另行派出公证人员。违反公证管理规则订立的遗嘱，不能产生公证遗嘱的效力。

4. 须公证人员依法作出公证

《遗嘱公证细则》第17条规定："对于符合下列条件的，公证处应当出具公证书：(一)遗嘱人身份属实，具有完全民事行为能力；(二)遗嘱人意思表示真实；(三)遗嘱人证明或者保证所处分的财产是其个人财产；(四)遗嘱内容不违反法律规定和社会公共利益，内容完备，文字表述准确，签名、制作日期齐全；(五)办证程序符合规定。不符合前款规定条件的，应当拒绝公证。"应当注意的是，公证人员对遗嘱的真实性、合法性的审查只能是形式上的，而不应也不能是对遗嘱内容的实质性审查。对遗嘱内容进行实质性审查是不合理的，因为这样做既不符合公证工作的保密原则，也容易延长办理公证的时间；同时也是不必要的，因为遗嘱内容是否有效是以遗嘱人死亡时的状态来确定的，于遗嘱设立时尚无法确定。①

对于公证遗嘱是否要有见证人见证的问题，我国《继承法》没有规定。不过，见证人参与公证遗嘱，确保遗嘱人确系其人，精神状态正常，意思表示真实成立，此外还能起到防止公证人滥用职权的作用。②

关于公证遗嘱的优先效力，《继承法》规定为"自书、代书、录音、口头遗嘱，不得撤销、变更公证遗嘱"，将公证遗嘱的效力规定为绝对高于其他所有的遗嘱形式。对于公证遗嘱具有最高效力的规定，有三种意见：一是坚持这样的规定；二是反对这样的规定，主张公证遗嘱没有对抗其他遗嘱的效力；三是原则上承认公证遗嘱的对抗效力，但有证据证明公证遗嘱生效后被继承人新立遗嘱合法有效的，应当承认。

规定公证遗嘱具有对抗一切遗嘱的效力，过于绝对化，特别是在被继承人做出了公证遗嘱之后，没有能力或者条件通过公证再立遗嘱撤销、变更公证遗嘱的时候，问题更为严重，等于剥夺了遗嘱自由的权利。③ 应当改变这种做法。明确规定遗嘱人可以撤销、变更自己所立的遗嘱。被继承人所立多种形式的遗嘱内容相互抵触的，应当尊重遗嘱人的真实意思表示，以最后所立的遗嘱为准。④

(二)自书遗嘱

自书遗嘱又称为亲笔遗嘱，是指由遗嘱人亲笔书写的遗嘱形式。自书遗嘱不需要

---

① 郭明瑞等：《继承法》，法律出版社2004年版，第144页。

② 陈棋炎等：《民法继承新论》，三民书局2000版，第319页。

③ 在民法典草案建议稿中，有的继承法草案建议稿没有规定公证遗嘱效力优先的规则，参见王利明主编：《中国民法典草案建议稿及说明》，中国法制出版社2004年版，第87页。

④ 杨立新："对修正《继承法》十个问题的意见"，载《法律适用》2012年第8期。

见证人参与，只要遗嘱人亲笔书写出自己的意思表示即可。自书遗嘱对遗嘱人没有特别要求，只要遗嘱人有文字书写能力的，就可以独立作出自书遗嘱。

自书遗嘱最早源于罗马法，自书遗嘱仅由遗嘱人自己书写遗嘱全文，无须证人在场加以证明，即能产生法律效力。[①] 中世纪，自书遗嘱在法国成为一种较为普遍的遗嘱形式，但在法国的习惯法中，订立自书遗嘱要有见证人。自书遗嘱后来被《法国民法典》第969条所确立，规定遗嘱得自书作成。后来大多数国家的民法都确立了自书遗嘱，也使自书遗嘱成为应用最广泛的遗嘱形式。我国确认自书遗嘱的形式，并且在实践中适用广泛。

自书遗嘱应当符合以下要求：

1. 须由遗嘱人亲笔书写遗嘱的全部内容

自书遗嘱必须由遗嘱人亲自书写，不能让他人代写，而且还只能由遗嘱人用笔将其意思记录下来。用打字机、打印机打印等方式制作的遗嘱，属于打印遗嘱，遗嘱人应当亲笔签名，以便识别真伪。遗嘱的书写语言，可以采用通用的汉语言，也可以采用少数民族语言，还可以采用外国语言，只要字迹清楚、意思完整、用词准确即可。

2. 须是遗嘱人关于其死亡后财产处分的正式意思表示

自书遗嘱中必须是遗嘱人对于其死后财产处分的正式意思表示，如果不是正式制作的，仅是在日记或有关的信件中提到准备在其死亡后对某财产作如何处理，不应认定为自书遗嘱。不过，自书遗嘱只要求是遗嘱人处分遗产的真实意思的书面记载，也不要求须有“遗嘱”的字样。如果遗嘱人在有关的文书中对其死亡后的事务作出安排，也包括对其死亡后的财产处理作出安排，又无相反证明时，则应当认定该文书为遗嘱人的自书遗嘱。最高人民法院《关于贯彻执行〈继承法〉若干问题的意见》第40条规定：“公民在遗书中涉及死后个人财产处分的内容，确为死者真实意思的表示，有本人签名并注明了年、月、日，又无相反证据的，可按自书遗嘱对待。”

3. 须由遗嘱人签名

遗嘱人签名是自书遗嘱的基本要求，它既证明遗嘱确为遗嘱人亲自书写的，也证明遗嘱是遗嘱人的真实意思表示。如果只有遗嘱的全部内容，而没有遗嘱人的签名，则没有法律效力。在自书遗嘱中，遗嘱人的签名须由遗嘱人亲笔书写上自己的名字，而不能以盖章、捺印、画押等方式代替。至于签名后是否需要加盖遗嘱人的私章，法律没有强制要求，但也不加禁止，遗嘱人可以自便。

4. 须注明年、月、日

自书遗嘱的年、月、日非常重要，不仅可以确定自书遗嘱的成立时间，在发生纠纷

---

① 周枏：《罗马法原论》（下册），商务印书馆2001年版，第485页。

时方便人们辨明遗嘱的真伪，而且可以判明遗嘱人在立自书遗嘱时是否具有遗嘱能力，以确定遗嘱是否有效。注明自书遗嘱的时间，还有助于辨明多份遗嘱的先后顺序，以确定哪份遗嘱是最后的具有法律效力的自书遗嘱。因此，自书遗嘱中必须注明设立遗嘱的时间，而且必须是年、月、日齐备，遗嘱中未注明日期的，或者所注的日期不具体的，例如只注明年、月，而未写日，遗嘱都不能有效。

5. 增删或涂改时须签名并注明时间

自书遗嘱关系到遗产的处理，一般要求字迹清楚、意思明确，应当尽量避免增删、涂改。如遗嘱人对自书遗嘱进行涂改、增删时，也须于涂改、增删处签名并注明时间；否则，其涂改、增删的内容无效。

（三）代书遗嘱

代书遗嘱亦称为代笔遗嘱，[①]是指由他人代为书写的遗嘱形式。在遗嘱人无文字书写能力或者由于其他原因不能亲笔书写遗嘱的，为了保护遗嘱人的遗嘱自由，允许遗嘱人在符合法定条件的情形下请他人代为书写遗嘱。

代书遗嘱简便易行，节省费用，而予遗嘱人以便利，且教育未十分普及，故有必要特设此方法以应需要。[②] 我国《继承法》第 17 条第 3 款规定："代书遗嘱应当有两个以上见证人在场见证，由其中一人代书，注明年、月、日，并由代书人、其他见证人和遗嘱人签名。"

代书遗嘱须符合以下要求：

1. 须由遗嘱人口授遗嘱内容，并由一名见证人代书

遗嘱是必须由遗嘱人亲自进行的行为，不允许他人代理。在代书遗嘱中，遗嘱人也必须亲自表述自己处分财产的意思，进行口述，由他人代笔书写下来。代书人仅仅是遗嘱人口授遗嘱的文字记录者，不是遗嘱人的代理人，而不能就遗嘱内容提出任何意见。代书人须忠实地记载遗嘱人的意思表示，而不得对遗嘱人的意思表示作篡改或修正。

2. 须有两人以上在场见证

代书遗嘱的见证人是参加代书遗嘱并能够证明代书遗嘱真实性的人。为了保证代书遗嘱的真实性，我国《继承法》规定应当有两个以上见证人在场见证。如果只有代书人一人在场代书的代书遗嘱，不具有代书遗嘱的效力。

3. 须代书人、其他见证人和遗嘱人在遗嘱上签名并注明年、月、日

代书人在书写完遗嘱后，应向遗嘱人宣读遗嘱，在其他见证人和遗嘱人确认无误

---

① 陈棋炎等：《民法继承新论》，三民书局 2002 年版，第 331 页。

② 陈棋炎等：《民法继承新论》，三民书局 2002 年版，第 333 页。

后，在场的见证人和遗嘱人都须在遗嘱上签名，并注明年、月、日。遗嘱人可以用捺印来代替签名，因为法律规定代书遗嘱的原因主要是因为有的人不具有自书遗嘱的能力，而现实生活中确有许多人连自己的名字也不会写；所以，遗嘱人如确实是不会书写自己名字的，可用捺印或者盖章方式代替签名。但遗嘱的见证人、能够书写名字的遗嘱人须在遗嘱上签名而不能以捺印或盖章方式代替签名。

（四）录音录像遗嘱

录音录像遗嘱是现代科学技术发展的产物，是一种新型的遗嘱方式。我国《继承法》第17条第4款规定："以录音形式立的遗嘱，应当有两个以上见证人在场见证。"对于录像遗嘱也应当适用这一规定，统称录音录像遗嘱。

录音录像遗嘱，是指以录音或者录像方式录制下来的遗嘱人的口述遗嘱。[①] 这种界定随着科学技术的发展应当予以扩展，因为现在不再仅仅是录音，录像机、电脑等也日益普及，影像技术大为进步，应当将录音录像遗嘱扩展为视听遗嘱，即使遗嘱人通过摄像机等拍摄的音像资料，只要符合录音录像遗嘱的要求，也应当予以认可。事实上，录音录像遗嘱就是用录音录像技术记录的口头遗嘱。

录音录像遗嘱应当符合下列要件：

1. 须有两名以上的见证人在场见证

见证人在场见证的目的，是保证录制的遗嘱确为遗嘱人的真实意思。在录制遗嘱时，见证人应当把各自的姓名、性别、年龄、籍贯、职业、所在工作单位和家庭住址等基本情况予以说明。

2. 须由遗嘱人亲自叙述遗嘱的内容

遗嘱人必须亲自清楚地口述遗嘱的全部内容，即不能由他人代述或转述遗嘱内容，且口述的内容要清楚、明白，而不能含糊不清。而且口述的内容应当具体，对有关财产的处分，应当说明财产的基本情况，说明财产归什么人承受。

3. 须遗嘱人、见证人将有关视听资料封存，并签名、注明日期

在遗嘱人录制完遗嘱后，见证人也应当将自己的见证证明录制在录制遗嘱的音像磁带上。由于录音带、录像带等视听资料容易被他人剪辑、伪造，需要履行严格的封存，只有这样才能确保录音录像遗嘱的真实性。遗嘱人与有关见证人在封存遗嘱时，应在封缝处共同签名，并注明年、月、日，以确定遗嘱的订立时间。

4. 须当众开启录音录像遗嘱

录音录像遗嘱必须在继承开始后，在参加制作遗嘱的见证人和全体继承人到场的情况下，当众启封，从而维护录音录像遗嘱的真实性。

---

① 郭明瑞等：《继承法》，法律出版社2004年版，第146页。

（五）口头遗嘱

口头遗嘱早在罗马法就已存在，是要式买卖遗嘱的简化方式，即遗嘱人于证人前口述遗嘱内容而成立的遗嘱。① 由于口头遗嘱简便易行，后世各国对口头遗嘱莫不承认，但口头遗嘱的内容完全靠见证人表述证明，容易发生纠纷，各国也都对口头遗嘱的适用予以严格限制。

口头遗嘱，是指由遗嘱人口头表述，而由见证人予以见证的遗嘱，也称为口授遗嘱。② 我国《继承法》第 17 条第 5 款规定："遗嘱人在危急情况下，可以立口头遗嘱。口头遗嘱应当有两个以上见证人在场见证。危急情况解除后，遗嘱人能够用书面或者录音形式立遗嘱的，所立的口头遗嘱无效。"

口头遗嘱须具备以下条件：

1. 须遗嘱人处于危急情况下，不能以其他方式设立遗嘱

危急情况，是指遗嘱人生命垂危、在战争中或者发生意外灾害，随时都有生命危险，而来不及或无条件设立其他形式遗嘱的情况。如果遗嘱人不处于危急情况下，可以通过自书、代书、公证等其他的方式设立遗嘱，则无适用口头遗嘱的余地，即使遗嘱人立了口头遗嘱，该口头遗嘱也无效。

2. 须有两个以上的见证人在场见证

订立口头遗嘱必须有两个以上的与遗产继承无利害关系的见证人在场见证。订立口头遗嘱时，见证人应将遗嘱人口授的遗嘱记录下来，并由记录人、其他见证人签名，注明年、月、日；见证人无法当场记录的，应于事后追记、补记遗嘱人口授的遗嘱内容，并于记录上共同签名，并注明年、月、日，以保证见证内容的真实、可靠。

3. 须不存在危急情况解除后遗嘱人能够利用其他形式立遗嘱的情形

在危急情况解除后，遗嘱人能够用书面或者录音形式立遗嘱的，所立的口头遗嘱无效。口头遗嘱的效力受到限制，必须是不存在危急情况解除后遗嘱人可以利用其他形式订立遗嘱的情形，如果危急情况一旦解除，则在一定时间内遗嘱人应当另立遗嘱，否则即使遗嘱人没有另立遗嘱，该口头遗嘱也失去法律效力。

我国《继承法》没有明确在危急情况解除后，遗嘱人应于多长时间内另立遗嘱，即没有规定口头遗嘱的有效期间。由于口头遗嘱原属遗嘱的简易方式，不得已而用之，对于其正确之点不能无疑，③因而设立有效期间十分必要。我国继承法应当规定口头遗嘱在危急情况解除后，经过 3 个月而失其效力，以保障遗嘱的真实性。在危急情况解除后，遗嘱人应于 3 个月内用书面或者录音、录像等方式设立遗嘱；如果遗嘱人于危

---

① 周枏：《罗马法原论》（下册），商务印书馆 2001 年版，第 484 页。

② 陈棋炎等：《民法继承新论》，三民书局 2002 年版，第 334 页。

③ 胡长清：《中国民法继承论》，商务印书馆 1936 年版，第 201 页。

急情况解除后不足3个月内未另立遗嘱而死亡的,应当承认其所立的口头遗嘱;如果遗嘱人于危急情况解除后3个月后仍未设立其他形式遗嘱的,则对其所立的口头遗嘱不予认可。①

(六)密封遗嘱

密封遗嘱是指遗嘱人秘密作成,加密封后,于见证人前,提经公证人证明的遗嘱。密封遗嘱兼有自书遗嘱和公证遗嘱之长。② 遗嘱人希望于其生前保守其遗嘱内容的秘密,又希望遗嘱具有强有力的证明力,或其不愿自书遗嘱全文,又不愿见证人知悉其遗嘱内容,就可以利用密封遗嘱实现其愿望。③ 这是密封遗嘱存在的必要性。

我国《继承法》没有规定密封遗嘱。对于修正《继承法》时是否要规定密封遗嘱的问题,有人反对,认为不能见到外国人有什么样的遗嘱形式,我国就一定要照搬。我不同意这种意见,规定不同的遗嘱形式,就可以给遗嘱人以更多的选择,没有理由予以限制,规定密封遗嘱是可行的。遗嘱是被继承人的权利,密封遗嘱是遗嘱自由的表现,最能够体现遗嘱人处分遗产的自由意志,且有现实需要,对于解决遗产纠纷有重要作用,应该成为我国遗嘱的形式之一。④

密封遗嘱的基本规则是:被继承人立密封遗嘱,应当在遗嘱上签名之后,将其密封,并在封缝处签名,指定两个以上的见证人,对遗嘱进行公证。被继承人应当向公证人陈述其为自己的遗嘱;如非本人自写遗嘱,应当陈述书写人的姓名、住所。公证人应当在遗嘱封面记明该遗嘱提出的年、月、日及遗嘱人所为的陈述,与遗嘱人及见证人同时签名。⑤

密封遗嘱的方式较自书遗嘱复杂,如果因方式不备,而只是密封遗嘱无效,实有违遗嘱人的真意。为尊重遗嘱人的最终意思,一旦出现密封遗嘱不具备上述方式,而符合自书遗嘱方式的,应当有自书遗嘱的效力,⑥仍然可以按照其遗嘱进行继承。此无效之密封遗嘱的转换,旨在尽量尊重遗嘱人的最终意思,乃无效行为转换的典型事例。⑦

二、遗嘱的内容

遗嘱的内容是指遗嘱人订立遗嘱需要通过遗嘱表示出来对自己财产处分及安排

---

① 参见郭明瑞等:《继承法研究》,中国人民大学出版社2003年版,第119页。

② 李宜琛:《现行继承法论》,国立编译局1947年版,第100页。

③ 林秀雄:《继承法讲义》,元照出版有限公司2006年版,第230页。

④ 陈苇主编:《外国继承法比较与中国民法典继承编制定研究》,北京大学出版社2011年版,第346页。

⑤ 杨立新:"对修正《继承法》十个问题的意见",载《法律适用》2012年第8期。

⑥ 林秀雄:《继承法讲义》,元照出版有限公司2006年版,第233页。

⑦ 陈棋炎等:《民法继承新论》,三民书局2002年版,第330页。

相关事项的意思,我国《继承法》未对遗嘱的内容进行强制规定,当事人是否设立遗嘱以及在遗嘱中规定哪些事项,全由当事人自己决定。但法律对于遗嘱内容的规定,并非全为任意性的,遗嘱作为一种民事法律行为,其内容应当合法,不得违反法律和公序良俗,否则将会导致遗嘱无效。另外,遗嘱是对遗产及相关事项的处置和安排,遗嘱的内容应当具体明确,便于执行,避免发生歧义。

遗嘱的内容应当包括以下几方面:

(一)指定遗嘱继承人、受遗赠人

指定遗嘱继承人、受遗赠人是遗嘱人订立遗嘱的主要目的;因此,指定遗嘱继承人、受遗赠人当然为遗嘱的主要内容。遗嘱人指定遗嘱继承人只能在法定继承人范围之内,具体指定的遗嘱继承人可为法定继承人中的任何人,并且不受法定继承人继承顺序的限制,但不能是法定继承人以外的人。遗嘱人指定遗嘱继承人应当明确具体,在遗嘱中记明继承人的名字。遗嘱人也可以指定法定继承人范围之外的人为受遗赠人,也需要在遗嘱中载明受遗赠人的姓名或受遗赠的单位的名称。受遗赠人可以是国家、集体,也可以是自然人。

(二)指定遗产的分配办法或份额

遗嘱的目的在于遗嘱人对自己的财产进行身后处分,相应的有关遗产的情况应当为遗嘱的主要内容。

首先,遗嘱人应当在遗嘱中载明遗嘱处分的财产的状况。遗嘱人应当列明自己所留下的财产清单,具体说明每项财产的名称、数量、存放的地点以及财产是否共有、抵押等。

其次,遗嘱应当载明对遗产的处分意思。遗嘱中应当说明每个指定继承人得继承的具体财产。遗嘱中指定由数个继承人共同继承某项遗产的,应当说明指定继承人对遗产的分配办法或者每个人应继承的遗产份额;指定由数人共同继承某项财产而又未说明分配办法或者各人的继承份额的,推定为指定数个继承人均分遗产。遗赠财产的,要具体说明将某一财产遗赠给何人、何单位。遗嘱人可以在遗嘱中处分全部财产,也可以处分部分财产。遗嘱中明确由指定继承人继承全部遗产的,为遗嘱人处分了全部财产。如果遗嘱中指明了某财产由某人继承,某财产赠与某人、某单位,而尚有财产未指明的,未指明的财产视为遗嘱未处分的财产。遗嘱中对财产的处置前后相互矛盾的,应推定为遗嘱人对该财产未作处分。

(三)对遗嘱继承人、受遗赠人附加的义务

遗嘱人享有遗嘱自由,不仅可以将自己的财产通过遗嘱处分给遗嘱继承人或受遗赠人,还可以在遗嘱中对遗嘱继承人或者受遗赠人规定附加义务。例如,遗嘱中可以指明某继承人或者受遗赠人应当将某项遗产用于特定的用途;也可指定继承人承担其他的义务。例如，遗嘱中将某项财产指定由某一未成年的继承人继承，同时指定由该未成年人的父母在其成年前负责管理；又如，遗嘱中将某项财产指定由某一继承人继承，同时指定该继承人须以该财产的部分收益扶养某人。对遗嘱继承人、受遗赠人附加的义务，如果指定的遗嘱继承人或受遗赠人接受继承或遗赠，就必须履行遗嘱所附加的义务，如果无正当理由不履行的，经有关单位和个人请求，法院可以取消其接受遗产的权利。

（四）再指定继承人、受遗赠人

再指定继承人是指遗嘱人于遗嘱中指定在被指定的继承人不能继承时由某人继承。再指定受遗赠人是指遗嘱人在遗嘱中指定在受遗赠人不能接受遗赠时将该遗产赠与某人。遗嘱中再指定的继承人一般称为替补继承人或者补充继承人；遗嘱中再指定的受遗赠人一般称为候补受遗赠人或补充受遗赠人。因为只有在指定继承人于遗嘱生效时具有继承能力并且具有继承权（继承期待权），也未放弃继承时，才会发生遗嘱继承，由指定的继承人继承遗嘱中指定由其继承的遗产；也只有在指定的受遗赠人于遗嘱生效时有受遗赠能力且未丧失受遗赠权，也未放弃受遗赠的，才发生遗赠。如果指定继承人先于被继承人死亡，或者丧失继承权，或者放弃继承权时，指定继承人不能或不参加继承，指定由该继承人继承的遗产须依法定继承办理。同理，若受遗赠人先于被继承人死亡，或者丧失受遗赠权，或者放弃受遗赠时，指定由受遗赠人受赠的遗产也须按法定继承办理。为避免这种因指定继承人不继承而须由法定继承人继承，或受遗赠人不受遗赠而由法定继承人继承的情形，法律规定允许遗嘱人在遗嘱中指定替补继承人、候补受遗赠人。替补继承人只能在指定继承人不能继承的情形下，依遗嘱的指定参加继承；同理，候补受遗赠人也只能在受遗赠人不能接受遗赠的情形下，才依遗嘱接受遗赠。①

（五）指定遗嘱执行人

遗嘱执行人是于继承开始后执行遗嘱的人。因遗嘱执行人是否合适会关系到能否真正按照遗嘱人的遗嘱执行，以实现遗嘱人意思。所以，指定遗嘱执行人也是遗嘱中的重要内容。我国《继承法》在第 16 条第 1 款中规定在遗嘱中“并可以指定遗嘱执行人”，比较原则，可操作性不强。值得注意的是，遗嘱的主要内容并不是指定遗嘱执行人，因为遗嘱执行人并不是对遗产的处分，而只关涉遗嘱的执行。因此，遗嘱中未指定遗嘱执行人的，不影响遗嘱的成立和执行。

（六）遗嘱人的签名以及遗嘱制作的日期

公证遗嘱、自书遗嘱、代书遗嘱、录音录像遗嘱都需要遗嘱人签名，以确定是遗嘱

---

① 郭明瑞等：《继承法》，法律出版社 2004 年版，第 151 页。

人的真实意思表示。同时,为了确定遗嘱人的遗嘱能力以及辨明遗嘱的前后顺序,这些形式的遗嘱都需要注明具体的年、月、日。遗嘱人签名以及注明制作日期的内容是强制性内容,遗嘱中必须加以载明,如果有的遗嘱没有遗嘱人的签名,比如代书遗嘱形式,则该遗嘱无效。

(七)其他事项

除上述内容外,遗嘱人还可以根据自己的意愿在遗嘱中说明其他事项,例如关于丧事的安排和要求等。

三、遗嘱见证人

除自书遗嘱之外,其他各种遗嘱皆须有见证人参与,不外借此确保遗嘱之真实,与其他方式之正确,从而见证人之有无及信用如何,与遗嘱效力关系极大。① 遗嘱见证人是指订立遗嘱时,亲临遗嘱制作现场,并对遗嘱真实性予以证明的第三人。遗嘱见证人证明的真伪直接关系着遗嘱的效力,关系到对遗产的处置。根据我国《继承法》的规定,遗嘱人订立代书遗嘱、录音录像遗嘱、口头遗嘱时都须有两个以上的见证人在场见证。

(一)遗嘱见证人的条件

根据遗嘱见证人的目的,遗嘱见证人必须是能够客观公正地证明遗嘱真实性的人,应当具备以下三个条件:

1. 具有完全民事行为能力

因为有完全民事行为能力的人才能对事物有足够的认识能力和判断能力,无完全民事行为能力人对事物缺乏足够的认识能力和判断能力。未成年人、精神病患者不得充当遗嘱见证人。

2. 与继承人、遗嘱人没有利害关系

与继承人、遗嘱人有利害关系的人参加见证,有可能受其利益的驱动而作不真实的证明,会损害遗嘱人以及有关继承人的合法权益。

3. 知晓遗嘱所用语言

遗嘱见证人必须知晓遗嘱所用的语言,才能对遗嘱进行见证。遗嘱见证人中有的见证人为代书人,则遗嘱见证人还应当具有相应的文化知识,不能为文盲。

(二)遗嘱见证人的资格限制

我国《继承法》对遗嘱见证人作了限制规定,下列人员不能作为遗嘱见证人,其证明不能起到见证的效力:

---

① 胡长清:《中国民法继承论》,商务印书馆 1936 年版,第 203 页。

1. 无民事行为能力人、限制民事行为能力人

无民事行为能力人、限制民事行为能力人，包括未成年人和精神病人，都不能作为遗嘱的见证人。基于见证人是证明遗嘱真实性的证人，见证人是否具有民事行为能力，应当以遗嘱见证时为准。如果于遗嘱人立遗嘱时为有完全民事行为能力人，而其后丧失行为能力，则不影响遗嘱见证的效力；相反，如果见证时为无民事行为能力或者限制民事行为能力人，虽其后具有完全民事行为能力，也不能认定其为遗嘱见证人，于不具有完全民事行为能力时对遗嘱人所作的见证仍不具有效力。成年人为无民事行为能力人、限制行为能力人，应经人民法院宣告，如果未经人民法院被宣告为无民事行为能力或限制民事行为能力人的成年人，其虽为精神病患者但于遗嘱人立遗嘱时确属于神志正常的人，也应当认定其为见证人。

2. 继承人、受遗赠人

继承人、受遗赠人与遗嘱有着直接的利害关系，由他们作见证人难以保证其证明的客观性、真实性，易生弊端，所以，继承人、受遗赠人不能作为遗嘱的见证人。

3. 与继承人、受遗赠人有利害关系的人

与继承人、受遗赠人有利害关系的人是指继承人、受遗赠人能否取得遗产、取得多少遗产会直接影响其利益的人，因此应当包括：继承人、受遗赠人的近亲属（如配偶、子女、父母、兄弟姐妹、祖父母、外祖父母），以及继承人、受遗赠人的债权人和债务人、共同经营的合伙人。① 这部分人因与遗嘱实际上有着间接的利害关系，也有可能影响对遗嘱作出客观公正的见证。所以，与继承人、受遗赠人有利害关系的人也不能作为遗嘱见证人。

不具备遗嘱见证人资格的人不能作为遗嘱的见证人，其所作的见证不具有法律效力。但这并不是说，不具备遗嘱见证人资格的人不能出现在设立遗嘱的现场。例如，遗嘱人设立代书遗嘱，当时有三人在场，其中有一个人不具备见证人的资格，如果该人为代书人，则该遗嘱不合法定形式；但若该人不为代书人，不过是作为一般见证人在遗嘱上签名，则不能因此而认定该遗嘱不合法定形式。因为虽然该人不具备见证人的资格，其见证无效，但该遗嘱仍有两个人在场见证，其他两个具有见证人资格人的见证应当是有效的。②

（三）遗嘱见证人的见证事项

遗嘱见证人见证事项包括以下几个方面：

1. 证明立遗嘱人的遗嘱能力

遗嘱见证人应当证明遗嘱人在订立遗嘱时的遗嘱能力，也就是遗嘱人是否是完全

---

① 最高人民法院《关于贯彻执行〈继承法〉若干问题的意见》第 36 条规定：“继承人、受遗赠人的债权人、债务人，共同经营的合伙人，也应当视为与继承人、受遗赠人有利害关系，不能作为遗嘱的见证人。”

② 郭明瑞等：《继承法》，法律出版社 2004 年版，第 149 页。

民事行为能力人。

2. 证明立遗嘱时的情况

主要是证明遗嘱人立遗嘱时是否出于自愿，有无不当影响。在口头遗嘱中，遗嘱见证人还应当证明遗嘱人当时所处的危急情况。

3. 记录遗嘱内容

在代书遗嘱中，应当由其中一名见证人代书，该见证人应当记录遗嘱内容。在口头遗嘱中，也需要见证人记录遗嘱内容。

4. 进行签名并注明年、月、日

在代书遗嘱、录音录像遗嘱中，有关见证人应当在代书的遗嘱与封存的磁带上签名，并注明年、月、日。

四、共同遗嘱

（一）共同遗嘱的概念

共同遗嘱又称合立遗嘱，是指两个或两个以上的遗嘱人共同订立的一份遗嘱，在遗嘱中同时处分共同遗嘱人的各自的或共同的财产。共同遗嘱以夫妻双方合立的夫妻共同遗嘱为常见。

共同遗嘱分为三种类型：(1) 单纯的共同遗嘱。这种共同遗嘱是指将两个以上的内容各自独立的遗嘱记载于同一遗嘱文书上。这种共同遗嘱具有形式上的同一性，内容上的独立性，各遗嘱人撤销或变更其遗嘱不影响他人遗嘱的效力。(2) 相互的共同遗嘱。这种遗嘱是共同设立遗嘱者在同一遗嘱中互相指定对方为遗产的继承人或者受遗赠人，也就是遗嘱的遗嘱人互以对方为继承人或受遗赠人。(3) 相关的共同遗嘱。这种遗嘱的遗嘱人互相以对方的遗嘱内容为前提条件，一方指定其遗产为某人继承是以另一方的遗产也由该人继承为条件的。在一方撤销遗嘱时，另一方的指定也就当然应失去效力；一方的遗嘱内容执行的，另一方的遗嘱内容也须执行。①

国外继承立法对共同遗嘱的态度不同。有的国家禁止共同遗嘱，否认共同遗嘱的效力。有的国家承认共同遗嘱。我国在《继承法》施行前，在现实生活中存在大量的共同遗嘱，在司法实践上一般也是承认共同遗嘱的，只要遗嘱的内容合法就承认其效力。不过，《继承法》未对共同遗嘱作出规定。

（二）共同遗嘱的特征

共同遗嘱既具有遗嘱的一般特征，又有不同于一般遗嘱的特点。共同遗嘱的特殊之处是：

---

① 陈棋炎、黄宗乐、郭振恭：《民法继承新论》，三民书局 2002 年版，第 308 页。

1. 共同遗嘱是一种共同行为

共同行为是指两人以上的有着同一内容、同一目的的并行的意思表示一致的行为。共同行为属于双方或多方的法律行为，但与一般的双方或多方法律行为不同，因为共同行为各方的目的具有一致性。共同遗嘱既为双方或多方的法律行为，就须共同遗嘱人有着一致的意思表示，各方不能就遗嘱的内容达到一致同意的，共同遗嘱也就不能成立。而在一般遗嘱中，只要有遗嘱人一人单独的意思表示就可以成立。①

2. 共同遗嘱的遗嘱内容相互制约

在一般遗嘱中，遗嘱的内容完全是由遗嘱人一人决定的，在内容上不存在相互制约的问题。但在共同遗嘱中，尽管共同遗嘱人的意思表示有同一的目的，但毕竟须双方意思表示一致才能成立共同遗嘱。因此，在共同遗嘱中遗嘱人处分其个人财产的意愿受他方意思的制约。而且，在共同遗嘱中，遗嘱人的意思表示往往具有关联性，一方的意思表示是以另一方的意思表示互为条件的。于遗嘱设立后夫妻关系恶化，其中一方撤销遗嘱，另一方尽管未撤销，遗嘱的内容也应当然地失去效力。

3. 共同遗嘱的生效时间与一般遗嘱不同

遗嘱发生效力的时间是自被继承人死亡后开始。一般遗嘱中只要遗嘱人死亡，则遗嘱人所立的遗嘱整个发生效力。但在共同遗嘱中，共同遗嘱人一般不能同时死亡。在共同遗嘱人中的一人死亡时，还不能使整个共同遗嘱发生效力，仅仅遗嘱中涉及该死亡遗嘱人遗产的内容发生效力，而涉及未死亡的遗嘱人遗产的遗嘱内容则不能发生效力。只有在共同遗嘱人全部死亡的情况下，共同遗嘱才能全部生效。因此，对共同遗嘱效力的认定，应当以各个遗嘱人死亡的时间具体确定。

（三）共同遗嘱的效力

关于共同遗嘱的效力，各国法有不同规定：一是明确规定共同遗嘱，承认共同遗嘱的效力，如德国、奥地利等；二是明文禁止设立共同遗嘱，如法国、日本等；三是立法上既未明确规定共同遗嘱，也未明确禁止共同遗嘱。

我国《继承法》未对共同遗嘱作出明确的肯定或否定的规定。学说上对共同遗嘱的效力分为以下三种学说。一是肯定说，认为我国继承法对于共同遗嘱没有作出规定，这是出于我国立法宜粗不宜细的原则考虑的。共同遗嘱在我国法律上没有明文禁止，只要与继承法的精神不相抵触的，可以在审判实践中承认其效力。② 二是有限制的肯定说。该说主张应当承认夫妻共同遗嘱，但对其他共同遗嘱不能承认。③ 三是反对承认共同遗嘱，认为我国《继承法》对共同遗嘱不作规定，这说明了我国《继承法》不承

---

① 郭明瑞等：《继承法》（第2版），法律出版社2004年版，第168～169页。

② 参见刘文：《继承法比较研究》，中国人民公安大学出版社2004年版，第233～235页。

③ 参见刘春茂主编：《中国民法学·财产继承》，中国人民公安大学出版社1990年版，第384～385页。

认共同遗嘱这种形式。①

对共同遗嘱不妨采取实事求是的态度。事实上,夫妻之间订立共同遗嘱存在较多。如果采取完全不承认主义,对于这些人的遗嘱就不会承认它的效力,他们自主处分自己遗产的意志就没有受到保护。同时,我国民事习惯尊重这种遗嘱的形式,法律对习惯认可的遗嘱形式完全采取不承认主义,也有悖于广大人民群众的意志。因此,应当有条件地承认共同遗嘱的效力,即对于夫妻之间的共同遗嘱承认其效力,对其他的共同遗嘱不予承认。

应当考虑的具体规则是:两个以上的被继承人不得订立同一遗嘱。但夫妻双方订立同一遗嘱,符合法律关于遗嘱有效条件要求的,应当认定为有效。夫妻可以互相指定对方为继承人,可以作出效力上相关联的遗产处分。夫妻可以共同指定遗嘱继承人或受遗赠人。若无相反内容,共同遗嘱在夫妻一方生存时对遗嘱继承人和受遗赠人不发生效力。共同遗嘱的撤回适用合同解除的规定。在夫妻一方死亡后,共同遗嘱不得撤回。

第五节 遗嘱信托与后位继承

一、遗嘱信托

(一)遗嘱信托概述

遗嘱信托是指通过遗嘱而设立的信托,也叫死后信托。委托人以立遗嘱的方式,把自己的遗产交付信托,就是遗嘱信托。② 委托人应当预先以立遗嘱方式,将财产的规划内容,包括交付信托后遗产的管理、分配、运用及给付等,订立在遗嘱中。待遗嘱生效时,再将信托财产转移给受托人,由受托人依据信托的内容,管理处分信托的遗产。

遗嘱信托的特点是在委托人死亡后才生效。遗嘱信托,通过受托人确实依照遗嘱人的意愿分配遗产,并为照顾特定人而做财产规划,不但有立遗嘱防止纷争的优点,而且因结合了信托方式而使该遗产对继承人更有保障。

遗嘱信托的功能:一是遗嘱信托能够很好地解决财产传承问题。遗嘱信托,可以使财产顺利地传给后代,也可以通过遗嘱执行人的理财能力,弥补继承人无力理财的

---

① 参见刘素萍主编:《继承法》,中国人民大学出版社 1988 年版,第 262 ~ 263 页。

② 百度百科:“遗嘱信托”条,载 http://baike. baidu. com/view/636585. htm,2012 年 6 月 3 日访问。

缺陷；二是遗嘱信托能够减少因遗产产生的纷争。因为遗嘱信托具有法律约束力，特别是中立的遗嘱继承人介入，使遗产的清算和分配更公平。

遗嘱信托包括下列三方当事人：一是委托人即被继承人。二是受托人即遗嘱执行人。遗嘱信托指定的受托人（遗嘱执行人），应当是具有理财能力的律师、会计师、信托投资机构等专业人员或专业机构。三是受益人即继承人。遗嘱信托的受益人可以是法定继承人的一人或者数人。遗嘱人可以将遗产受益人指定为法定继承人以外的人。

遗嘱信托在被继承人订立遗嘱后成立，并于遗嘱人（被继承人）去世后生效。

（二）遗嘱信托的当事人和类型

遗嘱信托应当采取书面形式订立。遗嘱信托的遗嘱，应当符合《继承法》的规定；遗嘱信托的信托，应当符合《信托法》的规定。公证的遗嘱信托高于其他方式遗嘱的效力。

遗嘱信托分为遗嘱执行信托和遗产管理信托两种不同方式。

遗嘱执行信托是为了实现遗嘱人的意志进行的信托业务，其主要内容有清理遗产、收取债权、清偿债务、税款及其他支付、遗赠物的分配、遗产分割等。遗嘱执行信托是短期性的，一般遗嘱执行的成立有死亡者立的遗嘱为依据，继承人均已存在，因而不易发生制约。

遗产管理信托是主要以遗产管理为目的而进行的信托业务。遗产管理信托的内容与遗嘱执行信托的内容虽有交叉，但侧重在管理遗产方面。遗产管理人可由法院指派，也可由遗嘱人或者其亲属会议指派。

信托法规定遗嘱信托中的遗嘱，应当符合继承法的规定。相应的，《继承法》应当规定信托遗嘱中遗嘱的具体问题，信托的内容则应当依照信托法的规定进行。

二、后位继承和替补继承

（一）后位继承

后位继承也叫次位继承或替代继承，是指因遗嘱中所规定的某种条件的成就或期限的到来，由某遗嘱继承人所继承的财产又移转给其他继承人承受。[①] 在后位继承法律关系中，首先承受遗嘱人遗产的继承人是前位继承人；从前位继承人那里取得遗产的继承人是后位继承人或叫次位继承人。后位继承人只有在遗嘱中所规定的某种条件成就或期限届至时，才能从前位继承人那里取得财产。在此之前，后位继承人只能根据遗嘱的内容享有期待权。

对于我国继承法应否承认后位继承的问题，有肯定说、否定说和部分肯定说三种

① 谭华霖："后位继承法律关系之理论探索"，载《人民法院报》2011年5月25日第7版。

观点。我们持肯定立场。后位继承人实质上是遗嘱人对指定继承人的继承人的指定，是遗嘱人的真实意思表示，没有理由不予尊重。

后位继承中的遗产利益实际发生了两次转移：第一次是在被继承人死亡时，前位继承人取得遗产所有权；第二次是在遗嘱指定的条件到来时，后位继承人从前位继承人处取得遗产所有权。从发挥遗产的实际利用效率的目的出发来合理地配置社会资源，既尊重遗嘱人的遗嘱自由，又充分保证遗产利益承受者对物的实际使用权利，是后位继承制度所要解决的问题，也是制度设计必须遵循的原则。后位继承制度既要保证前位继承人取得的遗产所有权不受他人追夺，又要保证后位继承人能够监督前位继承人防止其滥用权利，以维护自己的期待利益。

后位继承与替补继承不同。替补继承是指遗嘱人在遗嘱中除了指定正式继承人之外，又指定替补继承人，以便补充正式继承人的缺额，确保遗嘱人在死后能有自己的继承人，而减少遗嘱无效的可能性。在遗嘱中指定替补继承人的情况下，如果在被继承人死亡之时，正式继承人放弃继承权或存在使其丧失继承权的事由，则替补继承人直接取得相应遗产的所有权。

目前，在我国社会生活中，后位继承是存在的，但数量不是特别大，原因在于法律对此没有明文规定。规定后位继承制度，对于尊重被继承人处分遗产的意志有益。

后位继承的基本规则是：第一，遗嘱人可以在遗嘱中规定，在某种条件成就或期限到来时，由遗嘱继承人将其继承的财产移转给后位继承人承受。前位继承人放弃继承权或存在丧失继承权的事由，只能在遗产分割之前进行。第二，后位继承人在前位继承人死亡后，直接取得遗产；遗嘱指定后位继承发生的条件与前位继承人无关或为特定的期限的，不发生后位继承，遗产由被继承人的法定继承人继承。如果该项遗产依法定继承由后位继承人取得，则不再发生后位继承。第三，后位继承人发现前位继承人滥用权利，实施有损害自己期待权的行为的，有权请求人民法院予以制止，保护继承权。

（二）替补继承

替补继承也叫做补充继承，是指在遗嘱继承中遗嘱人可以预先指定继承人因放弃继承、丧失继承权或先于遗嘱人死亡时，其应继承的遗产利益转归他人继承的遗嘱继承。①《继承法》没有规定替补继承，但社会生活确实有实际需要，应当补充规定。② 例如，遗嘱人在遗嘱中为继承人或者受遗赠人指定替补的继承人或者受遗赠人，一旦继承人或受遗赠人先于遗嘱人死亡，或者丧失继承权或遗赠权，或者放弃继承或受遗赠

① 刘春茂主编：《中国民法学·财产继承》，人民法院出版社 2008 年版，第 305 页。

② 陈苇主编：《外国继承法比较与中国民法典继承编制定研究》，北京大学出版社 2011 年版，第 344 页。

权,就有可能出现无人继承或者受遗赠的现象。若规定了替补继承人或者受遗赠人,当出现此种情形时,替补继承人或者受遗赠人就可以进行替补继承或者受遗赠。

应当规定:第一,遗嘱人可以在遗嘱中为继承人或受遗赠人指定替补继承人或替补受遗赠人。继承人或受遗赠人先于遗嘱人死亡、丧失继承权或受遗赠权、放弃继承或受遗赠时,由替补继承人、替补受遗赠人承受相应遗产。第二,继承人可以被相互指定为替补继承人。

(三)后位继承与替补继承的区别

替补继承与后位继承有共同之处,都属于遗嘱继承。主要区别在于:(1)在具体继承开始的时间点上,替补继承发生在遗嘱继承开始之前或之后,但须在遗产分割之前发生;后位继承发生在遗嘱继承的前位继承人继承了遗产之后。(2)再指定的原因不同,替补继承再指定继承人的原因,是由于被指定的继承人于继承前死亡,或者被指定的继承人拒绝继承;后位继承是在前位继承人继承遗产之后死亡时,其所继承的遗产的继承问题。(3)在替补继承上,遗嘱指定继承人优于再指定继承人;而在后位继承中,前位继承人在时间顺序上先于后位继承人,但最终是后位继承人优先。

第六节　遗嘱的效力

一、遗嘱效力的概述

遗嘱的效力是指遗嘱人设立的遗嘱所产生的法律后果。遗嘱作为一种单方民事法律行为,只要有遗嘱人单独的意思表示就可以成立。但已经成立的遗嘱只有具备法律规定的条件才能发生法律效力;不具备法律规定的条件的遗嘱不能发生法律效力。

对遗嘱效力的判断,既应当从遗嘱的形式方面进行判断,也应当从遗嘱的实质内容方面进行判断。遗嘱人如果订立的遗嘱不符合法定的形式,则该遗嘱就是无效的。在内容方面,应当从遗嘱人是否具有遗嘱能力、遗嘱是否遗嘱人的真实意思表示、遗嘱中指定财产是否可为遗嘱人处分、遗嘱中指定的继承人或受遗赠人是否生存等诸多方面加以判断。只有对有关的要素进行准确判明了,才能对遗嘱的效力作出认定。

遗嘱效力判断的基准点以遗嘱人死亡时为准。因为遗嘱人订立遗嘱后,虽然基于遗嘱人的意思表示真实,而且遗嘱符合有关的要件而成立,但遗嘱的最终生效还是取决于遗嘱人的死亡,只有遗嘱人死亡时遗嘱才能发生效力。自遗嘱设立之时起至遗嘱人死亡止这段时间,遗嘱并不发生效力,只会发生遗嘱的变更或撤回,不能发生遗嘱执行问题，继承人以及其他人既无权要求知道遗嘱的内容，也不得要求执行遗嘱。

根据遗嘱订立后的具体情形，遗嘱的效力可以划分为遗嘱有效、遗嘱无效、遗嘱不生效以及遗嘱变更与撤回。

二、遗嘱有效

遗嘱有效是指遗嘱符合法律规定的要素，能够发生遗嘱人预期的法律后果，有关当事人可以请求执行该遗嘱。

遗嘱有效须具备以下条件：

(一)遗嘱人须有遗嘱能力

这是遗嘱有效的前提条件。只有完全民事行为能力人才有遗嘱能力，才可以订立遗嘱。无民事行为能力人、限制民事行为能力人不具有遗嘱能力，不得订立遗嘱，即使订立遗嘱，也属无效遗嘱。

(二)遗嘱须是遗嘱人的真实意思表示

遗嘱是遗嘱人对自己身后财产的处分，只有是遗嘱人的真实意思表示方为有效，被欺诈、胁迫所订立的遗嘱都属无效。遗嘱是否为遗嘱人的真实意思，原则上以遗嘱人最后于遗嘱中所作出的意思表示为准。

(三)遗嘱的内容须合法

遗嘱是一种法律行为，内容必须合法方为有效。如果遗嘱的内容违法或者违反公序良俗，都将无效，不得执行。例如，遗嘱人在遗嘱中指定继承人继承某物，在立遗嘱时该物并不为遗嘱人所有，因遗嘱人处分了他人的财产，遗嘱的该部分内容不合法；但如果其后于被继承人死亡前被继承人取得了该物的所有权，于继承开始时，遗嘱人所立的遗嘱就为合法。遗嘱的内容是否合法，应以被继承人死亡时为准。

(四)遗嘱的形式须符合法律规定的形式要求

遗嘱是要式法律行为，必须符合法律规定的形式，如有不合，则属无效遗嘱。但为了处理实际情况，对于我国《继承法》实施前的遗嘱，如果符合遗嘱设立当时的法律要求，即使与《继承法》规定的形式要求有欠缺，也认可其效力。《继承法》实施后所设立的遗嘱若在形式上有欠缺，则因不合遗嘱设立时法律的要求而无效。

(五)须遗嘱人死亡

遗嘱是死因行为，只有遗嘱人死亡才能发生法律效力。即使遗嘱具备了法定的形式和内容，遗嘱人尚生存的，遗嘱也不发生效力。

符合上述要件时，遗嘱发生法律效力，可以按照遗嘱处置被继承人的遗产，实现遗嘱人的意思表示。

三、遗嘱无效

遗嘱无效是指遗嘱因不符合法律规定而不能发生法律效力。遗嘱无效,也就是遗嘱人在遗嘱中处分其财产的意思表示无效,也就不能依照遗嘱来处置被继承人的遗产,遗嘱人在遗嘱中的意思不能实现,不能发生遗嘱人所预期的法律后果。

遗嘱无效主要有以下几种情况:

(一)无民事行为能力人或者限制民事行为能力人所立的遗嘱

无民事行为能力人、限制民事行为能力人属于无遗嘱能力的人,不具有以遗嘱处分其财产的资格;因此,无民事行为能力人、限制民事行为能力人所立的遗嘱无效。完全民事行为能力人于设立遗嘱后被宣告为无民事行为能力人或限制民事行为能力人的,其原设立的遗嘱仍可有效;但其于民事行为能力变动以后对原设立遗嘱变更或撤回的,遗嘱的变更或撤回无效。

(二)受胁迫、受欺诈所设立的遗嘱

遗嘱必须是遗嘱人的真实意思表示,遗嘱人因受胁迫、受欺诈所立的遗嘱,不是遗嘱人真实意思表示,欠缺遗嘱的合法要件而无效。

受胁迫所立的遗嘱是指遗嘱人受到他人非法威胁、要挟,为避免自己或亲人的财产或生命健康遭受侵害,违心地作出与自己真实意思相悖的遗嘱。受欺诈所立的遗嘱,是指遗嘱人因受他人的故意的、歪曲的、虚假的行为或者言词的错误导向下而产生错误的认识,作出了与自己的真实意愿不相符合的遗嘱。胁迫、欺诈遗嘱人的人,既可以是继承人,也可以是继承人以外的人;既可以是因遗嘱人受胁迫、受欺诈所立的遗嘱得到利益的人,也可以是不会从遗嘱人的遗嘱中得到任何利益的人。胁迫和欺诈行为都是故意的,行为人不是故意而只是因其向遗嘱人提供了不正确的情况而导致遗嘱人改变处分财产的意思的,不能构成欺诈行为。

《继承法》规定,受胁迫、受欺诈订立的遗嘱当然无效,任何人都可以请求确认无效。但随着我国《合同法》将不损害国家利益的受欺诈、受胁迫订立的合同作为可撤销的合同规定,我国的无效民事行为理论也发生了变化,对于受胁迫、受欺诈订立遗嘱,也应当进行改变。受胁迫、受欺诈订立的遗嘱,在遗嘱人生前可以通过另订遗嘱、事实行为以及法律行为将该遗嘱撤销,使其不发生效力;在遗嘱人死后,遗嘱人也无法撤销,遗嘱虽然得以生效,但有关的利害关系人可以向法院请求撤销受胁迫、受欺诈订立的遗嘱。不过,主张遗嘱无效的当事人应负证明遗嘱是遗嘱人因受胁迫、受欺诈所设立的举证责任。

(三)伪造遗嘱及代理订立遗嘱

伪造遗嘱就是假遗嘱,是指以被继承人的名义设立,但根本不是被继承人意思表示的遗嘱。制造假遗嘱的人一般是出于为自己或亲属取得财产或者不因遗嘱人的处分而失去取得财产机会的目的,但伪造遗嘱者的动机和目的并不是伪造遗嘱的构成要件。只要不是遗嘱人的意思表示而名义上是遗嘱人的遗嘱,都属于伪造遗嘱。伪造遗嘱因为根本就不是被继承人的意思表示,所以不论遗嘱的内容如何,也不论遗嘱是否损害了继承人的利益,当然无效。主张遗嘱无效的当事人只需证明遗嘱并不是遗嘱人的意思表示即可。

由于代理订立的遗嘱违反《继承法》的强制性规定,代理订立遗嘱无效。

虽然代理订立遗嘱与伪造遗嘱在法律效果上都是无效,但三者存在不同:代理订立遗嘱是经被继承人同意的,而伪造遗嘱是假借被继承人的名义订立的。

(四)被篡改的遗嘱内容

被篡改的遗嘱,是指遗嘱的内容被遗嘱人以外的其他人作了更改的遗嘱。例如,对遗嘱的修改、删节、补充等。篡改只能是被继承人以外的人对真正遗嘱人的遗嘱的更改,如果是遗嘱人自己对遗嘱进行修改、删节、补充,则属于遗嘱人对遗嘱的变更。被篡改的遗嘱,经篡改的内容已经不再是遗嘱人的意思表示,而是篡改人的意思表示,不再符合遗嘱的法定要件,不能发生遗嘱的效力,应为无效。遗嘱不能因被篡改而全部无效,遗嘱中未被篡改的内容仍然是遗嘱人的真实意思表示,仍然有效。

篡改遗嘱与伪造遗嘱,虽然在法律效果上都是无效,但表现不同。伪造的遗嘱不是遗嘱人的意思表示,无所谓篡改。篡改只能是对遗嘱的部分内容的更改。如果是对遗嘱的全部内容更改,则为伪造遗嘱。

(五)遗嘱中处分不属于遗嘱人自己财产的部分内容

遗嘱人以遗嘱处分了属于国家、集体或他人所有的财产,遗嘱的这部分应认定无效。不过,由于遗嘱在遗嘱人死亡后才生效,如果遗嘱人通过遗嘱处分的他人财产,在遗嘱人死亡时已经被遗嘱人取得的,则应当视为有效。遗嘱中处分不属于遗嘱人自己财产,仅仅是该有关不属于遗嘱人自己财产的部分无效,其他部分应当有效。

(六)遗嘱非法处分必留份

我国《继承法》第19条中明确规定:"遗嘱应当对缺乏劳动能力又没有生活来源的继承人保留必要的遗产份额。"这种遗产份额,就是必留份。遗嘱非法处分必留份的,该部分遗嘱内容无效。

遗嘱人在遗嘱中未为缺乏劳动能力又生活来源的继承人保留必要份额的,也称为违反保留"必要的遗产份额"的规定,即违法处分必留份。法律规定必留份的意义有三:一是可对遗嘱自由给予一定的限制;二是利于保护那些缺乏劳动能力又无生活来源的继承人的利益；三是可减轻社会的负担以防遗嘱人将应由家庭承担的义务推给社会。①

遗嘱因未对缺乏劳动能力又没有生活来源的继承人保留的必留份而无效的情形，需要说明三点：②

第一，享有继承“必要的遗产份额”的继承人，必须同时具备缺乏劳动能力和没有生活来源两个条件。有劳动能力而没有生活来源的或者缺乏劳动能力而有生活来源的继承人都不在此列。基本生活需要是指能够维持当地群众一般生活水平的需要。

第二，法定继承人是否为缺乏劳动能力又无生活来源的人，应以继承开始时为准，不能以遗嘱人立遗嘱时的继承人的状况为准。立遗嘱时为缺乏劳动能力又没有生活来源的人，于继承开始时具有了劳动能力或有了生活来源的继承人，不在此限。立遗嘱时有劳动能力或有生活来源而于被继承人死亡时丧失劳动能力又没有生活来源的，属于应为其保留必要遗产份额的继承人，遗嘱中没有为其保留必要的遗产份额的，仍无效。缺乏劳动能力又没有生活来源的法定继承人应为被继承人死亡之时生存之人，此为当然。

第三，遗嘱中未为缺乏劳动能力又没有生活来源的继承人保留必要的遗产份额时，遗嘱并非全部无效，而仅是涉及处分应保留份额遗产的遗嘱内容无效，其余内容仍可有效。遗产处理时，应当为该继承人留下必要的遗产，所剩余的部分可参照遗嘱确定的分配原则处理。

四、遗嘱不生效

遗嘱不生效是指遗嘱虽然合法成立，但由于某种客观原因的发生，使遗嘱人死亡时该遗嘱不发生法律效力。遗嘱不生效也称为遗嘱失效，③无论何种原因，只要遗嘱不生效，就不能执行遗嘱，遗嘱人的意思表示就无法实现。

遗嘱不生效与遗嘱的无效都不发生效力，两者所涉及的遗产都应当按法定继承处理。但是二者的根本区别在于：遗嘱不生效并非因遗嘱违法，该遗嘱的有关要件合法，只是由于某些客观原因致使该遗嘱不发生效力，不得依据该遗嘱进行处分；而遗嘱的无效是因遗嘱不符合法律规定的条件而不能发生效力。

遗嘱不生效的情形包括以下几种：

---

① 参见刘春茂、陈跃东：“完善我国继承法的几点建议”，载《南开大学学报》1993 年第 4 期。

② 郭明瑞等：《继承法》，法律出版社 2004 年版，第 159 ~ 160 页。

③ 张玉敏：《继承法律制度研究》，法律出版社 1999 年版，第 266 页。

（一）遗嘱所指定的遗嘱继承人或受遗赠人已经先于遗嘱人死亡

遗嘱所指定的遗嘱继承人或受遗赠人必须在继承或遗赠开始时生存，才能根据遗嘱获得遗产。如果遗嘱所指定的遗嘱继承人或受遗赠人已经先于遗嘱人死亡的，遗嘱就不能发生效力，涉及遗嘱处分的财产按照法定继承处理。

（二）遗嘱继承人或受遗赠人已经丧失继承权或受遗赠权

我国《继承法》规定了丧失继承权的法定事由。遗嘱继承人虽然由遗嘱指定，但在发生这些事由时，遗嘱继承人也丧失遗嘱继承权，遗嘱继承人也就丧失根据遗嘱继承遗产的资格，因此遗嘱不生效。

（三）遗嘱人死亡时遗嘱中处分的财产标的已不复存在

遗嘱是遗嘱人对自己财产的身后处分，如果遗嘱处分的财产标的已不复存在的，则该遗嘱将事实上不能。对此，应当区分遗嘱处分财产标的的具体情况进行分析。如果是被继承人将遗嘱所处分的标的物毁损、转让，应认为遗嘱人以自己的行为撤回遗嘱，不应将其归于遗嘱不生效的情况。① 但若该财产系因其他原因而不复存在，比如不可抗力、意外事件等，则涉及该财产处分的遗嘱内容不发生效力。

（四）附解除条件的遗嘱在遗嘱人死亡之前或之时条件成就

虽然遗嘱继承不得附停止条件，但可以根据遗嘱人的意思附解除条件。在遗嘱人死亡之前或之时，遗嘱所附的解除条件成就的，则由于遗嘱尚未生效，而解除条件业已发生，因此遗嘱不生效。

（五）附停止条件的遗赠受遗赠人于条件成就前死亡

遗赠可以附停止条件，在遗嘱人死亡后所附的停止条件成就的，受遗赠人可以获得遗赠物。在附停止条件的遗赠中，如果受遗赠人在条件成就前死亡的，则该遗嘱不生效。

五、遗嘱变更和遗嘱撤销

（一）遗嘱变更和遗嘱撤销的概念

遗嘱变更是指遗嘱人在遗嘱订立后对遗嘱内容的部分修改。遗嘱撤销是指遗嘱人在订立遗嘱后又通过一定的方式取消原来所立的遗嘱。

遗嘱变更与遗嘱撤销的区别主要在于遗嘱人对原立的遗嘱内容改变的程度不同。变更仅是遗嘱人部分地改变了原设立遗嘱时的意思，是对遗嘱部分内容的撤销；而撤销是遗嘱人改变原设立遗嘱时的全部意思，是对遗嘱内容的全部变更。

遗嘱的变更与遗嘱撤销，与一般民事法律行为的变更与撤销不同：（1）是否无因不

---

① 张玉敏：《继承法律制度研究》，法律出版社 1999 年版，第 266 页。

同。一般民事法律行为的变更、撤销须有法定的变更或撤销民事行为的事由,或者须征得对方当事人同意,否则不得变更或撤销;而遗嘱的变更或撤销是遗嘱人的自由,遗嘱人可以单方面随意、随时、随地撤销或变更原来所立的合法遗嘱,而无需问其撤销或变更遗嘱的原因。(2)对象不同。遗嘱变更或撤销的对象为成立的尚未发生效力的遗嘱;而一般民事法律行为的变更或撤销的对象是已经发生法律效力的行为。(3)能否代理不同。遗嘱是必须由遗嘱人亲身实施的行为,同理,遗嘱的变更或撤销也必须由遗嘱人亲身实施,不得由他人代理;而一般民事法律行为的变更或撤销,除了行为人本人以外,其代理人或继承人也可以代理行使。(4)行使的时间不同。遗嘱变更或遗嘱撤销没有时间限制,只要在遗嘱人生存期间,可以随时随地变更或撤销遗嘱。而一般法律行为的变更或撤销只有在具备法定事由时才能撤销,而且撤销权为形成权,受到除斥期间的限制。

(二)遗嘱变更和遗嘱撤销的要件

遗嘱人虽可在遗嘱设立后的任一时间、以任一理由变更或撤销遗嘱,但撤销或变更遗嘱也须具备一定条件,才能发生遗嘱变更或撤销的效力。

1. 遗嘱人须有遗嘱能力

只有具有遗嘱能力的人才能订立遗嘱,而对遗嘱的变更或撤销等于重新订立遗嘱,因此,遗嘱人只有在具有遗嘱能力的情形下才可以变更或撤销遗嘱。若遗嘱人于设立遗嘱后丧失遗嘱能力,则在其遗嘱能力恢复前对遗嘱所做出的变更或撤销不生效力,原来的遗嘱仍有效。

2. 须为遗嘱人的真实意思表示

订立遗嘱须为遗嘱人的真实意思表示,遗嘱变更、撤销亦须为遗嘱人的真实意思表示。伪造遗嘱的变更和撤销,不为遗嘱人的意思表示,不能发生遗嘱变更和撤销的效力。遗嘱人因受胁迫、受欺诈而变更、撤销遗嘱的,不发生遗嘱变更、撤销的法律后果,原遗嘱仍有效,利害关系人可以主张撤销遗嘱人的遗嘱变更和撤销的意思表示。

3. 须由遗嘱人亲自依法定的方式和程序为之

遗嘱的订立须遗嘱人亲身进行,作为对原遗嘱的变更、撤销,也须由遗嘱人亲自依法定的方式和程序为之。遗嘱变更、撤销同样不适用代理,只能由遗嘱人亲自为之。遗嘱是一种要式法律行为,遗嘱变更或撤销必须采用一定的方式。遗嘱变更、撤销的方式有明示方式和推定方式两种。

(1)明示方式

遗嘱变更、撤销的明示方式,是指遗嘱人以明确的意思表示变更、撤销遗嘱。遗嘱人依明示方式变更、撤销遗嘱的,须依照法律规定的设立遗嘱的方式作成。不具备遗嘱法定形式的变更、撤销遗嘱的意思表示，不能发生遗嘱变更、撤销的效力。变更、撤销遗嘱的形式虽不要求比遗嘱设立时采用的形式要严格，但依《继承法》第 20 条第 3 款的规定，自书、代书、录音、口头遗嘱，不得变更、撤销公证遗嘱。

（2）推定方式

遗嘱变更、撤销的推定方式，是指遗嘱人虽未以明确的意思表示变更、撤销所设立的遗嘱，但法律根据遗嘱人的行为推定遗嘱人变更、撤销了遗嘱。法律的这种推定，不许当事人以反证推翻。

推定遗嘱人变更、撤销遗嘱的情形主要有以下几种：

第一，遗嘱人立有数份遗嘱，且内容相抵触的，推定变更、撤销遗嘱。数份遗嘱的形式不同，其中有公证遗嘱的，则应以最后的公证遗嘱为准，因为其他形式的遗嘱不能变更、撤销公证遗嘱。

第二，遗嘱人生前的行为与遗嘱的内容相抵触的，推定遗嘱变更、撤销。生前的行为，是指遗嘱人生前对自己财产的处分行为。最高人民法院《关于贯彻执行〈继承法〉若干问题的意见》第 39 条规定："遗嘱人生前的行为与遗嘱的意思表示相反，而使遗嘱处分的财产在继承开始前灭失、部分灭失或所有权转移、部分转移的，遗嘱视为被撤销或部分被撤销。"例如，遗嘱人在遗嘱中指定某财物由某继承人继承或者赠与某人，而其后遗嘱人自己却将该财物出卖或赠送给他人。遗嘱中有关处分该财物的内容视为被变更和撤销。

第三，遗嘱人故意销毁、涂销遗嘱的，推定遗嘱人撤销原遗嘱。例如，遗嘱人在立遗嘱后并未另立遗嘱撤销原遗嘱，而只是自己将原遗嘱毁坏，这表示遗嘱人废除了自己原立的遗嘱。遗嘱不是由遗嘱人自己销毁而是由他人毁坏的，不能视为遗嘱人撤销遗嘱；遗嘱因意外的原因损毁、丢失而遗嘱人又不知道的，也不能推定遗嘱人撤销遗嘱。

（三）遗嘱变更、撤销的效力

遗嘱变更或撤销只要符合变更或撤销的条件，自作出之时即可发生效力。遗嘱变更或撤销的效力，就在于使被变更或撤销的遗嘱内容不生效力。

遗嘱变更的，自变更生效时起，以变更后的遗嘱内容为遗嘱人的真实意思表示，应以变更后的遗嘱来确定遗嘱的有效、无效，依变更后的遗嘱执行。即使变更后的遗嘱内容无效而原遗嘱内容可有效的，也应按变更后的遗嘱内容确认遗嘱无效。

遗嘱撤销的，自撤销生效时起，被撤销的原遗嘱作废，以新设立的遗嘱为遗嘱人处分自己财产的真实意思表示，以新设立的遗嘱来确定遗嘱的效力和执行。遗嘱撤销后遗嘱人未设立新遗嘱的，视为被继承人未立遗嘱。

遗嘱人撤销的意思表示再次被撤销时，原先被撤销的遗嘱是否恢复其效力，各国规定的立法例有三种:(1)原先被撤销的遗嘱恢复其效力;(2)原先被撤销的遗嘱不恢复其效力;(3)原先的遗嘱限制恢复效力,即只有在撤销遗嘱的行为是由于被欺诈、被胁迫造成的,才恢复其效力。我国《继承法》对此没有明文规定,上述第三种立法例比较符合情理、符合实际。因为遗嘱人在被欺诈、胁迫的情形下撤销原先的遗嘱,这种撤销不符合遗嘱人的本意,不是遗嘱人的真实意思,在该撤销原先遗嘱的行为被撤销时,应当恢复原先遗嘱的效力。不过,在不是被欺诈、胁迫撤销原先遗嘱的,即使后来遗嘱人又撤销了撤销原先遗嘱的行为,该再次撤销也未必与原先的遗嘱意思表示相符,因此不能恢复原先遗嘱的效力。

第七节 遗嘱执行

一、遗嘱执行的界定

遗嘱执行是指于遗嘱生效后为实现遗嘱的内容所必要的行为及程序。①

一般民事法律行为在生效后有履行问题。而遗嘱生效后,由于遗嘱人已经死亡,不存在遗嘱人履行的问题,发生遗嘱的执行问题。执行遗嘱的目的,是为了实现遗嘱人在遗嘱中所表述的意思表示。但遗嘱内容中的各项事项并非均须遗嘱的执行才能实现。遗嘱的内容可以分为两部分:一部分为以积极的事项为内容的,如对遗产的分割、遗赠等;另一部分为以消极的事项为内容,如对某继承人不得继承的意思表示、对受遗赠人债务的免除等。对于以消极事项为内容的行为,于遗嘱生效后自然发生效力而不需执行。但对于一些以积极事项为内容的行为,必须通过积极的执行行为方能实现。因此,遗嘱的执行不仅对于实现遗嘱人的意志具有决定性的意义,而且对于保护遗嘱继承人、受遗赠人及利害关系人的利益也关系重大。

由于遗嘱的执行为有关的行为及程序,具体的事项为遗嘱执行人所从事,因而,遗嘱执行须设遗嘱执行人制度。遗嘱执行人是指有权使遗嘱人订立的遗嘱内容得以实现的人。

罗马法遗嘱执行人,原则上为承继遗嘱人人格的继承人,只是在例外情形下依死后委任的方法,对于继承人以外的人,使其执行遗嘱内容。现代法的遗嘱执行人制度

---

① 郭明瑞等:《继承法》,法律出版社2004年版,第164页。

尚不存在这种制度。[①] 现代法的遗嘱执行人制度发源于日耳曼法上的中介受托人，即被财产所有人指定以自己的名义进行遗产管理和处分的人，后来发展为德国、法国、瑞士、日本等国的遗嘱执行人制度。

我国《继承法》对遗嘱执行人的法律地位未作明确规定，应当补充规定。《继承法》应当规定，遗嘱执行人是指有权使遗嘱人订立的遗嘱内容得以实现的人。其法律地位是独立的，既不是遗嘱人的代理人，也不是继承人的代理人，须以善良管理人的注意义务，按照遗嘱的内容实施行为。其资格，只有具有执行遗嘱所必须具备的能力的人，即完全民事行为能力人，才可以成为遗嘱执行人。法定继承人可以作为遗嘱执行人；如果遗嘱人指定法人为遗嘱执行人，应当尊重遗嘱人的意志。

二、遗嘱执行人的法律地位

关于遗嘱执行人的法律地位有不同的观点，分为代理权说与固有权说。

（一）代理权说

该说认为，遗嘱执行人在遗嘱继承关系中处于代理人的地位。代理权说主要有遗嘱人的代理说、继承人的代理说与遗产代理说三种不同观点。

一是被继承人的代理说，认为遗嘱执行人为遗嘱人的代理人或代表人，遗嘱执行人须依遗嘱人的意思为忠实的执行。遗嘱人代理说具有不足之处，无异于承认死人有人格。[②]

二是继承人的代理说，认为遗嘱执行人为继承人的代理人，是代理继承人实施行为的。理由是，遗嘱人的权利能力因死亡而消灭，已不能委托代理人为法律行为。由于遗嘱的执行主要以遗产为标的，而遗产则因继承的开始而归属于继承人，所以遗嘱执行人所为的行为实际上是代理继承人进行的。该说无法解释不存在继承人时的遗嘱执行人代理谁，也无法解释在执行遗嘱同继承人的利益相对立时遗嘱执行人代理谁。

三是遗产代理说，认为遗产为独立的特别财产，视其与法人处于同一之地位，属于无权利能力的财团，故遗嘱执行人为遗产的代理人。但遗嘱执行的内容不仅限于遗产，还会存在诸如取消继承人继承权、认领非婚生子女等非遗产行为。对此，遗产代理说无法作出解释。

（二）固有权说

该说认为，遗嘱执行人执行遗嘱是基于自己固有的权利，既不是仅仅代表遗嘱受

---

① 史尚宽：《继承法论》，中国政法大学出版社 2000 年版，第 564 页。

② 陈棋炎：《民法继承》，三民书局 1985 年版，第 255 页。

益者的利益，也不是继承人的代理人。这种学说也有以下三种不同观点。

一是机关说，认为遗嘱执行人为维护遗嘱人利益和实现遗嘱人意思的机关。这种主张实际上将遗嘱人或遗产置于法人地位，这显然于事实不符。

二是限制物权说，认为遗嘱执行人是遗嘱人所委托的执行遗嘱的人，因而对遗产享有限制的物权。但认可遗嘱执行人的限制物权人地位，与现代法制不符，因为在现代继承法中，遗产归继承人或受遗赠人获得，而遗嘱执行人只是将遗产在进行管理后交付给继承人或受遗赠人，并不享有什么物权。

三是任务说，认为遗嘱执行人如同破产管理人一样，在任务上有法律上的独立地位，在遗嘱所定的范围内，能够独立地为他人的利益而处理他人事务。

我国《继承法》对遗嘱执行人的法律地位未作明确规定。学者也有不同看法。一种观点认为，比较起来，被继承人的代理权说更符合实际，易于为大众所接受。因为遗嘱执行人无非是执行遗嘱人的意志，实现遗嘱人生前的遗愿，是代替遗嘱人执行遗嘱的。① 另一种观点认为，固有权说中的任务说更合理。遗嘱执行人有自己固有的法律地位，并不是遗嘱人或者继承人的代理人，也不是遗产的代理人。遗嘱执行人的法律地位决定于其任务，遗嘱执行人无论是实现遗嘱人的生前遗愿也好，也无论是保护继承人和其他遗嘱受益人的合法权益也好，都是其任务、其职责，必须依法执行。② 关于遗嘱执行人法律地位的分歧，形式的、技术上的争议多于实质的争议，应当从实质的层面来理解遗嘱执行人的地位。我认为，遗嘱执行人具有独立的法律地位，既不是遗嘱人的代理人，也不是继承人的代理人，必须按照遗嘱的内容进行，并应以善良管理人的态度进行。

三、遗嘱执行人的确定

(一)遗嘱执行人的资格

遗嘱执行人的资格是指具有执行遗嘱所必须具备的能力。

遗嘱并不是任何人都可执行的，必须具有一定的资格才能担任遗嘱执行人，这就是遗嘱执行人的资格问题。我国《继承法》对遗嘱执行人的资格未作规定，根据遗嘱的执行行为也是一种民事法律行为，并且遗嘱的执行涉及相关利害关系人的利益，遗嘱执行人须具备相应的民事行为能力。遗嘱的执行属于重大的和复杂的民事行为，遗嘱执行人应为完全民事行为能力人。无民事行为能力人、限制民事行为能力人，不具有担当遗嘱执行人的资格。

---

① 刘文：《继承法比较研究》，中国人民公安大学出版社2004年版，第304页。

② 郭明瑞等：《继承法》，法律出版社2004年版，第166～167页。

法定继承人可否成为遗嘱执行人，我国采肯定态度，《继承法》规定遗嘱人指定的遗嘱执行人既可以是法定继承人，也可以是法定继承人之外的人。

关于法人可否被指定为遗嘱执行人，我国《继承法》未作明文规定，但通常认为只要遗嘱人指定法人为遗嘱执行人，就应当尊重遗嘱人的意志。

（二）遗嘱执行人的确定方式

1. 遗嘱人在遗嘱中指定遗嘱执行人

《继承法》第16条第1款中规定，公民可以立遗嘱处分个人财产，“并可以指定遗嘱执行人”。由遗嘱人在遗嘱中指定遗嘱执行人，能够最充分地体现遗嘱人的意愿，也为各国继承法所明确规定为遗嘱执行人的产生方式之一。如果遗嘱人在遗嘱中指定了遗嘱执行人的，被指定的人即为遗嘱执行人。遗嘱中指定的执行人既可以是法定继承人，也可以是法定继承人以外的人。

遗嘱人在遗嘱中未直接指定遗嘱执行人，而是委托第三人指定遗嘱执行人，第三人依遗嘱中的委托指定遗嘱执行人的，也可以。遗嘱人既然有权指定遗嘱执行人，当然也就有权委托他人去指定遗嘱执行人，遗嘱人委托的人指定遗嘱执行人也是遗嘱人的意思表示，应当予以尊重。

2. 遗嘱人的法定继承人为当然遗嘱执行人

遗嘱人未指定遗嘱执行人或者指定的遗嘱执行人不能执行遗嘱的。例如，被指定的执行人不具有遗嘱执行人的资格或者法定继承人以外的人不愿意担任遗嘱执行人，则遗嘱人的法定继承人为遗嘱执行人。法定继承人是被继承人的近亲属，有义务执行被继承人的遗嘱。法定继承人为数人的，全体继承人为被继承人遗嘱的共同执行人。继承人也可以共同推举一人或数人作为代表来执行遗嘱。

3. 遗嘱人生前所在单位或者继承开始地点的基层组织为遗嘱执行人

在没有遗嘱中指定的遗嘱执行人，也没有法定继承人能执行遗嘱时，由遗嘱人生前所在单位或者继承开始地点的基层组织为遗嘱执行人。由于遗嘱人所在单位或居住地的基层组织平常对遗嘱人的情况尤其是对其财产状况相对较为了解，执行起来也比较方便，因此，由遗嘱人生前所在单位或者继承开始地点的基层组织为遗嘱执行人比较适宜。继承开始地点的基层组织是指继承开始地的村民委员会、居民委员会。

遗嘱执行人为两人以上，执行遗嘱的意见不一致的，有不同意见的继承人以及其他利害关系人得请求人民法院裁决。①

---

① 郭明瑞等：《继承法》，法律出版社2004年版，第165页。

四、遗嘱执行人的职责

遗嘱执行人的职责是遗嘱执行人的法律地位的具体体现，是由遗嘱执行人的任务所决定的。遗嘱执行人的职责根据遗嘱的主旨而定，一般为管理遗产并有为其执行遗嘱所必需的行为。

遗嘱执行人的权利义务主要有以下内容：

（一）查明遗嘱是否真实有效

遗嘱执行人要执行遗嘱，首先应审查遗嘱的真实性、有效性。例如，要查明遗嘱是否为遗嘱人的真实意思表示、遗嘱有无涂改、遗嘱的内容有无违法情况等。遗嘱执行人审查遗嘱时，对遗嘱内容不够明确的，还要弄清遗嘱人的真实意思，作出符合遗嘱人原意的解释。遗嘱执行人在查明遗嘱后，应当召集全体遗嘱继承人和受遗赠人，公开遗嘱内容。

（二）清理遗产并编制遗产清单

清理遗产是指查清遗产的名称、数量、地点、价值等状况。尽管遗嘱人在遗嘱中对其财产一般有具体说明，但一方面在遗嘱人设立遗嘱后遗产的状况会发生一定的变化；另一方面为执行遗嘱遗嘱人也有必要查清遗产的状况，以防止遗产的占有人隐匿遗产或造成遗产的遗漏等。遗产查清后，遗嘱执行人应当编制遗产清单，全面、准确地载明遗产的具体情况，既包括对积极财产的记载，也包括对消极财产的记载。继承开始后，遗嘱执行人应当从速制作遗产清单，在继承人要求时，可以会同继承人或公证人一起制作。在遗产清单制作完毕后，遗嘱执行人应当将其交付继承人和其他利害关系人。

（三）管理遗产

遗嘱执行人有管理遗产的权利和义务。管理行为包括对遗产进行占有、保管、维修、必要处分等。遗嘱执行人所管理的遗产，以遗嘱所涉及的有关财产为限。遗嘱中对遗产的管理有要求的，遗嘱执行人应当按照遗嘱的要求管理遗产。遗嘱对遗产的管理没有提出要求的，遗嘱执行人对遗产的管理以执行遗嘱的必要为限。例如，遗嘱人不得对遗产为毁损、无偿赠与等处分行为。遗嘱中处分的遗产为他人非法占有的，遗嘱执行人有权请求返还。对遗嘱人生前的债权，遗嘱执行人有权收取；对已到期的债务也可以以遗产支付。但除遗嘱人于遗嘱中指明者外，遗嘱执行人不得为遗产债务的免除。遗嘱执行人管理遗产所需的费用，得从遗产中扣除或者由继承人负担。

（四）交付遗赠与分割遗产

如果遗嘱中指明了将某特定财产归遗嘱继承人继承或受遗赠人遗赠，则遗嘱执行人应当将该特定财产交付给该遗嘱继承人或受遗赠人；如果遗嘱人订立的遗嘱表明由遗嘱继承人继承多少份额或者受遗赠人获得多少份额,则遗嘱执行人应当将清理完毕的遗产,在进行完债务清偿后,将财产的一定比例交付给遗嘱继承人或受遗赠人。

(五)排除执行遗嘱的各种妨碍

遗嘱执行人执行遗嘱时,任何人不得妨碍。在执行遗嘱中受到他人的非法干涉和妨碍,不论此干涉和妨碍是来自继承人还是来自其他人,遗嘱执行人都有权排除,必要时得请求人民法院保护其执行遗嘱的合法权利。例如,继承人占有或隐匿遗嘱中处分的财产而拒不交出或擅自处分的,他人非法侵占遗产的,遗嘱执行人有权请求人民法院责令不法行为人停止其侵害行为。

(六)为执行上必要的独立诉讼主体

遗嘱执行人如果认为有行使职务上的必要,可以自己作为诉讼主体独立起诉。比如,为了取得遗嘱人对他人的债权,遗嘱执行人可以独立起诉拒不履行的债务人;遗嘱规定的遗产为他人占有而占有者拒绝移交给遗嘱执行人时,遗嘱执行人可以占有者为被告向法院提起诉讼。

遗嘱执行人执行遗嘱时,须按照法律的要求和遗嘱人的意愿,忠实地履行自己的职责,并且应当与处理自己的事物一样予以重视。遗嘱执行人因其故意或过失而给继承人、受遗赠人和其他利害关系人造成损害的,应负赔偿责任。例如,遗嘱执行人未及时向遗嘱人的债务人提出请求或未及时提出诉讼导致时效完成、对遗嘱原意作不利于某继承人的不正确解释、侵占遗产为自己谋利等。如果遗嘱执行人因怠于执行等原因可能损害继承人、受遗赠人和其他利害关系人的利益的,遗嘱继承人、受遗赠人和其他利害关系人也可以请求人民法院撤销遗嘱执行人的资格。

第十五章　法定继承

第一节　法定继承概述

一、法定继承的概念和特征

（一）法定继承的概念

法定继承是指继承人范围、继承顺序、继承条件、继承份额、遗产分配原则及继承程序均由法律直接规定的继承方式。

对法定继承概念的界定，有两种不同意见：一种是继承方式说，认为“法定继承，是指由法律直接规定继承人的范围、继承的先后顺序以及遗产分配原则的一种继承方式。”[①]另一种是法律制度说，认为“法定继承是继承人的范围、顺序和遗产的分配原则都由法律直接规定的继承制度。”[②]这两种看法都认可法定继承是法律直接对继承人的范围、顺序等予以规定，只不过在认定法定继承是一种继承方式还是一项法律制度上存在分歧。

将法定继承认定为继承方式或者继承法律制度并不矛盾，因为法定继承是继承人进行继承时的一种方式，但法定继承也是由若干有关继承人范围、继承顺序、遗产分配等规则组成的法律制度，只不过在界定时所选取得角度不同而已。由此可见，法定继承是同遗嘱继承相对应的一种继承方式，也是

---

① 刘素萍主编：《继承法》，中国人民大学出版社1988年版，第185页。

② 张玉敏：《继承法律制度研究》，法律出版社1999年版，第189页。

同遗嘱继承相对应的一种继承法律制度。

法定继承的含义是：

(1)法定继承是一种基本继承方式

被继承人死亡后，其遗留的财产必须作为遗产转移给他人，而转移遗产的两种基本方式就是法定继承与遗嘱继承。法定继承是依照法律直接规定的继承人范围、顺序、份额等将死者遗产转归继承人的一种继承方式。

(2)法定继承是由法律直接规定的继承人继承遗产的继承方式

在法定继承中，哪些人为继承人、继承人依何种先后次序参加继承，都由法律直接规定，而不是由被继承人或者其他人决定的。

(3)法定继承是由法律直接规定继承人遗产分配原则的继承方式

在法定继承中，继承人应如何分配遗产、各个继承人应继承多少份额的遗产，也是由法律直接规定的，不是由被继承人决定，继承人也不得改变。

(4)法定继承是不直接体现被继承人意志的继承方式

法定继承是依照法律的直接规定来继承财产的，不是依照被继承人的意愿继承。所以法定继承制度直接体现了国家的意志，而不直接体现被继承人的意志。当然，法定继承也并非完全不体现被继承人的意思，不过继承人不是直接按照被继承人的意思继承，只是依推定的被继承人的意思进行的继承。①

(二)法定继承的沿革

法定继承的语源来自罗马法，原意为“无遗嘱继承”。法定继承早于遗嘱继承，是原始社会后期最先在习惯法上确立的制度。法定继承在《汉穆拉比法典》中就已初步成形，内容大体有：法定继承人的范围限于家庭成员之内，法定继承人的继承权可在一定条件下被剥夺，遗嘱继承优先于法定继承。在罗马法时期，法定继承制度渐趋完备，《查士丁尼法典》详尽规定了继承人的范围、继承顺序、应继份、代位继承等。日耳曼法最初完全没有遗嘱的痕迹。在古代社会，法定继承是最主要的基本继承方式。梅因在评价遗嘱继承时指出：“在所有自然生长的社会中，在早期的法律学中是不准许或是根本没有考虑到过‘遗嘱权’的，只有在法律发展的后来阶段，才准许在多少限制之下使财产所有者的意志能胜过他血亲的请求。”②这一看法正确地说明了法定继承在历史上的地位和存在的原因。近现代资本主义各国都存在法定继承制度，只是两大法系略有差异：英美法系以遗嘱继承为主，法定继承为辅，如原实行遗嘱绝对自由的英国，现在也已对遗嘱自由加以一定限制；③而大陆法系各国主要继受罗马法，大多以法定继承为

① 参见郭明瑞等：《继承法》，法律出版社2004年版，第93页。

② [英]梅因：《古代法》，商务印书馆1959年版，第101页。

③ 在英美法系国家，一般使用“无遗嘱继承”(intestate succession)，而不用“法定继承”一词。

主，如日本民法。当然，这种区别也与不同国家的亲属制度有关。

我国古代的继承主要是法定继承，着重于祭祀和身份，以嫡长子继承为主，女子一般无继承权，根据宗法关系来确定继承人的范围，是宗法制度的继承。尽管也存在遗嘱继承的现象，但遗嘱继承仅限于财产继承，继承标的少于法定继承。直至近代，我国的继承制度才在本质上有了变化，实行现代意义的财产继承，遗嘱继承也成为继承的重要方式，并且优先于法定继承，但法定继承也仍为继承的主要方式。1949 年以来，《婚姻法》规定了近亲属间的法定继承权，其后在法律实务中特别重视法定继承。《继承法》及最高人民法院《关于贯彻执行〈继承法〉若干问题的意见》对法定继承作了具体规定，形成了我国比较完善的法定继承制度。

（三）法定继承的特征

1. 法定继承具有强烈的身份性

法定继承中的继承人是由法律直接加以规定的，而不是由被继承人指定。各国法律规定法定继承人的范围、顺序和份额，一般依据婚姻关系、血缘关系和扶养关系，法定继承人一般只是与被继承人有亲属身份关系的人。有英国学者认为，无遗嘱继承规则来源于十分流行的家庭观念，并且它可以说是家庭法的附录。[①] 由此可见，法定继承人具有强烈的人身性，建立在身份关系的基础之上。

2. 法定继承具有法定性

法定继承的法定性，是指法定继承的继承人范围、继承人的继承顺序、继承人的应继份以及遗产的分配原则都是由法律直接规定的，而不是由被继承人决定。当然，法律规定法定继承是从推定被继承人的意愿出发的，而不是随意规定的。

3. 法定继承具有强行性

法律关于法定继承的规范为强行性规范，不得任意排除其适用。任何人不得改变法律规定的继承人的范围，也不得改变法律规定的继承人参加继承的先后顺序等，继承人在继承遗产时须按照法律规定的应继份及遗产分配原则来分配遗产。在法定继承中也有任意性规范的适用，如关于遗产的分配，就可以由继承人按照法律规定的原则协商确定，不过这也是在遵循法律规定的遗产分配原则基础上的协商。

二、法定继承的适用范围

法定继承的适用范围是指在何种情形下适用法定继承。各国继承法在法定继承与遗嘱继承的关系上，无不确认遗嘱继承优于法定继承。在继承开始后，应当首先适

---

① ［英］F. H. 劳森、B. 拉登：《财产法》，施天涛等译，中国大百科全书出版社 1998 年版，第 207 页。

用遗嘱继承,不能适用遗嘱继承方式时,才按法定继承方式继承。这就是“遗嘱在先原则”。[①] 我国《继承法》第5条也确立这一原则,明确规定:“继承开始后,按照法定继承办理;有遗嘱的,按照遗嘱继承或者遗赠办理;有遗赠扶养协议的,按照协议办理。”

在遗嘱在先原则的基础上,我国《继承法》第27条对我国法定继承的具体适用范围作了规定,结合该条规定以及有关实践情形,有下列情形适用法定继承:

(一)被继承人生前未立遗嘱

遗嘱继承虽然优先于法定继承,但遗嘱继承必须以合法有效遗嘱的存在为前提,如果被继承人生前未立遗嘱,则被继承人的全部遗产应当按照法定继承处理。我国自古以来人民就没有立遗嘱的习惯,即使在现代立遗嘱的人数也为数不多,而且劳动人民比较贫困,拥有的财产数额较少,法定继承是普遍适用的继承方式。

(二)被继承人所立遗嘱未处分的财产

有的被继承人虽然生前立有遗嘱,但是该遗嘱只是对其所拥有的部分财产进行遗嘱处分,并未对全部财产予以处分。对于未处分的部分遗产,不能推定被继承人按照遗嘱处理,应当按照法定继承处理,由被继承人的法定继承人取得该部分遗产。

(三)被继承人所立遗嘱无效所涉及的遗产

遗嘱的无效可分为全部无效和部分无效。如果是遗嘱全部无效,则被继承人的所有遗产都应当按照法定继承处理;如果遗嘱部分无效,遗嘱无效部分所涉及的遗产,适用法定继承。

(四)遗嘱继承人放弃继承或者受遗赠人放弃受遗赠

继承开始后,遗嘱继承人可以放弃继承,受遗赠人也可以放弃遗赠。如果遗嘱继承人放弃继承和受遗赠人放弃受遗赠的,其放弃继承和受遗赠的遗产部分,适用法定继承处理。如果是部分遗嘱继承人放弃继承或部分受遗赠人放弃遗赠,而其他遗嘱继承人未放弃继承或其他受遗赠人未放弃受遗赠的,则对其他遗嘱继承人或受遗赠人未放弃继承或受遗赠的遗产部分,不适用法定继承。

(五)遗嘱继承人丧失继承权或受遗赠人丧失受遗赠权

遗嘱继承人和受遗赠人在发生法定事由时,其继承权和受遗赠权会丧失。如果遗嘱中指定的继承人在发生《继承法》规定的丧失继承权的事由时,其继承权丧失,不得为继承人;遗嘱指定的受遗赠人丧失受遗赠权的,也不得为受遗赠人。因此,遗嘱继承人丧失继承权或受遗赠人丧失受遗赠权的,遗嘱指定由其继承或受遗赠的遗产部分,适用法定继承。

---

① 刘素萍主编:《继承法》,中国人民大学出版社1988年版,第188页。

（六）遗嘱继承人、受遗赠人先于遗嘱人死亡的

遗嘱继承人、受遗赠人先于被继承人死亡的，其因不具有继承能力或受遗赠能力而不能继承、受遗赠，遗嘱指定由其继承、受遗赠的财产部分适用法定继承。

三、法定继承与遗嘱继承的关系

法定继承与遗嘱继承是两种基本的继承方式，两者之间存在错综复杂的关系。

（一）法定继承与遗嘱继承的联系

1. 法定继承与遗嘱继承可以并存

法定继承与遗嘱继承虽然是两种不同的继承方式，但两者并非对立，可以并存适用。这也是现代各国继承法普遍采取的基本原则。比如，在被继承人立有合法有效遗嘱对其部分财产进行处分时，则继承开始后，对于遗嘱所处分的部分遗产应当按照遗嘱继承办理；而对于遗嘱未涉及的遗产部分则按照法定继承处理。这时就存在法定继承与遗嘱继承的并存适用。

2. 法定继承是遗嘱继承的基础

虽然遗嘱继承优先于法定继承适用，但被继承人在订立遗嘱时，必须遵照法定继承的有关规定。在我国，立遗嘱人虽然可以指定继承人，但遗嘱继承人必须限定在法定继承人范围之内，法定继承有关法定继承人范围的规定是遗嘱继承的基础。如果立遗嘱人指定法定继承人范围之外的人承受遗产的，则不再是遗嘱继承，而是遗赠。

3. 法定继承是对遗嘱继承的补充

法定继承虽与遗嘱继承并行，而且是一种主要的继承方式，但在效力上低于遗嘱继承，遗嘱继承的效力优先于法定继承。在继承开始后，如果存在合法有效遗嘱的，应优先适用遗嘱继承或遗赠；只有在不存在遗嘱或者遗嘱无效以及未对有关遗产进行处分等情形时，才能适用法定继承。因此，法定继承是对遗嘱继承的补充。

4. 法定继承是对遗嘱继承的限制

在遗嘱继承中，立遗嘱人不能违反法律的限制规定。例如，立遗嘱人处分特留份或者必留份的遗嘱无效。尽管遗嘱继承适用在先，法定继承适用在后，遗嘱继承限制了法定继承的适用范围，但同时法定继承也是对遗嘱继承的限制。

（二）法定继承与遗嘱继承的区别

1. 继承事项的产生基础不同

在遗嘱继承中，被继承人用遗嘱的方式，按照自己的意志指定自己的遗产由哪些人继承、继承多少，关于继承人以及应继份的确定主要决定于被继承人对继承人的经济情况的关注以及彼此的感情好坏等。在法定继承中，法律根据血缘关系、婚姻关系以及扶养关系，直接确定继承人的范围、继承的顺序、遗产分配原则以及继承份额等。

2. 体现被继承人意愿的程度不同

法定继承与遗嘱继承都体现被继承人的意愿，但是两者在程度上不同。在遗嘱继承中，遗嘱是被继承人意愿的直接表示与体现，根据遗嘱来确定继承人以及继承份额，则是对被继承人意愿的尊重。在法定继承中，虽然也是对被继承人意愿的一种法律推定——被继承人愿意把自己的财产留给与自己关系最密切的近亲属，但在法定继承人、继承份额的确定上，都是由法律直接加以规定的，对被继承人的意愿体现并不充分。

3. 继承人参加继承的顺序不同

在遗嘱继承中，继承开始后，遗嘱继承人就按照遗嘱的内容参与继承，获得遗产，不受法定继承顺序的限制。即使被指定的遗嘱继承人是第二顺序的法定继承人中的继承人，也依遗嘱参加继承。在法定继承中，继承开始后，先由第一顺序继承人参加继承；当没有第一顺序继承人或者第一顺序继承人全部丧失继承权或放弃继承权时，第二顺序继承人才可参与继承。

第二节　法定继承人范围

一、法定继承人范围的概念

法定继承人范围是指在适用法定继承方式时，哪些人能够作为被继承人遗产的继承人。《继承法》关于法定继承人范围的规定具有法定性与强行性，只有法律条文明确列举的才可以作为法定继承人，其他人也可能取得被继承人的遗产，但他们不是基于法定继承人的法律地位，在取得遗产的本质上不同。法定继承人范围的确定直接关系被继承人亲属的权益。

法定继承人范围的确定依据的主要因素是：

(1)血缘关系

自古至今血缘关系的远近是法定继承的重要依据，在决定法定继承人的范围方面起着重要作用，血缘关系包括亲生父母和亲生子女、同父母的兄弟姐妹之间的全血缘关系，同父异母或同母异父的父母子女关系及基于此而发生的兄弟姐妹之间的半血缘关系，养父母子女及养兄弟姐妹间的拟制血缘关系。

(2)婚姻关系

婚姻关系是家庭关系的基础，基于婚姻关系形成的配偶是最重要的法定继承人，现代各国基本上都作为法定继承人。

(3)扶养关系

家庭成员之间基于人身依赖关系形成的相互扶养、赡养、扶助的关系，也是决定法定继承人范围的一个重要方面。《继承法》第12条规定的对公、婆尽了主要赡养义务的丧偶儿媳以及对岳父、岳母尽了主要赡养义务的丧偶女婿可以作为第一顺序法定继承人。

(4)民族传统和继承习惯

各国确定法定继承人的范围，同本国的社会现实、民族传统、继承习惯等各方面因素有关。

现代各国继承立法规定法定继承人的范围有以下两种情况：一是采取“亲属继承无限制主义”。此种立法不受亲等的限制，如德国民法典规定的法定继承人的范围是：配偶、被继承人的直系血亲卑亲属、父母及其直系血亲卑亲属、祖父母(外祖父母)及其直系血亲卑血亲、曾祖父母及其直系血亲卑亲属、高祖父母及其直系血亲卑亲属。这实际上几乎把与死者有血亲关系的一切生存着的人都列入法定继承人的范围。二是采取“亲属继承限制主义”。采此种立法例的国家有法国(以十二亲等为限)与意大利(以六亲等为限)。

我国《继承法》虽然也依血缘关系和婚姻关系所产生的亲属身份关系为基础确定法定继承人的范围，但对法定继承人的范围规定是最窄的国家之一，仅限于近亲属，具体包括：配偶、子女(特定情形下，其晚辈直系血亲可以代位继承)、父母、兄弟姐妹、祖父母、外祖父母，以及对公、婆或岳父、岳母尽了主要赡养义务的丧偶儿媳或女婿。这种做法应当纠正。

二、我国现行法定继承人范围

我国《继承法》第10条和第12条对法定继承人范围作了规定。我国法定继承人范围是：

(一)配偶

配偶，是指合法婚姻关系存续期间一方对另一方的称谓，夫以妻为配偶，妻以夫为配偶。在继承法中，配偶特指在被继承人死亡时没有离婚且尚生存的配偶。对于配偶的继承权，采取男女平等主义，只是近代法律思想的产物。当今各国继承法对配偶的继承权有两种立法例：一是配偶为当然继承人，配偶并不是一个固定顺序继承人，在继承时根据继承法的规定与其他继承人按一定比例获得应继份；二是配偶为固定顺序继承人，我国继承法采取此立法例，将配偶规定为第一顺序继承人。配偶是共同生活的伴侣，共同生活、协力同心、互相关心、相互照顾，当夫妻一方死亡时，无论从家庭经济关系方面来看,还是从被继承人的意志方面来看,配偶都应当是法定继承人。不过,将配偶直接规定为第一顺序的继承人,存在较多的弊病,应当采用第一种立法例。①

作为继承人的配偶必须在被继承人死亡时与被继承人之间存在合法婚姻关系,在被继承人死亡时已经解除婚姻关系的,不为被继承人的配偶,不得享有继承权。一方已经提起离婚或法院一审已判决离婚但判决尚未生效时一方死亡的,另一方是否仍然享有继承权的问题,有学者认为赋予另一方继承权既违反死者遗愿,也不符合我们民族的传统伦理道德,建议参考《德国民法典》第1933条关于排除生存配偶的继承权和先取权的规定。②我们认为,只要夫妻双方尚未解除婚姻关系,即使在离婚诉讼中,或法院已经作出双方离婚的判决但尚未发生效力前死亡的,另一方仍享有继承对方遗产的权利。

我国《婚姻法》规定了无效或可撤销的婚姻制度。对于无效或可撤销的婚姻,已经宣告无效或者予以撤销,即自始无效,当事人不具有夫妻的权利和义务。在无效或被撤销的婚姻中的配偶不属于继承法所称的配偶,一方死亡,另一方对其遗产不享有继承权。

有两个问题须要研究:

1. 事实婚姻的当事人

对于未按《婚姻法》有关规定办理结婚登记而以夫妻名义共同生活的男女,当一方死亡时,另一方可否以配偶身份主张享有继承权的问题,大陆法系一般认为配偶欲获得继承权,必须以被继承人死亡时婚姻关系存在为要件,配偶继承权的规定,于事实上夫妻无适用余地。③ 我国大陆学者有不同的观点。④ 根据最高人民法院《关于适用〈中华人民共和国婚姻法〉若干问题的解释(一)》第5条规定的原则,未按婚姻法有关规定办理结婚登记而以夫妻名义共同生活的男女,同居期间一方死亡的,若双方同居关系发生在1994年2月1日民政部《婚姻登记管理条例》公布实施以前,男女双方已经符合结婚实质要件的,双方成立事实婚姻关系,则生存的一方可以配偶身份对另一方的遗产主张继承权;若双方同居关系发生在1994年2月1日民政部《婚姻登记管理条例》公布实施以后,男女双方符合结婚实质要件的,且双方后来补办了结婚登记的,则另一方当然得以配偶身份继承对方的遗产,而未补办结婚登记的,另一方对死亡一方的遗产不得以配偶身份主张享有继承权。

2. 准婚姻关系的当事人

准婚姻关系与事实婚姻关系具有严格的区别,并非同一性质。在准婚姻关系当中,

---

① 参见杨立新、和丽军:"我国配偶法定继承的零顺序改革",载《中州学刊》2013年第1期。

② 张玉敏:《继承制度研究》,成都科技大学出版社1994年版,第246页。

③ 陈棋炎等:《民法继承新论》,三民书局2000年版,第48页。

④ 详见房绍坤等:《继承法》(教学参考书),法律出版社1999年版,第62页。

同居的双方当事人之间不是亲属，不发生配偶的身份地位，也不发生配偶的权利义务关系，因而不属于法定继承人的范围，他们之间不产生继承关系，不得相互继承遗产。

（二）子女

子女作为被继承人的最近的直系卑亲属，规定为第一顺序法定继承人，但关于子女范围的界定却并不一致。有的国家仅规定婚生子女的继承权，或虽规定非婚生子女却有种种限制，有的必须经过准正程序，有的规定继承份额仅为婚生子女的二分之一。我国《继承法》第10条第3款规定："本法所说的子女，包括婚生子女、非婚生子女、养子女和有扶养关系的继子女。"这种规定比较全面合理，在制定民法典时应当坚持。

1. 婚生子女

婚生子女不论随母姓还是父姓，不论已婚未婚，也不论结婚后是到男方落户还是到女方家入赘，都有继承父母遗产的权利。根据继承法对胎儿继承利益的特殊保护，不仅于父母死亡前出生的子女有继承权，而且于父亲死亡前已受孕在其父亲死亡后活着出生的子女也有继承权。

2. 非婚生子女

虽然非婚生子女的父母之间的两性关系是非法和不道德的，应当受到社会舆论的谴责；但非婚生子女的出生只能是父母的过错，而非婚生子女对此完全是无辜的。因此，非婚生子女应当与婚生子女受到同等的法律保护。

3. 养子女

收养关系一经成立，养子女便取得同婚生子女同等的法律地位，当然有权继承养父母的遗产。由于其与生父母间的权利义务关系已经解除，在与生父母的权利义务关系未恢复前，养子女无权继承生父母的遗产。针对收养人与被收养人年龄差距很大，以养祖父母与养孙子女名义生活的，在继承中应当视为养父母与养子女关系进行继承。

4. 有扶养关系的继子女

有扶养关系的继子女有双重继承权，既可以继承继父母的遗产，也可以继承其生父母的遗产。对于"有抚养关系"的概念，我国法律没有作出明确规定，也没有具体的标准衡量，导致实务中对此的认定难以统一。如何认定有扶养关系，应由法官根据各个方面的因素综合考虑自由裁量，规定一个固定的标准可能缺乏灵活性。

5. 非传统方式生育的子女

随着科学技术的发展，试管婴儿、借腹生子等非传统方式突破了传统的生育方式，且非传统生育方式出生的子女日渐增多。为保障人工生育子女和实施人工生育当事人的继承权，应赋予以这种非传统生育方式出生的子女以平等的继承权。

（三）父母

父母作为被继承人最直接的直系尊血亲，也是子女最亲近的尊亲属，由于父母子女之间具有最密切的人身关系和财产关系，各国均对其继承权作了规定。根据权利义务对等原则，子女有权继承父母的遗产，父母也有权继承子女的遗产。我国《婚姻法》第24条第2款规定，“父母和子女有相互继承遗产的权利”。但大多数国家未对父母的范围加以明确界定，一般仅以生父母为限，其实应当包括生父母、养父母和有扶养关系的继父母。我国《继承法》第10条第4款明确规定：“本法所说的父母，包括生父母、养父母和有扶养关系的继父母。”

1. 生父母

生父母对其亲生子女有继承权，不论该子女为婚生子女还是非婚生子女。但亲生子女已由他人收养的，在收养关系解除前，生父母不得继承该子女的遗产。即使在收养关系解除后，若被收养的子女未与生父母恢复法律上权利义务关系的，生父母对该子女的遗产依然无继承权。

2. 养父母

养父母的继承权以收养关系的存在为前提，在养子女死亡前已经解除收养关系的，不论解除收养关系的原因为何，也不论解除收养关系的被继承人是否与其生父母恢复权利义务关系，收养人均无权继承其遗产。

3. 继父母

继父母对继子女的遗产是否享有继承权，应依他们之间是否相互形成扶养关系而定，只有形成扶养关系的继父母才有继承权。继父母与继子女形成了扶养关系，相互间产生法律上的权利义务关系，继父母有权继承其继子女的遗产。若继父母与继子女之间只存在名义上的关系，并未形成实际上的扶养教育关系，则继父母无权继承继子女的遗产。

(四)兄弟姐妹

兄弟姐妹是被继承人最近的旁系血亲，兄弟姐妹一般都在家庭中共同生活多年，生活上相互照顾，经济上互相帮助，精神上相互慰藉，而且有负担能力的兄姐，对于父母已经死亡或父母无力抚养的弟妹有抚养的义务，因而兄弟姐妹间有相互继承的权利。我国《继承法》规定兄弟姐妹为第二顺序继承人，第10条第5款明确规定：“本法所说的兄弟姐妹，包括同父母的兄弟姐妹、同父异母或者同母异父的兄弟姐妹、养兄弟姐妹、有扶养关系的继兄弟姐妹。”兄弟姐妹的范围界定为：同父母的兄弟姐妹、同父异母或者同母异父的兄弟姐妹、养兄弟姐妹、有扶养关系的继兄弟姐妹。至于堂兄弟姐妹和表兄弟姐妹，不属于继承法兄弟姐妹的范畴，相互间不享有继承权。

1. 有血缘的兄弟姐妹

有血缘的兄弟姐妹包括具有完全血缘兄弟姐妹与半血缘兄弟姐妹。同父母的兄弟姐妹具有完全的血缘关系，互为继承人。同父异母或同母异父的兄弟姐妹具有半血缘关系，对其继承权有不同于同父母的兄弟姐妹的规定，有的国家对同父异母或同母异父的兄弟姐妹规定虽有继承权，但继承份额仅是同父母兄弟姐妹的一半。在我国，无论全血缘还是半血缘的兄弟姐妹，只要存在血缘关系，他们之间相互继承遗产的权利是这种血缘关系的必然结果。根据继承法平等原则的要求，应当赋予兄弟姐妹间平等的继承权，不应当存在继承份额上的差异。

2. 养兄弟姐妹

收养关系产生拟制血缘关系，亲生子女与养子女及养子女相互间也是兄弟姐妹，互有继承权，法律没有将其排除在外的理由。只要收养关系不解除，养兄弟姐妹之间的法律地位如同同胞兄弟姐妹的法律地位，相互有继承遗产的权利。由于被收养人已与亲兄弟姐妹间的权利义务关系因收养而解除，不能再继承亲兄弟姐妹的遗产。最高人民法院《关于贯彻执行〈继承法〉若干问题的意见》第23条规定："养子女与生子女之间、养子女与养子女之间，系养兄弟姐妹，可互为第二顺序继承人。被收养人与其亲兄弟姐妹之间的权利义务关系，因收养关系的成立而消除，不能互为第二顺序继承人。"

3. 继兄弟姐妹

在现代各国法中，大多不承认继兄弟姐妹间的继承权，认为继兄弟姐妹间是姻亲关系而非血缘关系。我国学者认为形成扶养关系的继兄弟姐妹在实际中是很少见的，主张不把他们作为法定继承人，而是赋予他们遗产酌给请求权，按《继承法》第14条的规定取得遗产。[①] 我们认为，继兄弟姐妹间虽没有血缘关系，但由于其父母再次结婚而形成姻亲关系，并且形成扶养关系的继兄弟姐妹间产生了权利义务关系，形成扶养关系的继兄弟姐妹间应当相互有继承权。最高人民法院《关于贯彻执行〈继承法〉若干问题的意见》第24条规定："继兄弟姐妹之间的继承权，因继兄弟姐妹之间的扶养关系而发生。没有扶养关系的，不能互为第二顺序继承人。继兄弟姐妹之间相互继承了遗产的，不影响其继承亲兄弟姐妹的遗产。"这一规定比较科学合理。

（五）祖父母、外祖父母

祖父母、外祖父母与孙子女、外孙子女之间是除父母子女以外的最近的直系血亲，彼此间的血缘联系密切。在现实生活中，祖父母、外祖父母与孙子女、外孙子女共同生活，彼此间形成抚养、赡养关系的十分普遍。在国外立法例中，有的直接将祖父母规定为一个独立顺序继承人，有的将祖父母规定为与父母同为尊亲属的继承顺序。我国《继承法》将祖父母与外祖父母规定为第二顺序法定继承人。

（六）对公婆或岳父岳母尽了主要赡养义务的丧偶儿媳或丧偶女婿

我国《继承法》第12条规定："丧偶儿媳对公、婆，丧偶女婿对岳父、岳母，尽了主要

---

① 张玉敏：《继承制度研究》，成都科技大学出版社1994年版，第253页。

赡养义务的,作为第一顺序继承人。"这一规定没有先例,是唯一将姻亲(血亲的配偶和配偶的血亲)规定为法定继承人的做法,为我国继承法所独有,称得上具有中国特色,受到广泛好评,被有的学者认为是我国继承法在继承人顺序上的一个突出特色,也是对新中国成立以来司法实践的总结和发展。①

儿媳或女婿继承公婆或岳父母的遗产,应当具备一定的条件:

1. 必须存在丧偶的情形

儿媳与公婆、女婿与岳父母之间是姻亲关系,他们之间没有相互扶养、赡养的权利和义务。如果丈夫或妻子在世,儿媳或女婿对公婆或岳父母进行赡养被认为是代丈夫或妻子履行义务,符合传统和伦理。若公婆或岳父母死亡,基于夫妻关系存续期间一方继承的遗产为夫妻共同财产的规定,儿媳或女婿可以通过在世的丈夫或妻子参加继承实际上获得遗产。因此,只有发生丧偶时,儿媳或女婿才有可能以自己名义作为继承人继承公婆或岳父母的遗产。至于丧偶儿媳或女婿是否再婚,在所不问。

2. 必须丧偶儿媳或女婿对公婆或岳父母进了主要的赡养义务

这是儿媳或女婿取得继承权的必备条件。最高人民法院《关于贯彻执行〈继承法〉若干问题的意见》第30条明确规定:"对被继承人生活提供了主要经济来源,或在劳务等方面给予了主要扶助的,应当认定为尽了主要赡养义务或主要扶养义务。"

只要儿媳或女婿符合了这两个条件,其就可以作为第一顺序继承人参与继承,取得遗产,而且不论有无代位继承人代位继承。

三、对法定继承人范围的完善

由于我国社会主义市场经济发展、家庭结构变化等因素,使我国《继承法》规定的法定继承人范围已不适应我国当前的社会现实,需要进行改革。在我国现有法定继承人范围的基础上,对我国法定继承人范围的改革建议是:

(一)四亲等以内的其他直系或者旁系血亲

虽然现代各国继承立法对法定继承人的范围呈现出由宽到窄的趋势,尽量缩小法定继承人的范围,但我国《继承法》规定的法定继承人范围是世界上最窄的。提出适当扩大法定继承人范围的意见基于以下理由:第一,继承应坚持尽量不将遗产收归国家所有的原则,法定继承人的范围不能过窄。第二,赋予四亲等以内的亲属有第三顺序法定继承权,同我国的历史传统习惯及现实生活相适应。在我国历史上,叔、伯、姑、舅、姨、侄子女、外甥等之间是可以相互继承遗产的。在当前实际生活中,在农村中客观存在未成年人在父母死亡后由叔伯、姑姑或舅舅、姨妈扶养,有些孤寡老人,由侄子、

---

① 何勤华等主编:《中华人民共和国民法史》,复旦大学出版社1999年版,第313页。

侄女扶养。第三,一些国家的继承人范围有扩大的趋势,我国增加第三顺序与此趋势相适应。第四,我国社会生活的现状要求增加继承人的范围。随着我国计划生育政策的贯彻推行,多数地区一个家庭只能生育一胎,我国未来家庭组成很可能是“四二一”模式,也就是四个老人,一对中青年夫妇,一个孩子,导致法定继承人的实际范围大大减少,如果坚持较窄的法定继承人范围极易造成被继承人遗产无亲属继承的情形。因此,建议在未来民法典增列四亲等以内的亲属为第三顺序法定继承人。

四亲等以内的其他直系或者旁系血亲包括被继承人的曾祖父母、外曾祖父母、伯父、叔父、舅父、姑母、姨母、堂兄弟姐妹、表兄弟姐妹、侄甥子女、侄孙甥孙子女等。四亲等以内的其他直系或者旁系血亲作为继承人进行继承的情形,与其他继承人相比实际上很少发生。

我国法定继承人范围过窄的问题已经引起了重视,在已经起草的两部民法典学者建议稿中对此都作了探讨。[①] 而且还有的学者建议增加“兄弟姐妹祖父母外祖父母之晚辈直系血亲和更远亲等的血亲(如曾祖父母等)及其晚辈直系血亲”为法定继承人。[②] 有的建议明确“叔、伯、姑、舅、姨、侄子、侄女、外甥、外甥女”为法定继承人。[③] 我国法定继承人范围的扩张是一个趋势,虽然现有的法定继承人范围已经存在多年,具有很大的社会惯性,不过由于我国现存的社会习惯以及风俗传统,科学地确立我国的法定继承人范围是必要的。

(二)丧偶儿媳与丧偶女婿继承

我国《继承法》赋予对公、婆尽了主要赡养义务的丧偶儿媳或对岳父、岳母尽了主要赡养义务的丧偶女婿第一顺序继承人的地位,使其参加继承,获得遗产。该规定值得商榷。继承权是基于特定身份而享有的财产权利,继承人享有继承权必须与被继承人存在一定的亲属身份关系。虽然各国关于这一亲属身份关系的范围规定不尽相同,但都公认须与被继承人关系最亲密的亲属,而姻亲从来不在其中,这也是古今中外继承法所信守的法则。儿媳与公婆、女婿与岳父母毕竟不存在血缘关系,只是姻亲,而非血亲,应当不发生继承问题;规定其为第一顺序继承人与法定继承人以血缘关系为基础相违背,会破坏整个继承法的体系。

我国《继承法》第12条作此规定的立法理由,王汉斌《关于〈中华人民共和国继承法〉(草案)的说明》认为:“丧偶儿媳赡养公、婆直至其死亡,丧偶女婿赡养岳父、岳母

---

① 参见梁慧星教授主持起草的民法典建议稿第1847条与王利明教授主持起草的民法典建议稿第564条。

② 王泽宇、张广宏:“浅谈我国〈继承法〉中法定继承的修改”,载《黑龙江省政法管理干部学院学报》2001年第1期。

③ 李欣:“法定继承人范围规定的弊端及立法刍议”,载《佳木斯大学社会科学学报》2005年第2期。

直至其死亡,为第一顺序继承人。这些规定都是为了有利于更好地赡养老人。"这一立法理由缺乏说明力。继承法作此规定,立法意旨在于通过赋予丧偶儿媳与女婿继承权以激励其赡养老人,但因儿媳对公婆、女婿对岳父母无论其丧偶与否,在法律上都无赡养义务,继承法如此规定实际上是将本应由道德规范调整的问题纳入了法律规范调整的范围,是立法上的失误。为达到赡养老人、淳化社会风俗的目的,完全可以借助另一路径达致,如丧偶儿媳对公、婆,丧偶女婿对岳父、岳母,尽了主要赡养义务,形成事实上的扶养关系,可以依《继承法》第 14 条中的"继承人以外的对被继承人扶养较多的人,可以分给他们适当的遗产"的规定给予适当补偿。学者建议,为了强调丧偶儿媳与女婿的特殊身份以及这种赡养行为的特殊意义,可以规定,分给他们的遗产可以比照第一顺序继承人的应得份额,这样既可坚持继承人资格的确定性和严肃性,又可坚持权利义务的一致性。① 我赞同这种意见。

(三)孙子女、外孙子女的继承问题

我国《继承法》未规定孙子女、外孙子女为第二顺序继承人,对此学者有不同的看法。

持肯定意见的学者认为,孙子女、外孙子女应作为第二顺序继承人,其理由基本有以下几点:(1)我国法定继承人的范围,应当随着家庭成员间法律关系的发展而发展。确定孙子女、外孙子女为第二顺序法定继承人,是我国家庭成员间法律关系发展的客观要求,立法应考虑到我国现阶段家庭关系的现状。(2)将孙子女、外孙子女作为第二顺序继承人,符合民法的原则和权利义务相一致的精神。根据《婚姻法》的规定,孙子女、外孙子女在一定条件下有赡养祖父母、外祖父母的义务,但《继承法》却没有将孙子女、外孙子女规定为第二顺序继承人。这就导致孙子女、外孙子女只尽赡养祖父母、外祖父母的义务,而未享有继承祖父母、外祖父母遗产的权利。这是不符合权利义务相一致原则的。(3)将孙子女、外孙子女作为第二顺序继承人,更有利于赡养扶助祖父母、外祖父母。② (4)从实际情况看,在祖孙的继承法律关系中,后者成为前者的法定继承人比前者成为后者的法定继承人更有现实意义。③

持否定意见的学者认为,将孙子女、外孙子女列为第二顺序继承没有必要,其理由是:(1)《婚姻法》规定的孙子女、外孙子女对祖父母、外祖父母的赡养为例外情况;(2)孙子女、外孙子女可以作为第一顺序继承人继承其父母、配偶或子女的财产,即使

---

① 李红玲:"继承人范围两题",载《法学》2002 年第 4 期。

② 刘岐山:《民法问题新探》,中国人民公安大学出版社 1990 年版,第 377 ~ 382 页;房绍坤、丁海湖、於向平:《中国民事立法专论》,青岛海洋大学出版社 1995 年版,第 214 ~ 215 页。

③ 邵士兴:"浅析我国继承法应把孙子女、外孙子女列为第二顺序继承人",载《江西法学》1991 年第 4 期。

在他们处于未成年或缺乏劳动能力的情况下，法律规定了父母（特殊情况下为祖父母、外祖父母）的抚养义务，没有必要将其列为第二顺序继承人以继承祖父母、外祖父母的遗产；(3)规定继承人的范围并不是以亲等为统一标准，而是按照继承人与被继承人之间的亲属身份关系及其相互的法定权利、义务为依据，第二顺序法定继承人不包括孙子女、外孙子女，并不存在不公平的情形；(4)《继承法》规定的代位继承制度实际上赋予了在特殊情况下，孙子女、外孙子女作为第一顺序继承人的权利。如果变代位继承为第二顺序的本位继承，实际上削弱了孙子女、外孙子女的继承权。同时，也否定了代位继承制度，为立法所不取。[①]

将孙子女、外孙子女作为代位继承人通过代位继承遗产，不能全面保护孙子女、外孙子女的继承权，况且按照我国的传统，孙子女、外孙子女在亲属中的地位极为显著，应当作为作为第二顺序继承人，使孙子女、外孙子女既能够通过代位继承而继承第一顺位的先亡父母应当继承的遗产，又能够通过第二顺序的继承得到遗产，增大孙子女、外孙子女的继承概率。

第三节　法定继承人继承顺序

一、法定继承人继承顺序的一般原理

（一）法定继承人的继承顺序的概念

法定继承人继承顺序又称之为法定继承人的顺位，是指法律直接规定的法定继承人参加继承的先后次序。

法定继承人皆有一定之继承顺序，顺序在先者有优先继承权，对于顺序在后者，得绝对排除之。[②] 法定继承人的继承顺序关系到各继承人以何地位参加继承，谁有权继承，谁无权继承，谁是合法继承人，谁是不当继承人，可以避免继承中许多不应发生的争议与纠纷，作用非常重要。各国继承立法都在法律条文中对法定继承人的继承顺序加以明确规定，以防滋生纷争。

（二）法定继承人继承顺序的特征

法定继承开始后，法定继承人按照继承法规定的法定顺序参加继承，即先由前一

---

① 刘心稳：《中国民法学研究述评》，中国政法大学出版社1996年版，第801页。

② 罗鼎：《继承法要论》，大东书局1947年版，第37页。

顺序的继承人继承,没有前一顺序的继承人继承时,才由后一顺序的继承人继承。该法定继承人的继承顺序具有以下的特征:

1. 法定性

继承人法定顺序的法定性,是指法定继承人的具体继承顺序是由法律根据继承人与被继承人之间关系的亲疏程度、密切程度直接规定的,而不是由当事人自行决定的。这同遗嘱继承不同。在遗嘱继承中,遗嘱继承人参加继承无先后次序之分,而是按照被继承人遗嘱的指定直接参加继承。

2. 强行性

法律确定法定继承人参加继承的先后次序的目的,是为了保护不同情况的法定继承人的继承利益。在适用法定继承方式时,对于法律规定的继承顺序,任何人、任何机关都不得以任何理由改变,即使被继承人本人也无权改变。即使前一顺序的继承人也不得变更自己的顺序而作为后一顺序的继承人参加继承。换言之,继承人只可以放弃继承权但不能放弃自己的继承顺序。此外,“随意改变法定继承人的继承顺序,势必破坏法定继承方式,并给处于优先继承顺序的法定继承人的合法利益带来损害,并导致继承纠纷的发生,给社会秩序造成消极影响。”①

3. 排他性

在法定继承中,继承人只能依法定的继承顺序依次参加继承,前一顺序的继承人总是排斥后一顺序继承人继承。只要有前一顺序的继承人继承,后一顺序的继承人就不能取得和实现继承既得权,无权主张继承遗产。只有在没有前一顺序的继承人,或者前一顺序的继承人全部放弃继承或全部丧失继承权,或者前一顺序的继承人部分丧失继承权,其余的继承人全部放弃继承的情况下,后一顺序的继承人才有权参加继承。②

4. 限定性

作为遗产继承的两种基本方式,法定继承人的继承顺序只限定在法定继承中适用,各法定继承人须按照法律规定的继承顺序依次取得被继承人的遗产。而在遗嘱继承中,遗嘱继承人不受法定继承人的继承顺序的限制,遗嘱人得于遗嘱中指定由后一顺序的继承人继承遗产,而不由前一顺序的继承人继承。

(三)法定继承人的继承顺序的确定

法定继承人的继承顺序问题,不纯粹是一个立法技术问题,还涉及具体国情,历史、文化、宗教、民族特点、风俗习惯的差异,也决定了规定法定继承人的继承顺序上的

---

① 刘素萍主编:《继承法》,中国人民大学出版社 1988 年版,第 212 页。

② 郭明瑞等:《继承法》,法律出版社 2004 年版,第 107 页。

差异。综观当今世界各国继承立法关于法定继承人继承顺序的规定，虽立法颇有差异，但确定法定继承顺序的依据不外乎以下因素：(1)血缘关系。被继承人与继承人之间血缘关系的远近，决定了被继承人与继承人之间的亲疏程度。与被继承人血缘关系近者，继承顺序在先；与被继承人血缘关系远者，继承顺序在后。(2)婚姻关系。配偶是由婚姻产生的亲属关系，是家庭中的基本成员，相互间关系极为密切，当然得为法定继承人的一个顺序。各国继承立法都把配偶列入继承顺序，说明了婚姻关系在决定继承顺序方面的重要性。(3)被继承人与继承人间相互扶养关系的亲疏。这既包括婚姻法所规定的相互扶养的权利义务关系，也包括亲属间事实上的扶养关系。被继承人与继承人间扶养关系近者，继承顺序在先；扶养关系远者，继承顺序在后。在特定情形下扶养关系甚至起着决定性的作用。(4)民族传统与习俗。"民族传统与习俗，在确定法定继承人的顺序方面也起着一定的作用。由于各国家、各民族的习俗不同，因此在确定继承顺序方面也有差异。"①

在法定继承人的继承顺序确定上，各国都是从两个方面规定的：一个是配偶的继承顺序；另一个是被继承人的血亲属的继承顺序。

1. 配偶的继承顺序

各国继承立法，在对待配偶的继承顺序上有两种做法：(1)将配偶列入一定的继承顺序，如我国《继承法》将配偶规定为第一顺序继承人；(2)将配偶继承人单列，没有固定的继承顺序，而将血亲继承人依据亲疏划分为若干顺序，配偶得与任何一个顺序血亲继承人一同继承遗产，只不过其应继份因血亲继承人的顺序不同而不同。

2. 血亲属的继承顺序

在确定血亲属的继承顺序及地位方面，各国的继承立法，有的依照亲系继承制确定，有的依照亲等继承制确定，还有的兼采这两种方法。②

二、我国法定继承人的继承顺序

我国《继承法》只规定了两个继承顺序，即第一顺序的配偶、子女、父母及对公婆或岳父母近了主要赡养义务的丧偶儿媳或女婿，第二顺序的兄弟姐妹、祖父母与外祖父母。

(一)配偶、子女、父母为第一顺序法定继承人

1. 配偶

配偶，是因婚姻关系的成立和存续而形成的夫妻之间的亲属身份关系，他们之间

---

① 刘春茂：《中国民法学·财产继承》，中国人民公安大学出版社 1990 年版，第 242 页。

② 刘文：《继承法比较研究》，中国人民公安大学出版社 2004 年版，第 119 页。

虽无血缘关系，但相互之间感情最为密切，在经济上一般不分彼此，对财产共有，在精神上相互慰藉，相互扶持，为终身的伴侣和依靠。亲属法明确规定夫妻之间有相互扶助的义务。无论从亲属身份关系的亲疏程度上，还是从扶养关系的密切程度上，将配偶作为第一顺序法定继承人乃理所当然，也体现了配偶在家庭中的地位和他们之间的密切关系。

2. 子女

古今中外，子女都是第一顺序法定继承人。自罗马法以降，许多国家的法律还明确规定，父母没有正当的理由，不能剥夺、取消子女的继承权。实际上，子女和父母是最近的血亲，关系最为密切，在经济关系上，父母子女之间互负抚养和赡养的义务；从所有人处分身后财产的意志来看，父母总是愿意把财产留给自己的子女，以达财产传承的目的；现代各国继承立法都把子女作为第一顺序法定继承人。我国继承法规定子女为第一顺序继承人当然妥当，只不过在具体语词表述上与国外继承立法有些差异，各国继承法一般规定"直系血亲卑亲属"为第一顺序法定继承人，而不是我国继承法所用"子女"的语词。用"直系血亲卑亲属"表述虽然具有概括性，但由于实行"亲等近者优先"的继承原则，只有直系血亲卑亲属中的子女不能继承时，孙子女、外孙子女等卑亲属才能继承，这与代位继承存在一定的共通性。通说认为，被继承人的孙子女、外孙子女优先于被继承人的父母继承，与以亲属身份关系的亲疏划分继承顺序的依据有悖，我国《继承法》以"子女"表述比较明确合理，对其他直系血亲卑亲属的继承权保护，可以通过代位继承制度来解决。这种意见仍然值得斟酌，第一顺序直接规定为"直系血亲卑亲属"更为稳妥，因为遗产以向下流转为更合理。

3. 父母

我国历史上受宗祧继承观念的影响，认为继承是男性后裔对父祖的继承，包括父母在内的直系尊亲属不能作为子女等直系卑亲属的继承人，如果子女无后，由父母承受遗产，但遗产承受人与遗产继承人是不同的。[①] 父母作为子女的最近的直系血亲尊亲属，无论在经济上还是在情感上都有极为密切的关系，而且父母子女关系是家庭关系中的基本关系，在亲属身份关系上有相互抚养和赡养的义务，所以将父母列为继承人是合适的。但父母是否是第一顺序继承人，在各国法上规定不一，大多数国家将父母列于子女之后，使之为第二顺序法定继承人。有学者主张在我国父母列于子女之后为第二顺序法定继承人更为合适。[②] 有的学者认为，随着社会经济发展个人财产逐步增加，我国《继承法》规定父母为第一顺序法定继承人更有利于对老人的赡养，若将父

① 史尚宽：《继承法论》，中国政法大学出版社 2000 年版，第 55 页。
② 张玉敏：《继承法律制度研究》，法律出版社 1999 年版，第 208 页。

母规定为子女与配偶之后的第二顺序法定继承人，他们将很难得到子女的遗产。当前，中国的人口结构已经进入老龄化阶段，权威部门的统计数据显示：中国现有60岁以上的人口一亿三千多万，占人口总数的百分之十。预计今后50年，老年人口还将以年均百分之三点二的速度递增。因而必须正视人口老龄化问题，加大对老年人合法权益的保护，缓解整个社会的沉重压力。

(二)兄弟姐妹、祖父母、外祖父母为第二顺序法定继承人。

1. 兄弟姐妹

兄弟姐妹之间为旁系血亲，虽然共同生活于或曾经共同生活于一个家庭，但在法律上一般没有相互扶养、扶助的权利义务，因此不应为第一顺序法定继承人。但毕竟兄弟姐妹在生活上互相帮助，感情上也很密切，而且在父母双亡或父母无力抚养的情况下，有负担能力的兄、姐对未成年的弟、妹负有扶养的义务，由兄、姐扶养长大的有负担能力的弟、妹，对丧失劳动能力、孤苦无依的兄、姐也负有扶养的义务。因此，将兄弟姐妹列为第二顺序法定继承人比较合理。

2. 祖父母、外祖父母

祖父母、外祖父母与孙子女、外孙子女间为二亲等直系血亲，在通常情况下，子女由父母抚养，祖孙之间不发生权利义务关系。不过，他们之间相互关系的密切程度虽次于父母子女关系，但也非常密切，如有负担能力的祖父母、外祖父母对于父母双方已经死亡或者父母双方均丧失抚养能力，或父母一方死亡另一方确实无能力抚养的未成年孙子女、外孙子女，有抚养的义务；有负担能力的孙子女、外孙子女，对于子女已经死亡或子女确无赡养能力的祖父母、外祖父母，有进行赡养的义务。基于此，将祖父母、外祖父母规定为第二顺序法定继承人也是比较合理的。

三、法定继承人继承顺序的完善

一般认为，我国大陆的继承顺序虽比较简单，但每个顺序中的法定继承人范围较大，不至于造成近亲属在继承问题上互相排斥，有利于建立新型的家庭关系和发挥家庭职能，不至于造成遗产分配过于集中的现象；配偶固定在第一顺序中，体现了配偶在家庭中的地位和他们之间的密切关系。① 但是，由于社会经济的发展变化，当前我国与《继承法》制定时的社会生活相比也出现了很大改变，现行《继承法》规定的两个继承顺序过少，应当结合我国的现实情况，对法定继承人的继承顺序进行完善。

在法定继承人继承顺序的完善方面，我国许多学者提出了建议。有的学者认为我国法定继承人的继承顺序是：第一顺序为配偶、子女、父母；第二顺序为兄弟姐妹、祖父

---

① 侯放：《继承法比较研究》，澳门基金会1997年版，第53～54页。

母、外祖父母;第三顺序为四亲等以内的其他直系或者旁系血亲。[①] 有的学者主张法定继承按下列顺序进行:第一顺序为子女及其直系卑血亲;第二顺序为父母;第三顺序为兄弟姐妹及其子女;第四顺序为祖父母、外祖父母。配偶可以和任一顺序的血亲继承人共同继承。[②]

具体分析有关我国法定继承人继承顺序完善的争议,主要集中在两个方面:

(一)配偶的继承顺序问题

关于配偶继承顺序的争论,主要集中在配偶是否作为一个固定的继承顺序参加继承上,这实际上也是关于配偶继承顺序两种立法例的借鉴的问题。一种立法例是将配偶的继承顺序作为法定的第一继承顺序,如我国《继承法》;另一种立法例是不确定配偶为某一固定继承顺序,而是规定配偶可以和任何顺序的血亲继承人一起参加继承,其应继份一般的比其他继承人要高,这一立法例为绝大多数大陆法系国家或地区所采。

在法定继承中,将配偶以固定顺序规定为第一顺序存在的问题是,会造成剥夺其他继承人继承权的后果。在法定继承中,配偶一方死亡,没有子女也没有父母,第一顺序继承人就只有配偶一人,不论第二顺序继承人有多少,都不会发生第二顺序的继承问题。因此,死者的遗产就被配偶一人全部继承,等于在事实上剥夺了第二顺序继承人的继承权。

在《继承法》修订中,规定配偶的法定继承顺序不固定,即采用"零顺序",即当存在一定顺序的血缘亲属时,配偶不得独自继承遗产,而是依序与在先顺序的血亲继承人一并继承;只有当某几个顺序的血亲继承人都不存在时,配偶才能独自继承遗产。[③]

(二)扩张后的继承人的继承顺序

在扩张我国现行《继承法》的法定继承人的范围方面,意见比较一致,但在扩张的具体范围上不尽一致。有的主张将兄弟姐妹的子女扩张为法定继承人,[④]有的主张四亲等以内的其他直系或者旁系血亲为法定继承人。我们赞同增列四亲等以内的其他直系或旁系血亲为第三顺序法定继承人。

随着我国计划生育政策的实施,我国的家庭结构与以前相比发生了很大变化,现代家庭一般为独生子女家庭,家庭的构成呈现简化的态势,亲属身份关系也趋向简单,这决定了在我国未来很容易出现被继承人死亡时没有第一、第二顺序继承人的情形。

---

① 梁慧星负责:《中国民法典草案建议稿附理由》(侵权行为编·继承编),法律出版社2004年版,第156页。

② 陈苇等:"我国法定继承制度的立法构想",载《现代法学》2002年第3期。

③ 杨立新、和丽军:"我国配偶法定继承的零顺序改革",载《中州学刊》2013年第1期。

④ 陈苇等:"我国法定继承制度的立法构想",载《现代法学》2002年第3期。

而作为私法的民法，在继承中应当贯彻尽量不将私人财产收归国家所有的原则，如果未来民法的法定继承人范围与顺序继续沿用《继承法》规定，势必会出现大量被继承人的遗产因无继承人继承而收归国家所有的情况。为了与我国家庭结构职能的发展趋势相适应，对法定继承人的继承范围与顺序应当进行扩展。在现实生活中，叔侄、姑侄、舅甥等之间生活上相互扶助的大有人在，应当将被继承人的曾祖父母、外曾祖父母、伯父、叔父、舅父、姑母、姨母、堂兄弟姐妹、表兄弟姐妹、侄甥子女、侄孙甥孙子女等列为法定继承人，但鉴于列举方式存在缺陷，我们建议以概括的方式规定法定继承人的第三顺序以亲等来划分，限制在四亲等①之内。

顺序的优先是法定继承中的一项重要内容，关系到各顺序继承人的利益。具体建议法定继承人分为五个顺序，分别为：(1)子女及孙子女、外孙子女；(2)父母；(3)兄弟姐妹；(4)祖父母、外祖父母；(5)其他四亲等以内的近亲属。继承开始后，遗产由第一顺序继承人继承，其后顺序继承人均不参与继承。没有前一顺序继承人继承的，由后一顺序的继承人继承。配偶的继承顺序不固定，其可依序与第一、第二、第三顺序继承人一并继承。

当配偶与第一顺序继承人子女同为继承时，遗产在继承人之间实行均分；当配偶与第二顺序继承人父母同时继承时，配偶应继份为遗产的二分之一，父母均分遗产的二分之一，如父或母不生存时，不生存父或母的份额归配偶继承；当配偶与第三顺序继承人兄弟姐妹同为继承时，配偶应继份为遗产的三分之二，其他第三顺序继承人均分遗产的三分之一。当第一、第二、第三顺序继承人都不存在时，配偶独自继承全部遗产，其他第四、第五顺序继承人不得继承；当配偶及第一、第二、第三顺序继承人均不存在时，遗产才依序由第四、第五顺序的法定继承人继承。

第四节　代位继承

一、代位继承的概念和沿革

(一)代位继承的概念

代位继承是指被继承人的子女先于被继承人死亡时，由被继承人子女的晚辈直系

---

① 我国现在亲属法中虽不存在亲等制度，但亲等制度在当今各国亲属法中被大量采用，而且许多学者也建言在我国未来民法典中规定亲等制度。

血亲代替先亡的被继承人的子女继承被继承人遗产的法定继承制度。

在代位继承中,被继承人的子女为被代位继承人,承继应继份的被继承人子女的直系血亲卑亲属为代位继承人。应继份,是指各继承人对于遗产上一切权利义务所得继承之成数或分率。①

(二)代位继承的沿革

代位继承是各国继承法中的一项重要法定继承制度,其渊源甚早。在罗马法时代,代位继承制度就已经出现。"在生产力有所提高,大家庭的所有制被小家庭的私有制取代之后,血亲继承渐占主要地位,被继承人遗留的财产即按照感情疏密、亲等远近而定其继承的顺序,先由第一亲等的亲属继承,如果第一亲等的亲属中有先于被继承人死亡,或丧失继承权的,第二亲等的亲属代位他们来继承,但以第一亲等的亲属生前没有放弃继承权为条件,因为应推定被继承人对其直系卑亲属有同等的感情,特别在子女中有先死亡的,其所遗留的年幼尚不能自行谋生的儿童,更有予以照顾的必要。"②起初,在罗马法中只是先死亡或受家父权免除者之子,承继父之应继份;后来,代位继承扩展到旁系亲属间。日耳曼法最初没有代位继承制度,受罗马法的影响,在中世纪才确立了代位继承制度。现代世界各国继承法大多规定了代位继承制度。这从一个侧面反映了代位继承制度是一种具有蓬勃生命力的制度。

关于代位继承的发生原因,有三种不同的立法例:(1)以被代位人先于被继承人死亡为代位继承发生的唯一原因,《法国民法典》属于这种类型,其第744条第1款规定:"对健在的人,不得替代其为代位继承,代位继承仅得对已去世的人设置。"(2)被代位人先于被继承人死亡和丧失继承权,都可以引起代位继承,③日本、韩国、意大利等国民法和我国台湾地区民法属于这一类型;(3)被代位人先于被继承人死亡、丧失继承权和抛弃继承权,均发生代位继承。德国、瑞士等国民法与我国澳门地区民法属于这种类型。我国《继承法》属于第一种类型。我国除在继承法中对被继承人的子女先于被继承人死亡才可代位继承作出明确规定之外,最高人民法院《关于贯彻执行〈继承法〉若干问题的意见》又从反面规定,继承人丧失继承权的,其晚辈直系血亲不得代位继承,将代位继承严格限制在被代位人先于被继承人死亡一种情形。

将代位继承仅限于被代位人先于被继承人死亡一种情形,失之过窄,不利于代位继承公平与育幼价值功能的实现。为了更充分发挥代位继承制度的作用,可以规定在享有法定继承权的人在继承前死亡或丧失继承权时,都可以发生代位继承,将代位继承的发生原因改采第二种立法例。代位继承界定得更宽一些,使那些享有被继承人的

---

① 罗鼎:《继承法要论》,大东书局1947年版,第38页。

② 周枏:《罗马法原论》(下),商务印书馆2001年版,第476页。

③ 罗鼎:《民法继承论》,上海法学编译社1946年版,第62页。

子女在继承前死亡或丧失继承权时，由其直系血亲卑亲属代位继承其应继份，社会意义显然更为重要。

二、代位继承的性质

代位继承权的性质主要有代表权说和固有权说两种不同学说。

固有权说认为，代位继承人参加继承是自己本身固有的权利，代位继承人是基于自己的权利继承被继承人的遗产，而不是以被代位继承人是否有继承权为转移。依这种学说，只要被代位人不能继承，代位继承人就得代位继承，即使在被代位人丧失继承权或放弃继承权的情况下，代位继承人也得依自己的权利继承被继承人遗产。在日本及我国台湾地区民法学界此说为通说，而且有的继承立法明确采用了固有权说，如《瑞士民法典》第541条规定，丧失继承权的"无继承资格人的直系血亲，按无继承资格人先于被继承人死亡的情况，继承被继承人的财产"。

代表权说又称为代位权说，认为代位继承人继承被继承人的遗产，不是基于自己本身固有的权利，而是代表被代位继承人参加继承，也就是代位继承人是以被代位继承人的地位而取得被代位继承人的应继份的。依这种学说，在被代位人丧失继承权或放弃继承权的情况下，不发生代位继承。法国民法采取这一学说，《法国民法典》第739条规定："代位继承为法律的拟制，其效果为使代位继承人取代被代位人的地位、亲等与权利。"

我国《继承法》在代位继承性质问题上采取的是代表权说，第11条规定："被继承人的子女先于被继承人死亡的，由被继承人的子女的晚辈直系血亲代位继承。代位继承人一般只能继承他的父亲或者母亲有权继承的遗产份额。"最高人民法院《关于贯彻执行〈继承法〉若干问题的意见》第28条规定："继承人丧失继承权的，其晚辈直系血亲不得代位继承。如该代位继承人缺乏劳动能力又没有生活来源，或对被继承人尽赡养义务较多的，可适当分给遗产。"由此可见，代位继承人的继承权是受被代位人的继承权状况影响的，仅在被代位继承人享有继承权时，代位继承人才有权代位继承。

基于我国现行继承立法的规定，在我国大陆民法学界，学者们对代位继承的性质也大多持代表权说。但有学者主张采取固有权说为当，并提出了如下理由论证固有权说的合理性：(1)按照民法基本原理，自然人的民事权利能力始于出生，终于死亡。自然人死亡，其继承法律地位便不复存在。因此，不管被代位人是死亡还是丧失继承权，其代位人都不可能去代替一个实际上已不存在的法律地位进行继承。代位权说违反民法关于自然人权利能力的基本原理，是不能成立的。(2)代位权说不能解释，法律为什么规定某些继承人先于被继承人死亡，其直系卑亲属可以代位继承，而另一些继承人先于被继承人死亡，其直系卑亲属则不能代位继承。只有固有权说才能圆满地解释这一问题。按照固有权说,代位继承人本来就是法定继承人范围以内的人,不过在被代位人生存时,按照“亲等近者优先”的继承原则,他(她)们被排斥于继承之外,当被代位人先于被继承人死亡或丧失继承权时,他们基于自己的继承人资格和权利,按照被代位人的继承顺序和应继份,直接继承被继承人的财产。法律关于哪些继承人先于被继承人死亡可以发生代位继承的规定,实质上就是关于法定继承人范围的规定。因此,哪些继承人先于被继承人死亡或丧失继承权,其直系卑亲属可以代位继承,取决于立法者所确定的法定继承人的范围。(3)从制度上考察,代位继承是基于亲系继承和按支继承这样两种继承制度,没有亲系继承和按支继承,就不会有代位继承。亲系继承反映的是某个亲系的血缘亲属应当优先于其他血缘亲属继承这样一种观念,按支继承反映的则是在每一亲系中,应当按支而不是按人分配遗产的观念。基于按支继承制度,某一支中与被继承人亲等最近者先于被继承人死亡,其应继份当然应留在该支内由其直系卑亲属代位继承,而不是转归他支。这些制度和观念都证明了固有权说的合理性。①

我们也赞同代位继承权的性质采取采固有权说。除基于上述理由外,即使是从我国《继承法》规定的法定继承人的范围上考虑,也应当采取固有权说。理由是:(1)我国继承法仅规定子女为第一顺序法定继承人,而且在第二顺序继承人中也未将孙子女、外孙子女列为继承人。相比之下,国外立法一般规定直系卑亲属为法定继承人,并且实行“亲等近者优先”原则,在前一亲等被继承人的直系卑亲属不能继承时,后一亲等被继承人的直系卑亲属可以进行继承。因此,在我国现时法律环境下,被继承人的子女的晚辈直系血亲并不是法定继承人,如果采取固有权说,赋予被继承人子女的晚辈直系血亲固有的代位继承的权利,只要被继承人的子女因死亡或丧失继承权不能继承时,其就有权以固有的权利进行代位继承,如此可以一定程度上弥补我国继承法对孙子女、外孙子女等直系血亲卑亲属继承权益保护不足的缺陷。(2)在国外立法例上,虽然大多认为法国是采纳的代表权说,但实际上法国的代位继承形式上是代表权说实质上也是固有权说。可以说代位继承采取固有权说为一种趋势。② 总之,只要被继承人的子女先于被继承人死亡,被继承人的子女的晚辈直系血亲就应有权代位继承,这应属于代位继承人自己的权利,而不应依被代位人的权利状况而转移。即使先于被继承人死亡的子女有丧失继承权的情形,也不应因此而影响其晚辈直系血亲的代位继承权。因已死亡父母的违法或犯罪行为,而让子女承担不能继承被继承人遗产的不利后果,与我国继承法律的基本精神未必相符。

---

① 张玉敏:“代位继承比较研究”,载《中央政法干部管理学院学报》1997 年第 3 期。

② 李红玲:“继承人范围两题”,载《法学》2002 年第 4 期。

三、代位继承的要件

代位继承必须符合一定的要件才会发生。由于代位继承制度的共通性,代位继承的要件在各国立法上差别不大,但由于我国继承法立法时的历史条件、法学理论等因素所限,使我国继承法在代位继承的要件方面存在一些欠缺。在下面的阐释中,先说明现行的代位继承的要件,然后对其提出应当加以完善的意见。

(一)须被继承人的子女在继承开始前已经死亡或丧失继承权

被继承人的子女先于被继承人死亡是代位继承发生的必要条件,只有出现这一条件才有可能适用代位继承。若被继承人的子女于被继承人死亡后未表示放弃继承或接受继承而死亡的,不适用代位继承,应当适用转继承,这也是代位继承与转继承的根本性区别。

被继承人的子女先于被继承人死亡,包括自然死亡和宣告死亡。值得注意的是,对于在被继承人的子女与被继承人同时死亡时是否适用代位继承的问题,学界一般认为,依据最高人民法院《关于贯彻执行〈继承法〉若干问题的意见》第2条规定,"推定同时死亡的,彼此不发生继承,由他们各自的继承人继承",应无适用代位继承的余地;①但基于代位继承权是代位继承人的固有权利,应当适用代位继承。另外,若被继承人除子女外没有其他第一顺序继承人或其他第一顺序继承人放弃继承权或丧失继承权,两个以上的被继承人的子女全部先于被继承人死亡,且被继承人的子女都有晚辈直系血亲,此时被继承人子女的晚辈直系血亲进行继承,是代位继承还是本位继承呢?过去大多主张为本位继承,由各继承人平均继承,不按支(股或房)继承。如果按本位继承对待则会出现不合理之处,如被继承人的已死亡或丧失继承权子女的子女较少者应继份因此而减少,而子女较多者应继份随之增加。这与代位继承权为固有权的性质不符,也有欠公允。因此,在此情形下仍应适用代位继承,先按支分配遗产,再在支内平均分割。

继承权的丧失一般发生在继承开始前,诸如为争夺遗产而杀害其他继承人的也有可能发生在继承开始后,如伪造、篡改或者销毁遗嘱情节严重的。被继承人的子女在继承开始前丧失继承权,应当适用代位继承。但继承开始后被继承人的子女丧失继承权的,是否适用代位继承,有学者认为,仍应解释溯及于继承开始时发生效力,而有代位继承的适用。② 我们认为,"继承开始前已经死亡"与"丧失继承权"为两个不同的代位继承发生原因,"丧失继承权"不受继承开始前的限制,即使丧失继承权发生在继承

---

① 韩家勇:"试析代位继承中的几个问题",载《中南政法学院学报》1988年第3期。

② 史尚宽:《继承法论》,中国政法大学出版社2000年版,第86页。

开始后,也应当适用代位继承,只不过代位继承的效力溯及于继承开始时。

丧失对被代位人的继承权者,是否可以作为代位继承人继承被继承人的遗产?对此,罗马法采取肯定说,《法国民法典》第744条仿效罗马法。在理论上有肯定和否定二种主张,我赞同肯定说,因为:第一,代位继承人系基于自己的固有权利直接代位继承被继承人遗产,而不是基于对被代位人的继承权间接继承被继承人遗产;第二,丧失继承权仅具有相对的效力,丧失对被代位人的继承权,不影响其对被继承人的继承权;第三,各国民法对此均无禁止性规定。

对于代位继承的这一要件,应当进行完善。如前所述,各国规定代位继承发生原因的范围广狭不一,而我国《继承法》仅规定了被继承人的子女先与被继承人死亡一种情况。这样规定与我国立法及司法实践中对代位继承的性质采取代表权说有关,但通过上述对代位继承性质的分析,代位继承权的性质应采固有权说为妥。建议在被继承人的子女丧失继承权时,也应适用代位继承。但是不能仿效德国、瑞士立法例,将被继承人的子女放弃继承权也作为代位继承的发生原因。理由是,根据继承权的性质,继承权的放弃只能发生在继承开始后,继承人放弃继承权后其应继份归属与其他同一顺序继承人或后顺序继承人,不存在适用代位继承的可能。

(二)被代位人是被继承人的子女

被代位人必须是被继承人的血亲继承人,配偶一方先亡不发生其子女代位继承的问题,这是各国继承法的一致原则。

至于哪些血亲继承人能够作为被代位人,各国的规定不一,有四种类型:(1)被代位人限于被继承人的直系卑亲属;(2)被继承人的直系卑亲属和兄弟姐妹及其直系卑亲属都可以作为被代位人;(3)被代位人的范围包括直系卑亲属、父母及其直系卑亲属和祖父母及其直系卑亲属;(4)被代位人的范围包括直系卑亲属、兄弟姐妹及其直系卑亲属、祖父母及其直系卑亲属。

我国《继承法》规定属于第一种类型。《继承法》规定,被继承人的子女先于被继承人死亡,由其晚辈直系血亲代位继承,将被代位人限于被继承人的子女。我国台湾地区民法典则一般地将直系卑亲属列为被代位人,规定第一顺序继承人有于继承开始前死亡或丧失继承权者,由其直系卑属代位继承其应继份。这反映了海峡两岸的中国人在继承范围问题上的一致性,只不过在法条的具体表述方式上有所不同。直系卑亲属的范围较为宽泛,实际上被代位人仅是被继承人的子女,则被继承人的子女以下的晚辈直系血亲继承时都是代位继承人,代位继承人不受辈分的限制,如果被继承人的孙子女也先于被继承人死亡时,被继承人的曾孙子女有权继承其父母应继承的遗产份额。

子女,包括婚生子女、非婚生子女、养子女及有扶养关系的继子女。无论婚生子女还是非婚生子女，都与被继承人有着天然的血缘关系，是被继承人的直系血亲卑亲属，其作为代位继承中的被代位人，自不待言。养子女由于同被继承人产生了拟制血缘关系，且养子女同其生父母间的亲属身份关系消灭，养子女也可以作为被代位人。对于继子女是否为代位继承中的被代位人的问题，各国却有不同的看法。大多数国家不承认继子女对继父母的遗产享有继承权，且认为继子女非继父母的直系卑血亲，而是直系姻亲，故不承认继子女可为被代位人。我国《继承法》规定，继子女若与继父母形成扶养关系时，继子女对继父母也享有继承权，而且根据代位继承的固有权性质，有扶养关系的继子女亦可为被代位人。最高人民法院《关于贯彻执行〈继承法〉若干问题的意见》第26条明确规定："被继承人的养子女、已形成抚养关系的继子女的生子女可代位继承"。

有的学者认为，丧偶儿媳对公、婆，丧偶女婿对岳父、岳母尽了主要赡养义务的，且又先于公婆岳父母死亡的，也可以作为被代位人。[①] 不应当赞同这种意见。我国《继承法》规定的尽了主要赡养义务的丧偶儿媳与丧偶女婿可作为第一顺序继承人，实际上与继承法以血缘关系为基础相违背，破坏了整个继承法的体系性，而且其作为被代位人也与被代位人为"被继承人的子女"的定义不符。

（三）代位继承人必须是被代位人的晚辈直系血亲[②]

代位继承人必须是被代位人的直系卑亲属，这是代位继承的基本原则。在这个问题上，各国的规定基本上是一致的，但也有个别例外，如韩国民法典规定"妻子可代亡夫继承公婆的财产"。值得注意的是，代位继承人必须是被代位人的直系血亲卑亲属，但不一定是被继承人的直系血亲卑亲属。实际上，在大多数国家，代位继承人的范围大大超出了被继承人直系卑亲属的范围。例如，承认父母或兄弟姐妹可以作为被代位人的立法，代位继承人的范围就扩及侄子女、甥子女及其直系卑亲属；承认祖父母为被代位人的立法，代位继承人的范围就扩及叔、伯、姑、舅、姨及其直系卑亲属。

我国古代封建社会法律虽有守志之妇继承夫份的规定，但根据我国《继承法》规定，代位继承人为被代位人的仅是被继承人的直系血亲卑亲属，具体包括被继承人的孙子女、外孙子女等。

对于养子女，多数国家规定可以作为代位继承人继承其养父或养母的直系尊亲属的财产。这种主张有利于稳定收养关系。美国等一些国家则认为，收养是收养人和被收养人之间的事，收养合同的效力不及于收养合同以外的其他人。养子女不能代养父或养母之位继承养父或养母的直系尊亲属或其他血亲的财产。我国《收养法》第22条

---

① 韩家勇："试析代位继承中的几个问题"，载《中南政法学院学报》1988年第3期。

② 我国《继承法》规定为"晚辈直系血亲"，而大陆法系国家继承立法大多称为"直系血亲卑亲属"，两者实际上只是称谓的不同，在内容上是等同的。

明确规定:“养子女与养父母的近亲属间的权利义务关系,适用法律关于子女与父母的近亲属身份关系的规定。”被代位人的养子女与被继承人产生了拟制的血缘关系,养子女亦可作为代位继承人。最高人民法院《关于贯彻执行〈继承法〉若干问题的意见》第26条明确规定:“被继承人亲生子女的养子女可代位继承;被继承人养子女的养子女可代位继承;与被继承人已形成抚养关系的继子女的养子女也可以代位继承”。

外国法律中无继子女法律地位的规定,如果继子女被继父或继母收养,按养子女对待,否则无权利义务关系。因此,在代位继承中,“继父母子女,非直系血亲关系,而为直系姻亲,继子女自不能代位继承其继父母,尤为明了。”[①]我国继承法对此没有明确规定,有的学者基于继子女与继父母属姻亲关系、养子女与继子女在继承中的地位不同、最高人民法院的司法解释,认为继子女无代位继承权。[②] 基于我国《继承法》第11条明确规定代位继承人为被被继承人子女的晚辈直系血亲,且继子女不为血亲,其仅有权对其生父或生母代位继承,不得对继父母代位继承。

代位继承人是否应当限于被代位人死亡时或丧失继承权时已存在的晚辈直系血亲?如果被继承人的子女先于被继承人死亡而发生代位继承时,除其死亡时已有其胎儿的,当然不可能在其死亡之后再有其他晚辈直系血亲,这种情形下不会出现问题。当因被继承人的子女丧失继承权而发生代位继承时,则会出现被继承人的子女于丧失继承权后继承开始前出生、受胎或收养子女的情形,在此种情形下,晚辈直系血亲有无代位继承权?对此,有的持否定说;有的主张仅承认失权后继承开始时出生或受胎的子女可代位继承,对所收养的子女则不允许代位继承;有的主张以被继承人死亡时为准。还有的学者认为对此不能一概而论,应依其收养是否专为代位继承进行判断,如丧失继承权的子女还有其他可代位继承人,则认可所收养的子女有代位继承权;若无其他子女且其收养子女专为该子女代位继承,不予认可收养,不得代位继承。[③] 我们认为,基于代位继承的固有权性质,不妨认可此种情形下所收养的子女的代位继承权,其他共同继承人的应继份并不因此而减少,且由于继承为纯受利益之行为,收养子女代位继承取得财产,丧失继承权的子女也不会由此得利。其实,这种情形在现实生活中极少。总之,只要是被继承人死亡以前已出生或受胎或被收养的,均可为代位继承人。

四、代位继承的法律效力

适用代位继承产生的法律效力,主要为代位继承人的应继份。考察主要国家的继

---

① 陈棋炎等:《民法继承新论》,三民书局2001年版,第59页。
② 韩来壁等:“被代位继承人的继子女无权代位继承”,载《法学》1989年第9期。
③ 戴炎辉、戴东雄:《中国继承法》,三民书局1998年版,第43~44页。

承立法，都确认代位继承人应当继承被代位继承人的应继分。比如，在数个代位继承人代位被代位继承人继承遗产时，数个代位继承人只能继承该被代位继承人的应继分，《法国民法典》把这种情况称之为按房继承，瑞士、德国、奥地利等国则称之为按股继承。

代位继承权是代位继承人的固有权利，代位继承是继承顺序的提前，因此，代位继承人的应继份应根据被代位人的应继份确定，按房或支来分割遗产。若在同一支内有两个以上的代位继承人，则由他们按人数均分被代位人的应继份。例如，被继承人原有甲、乙两子，甲已于继承开始前死亡，甲留有子女丙、丁二人，在被继承人死亡时，乙、丙及丁三人共同继承，但个人的应继份不同，乙应得遗产的二分之一，丙与丁各得遗产的四分之一。我国《继承法》第 11 条也对此作了规定："被继承人的子女先于被继承人死亡的，由被继承人的子女的晚辈直系血亲代位继承。代位继承人一般只能继承他的父亲或者母亲有权继承的遗产份额。"

第五节　转继承

一、转继承的概念与性质

（一）转继承的概念

转继承应为继承开始后，继承人未放弃继承，但于遗产分割前死亡的，其所应继承的遗产份额由其继承人承受的一种继承制度。

学者在界定转继承的概念时认为，转继承中须继承人在生前未表示放弃继承，也未表示接受继承，即继承人的继承法律地位尚处于不确定状态，才可以发生。[①] 这种说法值得商榷，若继承人的法律地位尚不确定，何谈继承人的继承人进行转继承呢？根据我国《继承法》第 25 条关于"继承开始后，继承人放弃继承的，应当在遗产处理前，作出放弃继承的表示。没有表示的，视为接受继承"的规定，继承人死亡，有明确表示的，法律地位当然确定；即使未表示的，也视为接受继承，法律地位也得以确定，无法律地位尚不确定之谓。通说认为，继承一开始继承人就取得遗产的所有权，遗产分割只是一种认定或宣示。所以转继承只是对遗产份额的再继承，而非继承权利的移转。

国外继承法没有转继承这个概念，但有些国家继承法关于接受继承的权利和放弃

① 张玉敏：《继承制度研究》，成都科技大学出版社 1994 年版，第 275 页。

继承的权利中规定的情形,与转继承相近。如《法国民法典》第 781 条规定:“如应当继承遗产的人死亡,死前并未明示或默示放弃或接受遗产,该人的继承人得以其名义接受或放弃之。”《日本民法典》第 916 条规定:“继承人未表示承认或放弃而死亡时,前条第(一)款的期间,自其继承人知悉自己有继承开始事起计算。”我国《继承法》虽没有转继承制度的规定,但最高人民法院《关于贯彻执行〈继承法〉若干问题的意见》第 52 条规定:“继承开始以后,继承人没有表示放弃继承,并于遗产分割前死亡的,其继承遗产的权利转移给他的合法继承人。”认可在司法实践中存在转继承。

(二)转继承的性质

关于转继承的性质,有以下两种观点:(1)认为转继承只是继承遗产权利的转移,处理这类案件时不应将被转继承人应继承的遗产份额视为其同配偶的共同财产;[①]转继承的客体是被转继承人的继承权,也就是被转继承人接受和放弃继承的权利,而不是已归属于被转继承人的财产。[②] (2)认为转继承只是将被转继承人应继承的遗产份额转由其继承人承受,转继承所转移的不是继承权,而是遗产所有权。应将被转继承人应继承的遗产份额视为其同配偶的共同财产(如果没有另外的特别约定)。转继承关系的客体是被转继承人应取得的遗产份额,而不是被转继承人应取得的全部遗产份额。[③]

后一种观点比较妥当,理由是:第一,继承开始后,被继承人原所享有的财产权利义务即由继承人承受,只要继承人没有放弃或丧失继承权,被继承人的遗产就成为继承人的合法财产。因此,被继承人死亡后,尽管继承人还没有实际接受遗产,但已成为遗产的共有人。第二,根据我国《婚姻法》规定,在婚姻关系存续期间所取得的财产,除另有约定外,归夫妻双方共同所有。在被继承人死亡时,继承人如有配偶存在,则该继承人所继承的被继承人的遗产,自应属于继承人与其配偶的共同财产。即使继承人在遗产分割前死亡,这种性质也不能改变。第三,转继承在本质上是两个先后发生的继承关系,转继承人所继承的是被转继承人的遗产,而不是被继承人的遗产。第四,如前所述,继承法律关系的客体为遗产;转继承作为继承制度之一种,其客体也应当为遗产,而不能为被转继承人的继承权,否则将面临着继承继承权的逻辑悖论。

二、转继承的要件

转继承无论在法定继承中还是在遗嘱继承中发生,都须具备下列要件:

---

① 周水森:“转继承只是继承权利的转移”,载《法学》1987 年第 1 期。

② 张玉敏:《继承法律制度研究》,法律出版社 1999 年版,第 234 ~ 235 页。

③ 王作堂等:“试论转继承的性质”,载《中外法学》1993 年第 5 期;韩家勇:“转继承论析”,载《政治与法律》1992 年第 6 期。

（一）须在被继承人死后、遗产分割前继承人死亡

这是转继承发生的时间要件。只有在被继承人死后、遗产分割前，继承人死亡的，才会发生转继承，这就限定了一个时间范围，也就是在被继承人死后至遗产分割前这一时间范围内。如果被继承人还没有死亡，则继承就尚未开始，无论是法定继承还是遗嘱继承，不存在转继承的问题。即使继承人先于被继承人死亡，也只会发生代位继承，不存在转继承。如果继承人于遗产分割后死亡的，则该继承人的继承人直接继承其遗产，而不必直接参与被继承人遗产的分割，此时也不存在转继承的问题。

（二）须继承人未丧失或放弃继承权

这是转继承发生的客体要件。如果继承人因法定事由丧失了继承权或者放弃了继承权，因其不能继承被继承人的遗产，即使其于被继承人死亡后、遗产分割前死亡，也不发生其应继份由何人承受问题，也就不发生转继承。

（三）须由死亡继承人的继承人继承其应继承的遗产份额

这是转继承的结果要件。在转继承中，虽然继承人死亡，但其应继份并不归属于被继承人的其他继承人，而是归属于自己的继承人。至于具体的应继份以及死亡继承人的继承人的应得份额，根据具体的法定继承与遗嘱继承情形进行判定。

三、转继承的效力

转继承的效力是指符合了继承的要件，发生转继承后产生的继承法律后果。

具体而言，在适用转继承时，作为转继承的客体的被转继承人的应继份，根据死亡的被转继承人的继承方式而有差异。如果死亡的被转继承人根据法定继承方式进行继承，则其应继份为根据法定继承取得的份额；如被转继承人为遗嘱继承人时，则依照被继承人的遗嘱来取得应继份。

在转继承中，转继承人取得的份额也根据继承方式的不同而有差异。转继承人在存在合法有效遗嘱时，适用遗嘱继承取得被转继承人的遗产份额；无有效遗嘱存在时，适用法定继承取得被转继承人的遗产份额。在现实生活中，绝大部分遗嘱都是明确自己拥有的具体的遗产分配，而很少被转继承人对应继份进行立遗嘱分割的，因此转继承人获得遗产多为法定继承方式取得。

转继承是对被转继承人应继承的遗产份额的转移，因此，转继承的适用不能对继承关系的结果发生影响。也就是说，在不适用转继承时，如继承人有配偶存在，则其应继承的遗产属于夫妻双方共有。而在适用转继承时，除另有约定外，死亡继承人的遗产份额也应当作为夫妻共同财产，在死亡继承人的继承人进行转继承时，先分出死亡继承人配偶的部分，再将剩余部分进行遗产分割。例如，某甲仅有一子乙，子已与丙结婚并生有一女丁。甲死亡后其遗产归乙继承。于甲死亡后不久乙死亡，此时丁提出继

承其父的遗产，与丙发生纠纷。在处理这一案件中，乙从甲继承的遗产即应为夫妻共同财产（除乙与丙有另外约定外），在确定乙的遗产时应当先分出归丙的一半，而不能由丙与丁平分乙所继承的甲的遗产。如果甲另有一女，其女未与乙分割父亲的遗产，乙死亡后由甲的女儿与丙、丁转继承甲的遗产，对于乙应取得的遗产份额也应当依上述原则分配。因为这里实际上是两个继承关系，一个是乙继承的甲的遗产的份额转由其继承人丙、丁承受，由丙、丁与甲的女儿一同分割甲的遗产；另一个是乙的遗产的继承，而乙继承的甲的遗产份额构成其遗产的一部分，但不能全部列为遗产。

四、代位继承与转继承的区别

转继承是由被继承人的继承人的继承人直接取得遗产的制度，因而转继承与代位继承在一些方面有相似性，比如从表征上看，两者都存在被继承人的子女死亡的情形，且均由其直系血亲卑亲属作为继承人直接取得被继承人的遗产。但转继承与代位继承在本质上是两种完全不同的继承制度，存在根本性区别。主要体现在以下方面：

（一）性质不同

转继承是一种连续发生的二次继承，是在继承人直接继承后又转由转继承人继承被继承人的遗产，转继承人实际上享有的是分割遗产的权利，而不是对被继承人的遗产继承权；而代位继承是在发生法定情形时，代位继承人基于其固有的代位继承权直接参与对被继承人遗产的继承的法律制度。有的学者认为，转继承具有连续继承的性质，代位继承具有替补继承的性质。①

（二）发生的原因不同

转继承是因为被继承人的继承人在被继承人死亡后、遗产分割前死亡而发生，而且被转继承人对被继承人遗产的应继份是转继承的基础。如果被转继承人放弃或丧失继承权而不能获得应继份时，则不可能再发生转继承。例如，被继承人甲的长子乙为了争夺遗产而杀害其他继承人而丧失继承权的，则在甲的遗产分割前乙死亡的，则乙的继承人丙、丁也不能通过转继承继承甲的遗产；而根据代位继承人的固有权性质，如果被继承人的子女先于被继承人死亡的，可以发生代位继承，并且许多立法例规定被继承人的子女丧失继承权也可以发生代位继承。

（三）主体与客体不同

在转继承中，被转继承人为享有继承权的全体继承人，无论法定继承人还是遗嘱继承人，而转继承人为被转继承人死亡时生存的所有继承人；而代位继承的主体具有特定性，被代位继承人为被继承人的子女，而代位继承人为被继承人子女的晚辈直系

---

① 郭明瑞、房绍坤：《继承法》，法律出版社 2004 年版，第 128 页。

卑血亲,都是特定的。因此,引起转继承发生的机会要比代位继承发生的机会多。

转继承的客体,虽有的学者认为其是已亡继承人的继承权,具体包括继承选择权和遗产分配权,[①]但转继承只是对遗产份额的再继承,而非继承权利的移转,故其客体应为遗产份额;而代位继承的客体是被代位人的继承权,代位继承人的应继份应依此确定。

(四)适用范围不同

转继承既可以适用于法定继承,又可以适用于遗嘱继承;代位继承因其性质决定,只适用于法定继承,因为在遗嘱继承中,若遗嘱指定的继承人或受遗赠人先于被继承人死亡的,遗嘱所指定份额按法定继承办理。遗嘱中指定的继承人发生法律规定的事由而丧失继承权时,对遗嘱中指定的由该丧失继承权的继承人继承的遗产,也须按照法定继承继承。

---

① 张玉敏:《继承制度研究》,成都科技大学出版社1994年版,第276页。

第三编　遗 产 赠 与

第十六章　遗赠

第一节　遗赠概述

一、遗赠的概念和特征

（一）遗赠的概念

遗赠是指自然人在生前订立遗嘱，将其个人财产赠与法定继承人以外的自然人或者国家、集体，而于其死亡后才发生法律效力的单方民事法律行为。或言之，遗赠者，遗赠人以遗嘱对于他人无偿给与财产上利益之谓也。[①] 立遗嘱的自然人为遗赠人，被指定赠与财产的人为受遗赠人，遗嘱指定赠与的财产为遗赠财产或遗赠物。

（二）遗赠的沿革

遗赠在古罗马时代就已出现。罗马法认为，遗赠是以继承人的指定为使命的，遗赠不过是遗嘱的从属部分。中世纪欧洲的遗嘱，开始以死因赠与为前身的遗赠作为中心内容。奥地利、瑞士等在继承人的指定之外，容许为遗赠的遗嘱。[②] 后来，遗赠被各国教会广泛利用，教会利用遗赠从教徒那里接受遗赠，为教会增加财产，遗赠成为遗嘱继承的方式。

近代各国的继承法对遗赠基本上都作了规定。各国民法典确立遗赠制度，主要是为了充分实现财产所有人处分自己

---

① 范扬：《继承法要义》，商务印书馆1935年版，第183页。

② 史尚宽：《继承法论》，中国政法大学出版社2000年版，第498页。

财产的自由意志,把财产遗赠给自己希望的受遗赠人。在受遗赠人的范围上不区分继承人与受遗赠人,不仅法定继承人范围之外的人可以受遗赠,而且法定继承人范围之内的人也可以受遗赠。

我国《继承法》第16条第3款规定:"公民可以立遗嘱将个人财产赠给国家、集体或者法定继承人以外的人。"

(三)遗赠的法律特征

1. 遗赠是一种单方法律行为

在遗赠中,遗赠人必须以遗嘱的形式进行遗赠,否则不为遗赠。遗赠的成立并不以受遗赠人的意思表示为必要,只需有遗赠人一方的意思表示就可以成立。因此,遗赠是一种单方法律行为。

2. 遗赠是一种无偿的法律行为

遗赠中的标的是遗赠物,该遗赠物为财产利益,既可以为现有的积极财产,也可以为债权等消极财产,均须是遗赠人必须给以他人财产利益,不能通过遗赠为他人设定债务。国外继承法存在概括遗赠,遗赠中所指定的受遗赠人既承受遗赠人的权利,也承受遗赠人的义务。我国《继承法》没有概括遗赠,遗赠必须是给他人财产利益。因此,遗赠是一种无偿民事法律行为。在遗赠中遗赠人可以对遗赠附加某种负担,但即使附加了负担,所附加的负担也不是遗赠的对价,无损于遗赠的无偿性。

3. 遗赠是死因行为

遗赠虽然得以遗赠人通过遗嘱做出遗赠的意思表示而成立,但遗赠的成立不等于遗赠的生效,遗赠只有在遗赠人死亡后才能发生效力。这是因遗赠是通过遗嘱设立决定的。即使存在遗赠,遗嘱中指定的受遗赠人也已知道自己被遗赠的,但受遗赠人在遗赠人生前无权请求执行遗赠。遗赠是一种死因行为,遗赠人在其生前可以随时变更或撤销自己的遗赠,任何人不得干涉。

4. 遗赠是必须由受遗赠人亲自接受的行为

遗赠是遗赠人给予特定的受遗赠人的,受遗赠的主体具有不可替代性。受遗赠人的受遗赠权也只能由自己亲自享有,不得转让。如果遗赠人将财产遗赠给国家或者社会组织的,由国家或者社会组织的代表机构或者负责人予以接受。受遗赠人为自然人,该自然人必须亲自接受遗赠;如果受遗赠的自然人先于遗嘱人死亡,遗赠即不能发生效力。受遗赠人即使在遗赠人死亡后、作出接受遗赠的意思表示前死亡的,遗赠也不能发生。受遗赠权存在承认和抛弃的问题,如果受遗赠人在遗赠人死亡后,抛弃其受遗赠权,其效力溯及遗嘱人死亡之时。① 有学者认为受遗赠权属于财产权,应当可以

① 黄右昌:《民法第五编继承法》,北京大学法律丛书版(无年份),第155页。

继承,并主张应当规定受遗赠人在规定的期限内未及时作出是否接受遗赠的意思表示而死亡的,其继承人可以代其作出接受或放弃受遗赠的表示。[①] 这种意见值得商榷,因为遗赠是遗赠人对于特定的受遗赠人进行赠与的,如果该受遗赠人没有接受遗赠前死亡的,令其继承人继承,则该受遗赠人的继承人未必是遗赠人愿意给予财产的人。而且遗赠是一种无偿行为,不令受遗赠人的继承人继承也不会造成损害。因此,这种意见欠妥。

5. 遗赠是对特定范围内的人赠与财产的行为

国外继承立法都不区分受遗赠人与继承人,受遗赠人的确立根据遗赠人的指定。我国《继承法》明确规定,只能将财产赠给国家、集体或者法定继承人以外的人。这说明法定继承人范围之内的人只能成为指定的遗嘱继承人,不能成为受遗赠人。因此,遗赠是对特定范围内的人赠与财产,在受遗赠人的范围上具有特定性。

二、遗赠的分类

我国《继承法》对遗赠的规定比较原则,具体内容简洁,没有划分遗赠的种类。遗赠的标的范围广泛,权利义务关系也各有不同,有必要对遗赠进行分类。

(一)概括遗赠与特定遗赠

这是根据遗赠标的的不同进行的分类。概括遗赠又称包括遗赠,是指遗赠人把自己的全部财产权利和义务一并遗赠给受遗赠人。法国、日本民法都认可概括遗赠。而德国、瑞士等则不承认概括遗赠,不过,在这些国家的立法上规定,概括遗赠的受遗赠人具有继承人的地位。特定遗赠是指遗赠人将其某一特定财产(并非只限于特定物)遗赠给受遗赠人,而不能将财产义务一并遗赠。

我国在实践中也有以国家、集体为受遗赠人予以概括遗赠的,有的学者也认为"从我国继承法的立法精神看,是承认概括遗赠的",[②]但我国《继承法》的遗赠应不包括概括遗赠,而只应是特定遗赠。因为如果认可概括遗赠,就与遗赠的无偿性相违背,受遗赠人的地位实际上等同于继承人的地位,这也与我国《继承法》关于继承人的规定不符。

(二)单纯遗赠与附负担遗赠

这是根据遗赠是否附有义务而进行的分类。单纯遗赠是不附任何条件或义务的遗赠,遗赠人就遗赠附加某种义务或某种条件的遗赠为附负担的遗赠。

在我国,遗赠既可以是单纯遗赠,也可以是附负担遗赠。在实践中,无论是单纯遗赠还是附负担遗赠都是存在的。

---

① 参见郭明瑞等:《继承法研究》,中国人民大学出版社 2003 年版,第 143 页。

② 刘文:《继承法比较研究》,中国人民公安大学出版社 2004 年版,第 286 页。

三、遗赠与有关制度的区别

因遗赠是在遗产继承中发生的赠与他人财产的法律现象，因此，遗赠与遗嘱继承、赠与有相似之处，但它们是不同的法律行为。

（一）遗赠与遗嘱继承

1. 遗赠与遗嘱继承的立法例

遗赠与遗嘱继承都是被继承人以遗嘱处分个人财产的方式。各国立法基本上都同时规定了遗嘱继承与遗赠，但在如何区分遗嘱继承与遗赠的问题上，各国和地区立法大体有以下三种立法例：

（1）以承受遗产的人所承受的遗产内容来区分遗嘱继承与遗赠

遗嘱人既可以指定法定继承人范围内的人为继承人，也可以指定法定继承人以外的人为继承人；既可以指定法定继承人范围以外的人为受遗赠人，也可以指定法定继承人范围内的人为受遗赠人。但继承人须是对遗产权利义务共同承受的，既须继承遗产权利，也须同时继承遗产债务；而受遗赠人继受的只能是遗产权利，不能包括遗产债务。德国民法、瑞士民法等均采此立法例。这种立法例以遗嘱中指定的人被指定继受的遗产的内容来区分遗嘱继承与遗赠。凡是遗嘱指定某人概括继受遗产的，即为遗嘱继承；凡是遗嘱指定某人仅单纯继受权利的，即为遗赠，至于被指定的人是否为法定继承人，则在所不问。这种立法例是以继承责任的非有限性为前提的，遗嘱继承人对遗产债务的清偿承担无限责任，而遗赠人对遗产债务不负清偿责任。若遗嘱继承人对遗产的债务清偿仅以其实际继承的遗产数额为限，则遗嘱继承与遗赠之间并无多大实质性差别。

（2）以继受遗产的人与遗嘱人的关系来区分遗嘱继承与遗赠

依此种立法例，遗嘱中指定法定继承人范围内的人继受遗产的，为遗嘱继承，且继承人须概括地继受遗产的全部或部分；遗嘱中指定法定继承人范围以外的人继受遗产的，为遗赠，且遗赠人只能承受积极财产，而不承受消极财产。遗嘱继承人只能是法定继承人范围以内的人，而受遗赠人只能是法定继承人范围以外的人。

（3）不区分遗嘱继承与遗赠

凡遗嘱人将遗产通过遗嘱的方式指定给他人继受的，则继受人一概称为受遗赠人，而不称为继承人。依此种立法例，遗赠可分为概括遗赠和特定遗赠。

2. 我国遗赠与遗嘱继承的区别

我国《继承法》采取了第二种立法例，遗赠与遗嘱继承的区别主要有以下几点：

（1）受遗赠人和遗嘱继承人的范围不同

受遗赠人可以是法定继承人以外的任何自然人，也可以是国家和集体，但不能是法定继承人范围之内的人。遗嘱继承人则只能是法定继承人范围之内的人,而不能是法定继承人以外的自然人或单位。

(2)受遗赠权与遗嘱继承权客体的范围不同

受遗赠权的客体只是遗产中的财产权利,不包括财产义务,受遗赠人接受遗赠时只承受遗产中的权利而不能承受遗产中的债务。如果遗赠人将其全部遗产遗赠给国家、集体或某自然人,而其生前又有债务时,则受遗赠人只能接受清偿债务后剩余的财产,但这种清偿只能是对被继承人债务的处理,受遗赠人本身并不承受被继承人的债务。而遗嘱继承权的客体是遗产,而且遗嘱继承人对遗产的继承是概括地承受,在承受遗产的同时,还担负着清偿被继承人债务的义务。

(3)受遗赠权与遗嘱继承权的行使方式不同

我国《继承法》第 25 条第 2 款规定:"受遗赠人应当在知道受遗赠的两个月内,作出接受或者放弃受遗赠的表示。到期没有表示的,视为放弃受遗赠。"由此可见,受遗赠权是一种形成权,而且两个月的期间为受遗赠权的除斥期间,从知道受遗赠后两个月内未作出接受的表示,即视为放弃受遗赠。受遗赠人表示接受遗赠的,得要求遗嘱执行人向其移转遗赠的标的,受遗赠权优于继承人的继承权,继承人只能继承执行遗赠后剩余的遗产。而我国《继承法》第 25 条第 1 款规定:"继承开始后,继承人放弃继承的,应当在遗产处理前,作出放弃继承的表示。没有表示的,视为接受继承。"遗嘱继承人自继承开始至遗产分割前未明确表示放弃继承的,即视为接受继承,放弃遗嘱继承权须于此期间内作出明确的意思表示。

(二)遗赠与赠与的区别

遗赠与赠与都是将自己的财产无偿给予他人的行为,但两者是不同的民事法律行为,存在以下区别:

1. 性质不同

遗赠是单方法律行为,只需要有遗赠人一方赠与的意思表示即可,无须征得对方的同意。而赠与是一种双方法律行为,是一种合同关系,不仅要有赠与人赠与的意思表示,而且还要有受赠人接受赠与的意思表示,只有双方的意思表示一致才能成立赠与。

2. 方式不同

遗赠必须以遗赠人所订立的遗嘱方式进行,而且是一种要式法律行为,具体事项由继承法予以调整。而赠与采取合同方式,属于非要式法律行为,书面或口头形式都可,具体事项由合同法予以调整。

3. 发生法律效力的时间不同

虽然遗赠与赠与都属于诺成法律行为,自行为人做出意思表示即成立,但是两者发生法律效力的时间不同。遗赠必须在遗赠人死亡后才能发生法律效力,是一种死因行为。而赠与是生前行为,自赠与合同成立时就生效,受赠人可以要求赠与人进行遗赠。

应当注意的是遗赠与死因赠与的区别。死因赠与是指赠与人生前与受赠人订立的于赠与人死亡后才发生赠与财产利益效力的双方法律行为。死因赠与虽然在我国《继承法》与《合同法》中未明确规定,但在人们现实生活中较为常见。由于遗赠与死因赠与都是在赠与人死亡后才发生效力,具有相似性,因此有的国家规定,关于遗赠的规定准用于死因赠与。但二者的性质还是不同的,遗赠是单方民事法律行为,而死因赠与为双方法律行为。两者的调整规范也不同,遗赠由继承法律调整,而死因赠与由合同法律调整。

四、遗赠的效力

(一)遗赠发生效力的要件

由于遗赠是遗赠人单方的意思表示,而且是通过遗嘱形式进行的行为,因此遗赠也须具备一定的要件才能发生效力。

1. 遗赠人须有遗嘱能力

遗赠以遗嘱的形式进行,遗赠人应具有遗嘱能力。只有具有遗嘱能力的完全民事行为能力的人才可以进行遗赠,无遗嘱能力的无民事行为能力人、限制民事行为能力人不能为遗赠。在遗赠人有无遗嘱能力的判断上,应当以立遗嘱时遗赠人的情况为准。

2. 遗赠人须为缺乏劳动能力又没有生活来源的继承人保留必留份

同遗嘱继承一样,遗赠也不能损害缺乏劳动能力又没有生活来源的继承人的合法权益。如果继承人中有缺乏劳动能力又没有生活来源的人,而遗赠人又没有为其保留必留份,涉及这一必留份的遗赠无效。继承人中有无缺乏劳动能力又没有生活来源的人,以遗赠人死亡时继承人的状况为准。我国也应规定特留份制度以限制遗嘱自由,遗赠须不违反有关特留份的规定。如果遗赠侵害了继承人的必留份权、特留份权,受侵害的继承人于保全必留份、特留份必要的限度内,得主张遗赠无效。①

3. 遗赠人所立的遗嘱符合法律规定的形式

由于遗赠以遗嘱的形式进行,因此遗赠人设立的遗嘱必须符合法律规定的形式,不符合法定形式的遗嘱无效,遗赠当然无效。遗赠人的遗嘱是否符合法定形式,应当以遗嘱设立当时的法律要求为准。

---

① 郭明瑞等:《继承法》,法律出版社2004年版,第178页。

4. 受遗赠人须为法定继承人范围以外且在遗赠人的遗嘱生效时生存之人

依我国《继承法》的规定,受遗赠人须为法定继承人范围之外的人。受遗赠人须于遗赠人死亡时具有民事权利能力。先于遗赠人死亡或者与遗赠人同时死亡的自然人,不能成为受遗赠人,因为其不具有民事权利能力。遗赠人死亡时已受孕的胎儿可以作为受遗赠人,但也应以活着出生的为限。如胎儿出生时为死体的,则遗赠溯及地自始无效。未成立的法人也不能为受遗赠人,但正在设立中的法人可以作为受遗赠人。

对于遗嘱的公证人、见证人及其配偶可否作为受遗赠人的问题,学界有不同观点。一种观点认为,由于遗嘱的公证人、见证人参与遗嘱的设立过程,若允许他们作为受遗赠人容易导致不公平现象的发生,因此不能允许遗嘱的公证人、见证人及其配偶为受遗赠人。有的国家立法明文规定上述人等及其直系血亲不能作为受遗赠人。这种观点是有道理的。依我国《继承法》规定,若遗嘱的公证人为受遗赠人的,公证人应当回避;若受遗赠人为见证人的,不具有见证效力。因此,遗嘱的公证人、见证人及其配偶、直系血亲并非不能为受遗赠人,而是这些人作为公证人、见证人的遗嘱应属于形式上有瑕疵的遗嘱。对于这样的遗嘱,利害关系人应有权予以撤销。

5. 须受遗赠人未丧失受遗赠权

受遗赠权会因法定事由的发生而丧失,我国《继承法》对丧失受遗赠权的事由没有明文规定,通说认为应当适用关于丧失继承权的规定。继承权的丧失与受遗赠权的丧失具有相通性,《继承法》规定的丧失继承权事由可以适用于受遗赠权的丧失,但是并非完全适用。比如,在丧失继承权的"遗弃被继承人的,或者虐待被继承人情节严重的"事由就不适用于受遗赠权的丧失,因为受遗赠人为法定继承人范围之外的人,不是家庭成员,则受遗赠人与遗赠人也就不存在法律上的扶养义务,也就不存在遗弃与虐待的可能。

6. 须遗赠人死亡

遗赠是死因行为,必须遗赠人死亡才发生效力。遗赠的效力发生必须遗赠人死亡这一要件,否则即使遗赠人进行了遗赠,也不具有效力,遗赠人可以撤销或变更,而且受遗赠人也无权在遗赠人死亡前要求执行遗赠。

(二)遗赠的具体效力

在罗马法的帝政时期,遗赠的效力根据遗赠方式的不同而有差异:如为指物遗赠,受遗赠人直接取得遗赠标的物,受"物件返还之诉"和"役权确认之诉"的保护,受遗赠人不仅可追回原物,也可请求原物所生的孳息。如为嘱令遗赠,受遗赠人仅取得对继承人(遗赠负担人)的债权,只能请求遗赠负担人将遗赠的标的物交付给自己,不得去自行占有,否则遗赠负担人得申请占有回复令状,收回该物的占有。如为容许遗赠,效力与嘱令遗赠相同,受遗赠人也只能取得对遗赠负担人的债权。如为先取遗赠,受遗赠人可取得遗赠标的物的物权。[1] 罗马法的遗赠效力规定也影响了后世立法。

在近现代法上,各国和地区的立法对于遗赠的效力有不同规定。一种立法例规定遗赠的效力是物权的,可以产生物权变动的效力,受遗赠人可以直接基于物权占有遗赠物。另一种立法例规定遗赠的效力是债权的,受遗赠人仅仅对承担遗赠义务的人有请求权。

在我国民法体系中,受遗赠权不是物权。因为在遗赠未执行前,受遗赠人对遗赠的标的物不享有物权权能,不处于物权人地位,其所享有的只是请求有关的遗嘱执行人或继承人交付遗赠标的物的权利。从这一点上来看,受遗赠权具有债权的效力。但是,受遗赠权又不完全等同于一般的债权,因为对于被继承人的一般债权,应当进行清偿,而对于遗赠,如果被继承人的遗产在清偿债权后没有剩余遗产的,则不执行遗赠,受遗赠人不能基于债权人的地位请求清偿。因此,受遗赠权具有自身的特殊性,不能简单等同于物权或债权。不过在遗赠的具体效力上,不论遗赠的标的是否为特定物,受遗赠人都不能直接支配遗赠的标的,只能向受遗赠的义务人请求执行遗赠,即要求其给予遗赠的标的。

五、遗赠的执行

遗赠符合有关要件,即发生法律效力。遗赠发生效力并不意味着受遗赠人实际取得遗赠物,还存在遗赠的执行问题。遗赠的执行是指在受遗赠人接受遗赠后,有关的遗嘱执行人按照遗嘱人的指示将遗赠的遗赠物移交给受遗赠人的制度。

(一)遗赠执行的义务人

受遗赠的义务人是遗赠执行的义务人,也就是遗嘱执行人。在遗嘱执行前,继承人尽管为被继承人遗产的承继人,但在遗嘱执行前,继承人并不能处分遗产,而遗赠属于遗嘱的内容,有遗嘱就有遗嘱的执行,因此,应以遗嘱执行人为遗赠执行的义务人。

(二)遗赠执行的权利人

遗赠执行的权利人为受遗赠人。受遗赠人在知道受遗赠后两个月内,向遗嘱执行人作出接受遗赠的意思表示的,即享有请求遗嘱执行人依遗赠人的遗嘱将遗赠物交付其所有的请求权。遗赠执行人应依受遗赠人的请求交付遗赠物。

(三)遗赠执行的内容

受遗赠权并不是一种债权,遗赠人的债权人的债权优于受遗赠人的受遗赠权,受遗赠人不能与遗赠人的债权人平等地分配遗产。因此,遗赠执行人不能先以遗产用于执行遗赠。我国《继承法》第34条明确规定:“执行遗赠不得妨碍清偿遗赠人依法应当

---

① 参见周枏:《罗马法原论》(下册),商务印书馆2001年版,第606~607页。

缴纳的税款和债务。”遗赠执行人应于在清偿完被继承人生前所欠的税款及债务后，才能在遗产剩余的部分中执行遗赠。如果在清偿被继承人生前所欠的税款和债务后没有剩余的遗产，遗赠则不能执行，受遗赠人的权利也就消灭，遗赠执行人也就没有执行遗赠的义务。如果遗赠人是以特定物为遗赠物的，而该物又已不存在时，则因遗赠失去效力，遗赠执行人当然无执行的义务。

第二节 遗托

一、遗托的概述

(一)遗托的概念

遗托，也叫做附负担的遗赠或者附义务的遗赠，是指遗嘱人在遗嘱中向遗嘱继承人或受遗赠人附加提出的必须履行的某项义务的要求。[①] 在遗托中，受遗赠人一面取得遗赠的利益，另一面却须负担一定的义务，不像不附义务的遗赠那样，受遗赠人纯得财产上的利益。[②] 遗托中的“托”，实际就是委托之“托”，即通过遗嘱形式，向遗嘱继承人和受遗赠人委托事项。只不过这种委托之“托”附有继承遗产或者接受遗赠的权利而已。[③] 最典型的遗托如遗赠房屋而使受遗赠人看护及扶养自己的祖母。[④]

构成遗托，受遗赠人称之为负担义务人，相对人称之为负担受益人，双方为遗托关系的当事人。有时候，负担义务人与负担受益人为同一人。例如，某人遗赠100万元给某学校，负担为在该校设立以遗赠人为名称的奖学金基金。该遗托生效，则该学校既是负担义务人，也是负担受益人。

我国《继承法》没有使用遗托的术语，在第21条规定：“遗嘱继承或者遗赠附有义务的，继承人或者受遗赠人应当履行义务。没有正当理由不履行义务的，经有关单位或者个人请求，人民法院可以取消他接受遗产的权利。”这实际上规定了遗托。

(二)遗托的沿革

在罗马法上，遗托叫做信托遗赠，不限于继承人，对于由被继承人取得遗产者，无

---

① 刘素萍主编:《继承法》，中国人民大学出版社1988年版，第316页。

② 徐百齐:《民法继承》，商务印书馆1935年版，第160页。

③ 遗托制度并非只有遗赠才适用，在遗嘱继承中也同样适用。在本章阐释遗托制度，仅仅是为了篇幅的方便，而不是内容和逻辑的需要。

④ 参见史尚宽:《继承法论》，荣泰印书馆1980年版，第496页。

论遗赠或信托遗赠的受遗赠人,均可以设置遗赠或者遗嘱继承的负担。在查士丁尼时期,罗马法融合了遗赠与信托遗赠,将其称之为对于受遗赠人所课负担的遗赠。《德国民法典》承认遗托,以对于受遗赠人所课的遗赠义务为负担,信托遗赠须在继承人所得所得财产以下,对于受遗赠人所课遗赠的负担,亦限定于遗赠利益的范围。受遗赠人抛弃遗赠时,负担受益人可以自己为受遗赠人。《日本民法典》第1002条也承认遗托制度:"受附负担遗赠者,只于不超过遗赠标的价额的限度内,负履行负担义务的责任。"《奥地利民法典》称遗托为委任,第709条规定:"被继承人将遗产以委任给与他人者,其委任视为解除条件,因委任的不履行,其遗产给予失去效力。"现代,各国民法基本都承认遗托制度。

(三)遗托的法律特征

1. 遗托以遗嘱方式作出

遗托必须以遗嘱的形式作出,只有遗嘱人以遗嘱的方式作出要求遗嘱继承人或者受遗赠人履行某项义务时,才能发生遗托的法律效力。

2. 遗托是遗嘱继承和遗嘱的附加义务

遗托不是一种独立的义务,而是一项依附于遗嘱继承或者遗嘱的义务,也叫作遗赠的负担。遗嘱人只有授予遗嘱继承人和受遗赠人以遗嘱继承权和受遗赠权,才能够要求遗嘱继承人和受遗赠人履行遗托的义务。

3. 履行遗托的义务以接受遗产和接受遗赠为前提条件

履行遗托义务不是无条件的,而是有条件的,只有遗嘱指定的遗嘱继承人接受遗产以及受遗赠人接受遗赠,遗嘱继承人和受遗赠人才有义务履行遗托义务。否则可以拒绝履行遗托义务。遗嘱继承人和受遗赠人已经接受了遗产或者遗赠,就必须履行遗托的义务。

(四)遗托负担的内容要求

遗托所设负担的内容必须是能够实现的一定给付,不一定必须是金钱的价值。例如,托受遗赠人管理事务、照顾坟墓,都可以作为负担的内容;甚至消极的不作为也可以作为遗托的负担,例如,不公布遗嘱人的文学作品等,可以作为负担的内容。至于负担的设置究竟为谁的利益所设,是遗嘱人的利益还是第三人的利益,在所不论。但一般认为,如果设定的负担是法律上的义务,而不是法律义务之外的约定义务,则不是负担。

设定依托负担的给付内容不能是不确定事项、不法事项,所设负担不得违背公序良俗。凡是以不确定的、违法的或者违背公序良俗的事项为负担的,一律无效。

二、遗托与遗赠、附条件的遗赠

(一)遗托与遗赠的区别

遗赠与遗托都为遗嘱人在遗嘱中指定的内容,但两者是不同的,在以下方面存在区别:

1. 性质不同

遗赠是遗赠人通过遗嘱对他人赠与财产的单方民事法律行为,而遗托则是遗嘱人在遗嘱中向遗嘱继承人或受遗赠人附加提出的必须履行的某项义务的要求。由此可见,遗赠与遗托在性质上存在根本区别。

2. 对象的权利不同

在遗赠中,受遗赠人是获得财产利益,一般并不承担义务,即使附负担的遗赠,所承担的负担一般也不具有对价。在遗托中,遗托指向的义务人必须履行遗嘱中指定的义务要求,而且有的遗托中仅仅要求义务人履行义务,而不享受权利。①

3. 独立性与附随性

遗赠具有独立性,只要遗赠人做出了意思表示,在遗赠人死亡后即发生效力。而遗托是附随于受遗赠权或遗嘱继承权的,受遗赠人、遗嘱继承人履行遗托的义务是以接受遗赠、遗嘱继承为前提条件的。如果受遗赠人不接受遗赠,或者遗嘱继承人放弃继承权,则无履行遗托义务的责任。

4. 遗托因必须履行而具有不可免除性②

《瑞士民法典》第482条中规定,"被继承人得为其处分附加条件或要求。在处分生效时,各利害关系人得请求履行上述附加的条件和要求"该条同时规定,"有违反善良风俗或违法的附加条件或要求的,其处分无效","如上述条件或要求令人讨厌或无任何意义时,得视其为不存在"。我国《继承法》未对遗托的义务作出限制性规定,但从理论上看,可作与瑞士法相同的解释。在遗托的义务违反社会公德,违反社会公共利益,或者违法时,该遗托为无效的。只要遗嘱人的遗托不违背法律和社会公德,不违反社会公共利益,又是可以履行的,接受了遗产的受遗赠人或者遗嘱继承人就必须履行遗托的义务,不得免除。

(二)遗托与附条件的遗赠

遗赠可以附条件。遗嘱是否可以附条件的问题,学界有不同观点。一般认可遗赠可以附条件。附生效条件的遗赠,于所附条件成就时生效,而于被继承人死亡时并不

---

① 史尚宽:《继承法论》,中国政法大学出版社2000年版,第560页。

② 郭明瑞等:《继承法》,法律出版社2004年版,第177页。

生效。对于遗嘱继承,一般认为不可以附条件,有的也承认可以附停止条件,附停止条件的遗嘱自条件成就时生效。如《日本民法典》第985条中就规定:"遗嘱附停止条件场合,其条件在遗嘱人死亡后成就时,遗嘱自条件成就时起,发生效力。"如果通过遗嘱进行遗嘱继承,则不允许附条件,因为附停止条件,无论对于遗产的及时分配还是合理利用都是不利的。而且遗嘱继承自被继承人死亡时开始,但附停止条件的遗嘱则仅在条件成就时方为有效,这就使得两者之间存在时间差,形成继承开始了,但遗嘱尚未生效的谬误。因此,遗嘱继承不得附条件,附停止条件的,所附的条件无效,应视为未附条件,遗嘱的其他内容仍应有效。通过遗嘱进行遗赠的,由于遗赠不同于遗嘱继承,对于遗赠可以附停止条件。① 例如,遗嘱人立下遗嘱,将一架钢琴遗赠其侄女,但以其侄女考上某音乐学院为条件。这就是附停止条件的遗赠,该遗赠在遗嘱人死亡后其侄女考上某音乐学院时发生效力。

遗托与附条件的遗赠很相似,但是存在以下区别:

1. 性质不同

遗托所附的义务是负担,附条件遗赠所负的是条件。遗托的负担是接受遗赠的附款,是接受遗赠应当履行的义务;而附条件遗赠中的生效条件,是遗赠生效的条件,完全不是义务。附解除条件的遗赠,其条件是某种条件的成就而使遗赠失效,而不是负担的义务。二者的性质完全不同。

2. 发生的时间不同

遗托义务发生的时间,是在受遗赠人接受遗赠之时,即接受遗赠就要承担负担的义务。遗赠所附生效条件时,只有条件成就,遗赠的遗嘱才能生效,才能够发生遗赠的问题。而附解除条件的遗赠,尽管是在遗嘱生效之后发生,但并非在遗嘱生效之时发生,也与遗托不同。

3. 效力不同

遗托生效后,约束遗托的负担义务人应当履行负担义务,负担受益人产生请求权。即使遗托的负担义务人不履行负担义务,遗托也不必然无效,而是通过负担义务履行的纠纷方式解决,或者继续履行,或者由负担受益人请求撤销遗赠。而附生效条件的遗赠,其所附条件不成就,遗嘱就不发生效力,不存在遗赠的效力问题。在附解除条件的遗赠中,所附条件成就,遗嘱解除,溯及既往地消灭,不再发生遗赠问题,

三、遗托的效力

遗托的效力主要表现在受遗赠人接受或者承认遗赠时而确定其负履行负担的义

---

① 参见郭明瑞、房绍坤、关涛:《继承法研究》,中国人民大学出版社2003年版,第126、127页。

务。具体表现在以下两个方面：

(一)负担义务的归属和开始时间

遗赠的负担义务人为受遗赠人,其相对人就是接受遗赠负担的权利人。这种权利从根本上说并不是债权,不具有债权的性质,但仍然是一种权利,因此也存在权利归属及其时间问题。其归属,就是负担义务的承认和接受,受遗赠人决定接受或者承认遗赠,这时,负担受益人开始产生请求负担履行的权利。在此之前,负担受益人对于负担仅享有一种期待权,还不是现实的既得权,只有受遗赠人承认遗赠接受遗赠,其权利才变为既得权,发生权利的归属问题。归属的时间,是继承开始的时间。从继承开始之时起,遗赠的负担受益人就产生这种权利,而受遗赠人作为负担义务人产生负担义务,必须履行负担。例如,前文所述遗赠房屋而使受遗赠人负担看护及扶养自己的祖母事例,受遗赠人就是负担义务人,死者的祖母就是负担受益人。在负担权利义务没有归属之前,依据有效遗嘱,祖母只享有负担接受的期待权,待归属后,其祖母即享有现实的既得权,可以请求负担义务人履行义务。我国《继承法》第21条规定:"遗嘱继承或者遗赠附有义务的,继承人或者受遗赠人应当履行义务。没有正当理由不履行义务的,经有关单位或者个人请求,人民法院可以取消他接受遗产的权利。"这里的有关单位和个人应为与遗产的承受有利害关系的单位和个人,如被继承人生前所在单位或者继承开始地的基层组织、法定继承人等。最高人民法院《关于贯彻执行〈继承法〉若干问题的意见》第43条规定:"附义务的遗嘱继承或遗赠,如义务能够履行,而继承人、受遗赠人无正当理由不履行,经受益人或其他继承人请求,人民法院可以取消他接受附义务那部分遗产的权利,由提出请求的继承人或受益人按遗嘱人的意愿履行义务,接受遗产。"

(二)受遗赠人以其所受利益为限负履行的义务

遗赠负担的范围以受遗赠人所接受的遗赠利益为限。遗赠人确定遗赠负担的限度,不能超过遗赠的利益范围,超过遗赠利益范围的部分为无效。如果遗赠人所设负担超过了遗赠利益的范围,负担受益人无权请求超出遗赠利益范围的负担部分。负担受益人主张负担义务人承担超出遗赠利益范围的部分负担的,负担义务人有权拒绝。

对于确定负担义务是否超出遗赠利益范围的时间标准的问题,可以选择以遗赠发生效力或者受遗赠人承认和接受遗赠时为准;但由于设置负担不得对受遗赠人课以不利益,通说认为应当以负担义务人履行义务时为准,即负担义务人在履行义务时,考察其所履行的义务与其所接受的遗赠利益的量的关系,负担的义务应当少于遗赠利益。如果出现负担利益超出遗赠利益的范围的情况,并非遗赠全部无效,而仅仅超出遗赠利益范围的部分负担无效;如果遗赠利益存在金钱以外的利益,负担义务人不抛弃遗赠而准备履行负担义务时,其遗赠和负担仍然为有效;如果负担义务人与负担受益人对此发生争议,应当提请人民法院裁决。

第三节　特留份

一、特留份概述

（一）特留份的概念

特留份是指法律规定的遗嘱人不得以遗嘱取消的，由特定的法定继承人继承的遗产份额。特留份的实质是通过对特定的法定继承人规定一定的应继份来限制遗嘱人的遗嘱自由，[①]一面承认遗嘱自由主义，尊重被继承人之意思；另一方面为维持其亲属之关系，采取特留份制度，俾继承人不至因被继承人滥用其自由处分权，至于继承开始后，其生活状况或骤受影响。[②] 遗嘱人在设立遗嘱时，如果没有给特留份权利人保留法定的份额，则其相应部分的处分无效。

（二）特留份的沿革

在罗马古代自十二表法后实行遗嘱自由，最初对于遗嘱只是依靠严格的形式要件和可处分的财产性质限制遗嘱自由。后随遗嘱形式的简化，遗嘱自由的限制极少。至共和国末年，因遗嘱人常常不依传统的风俗行事，而把遗产全部遗赠给他人，不留给父母、子女以尽扶养的义务。于是开始对遗嘱自由予以限制，法律规定遗嘱人须为由其扶养的亲属留下一定的财产。如果遗嘱人未给法定继承人留下一定的份额，[③]一定的近亲属得提起遗嘱逆伦之诉，以请求恢复其应继份。[④] 罗马法上的义务份制度后被德国法接受。

现代各国法一般都以特留份来限制遗嘱自由，以防止遗嘱人任意取消法定继承人的继承权。例如，《瑞士民法典》第 470 条中规定："直系卑血亲、父母、兄弟姐妹或配偶为继承人时，其特留份范围以外的财产，被继承人有遗嘱处分权。"依该法第 471 条的规定，特留份的计算为：直系卑血亲各为其法定继承权的四分之三；父母中任何一方，为其法定继承权的二分之一；兄弟姐妹各为其法定继承权的四分之一；生存配偶，如与

---

① 林秀雄：《继承法讲义》，元照出版公司 2006 年版，第 317 页。

② 刘含章：《继承法》，商务印书馆 1946 年版，第 237、238 页。

③ 罗马法规定，遗嘱人应为其留下必要遗产份额即义务份的权利人为卑亲属、尊亲属以及遗嘱人指定不名誉人为继承人时的兄弟姐妹。义务份权利人为 4 人以上时，共得遗产的二分之一，4 人以下时为三分之一。

④ 参见周枏：《罗马法原论》（下册），商务印书馆 2001 年版，第 524、525 页。

他人共同继承时，为其法定继承权的全部，如仅其一人为法定继承人时，为其法定继承权的二分之一。即使原先奉行遗嘱绝对自由的英美国家，也在20世纪通过有关立法对遗嘱自由进行限制，要求遗嘱人对配偶、未婚女子、未成年男子以及其他无生活能力男子之抚养做出适当安排，否则，法院得依此等权利人的请求而命令由被继承人的遗产中取得相当抚养的金额。

（三）特留份的特征

1. 特留份仅为法定继承人所享有

特留份权是法律特别规定的继承人于继承开始后所享有的特别继承权，仅为法定继承人享有，因继承开始而发生。在继承开始前，不发生特留份权，丧失继承权或者放弃继承权的继承人都不能享有特留份权。

2. 特留份是对遗嘱自由的限制

特留份是特别为继承人保留的被继承人遗产的一部分，是对遗嘱人自由处分遗产的限制。遗嘱人只有在为特留份权人保留特留份的前提下，才可自由处分其遗产。

3. 特留份为法定的不可侵害的应继份

继承法的原则是，一方面任何人不得侵犯特留份权，继承人只要未丧失或放弃继承权，就享有特留份权，在该权利受到侵害时，特留份权人可以请求恢复；另一方面因特留份权为法定的自继承开始才发生，在被继承人死亡前，放弃特留份的声明不具有法律拘束力。

（四）特留份的性质

关于特留份的性质，有两种不同的主张：一是继承权说，认为特留份作为遗产的一部分，非继承人不得享有，因此，特留份是继承人对遗产继承的权利；二是债权说，认为特留份为特留份权人对于继承人行使的债权。《德国民法典》采纳此说，认可特留份是特留份权人对继承人的债权。

在特留份性质的两种主张中，继承权说较为可采。因为德国法采取完全的金钱返还主义，虽然对利害关系人而言，不会因遗产的现物分割而带来不安与不便，尤其能使继承人得保有大耕地、大工厂及其他重要财产的利益，这是其优点，然而，遗产除遗赠外，非继承人不得继承，有特留份权的人仅限于继承人，从而以特留份视为遗产的一部分，为当然之理，虽因此而导致现物侵害对于利害关系人带来不安与不便，亦为不得已之事。[①]

将特留份的性质认定为继承权，理由是充分的：一方面特留份是法律规定的特留份权利人享有的被继承人不得取消的继承特定遗产份额的权利，是法定继承人才能享

---

① 陈棋炎等：《民法继承新论》，三民书局1999年版，第458、459页。

有的权利,以法定继承权为基础;另一方面,特留份是被继承人遗产的一部分,特留份并不是被继承人遗产的全部,对于特留份以外的遗产,被继承人可以行使自由处分权。作为特留份部分的遗产,并不是被继承人遗产中的某一项或某几项特定的财产,而仅仅是遗产中的一定份额。①

(五)法律规定特留份的必要性

特留份在许多国家继承法都有规定,是遗嘱继承中的一项重要制度,是对遗嘱自由的一种必要限制。我国《继承法》未确立特留份,仅仅规定了保留"必要的遗产份额"即必留份,但特留份与必留份并不相同。②

1. 特留份制度是限制被继承人不当处分遗产的必要措施

反对《继承法》增加规定特留份制度的主要理由之一,是特留份制度限制了遗嘱自由,使被继承人无法自由处分遗产。这个意见是不对的。

诚然,特留份制度确实是对遗嘱自由的限制,但是这种限制是必要的,是保障被继承人继承权利的必要措施。法律规定特留份的实质,是通过对特定的法定继承人规定一定的应继份,来限制遗嘱人不当处分遗产而侵害法定继承人的权利。遗嘱人在设立遗嘱时,如果没有给特留份权利人保留法定的特留份额,则其遗嘱处分遗产的相应部分即应无效,以此保护法定继承人的权利。

我国现行《继承法》没有规定特留份制度,对于被继承人通过遗嘱不当处分遗产,剥夺了法定继承人继承遗产权利的行为无法处置,就会造成法定继承人权利的损害。在司法实践中,出现了被继承人不当处分遗产的情形,法官或者无法应对,眼睁睁地看着法定继承人的权利受到侵害而束手无策;或者不适当地适用公序良俗原则宣告被继承人的遗嘱无效,不仅会使遗嘱继承的优先效力受到破坏,而且会限制遗嘱自由,甚至剥夺了被继承人的遗嘱自由,后果更为严重。例如"泸州'二奶'遗赠案",就是一个典型案例。黄某与其妻蒋某因感情不和而分居,后与张某同居,数年后,黄某患肝癌,张某精心照料。黄某为感激张某,立遗嘱将自己价值大约六万元的部分遗产遗赠给张某,遗嘱经过公证。黄某去世后,张某向法院起诉,主张实现遗嘱,分得这部分遗产。法院以黄某的遗嘱违反公序良俗为由,判决无效,既剥夺了黄某的遗嘱自由权利,也剥夺了张某接受遗赠的权利。这样的做法是不正确的。黄某因与其妻感情不和分居而与张某同居,与包"二奶"完全不同;张某对患病的黄某不离不弃,黄某心存感激,遗赠部分遗产,无论如何也不能认为是违反公序良俗。同时,自由处分自己的遗产是被继承人的合法权利,并非违法。《继承法》如果规定了特留份制度,对于被继承人处分遗

① 史浩明:"我国应建立特留份制度",载《政法论丛》2003 年第 3 期。

② 特留份制度并非只有遗赠才适用,在遗嘱继承中也适用。在本章阐释特留份制度,仅仅是为了篇幅的方便,而不是内容和逻辑的问题。

产是否合法，就看是否违反特留份的法律规定，是否侵害了法定继承人的特留份权。没有侵害特留份权，其遗嘱就是合法的，侵害了特留份权，遗嘱的这一部分就无效。

可见，继承法规定特留份制度是必要的，是在尊重遗嘱自由的同时，也保护法定继承人的合法继承权，是兼顾两种利益平衡的必要措施。

2. 必留份制度不能代替特留份制度

反对《继承法》增加规定特留份制度的另一个理由，是现行《继承法》规定的必留份制度可以替代特留份制度，因而没有必要规定或者单独规定特留份制度。

与外国立法不同，我国《继承法》未规定特留份而规定了必留份制度，即《继承法》第19条规定的"遗嘱应当对缺乏劳动能力又没有生活来源的继承人保留必要的遗产份额"。很多学者认为，《继承法》已经规定了必留份制度，没有必要再规定特留份制度；也有的认为适当扩大必留份制度，将一些必须保留的遗产继承份额与必留份规定在一起就可以了。这个意见也不妥当。

必留份制度在大陆法系和英美法系都不存在，我国《继承法》规定必留份借鉴的是前《苏俄民法典》第535条规定。必留份制度存在的主要问题是：第一，适用范围过窄，适用条件仅限于缺乏劳动能力又没有生活来源的继承人，不能保护其他法定继承人的权益；第二，适用标准存在歧义，规定的"没有生活来源"的认定标准不确定；第三，"必要的遗产份额"是一个不确定概念，在司法实践中操作存在困难。

必留份制度本身就存在问题，且与特留份制度完全不同，因此不能替代。尽管在限制被继承人不当处分遗产，保护被继承人继承权的目的上，两种制度是一致的，但并不能因为有了必留份制度，就否认了特留份制度的价值，也不能将必留份制度予以充实以替代特留份制度。这是因为，特留份制度并不要求法定继承人必须具备缺乏劳动能力以及没有生活来源的条件，只要是法律规定的享有特留份权的法定继承人，被继承人在遗嘱处分自己遗产的时候，就必须给其留下必要的份额，否则，在遗嘱处分的遗产中就必须予以扣除。可见，特留份制度与必留份制度不同，有独立存在的必要，既不能不规定，也不能以必留份制度替代特留份制度，或者合并成一个制度。

二、特留份的主体

各国和地区继承法关于特留份权利人范围的规定并不完全相同。有的规定特留份的权利主体为法定继承人的全部，有的则将特留份的主体限定于法定继承人中的某些人。例如，《德国民法典》第2303条规定："(1)被继承人的晚辈直系血亲被死因处分排除在继承顺序之外的，该晚辈直系血亲可以向继承人请求特留份。特留份为法定继承份的价额的一半。(2)被继承人的父母或者配偶被死因处分排除在继承顺序之外的，享有同样的权利。"《意大利民法典》第536条规定："特留份继承人是那些由法律规定为他们的利益保留一部分遗产或者其他权利的人。他们是:配偶、婚生子女、私生子女以及直系尊亲属。”这些立法例基本上都规定享有特留份的权利人限制在与被继承人较亲近的法定继承人的范围之内。

有的学者从特留份制度以有相互扶养的权利义务的近亲属为特留份主体出发,建议规定第一、二顺序法定继承人为特留份权利人,对公婆(岳父母)尽了主要赡养义务的丧偶儿媳(女婿)也应为特留份人。① 也有学者建议借鉴国外立法经验,在与被继承人较亲近的法定继承人中明确罗列特留份权利人的范围,具体可包括直系血亲卑亲属、父母和配偶,直系血亲卑亲属包括胎儿和代位继承人。② 对此,应当借鉴国外立法例,规定特留份权的主体范围既不宜过宽,也不宜过窄。从我国目前的家庭关系现状及人们的基本道德观念考察,将第一顺序的配偶、父母、子女列为特留份权人是比较适当的。因为被继承人也只是与第一顺序的继承人存在较为紧密的扶养关系,需要被继承人订立遗嘱时为其保留特留份。

三、特留份的算定

特留份数额的计算有两种方式:一是全体特留主义,即以被继承人的全部遗产额为基数,从总遗产额中划出一定比例的财产作为特留份。法国、日本等国采取这种方式,如《日本民法典》第1028条规定,只有直系尊亲属为继承人时,其特留份为被继承人财产的三分之一;在直系卑亲属或配偶为继承人时,特留份为被继承人财产的二分之一。二是个别特留主义,即以各个法定继承人依法定继承时应得的应继份为基数,确定特留份的数额为应继份一定比例。德国、瑞士等国采取了这种方式。如《德国民法典》第2303条中“特留份为法定继承份的价额的一半”的规定。两种方式比较,前一种计算方式较为简单,后一种方式更为合理。

由于全体特留主义在特留份份额的计算上比较简单方便,使被继承人在立遗嘱时很容易知晓自己有权处分的遗产数额和应当保留的遗产数额,也便于法院在处理案件中更好地适用法律,应当采用第一种方式。

在采用全体特留主义方式的基础上,特留份具体数额的算定,应当按如下顺序进行:第一,确定被继承人的遗产数额;第二,以遗产的总额除去遗产债务,以求得积极遗产的数量;第三,在积极遗产数额上加上被继承人生前所为的特种赠与,由此即得出了特留份计算的基数;第四,在上述基数的基础上,乘以特留份权利人的特留份比例,由此算出特留份的具体数额。

---

① 郭明瑞等:《继承法研究》,中国人民大学出版社2003年版,第151页。

② 史浩明:“我国应建立特留份制度”,载《政法论丛》2003年第3期。

第十七章　遗赠扶养协议

第一节　遗赠扶养协议概述

一、遗赠扶养协议的概念及独立地位

(一)遗赠扶养协议的概念

遗赠扶养协议是指遗赠人和扶养人为明确相互间遗赠和扶养的权利义务关系所订立的协议,是我国继承法一项独立的继承法律制度。

在遗赠扶养协议中,需要他人扶养并愿将自己的合法财产全部或部分遗赠给扶养人的为遗赠人,也称为受扶养人;对遗赠人尽扶养义务并接受遗赠的人为扶养人。接受扶养的遗赠人只能是自然人,而进行扶养的扶养人既可以是自然人,也可以是有关组织。作为扶养人的自然人不能是法定继承人范围内的人,因为法定继承人与被继承人之间本来就有法定的扶养权利义务。

(二)遗赠扶养协议的独立法律地位

遗赠扶养协议是我国继承法特有的制度,其法律地位究竟如何,有很大的争论,有三种不同意见:一是合同说,认为遗赠扶养协议属于合同问题,不属于继承的问题,不应在继承法中规定。二是继承说,认为遗赠扶养协议是我国继承立法的

一个创造,具有中国特色。[①] 三是折中说,认为前两种观点都有道理,遗赠扶养协议虽然属于合同问题,但也与遗产的处置相关,在继承法中加以规定未尝不可。[②]

在上述诸种学说中,继承说和折中说占多数,为主流观点,都肯定在继承法中应当规定遗赠扶养协议。但对于遗赠扶养协议在继承法中处于什么位置,意见也有差异:一是把遗赠扶养协议作为遗嘱继承中遗赠的一部分;二是把遗赠扶养协议作为遗产处理的一部分;三是把遗赠扶养协议作为独立部分单独规定。[③]

遗赠扶养协议属于继承制度,它既不同于遗赠,也不同于一般的遗产处理,更不是单纯的合同问题,而应当作为一种独立的继承法律制度对待。

1. 遗赠扶养协议不是遗赠

遗赠扶养协议与遗赠虽然在某些方面具有相似性,比如遗赠人给予受遗赠人遗产,但两者是完全不同的制度。遗赠扶养协议是一种双方法律行为,而遗赠是单方法律行为;遗赠扶养协议具有有偿性,虽然扶养人与被扶养人双方不一定等价,但遗赠是一种无偿行为;在生效时间上,遗赠扶养协议是诺成协议,自扶养人与被扶养人双方意思达成一致时发生效力,而遗赠是死因行为,在遗嘱人死亡时才发生法律效力;在适用方面,遗赠扶养协议具有优先性,在遗赠与遗赠扶养协议并存时,应当先执行遗赠扶养协议。这些方面的差异决定了遗赠扶养协议与遗赠是两种根本不同的继承法律制度。

2. 遗赠扶养协议不是单纯的遗产处理

虽然遗赠扶养协议必然涉及遗产处理,但它并不是遗产处理制度的内容。在遗赠扶养协议中有两个方面:一为扶养;另一为遗赠,而且扶养是遗赠扶养协议的更为重要的方面。在遗赠扶养协议的执行中,由于协议已经对有关财产的遗赠问题作了明确,因此这些遗产的处理也比一般的继承简单得多。可见,遗赠扶养协议具有独立于遗产处理的地位。

3. 遗赠扶养协议也不是单纯的合同问题

基于遗赠扶养协议的订立形式以及有关内容,许多学者认为遗赠扶养协议是合同之一种,没有特殊性,更有人认为遗赠扶养协议属于特别法上的有名合同,是扶养协议与代物清偿预约相融合的结果。[④] 而且在两部民法典草案学者建议稿中都提出对遗赠

---

① 参见刘春茂主编:《中国民法学·财产继承》,中国人民公安大学出版社 1990 年版,第 290 页。

② 郭明瑞等:《继承法研究》,中国人民大学出版社 2003 年版,第 186 页。

③ 在中国社会科学院梁慧星教授主持起草的民法典草案以及中国人民大学法学院王利明教授主持起草的民法典草案中都是把遗赠扶养协议作为独立的部分加以规定的。参见梁慧星主编:《中国民法典草案建议稿》,法律出版社 2003 年版;王利明主编:《中国民法典草案建议稿及说明》,中国法制出版社 2004 年版。

④ 参见王利明主持:《中国民法典学者建议稿及立法理由——人格权编·婚姻家庭编·继承编》,法律出版社 2005 年版,第 607 页。

扶养协议适用合同法的规定。这些观点值得商榷,虽然遗赠扶养协议具有合同的外观形式,而且多表现为书面形式,但并不能简单地将其归结为合同之一种。在我国,遗赠扶养协议承担着一定程度的社会保障功能,扶养人与被扶养人双方虽然签订协议,但该协议未必具有完全的对价。例如,有的遗赠扶养协议中的被扶养人具有很少财产,但扶养人对被扶养人承担的责任却大大超过该财产。另外,将遗赠扶养协议等同于合同,也会导致遗赠扶养协议成为一种逐利行为,诱发道德风险,导致一些财产很少的孤寡老人无法得到扶养。至于有关的遗赠扶养协议适用合同法的建议,也是对我国合同法第2条第2款"婚姻、收养、监护等有关身份关系的协议,适用其他法律的规定"的忽视,因为遗赠扶养协议具有身份的因素。因此,遗赠扶养协议不是合同法中的合同,应当为继承法中的独立制度。

我国《继承法》第31条规定:"公民可以与扶养人签订遗赠扶养协议。按照协议,扶养人承担公民生养死葬的义务,享有受遗赠的权利。""公民可以与集体所有制组织签订遗赠扶养协议。按照协议,集体所有制组织承担该公民生养死葬的义务,享有受遗赠的权利。"其后,1991年司法部《遗赠扶养协议公证细则》对遗赠扶养协议作了专门规定,1996年《老年人权益保障法》第24条规定:"鼓励公民或者组织与老年人签订扶养协议或者其他扶助协议。"该法修订后,第36条规定:"老年人可以与集体经济组织、基层群众性自治组织、养老机构等组织或者个人签订遗赠扶养协议或者其他扶助协议。""负有扶养义务的组织或者个人按照遗赠扶养协议,承担该老年人生养死葬的义务,享有受遗赠的权利。"这些规定都体现了遗赠扶养协议的独立地位,也充分说明了遗赠扶养协议在我国的存在以及不断地完善。

我于1995年在最高人民检察院审查的一件抗诉案件,特别有说服力。1987年2月17日,出家人毛顺清、龙福臣由张廷亮、陈卫华等人在场,况廷达、肖光伦、况忠良代笔,立下遗嘱。遗嘱主要内容为:"毛顺清、龙福臣师徒二人因年高缺乏劳力,……目前生活无人奉养,一旦死了又有谁来安埋?日夜忧思无方可想,只有我的亲外甥梅正仙可以寄托我们的晚年,为此,经亲邻朋友证明,当人移交给梅正仙继承我原建的住房三间,在解放路299号,但我师徒二人的生前生活要梅正仙负责到底,我们死后要梅正仙风光安埋,我自立字据之日起这一屋三间的主权属梅正仙所有,任何人不得侵犯干涉,空口无凭立遗嘱一纸为据。"1987年3月6日,毛顺清、龙福臣与梅正仙到贵州省赫章县公证处公证。公证文书名为"赠与书",主要内容为:"赠与人毛顺清、龙福臣,受赠人梅正仙,赠与人毛顺清、龙福臣在赫章县城关镇解放东路299号有自己修建的土木瓦结构平房三间,面积约60平方米,价值11000元,现因年老多病,又无其他亲人,为减轻国家和人民负担,自愿将上述房屋和压面机及其他家具有条件的赠与侄女梅正仙,从赠与书生效之日起,产权即归梅正仙所有,同时梅正仙必须负责毛顺清、龙福臣的生养死葬。"1987年4月16日，赫章县公证处在出具公证书时，公证员找梅正仙谈话并作记录，梅正仙表示：老人在时负责吃、穿，死时负责安葬。如不尽"赠与书"所说的义务，老人有权收回财产。协议签订后，毛、龙二人将房屋、压面机等交付梅正仙，梅正仙也给毛、龙二人提供了粮食、蔬菜等。同年，梅正仙在征得毛、龙二人同意后，对解放东路299号房屋进行重建，将该房屋拆除并修建成面积为120平方米砖混结构一楼一底的房屋，花费约15000元。拆房之初，毛、龙二人向城关镇居委会借房居住。但房屋建好后，梅正仙并未将毛、龙二人接回，而是将该房用作经营，楼上开旅馆，楼下开餐馆。后双方关系进一步恶化。梅正仙即放弃了对毛、龙二人的扶养，毛、龙二人靠借种他人土地、捡拾破烂和群众的接济维持生活。毛、龙二人多次向居委会、公证处反映梅正仙不尽生养义务。赫章县公证处曾经组织调解，城关镇居委会亦于1990年、1991年两次组织调解。1991年5月25日城关镇居委会调解时，梅正仙承认自己几年来没有尽到义务，对不起老人。但因梅正仙无扶养毛、龙二人的诚意，多次调解均无结果。在城关镇居委会和群众的支持下，毛顺清、龙福臣二人于1991年6月5日向赫章县人民法院起诉，请求解除遗赠关系并归还房屋和其他财产。法院终审认定为双方的法律关系为附条件赠与合同，判决梅正仙给付毛、龙1万元补偿费，房屋所有权归梅所有。最高人民检察院向最高人民法院抗诉，最高人民法院指定贵州省高级人民法院再审，最终认定双方协议的真实性质为遗赠扶养协议，并据此进行判决恶意抢夺老人财产的梅正仙败诉，维护了老人的合法权益。[①] 如果将该案争议作为合同处理，将会出现不良的社会后果。

(三)遗赠扶养协议的内容

《遗赠扶养协议公证细则》第11条规定，遗赠扶养协议应包括下列主要内容：(1)当事人的姓名、性别、出生日期、住址，扶养人为组织的应写明单位名称、住址、法定代表人及代理人的姓名；(2)当事人自愿达成协议的意思表示；(3)遗赠人受扶养的权利和遗赠的义务，扶养人受遗赠的权利和扶养和义务，包括照顾遗赠人的衣、食、住、行、病、葬的具体措施及责任田、口粮田、自留地的耕、种、营、收和遗赠财产的名称、种类、数量、质量、价值、坐落或存放地点、产权归属等；(4)遗赠财产的保护措施或担保人同意担保的意思表示；(5)协议变更、解除的条件和争议的解决方法；(6)违约责任。

二、遗赠扶养协议的特征

(一)遗赠扶养协议为双方法律行为

遗赠扶养协议是自然人生前对自己死亡后遗留遗产的一种处置方式，但同被继承

① 本案例节选于"毛顺清、龙福臣诉梅正仙遗赠扶养协议纠纷抗诉案"，载《中华人民共和国最高人民检察院公报》1999年第2期。

人立遗嘱处分遗产不同，遗嘱继承是一种单方法律行为，而遗赠扶养协议是双方法律行为，须有双方的意思表示一致才能成立。在遗赠扶养协议中存在双方当事人，一方为接受扶养的遗赠人，另一方为扶养人，双方订立协议对有关扶养与遗赠事项进行明确，显然为双方法律行为。有的学者基于遗赠扶养协议的双方法律行为的特征，认为遗赠扶养协议受合同法调整，其订立就须依照合同的订立程序，任何一方不经法定程序和有法定事由不得擅自变更或解除协议。[①] 遗赠扶养协议与合同不同，不能认为凡是双方法律行为就是合同。我国的合同法不能包含一些特殊的双方法律行为，比如婚约。在遗赠扶养协议与合同法的适用方面，一些方面是可以参考适用的，但非简单化的一律适用，还应当考虑遗赠扶养协议的特殊性。

（二）遗赠扶养协议为诺成法律行为

遗赠扶养协议自双方意思表示达成一致时起即发生效力，因此遗赠扶养协议是诺成法律行为。遗赠扶养协议包括扶养与遗赠两个方面，在遗赠扶养协议签订后，扶养人就应当按照遗赠扶养协议的规定履行扶养义务，其发生效力比较明显，但是有关遗赠人的财产遗赠部分却在遗赠人死亡后才会发生转移的效力。对此，遗赠扶养协议的遗赠部分并非死因行为，同遗赠在遗赠人死亡后发生效力的死因行为不同，因为在遗赠扶养协议订立后，实际上该协议的遗赠部分也是发生法律效力的，比如未征得扶养人的同意，遗赠人不得另行处分遗赠的财产。当然，有关遗赠财产在受扶养的遗赠人死亡后才发生转移则属于遗赠扶养协议的履行，而并非遗赠扶养协议于受扶养人死亡时才成立生效。

（三）遗赠扶养协议为要式法律行为

关于遗赠扶养协议的形式，《继承法》未作明确规定。根据遗赠扶养协议的性质，遗赠扶养协议应采用书面形式，不能用口头形式。由于遗赠扶养协议涉及扶养人与遗赠人双方利益，而且存续时间较长，法律对其形式采取严格要求。规定采取书面形式，有利于维护双方当事人的利益，也可以避免不必要的纷争，还可以具有证明的作用。我国的公证实践已经确立了遗赠扶养协议的书面形式要求，在《遗赠扶养协议公证细则》第 8 条明确规定当事人应当向公证处提交遗赠扶养协议。

有人主张，遗赠扶养协议不仅要以书面形式作成，而且应经过公证或请无利害关系人到场见证。遗赠扶养协议是双方当事人的私法行为，只要双方意思表示一致即可生效，书面形式是法律的考量在形式上的要求，没有必要必须经过公证或必须有无利害关系的见证人在场见证，而且强制公证也不经济。只要存在书面形式的遗赠扶养协议，是双方当事人的真实意思表示，而且合法，该遗赠扶养协议就为有效。有关当事人

---

① 参见郭明瑞等：《继承法》，法律出版社 2004 年版，第 220 页。

可以基于自身的考虑到遗赠人或扶养人的住所地公证处进行公证，提交有关证据和材料，在公证处进行审查后出具公证书。

（四）遗赠扶养协议为双务有偿法律行为

遗赠扶养协议是当事人双方都负有一定义务的法律行为，属于双务法律行为。在遗赠扶养协议中，通过协议确定扶养人负有负责受扶养人的生养死葬的义务，受扶养人也有将自己的财产遗赠给扶养人的义务。遗赠扶养协议是一种有偿的法律行为，任何一方享受权利都以履行一定的义务为对价。扶养人不履行对受扶养人生养死葬的义务，则不能享有受遗赠的权利；受扶养人不将自己的财产遗赠给扶养人，也不享有要求扶养人扶养的权利。

（五）遗赠扶养协议具有效力优先性

我国《继承法》规定，遗赠扶养协议具有效力优先性，在自然人死亡后，如果遗赠扶养协议与遗赠、遗嘱继承并存，则应当优先执行遗赠扶养协议。遗赠扶养协议在发生继承时具有最优先的效力。《继承法》第5条明确规定："继承开始后，按照法定继承办理；有遗嘱的，按照遗嘱继承或者遗赠办理；有遗赠扶养协议的，按照协议办理。"

三、遗赠扶养协议与继承契约

遗赠扶养协议作为我国继承法的一项创造，同国外的有关制度存在相似之处，比如继承契约制度，应当准确区分它们的界限。

国外继承法的继承契约制度也称继承合同，[①]是指两个或两个以上的家庭成员（主要是夫妻或未婚夫妻）之间所订立的关于遗产继承的合同，是被继承人与对方订立的关于继承或遗赠的协议，继承契约订约的相对人虽可为任何人，但以法定继承人为常见，受益人也不限于订约的相对人，可以为第三人。

目前世界上对继承契约有两种不同的立法例：一种是明确承认继承契约，如德国、瑞士、匈牙利、英国、美国等；另一种是否定继承契约的效力，甚至明文规定禁止订立继承契约，如法国、日本和我国台湾地区在解释上亦采取否定态度。

订立继承契约的主体可以是被继承人与继承人，如夫妻之间、家庭成员之间；也可以是被继承人与非继承人之间，如德国民法典所反映的继承契约多发生在订有婚约的未婚男女之间，并可以与婚姻契约结合在同一证书中。继承契约的内容通常的内容是：(1)指定继承人或受遗赠人；(2)商定遗产分配方式；(3)约定承担扶养义务或支付

---

① "继承合同是被继承人指定继承人以及做出遗赠和遗产信托、抛弃继承权的合同，通过这种合同，他方当事人被指定为其相续人或与其对继承权为处置。"参见徐国栋主编：《绿色民法典草案》，社会科学文献出版社2004年版，第292页。

终身定期金;(4)规定遗嘱负担;(5)约定将来不撤销遗嘱;(6)声明被继承人不立遗嘱或继承人放弃继承权。

继承契约一般有如下特征:一是继承契约是双方法律行为,其主体的意思表示是对应互动的一致,具有一般民事合同的共同特性;二是继承契约双方的权利义务可以是单务无偿性的,也可以是双务有偿性的,要根据其内容来确定;三是继承契约一旦订立,即对双方产生一定的法律拘束力,尽管继承契约中的某些内容在被继承人死亡时其效力才能实现,但在其实现前,双方均应消极地受其约束,不得为积极的违约行为;而关于承担扶养义务或支付终身定期金的义务只能在被继承人生前积极履行;四是继承契约的撤销有严格要求,只能由契约双方当事人协议撤销或者基于法定事由撤销或废除。①

我国的遗赠扶养协议与外国法上的继承契约相似,两者都是双方法律行为,而且协议的双方都应当接受协议的约束。有人认为继承合同与遗赠扶养协议的关系上,"遗赠扶养协议是继承合同的一种,扶养人据此承担被继承人生养死葬的义务,享有受遗赠的权利"。② 更有学者认为可以考虑以继承契约代替遗赠扶养协议,因为继承契约既可以约定继承,又可以约定遗赠,适用性更强。③

遗赠扶养协议与继承契约毕竟是两种不同的制度,二者不能替代。它们在下列方面不同:第一,订立协议的主体不同,遗赠扶养协议的双方当事人为遗赠人与扶养人,而且扶养人可以为自然人或者组织,而继承契约的主体主要是家庭成员之间,尤其是夫妻之间;第二,受益人不同,遗赠扶养协议的受益人就是扶养人,而继承契约的受益人常为法定继承人,也可为第三人;第三,权利义务关系不同,遗赠扶养协议包括扶养人对遗赠人的扶养义务与遗赠人对扶养人遗赠财产的义务,而继承契约指定的继承人、受遗赠人一般不承担扶养义务;第四,成立的方式不同,遗赠扶养协议一般采取书面形式,不必进行公证或者见证等特殊程序,但继承契约必须遵照法律明文规定的程序和方式,一般为采取公证遗嘱的方式。

至于将继承合同界定为被继承人与继承人之间就继承权和受遗赠权的取得或放弃问题问题订立的合同,因此主张我国继承法应当承认继承合同的观点,④值得探讨,但是不能以继承合同替代遗赠扶养协议。

---

① 参见麻昌华等:《共同遗嘱的认定与建构》,《法商研究》1999 年第 1 期。

② 参见徐国栋主编:《绿色民法典草案》,社会科学文献出版社 2004 年版,第 292 页。

③ 张玉敏:《继承法律制度研究》,法律出版社 1999 年版,第 286 页。

④ 朱凡:"继承合同效力研究及我国继承合同制度的构想",载陈苇主编:《家事法研究》2006 年卷,群众出版社 2007 年版,第 142 ~ 147 页。

四、遗赠扶养协议的意义

遗赠扶养协议作为我国继承法的一项特色制度，符合我国国情，实现了“规范人事，而服务人世”的立法主旨，对我国现实生活具有重要意义。

（一）有利于保护老年人的合法权益

我国已经步入老龄社会，老年人在整个社会人口中所占的比重将不断加大，整个社会也面临着老年人权益保障问题，应当从各个方面进行应对，比如制定了《老年人权益保障法》。但在一些具体的问题上，基于我国的国情以及一些错综复杂的现实情况，需要一些有利于老年人合法权益保障的举措，遗赠扶养协议即属一例。在现实生活中，随着我国计划生育政策的贯彻执行，一对年轻夫妇担负着四位老人的养老，而且还有的老人面临着无后代养老的现实。虽然我国现有的社会保障措施可以在一定程度上维护老年人的权益，但毕竟老年人的生活并非简单的物质问题，还有精神生活等各方面的需求。通过订立遗赠扶养协议，老年人选择适合自己的扶养人，并明确有关的扶养事项，就可以使老年人的生活有所保障，实现老有所养和养老优化。遗赠扶养协议制度还有激励需要扶养的人的近亲属尽扶养义务的作用。如果近亲属能够很好地善尽扶养义务，需要扶养的人也就没有必要也不会与他人或集体组织签订遗赠扶养协议。

（二）有利于发扬我国的优良传统

中华民族是一个具有优良道德传统的民族，在源远流长的历史传统中形成了尊老、敬老、爱老、助老的优良传统。应当坚持这些优良传统，并且发扬光大。在遗赠扶养协议中，通过协议确定扶养人对老年遗赠人的扶养义务，体现了尊老、敬老、爱老、助老的优良传统，可以使丧失劳动能力的孤寡老人或身边无子女照顾的病、残老人得到扶养和照料，以安度晚年。

（三）有利于减轻国家和社会的负担

需要他人扶养的是缺乏劳动能力的老年人和残疾人。对于这些需要救助的人，我国《宪法》第45条中有“中华人民共和国公民在年老、疾病或者丧失劳动能力的情况下，有从国家和社会获得物质帮助的权利”的规定，国家应当对这些人提供完善的社会保障。由于我国现在的社会保障事业还不能完全满足社会的需要，尤其是在广大的农村社会保障付诸阙如，难以把所有的养老事业全部包下来。遗赠扶养协议制度可以使一些需要扶养的人，尤其无法定扶养义务人的人的生养死葬问题得到解决，使之有可靠的保障，无疑可以减轻国家和社会的负担。

在遗赠扶养协议的意义方面，众多学者都主张遗赠扶养协议有利于更好地解决

"五保户"的扶养问题。[①] 王汉斌在《关于中华人民共和国继承法(草案)的说明》中指出:"在民间,特别是农村,有的老人与扶养人签订遗赠扶养协议,规定扶养人承担扶养老人的义务,享有受遗赠的权利。有些地方缺乏劳动能力又缺乏生活来源的公民与所在集体所有制组织签订'五保'协议,规定集体所有制组织承担供养'五保户'生养死葬的义务。'五保户'死亡后,遗产归集体所有制组织所有。实践证明,从我国目前实际情况出发采取这些办法,有利于对老人的照顾、扶养,对老人安度晚年很有好处。草案将这些好的作法,用法律形式加以肯定。"[②]这种意见值得商榷。我国的遗赠扶养协议同"五保"供养是两种完全不同的制度,或许在农村"五保"供养工作的初期存在一些同遗赠扶养协议相似的地方,但是随着《农村五保供养工作条例》的发布,"五保"供养是集体经济组织践行集体福利的义务,也是社会保障的组成部分,并非集体经济组织可以随意选择的权利。基于我国社会的发展现实以及农村的现状,规定"五保"供养中在某些条件下集体经济组织可以取得"五保户"的遗产,是可以理解的。

遗赠扶养协议对于更好地解决老年人的扶养、发扬优良传统、减轻社会负担、维护受扶养人的利益有重要的作用。修订《继承法》应当坚持这一作法,明确规定遗赠扶养协议,并且可以将遗赠扶养协议进行独立规定。

第二节 遗赠扶养协议的效力

一、遗赠扶养协议效力的概念

遗赠扶养协议的效力是指遗赠扶养协议的法律约束力。遗赠扶养协议自订立之日起就产生法律约束力。

遗赠扶养协议的效力包括两个方面:一方面是遗赠扶养协议的法律适用效力;另一方面是遗赠扶养协议的对人效力,即遗赠扶养协议对扶养人、遗赠人、第三人的效力。

在遗赠人死亡后,要按照遗赠扶养协议向扶养人执行协议约定的遗赠财产。如果遗赠人同时还存在遗赠、遗嘱继承以及法定继承等情形时,遗赠扶养协议的法律适用应依《继承法》第5条规定处理,即"继承开始后,按照法定继承办理;有遗嘱的,按照遗

① 郭明瑞等:《继承法》,法律出版社2004年版,第221~222页。
② 刘素萍主编:《继承法》,中国人民大学出版社1988年版,第320页。

嘱继承或者遗赠办理;有遗赠扶养协议的,按照协议办理。”在法律适用上,遗赠扶养协议具有最高效力,在继承开始后,如果存在合法有效的遗赠扶养协议,则遗赠扶养协议排除遗赠、遗嘱继承以及法定继承的适用。其原因是遗赠扶养协议是遗赠人与扶养人订立的协议,是遗赠人的真实意思表示,也是遗赠人对自己遗产的处分,应当予以尊重。而且遗赠扶养协议是双务有偿协议,同遗赠、遗嘱继承等单务无偿行为相比应当具有更高的效力。

二、遗赠扶养协议的对人效力

遗赠扶养协议由扶养人与遗赠人双方签订,在两者之间产生有关权利义务关系。同时,也会对有关第三人产生效力。

(一)遗赠扶养协议对扶养人的效力

根据遗赠扶养协议的性质,遗赠扶养协议的扶养人依协议的约定负有对遗赠人进行生养死葬的义务和于遗赠人死亡后取得协议中约定的财产的权利。具体的扶养义务及遗赠财产事项,应当根据具体的遗赠扶养协议确定。

1. 扶养人对遗赠人的生养死葬义务

基于遗赠扶养协议的性质,遗赠扶养协议扶养人的扶养义务自协议生效时起即发生效力,并且是继续性的。自协议生效时起,扶养人就须对遗赠人按照协议的约定或者合理情形予以扶养,并且这一扶养义务的履行除协议解除或出现法定事由时不得中断,直至遗赠人死亡。即使于遗赠人死亡时,扶养人还须依协议办理遗赠人的丧葬事宜。扶养人不认真履行扶养义务的,遗赠人有权解除扶养协议,并且对先前扶养费用不必进行补偿。遗赠人不解除协议的,对不尽扶养义务或者以非法手段谋夺遗赠人财产的扶养人,经遗赠人的亲属或者有关单位的请求,人民法院可以剥夺扶养人取得遗赠人遗产的权利;对不认真履行扶养义务,致使遗赠人经常处于生活缺乏照料状况的扶养人,人民法院也可以酌情对扶养人取得遗赠人遗产的数额予以限制。

2. 扶养人取得遗赠财产的权利

遗赠扶养协议的扶养人取得约定遗赠财产的权利自遗赠人死亡后才发生效力,并且以其认真履行扶养义务为前提条件。在遗赠人生前,扶养人不得向遗赠人主张取得协议中约定的财产。扶养人不尽或不认真履行扶养义务的,其依协议约定的取得财产的权利将会丧失或部分丧失。为了保障扶养人可以取得约定遗赠的财产,未征得扶养人的同意,遗赠人不得另行处分遗赠的财产,但对该财产享有使用权。

遗赠扶养协议与收养协议不同。因遗赠扶养协议的签订对遗赠人承担生养死葬义务的扶养人,与遗赠人并不形成拟制的血亲关系,与其自己的亲属也并不因此解除法律上的权利义务关系。因此,扶养人取得受遗赠的财产不能影响其继承父母及其他亲属的遗产,扶养人继承了其父母或其他亲属的遗产也不影响其依遗赠扶养协议取得受遗赠的财产。

(二)遗赠扶养协议对于遗赠人的效力

遗赠扶养协议对遗赠人的效力表现为遗赠人有权要求扶养人履行扶养义务,并负有于其死亡后将协议中约定的财产能够为扶养人取得的义务。

由于遗赠扶养协议是以遗赠人将其协议约定的财产于死亡后为扶养人取得为条件而受扶养的,因此,扶养人对于将来可成为遗赠人遗产的财产,享有期待利益。尽管扶养人取得遗赠人遗产的权利在遗赠人死亡时才发生效力,在遗赠人生前不能主张其权利,遗赠人仍对财物享有完整的所有权,但由于扶养人对协议中约定的财产已经享有期待权,遗赠人若处分协议中约定的财产则会侵害扶养人的权利。因此,如何处理遗赠人的所有权与扶养人的期待权之间的关系是十分重要的。为平衡扶养人与遗赠人两者之间的利益,遗赠人不得擅自处分协议中约定的财产,如征得扶养人事先同意或事后认可的,遗赠人可以处分协议中约定的财产。

(三)遗赠扶养协议对于第三人的效力

遗赠扶养协议虽然在遗赠人与扶养人之间签订,但是除了对遗赠人、扶养人双方的效力之外,对协议之外的遗赠人的继承人、受遗赠人也会产生一定的法律效果,即遗赠扶养协议对于第三人的效力。此外,由于遗赠扶养协议的履行期间,遗赠人与扶养人对遗赠财产虽然作了约定,但遗赠人依然占有使用该财产,因此基于该约定遗赠的财产遗赠人会与其他第三人发生关系,对第三人也会因此产生一定的法律效果。

1. 对遗赠人的继承人、遗赠人的效力

遗赠扶养协议并不以遗赠人没有法定继承人为前提,在被继承人死亡后,有遗赠扶养协议的,就须先执行遗赠扶养协议,而后才能进行继承。只要是遗赠扶养协议中约定遗赠的财产,就应依协议由扶养人取得,不论是受扶养人遗嘱中指定的继承人还是遗赠人的法定继承人均不得主张取得该财产。因此,遗赠人死后占有约定遗赠财产的继承人有将遗赠财产转移给扶养人的义务。如果遗赠人死亡时还留有遗赠扶养协议所约定的财产之外的遗产的,则根据遗赠人的意愿对该遗产进行遗赠、遗嘱继承或者法定继承。

2. 对其他第三人的效力

对于在遗赠扶养协议存续期间与遗赠人基于约定遗赠的财产发生关系的继承人或受遗赠人之外的其他第三人。例如,遗赠人未经扶养人同意而转让财物给第三人,遗赠扶养协议也具有约束力。对此,德国民法中的继承契约的有关规定值得借鉴。《德国民法典》第2286条规定,被继承人以法律行为生前处分自己财产的权利,不因有继承契约而受限制。当被继承人滥用权利时,[①]扶养人可以在被继承人(赠与人)赠与他人时,并在取得遗产权利后,行使不当得利请求权;在被继承人(赠与人)将财产毁损、损坏时,享有以物上价额为限的请求权或者请求取回权及除去负担权。对于遗赠扶养协议,在遗赠人擅自处分财产,致使扶养人无法实现取得遗赠人遗产的权利时,扶养人有权解除遗赠扶养协议,并得要求遗赠人补偿其已经支付的扶养费用。若扶养人不解除遗赠扶养协议,该处分行为若为有偿的,第三人可以取得受让的财物;若该处分行为是无偿的,扶养人可以在取得遗产权利后向该财物的非善意取得人主张返还不当得利。

三、遗赠扶养协议作为遗产处理根据的效力

遗赠扶养协议也是遗赠人在生前对其财产所作的一种处分,也是遗产处理的依据之一。而且遗赠扶养协议在处理遗产上有最优先的效力。因此,遗赠扶养协议作为遗产处理的根据非常重要,需要在遗赠人死亡后,扶养人应当对遗赠扶养协议进行证实,以将遗赠人与扶养人签订的协议作为遗产处分的根据。由于遗赠扶养协议通常为采取书面形式的要式行为,扶养人提交书面的遗赠扶养协议即可。

我国公证业务存在遗赠扶养协议公证,国家公证机关根据当事人的申请,依法证明遗赠人与扶养人之间签订协议行为的真实性、合法性。遗赠扶养协议公证并不是遗赠扶养协议的生效要件,遗赠扶养协议公证对该协议的生效没有影响,遗赠扶养协议只要自双方当事人的意思达成一致即可生效。不过,遗赠扶养协议公证是对协议的真实性、合法性的公证,遗赠扶养协议公证可以在当事人对协议的真实性、合法性发生争议时发挥重要作用,证明该协议的合法有效,并且可以予以强制执行。

---

① 如果被继承人(赠与人)以损害扶养人为目的进行赠与、转让、设置财产负担,则构成权利滥用。权利滥用的结果,一方面受害人可以要求提起无效之诉;另一方面权利滥用也可构成侵权。参见王泽鉴:《民法总则》,中国政法大学出版社 2001 版,第 551、552 页。

第四编　遗 产 处 置

第十八章　遗产处理

第一节　继承开始

一、继承开始的概述

继承开始是指因一定法律事实的发生导致继承法律关系的发生。任何民事法律关系的产生都须以一定的法律事实为根据,继承法律关系亦不例外。能够引起继承法律关系发生的法律事实,就是继承开始的原因。

与合同等一般民事法律关系开始的原因不同,继承的开始不是基于法律事实中的行为,而是基于被继承人死亡这一法律事实中的事件。现代各国继承法规定的继承制度都仅限于财产继承,这种继承只有在被继承人丧失了民事权利能力而不能成为自己财产的权利主体时,才能发生。因此,被继承人的死亡是继承开始的唯一原因。被继承人的死亡分为自然死亡和宣告死亡,都导致继承的开始。我国《继承法》第 2 条对继承开始作了明文规定:"继承从被继承人死亡时开始。"最高人民法院《关于贯彻执行〈继承法〉若干问题的意见》第 1 条进一步规定:"继承从被继承人生理死亡或宣告死亡时开始。"

现代民法为纯粹的财产继承,如果被继承人没有遗留遗产,继承也不能开始。如果被继承人仅仅遗留债务是否开始继承,日本判例认为,被继承人虽仅有债务,亦应继承之。[①] 现代社会继承法多为限定继承,如果被继承人仅仅遗留债务,则根据限定继承的有限责任,通常不会发生仅仅对债务的继承。但这不是否认其继承的性质,一方面,有的继承人愿意继承债务,难道不是继承吗?另一方面,因限定继承而不继承,是放弃继承权而不是否认其为继承。因此,应当赞成日本判例的做法。

二、继承开始的意义

(一)确定遗产的范围

遗产是被继承人死亡时所遗留的个人合法财产,是继承法律关系的客体。在被继承人死亡以前,其生前享有的各种财产经常处在不断变动之中,财产的数额、形态等都会发生变化。因此,遗产范围的确定只能以继承开始为准。只有在继承开始时,尚存的属于被继承人的财产才能确定为遗产。在继承开始以前,被继承人已经处分的财产不再属于被继承人的遗产。特别是在被继承人与他人共有财产时,如夫妻共有财产、家庭共有财产等,虽然在遗产分割前并不一定把被继承人的遗产与他人的财产分开,但在分离出他人财产时,只能按继承的开始确定共有关系的终止。在实践中,继承开始后,继承人并不立即分割遗产,继承开始与遗产分割之间往往有一段间隔时间。在这段时间内,遗产可能会发生一定的变化,如发生毁损灭失、产生孳息等,可能会影响遗产的范围,但这属于遗产的保管、使用收益的问题,与继承开始在确定遗产范围的效力上没有关系。

(二)确定继承人的范围

继承开始后,继承人的继承期待权即转化为继承既得权,产生了具体的继承法律关系,只有具备继承资格的人,才能成为继承人,才有权要求取得遗产。

首先,只有在继承开始时与被继承人具有近亲属身份关系的人才能享有继承权。在继承开始时已与被继承人解除婚姻关系或法律上的扶养的人,不为继承人。

其次,只有在继承开始时生存的法定继承人或遗嘱继承人,才能享有继承既得权,可以按照法律规定或遗嘱指定继承被继承人的遗产。在继承开始时,法定继承人已经死亡的,如果已死亡的法定继承人为被继承人的子女,则该子女的应继份由其晚辈直系血亲代位继承;如果已死亡的法定继承人不是被继承人的子女,则已死亡的法定继承人丧失继承资格,也不存在代位继承。在继承开始时遗嘱继承人已经死亡的,被指定的遗嘱继承人也丧失了继承人资格。当然,如果在继承开始时,法定继承人或遗嘱继承人仍生存,只是在遗产分割前死亡的,则他们仍然具备继承资格,享有继承权,就

① 参见史尚宽:《继承法论》,中国政法大学出版社 2000 年版,第 148 页。

会发生转继承。

最后，在继承开始时，即使生存的法定继承人或遗嘱继承人也并非一定享有继承权。如果继承人丧失了继承权，则不能再作为继承人参加继承。只有在继承开始时，没有死亡也没有丧失继承权的人，才具备继承资格，才能作为继承人参与继承法律关系。

（三）确定遗产所有权的转移

在被继承人死亡后，因为其民事权利能力消灭，死亡的被继承人自不能对其所遗留下的财产再享有所有权。根据当然继承主义，继承开始后被继承人的遗产所有权便转归继承人。继承人为一人的，继承人单独继承，取得遗产的单独所有权；继承人为多人的，继承人共同继承，遗产归共同继承人共有。

（四）确定继承人的应继份

同一顺序法定继承人继承遗产的份额，一般应当均等，在特殊情况下也可以不均等。确定每个继承人的应继份，不是以遗产分割的时间为准，而是按照继承开始时确定的遗产总额计算。在分配遗产时，根据继承人的具体情况，有的应当予以照顾，有的可以多分，有的应当不分或少分。对于需要特别考虑的继承人的具体情况，应当以继承开始时的状况为准。例如，继承人是否属于生活有特殊困难的缺乏劳动能力的人，应当以继承开始时的具体情况加以确定。

（五）确定放弃继承权及遗产分割的溯及力

继承人在继承开始后至遗产分割前，可以放弃继承权。继承人放弃继承权，意味着继承人不参加继承法律关系，从继承开始就对遗产不享有任何权利。最高人民法院《关于贯彻执行〈继承法〉若干问题的意见》第 51 条规定："放弃继承的效力，追溯到继承开始的时间。"继承开始后，继承人可以具体确定遗产的分割时间。但无论何时分割遗产，其效力都应溯及到继承开始。

（六）确定遗嘱的效力及执行力

遗嘱人立有合法有效的遗嘱是遗嘱继承产生的法律事实之一。遗嘱虽然是遗嘱人生前的意思表示，但发生效力的时间也是在继承开始之时，即遗嘱人死亡之时。在继承开始之前，遗嘱不发生法律效力，遗嘱人可以变更或撤销遗嘱。继承开始，遗嘱即发生法律效力，同时具有了执行力。有时遗嘱继承的具体情况的确定亦取决于继承开始。例如，遗嘱是否为缺乏劳动能力又没有生活来源的继承人保留了必要的遗产份额，就应按遗嘱生效时该继承人的具体情况确定。

（七）确定 20 年最长时效的起算点

继承人享有回复恢复请求权，在其继承权受到侵害时，可以行使该请求权，请求人民法院予以保护。根据《继承法》第 8 条的规定，继承权受到侵害，向人民法院请求保护的期间,“从继承人知道或者应当知道其权利被侵犯之日起计算。但是,自继承开始之日起超过20年的,不得再提起诉讼。”继承开始是确定20年最长时效的起算点。

三、继承开始时间的确定

继承开始的时间就是被继承人死亡的时间。对于继承开始时间的确定是对被继承人死亡时间的确定。对被继承人死亡时间的确定包括自然死亡和宣告死亡两种死亡情形。

(一)自然死亡时间的确定

自然死亡又称生理死亡,是指自然人的生命的终结。如何认定生理死亡时间,历来有种种学说,如脉搏停止说、心脏搏动停止说、呼吸停止说等。随着现代医学的发展,移植器官手术的成功和完善,各国又普遍提出了脑死亡说。当前在我国司法实践中,还是以呼吸停止和心脏搏动停止为生理死亡的时间。

具体的继承开始时间可按下列情况确定:一是医院死亡证书中记载自然人死亡时间的,以死亡证书中记载为准;二是户籍登记册中记载自然人死亡时间的,应当以户籍登记的为准;三是死亡证书与户籍登记册的记载不一致的,应当以死亡证书为准;四是继承人对被继承人的死亡时间有争议的,应当以人民法院查证的时间为准。

(二)宣告死亡时间的确定

宣告死亡的时间应当如何确定,我国司法解释不完全一致。按最高人民法院《关于贯彻执行〈继承法〉若干问题的意见》第1条规定,“失踪人被宣告死亡,以法院判决中确定的失踪人的死亡日期为继承开始的时间”,即人民法院宣告死亡判决确定的失踪人死亡的时间就是失踪人的死亡时间。而按最高人民法院《关于贯彻执行〈民法通则〉若干问题的意见(试行)》第36条规定,“被宣告死亡的人,判决宣告之日为其死亡的日期”。究竟是以哪一个时间作为宣告死亡的时间,有的学者将两者折中为:人民法院宣告判决中确定的失踪人的死亡日期,视为失踪人的死亡日期。判决中没有确定其死亡日期的,则以判决生效的日期为失踪人的死亡日期。① 两个司法解释虽然都是最高人民法院作出的,但先后时间不同,《关于贯彻执行〈民法通则〉若干问题的意见(试行)》时间在后,根据该司法解释第200条规定:“最高人民法院以前的有关规定,与民法通则和本意见抵触的,各级人民法院今后在审理一、二审民事、经济纠纷案件中不再适用。”故应当以最高人民法院《关于贯彻执行〈民法通则〉若干问题的意见(试行)》第36条来确定宣告死亡的时间,即判决宣告之日为失踪人死亡的时间。如果在判决中已经确定了失踪人死亡时间的,应当以判决书确定的死亡时间为宣告死亡之人的死亡

---

① 参见佟柔主编:《中国民法》,法律出版社1990年版,第83页。

时间。

（三）互有继承权的继承人在同一事故中死亡的时间确定

两个以上互有继承权的人在同一事故中死亡，如果不能确定死亡先后时间的，各死亡人的死亡时间如何确定，直接影响到继承人的利益。解决这一问题，各国立法所采取的方法不尽相同，主要有三种立法例：

1. 死亡在后和死亡在先相结合的推定制

罗马法规定，数人同时遇难而不能确定死亡先后的，推定成熟子女后于父母而死亡，未成熟子女先于父母而死亡。

2. 同时死亡推定制

日本、瑞士、德国和我国台湾地区民法等采取这种立法例。《日本民法典》第32条之二规定："死亡的数人中，某一人是否于他人死亡后尚生存事不明时，推定该数人同时死亡。"《瑞士民法典》第32条第2项规定："如不能证明多数人死亡的先后顺序时，得推定其为同时死亡。"

3. 死亡在后推定制（生存推定制）

英国、法国采取这种立法例。英国1925年《财产法法案》第184条规定："两人同时遇难，不能确定谁先死亡的，年轻者视作较年长者后死亡。"法国是采取死亡在后推定制的典范。《法国民法典》第720条规定："如相互有继承权的数人在同一事件中死亡，无从了解何人死亡在先时，对后死亡推定，依具体的事际情形确定；在无此种情形时，依年龄与性别确定。"第721条规定："在同一事件中死亡的数人均不满15岁，推定其中年龄最大的最后死去。同一事件中死亡的数人年龄均在60岁以上，推定其中年龄最小的最后死去。同一事件中死亡的数人有的年龄不满15岁，有的年龄在60岁以上，推定年幼者后死去。"第722条规定："同一事件中死亡的数人年龄在15岁以上、60岁以下而且年龄相同，或者年龄相差不到1岁，推定男性为后死者。同一事件中死去的数人性别相同，应当采用能够使继承按照自然顺序开始的推定，以此确定后死亡者：依此类推，推定年轻者后死于年长者。"在同死亡者之中，有的属于15岁以下，其他属于15岁以上、60岁以下，或者有的属于15岁以上、60岁以下，其他属于60岁以上的，应当如何推定，《法国民法典》没有明文规定。判例认为，应当推定15岁以上、60岁以下的人后死亡。①

我国《继承法》对互有继承权的数人在同一事故中死亡如何确定其死亡的先后顺序没有作出明文规定。最高人民法院《关于贯彻执行〈继承法〉若干问题的意见》作出解释，确定了死亡在先和同时死亡相结合的推定制。第2条规定："互有继承权的几个

---

① 参见史尚宽：《民法总论》，中国政法大学出版社2000年版，第91页。

人在同一事故中死亡,如不能确定死亡先后时间的,推定没有继承人的人先死亡。死亡人各自都有继承人的,如几个死亡人的辈分不同,推定长辈先死亡;几个死亡人辈分相同的,推定同时死亡,彼此不发生继承,由他们各自的继承人继承。"其确定的规则是,对没有继承人的死亡人和长辈的死亡人(各死亡人都有继承人)实行的是死亡在先的推定制;而对同辈的死亡人(各自都有继承人)实行的则是同时死亡推定制。

最高人民法院确定的死亡在先和同时死亡相结合的推定制,体现了两个原则:保护继承人利益和遵循自然法则。保护继承人利益原则体现了继承法的保护公民继承权的基本宗旨,是可取的;遵循自然法则原则从人的生理角度确定死亡人的死亡先后,亦有道理。但若将自然法则机械地适用,将会产生有违自然法则的后果。如老年长辈与壮年晚辈同时遇难,推定长辈先死亡,完全符合自然法则;但如果壮年长辈与幼年晚辈同时遇难,同样推定长辈先死亡,则就违背了自然法则,其最终结果是损害了某些继承人的继承利益。对此,有学者认为,《法国民法典》根据年龄段确定死亡的先后顺序的规定基本符合自然法则,值得借鉴。修改继承法时,可考虑按下列原则确定死亡人的死亡先后:相互有继承关系的人同一事件中死亡,如不能确定死亡先后时间的,推定没有继承人的人先死亡。各死亡人都有继承人的,若死亡人辈分相同,则推定同时死亡,彼此不发生继承;死亡人辈分不同的,若晚辈未成年,则推定晚辈先死亡;若晚辈已成年,则推定长辈先死亡。① 这种主张是有道理的,在《继承法》未作修改前,仍应当按照《关于贯彻执行〈继承法〉若干问题的意见》第 2 条的规定确定各继承人的死亡时间。

四、继承开始处所的确定

继承开始的处所是继承人参与继承法律关系,行使继承权,接受遗产的场所。在各国继承法中,一般都对继承开始的处所有明确规定。

确定继承开始的处所,有本籍地主义、住所地主义、死亡地主义、财产所在地主义等各种不同主张,②各国立法不尽一致。有的国家规定,继承开始的处所为被继承人的住所地。如《法国民法典》第 110 条规定:"继承开始之地点,依住所确定。"《日本民法典》第 883 条〔继承开始的处所〕规定:"继承于被继承人的住所开始。"《瑞士民法典》第 538 条第 1 项规定:"继承就全部财产,在被继承人最后住所地开始。"有的国家规定,被继承人的住所和遗产所在地都可成为继承开始的处所。

我国《继承法》没有明确规定继承开始的处所,学者对继承开始处所的认识不同。

---

① 参见郭明瑞等:《继承法研究》,中国人民大学出版社 2003 年版,第 198 页。

② 参见史尚宽:《继承法论》,中国政法大学出版社 2000 年版,第 149 页。

有的主张,继承开始的处所应为被继承人的生前住所地;①有的主张,继承开始的处所既是被继承人的生前最后住所地,也是被继承人财产所在地和死亡地;②有的认为,被继承人的生前住所地与被继承人死亡地、被继承人财产所在地都有可能不一致。如果单纯以上述的某一个处所作为继承开始的处所,或者将上述处所都作为继承开始的处所,都不利于继承人行使继承权和接受遗产。因此,我国司法实践采取的以被继承人的生前最后住所地或主要遗产所在地为继承开始的处所,是正确的选择。③

虽然我国《继承法》未对继承开始的处所作出明确规定,但我国《民事诉讼法》第33条第3项规定:"因继承遗产纠纷提起的诉讼,由被继承人死亡时住所地或者主要遗产所在地人民法院管辖。"这一规定对确定继承开始的处所具有参照意义。以被继承人死亡时住所地或者主要遗产所在地来确定继承开始的处所,有利于调查被继承人的遗产,有利于继承人参加继承、接受遗产,有利于分清继承人之间的责任,有利于继承人参加诉讼。④

我国《民法通则》第15条规定:"公民以他的户籍所在地的居住地为住所,经常居住地与住所不一致的,经常居住地视为住所。"被继承人死亡时住所地,就是他的户籍所在地的居住地。如果经常居住地与住所不一致的,经常居住地就是住所地。主要遗产所在地的确定应当根据遗产的具体情况,如果遗产既有动产又有不动产的,一般以不动产所在地为主要遗产所在地;如果遗产属于同类动产,则应以财产的多少为标准确定主要遗产所在地,动产多者为主要遗产所在地;如果不属于同类动产,则应以各处遗产的价值额确定主要遗产所在地,价值高的动产所在地作为主要遗产所在地。

确定继承开始的处所为被继承人死亡时的住所地或主要遗产所在地,具有重要的法律意义:第一,继承开始的处所是继承纠纷的诉讼管辖地。继承纠纷的管辖属于专属管辖,确定由被继承人死亡时住所地或主要遗产所在地为继承开始的处所,就确定了法院的管辖地。这种确定便于法院查明继承开始的时间、继承人与被继承人的身份关系、遗产的范围及继承份额等问题,从而有利于法院正确解决继承纠纷。第二,继承开始的处所关系涉外继承的法律适用。我国《继承法》第36条规定:"中国公民继承在中华人民共和国境外的遗产或者继承在中华人民共和国境内的外国人的遗产,动产适用被继承人住所地法律,不动产适用不动产所在地法律。外国人继承在中华人民共和国境内的遗产或者继承在中华人民共和国境外的中国公民的遗产,动产适用被继承人住所地法律,不动产适用不动产所在地法律。中华人民共和国与外国订有条约、协定

---

① 参见刘春茂主编:《中国民法学·财产继承》,中国人民公安大学出版社1990年版,第519页。
② 转引自刘素萍主编:《继承法》,中国人民大学出版社1988年版,第335页。
③ 郭明瑞等:《继承法》,法律出版社2004年第2版,第188页。
④ 参见郭明瑞等:《继承法》,法律出版社2004年版,第188、189页。

的,按照条约、协定办理。"《涉外民事关系法律适用法》第 31 条至第 35 条规定:"法定继承,适用被继承人死亡时经常居所地法律,但不动产法定继承,适用不动产所在地法律;遗嘱方式,符合遗嘱人立遗嘱时或者死亡时经常居所地法律、国籍国法律或者遗嘱行为地法律的,遗嘱均为成立;遗嘱效力,适用遗嘱人立遗嘱时或者死亡时经常居所地法律或者国籍国法律;遗产管理等事项,适用遗产所在地法律;无人继承遗产的归属,适用被继承人死亡时遗产所在地法律。"

五、继承开始的通知

继承开始的通知是指将被继承人死亡的事实通知继承人或遗嘱执行人,以便继承人及时处理有关继承问题。继承开始后,通知继承人是继承的必要环节,也是继承人行使继承权的前提条件。因此,继承开始后,应当为继承开始的通知。

我国《继承法》第 23 条规定:"继承开始后,知道被继承人死亡的继承人应当及时通知其他继承人和遗嘱执行人。继承人中无人知道被继承人死亡或者知道被继承人死亡而不能通知的,则被继承人生前所在单位或者住所地的居民委员会、村民委员会负责通知。"根据这一规定,负有继承开始通知义务的人,首先是知道被继承人死亡的继承人,即知道被继承人死亡的继承人应当及时将继承开始的事实通知其他继承人和遗嘱执行人。如果继承人中无人知道被继承人死亡,或者虽然知道被继承人死亡却不能通知的(如无民事行为能力),负有通知义务的人是被继承人生前所在单位或者住所地的居民委员会、村民委员会。负有通知义务的继承人或单位如果有意隐瞒继承开始的事实,造成其他继承人损失的,应当承担责任。

关于继承开始通知的具体时间和方式,《继承法》没有明确规定。负有通知义务的继承人或单位,应当及时发出通知,是否及时应当根据具体情况确定;通知的方式应以将继承开始的事项传达给对方为原则,可采取口头方式,也可采取书面方式,还可以采取公告方式。

第二节 遗产管理

一、遗产管理概述

遗产管理是指对死者遗产负责保存和管理的制度。在继承开始后,为了保护遗产不被损毁或散失,必须确定遗产管理人,对遗产进行管理。

在继承开始后到遗产的最终分割、处理时止，必须对被继承人的遗产进行管理。《继承法》关于遗产管理的规定过于简陋，应当借鉴国外立法有关遗产管理的规定予以完善。

关于遗产的管理，各国继承法规主要有两种立法例：(1)由法院或主管官署依职权进行管理。德国、瑞士等国继承法采取此立法例，如《德国民法典》第1960条规定："遗产法院尤其可以命令存放印章，提存金钱、有价证券和贵重物品，以及编制遗产目录，并为成为继承人的人选任保佐人(遗产保佐人)。"(2)由民事法院根据利害关系人或者检察官的请求，指定遗产管理人。法国、日本等国继承法采此立法例，如《日本民法典》第936条中规定："继承人有数人时，家庭法院应从继承人中选任继承财产管理人。"

我国《继承法》仅仅在第24条规定："存有遗产的人，应当妥善保管遗产，任何人不得侵吞或者争抢。"但对于被继承人的遗产无人存有时，如何进行遗产的管理缺乏规定。虽然有学者认为应当结合实际情况，由死者生前所在工作单位或者遗产所在地的继承组织负责管理，①但这还不够，应当借鉴国外立法例，规定遗产管理人制度。

二、遗产管理人的产生

(一)遗产管理人的概念

遗产管理人是指对死者遗产负责保存和管理的人。遗产管理人在许多情形下都存在，比如在法定继承中由承认继承的继承人作为管理人，遗嘱继承中的遗嘱执行人作为管理人，还有无人继承遗产中被指定的遗产管理人。对此，各国继承法都明确作了规定，如《日本民法典》第918条规定："继承人应以对自己固有财产同样的注意，管理继承财产。"

(二)遗产管理人的产生方式

我国《继承法》只规定存有遗产的人保管遗产，对于其他情形下的遗产管理人未能明确。对此可以采取以下四种方式确定遗产管理人：

1. 继承人推选遗产管理人

在继承开始后，由于我国采取当然继承主义，遗产的权利应当归属于各继承人。继承人为一人的，则遗产直接转化为该继承人的个人财产，其进行的管理就是所有权人的管理。继承人为多人的，各继承人皆可为遗产管理人，但为了遗产管理更好地进行，全体继承人可以推选一人或数人作为遗产管理人，由其进行遗产的管理活动。

2. 遗嘱指定遗产管理人

被继承人在遗嘱中明确指定了遗产管理人的，属于被继承人根据自己意志对遗产

① 刘文：《继承法比较研究》，中国人民公安大学出版社2004年版，第348页。

管理事项作出的安排,法律自应尊重,继承人也应当服从。有的被继承人在遗嘱中只是指定有遗嘱执行人,但未另行指定遗产管理人,应当由遗嘱执行人行使遗产管理人的职责。遗嘱指定的遗产管理人并非不可改变,如果遗嘱所指定的遗产管理人未尽其应尽的注意义务或损害继承人及遗产债权人利益的,利害关系人可以请求法院予以撤换。

3. 法院指定遗产管理人

在某些特定的情况下,应当由法院直接指定遗产管理人。可以借鉴《日本民法典》第952条关于"家庭法院因利害关系人或者检察官的请求,应选任继承财产管理人"的规定。在下列情形下,经利害关系人申请,人民法院可以指定遗产管理人:(1)遗嘱未指定遗嘱执行人或遗产管理人、继承人对遗产管理人的选任有争议的;(2)没有继承人或者继承人下落不明,而遗嘱中又未指定遗嘱执行人或遗产管理人的;(3)指定遗产管理人的遗嘱的效力存在争议的;(4)遗产债权人有证据证明继承人的行为已经或将要损害其利益的。

4. 默认的遗产管理人

在遗嘱与法院均未指定遗产管理人,继承人亦未推选遗产管理人的情况下,应由全体继承人共同行使遗产管理人的职责。

为保证遗产的安全,避免遗产的损毁,人民法院在指定遗产管理人之前,经利害关系人的申请,可以对遗产进行必要的处分。即在紧急情况下(如遗产有毁损、灭失危险时),法院可代行遗产管理人的部分职责。①

对于以上遗产管理人,如果是法定继承人、村民委员会、居民委员会担任遗产管理人的,不得辞任,但继承人放弃继承权的除外。遗产管理人的行为已经或者将要损害其利益的,继承人可以请求人民法院更换遗产管理人。人民法院在指定遗产管理人之前,经利害关系人的请求,可以对遗产进行必要处分。

三、遗产管理人的职责

(一)遗产管理人的注意义务标准

关于遗产管理人于执行职务时应尽何种注意义务,学者有两种意见:一种观点认为,管理人的注意义务应根据其是否受有报酬而有不同标准。受有报酬者,应尽善良管理人之注意义务;无偿任职者,则仅需尽与处理自己事务相同之注意义务。② 另一种观点认为,不必区分遗产管理人是否受有报酬,凡遗产管理人一律应以善良管理人之

---

① 郭明瑞、房绍坤、关涛:《继承法研究》,中国人民大学出版社2003年版,第157页。

② 参见戴炎辉等:《中国继承法》,三民书局1998年版,第224页。

义务执行职务。其注意程度,应与宣告失踪人之财产管理人之注意义务相同。① 处理自己事务的注意义务难有统一标准,不仅认定上存在困难,而且对于继承人、受遗赠人、债权人等利害关系人不利。因此,为使遗产债权人、受遗赠人等遗产权利人的利益得到更多保障,应使遗产管理人负善良管理人之注意义务。遗产管理人须忠实、谨慎地履行管理职责,因遗产管理人不当履行上述义务给遗产债权人造成损害的,遗产债权人有权要求遗产管理人承担民事责任。

(二)遗产管理人的职责

1. 查明被继承人是否留有遗嘱,确定遗嘱是否真实合法;

遗产管理人首先应当查明被继承人是否留有遗嘱。如果留有遗嘱,应当确定该遗嘱是否真实、合法。

2. 查明遗产承受权利人、被继承人的债权人、债务人;

随后,遗产管理人应当查明并且通知承受遗产的权利人,包括继承人、受遗赠人、遗赠扶养协议中的扶养人等。也应当查明被继承人的债权人和债务人。

3. 清理遗产并编制遗产清单并公证

清理遗产是指查清遗产的名称、数量、地点、价值等状况。在对有关遗产查清的基础上,遗嘱管理人应当编制遗产清单,要全面、准确地载明遗产的具体情况,既包括对积极财产的记载,也包括对消极财产的记载。遗产清单制作完成后,应当经过公证。

4. 保存遗产所应当采取的必要的处分措施

在遗产管理人管理遗产时,为了足以保护遗产,需要采取必要的处分措施,如变卖易腐物品、修缮房屋、进行必要的营业行为、收取到期债权等。这些必要的处分措施是为了保存遗产而为,必须不能超越必要限度;如果超出限度,则属于遗产管理人的非必要处分行为,对继承人、受遗赠人等造成的损害,应由遗产管理人承担赔偿责任,如遗产管理人将遗产无偿赠与他人,将遗产故意毁坏等。

在遗产管理中,如果有必要进行诉讼的,如为了取得到期债权,遗产管理人可以向法院提起诉讼。

5. 公告及通知

在遗产管理人接受后,遗产管理人应当对已知的继承人、受遗赠人、债权人进行通知,告知继承的开始,使其表明是否受遗赠或申报债权。在无法得知继承人、受遗赠人、债权人时,遗产管理人应当向法院申请公告,公告继承人、受遗赠人、债权人等在公告所规定的期限内申报债权或表明是否受遗赠。

---

① 参见史尚宽:《继承法论》,中国政法大学出版社2000年版,第374页。

6. 清偿债务及执行遗赠

遗产管理人在通知或公告后，对于有关遗产债务应当进行清偿，以遗产的实际价值为限。对遗产债务的清偿应当按照一定的顺序，对同一顺序的债务无法全部清偿的，可以按一定的比例。只有在清偿完毕债务后尚有剩余遗产的，才能按照被继承人的遗嘱执行遗赠。

7. 分割并移交遗产

在继承开始后，如果存有被继承人遗产的人不是继承人，或者是存有遗产的放弃继承权的继承人，应当将遗产进行集中管理。如果只有一个继承人，则应当及时将遗产移交给继承人。如果有两个以上继承人的，则应当进行遗产分割，将分割后的遗产交给继承人。

四、遗产管理人与遗嘱执行人的关系

我国《继承法》规定了遗嘱执行人。虽然遗嘱执行人也能起到遗产管理作用，但是遗产管理人与遗嘱执行人不能完全等同，两者存在区别：

（一）适用范围不同

遗嘱执行人只适用于遗嘱继承的情况，而遗产管理人还可在法定继承、遗赠、无人继承遗产等所有继承事件中设定。

（二）产生方式不同

依照《继承法》第16条的规定和司法实践，遗嘱执行人的确定有以下三种情况：第一，由被继承人生前在遗嘱中指定；第二，遗嘱人未指定遗嘱执行人或指定的遗嘱执行人不能执行遗嘱的，遗嘱人的法定继承人为遗嘱执行人；第三，在没有遗嘱中指定的遗嘱执行人，也没有法定继承人能执行遗嘱时，由遗嘱人生前所在单位或继承开始地的基层组织为遗嘱执行人。而在完善的遗产管理制度中，遗嘱继承的遗嘱执行人同时也是遗产管理人，在法定继承和无人继承遗产中也可以设立遗产管理人。在法定继承中遗产管理人可以由继承人协商确定；而在特定情形下，经利害关系人申请，人民法院可以指定遗产管理人。

（三）担任条件不同

遗嘱执行人必须是完全民事行为能力人；而遗产管理人在少数情况下可能是无行为能力人或限制行为能力人：在仅有一个继承人而该继承人是无行为能力或限制行为能力人的情况下，该继承人是法定的遗产管理人。但无行为能力人的遗产管理行为应当由其法定代理人代理，限制行为能力人则应得到其法定代理人的允许。

第三节 遗产债务的清偿

一、遗产债务的范围

遗产债务的清偿其实就是遗产的清算。[①]

遗产债务是指应当以遗产负责的债务。在继承开始后,被继承人在遗留遗产的同时,也可能遗留下有关债务,在继承开始后还会基于遗产产生一些新的债务,如继承费用。对于这些遗产债务应当进行清偿。

对遗产债务的清偿,前提就是确定遗产债务的范围。有学者认为,"遗产债务即被继承人所欠债务,是指被继承人生前个人依法应当缴纳的税款和完全用于个人生活需要所欠下的债务。遗产债务主要包括以下几类:(1)被继承人依照我国税法的规定应当缴纳的税款;(2)被继承人因合同之债而欠下的债务;(3)被继承人因侵权行为而承担的损害赔偿的债务;(4)被继承人因不当得利而承担的返还不当得利的债务;(5)被继承人因无因管理而承担的补偿管理人必要费用的债务;(6)其他属于被继承人个人的债务,如合伙债务中属于被继承人应当承担的债务,被继承人承担的保证债务。"[②]这种主张与我国《继承法》第33条规定相一致,但有遗漏之处。遗产债务虽然主要是被继承人生前所欠下的债务,但遗产债务比被继承人债务的范围要宽,在继承开始后基于遗产产生的债务也属于遗产债务,应当进行清偿。

遗产债务的范围包括:

(一)被继承人生前所欠债务

被继承人生前所欠债务是遗产债务的主要部分,是被继承人生前因自己的行为所欠下的债务,包括被继承人因合同、侵权行为、无因管理、不当得利所欠债务以及依法应当缴纳的税款等。

(二)继承费用

继承费用是指为完成管理、清算、分割遗产及执行遗嘱而支出的费用。在继承进行中,为完成一定的事项,须要支出一定的费用,如遗嘱执行费、遗产管理费、公示催告费、诉讼费等。这些费用是必须支出的,应从遗产中开支,并应将遗产费用作为享有优

---

① 吴歧:《民法继承》,武汉大学1933年版,第42页。

② 郭明瑞等:《继承法》,法律出版社2004年版,第200页。

先权的债权。因继承人和遗产管理人过失而支出的费用不属于继承费用,应当由有过失的继承人和遗产管理人自己负担。

至于丧葬费用,应当列入遗产债务范围还是列入继承费用范围,日本有学者将丧葬费用列入继承费用之中。[①] 但按《德国民法典》的规定,丧葬费用不能列入继承费用之中,而应当由继承人负担。丧葬费用既不能列入遗产债务,也不能列入继承费用。因为无论从法律上还是从社会道德上,继承人都有义务殡葬已故被继承人。为此支出的费用,应当由负有殡葬义务的继承人负担。如果被继承人生前所在单位负责被继承人的丧葬费用,则继承人无须负担丧葬费用。[②]

(三)酌给遗产债务

《继承法》第14条规定:"对继承人以外的依靠被继承人扶养的缺乏劳动能力又没有生活来源的人,或者继承人以外的对被继承人扶养较多的人,可以分给他们适当的遗产。"这是酌给遗产债务的规定。酌给遗产债务是基于法律规定和扶养事实产生的,属于遗产债务。[③]

(四)遗赠债务

遗赠只是赋予了受遗赠人请求执行遗赠的权利,在本质上属于债权范畴,属于遗产债务。我国继承法理论认为,遗赠是债的发生根据之一,继承开始以后,受遗赠人有权请求有关义务人履行遗赠,交付遗赠财产。

有的认为特留份也属于遗产债务。[④] 我国《继承法》没有规定特留份,但规定了保留必留份。最高人民法院《关于贯彻执行〈继承法〉若干问题的意见》第61条规定:继承人中有缺乏劳动能力又没有生活来源的人,即使遗产不足清偿债务,也应为其保留适当的遗产,然后再按有关规定清偿债务。由此可见,在我国对特定人员保留的必留份不属于遗产债务的范畴,应当是法律予以强制规定的一种特殊应继。

二、遗产债务清偿的原则

(一)有限责任原则

在遗产债务清偿问题上,罗马法起初实行继承人的无限责任原则,即继承人继承的利益不足清偿所继承的债务时,该继承人也须由本身的财产中予以补足,无推卸的理由。至罗马共和国时期,才由大法官赋予继承人以拒绝继承的"不参与遗产权",即在遗产有不足清偿债务危险时,继承人通过将遗产交由遗产债权人处理的方法,免予

---

① 参见史尚宽:《继承法论》,中国政法大学出版社2000年版,第164页。
② 郭明瑞等:《继承法》,法律出版社2004年版,第201页。
③ 张玉敏:《继承法律制度研究》,法律出版社1999年版,第164页。
④ 张玉敏:《继承法律制度研究》,法律出版社1999年版,第164页。

承担责任。然而,遗产状况的调查并非易事,且财产价值时常波动,若令继承人于承担无限责任与放弃继承之间做出非此即彼的选择,对其亦未免过于苛刻。故公元531年罗马皇帝发布敕令,规定继承人若对遗产造具清册,得享受所谓"财产清册利益",也即对遗产债务承担有限责任。[①] 这是现代各国继承法限定继承原则的历史渊源。

限定继承是指继承人对被继承人的遗产债务的清偿只以遗产的实际价值为限,超过遗产实际价值的部分,继承人不负清偿责任。继承人对被继承人的遗产债务不负无限清偿责任,而仅以继承的遗产的实际价值负有限的清偿责任。这对于保护继承人的利益非常有利,可以使继承人通过限定继承免予对遗产承担无限责任。

《继承法》第33条第1款规定:"继承遗产应当清偿被继承人依法应当缴纳的税款和债务,缴纳税款和清偿债务以他的遗产实际价值为限。超过遗产实际价值部分,继承人自愿偿还的不在此限。"这表明,我国继承法采用了限定继承原则。按照这一原则,对超过遗产实际价值的部分,唯继承人自愿偿还的不受限定继承原则的限制,继承人对遗产债务均负有限责任。任何人都不能强迫继承人偿还超过遗产实际价值的遗产债务。即使共同继承人中的某个继承人承担无限责任,亦不对其他继承人发生效力。

(二)连带责任原则

继承人共同继承遗产时,各共同继承人对遗产债务应当负何种责任,各国继承立法有不同的规定,主要有三种立法例:(1)分割责任主义。该立法例认为,各共同继承人对被继承人所负的债务,按各人的应继份承担清偿责任。法国、日本等国民法采取此立法例。(2)连带责任主义。该立法例从保护债权人的利益出发,认为各共同继承人应就被继承人所负的全部债务承担连带清偿责任。德国、瑞士等国民法采取此立法例,我国台湾地区民法典也采取这一立法例。(3)折中主义。按这种立法例,在遗产分割以前,各共同继承人对被继承人债务承担连带责任。但在遗产分割以后,采取分割责任主义,各共同继承人对被继承人债务按其应继份承担按份责任。荷兰、葡萄牙等国民法采取此立法例。[②]

我国《继承法》没有明确规定各共同继承人对遗产债务应当承担何种责任。通说认为我国各共同继承人对遗产债务承担的是连带责任。其理由是:首先,有利于保护被继承人债权人的利益。如果采取分割责任,继承人仅仅按照其应继份承担责任,则债权人可能面临难得清偿的问题,对于债权人实现债权过于繁琐。其次,各共同继承人对遗产系共同共有,依照共同共有的原理,共同继承人对遗产债务也应当承担连带

---

① 参见周枏:《罗马法原论》(下册),商务印书馆2001年版,第472页。

② 参见陈棋炎:《民法继承》,三民书局1985年版,第121页。

责任。最后,《继承法》采取的是限定继承,各共同继承人的连带责任也必须在所继承的遗产价值范围内,不能以继承人的固有财产承担连带责任,因此采用连带责任不会损害继承人原有的利益。

按照连带责任原则,被继承人的债权人有权向共同继承人全体或者共同继承人中的一人或数人请求在遗产实际价值范围内清偿全部遗产债务,任何继承人不得拒绝。尽管共同继承人对外就遗产债务承担连带责任,但在共同继承人内部仍有份额之分。当共同继承人全体或共同继承人中的一人或数人清偿了全部遗产债务时,在共同继承人内部,就应当按照各自遗产份额的比例分担遗产债务。在遗产分割后,各共同继承人仍然要对被继承人的债权人负连带责任。不过,对于遗产分割后的继承人连带责任问题,应当有一定的时间限制。可以借鉴的是我国台湾地区"民法"第1171条第2款规定:"继承人之连带责任,自遗产分割时起,如债权清偿期在遗产分割后者,自清偿期届满时起,经过5年而免除。"我国继承法对此没有明文规定,但这种时间限制具有合理性,应当在修订《继承法》时予以借鉴,进行完善。

有的学者把清偿债务优先于执行遗赠作为一项原则。[①] 我们认为,虽然我国《继承法》第34条规定"执行遗赠不得妨碍清偿遗赠人依法应当缴纳的税款和债务",在遗赠和清偿债务的顺序上,清偿债务优先于执行遗赠。但是这种结果并非某种原则使然,而是由于遗赠作为一种遗产债务同被继承人生前所欠债务在清偿上的顺序不同而已,因为被继承人生前所欠债务较遗赠债务的顺序靠前,所以要先清偿被继承人的生前债务,然后才能执行遗赠。

三、遗产债务清偿的时间

我国继承法没有遗产债务清偿时间的规定。根据一般的民法原理与司法实践的一般作法,继承开始后,继承人或遗产保管人在清点完遗产之后,应当及时通知债权人声明债权,以便于继承人清偿债务。对于已到期债务,继承人应当及时清偿;对于未到期债务,继承人经债权人同意可提前清偿,也可以在分割遗产时保留与债权数额相等的遗产数额,或分配给某一继承人负责清偿。债权人声明债权是否应当有时间限制,在我国法律没有规定的情况下,继承人不能限定期间使债权人声明债权。但如果债权人超过了法律规定的诉讼时效期间而未申请清偿遗产债务,则继承人可以不负清偿责任。

在遗产债务清偿时间问题上,许多国家还作出了限制性规定。如《德国民法典》第2014条规定:"继承人有权拒绝清偿遗产债务,直到接受遗产后最初三个月过去之时,

① 郭明瑞等:《继承法》,法律出版社2004年版,第202、203页。

但不超过遗产清册的编制的时间。”第 2015 条第 1 款规定：“继承人在接受遗产后一年以内提出发布对遗产债权人的公示催告的申请，并且该申请获得准许的，继承人即有权拒绝清偿遗产债务，直到公示催告程序的终结。”《日本民法典》第 928 条规定：“限定继承人在公告期间届满前，可以对继承债权人及受遗赠人拒绝清偿。”《瑞士民法典》第 586 条亦规定：“在制作财产清单期间，不得要求继承人履行被继承人的债务。”可见各国都对遗产债务的清偿时间有所限制，赋予继承人在一定期间内有拒绝清偿债务的权利。这种规定是合理的，有利于保护继承人和全体债权人的利益，防止出现不公平的现象。

四、遗产债务清偿的顺序

遗产债务应当按以下顺序清偿：

（一）遗产管理费用

继承中的遗产债务清偿同破产的债务清偿具有相通性，由于遗产管理、清算、分割等费用的支出不仅是为了继承人的共同利益，也是为了遗产债权人的利益，应当优先清偿。

遗产费用优先清偿的立法例有两种：(1)将遗产管理费用列为遗产债权的首位；(2)将遗产管理费用从遗产中先行拨付，即在清偿遗产债务之前，遗产管理费用已经从遗产中先行偿付了。这两种做法的效果是一样的，都能够保证遗产管理费用得到最优先的清偿。基于遗产费用的遗产债务性质，还是将遗产费用列为清偿顺位的首位为宜。

（二）被继承人生前所欠债务

被继承人的遗产源于被继承人生前所从事的各类法律行为。被继承人生前在进行法律行为以是获得债权为目的，而履行债务则是获得债权的代价，即债务是债权的基础。从这个意义上说，没有被继承人生前的法律行为，没有债务的负担，就没有遗产可言。因此，在清偿遗产债务时应当优先考虑被继承人生前所欠债务的清偿问题。

（三）酌给遗产债务

酌给遗产债务的清偿应当放在死者生前所欠债务的清偿之后。对于继承人以外的依靠被继承人扶养的缺乏劳动能力又没有生活来源的人或者继承人以外的对被继承人扶养较多的人，在清偿遗产债务时，应当向遗产酌给请求权人给付。具体的遗产数量，最高人民法院《关于贯彻执行〈继承法〉若干问题的意见》第 31 条规定：“按具体情况可以多于或少于继承人。”

（四）遗赠债务

遗赠债务放在遗产债务清偿的最后顺位，是其他国家和地区的普遍做法。《日本民法典》第 931 条规定：“限定承认人除非依前二条规定对各债权人进行清偿后，不得对受遗赠人清偿。”我国台湾地区“民法”第1160条规定:“继承人非依前条规定偿还债务后,不得对受遗赠人交付遗赠。”之所以这样规定:一是因为被继承人的债权人一般都是有偿取得债权,存在对价,而遗赠则是无偿的;二是因为被继承人的债务一般在继承开始前就已经发生,而遗赠债务是在继承开始后才发生的。

被继承人遗留的遗产不足以清偿全部遗产债务时,同一顺序的债权按照比例受偿。有缺乏劳动能力又没有生活来源的继承人的,即使遗产不足以清偿债务,也应在清偿前为其保留必要遗产份额。清偿遗产债务后剩余遗产的分配,遗赠扶养协议和继承扶养协议优先于遗赠和遗嘱继承;遗赠和遗嘱继承优先于法定继承。

第四节　归扣

一、归扣制度概述

(一)归扣的概念及含义

归扣是指共同继承人中有继承人在继承开始以前已经从被继承人处受有特种赠与者,在进行遗产分割时应将所得特种赠与计入应继财产,并从该继承人在此基础上算定的应继份中扣除的制度。①

何谓归扣,各国民法规定不一,致使归扣的概念也存在差异。各国民法规定归扣标的物分为两类:其一限于特种赠与,即仅对属于民法典继承部分所明确列举的赠与实行归扣,如婚嫁立业资金、分居、教育费用等,法国、意大利、瑞士、我国台湾地区等属之;其二包括遗赠或特种赠与,即除对上述特种赠与实行归扣外,还对遗赠所得财产进行归扣,德国、日本民法作此规定。根据我国《继承法》的规定,遗赠是指以遗嘱的形式将个人财产赠给国家、集体或者法定继承人以外的人,受遗赠人必须是法定继承人之外的人,这一点与德国、日本不同,德、日两国法定继承人也可以为受遗赠人。而且归扣是从受有财产的共同继承人处归扣,共同继承人之外的人无请求归扣的权利。因此,我国应以第一种立法例为参考。上述界定即采此立场。

(二)归扣的意义

继承权平等原则体现为继承人继承遗产的权利平等,法定继承人的继承财产各有

---

① 由于各国民法规定不同,对归扣还有许多不同称谓,如扣除、结算、合算、冲算等。但无论以何语词表述,其基本原则与内容是基本一致的。

其应继份。继承人中有在被继承人生前因特种原因受有财产的赠与的,如果不并入计算,该继承人不仅保有所得的赠与,而且还取得与其他继承人相同的应继份,这明显有违继承权平等的基本原则,有损于其他继承人的权益。实行归扣,将受赠财产算入应继财产之内,再依此算定共同继承人的应继份,该应继份扣除受赠继承人从被继承人处所受赠与的价额,以其剩余额为该继承人之应得遗产,可以解决这一难题,实现共同继承人之间的公平。实现共同继承人间的公平是归扣制度的根本目的所在,我国在移植归扣制度时亦应以此根本目的为导向,在归扣制度的具体环节上体现遗产分割的公平。

"私有财产神圣不可侵犯"乃近代民法三大基本原则之一。基于所有权人的自由处分权,被继承人因特种原因赠与继承人财产,表征上应属自由处分,但特种赠与是否是被继承人对继承人的真意赠与,国外采纳归扣立法的国家大多认为特种赠与的价额甚巨,关涉其他共同继承人的切身权益,为实现共同继承人间的公平,乃拟制被继承人于特种赠与时,无反对表示者,由法律推测其非以无偿给与财产的意思而为交付,与普通赠与不同。我国台湾地区司法实务认为,生前特种赠与为应继份的前付。[①] 我们认为,虽被继承人有特种赠与的意思表示,但考虑到社会生活的实际情况,可能被继承人的真意并非为普通的赠与,拟制被继承人应继份前付的意思的观点可以采信。生前特种赠与乃应继份前付的性质,是归扣制度的理论基础,只有透彻理解生前特种赠与的这种性质,才能明了归扣的具体运作,也才能实现归扣的制度目的与价值功能。我国移植国外的归扣制度,应当接受生前赠与乃应继份前付的性质,并在此理论基础上构筑我国生前特种赠与归扣制度。

(三)归扣的立法例借鉴

关于归扣,在国外有两种立法例。一为非归扣主义,为丹麦、挪威、墨西哥等国家所采。该立法例的理论基础认为被继承人有处分财产的自由,只要不违反特留份的规定,继承人没有以被继承人生前所赠与的特种利益补偿其他继承人的必要。另一为归扣主义,自罗马法以降,为大多数国家所采取。在罗马法中,"已解放和已出嫁的直系卑亲属,和仍处在家长权下的子女一样享有对其父系血亲尊亲属的继承权。但前者的劳动所得,或者得到的赠与、遗赠以及嫁奁归他们自己所有;而仍在家长权下的子女等,他们的劳动所得和接受的赠与、遗赠等,都要放在家里归家长所有或用益。于是产生了不公平现象。大法官法为了补救此项缺陷,便创设一种'财产加入'

---

① 民国最高法院27年上字第3271号判例要旨认为:"被继承人在继承开始前,因继承人之结婚、分居或营业而为财产之赠与,通常无使受遗赠人特受利益之意思,不过因遇此等事由,就其日后终应继承之财产预行发给而已。故除被继承人于赠与时,有反对之意思表示外,应将该赠与价额,加入继承开始时被继承人所有之财产中,为应继财产。"

(collatiobonorum),简称‘加入’(collatio)制度,一方面允许脱离家长权的子女等回到生父家继承其父的遗产,另一方面则要求他们将在脱离家长权期间的劳动所得或接受的赠与、继承的遗产等,加入其父的遗产中去,与其他继承人共同分配。可见,‘加入’制度的实质,是将所有直系晚辈血亲的财产都计入遗产的范围之内,让全体继承人在平等的条件下分配遗产。”[①]由于此种制度在共同继承人间遗产分割上,颇为公平合理,遂为后世法国、德国、日本、瑞士等绝大多数大陆法系国家所采。我国《继承法》的历史条件所决定,归扣制度尚付阙如,但我国现实生活中,尤其是广大的农村,大量存在生前特种赠与的做法,而且一般民众的继承中也承认传统的归扣习惯。“当代人的社会实践中已经形成或正在萌芽发展的各种非正式制度是更重要的本土资源”,[②]为此有必要在修订《继承法》时规定归扣制度,真正实现民法“规范人事,而服务人世”的功用与价值。

二、归扣的要件

归扣须存在于共同继承中,只有在共同继承中,由于继承人为多数,才有必要对遗产进行分割,才会出现归扣问题。如果只有一个继承人,该继承人承受全部遗产,没有必要进行归扣。继承人以外的人即使生前受有赠与,是普通赠与关系,不发生归扣。此外,归扣还须具备主体、客体与无免除归扣意思表示的要件。

(一)归扣的主体要件

归扣的主体,包括归扣义务人与归扣权利人。

1. 归扣义务人

归扣义务人是指从被继承人处受有特种赠与的继承人。确定归扣义务人主要由以下几个问题:

第一,在为被代位继承人受有特种赠与时,代位继承人是否为归扣义务人。首先,代位继承人系承袭被代位人的应继份,且生前特种赠与在性质上乃是应继份的前付,代位继承人的应继份包括被代位人的特种赠与。在遗产分割时,将被代位人的生前特种赠与归入遗产,的公正合理的。否则,有违生前特种赠与为被继承人对受赠人应继份前付的意思,而且使其他共同继承人于被代位人生存时本可期待归扣的利益,却因为被代位人的死亡而丧失,不能实现共同继承人间的公平。因此,代位继承人应负担归扣义务。我国代位继承仅限于被代位人死亡一种情形,在发生代位继承时,被代位人所受的生前特种赠与许多已归代位继承人所继承,所以令其承担归扣义务诚属合

---

① 周枏:《罗马法原论》,商务印书馆 1996 年版,第 533 页。

② 苏力:《法治及其本土资源》,中国政法大学出版社 1996 年版,第 14 页。

理。其次,为代位继承人从被继承人处受有特种赠与时,是否应负担归扣义务?对此,外国立法不一致,德国法认为被代位继承人所受的特种赠与是否负担归扣义务,应依其何时成为代位继承人而定。他尚未成为代位继承人以前的特种赠与,则无归扣义务;反之,成为代位继承人后才受特种赠与的,则有归扣义务。法国法以继承开始时间为标准,在继承开始前凡被代位人或代位继承人受有赠与时,均负担归扣义务。① 应当采纳的立场是,根据生前特种赠与的应继份前付性质,被继承人在被代位人死亡前对代位继承人为特种赠与者,没有将该赠与作为应继份前付的意思,"祖父对孙辈为赠与时,会预想其子会死亡,实殊难想象",②可见该赠与应为普通赠与,代位继承人不负归扣义务。而被代位人死亡后,被继承人对代位继承人所为特种赠与,显属应继份前付的性质,应予归扣。

第二,对抛弃继承权人的归扣义务,学者主张不一。有学者主张,"抛弃继承权之人,纵令受有特种赠与,亦不负归扣义务,因其与继承不发生关系。"③有的主张"其已为继承之抛弃者,纵令受有特别赠与,亦不负扣除之义务,盖此时可推测被继承人对于受赠与之继承人有与此特别利益之意思,虽使返还其超过额,该继承人亦得抛弃其继承而免其义务也。"④还有学者主张,"只要抛弃继承人受有特种赠与,均应先将特种赠与额归入于继承开始当时之遗产为应继财产,俟查明其他共同继承人之特留分有无受侵害,始能作最后决定,以之谋求共同继承人间之相对的公平。"⑤归扣制度的立法目的在于维持共同继承人之间的公平,且被继承人有以生前赠与为应继份前付的意思,但抛弃继承权人,既无继承权,也不再是共同继承人,更无应继份可言;若以抛弃继承权人为归扣义务人则与归扣的概念相背离,故应不认可抛弃继承权人为归扣义务人。如果受有巨额特种赠与的继承人,借口抛弃继承免除返还义务,不仅对其他共同继承人有欠公允,还会有害于被继承人的债权人的利益,容易导致被继承人与抛弃继承权人的通谋逃避债务。生前特种赠与乃应继份前付,若继承人因抛弃继承权而无继承权,其应继份应归属于其他共同继承人,抛弃继承权人应无资格接受应继份前付性质的特种赠与。台湾民法学界有学者主张,"为维护其他共同继承人之公平,也为贯彻生前特种赠与乃属应继分前付之立法意旨,宜解为抛弃继承之人虽无应继分可扣除,但应将其所受特种赠与价额返还于其他继承人。至于其负返还义务之根据,乃基于不当得利,

---

① 《法国民法典》第846条规定:"受赠与人在受赠时并非可以推定的继承人,但在继承开始之日得到继承权时,亦应返还其受赠的财产,但如赠与人原已免除其返还者,不在此限。"

② 林秀雄:《民法亲属继承争议问题研究》,五南图书出版股份有限公司2000年版,第280页。

③ 戴炎辉等:《中国继承法》,三文印书馆1998年版,第146页。

④ 史尚宽:《继承法论》,中国政法大学出版社2000年版,第234页。

⑤ 陈棋炎等:《民法继承新论》,三民书局2001年版,第188页。

亦即抛弃继承后，其所受领之财物，即属于无法律上原因之所得，应负不当得利之返还义务。”①这种见解过于绝对化，不宜采用，仍以前述区别对待的立法委托。

丧失继承权人与继承不发生关系，非继承关系的当事人，不属于归扣概念中的“继承人”，不应将其作为归扣义务人。丧失继承权人在丧失继承权前从被继承人处受有高额特种赠与，若因丧失继承权人非法或不道德行为而使其丧失继承权，反而不用返还所取得的财产，与剥夺继承权制裁不当行为人的立法目的相悖。为此，应从法律上寻求根据使丧失继承权人承担返还所受特种赠与的义务。丧失继承权人无继承权，当然无权承受应继份前付性质的特种赠与，当其丧失继承权后，其以前所接受的特种赠与，因其后丧失法律上的原因，构成不当得利，应依不当得利的规定返还。即使丧失继承权人返还前死亡的，其继承人也有义务返还。

2. 归扣权利人

从归扣的立法目的出发，为维持共同继承人间分割遗产的公平，只要有继承人受有生前特种赠与，其他共同继承人都有权请求归扣，归扣权利人不限于不受特种赠与之其他共同继承人，亦不限于受特种赠与较少之其他共同继承人，只要有人受特种赠与，其他共同继承人无论其是否受有特种赠与，亦不问其所受特种赠与价额多寡，均为归扣权利人。若全体共同继承人均受有特种赠与，则全体共同继承人皆为归扣义务人，亦皆为归扣权利人。② 但无论归扣权利人范围如何确定，抛弃继承权人、丧失继承权人与受遗赠人因不属于继承法律关系的当事人，不是归扣权利人。

（二）归扣的客体要件

对何种客体可以进行归扣，各国立法例规定的范围广狭不一，各国都根据本国的实际情况确定归扣客体的范围。

根据我国当前社会经济生活现实，以婚姻、营业、另居、为继承人支付的保险费和偿还债务支出的费用以及超出正常费用的教育费为归扣的特种赠与比较妥当。(1)因婚姻所受赠与应予归扣，是各国之通例，在我国因婚姻而受赠与数额非常大，为维护共同继承人间分割遗产的公平，有必要归扣，但一般的婚礼费用或礼品赠与则不必归扣。(2)因继承人从事营业活动，被继承人给与大额赠与的现象也有发生，为维护共同继承人间分割遗产的公平，也有必要进行归扣。(3)子女成家后与父母分家另居，被继承人给与继承人大额赠与，亦应归扣。(4)被继承人对继承人投保人寿险的费用较大，对此投保费用，应予归扣。(5)为继承人偿还债务支出的费用，也应作为归扣的标的。(6)对教育费用的归扣各国规定不一，我国有越来越多的人出国接受教育，故教育的费

---

① 林秀雄：《民法亲属继承争议问题研究》，五南图书出版股份有限公司2000年版，第275页。

② 林秀雄：《民法亲属继承争议问题研究》，五南图书出版股份有限公司2000年版，第281页。

用数额巨大，为实现共同继承人间分割遗产的公平，对超出正常范围部分的教育费用应予归扣。(7)除此之外的赠与，若被继承人明确要求归扣的，为尊重被继承人的意思，应予归扣。

(三)归扣的免除要件

归扣的基础在于生前特种赠与为应继份前付的性质，但这纯属法律上的推测或拟制，如果被继承人在赠与时有反对归扣的意思表示，应尊重被继承人的意思，不作归扣。这是因被继承人的意思，生前特种赠与已转化为普通赠与，不再是归扣的标的。免除归扣的意思，明示或默示皆可。关于免除归扣的时间，应以赠与时为妥当。

在被继承人免除归扣后，其能否撤回归扣的意思表示？对此，有学者认为，"此项免除在于不缩小继承人之应继分，系基于被继承人遗产处分之自由，被继承人撤回其意思以缩小其继承人之应继分，亦为其自由。被继承人在死亡前有遗产处分之自由，应解释不妨为之。"①事实上，撤回系指阻止尚未生效的法律行为发生效力的行为，免除归扣的意思既已生效，自然不能撤回。且在生前特种赠与生效后，受赠与的继承人就成为确定的所有权人，基于所有权绝对的法理，不应使继承人的所有人地位系于被继承人的意思表示而处于一种不确定状态。如果赠与以后，被继承人撤回免除归扣的意思，也有害于交易安全与第三人的利益。

三、归扣的实行

构成归扣，在遗产分割过程中对生前特种赠与依下列步骤进行归扣：(1)算定继承开始时被继承人所留财产的价额；(2)将各继承人从被继承人处所接受的特种赠与价额，归入上述财产之内，以此为基准算定应继财产；(3)再依继承法规定算定各继承人应继份的价额；(4)由应继份的价额扣除特种赠与的价额所得的余额，即为该继承人的具体应得到的数额。

进行归扣会出现三种结果：(1)特种赠与的数额低于应继份的数额，该继承人依然可以继承两者间的差额；(2)特种赠与的数额等于应继份的数额，该继承人不得再受分配；(3)特种赠与数额高于应继份数额，对此差额有不必返还说与须返还说两种见解。独吃，我国应采不必返还说为妥。这是因为，归口所实现的公平应为相对的公平，绝非绝对的公平，强求受特种赠人返还特种赠与价额高于应继份价额的差额，未必与归扣制度的立法目的完全相洽，而且要求返还易滋纷扰，导致法律关系的烦杂。

继承人受赠与后，在进行归扣前赠与已经灭失或毁损的，归扣义务人是否仍应负归扣义务？对此，无论国外立法还是学界通说皆采肯定说，不问灭失原因为何，都必须

① 史尚宽：《继承法论》，中国政法大学出版社 2000 年版，第 281 页。

根据赠与时的价额算入应继财产，进行归扣。“为兼顾公平性，此时，已无过失责任转嫁之问题，且该赠与物未移转所有权给受赠之继承人亦会因天灾地变而灭失或毁损，即其他继承人对此赠与物之价值并无期待利益，因此，受赠之继承人不负归扣义务较为公平。”①作此区分，更符合归扣制度维护共同继承人利益公平的目的。

关于计算生前特种赠与数额的时间，应当以赠与时为准，这是生前特种赠与乃应继份前付的性质使然。由于情势变更，可能赠与的价额在赠与时与遗产分割时相差极大，在此情形下若严格贯彻以赠与时计算生前特种赠与的价额，可能对某些共同继承人显失公平，与归扣制度维护共同继承人间的公平的立法目的相去甚远，因而应当考虑情事变化，科学合理的计算生前特种赠与的价额，真正实现共同继承人间的公平。

四、归扣的效力

“归扣之效力，因继承之开始即当然发生，仅于分割遗产时，应行充当计算而已”，②这也与应继份在继承开始时确定相衔接。归扣权的性质是形成权，须权利人向法院主张。如果归扣权利人不行使该权利，则难以产生归扣的效力。

关于归扣权的行使，不以共同继承人的共同行使为必要，单独行使即可。在继承开始后遗产分割前，各共同继承人对遗产共同共有，共同继承人中一人主张归扣，对全体享有归扣权的继承人有利，其行为对其他继承人也发生法律效力，其他共同继承人虽未主张归扣，仍可承受归扣的利益。

受有生前特种赠与的继承人，也是继承人，只不过是对作为应继份的生前赠与先行受领而已，其应与其他共同继承人一样，对被继承人的债务应负连带责任，共同继承人之间相互负担保责任。但特种赠与毕竟为拟制的应继份前付，与实际的应继分有差异，在受有特种赠与的继承人对继承债务承担责任方面应有所区别，即特种赠与归扣主要是共同继承人内部为求得公平而发生的关系，特种赠与不得作为清偿继承债务的标的。在多数情形下，受有特种赠与的继承人已将特种赠与用于实际生活中，与该继承人的生活已密不可分，如此处理也符合实际生活状况。

五、生前特种赠与与特留份

特留份制度主要目的在于限制被继承人以遗嘱的形式处分财产的自由，但为贯彻特留份制度的立法意旨，对被继承人所为的生前特种赠与若侵害其他共同继承人的特

---

① 林秀雄：《民法亲属继承争议问题研究》，五南图书出版股份有限公司2000年版，第284页。

② 戴炎辉等：《中国继承法》，三文印书馆有限公司1998年版，第152页。

留份时,也有必要对生前特种赠与进行扣减,实现对继承人享有的特留份特权的保护。生前特种赠与侵害特留份有两种情形:一为被继承人为生前特种赠与数额巨大,侵害了其他共同继承人的特留份,且被继承人没有反对归扣的意思表示;二为被继承人为生前特种赠与虽数额巨大,侵害了其他共同继承人的特留份,但被继承人有免除归扣的意思表示。

第一种情形,罗马法已有针对此的赠与或嫁妆逆伦之诉存在。在罗马共和国末叶,有些家长为了逃避遗嘱逆伦之诉的制裁,便在自己生前通过赠与或设立嫁妆的办法,把自己的财产处分掉,使法定继承人既得不到他的遗产,又无法提起诉讼。为纠正此种弊端,罗马法逐渐设立了赠与或嫁妆逆伦诉,由享有特留份的继承人提起,撤销或减少侵害特留份的那一部分赠与或嫁妆。[①] 在现时条件下,当被继承人对生前特种赠与没有免除归扣的意思表示,且侵害其他共同继承人的特留份时,应首先将特种赠与的价额加入被继承人所留财产算定应继财产,再算定各共同继承人的应继份与特留份,因受生前特种赠与的继承人对超过应继份部分的特种赠与不负返还义务,若应继财产扣除特种赠与后尚不能满足其他共同继承人的特留份时,享有特留份权利的继承人可以直接向受有特种赠与的继承人请求扣减其所应得的特留份部分。

第二种情形,被继承人为生前特种赠与有免除归扣的意思表示且侵害其他共同继承人的特留份,特留分为不可侵害之继承分,又是特留分权利人最低限度之保障,故纵有被继承人免除归扣之意思表示,而其意思表示又违反强行规定,于实行免除归扣时,则应注意及之,始为妥当。于是,特种赠与如附有免除归扣意思表示者,仍须一旦归扣后,查明特留分权利人之特留分是否受侵害,如受侵害,则纵有免除归扣之意思表示,亦应准特留分权利人可行使扣减权。[②] 分析归扣制度的基本理论,如果被继承人在赠与时有反对归扣的意思表示时,则该赠与非生前特种赠与,应为普通赠与,不为归扣或扣减的标的。如果不将该赠与进行归扣,则共同继承人的应继份仅依被继承人死亡时所留遗产为基准算定,再在此基础上算定各共同继承人的特留份,无所谓侵害特留份的可能。在此情形下,由于被继承人的免除归扣的意思表示,不生归扣与扣减。

---

① 参见周枏:《罗马法原论》(下册),商务印书馆 2001 年版,第 532 页。

② 陈棋炎等:《民法继承新论》,三民书局 2001 年版,第 190 ~ 191 页。

第五节 无人继承又无人受遗赠的遗产

一、无人继承又无人受遗赠的遗产的概念

无人继承又无人受遗赠，是指在被继承人死亡后，在法定期限内没有人接受继承又没有人受领遗赠。形成无人继承又无人受遗赠的原因包括：没有法定继承人、遗嘱继承人和受遗赠人；法定继承人、遗嘱继承人放弃继承，受遗赠人放弃受遗赠；法定继承人、遗嘱继承人丧失继承权，受遗赠人丧失受遗赠权。由于无人继承又无人受遗赠所余留的遗产，就是无人继承又无人受遗赠的遗产。

我国《继承法》第32条规定："无人继承又无人受遗赠的遗产，归国家所有；死者生前是集体所有制组织成员的，归所在集体所有制组织所有。"对此，学者们存在不同看法。有的认为该条是无人继承遗产的处理，"无人继承的遗产，是指公民死亡时，法有法定继承人又无遗嘱继承人与受遗赠人，或者其全部继承人都表示放弃继承，受遗赠人表示不接受遗赠，则死者的遗产即属无人继承的遗产"。[①] 有的认为该条是遗产无人继承，"被继承人死亡以后，不能确定是否有继承人，这种事实状态叫做遗产无人继承。又叫继承人旷缺，无人承认继承，继承人不存在"。[②] 还有的认为该条是无人承受的遗产的规定，"根据我国继承法的规定，无人承受的遗产是指没有继承人或受遗赠人承受的遗产"。[③] 对于该条的界定，可以适当借鉴继承人旷缺制度作为参考。

在罗马法中，当继承人告缺或者被设立的继承人处于不配者境地时，国库继承空落的财产。最初时是由城邦的金库继承，但随着帝国时代的进步，取得权转归国库，就像在落空份额的继承问题上一样。国库不是以遗产继承名义取得遗产，因而它并不继承死者的法律地位，这是真正的财产取得，其标的只包括盈余部分，即罗马人真正称之为"财产"的那一部分。[④] 在日耳曼法上，死者无规定近亲时，其遗产归属于氏族团体或有裁判权之王侯、伯；并规定动产经1年，不动产经3年无人主张继承权时，为无继承人之遗产，归有裁判权者所有。[⑤] 自1804年法国民法典以来，大陆法系各国几乎都确立

---

① 刘素萍主编：《继承法》，中国人民大学出版社1988年版，第376页。

② 张玉敏：《继承法律制度研究》，法律出版社1999年版，第178页。

③ 郭明瑞等：《继承法》，法律出版社2004年版，第224页。

④ [意]彼得罗·彭梵得：《罗马法教科书》，黄风译，中国政法大学出版社1992年版，第520、521页。

⑤ 参见史尚宽：《继承法论》，中国政法大学出版社2000年版，第365页。

了继承人旷缺制度。

继承人旷缺是指继承人有无或生死不明的状态,即是否有继承人不能确定。对于继承人旷缺,需特别设定遗产管理人,须对继承人进行搜索,以便最终确定遗产有无人承受及其归属。这同我国的无人继承又无人受遗赠是有区别的。我国规定的无人继承又无人受遗赠的遗产,是指确定地知道无人继承,也无人受遗赠而继承人旷缺则是指对于继承人的不确定,不知道是否有继承人;遗产无人继承又无人受遗赠,必须无继承人,也无受遗赠人,而继承人旷缺,认为受遗赠人之有无,与继承人旷缺程序的发动无关,即使被继承人指定有受遗赠人,亦不妨碍搜寻继承人等程序的进行;国外立法例的继承人旷缺制度,具有遗产管理人、搜寻继承人等规定,而我国无人继承又无人受遗赠的规定却无这些规定。这两者是有差异的。

在我国古代曾经存在绝产制度。所谓户绝,是指被继承人无男性后代。户绝财产之归属,如被继承人生前遗嘱中有处分,则依遗嘱办理;如无遗嘱,则归被继承人女儿所有;如无女儿,则归其他近亲属所有;至于其他近亲属亦无者,则收归官府。这种意义的绝产同无人继承又无人受遗赠的遗产不同。因为古代的绝产,是指无男系血亲卑亲属继承的遗产。绝产是我国封建继承制度的组成部分,是宗法制度的产物。而无人继承又无人受遗赠的遗产的处理,是我国现行财产继承制度的组成部分,两者在继承人的范围、遗产归属的条件和性质、遗产处理等方面不同。①

二、无人继承又无人受遗赠的遗产的管理

我国《继承法》对无人继承又无人受遗赠遗产的管理没有明确规定。无人继承又无人受遗赠作为一种状态,会持续一定的时间,需要进行管理,才能保护有关当事人、国家或集体的利益。对此,继承人旷缺财产的管理方法可以借鉴的。

(一)遗产管理人的选任

继承人旷缺的遗产管理人,有四种方法:(1)瑞士民法规定,由主管官厅负责管理遗产,主管官厅通常委托公证人或私人承担此项职责,被委托者称为遗产管理人;(2)德国民法在继承人不知名或不确定时,遗产法院负有注意保全遗产的职责,并可指定遗产保佐人。如利害关系人申请,法院应当指定遗产保佐人;(3)日本民法在继承人有无不明时,家庭法院因利害关系人或检察官的请求,应选任遗产管理人,并应急速将管理人的选任进行公告。(4)我国台湾地区"民法"规定,继承开始时,继承人之有无不明者,由亲属会议于1个月内选定遗产管理人,并将继承开始及选定遗产管理人之事由,向法院报明。

---

① 参见刘文:《继承法比较研究》,中国人民公安大学出版社2004年版,第427页。

亲属会议在我国大陆并不被认可，我国台湾地区的做法不具有可行性。国外通过法院、主管官厅管理，在我国也不现实。可以考虑的办法是：没有继承人或者继承人下落不明，而遗嘱中又未指定遗嘱执行人的，经利害关系人申请，人民法院得指定遗产管理人；在指定遗产管理人之前，人民法院得对遗产进行必要的处分。

（二）遗产管理人的职责

遗产管理人主导无人承继遗产的处理，其主要职责有如下几项：

1. 保管遗产

在遗产管理人选任之前，负有保管遗产义务的主体为存有遗产者；在遗产管理人选任之后，即应由遗产管理人决定该项遗产此后的保管方式。遗产管理人应以善良管理人的注意义务管理遗产。此项管理职责包括不改变物或权利性质的保存、改良及利用，一般不包括处分行为。为防止遗产的减值或毁损，也应赋予遗产管理人于必要情况下以保全遗产为目的而处分遗产的权利。[①] 如变卖易腐物。

2. 编制遗产清单

遗产管理人在确认死者的遗产系无人继承又无人受遗赠的遗产的同时，应当仔细、认真、不遗漏、无差错地清点遗产，编制遗产清单，记明遗产名称、数量、价值、特征等。

3. 进行公告

遗产管理人应当进行公告，督促权利人在一定期间主张权利。权利人主要包括：(1)有无不明之继承人；(2)受遗赠人；(3)遗产债权人；(4)其他利害关系人。

4. 清偿债务

遗产管理人应当对死者生前应缴纳的税款和债务进行清偿。

5. 剩余财产的移交

继承人如于法定公告期间内出现，或于遗产清算完毕前主张权利者，遗产管理人应在证实继承人身份后，将剩余财产交付于继承人。如直至遗产清算完毕前仍无继承人主张继承，且遗产有剩余者，遗产管理人应负责将剩余遗产移交有关部门上缴国库所有；如果死者生前是集体所有制组织成员的，移交所在的集体所有制组织。

三、无人继承又无人受遗赠的遗产的归属

各国继承立法对继承人旷缺时的遗产问题都规定归国家所有，但各国在对国家取得遗产地位的认识上存在着不同，主要有两种观点：一是法定继承权主义，认为国家是作为无人继承遗产的法定继承人而取得遗产的。采取这种作法的有德国、瑞士、匈牙

① 参见林秀雄：《民法亲属继承争议问题研究》，五南图书出版股份有限公司2000年版，第301页。

利等;二是先占权主义,认为国家有优先取得无人承受遗产的权利。法国、美国、奥地利等国采取先占权主义。

我国继承法关于无人继承又无人受遗赠遗产的处理与其他国家的规定有所不同。我国《继承法》第32条是按死者的身份来确定无人继承遗产归属的:死者生前是国家机关、全民所有制单位的职工,城镇个体劳动者及无业居民的,其无人承受的遗产归国家所有;死者生前是城镇集体所有制单位的职工、农村集体所有制单位的职工、村民的,其无人承受的遗产归死者生前所在的集体所有制组织所有。

最高人民法院《关于贯彻执行〈继承法〉若干问题的意见》第57条规定:"遗产因无人继承收归国家或集体组织所有时,按继承法第14条规定可以分给遗产的人提出取得遗产的要求,人民法院应视情况适当分给遗产。"在处理无人继承遗产时,如果有继承人以外的依靠被继承人扶养的缺乏劳动能力又没有生活来源的人,或者继承人以外的对被继承人扶养较多的人,则可以分给他们适当的遗产。

第十九章　共同继承与遗产分割

第一节　共同继承概述

一、共同继承和共同继承人的概念

(一)共同继承的概念

共同继承是相对于单独继承的概念,是指依法律规定由两个或者两个以上的继承人共同继承被继承人的遗产。

有的学者将共同继承称之为遗产分割前的共有。[①] 这种称谓在道理上与共同继承的概念基本上是一样的,但并不十分准确。

第一,将共同继承财产称之为遗产分割前的共有,具有临时的形态,更多的是强调从继承开始之后到遗产分割之时,持续的时间不会很长。事实上,这只是一种共同继承的表现形式。更常见、更为典型的共同继承,是继承开始之后长期保持遗产共有的形态,即所有的继承人共同地保持着共同共有遗产的所有权的形式,形成共同共有。仅仅说共同继承是遗产分割之前的共有,不够准确。

第二,共同继承既包括长期保持遗产共有的形态,也包括短时的没有分割遗产之前的遗产共有状况,因为不管长期的还是短期存续的这种状态,其性质是一样的,都是财产的共同共有状态,区别只是时间的长短,是时间的量的问题,不是质

---

① 陈华彬:《物权法原理》,国家行政学院出版社 1998 年版,第 480 页。

的问题。因此,共同继承与遗产分割前的共有基本一样。

第三,共同继承还意味着一种继承的方式,共同继承是数人一起继承被继承人遗产的方式,与单独继承相对应,它是一种继承的方式。有的是数个继承人明确约定共同继承遗产,形成共同共有关系,有的是出于习惯或者伦理考虑,并没有明确的约定,而是事实上形成了共同继承。因此,在我国,共同继承的数量相当大,不仅是一种继承方式,而且是主要的继承方式。

在我国的继承法律关系实践中,法定继承开始后,单独继承的情形比较少见,共同继承最为常见。在共同继承中,对内涉及各共同继承人之间的权利义务,对外关涉到被继承人的债权人与债务人的利益,共同继承对遗产的管理、使用、收益、处分、清算及分割都十分重要。

(二)共同继承人的概念

共同继承人是指共同继承的享有并且行使继承既得权的数个继承人。他们只能是同一顺序的法定继承人。

二、研究共同继承的必要性

在继承法中,共同继承是一个特殊问题,需要进行深入研究。这不仅是共同继承是由不同的继承人对被继承人的财产进行继承而发生的权利义务关系;同时,共同继承还涉及物权法的共同共有财产问题,更为复杂。除此之外,还有以下几点说明研究共同继承的必要性。

第一,共同继承发生在家庭之中,发生在具有近亲属身份关系的成员之间,关系复杂。理清近亲属之间的关系,确定继承人与被继承人之间的关系,本身就是一个复杂的问题,并且在近亲属身份关系当中总是存在各种各样的纷争和意见,属于"清官难断家务事"的范围之内。解决好共同继承问题的规则,对于维护家庭关系、维护社会秩序具有意义。

第二,共同继承的遗产与夫妻共同财产、家庭共同财产纠缠在一起,财产和财产交叉在一起,权利和权利交叉在一起,很难理清相互相互之间的界限。遗产和其他财产的范围和界限与权利的界限都不容易理清。

第三,在中国的现实生活的家庭中,如果死亡的被继承人是尊亲属,其配偶又在世,一般不进行继承析产,夫妻财产没有分割,家庭财产没有界限,共同继承的继承份额无法确定。各种各样的财产关系混杂在一起,更增加了确定共同继承及其财产范围的难度。一般要经过很长时间才开始进行共同继承财产的分割,需要对夫妻财产和家庭财产进行析产,还要对遗产范围的界定、对继承份额的确定,对遗产进行分割,这时时过境迁,更增加了进行共同继承财产分割的难度。

第四,共同继承财产面临着两种法律规范的调整。基本方面是《继承法》调整,按照《继承法》规定的规则和程序进行继承。同时,《物权法》关于共有的规定对共同继承财产也具有指导作用,面临着两种民事法律的调整,使其适用法律问题更为复杂。

共同继承是客观存在的,其性质也是确定的,在共同继承关系消灭之后,都要进行财产分割,使共有财产变为单独的财产所有权,都必须依靠继承法的原则和规则以及物权法的共有规则指导。在理论上和实践上加强研究共同继承,不仅有利于纠纷的解决,更有利于平衡社会成员之间的财产利益关系,稳定社会秩序,促进社会发展。

三、共同继承的种类

在我国,基于传统的社会观念和思想影响,在继承上思想较为保守。最典型的表现,就是一般人都不愿意在活着的时候用遗嘱的方式处分自己的遗产。在社会上,如果一个继承人在被继承人还在世时,就让他写出遗嘱处分身后的遗产,会被斥责为“不孝”。就是在父母一方死亡另一方还在世的时候,也习惯于不进行继承,由所有的继承人共同继承财产。我国的共同继承的形式多样,主要分为三种。

(一)暂存的共同继承

这种类型的共同继承,表现为仅仅是在共同继承人分割遗产之前的短暂时间内存在的共同继承,遗产在这时是共同共有财产,但是随着遗产的被分割,这种共同继承财产迅速消灭。这是短暂的共同继承形式。

(二)明示的共同继承

在继承的事实发生,继承开始之后,共同继承人共同商定,协议共同继承,将继承的遗产作为共同财产所共有。这是有意识的发生共同继承财产,是典型的共同继承。共同继承的遗产的基本性质是共同共有。但不能排除在典型的明示共同继承中,当事人约定按份共有共同遗产,因而形成按份共有的共同继承财产。

(三)默示的共同继承

这是在被继承人死亡,继承开始以后,共同继承人都没有明确表示接受遗产或者放弃遗产,因为没有明示放弃继承权,因而是在默认发生共同继承的事实,发生默示的共同继承,被继承人的遗产变为被数个继承人共同遗产。

在上述这些不同的共同继承种类中,都发生共同继承财产,形成共有的财产关系。面对这些不同类型的、复杂的共同继承财产,应当认真研究共同继承财产的权利义务内容,确定正确的规则进行规范。当出现纠纷的时候,正确适用法律解决纠纷,维护正常的继承秩序,保障被继承人处分遗产的愿望的实现,保护财产所有权。

四、共同继承财产的概念和法律特征

(一)共同继承财产的概念

共同继承财产是指继承开始之后,两个或者两个以上的继承人共同继承遗产,或者数个继承人没有分割遗产之前,对继承的遗产共同共有的财产所有形式。

共同继承财产既是指一种法律关系,也是指法律关系的客体即财产。共同继承财产首先是一种权利义务关系,即共同继承人就共同继承的遗产所产生的共同共有的权利义务关系。但有时候这个概念也是指这个法律关系中的客体,即被共同共有的财产,是由遗产转化而来的财产。在使用共同继承财产这个概念的时候,是在前者的范围上使用,而不是后者。在后者,使用“共同遗产”这个概念。

(二)共同继承遗产的特征

1.共同继承财产是一种财产所有权形态

共同继承财产也是一种财产所有权存在的形态。在共同继承后,遗产已经转移到了继承人的手中,变成了财产的所有权,不再是遗产的形态。遗产的概念存在的期间是极为短暂的,被继承人死亡,其财产就变为遗产;而遗产一经存在,如果是被继承人有数个继承人,并且共同继承,这个遗产就马上变为共同继承人的共有财产。如果只有一个继承人,该继承人马上接受遗产,也马上变为继承人的财产。只有在无人继承的情况下,遗产的形态要保持一段时间,直到或者收归国有或者被集体所承受之后,才变为国家或者集体所有的财产。

2.共同继承财产是数个继承人接受遗产形成的财产所有权形态

成立共同继承财产的前提是被继承人有数个继承人,他们共同地继承了被继承人的遗产。在财产所有权的主体上,不是一个人所有的财产所有权,而是数人所有的所有权。如果被继承人仅有一个继承人,或者虽然有几个继承人但其他继承人都丧失或者放弃了继承权,只有一个人继承,因而采用单独继承方式继承,则不发生共同继承问题,也就没有就遗产发生共同共有的问题。构成共同继承,就发生共同继承的遗产所有权转变为共同共有的财产所有权的后果。这种财产所有权形态是共有的形态,即在数个继承人身上发生对被继承人所遗留的遗产共同所有的财产所有权形态。每一个继承人都享有财产的所有权,但每一个人都只是享有遗产的全部所有权,而不是分为各个不同的部分,成为单独的财产所有权。所以,共同继承财产符合财产共有的所有特征,为财产共有的所有权形态。

3.共同继承财产是遗产分割前的一种财产所有权形态

共同继承财产的这个特征说明它具有时间的限制,不是永久存续的。它存在的期间,就是在被继承人死亡之后,数个继承人对遗产进行分割之前的这一段时间。首先,它是在被继承人死亡之后发生，在其没有死亡之前，财产还是被继承人的财产，不会成为遗产。其次，在共同遗产被分割之后，也不会存在这种共有的财产形式，共同遗产由于被分割而成为单独所有权。最后，共同遗产并不会永远存在，总有一天会被继承人分割，因而就像所有的共同共有财产一样，最终的结果总是要被分割掉，变成为个人单独的所有权。

五、共同继承财产的性质

在共同继承中，财产的法律为何种性质，各国有不同的立法例。

（一）大陆法系

在大陆法系各国，对共同继承时遗产的性质认定存在两种观点：一为按份共有主义；二为共同共有主义。

1. 按份共有主义

此种立法例源于罗马法。十二表法中明文规定："被继承人的债权和债务，由各继承人按他的所继分的多少，比例分配之。"此后，法国、日本、韩国等国民法继受了此种立法例。这种立法贯彻个人主义思想，主张自继承开始后，各共同继承人不仅对遗产整体有其应继份，而且对于构成遗产的各个标的物上亦有其应有部分。以此为基础，各共同继承人不仅可对其应继份进行处分，而且每个继承人对其在遗产的各个标的物上的应有部分也可以单独自由处分，进行转让、设定抵押等；属于被继承人的以可分给付为标的的债权、债务也自动分割而归属于各共同继承人。属于被继承人的以不可分给付为标的的债权债务，则成立共同继承人的连带债权债务。

2. 共同共有主义

此立法例源于日耳曼法，后为德国、瑞士等国以及我国台湾地区民法所沿袭。这种立法例贯彻团体主义思想，认为在继承开始后，遗产作为共同体归属于全体共同继承人，各共同继承人对构成遗产的各个财产没有自己的应继份，只是对遗产整体享有自己的应继份，其应继份为潜在的、不确定的。我国台湾地区"民法"第1151条规定："继承人有数人时，在分割遗产前，各继承人对于遗产全部为公同共有。"在遗产最终分割前，各共同继承人仅可以处分其应继份，但除经过全体共同继承人同意外，不得对构成遗产的个别财产进行处分。相应地，债权债务自继承开始后成为各共同继承人的连带债权与连带债务。

（二）英美法系

英美法实行遗产管理人制度，即在继承开始后，遗产暂归遗产管理人进行清算，并不当然地、直接地归属于继承人，直至清算结束后且有剩余财产时，继承人才能取得遗产。继承人之间一般不发生共同继承问题。

我国《继承法》对共同继承没有明文规定，学界对此存在争论。有人认为共同继承取得的财产为按份共有；[1]也有人认为共同继承所形成的共有是共同共有。[2] 我们认为，共同继承人对遗产的共有应为共同共有，主要理由是：

首先，中华民族对遗产具有共同共有的历史传统。在我国历史上，只有家产而无家庭成员的个人财产，且不仅在家长生前家产被认为是家长和家庭成员的共同共有财产，即使家长死亡后，在普通情形仍不分析财产，家产一般仍维持共同共有关系。在现时民众生活中，依然受此民族传统的影响。因此，我国共同继承财产的性质与日耳曼法的共同继承的团体主义法理相似，应为共同共有。

其次，性质有利于保护遗产债权人。基于遗产的共同共有性质，各共同继承人对遗产债务负连带责任，这对保护遗产债权人有利。

再次，符合现代民法的发展趋向。现代民法由个人本位转向社会本位，这是现代民法的发展趋向，共同继承财产为共同共有的性质与此趋向相契合。

最后，我国现行司法解释也认可各共同继承人对遗产的共有是共同共有。最高人民法院《关于贯彻执行〈民法通则〉若干问题的意见（试行）》第177条明确规定："继承开始后，继承人未明确表示放弃继承的，视为接受继承，遗产未分割的，视为共同共有。"

为对共同继承财产的性质加以明确，建议应在立法中规定共同继承，明确规定共同继承中遗产属于数继承人共同共有，另有约定的除外。由于"唯公同共有制度，实发源于共同继承，而共同继承即是公同共有之典型"，[3]所以，关于共同共有的一般规定，在遗产共同共有中大多可以适用。

遗产共同共有与普通共同共有毕竟存在差异，对此应加以注意。首先，两者共有权的客体不同。普通共同共有一般是指数人对某项财产的共同共有，多数以物作为客体；而遗产共同共有的客体不仅包括物，而且包括可以继承的债权及其他可继承的权利。其次，两者财产分割的根据不同。普通共同共有以共有关系本身为其终局目的，在普通共有存续期间，各共有人无权请求分割共有财产，只有在共有关系消灭时，才能请求分割；而遗产共同共有系以遗产分割为终局的目的，对遗产共有实行遗产分割自由原则，各共同继承人可随时请求分割遗产。最后，两者财产分割的效力不同。普通共同共有的财产分割采取转移主义，自财产分割时发生财产的归属及相互转移的效力，即具有创设的效力；而遗产共同共有的遗产分割采取宣告主义，遗产的分割溯及继

---

① 刘素萍主编：《继承法》，中国人民大学出版社1988年版，第178页。

② 刘春茂主编：《中国民法学·财产继承》，中国人民公安大学出版社1990年版，第526页。

③ 刘春茂主编：《中国民法学·财产继承》，中国人民公安大学出版社1990年版，第526页；陈棋炎等：《民法继承新论》，三民书局2001年版，第147页。

承开始时发生效力,即从继承开始时起财产已专属于继承人所有。[①]

第二节　共同继承财产关系的发生

一、共同继承财产的发生条件

按照一般的共有理论,共有财产应当依据共有关系的存在,基于法律的规定而发生。在共同继承财产中,其发生的表现较为特殊,不仅要具有共同关系的存在和法律的规定,还要表现为具体的发生条件,只有当这些条件具备的时候,才发生共同继承财产。

共同继承财产依据以下条件发生:

(一)被继承人死亡,继承已经开始

共同继承财产发生的前提条件是被继承人已经死亡,遗产继承已经开始。被继承人死亡包括自然死亡和宣告死亡,都发生遗产开始继承的效果。这时,遗产的范围已经确定,只要被继承人有继承人,就必然发生继承的后果,遗产就转化为继承人所有的财产。共同继承财产就有发生的可能。

(二)继承人为二人或者二人以上

发生共同继承财产须具有继承人的量的条件。即继承人须为二人或者二人以上,只有继承人在数量上符合要求,才能够在数个主体身上发生财产共有的效果。只有一个继承人不会发生共同继承,不会发生共同继承财产。

(三)遗产由于共同继承或者尚未进行遗产分割而整体存在

共同继承财产的发生,就是遗产没有被分割而被分别继承,成为各个继承人的单独所有的财产。遗产的共同共有,唯在分割遗产前一时的成立,构成特别财产。[②] 在前述三种不同类型的共同继承财产中表明了这些原因:正在等待遗产分割在没有分割遗产之前存在的共同继承财产,或者明示,或者默示而共同继承遗产。

在具备上述三个条件时,共同继承财产发生,在各个继承人之间产生共同继承财产的共有权利义务关系。

---

① 郭明瑞等:《继承法》,法律出版社2004年版,第193页。

② 史尚宽:《物权法论》,荣泰印书馆1979年版,第164页。

二、共同继承财产的潜在应有部分

共同继承财产为共同共有财产，由全体共同继承人对该财产共同享有权利，共同承担义务。

在共同继承财产的权利义务中，应当着重研究各个共同共有人即共同继承人在共同共有关系中的潜在应有部分。原因在于在共同共有关系中，共同继承财产的潜在应有部分表现得最为突出。

共同共有的潜在应有部分，是指共同继承财产关系中存在的各个继承人对于将来分割共同继承财产时会发生决定性影响的潜在份额。共同继承财产为共同共有关系，虽然各个共有人并不对共有的财产划分份额，而是共同的享有所有权，共有物的所有权属于共有人全体，而非按照应有部分享有所有权，故对该共同共有物的全部，共有人没有应有部分存在。但没有应有部分并不是说就没有任何关于应有部分的因素，潜在的应有部分仍在暗中发挥着影响。共同共有既然是财产权，既然是几个共有人共同享有共有财产的所有权，在市场经济条件下，不可能就绝对的共同所有、绝对的不分份额，那样就没有各个共有人的利益了。

在共同继承财产中，这种潜在的应有部分表现更为明显，这就是共同继承财产中的应继份。

遗产继承的应继份也就是遗产分割的份额，是指各个法定继承人应当分得的遗产的数额。① 在继承开始之后，只要存在数个继承人的，就发生共同继承财产，就会存在应继份的问题。例如，夫妻二人加上两名子女，丈夫死亡，共同继承人就是妻子和两名子女三个共同继承人。在夫妻共同财产中分出一半，为妻子所有的财产，另外的一半为丈夫的遗产，发生继承问题。这时，妻子和两个子女都是第一顺序继承人，都享有继承权，为共同继承人，继承的份额应当是一样的，即各为三分之一。这个三分之一就是每个共同继承人的应继份。

共同继承财产中的应继份，就是共同共有财产的潜在应有部分。在与其他共同共有的潜在的应有部分相比较，共同继承财产中的潜在应有部分表现的更为充分。在其他共同共有财产如夫妻共有财产和家庭共有财产中，潜在的应有部分确实是“潜在”的，并不表现出来，直到最后共同共有关系消灭时，潜在的应有部分才表现出来，发挥作用。而共同继承财产的应继份不是这样“含蓄”，而是在继承一开始就显形的表现着；就是在共同继承财产关系存续期间，它也坚持地表现着，说明着继承是要按照应继份进行的；直到共同继承财产关系消灭，对遗产进行分割时，应继份就最终地发挥作

① 刘素萍主编：《继承法》，中国人民大学出版社 1988 年版，第 239 页。

用,要按照应继份分割共同遗产。

三、共同继承财产的主体

(一)共同继承财产主体的概念

共同继承财产的主体是共同共有的共同继承财产的权利主体,是指具有合法继承人身份的法定继承人。

在法定继承中,法定继承人的范围是法律规定的,作为共同继承财产的权利主体,必须是法定继承人,享有继承权,并且没有丧失继承权的法定事由。

(二)共同继承财产主体的特征

1. 共同继承财产的权利主体必须是法定继承人

法定继承人为配偶、子女、父母以及兄弟姐妹、祖父母外祖父母。其中配偶、子女和父母为第一顺序继承人,兄弟姐妹、祖父母外祖父母为第二顺序继承人。对公婆或者岳父母尽了主要赡养义务的丧偶儿媳或者丧偶女婿,可以作为第一顺序的继承人,为合格的继承人。作为共同继承财产的权利主体,不仅是合格的法定继承人,而且还必须顺序在先,或者是第一顺序继承人,或者虽然是第二顺序继承人但是没有第一顺序继承人。

2. 共同继承财产的权利主体应当具有继承能力

具有民事权利能力的人都具有继承能力。尚未出生的胎儿在继承问题上视为已经出生,应当保留应继份。失踪的人也具有继承能力,在继承时也为合格的继承人。

3. 共同继承财产的权利主体须享有合法继承权

共同继承财产的主体不仅享有继承权,并且须没有丧失继承权的法定事由。《继承法》第7条规定了丧失继承权的法定事由,凡是具有这些法定事由之一的,丧失继承权,不能作为共同继承财产的权利主体。

4. 共同继承财产的权利主体没有放弃自己的继承权

继承人可以放弃继承权,放弃继承权应当采用明示方式,在遗产处理之前作出放弃继承的表示。没有明示表示的,视为接受继承。在遗产处理之前,继承人明示表示放弃继承权的,不能成为共同继承财产的权利主体。

四、共同遗产范围及其特点

共同遗产的范围,就是被继承人的遗产范围。应当按照《继承法》第3条规定确定。

(一)共同遗产的范围相对固定

一方面,共同遗产范围是法定的,按照《继承法》的规定确定遗产继承的范围;另一方面,遗产在被继承人死亡时就已经固定化了,不会改变了。遗产就是遗产,其范围既不会增加,也不会减少。在这个问题上,由于共同遗产的范围相对固定,因而给共同继承财产权利义务的确定以及共同遗产的分割创造了有利条件。

（二）共同继承财产的数额会发生变化

共同遗产数额不是绝对不变,会随着保持共有关系的延长而增加或者减少。共同遗产保持共有关系的时间越短,共同遗产的数额变化越小,分割共同遗产就越容易;反之,共同遗产保持共有关系的时间越长,共同遗产的数额变化就会越大,分割共同遗产的难度就会变得越大。这是因为,共同遗产在共有关系存续期间,会因为使用而增值,也会因为使用而减损、灭失或者贬值,这种财产数额的变化是必然的。因而,法律并不鼓励更长时间地保持共同继承财产的共有关系。

（三）共同遗产经常与夫妻共同财产和家庭共同财产相互交叉

共同遗产大部分与夫妻共同财产和家庭共同财产交叉在一起,因而界限不清。在决定进行继承只是遗产尚未分割的暂存共同继承财产中,这些界限较为清楚。因为继承刚刚发生,一切情况较为明确。在明示的共同继承财产中,由于共同继承人对于共同继承财产有明确的意思表示,愿意接受共同共有遗产的现实,因而对遗产的范围基本清楚,即使是要终止共同共有关系,容易分清共同遗产界限。最难的是默示的共同继承财产,共同遗产与夫妻共同财产、家庭共同财产完全交叉在一起,容易酿成纠纷,在分割财产和处理纠纷时都会增加难度。

（四）私人企业的集合财产为共同继承财产较为普遍

私人企业规模大小不一,都属于私人所有,财产形式多数是企业集合财产。在发生继承时,由数个继承人共同继承,共同经营。这样做,既有利于企业的发展,也有利于稳定家庭亲属身份关系,对社会有利,但在处理上较为复杂。另外,在私营企业中很多是合伙企业,被继承人是合伙人之一,其死亡之后,继承人存在继承合伙的股份或者从合伙企业中退伙清算的问题,也给共同遗产问题的处理带来困难。

第三节　共同继承人的权利与义务

一、共同继承人权利义务关系概述

共同继承人权利义务关系的概念

共同继承人的权利义务关系是共同继承财产的法律关系,是指共同继承财产之后形成的共同继承人之间的权利义务关系和共同继承人与其他任何人之间的权利义务关系。共同继承人之间的权利义务关系是共同继承人内部关系，也叫做共同继承人对遗产的关系；共同继承人与其他人的权利义务关系，是遗产共同继承的对外关系，是共同继承人基于共同继承财产而与其他任何人构成的绝对权的法律关系。

自继承开始到遗产分割前，共同继承的遗产归各共同继承人共有。由于我国民族传统、历史文化等方面的因素，这一期间一般都比较长。如何规范、调整在此期间内各共同继承人之间的对内关系以及各共同继承人与被继承人的债权债务人之间的对外关系，尤为重要。这些关系主要有各共同继承人对遗产的关系，各共同继承人对遗产的管理，遗产债务清偿及遗产分割，共同继承人对被继承人的债权债务人的关系等。

二、共同继承财产共有人享有的权利

（一）共同的使用收益权

在共同继承中，每个继承人都有其潜在的、不确定的应继分，对于个别的应继财产，各共同继承人按其对于遗产价值的应继份均有使用的权利，但也不能排除其他共同继承人的使用权利。应当实现共同继承人对遗产的使用，以实现遗产的最大利用价值。在遗产共同共有期间，各共同继承人应当协商一致订立遗产使用规则，各共同继承人按此规则使用遗产。经其他共同继承人同意，各共同继承人也可对自己所占有的遗产单独进行使用，直至遗产分割时止。其他共同继承人的同意未必是明示的，其对既有的占有使用状态未提出异议的，应视为同意。这样既符合我国社会生活中的实际民情，又有利于发挥遗产的利用价值及维护共同继承人间的团结和睦。

共同继承人对于共同遗产享有平等的用益权，可以共同或单独使用共同遗产，共同享用共有继承的财产产生的收益，不得主张就共同遗产有其特定的部分。① 部分共同继承人自己即使划分自己的应有部分的，对其他共有人也没有拘束力。

共同遗产往往是集合物，由全体共同继承人占有，对具体的物的占有可以由个别继承人为之。在使用和收益中尽管可以由某继承人对某物的单独使用或将某一收益分给某继承人，但应共同使用和共同收益的原则不相冲突。

遗产所产生的收益应归于共同继承人共有，各共同继承人对遗产的收益有按其应继份享受的权利。该收益应于何时分割，德国民法规定在遗产分割时对收益进行分割，但有禁止分割的情形且禁止分割的时间超过 1 年，则各共同继承人得于每年年末

---

① 在这个问题上，要特别注意夫妻共同财产中的特别现象。这就是夫妻在夫妻关系存续期间，对于个人使用的物品属于个人财产。这个问题不是对共同共有规则的破坏，而是法律的特别规定。

时，请求分割收益。我国应当借鉴此种做法，在全体共同继承人没有特别约定时，根据上述原则对收益进行分配。

（二）共同遗产的部分处分权

在共同继承财产关系存续期间，不能全部处分共同遗产，只能处分部分共同遗产。

对共同遗产的处分权属于全体共同继承人，处分部分共同遗产也必须经全体共同继承人一致同意。任何一个继承人未经其他共同继承人同意，不得将构成遗产的个别财产擅自处分。如果部分共同继承人擅自处分共同遗产，其他继承人明知而不提出异议的，应当视为同意，发生所有权转移的后果。如果其他共同继承人对处分的情况不知情，但受让的第三人是善意，符合《物权法》第106条规定的善意取得要件的，发生所有权转移的效力，受让人取得受让之物的所有权。

在遗产分割前，共同继承人享有的应继份能否转让呢？对此，德国、日本、瑞士等国民法作了肯定性规定，即允许继承人转让其应继份，只不过有要进行公证、采用书面形式等特别要求，其他共同继承人享有优先购买的权利。我国《继承法》对共同继承人能否在遗产分割前转让自己的应继份没有明文规定，实践中也尚未出现判例。理论上有三种观点：(1)不得转让说。主张任何共同继承人都不得将其应继份转让给他人。(2)许可内部转让说。主张继承人可以将自己的应继份转让给其他共同继承人，但不得转让给共同继承人之外的第三人，因为如果允许转让给第三人，在被继承人的债务清偿等对外关系上会增添许多麻烦。[①] (3)许可转让说。主张为维护公平，应当允许继承人将其应继份转让给其他继承人，也可以转让给第三人，不过为了保持遗产的完整性，应赋予其他继承人以优先的购买权。[②] 我们认为，在遗产分割以前，共同继承人之间是以相互的身份关系为基础的共同共有关系，应当准许共同继承人之一转让应继份给共同继承人以外的第三人。为了保护其他共同继承人的权利和利益，应当赋予其他共同继承人以优先购买权。至于共同继承人将自己的应继份转让给其他共同继承人，更应在准许之列。

（三）物权请求权

共同继承人享有共同遗产的物权请求权，包括所有物被他人非法侵占时的所有权返还请求权、所有物受到妨害时的妨害排除请求权以及所有物有受到妨害之虞时的所有物妨害预防请求权。当共同遗产受到不法侵夺时，共同继承人均享有物权请求权，共同继承人可以共同行使这一权利，也可以独自行使这一权利，以保全共同遗产。行使此种权利，必须为全体共有人的利益而行使，不得仅为个人或者部分共有人的利益

---

① 参见刘春茂主编：《中国民法学·财产继承》，中国人民公安大学出版社1990年版，第529、530页。

② 参见张玉敏：《继承制度研究》，成都科技大学出版社1994年版，第193页。

而行使。

在程序上，共有人的一人或数人正当行使物权请求权的，为适格当事人，法院不必追加其他共同继承人为共同当事人。

（四）设置共同遗产物上权的权利

行使此权利，应由全体共同继承人协商一致，或者由有代表权的继承人与他人以法律行为设立。例如，在共同遗产上设立担保物权、用益物权，这种行为涉及共同遗产的命运，必须由全体共同继承人同意才能够实施。共同继承人擅自以个人的名义在共同继承财产上设定物上权的行为，为无效。

（五）代表权

共同继承人行使权利可以共同进行，也可以推举一个继承人作为代表，其行为代表全体共同继承人的意志。约定推举产生的代表人，有权代表全体共同继承人处分共同遗产，有权代表全体共同继承人与他人实施民事法律行为，就共同遗产设定民事法律关系。

（六）可以请求分割自己的应有部分

在共同继承财产关系中，如果是暂存的共同继承财产关系，各个继承人当然不得提出分割自己应有部分的请求，必须等到继承开始时，对遗产进行分割，然后取得自己应当继承的那一部分财产。

在明示的共同继承财产关系和默示的共同继承财产关系中，共同继承人可以请求分割属于自己的那一部分应有部分。如果其他共同继承人还有数人，则共同继承财产关系仍然存在，只是进行清算分出其应有部分即可。如果除了要求分割的继承人之外，继承人只有一人，则不再存在共同继承财产关系，共同继承财产关系消灭。

分割自己的应有部分之后，可以对其进行处分。将分割的共同继承财产予以处分，以合同方式转让给第三人的，该第三人对于分割并没有权利干预，但是对于因分割应有部分归属于出让人的部分，有权请求交付。唯应注意的是，一共同继承人不得处分他对于遗产的各个标的上的应有部分。① 这是为了保护其他共同继承人对于共同遗产的权利行使，不受不必要的损害。

（七）优先购买权

《民法通则》只规定按份共有人享有优先购买权，未规定共同共有人的优先购买权。共同继承财产中的部分共同继承人可以主张分割自己的应有部分，因此，应当适用优先购买权的规则，共同继承人在处分其应有部分与第三人时，其他共同继承人有

---

① 史尚宽：《物权法论》，荣泰印书馆 1979 年版，第 165、166 页。

优先购买权。[①] 对此,《德国民法典》第2034条规定:“如果一名共同继承人将其份额出卖给第三人,则其余的共同继承人有先买权。”“行使先买权的期限为2个月。先买权可以继承。”《日本民法典》第905条也规定,“共同继承人与一继承人让与其应继份于第三人时,他继承人有买回权。”

部分共同继承人处分其共同继承财产中的应有部分,其他共同继承人享有优先购买权,在同等条件下,应当由其他共同继承人购买。

(八)管理权

共同遗产的管理,既是权利也是义务,原则上应当由全体共同继承人共同进行,也可以由继承人中推举一人进行管理。[②]

由于共同继承开始后,原来属于被继承人的所有财产虽然转归全体共同继承人所有,但在遗产最终分割前,遗产的最终归属尚无法确定,为了保护遗产免受损失,进而保护全体继承人和遗产债权人的合法权益,需要对遗产进行管理。共同继承时遗产的管理,是指对遗产的占有取得、保管、防御侵害、修缮、使用安排、孳息收取、投保、起诉应诉以及债权收取等行为。遗产管理对继承人、受遗赠人及遗产债权人都相当重要,我国《继承法》第24条规定:“存有遗产的人,应当妥善保管遗产,任何人不得侵害或者争抢。”该规定显得简单粗略,难以达到遗产管理的目的。

在遗产管理上有两种方式:一为由继承人管理;二为由专门的遗产管理人管理。遗产管理,原则上应当由共同继承人全体进行,管理方法必须全体协商一致,而非实行多数决定。各共同继承人就遗产的占有取得、保管、防御侵害、修缮、使用安排、孳息收取、投保、起诉应诉以及债权收取等所必要的行为,负有相互协助的义务;若有违反,其他共同继承人可以请求法院判决其履行该义务。对于紧急情形下的修缮、易腐的遗产及孳息的收取、出卖等为保存遗产所必要的行为,各共同继承人可以单独进行。在共同继承中,由共同继承人进行遗产管理,可能在某些情形下存在一定困难,若以专门的遗产管理人进行管理可能会收到更好的效果,于此则应由专门遗产管理人管理遗产。遗产管理人可由全体共同继承人推选产生(被继承人的遗嘱中有指定的依其遗嘱的指定确定),也可以由法院指定。此遗产管理人可以是一人或数人,也可以是继承人或继承人以外的第三人。在全体共同继承人推选遗产管理人的情形下,共同继承人与遗产管理人之间实际上是一种委托关系,继承人可以随时终止委托。进行遗产管理时,遗产管理人应当履行妥善保管遗产、编制遗产清册等义务,而且遗产管理人在涉及遗产的诉讼中具有当事人的诉讼地位。

---

① 史尚宽:《物权法论》,荣泰印书馆1979年版,第165页。

② 史尚宽:《物权法论》,荣泰印书馆1979年版,第166页。

三、共同继承财产共有人承担的义务

（一）不得处分共同继承财产的义务

在共同继承中，遗产尚未分割前，遗产为共同继承人共同共有的特别财产，非经全体继承人一致同意，不得处分属于遗产的各个财产，擅自处分的，其处分行为无效。虽然各共同继承人不得处分构成遗产的各个财产，但对其应继分可以单独处分。由于遗产为特别财产，以遗产分割为终局目的，所以继承债务人应当向全体共同继承人进行给付，各共同继承人也不能按其应继分受领清偿，应当将所受清偿归于整个遗产。各共同继承人不得以继承债权抵销其对遗产债务人的个人债务，继承债务人也不得以其对共同继承人中一人的债权，抵销其原对被继承人所负的债务，因为该债务为对整个遗产的债务。

（二）对共同遗产进行维修、保管、改良的义务

此项义务是全体共同继承人的义务，均应承担。具体履行这项义务，可由部分继承人负责，所支出的费用由共同遗产或者其使用的收益中支出。

（三）对被继承人所欠债务承担清偿责任

共同继承被继承人的遗产，也包括继承其债务。《继承法》第 33 条规定："继承遗产应当清偿被继承人依法应当缴纳的税款和债务，缴纳税款和清偿债务以他的遗产实际价值为限。超过遗产实际价值部分，继承人自愿偿还的不在此限。"共同继承人既然共同继承了被继承人的遗产，构成了共同继承财产关系，应当偿还被继承人生前负担的债务。各共同继承人对该债务应当负清偿责任。在共同遗产没有分割的，用共同遗产予以清偿。

（四）对共同遗产所欠债务的连带清偿责任

共同遗产在使用、经营、管理、修缮、改良等日常生活和经营活动中所欠债务，共同继承人须负连带清偿责任，各共同继承人为连带债务人。连带的方法为：首先，债权人可以向任何一个共同继承人要求清偿，从共同遗产中为支付；其次，共同遗产不足以清偿的，共同继承人有其他财产的，亦应清偿。此种义务的性质亦为无限连带义务。

（五）共同遗产造成他人损害及各共同继承人为共同继承财产事务造成他人损害的赔偿义务

共同遗产因管理不善造成他人损害，全体共同继承人应当承担侵权赔偿责任。共同继承人在执行共同继承财产的事务中致人损害，须由共同遗产承担赔偿责任，从中支付赔偿金；不足部分，应当由全体共同继承人连带承担。

四、共同继承人的对外关系

自继承开始时起，被继承人的债权成为全体共同继承人的共同债权，被继承人的

债务人须向全体共同继承人进行清偿;如果有遗产管理人或遗嘱执行人的,则应向遗产管理人或遗嘱执行人清偿。各共同继承人虽然可以单独行使请求权,但应当请求债务人向共同继承人全体为给付。如果被继承人的债务人向部分共同继承人清偿的,在法律上不能构成有效的清偿,对其他共同继承人仍然承担清偿责任。基于遗产的法律性质及其独立的法律地位,在被继承人的债务人对部分共同继承人享有债权时,被继承人的债务人不得主张抵销自己的债务,各共同继承人也不得以继承债权抵销个人的债务,以维护其他共同继承人的合法权益。

被继承人的债务也成为全体共同继承人的共同债务。在共同继承人对被继承人生前所负债务如何承担责任上,有三种不同的立法例:(1)分割主义,即共同继承人就被继承人生前所负债务,给付可分者,按各人应继份负责清偿;给付不可分者,则由各共同继承人承担不可分债务人的责任。此立法例自罗马法以降,为法国、日本民法所采取。(2)连带主义,即无论给付可分与否,被继承人生前所负债务,应当由各共同继承人负连带清偿责任。德国、瑞士、我国台湾地区民法采此立法例。(3)折中主义,即在遗产未分割以前,被继承人的债权人仅能对遗产请求实现其债权,而在遗产分割后,则对各共同继承人按其应继份请求清偿。荷兰、葡萄牙民法采此立法例。[①] 共同继承为共同共有关系,根据共同共有人在债的关系中所负责任应为连带责任,且采取连带责任的立法例有助于保护被继承人的债权人的权益,所以,共同继承人对遗产债务的清偿应负连带责任。据此,被继承人的债权人既可以向共同继承人全体请求清偿,也可以向共同继承人中的任何一人请求全部债务的清偿,被请求的继承人不得以应继份为由拒绝清偿。虽然各共同继承人对被继承人的债务对外负连带责任,但各共同继承人相互间存在应继份的不同,相互间最终应当按其应继份比例承担被继承人的债务。

此外,遗产债权人的同意为免除共同继承人连带责任的,自应允许。

第四节 共同继承财产关系的消灭和析产

一、共同继承财产关系消灭

(一)共同继承财产消灭的原因

共同共有财产关系的消灭,在于产生这种共同共有财产关系的基础关系的终止。

---

① 陈棋炎等:《民法继承新论》,三民书局2001年版,第151、152页。

共同继承财产关系消灭,原则上也适用这个规则,但有其特点。这就是,共同继承的关系消灭,如所有的共同继承人协议不再保持共同继承关系;但在一个共同继承人主张分割自己应有部分时,这个主张也可能会导致共同继承财产关系的消灭。

共同继承财产关系消灭的原因是:

1. 暂存的共同继承财产分割遗产

暂存的共同继承财产,是一种继承的过渡阶段,是连接被继承人死亡到遗产被分割完毕之间的过渡阶段,也是连接继承发生到继承开始的这个阶段的过渡,是一种暂时的状态。当遗产清理完毕之后,开始进行遗产分割,共同继承财产的共同共有关系就消灭了。

这种共同继承财产的消灭原因是继承的一般程序,不涉及严格的、典型的共同继承财产分割的问题,仍然属于一般的财产继承问题。

2. 部分共同继承人请求分割共同继承财产

在部分共同继承人提出分割共同继承财产时,也消灭共同继承财产关系。除了被继承人有禁止分割遗产的遗嘱或者契约另有约定之外,各继承人可以随时请求分割共同继承财产。① 部分共同继承人提出分割共同遗产的请求,如果不主张分割共同遗产的继承人还有数人,分割出去部分共同继承人的共同继承财产应有部分,其余的部分还可以继续存在共同继承财产关系,这是部分消灭共同继承财产关系。如果只剩下一个继承人,或者剩下的数个继承人也不再保持共同继承财产关系,共同继承财产关系就完全消灭了。

3. 全体共同继承人协议终止共同继承财产关系

在共同继承财产关系存续期间,全体共同继承人协议终止共同继承财产关系,发生消灭共同继承财产关系的后果。这种消灭共同继承财产关系的原因,是最典型的共同继承财产关系消灭的原因。

4. 其他原因

其他消灭共同继承财产关系的原因还有共同遗产灭失、共同遗产被转让等,这些原因也都消灭共同继承财产关系。

(二)共同继承财产关系消灭的后果

共同继承财产关系消灭的后果,一般认为是"其分割溯及于继承开始时,发生效力"。② 可以参考的立法例是《日本民法典》第 909 条:"遗产的分割,溯及到继承开始时生效。"不论共同继承财产关系存续多久,一旦消灭,其分割遗产的效力一直溯及到

---

① 史尚宽:《物权法论》,荣泰印书馆 1979 年版,第 166 页。

② 史尚宽:《物权法论》,荣泰印书馆 1979 年版,第 166 页。

继承开始之时，从那时起，计算共同遗产的分割问题。对此也有反对意见，理由是，做这样的规定等于根本否定共同共有存在的实际情况，并且与共同继承财产存续期间各共同继承人应负担保责任的规定相矛盾。后一种意见是正确的。既然承认共同继承财产的共有性质，就应当承认分割共同遗产就是分割共同共有财产，效力并不溯及既往。

二、共同继承财产的析产

在共同继承财产关系消灭之后，共同遗产分割之前，须对共同遗产进行析产，确定共同遗产的具体数量，为共同遗产进行分割做好准备。

由于社会生活的复杂性和共同遗产的广泛性，决定了某一个公民可能会出于满足家庭生活需要的目的或者其他各种目的而与家庭其他成员或者其他社会成员建立财产共有关系，形成各种不同形式的共有财产混合在一起的情况。在该公民死亡之后如果不进行析产，就没有办法确定遗产的范围，就无法进行继承。

在共同继承财产关系消灭之后，必须进行析产。在司法实践中流行的一句法谚，就是“先析产、后继承”，就说明了析产在继承中的重要性和必要性，司法实务工作者对此务必重视。

（一）共同继承财产与夫妻共同财产的分析

《继承法》第 26 条第 1 款规定：“夫妻在婚姻关系存续期间所得的共同所有的财产，除有约定的以外，如果分割遗产，应当先将共同所有的财产的一半分出为配偶所有，其余的为被继承人的遗产。”这一规定，就是在夫妻共同财产中析出死亡的一方配偶的遗产，确定遗产的范围。在我国，夫妻财产的性质一般是共同共有财产，除非当事人另有约定。只要没有其他的约定，夫妻财产制就是法定的夫妻共有财产制。分析夫妻共同财产与共同遗产，就是要将夫妻一方的财产分开，确定死亡的一方配偶的财产为遗产。

这种析产应当把握这样的规则：

1. 析出夫妻个人财产

要析出夫妻个人财产，将夫妻一方的婚前财产和婚后所得的依照法律应当为个人所有的财产分出来，或者作生存的一方的财产，或者作为死者的遗产。

2. 确定夫妻共同财产的范围

将凡是属于夫妻共同财产的财产都放在一起统计，确定夫妻共同财产的范围。

3. 分出共同继承财产

将确定为夫妻共同财产的财产一分为二，一半作为生存一方当事人的个人财产，另一半确定为遗产范围，为共同继承财产。

如果夫妻双方约定为分别财产制的，则不存在这种析产问题。

（二）共同继承财产与家庭共同财产的分析

《继承法》第26条第2款规定："遗产在家庭共有财产之中的，遗产分割时，应当先分出他人的财产。"这是规定在家庭共有财产中析出遗产，确定遗产的范围。

分析家庭共同财产和共同继承财产，是因为死者的遗产与家庭共同财产混合在一起，需要分清，确定遗产范围。这就是在家庭成员共同创造、拥有的财产中，将死者应有部分分析出来，确定是他的遗产。

1. 应当注意析出家庭成员个人的财产

属于个人所有的财产为个人所有，不能作为家庭共同财产分割。例如，个人的生活用品、未成年家庭成员接受遗赠或赠与所得的财产、转业退伍军人的生活安置费及治疗费等费用、用于个人治疗的损害赔偿金等，都是个人财产，不能作为家庭共同财产。

2. 析出家庭共同财产中属于子女的财产

对家庭共同财产作出贡献的子女，在家庭共同财产中享有权利，析产时应当将他们的财产应有部分析出，不能把父母的共同财产作为遗产一起分割。对于其他家庭成员的财产也应当分出，不能作为遗产的组成部分。此外，还应当将混入家庭共有财产的其他财产，如寄托的他人财产、代管的他人财产等，从家庭共有财产中分离出去。

3. 析出遗产为共同继承财产

在家庭成员一起出资建立的财产，不论是按份共有，还是共同共有，都要按照应有部分或者潜在的应有部分，分出死者的部分，作为遗产打入遗产的范围。

4. 析出被继承人个人的遗产债务

被继承人生前所欠的债务，有的是家庭共同债务，有的是个人债务。应当区分开，用于满足家庭共同生活需要所欠债务，为家庭共同债务，应当作为家庭共同财产的一部分，被继承人只承受属于自己的那一部分，作为遗产的负担。用于被继承人为了个人某种需要所欠的债务，为个人遗产债务，为遗产的组成部分，用遗产中的其他财产清偿。

经过这样的析产过程，就确定了家庭共同财产中的遗产部分，分出来为遗产范围。

（三）共同继承财产与其他共同财产的分析

共同遗产与其他共同财产的分析，主要是指共同遗产与合伙共同财产的分析。在实践中，被继承人与他人合伙经营，其投资和创造的经营所得都有被继承人的潜在应有部分。被继承人死亡，分割共同遗产，就必须从这个合伙财产中分析出死者的财产作为遗产，才能够进行分割。

首先应当确定被继承人的投资数额，其次应当确定在合伙收益中被继承人的应有部分。将两项财产份额加到一起，就是被继承人的全部遗产。将这一部分财产析出，就是共同遗产部分。

第五节　遗产分割

一、遗产分割概述

遗产分割是指各共同继承人按其应继份进行分配以消灭遗产的共同所有关系为目的的法律行为。①

在继承人为复数的共同继承中，遗产被分割前，各继承人对遗产是一种共同共有的关系，但与普通共同共有关系不同，只是暂时的状态，以遗产的分割为终局目的。只有经过遗产分割，各共同继承人才能个别地享有其权利及负担其义务，才能更好地发挥遗产的实际效用，促进财产的流通和安全，保护各共同继承人的利益。因此，各继承人享有遗产分割权，可以随时请求分割遗产。

在我国旧律中，由于实行遗产继承上的强制保存主义，遗产虽为诸子共同共有，但遗产掌握在男性尊亲属手中，未经尊长许可，卑幼不得擅自使用处分，而且也不得请求分割。只是到了近代，清末修律后才逐渐取消这种限制。民国政府的继承立法采取强制分割主义，继承人原则上有可以随时请求分割遗产的自由权利。

二、遗产分割的原则

遗产分割应在一定的原则指导下进行。遗产分割可以概括为以下三项原则：

（一）遗产分割自由原则

遗产分割自由原则是指共同继承人得随时请求分割遗产。继承开始后，各共同继承人对遗产共同共有。但遗产共同共有与普通共同共有相比具有特殊性，即普通共同共有在存续期间，共有人不得请求分割共有财产，而遗产共同共有是一种暂时的共有关系，允许继承人得随时请求分割，以更好地满足继承人的生活和生产需要。继承人享有的这种遗产分割请求权是遗产分割自由原则的基础。继承人得随时行使遗产分割请求权，任何继承人不得拒绝分割。否则，请求分割遗产的继承人可通过诉讼程序分割遗产。遗产分割请求权的性质是形成权，继承人可以随时行使，不因时效而消灭。

---

① 刘文：《继承法比较研究》，中国人民公安大学出版社2004年版，第395页。

遗产分割自由原则在大陆法系国家的继承立法中多有规定。我国学者也主张遗产分割自由原则,如梁慧星教授主持的《民法典草案》第 1916 条与王利明教授主持的《民法典学者建议稿》第 645 条都有"继承人得随时请求分割遗产"的规定,①体现了遗产分割自由的原则。

遗产分割自由也是一种相对自由,在特定情形下,继承人不得请求分割遗产。各国关于遗产自由原则的限制主要有:非经遗产债务清偿,不得分割遗产;遗嘱禁止在一定期间内分割的,不得分割遗产;继承人协议在一定期间内不得分割的,不得分割遗产;在有尚未出生的继承人的情况下,暂时禁止分割遗产。

(二)互谅互让、协商分割原则

互谅互让、协商分割原则是我国《继承法》有关遗产分割的特有原则。《继承法》第 15 条规定:"继承人应当本着互谅互让、和睦团结的精神,协商处理继承问题。遗产分割的时间、办法和份额,由继承人协商确定。协商不成的,可以由人民调解委员会调解或者向人民法院提出诉讼。"这是遗产分割的互谅互让、协商分割原则的集中表述。在遗产分割时,强调继承人之间互谅互让、协商分割遗产,有利于促进家庭的和睦团结,有利于精神文明建设。互谅互让要求继承人在分割遗产时要相互关心、相互照顾,对法律规定需要特殊照顾的继承人,如缺乏劳动能力、生活特殊困难的继承人,应当适当多分给遗产;协商分割要求继承人在遗产分割时,对遗产的分割时间、分割办法、分割份额等都应当按照继承人之间协商一致的意见处理。

(三)不损害遗产效用原则

不损害遗产效用原则是指在具体分割遗产标的物时,应当从有利于生产和生活的需要出发,注意发挥遗产的实际效用。大陆法系的许多国家都注意到了不损害遗产效用原则,在继承法规范中将此规定为遗产分割时所应遵循的原则。

我国《继承法》第 29 条第 1 款规定:"遗产分割应当有利于生产和生活需要,不损害遗产的效用。"最高人民法院《关于贯彻执行〈继承法〉若干问题的意见》第 58 条规定:"人民法院在分割遗产中的房屋、生产资料和特定职业所需要的财产时,应依据有利于发挥其使用效益和继承人的实际需要,兼顾各继承人的利益进行处理。"不损害遗产效用是遗产分割必须遵循的原则。在进行遗产分割时,应当考虑遗产的种类、性质、效用等各方面的情况,再结合继承人的职业、性别、文化程度、经营管理能力等具体情况,确定具体遗产标的物的归属。按照不损害遗产效用原则分割遗产,有利于发挥遗产的实际效用,有利于满足继承人的生产和生活需要,从而促进整个社会财富的增加。

---

① 梁慧星负责:《中国民法典草案建议稿附理由》(侵权行为编 · 继承编),法律出版社 2004 年版,第 255 页;王利明主持:《中国民法典学者建议稿及立法理由》(人格权编 · 婚姻家庭编 · 继承编),法律出版社 2005 年版,第 617 页。

在我国司法实践中,法院一般都按照这一原则进行裁判,考量有关情形,确定遗产的分配。

三、遗产分割的时间

继承从被继承人死亡时开始,在继承开始后,继承人有权随时请求分割遗产,而遗产分割的时间就是在继承人提出分割请求后进行实际分割遗产的时间。

(一)遗产分割时间的确定

遗产分割的时间必须在继承开始之后。遗产分割应当在继承开始后的什么时间内进行,我国继承法没有作出规定。按照遗产分割自由原则,在继承开始后的任何时间内,继承人都有权要求分割遗产。具体的分割时间由继承人协商确定;继承人协商不成的,可以通过调解确定,也可以通过诉讼程序由人民法院确定。如果继承人经过协商,确定在一定期限内不分割,或者继承人都不提出分割遗产的要求,这种遗产的共有状况就将持续下去。无论持续多长时间,继承人想分割遗产的,都有权请求分割。即使在继承开始 20 年以后,继承人仍然有权分割遗产。

在遗产分割的时间问题上,应当将遗产分割的时间与继承开始的时间区别开来。它们的区别主要体现在:第一,继承开始时间是法定的,它只能是被继承人死亡的时间,继承人或其他任何人都不能加以变更;而遗产分割时间是约定的,它可以是继承开始后的任何时间,其具体时间是经过继承人协商或其他方式确定的。第二,继承开始时间是一个具体的时间,一般是具体到日,有的还可能具体到时、分、秒;而遗产分割时间可以是一个具体的期日,也可以是期间,即在一段时间内分割遗产,但一般不具体到时。第三,继承开始时间发生的是继承人取得继承既得权的效力,继承人可以行使继承权,但不能处分其应继份;而遗产分割时间发生的是继承人实际取得遗产的单独所有权的效力,继承人可以对其分得的遗产加以处分。

(二)对遗产分割时间的限制

继承人虽得自由行使遗产分割请求权,但有时也会受到一定限制,这就是对遗产分割时间的限制问题。限制遗产分割时间的具体事由主要有以下几种:

1. 非经遗产债务清偿,不得分割遗产

在遗产债务清偿与遗产分割问题上,各国继承立法有两种不同规定:一是非经清偿遗产债务,不得分割遗产,德国、瑞士等国采取这种主张;二是清偿遗产债务不是分割遗产的前提,遗产债务未清偿前,继承人可以分割遗产,法国、日本等国采取这种主张。

我国继承法对此没有明确,司法实践一般采取以下两种方法:(1)先清偿债务后分割遗产。先清偿债务后分割遗产是一种总体清偿方式。按照这种清偿方式,共同继承人首先从遗产中清算出遗产债务,并将清算出的相当于遗产债务数额的遗产交付给债权人;然后,根据各继承人应继承的份额,分配剩余遗产。(2)先分割遗产后清偿债务。先分割遗产后清偿债务是一种分别清偿方式。按照这种清偿方式,共同继承人首先根据他们应当继承的遗产份额,分割遗产,同时分摊遗产债务;然后,各继承人根据自己分摊的债务数额向债权人清偿。如果遗产已被分割而未清偿债务的,则应按照最高人民法院《关于贯彻执行〈继承法〉若干问题的意见》第62条的解释精神处理。即如果有法定继承又有遗嘱继承和遗赠的,首先由法定继承人用其所得遗产清偿债务。不足清偿时,剩余的债务由遗嘱继承人和受遗赠人按比例用所得遗产偿还;如果只有遗嘱继承和遗赠的,由遗嘱继承人和受遗赠人按比例用所得遗产偿还。

2. 遗嘱禁止在一定期间内分割的不得分割遗产

遗产的分割应尊重被继承人的意愿,被继承人得以遗嘱禁止遗产分割。如果被继承人在遗嘱中禁止分割遗产的时间过长,或无期限地禁止分割,使遗产永远或长期处于共同共有状态,将有碍于遗产的利用。因此,许多国家规定被继承人以遗嘱禁止分割遗产的,须有一定期间限制。如《日本民法典》第908条规定:"被继承人可以以遗嘱指定或委托第三人确定分割方法,或以遗嘱禁止自继承开始时起不超过5年的期间内实行分割。"《法国民法典》规定遗嘱限制遗产分割的期限为5年,《德国民法典》规定的期限为继承开始后30年,我国台湾地区规定为10年。我国《继承法》对遗嘱限制遗产分割的期限没有规定,是否应当对限制分割作出规定,立法或司法解释都没有涉及。建议对现实中遇到的遗嘱限制遗产分割,首先应当承认其效力,其次要进行限制,以10年期限较妥。

3. 继承人协议在一定期间内不得分割的不得分割遗产

经共同继承人一致同意,可以订立不分割遗产的协议,继续维持遗产共同共有关系。只要继承人订立的协议不违反法律,不损害公共利益及善良风俗,就应当承认其效力,继承人中的一人或数人不得随时请求分割遗产。以协议禁止遗产分割,不问是就其一部还是全部遗产,均无不可。这种约定不应有时间限制。

4. 有尚未出生继承人的暂时禁止分割遗产

这种限制是为了保护胎儿的继承利益。许多国家规定,在胎儿出生前不得分割遗产。我国《继承法》没有采纳这种立法方法,而是在第28条规定:"遗产分割时,应当保留胎儿的继承份额。胎儿出生时是死体的,保留的份额法定继承办理。"最高人民法院《关于贯彻执行〈继承法〉若干问题的意见》第45条指出:"应当为胎儿保留的遗产份额没有保留的,应从继承人所继承的遗产中扣回。为胎儿保留的遗产份额,如胎儿出生后死亡的,由其继承人继承;如胎儿出生时就是死体的,由被继承人的继承人继承。"在遗产分割时应注意以下三点:(1)无论是适用法定继承,还是适用遗嘱继承,在分割遗产时,继承人都应当为胎儿保留必留份,该份额应按法定继承的遗产分配原则确定。

在多胞胎的情况下，如果只保留了一份继承份额，应从继承人继承的遗产中扣回其他胎儿的继承份额。(2)为胎儿保留的继承份额，如果胎儿出生时为活体的，则该份额由其母亲（法定代理人）代为保管。胎儿出生后死亡的，则为胎儿保留的继承份额成为他的遗产，应由他的法定继承人依法定继承的方式继承。(3)胎儿出生时是死体的，则为胎儿保留的继承份额仍属于被继承人的遗产，由被继承人的继承人再行分割。如果没有保留的，则原分割继续有效。

我国继承法虽然并不限制在存在胎儿的情况下继承人分割遗产，但为防止继承人之间串通，损害母亲及婴儿的合法权益，特别是在多胞胎的情况下，采用在胎儿出生后分割遗产的方法较为合适。

5. 遗产分割的暂缓

遗产的分割应有利于财产效用的发挥，而不应损害遗产的价值。如果对遗产即时分割将会严重损害其价值的，法院应继承人的请求，得裁决暂缓分割。暂缓分割可适用于全部遗产或仅适用于遗产中的一部分。

四、遗产分割方法

遗产分割方法是指继承人取得遗产应继份的具体方法。有学者认为遗产分割方法有三种，即按遗嘱指定分割、继承人协商分割、法院裁判分割。① 被继承人可以在遗嘱中明确指明对有关遗产的分割方法，或者遗嘱中委托他人代为决定遗产的分割方法。按照遗嘱或遗嘱委托人的指定方法分割遗产，属于遗嘱的执行问题，遗产分割是在法定继承中进行的，而遗嘱指定的属于遗嘱继承，因而遗产分割的方法不包括遗嘱指定分割方法，只有当事人协商分割、人民调解委员会调解分割和法院裁判分割这三种方法。

（一）当事人协商分割

当事人协商分割方法是指全体继承人进行协商确定具体的遗产分割方法。当事人协商分割，有利于家庭的和睦团结，有利于家庭的稳定，也是我国现实生活中的主要遗产分割方式。至于遗产分割的具体方法，《继承法》第 29 条第 2 款规定："不宜分割的遗产，可以采取折价、适当补偿或共有等方法处理。"遗产协商分割的方式主要有以下四种方式：

1. 实物分割

遗产分割在不违反分割原则的情况下，可以采取实物分割的方法。适用实物分割

---

① 王利明主持：《中国民法典学者建议稿及立法理由》（人格权编·婚姻家庭编·继承编），法律出版社 2005 年版，第 619 页。

的遗产可以是可分物,也可以是不可分物。对可分物,可以作总体的实物分割。如对粮食,可划分出每个继承人应继承的数量;对不可分物,只能作个体的实物分割。如对电视机、电冰箱等,只能作为整体进行分割。对不可分物不能作实物分割的,应当采取折价补偿的方法即补偿分割。

2. 变价分割

如果遗产不宜进行实物分割,或者继承人都不愿取得该种遗产,可以将遗产变卖,换取价金,由继承人按照自己应继份比例,对价金进行分割。使用变价分割方法分割遗产,实际上是对遗产的处分,遗产的变价应当经过全体继承人的同意。

3. 补偿分割

对于不宜实物分割的遗产,如果继承人中有人愿意取得该遗产,则由该继承人取得遗产的所有权,由取得遗产所有权的继承人按照其他继承人应继份比例,分别补偿给其他继承人相应的价金。如果继承人中有多人愿意取得遗产的所有权,而又达不成协议,则应当根据继承人的实际需要和发挥遗产的效用,确定给某个继承人。

4. 保留共有的分割

遗产不宜进行实物分割,继承人又都愿意取得遗产的;或者继承人基于某种生产或生活目的,愿意继续保持遗产共有状况的,可以采取保留共有的分割方式,由继承人对遗产享有共有权,其共有份额按照应继份的比例确定。共有分割之后,继承人之间就不再是原来的遗产共有关系,而变成了普通的财产按份共有关系。

(二)人民调解委员会调解分割

如果各继承人对遗产的分割协商不成的,可以向人民调解委员会申请调解,通过调解确定遗产分割方法。在具体的分割方法上,应当遵照实物分割、变价分割、补偿分割与保留共有的分割方法进行。

(三)法院裁判分割

诉讼作为最终的争议解决方式,在各继承人协商或调解不成时,继承人可以向法院提起诉讼,请求裁判确定的遗产分割方法。法院裁判的具体方式,也应当遵照实物分割、变价分割、补偿分割与保留共有的分割方式进行。共同继承人诉请法院解决遗产分割的案件,很少有单纯的遗产分割方法的诉讼,往往与继承权的确认、应继份确定等问题联系在一起的。法院应当对存在争议的继承问题作出裁判,对纠纷进行彻底解决。

五、共同遗产的分割程序

(一)确定共同遗产的增减

共同遗产进行分割,遗产的范围应当按照继承开始时确定。在现实中,尤其是在明示或者默示的共同继承财产关系已经延续了很长时间,财产必然会出现变化。当对共同遗产进行分割时,不仅要将遗产的范围确定清楚,还要将遗产的增减数额及其原因分析清楚,为共同遗产的分割做好准备。

1. 分清共同遗产的自然消耗和折旧

这些因素应当从共同遗产中予以扣除。其中包括知识产权所缴纳的年费等费用。

2. 分清共同遗产的增值

共同遗产在经营中发生增值的,应当将增值部分计算清楚,也作为共同遗产的范围,参加分割。如果共同遗产增值较大或者巨大,则应当成为一般的共同共有财产,按照共同共有财产分割,而不再考虑共同遗产的分割方法进行分割。

3. 分清个人对共同遗产的占用或者侵占

在共同继承财产关系存续期间,有的共同继承人占用共同遗产或者对这一部分财产非法侵占的,应当准确确定,追回作为共同遗产参加分配;也可以将其价值作为分割给该人的部分,而不予追回。

（二）在共同遗产中保留必留份

按照《继承法》第 28 条规定,“遗产分割时,应当保留胎儿的继承份额。胎儿出生时是死体的,保留的份额依照法定继承办理”。这种保留,只对暂存的共同继承财产发生作用。对于明示的或者默示的共同继承财产关系,由于存续的时间较长,继承发生时作为胎儿已经出生成为继承人,加入到共同继承人的行列,或者出生时已经确定为死体不再作为继承人存在,或者出生后已经死亡又发生继承的问题,因而不必再保留必留份。只有在暂存的共同继承财产关系进行遗产分割的时候,一定要保留胎儿的必留份。

（三）确定各人应当分得的份额

确定个人的应继份,应当按照《继承法》第 13 条规定进行。

1. 在一般情况下应当均等分割

一般情况,是同一顺序的各个继承人在生活状况、劳动能力,以及对被继承人所尽赡养（扶养）义务等情况基本相同,没有大的区别。在这种情况下,应当均等分割。

2. 在特殊情况下可以不均等分割

对生活有特殊困难的缺乏劳动能力的继承人,对被继承人尽了主要扶养义务或者与被继承人共同生活的继承人,可以多分财产;对于有扶养能力和扶养条件却不尽扶养义务的继承人,可以不分或者少分。各继承人协商同意不均等分割的,也可以不均等分割。

六、遗产分割效力

遗产分割效力是指遗产分割在法律上产生什么样的法律后果。它主要包括遗产分割的溯及效力与共同继承人之间的瑕疵担保责任。

(一)遗产分割的溯及效力

由于遗产的分割一般都是在继承开始后的一段时间进行,遗产分割的效力是从遗产分割时开始,还是从继承开始时开始,就是遗产分割的溯及效力问题。对此,各国有不同规定,主要有转移主义与宣告主义两种不同立法例。

一是转移主义。罗马法采取转移主义,以遗产分割为一种交换,各继承人因分割而互相让与各自的应有部分,而取得分配给自己的财产的单独所有权,遗产分割有转移的效力或创设的效力,而不具有溯及力。德国、瑞士等采取转移主义。《德国民法典》第2042条将遗产分割适用普通共同共有财产分割的规定,确定了遗产分割的转移主义。德国民法虽然承认遗产共同共有为一时的存在,但并没有规定遗产分割具有溯及的效力,其目的是贯彻共有关系的理论。①

二是宣告主义,又称溯及主义,认为因遗产分割而分配给继承人的财产,视为自继承开始时业已归属于各继承人单独所有,遗产分割不过是宣告既有的状态而已,遗产分割有宣告的效力或认定的效力,因此,遗产分割的效力应溯及到继承开始时。《日本民法典》第909条规定:"遗产分割溯及于继承开始时发生效力,但不得侵害第三人的权利。"

我国《继承法》没有规定遗产分割效力,学者有不同看法。有人认为:"遗产一经分割,属于多个继承人共同继承、支配的共有物转归各个继承人支配,各继承人的共有权也成为个人的所有权。这种效力与分析共有财产的效力相同。"②这种观点采取移转主义。也有人认为:"从继承开始到遗产分割以前,各共同继承人为暂时的共同所有关系。但遗产的分割与通常的共有物的分割是不同的,通常共有物的分割是从分割时开始发生效力的,而遗产分割的效力应当溯及既往。"③这种观点采取宣告主义。还有一种观点认为,遗产分割应当采取宣告主义,但为了保护债权人的利益,应当作以下限制:(1)分割的溯及效力仅限于现物分割;(2)在遗产分割以前,各共同继承人对于全部遗产的应继份,原则上不得以物权的效力为处分;(3)相互负担保责任。④

对此,通说采宣告主义。主要理由是:第一,有利于简化取得遗产所有权的手续;第二,有利于保护善意的继承人;⑤第三,我国《继承法》采取的是当然继承主义,在继承开始后,继承人就取得遗产,因此,遗产的分割只是将继承人的应继份加以特定化而

---

① 参见陈棋炎:《亲属、继承法基本问题》,三民书局1980年版,第404页。

② 参见李静堂等:《继承法的理论与实践》,武汉大学出版社1986年版,第161页。

③ 参见刘春茂主编:《中国民法学·财产继承》,中国人民公安大学出版社1990年版,第596页。

④ 参见马俊驹等:《民法原论》(下册),法律出版社1998年版,第977页。

⑤ 参见郭明瑞等:《继承法》,法律出版社2004年版,第217页。

已,并不是重新设立继承人的权利。

(二)遗产分割瑕疵担保责任

遗产分割瑕疵担保责任是指共同继承人之间对分得的遗产瑕疵承担的相互担保责任。大陆法系国家继承立法对遗产分割瑕疵担保责任均作规定。我国《继承法》对遗产分割的相互担保责任没有规定。遗产分割瑕疵分为物的瑕疵和权利瑕疵,遗产分割瑕疵担保责任也应当包括两个方面,即遗产瑕疵担保责任和权利瑕疵担保责任。

1. 遗产瑕疵担保责任

遗产瑕疵担保责任也就是物的瑕疵担保责任,是指担保遗产标的物无瑕疵,即遗产标的物的价值、效用或品质无瑕疵。各共同继承人对其他继承人所分得的遗产的瑕疵负有担保责任,必须具备担保责任成立的要件:遗产的瑕疵必须在分割以前就已经存在;该瑕疵必须不是由于分得该物或权利的继承人本人的过失而发生的;在遗产分割时分得该遗产的继承人不知其所分得的物或权利有瑕疵;没有特别约定。①

2. 权利瑕疵担保责任。

权利瑕疵担保责任也称为对遗产被追夺的担保责任,是指担保遗产标的物的权利无瑕疵,保证不受第三人对遗产标的物主张任何权利而被追夺。应当将共同继承人的担保责任与出卖人的瑕疵担保责任等同适用一样的规则。由于遗产分割的特殊性,共同继承人的瑕疵担保责任与出卖人的瑕疵担保责任在具体实现上略有不同,即继承人瑕疵担保责任的实现,可以采用重新分割遗产或者请求补偿的方式,而出卖人瑕疵担保责任的实现须承担违约责任。

---

① 参见刘文:《继承法比较研究》,中国人民公安大学出版社2004年版,第418、419页。

图书在版编目(CIP)数据

家事法/杨立新著.—北京:法律出版社,2013.4
ISBN 978-7-5118-4833-8

Ⅰ.①家… Ⅱ.①杨… Ⅲ.①婚姻法—研究—中国②家庭—法律关系—研究—中国 Ⅳ.①D923.904

中国版本图书馆CIP数据核字(2013)第073400号

家事法 | 杨立新 著 | 责任编辑 吕丽丽 装帧设计 李 瞻

开本 720毫米×960毫米 1/16　**印张** 37.75　**字数** 718千
版本 2013年6月第1版　**印次** 2013年6月第1次印刷
出版 法律出版社　**编辑统筹** 学术·对外出版分社
总发行 中国法律图书有限公司　**经销** 新华书店
印刷 世纪千禧印刷(北京)有限公司　**责任印制** 陶 松

法律出版社/北京市丰台区莲花池西里7号(100073)
电子邮件/info@lawpress.com.cn　销售热线/010-63939792/9779
网址/www.lawpress.com.cn　咨询电话/010-63939796

中国法律图书有限公司/北京市丰台区莲花池西里7号(100073)
全国各地中法图分、子公司电话:
第一法律书店/010-63939781/9782　西安分公司/029-85388843
重庆公司/023-65382816/2908　上海公司/021-62071010/1636
北京分公司/010-62534456　深圳公司/0755-83072995

书号:ISBN 978-7-5118-4833-8　**定价**:70.00元
(如有缺页或倒装,中国法律图书有限公司负责退换)